Ludwig Philippson

Die israelitische Religionslehre

Ludwig Philippson

Die israelitische Religionslehre

ISBN/EAN: 9783742870568

Hergestellt in Europa, USA, Kanada, Australien, Japan

Cover: Foto ©Lupo / pixelio.de

Manufactured and distributed by brebook publishing software
(www.brebook.com)

Ludwig Philippson

Die israelitische Religionslehre

Schriften

herausgegeben

vom

Institute zur Förderung der israelitischen Literatur

unter der Leitung

von

Dr. **Ludwig Philippson** in Bonn,
Dr. **A. M. Goldschmidt** in Leipzig,
Dr. **L. Herzfeld** in Braunschweig.

———

Zehntes Jahr: 1864—1865.

Dr. Philippson, die israelitische Religionslehre. III.

Leipzig,
Baumgärtner's Buchhandlung.
1865.

Die

Israelitische Religionslehre.

Ausführlich dargestellt

von

Dr. Ludwig Philippson.

Dritter Band.

Vierte Abtheilung:
Der Lebenswandel.

Leipzig,
Baumgärtner's Buchhandlung.
1865.

Vorwort.

~~~~~~

Drei Jahre sind seit dem Erscheinen des zweiten Bandes ver=
flossen, und wir haben uns bei den Freunden dieses Werkes wegen
dieser Verzögerung zu entschuldigen. Sie hatte ihren Grund in
einer langen Zeit schwerer Erkrankung und Augenschwäche, welche
den Verfasser nöthigten, sein, fast dreißig Jahre mit Liebe gepflegtes
Amt niederzulegen und ein milderes Klima aufzusuchen, zugleich
aber auch ihm manche Arbeiten, welche zur Vollendung dieses
Werkes nothwendig waren, eine Zeit lang unmöglich machten. Mit
desto größerer Freudigkeit gingen wir nunmehr an die letzte Be=
arbeitung dieses Theiles. Er befaßt die gewöhnlich so benannte
Sittenlehre. Unsre Darstellung unterscheidet sich hier von früheren
Werken auf diesem Gebiete in wesentlichen Punkten. Zunächst war
es unser Bestreben, nicht blos ein Grundprinzip an die Spitze zu
stellen, und zwar das von der h. Schrift selbst für die israelitische
Religion aufgestellte, nämlich das Prinzip der Heiligung, sondern
auch alle Theile der Sittenlehre auf dieses Prinzip zurückzuführen,
alle als Ausstrahlungen dieses Prinzips zu manifestiren. Die tiefe
innerliche Consequenz, welche durch den ganzen Mosaismus geht,

und die ihn zu einem lebendigen System macht, kommt erst hier=
durch zur Erkenntniß und Geltung. Erst hierdurch werden die Ab=
weichungen, Ausschreitungen und Willkürlichkeiten offenbar, auf welche
die späteren religiösen Erscheinungen in der Menschenwelt einge=
gangen. Ferner: in der Verfolgung dieser Consequenz, und von dem
Grundgedanken des Mosaismus aus, daß Lehre und Leben identisch
sein müssen, und dieses nach allen seinen Richtungen hin jene zu
verkörpern habe, konnten wir uns nicht auf das Leben des Indi=
viduums beschränken, die Sittenlehre nicht in dem Leben des Ein=
zelnen als solchen erschöpft glauben, sondern die Allgemeinheit des
Menschengeschlechtes mit ihren Bestrebungen und Zielen, der Staat
und die Gesellschaft mit ihren Grundsätzen, Rechten und Pflichten,
mußten der Erörterung vom Standpunkte der israelitischen Religion
unterzogen werden. Erst hierdurch wurde die Totalität der auf
den Mosaismus gegründeten israelitischen Religionslehre wieder
hergestellt. Wir hatten also hier das Gesetz in seinem Prinzip und
in seiner konkreten Gestaltung anzugeben und zu betrachten, worin
wir aber nicht bei dem mosaischen Gesetze stehen bleiben, sondern,
wo es nöthig, dessen spätere Entwickelung durch die Tradition nicht
unbeachtet lassen durften. Daß wir uns hierbei auf das Noth=
wendigste beschränken mußten, lag in dem Zwecke unseres Werkes.
Es war in der neueren Zeit von den Reformern innerhalb des
Judenthums der Grundsatz aufgestellt worden: Trennung des Reli=
giösen und des Politischen im Judenthume. Aber dieser Grundsatz,
der wohl seine praktische Anwendung auf einige kleine Ueberreste
früherer politischer Zustände der Juden haben, und dadurch blenden
konnte, widerspricht der ganzen Natur der israelitischen Religion,

und verleitet zu den wesentlichsten Irrthümern. Er beruht auch nur auf einer beschränkten Auffassung des Religiösen und Politischen. Der Staat soll keine Kirche, keine Confession sein. Aber religiös muß er sein. Seine Prinzipien müssen die lautersten, aus der Bestimmung des Menschen, aus dessen Verhältniß zu Gott hervorgehenden sein; seine Entwickelung muß auf die Ziele hingehen, zu welchen die Religion den Menschen führen will. Die Trennung zwischen dem religiösen und gesellschaftlichen Leben, die gesondert und selbständig neben einander herlaufen sollen, ist unmosaisch, nichtisraelitisch, unreligiös. Die Religion allein auf das individuelle Leben zu beschränken, und die menschliche Gesellschaft außerhalb der höchsten religiösen Prinzipien zu erklären, ist ein zwiefacher, schwerer Irrthum. Wir geben zu, daß es erst die neuere Zeit war, welche in ihrer Entwickelung zu dieser Erkenntniß kommen konnte, aber um so weniger darf sie sich vor ihr verschließen. Das Verhältniß von Kirche und Staat hat an sich hiermit gar nichts zu thun, sondern wird erst als Folgerung aus den religiös-socialen Prinzipien berührt. Begnügte man sich daher in früheren Werken mit der Besprechung der Pflichten, welche das Individuum gegen den Staat und die Gesellschaft zu üben habe, so mußten wir die Betrachtung der Allgemeinheit und ihrer Institute, Staat, Religionsgemeinde und Familie voranstellen. Wir mußten die Frage beantworten: wie heiligt sich der Mensch überhaupt in der Allgemeinheit, im Staate, in der Religionsgemeinde, in der Familie? ehe wir zu der Frage kamen: wie heiligt sich der Einzelne innerhalb dieser?

Dennoch haben wir unsre Aufgabe mit diesem Bande noch nicht ganz erschöpft, und eine folgende, abschließende Lieferung wird noch eine Reihe von Abhandlungen zu bringen haben, wie: über die sogenannten Glaubenslehren, über die sechshundertdreizehn Ge= und Verbote der Tradition, die Geschichte des israelitischen Cultus. Wir hoffen diese letzte Abtheilung der Veröffentlichung bald übergeben zu können. Möge der vorliegende Theil sich derselben günstigen Aufnahme zu erfreuen haben, welche die beiden ersten Bände erfuhren und die uns so oft in dem Verlangen nach der Fortsetzung entgegentrat.

Bonn, den 8. November 1864.

Philippson.

Inhalt.

Vierte Abtheilung: Der Lebenswandel.

Erster Abschnitt.

Die Heiligung des Menschen in seinem Verhältniß zu sich selbst.

I. Die Selbsterhaltung.

II. Die Selbstveredelung.

Zweiter Abschnitt.

Die Heiligung des Menschen in seinem Verhältniß zu seinen Neben= menschen.

I. Die Heiligung in der Allgemeinheit der Menschen.

A. Die Allgemeinheit in der Gesammtheit.

B. Die Allgemeinheit in ihren besonderen Instituten.

I. Der Staat.

II. Die Heiligung im Verhältniß des einzelnen Menschen zu seinen Nebenmenschen.

A. Im Verhältniß zu allen einzelnen Menschen.

Vierte Abtheilung.

Der Lebenswandel.

Der Lebenswandel.

~~~~~~~

33.

Welches ist der höchste Ausspruch der heiligen Schrift über die Bestimmung des Menschen?

Das Gebot: Heilig sollt ihr sein, denn heilig bin ich der Ewige, euer Gott. (3 Mos. 19, 2.) Ihr sollt euch heiligen, daß ihr heilig seied, denn ich bin der Ewige, euer Gott. (3 Mos. 20, 7.) Seied mir heilig, denn heilig bin ich der Ewige. (Das. V. 26.) Auf daß ihr gedenket und vollziehet alle meine Gebote und heilig seied eurem Gotte. (4 Mos. 15, 40.) Denn ich bin der Ewige, euer Gott: so heiliget euch, daß ihr heilig seied, denn heilig bin ich. (3 Mos. 11, 44. 45.)

Wenn der Mensch durch seine Körperlichkeit der Natur, speciell der organischen, und zwar der thierischen, angehört, so ist er durch das Bewußtsein, die Freiheit des Willens und die Sittlichkeit, kurz mit seinem Gottebenbildlichen Geiste [1] in das Reich des Göttlichen erhoben und durch sein unmittelbares Verhältniß zu Gott [2] mit diesem verbunden. Je mehr dieses sein Wesen und dessen Charak-

---

[1] S. Th. II. S. 64 ff.
[2] S. Th. II. S. 91 ff.

Philippson, Israel. Religionslehre. III.

1

teriſtikum iſt, um ſo mehr iſt er in ſeiner Anlage fortſchreitender
Entwickelung [1]) darauf hingewieſen, nach immer größerer Gottähn=
lichkeit zu ſtreben [2]). Wenn daher Gott in ſeiner Totalität „heilig"
iſt, ſo folgt daraus in conſequenteſter Weiſe, daß der Menſch ſich
„heiligen", heilig und immer heiliger werden muß. Die Verkündi=
gung Gottes als heilig hat in ſeiner Schlußfolge als das höchſte
Lebensprinzip für den Menſchen: die Heiligung. Mit dieſer iſt
demnach erſtens ausgeſagt, daß der ganze Beſtand, die ganze Weſen=
heit des Menſchen in Gott ſelbſt beruht, zweitens, daß alles Sein
und Thun des Menſchen in ſeinem Denken, Sprechen und Handeln,
Alles was ſeinem Bewußtſein entſprießt, ſeine Freiheit verwirklicht
und ſeine Sittlichkeit ausmacht, auf Gott übertragen werden und
ſeinen Zweck in Gott finden muß. Es ſoll demnach unſer Sein
und Thun nicht in einem Einzelwillen wurzeln, ſondern in der uns
von Gott geſetzten Beſtimmung, alſo in Gottes Willen. Alles was
wir ſind und thun, ſollen wir, nicht um unſertwillen, nicht um der
Sache an ſich willen, ſondern um den und nach dem Willen Gottes
ſein und thun. Dadurch werden wir in unſerem ganzen Sein und
Thun von Gott erfüllt, und ſo die abſolute Heiligkeit in uns zur
ſubjectiven Heiligung. Die Heiligkeit Gottes, konkret aufgefaßt,
beſteht in der Vollkommenheit ſeines Weſens und aller der an ihm
erkannten Eigenſchaften [3]); die Heiligung des Menſchen wird dem=
nach in konkreter Auffaſſung als die fortſchreitende Vervollkomm=
nung aller unſerer Kräfte und Eigenſchaften nach dem Vorbilde
Gottes verſtanden werden müſſen. Die Heiligkeit Gottes befaßt
aber die Totalität des göttlichen Weſens, und ſo muß auch die
Heiligung des Menſchen das ganze Weſen deſſelben in allen ſeinen
Beſtandtheilen und Richtungen umfaſſen. Sowohl ſeine intellek=
tuellen Fähigkeiten, ſeine ſittliche Beſchaffenheit, deren Ausprägung
in allen ſeinen Handlungen, deren Verwirklichung in allen ſeinen Be=
ziehungen und Verhältniſſen, als auch ſelbſt ſeine leibliche Exiſtenz, ſoweit
dieſe von dem Geiſte beherrſcht wird und auf den Geiſt einwirkt, müſſen
von der Heiligung getragen, durchdrungen und beſtimmt werden.

---

[1]) S. Th. II. S. 73 ff.
[2]) S. Th. II. S. 167 ff.
[3]) S. Th. II. S. 141 ff.

Die h. Schrift, immerhin die zwiefältige Natur des Menschen in Körper und Geist im Auge habend, faßt den Menschen auch hierin überall in der höhern Einheit und Totalität, in welche jene aufgehen [1]), und stellt die Heiligung als eine ganze und den ganzen Menschen befassende auf. Die echt israelitische Heiligung, auf der Grundlage des in der Thorah gegebenen Gesetzes, kennt daher keine selbstmörderische Askese, keine „das Fleisch tödtende" Selbstpeinigung, keine Enthaltung von der Befriedigung der natürlichen Bedürfnisse, keine Verachtung der menschlichen Welt und ihrer Institute, z. B. des bürgerlichen Berufes, der Ehe 2c., kein Verschmähen, in ihr zu leben und zu wirken, sie besteht nicht blos in der Region des Kul= tus, und erkennt sich nicht als Häufung des Gebetes und unauf= hörliche Uebung der Ceremonialien — sondern sie bezweckt und bespannt alles menschliche Leben mit gleicher Kraft und Weihe, die Erkenntniß, den Kultus, das praktische Leben, die Gesellschaft und das leibliche Verhalten, sie erkennt alle diese Momente als die großen, bedeutsamen Faktoren des menschlichen Wesens, als die einflußreichen Momente seiner Entwickelung an, und findet daher die Heiligung in der von der Idee Gottes und seines Willens getragenen und bewirkten Weihe aller dieser Momente sowohl einzeln als auch in ihrem Zusammenhange, welcher den Menschen als solchen produzirt und vervollständigt.

Daß das sich wirklich so verhält, und die h. Schrift mit den oben an= geführten Aussprüchen nicht blos einen Allgemeinsatz geben, oder die Heili= gung auf irgend ein partielles Thun des Menschen beschränken wollte, ersieht man am besten aus Kap. 19 u. 20 des dritten Buches Mosche, wo die Heiligung im Prinzip und in dessen Ausführung aufgestellt wird, wie sich dies daraus erweist, daß das gedachte Stück mit dem Satze: „Ihr sollt heilig sein, denn heilig bin ich, der Ewige, euer Gott" anhebt (19, 2.) und mit demselben Satze schließt (20, 26.). Es wird daher in diesem Stücke an die Aufstellung des Prinzips ein Ueberblick der vorzüglichsten Momente, aus denen die israelitische Heiligung besteht, gereihet, indem mit einer Gruppe von Sätzen, welche die Verehrung Gottes betreffen, begonnen, der Kultus berührt, die Behandlung der Nebenmenschen in Barmherzigkeit, Wahrhaftig= keit, Gerechtigkeit und Liebe besprochen, auf das Verhältniß zu den Wesen außer den Menschen, insonders die Vermeidung alles Naturwidrigen Licht

---

[1]) S. Th. II. S. 86 ff.

geworfen, und endlich die Entheiligung und Verthierung des menschlichen
Leibes in bedeutsamen Zügen hingestellt wird [1]). Geradezu wird die Heili=
gung in der Erfüllung aller Gebote bestehend, also nicht etwa von einer
besonderen Sphäre der menschlichen Thätigkeit abhängig und beschränkt, in
der ebenfalls oben angeführten Stelle 4 Mos. 15, 40. bestimmt. — Daß
demnach die Heiligung eben so sehr in der sittlichen Sphäre wie im reinsten
und weihevollsten Kultus, endlich aber auch in der leiblichen Region besteht,
ist daraus ersichtlich. Daß der Mensch auch mit seinem Leibe sündigen könne,
geben alle Sittenlehren, alle Religionen zu. Jede Unmäßigkeit, jede leiden=
schaftliche Befriedigung einer leiblichen Begierde enthält eine Entheiligung.
Die h. Schrift geht aber von einem tieferen Motiv aus. Sie beschränkt
sich nicht blos auf das, was aus dem gedachten Gebiete innerhalb des Be=
wußtseins des Menschen liegt, sondern, indem sie die Einheit des mensch=
lichen Wesens, die Verbindung und Harmonie des Körpers und des Geistes
tieferliegend weiß, faßt sie das Verhalten des menschlichen Leibes noch in
anderen Momenten auf. Sie geht von der Vorstellung aus, daß durch
die Amalgamirung thierischer Elemente mit dem menschlichen Körper auf den
Geist in depravirender Weise gewirkt, daß durch geschlechtliche Handlungen
und Zustände die Seele aus ihrer Reinheit herabgezogen werden könne, und
daß das Kultusverhältniß zu Gott durch die Berührung mit dem Todten
und Unreinen angetastet werde. Sie stellt deshalb als Momente der Heili=
gung Ge= und Verbote auf, durch welche die Aufnahme thierischer Theile
in den menschlichen Körper beschränkt, die geschlechtlichen Verrichtungen in
einen sittlichen Kreis abgegrenzt, und gewisse geschlechtliche Zustände faktisch
und symbolisch, sowie die Berührung des Todten und Unreinen Vorschriften
der Reinigkeit unterworfen werden.

　　Wir deuten hier dieses Motiv jener Gesetze nur kurz an, die ausführliche
Darstellung den betreffenden Paragraphen überlassend [2]).

---

[1]) S. Ausführliches in unserem Bibelwerke Th. I. S. 628 ff.

[2]) Allerdings begreift die h. Schrift die Heiligung auch in dem besondern
Lebensberufe der Einzelnen, und stellt hierfür auch besondere Bedingungen auf;
namentlich ist dies der Fall, wo das Kultusverhältniß in dem speziellen
Lebensberufe prägnant hervortritt. Von hier aus wird man die besonderen Vor=
schriften z. B. für die Priester verstehen, deren Heiligung, ohne irgend einer der
allgemeinen Bedingungen entzogen zu sein, dennoch einigen engeren Grenzen um
ihrer besondern Mission willen unterworfen ist. S. 3 Mos. 21, 6. Aus diesem
Gesichtspunkte hat man aber auch die israelitische Heiligung, soweit sie für den
israelitischen Stamm besonders bestimmt ist, zu verstehen. Während diese in den
intellektuellen, sittlichen und gesellschaftlichen Beziehungen ganz allgemein mensch=
lich ist, tritt sie in dem Kultusverhältniß und in der leiblichen Sphäre als
spezielle hervor.!

Das über Alles bedeutsame Verhältniß, in welches der Mensch durch
dieses Gebot der Heiligung nach dem Vorbilde Gottes und aus dem Motiv
der Gottebenbildlichkeit tritt, wird aber von der h. Schrift auch als unmittel=
bar von Gott gewollt dadurch ausgedrückt, daß Gott das Beiwort מקדישכם
„der euch geheiligt", der euch zur Heiligung bestimmt, die Vorschriften der=
selben gegeben, euch zu ihr verpflichtet hat, so daß ihr durch deren Verletzung
euch selbst entweihet und in's Verderben bringt, gegeben wird z. B. 2 M.
31, 13. 3 M. 20, 8 und oft.

Durch dieses Grundgesetz des menschlichen Seins und Thuns
wird der Mensch über sich selbst erhoben, ohne seiner selbst ent=
äußert zu werden. Er wird als Individuum gefaßt und seine
Individualität als vollberechtigt anerkannt, und dennoch über alle
Individualität und deren Egoismus hinausgehoben. Er wird als
ein freies, selbstwollendes und selbstthätiges Geschöpf verstanden,
aber sein Endzweck in Gott gesetzt und seinem Willen und seiner
Thätigkeit die höchste Bedeutung gegeben. Hiermit sind wir allem
Suchen nach einem Fundamentalsatz der Sittlichkeit, nach einem
obersten Sittenprinzipe enthoben, wir brauchen es nicht mehr mit
all den Denkern und Forschern bald in uns selbst, bald in der
Gesellschaft, bald in unserer eigenen Beschaffenheit und deren Be=
friedigung, bald in einer idealen Vorstellung zu suchen, sondern
unser ganzes sittliches Wesen ist auf eine unverrückbare Basis ge=
stellt, aller Wandel und Wechsel in eine ewige, unwandelbare Natur
verlegt, alles Einzelne und Besondere in die höchste, allumfassende
Allgemeinheit aufgegangen. Wie schwindet da alles Schwanken und
Zweifeln, wie sicher und beruhigt werden alle unsere Schritte, wie
bedeutungsvoll auch unser geringstes Thun, der Mensch zu dem
wahrhaft aufgerichteten Wesen, das fest auf der Erde schreitet, aber
das Haupt und den Blick zum Himmel erhoben hat. Gott soll die
eigentliche Lebensquelle all' unsres Thuns sein, der Gottesgedanke
der Thau, der auf alle Schößlinge unsres Wesens befruchtend, be=
lebend, erquickend und nährend fällt. Dies ist die wahre Erhebung,
die lautere Begeisterung, der reine Enthusiasmus für alles Wahre,
Gute und Schöne.

Haben wir diesen Gedanken der Heiligung als den unser ganzes
Sein und Thun durchströmenden stets vor Augen, so wird unser
ganzes Leben zu einem Kultus Gottes und jede That zu einem Akte

der Gottesverehrung. Sind daher in der Wirklichkeit die beiden
Gebiete der Gottesverehrung und des Lebenswandels innerhalb der
Heiligung nicht von einander geschieden, so befaßt die letztere doch
insonders den Lebenswandel, d. h. das Verhalten des Menschen zu
sich selbst, zu den Mitmenschen und zu den außermenschlichen Wesen
und findet in diesen ihre Ausstrahlung und Verwirklichung.

34.

Welche ist daher die Bestimmung des Menschen?

**In der Entfaltung und Anwendung aller seiner Kräfte
intellektuell und sittlich ein ausgebildeteres und immer voll-
kommeneres Wesen zu werden.**

„Gott sprach zu Abraham: Ich bin Gott der All-
mächtige, wandle vor mir und werde vollkommen"
(1 M. 17, 1.).

„Vollkommen sollst du sein mit dem Ewigen deinem Gotte" (5 M. 18, 13.).

תמים heißt zunächst fehlerlos, das Entferntsein aller Mangel- und
Lückenhaftigkeit (daher oft von den Opferthieren), wodurch alsdann die vorhandenen Eigenschaften als vollständig, ihr ganzes Maß ausfüllend, als vollkommen sich ergeben. Daher wird תמים auch von Gott gebraucht 5 Mof.
32, 4. 2 Schem. 22, 31. Von dem Menschen kann daher תמים einerseits
in seiner Wirklichkeit nur bedingt von Zeit- und persönlichen Verhältnissen
ausgesagt werden, wie 1 Mof. 6, 9. „Noah, ein gerechter Mann, war vollkommen in seinen Zeiten", d. h. nach Maßgabe der Zeit, in welcher er
lebte (vgl. 7, 1.); andrerseits als ideales Ziel, als oberstes Sittengesetz, wie
in den oben angeführten Stellen. So allgemein hingestellt unterscheidet es
sich von dem „Ihr sollt euch heiligen" als die Abstraktion, als das noch
Unbestimmte, als das noch zu Bestimmende, wie ganz analog an derselben
Stelle שדי אל dem spätern יהוה als allgemeiner, in seinem Inhalte
erst noch zu bestimmender Gottheitsbegriff vorangeht.

Aus dem Wesen des Menschen geht in folgerichtigster Weise
auch seine Bestimmung hervor. Wie wir seinen Geist als einen
sich immerfort entwickelnden und unsterblichen [1] erkannt haben, muß

---

[1] S. Th. II. S. 73.

auch diese Entwickelung der Zweck seines Daseins sein. Die Ent= faltung und Anwendung der ihm verliehenen Kräfte ist auch die Bestimmung jedes anderen Wesens, insonders des Thieres. Aber jedes andere Wesen hat seiner Gattung nach ein bestimmtes Maß von Kräften mit einem völlig abgegrenzten Inhalte ihrer Verwen= dung, über welches niemals irgend ein Individuum dieser Gattung hinauskommt; während der Mensch eine Menge Kräfte besitzt, die zu entfalten und zu verwenden Sache jedes einzelnen Individuums ist, Kräfte, die zugleich in's Unbegrenzte hinaus ausgebildet werden können, sowie der Inhalt ihrer Verwendung ein mannichfaltiger, unbeschränkter, immer weiter gehender ist. Ebenso ist bei jedem anderen Wesen der Zweck für alle Entfaltung und Verwendung seiner Kräfte lediglich die Erhaltung seines individuellen Daseins und bei den organischen die Fortpflanzung der Gattung, während bei dem Menschen diese Momente nur einen Theil und zwar den niederern seiner Thätigkeit nach innen und außen ausmachen, viel= mehr das höhere geistige Leben, die Kenntniß der Dinge außer uns, die Erforschung des Wesens der Dinge und aller ihrer Verhältnisse, die Auffassung aller ihrer Beziehungen zu uns vermittelst der Ge= fühle, die Bemeisterung und Verarbeitung derselben zu materiellen und geistigen Zwecken in fortschreitendem ex= und intensivem Maße die wesentliche Thätigkeit in Anspruch nehmen. Wenn daher der Körper des Menschen sich ebenso in seinem Leben abkreist, wie es das thierische Leben überhaupt thut, nach bestimmten, unwandelbaren Gesetzen wird, wächst, blüht, reift, sich fortpflanzt, zurückgeht und abstirbt, obschon auch in allen diesen Momenten das Bewußtsein bei dem Menschen eingreift und sie fördert oder hemmt: so ist da= gegen der Geist der Entwickelung theilhaftig, die in jedem Indivi= duum aus seinen Anlagen, den Wirkungen der Umgebungen, der Fügung seiner Schicksale und aus seiner freien Selbstthätigkeit sich verschieden und in unendlicher Mannichfaltigkeit gestaltet, und darum, wenn auch gewissen Gesetzen unterworfen, doch nach Maaß und Inhalt unbestimmbar und ohne Grenzen. Endlich lebt selbst das höchst organisirte Thier nur für sein individuelles Dasein; selbst da wo das Thier in Heerden lebt, hat das Zusammenleben nur ganz äußerlichen Zweck, wie Schutz vor Gefahren, Aufhäufung von Nah=

rungsmitteln für die kältere Jahreszeit. Der Mensch hingegen ist zum gesellschaftlichen Leben geschaffen, seine innerste Natur bleibt ohne dasselbe unbefriedigt, seine Entwickelung lehnt und überträgt sich von Geschlecht auf Geschlecht, sein materielles wie geistiges Leben erfordert den Austausch der Produkte, die Vertheilung und Verbindung der Arbeit, die Mittheilung und Ueberlieferung. Aber auch die Bemeisterung und Benutzung der außermenschlichen Wesen ist bei dem Menschen eine ganz andere und reichere, als bei den übrigen Geschöpfen, indem die letzteren sich anderer Wesen lediglich zu ihrer Nahrung und mit den einfachen Mitteln, welche der Schöpfer ihnen zu diesem Zwecke gegeben, bemächtigen, während der Mensch sie zu den mannichfaltigsten materiellen und geistigen Zwecken benutzt, darum und bei der Mangelhaftigkeit seiner äußerlichen natürlichen Hülfsmittel hierzu auf die verschiedenartigsten Werkzeuge und Mittel, ihrer Herr zu werden, sinnen muß. Aus allen diesen Momenten geht für den Menschen eine Fülle von Beziehungen, die für ihn allein bestehen, hervor, da er nunmehr theils auf sich selbst, theils auf seine Mitmenschen, sowohl im Ganzen der Gesellschaft, als auch auf die Individuen, mit denen er in Berührung kommt, theils auf die außermenschlichen Wesen zu wirken hat, ihm aus allen diesen Verhältnissen Pflichten erwachsen, und er in ihnen seine Entwickelung findet und zu verfolgen hat.

Diese Entwickelung besteht also in der Ausbildung aller seiner Kräfte, und hat hierin schon mit der Ausbildung seiner körperlichen Kräfte zu beginnen, weil durch diese sein Bestand überhaupt gesichert, und sein Geist die nöthigen Mittel zur Ausführung seiner Zwecke erhält. Es gilt dann alle im Geiste vorhandenen Kräfte und Fähigkeiten zu wecken, in steter Uebung zu erhalten, ihnen die möglichste Ausdehnung zu verschaffen und ihr inneres Vermögen so energisch wie möglich zu machen. Auf diesem Grunde aber muß diese Ausbildung vorzugsweise zwei Richtungen verfolgen, und dadurch zur Vervollkommnung werden. Diese sind die intellektuelle und die sittliche. Die intellektuelle Vervollkommnung strebt die Denkkraft und das Gefühlsvermögen, sowie die mit diesen verbundenen Geisteskräfte, die Phantasie und das Gedächtniß, immerfort zu kräftigen, ihre Befähigung zu steigern, ihre Thätigkeit zu regeln,

zu sichern und zu klären und ihre Anwendung immer weiter aus=
zudehnen. Die sittliche Vervollkommnung strebt nach demselben Ziele
für die Willenskraft, diese eben so sehr zu stärken und zu energi=
scher Bethätigung fähig zu machen, wie wiederum sie zu zügeln, dem
Verstande und Gewissen zu unterwerfen, die Leidenschaften zu be=
herrschen, und so nach den höchsten sittlichen Zielen zu streben. Daß
es auf diesem Gebiete eine unendliche Stufenreihe giebt, und eine
unermeßliche Mannichfaltigkeit in allen Menscheninbividuen sich dar=
stellt, weiß Jedermann, sowie daß es hierbei auf den Ausgangs=
punkt, von welchem der Einzelne seine Entwickelung beginnt, auf die
Gelegenheiten, Veranlassungen und Hülfsmittel zur Ausbildung, und
von da aus erst auf die Selbstthätigkeit ankömmt. Doch ist hierbei
hervorzuheben, daß die Entwickelung und Vervollkommnung nicht von
dem Bewußtsein dieser Bestimmung des Menschen, nicht von der
mehr oder minder klaren Anschauung über die Zwecke des Lebens
abhängt, sondern daß der Schöpfer sie in die Natur des Menschen
gelegt, und die Vorsehung tausendfache Anstöße und Anlässe zur
Entwickelung und Vervollkommnung einem jeden Individuum giebt,
so daß jene weder an Zeit und Ort, noch an Beruf und Vermögen
gebunden sind, vielmehr unter allen Lebensverhältnissen und unter
allen Bedingungen vor sich gehen. Es kömmt daher nicht einmal
auf die Vorstellungen und Begriffe an, welche der Einzelne vom
Leben und dessen Bestimmung hat, ob er sich auf die Erde gesetzt
meint nur um die äußerliche Arbeit jedes Tages, wie sie sich zu
seiner Erhaltung ihm nothwendig macht, zu thun, oder ob er, die
höhere Natur des Menschen bezweifelnd, allein in der Befriedigung
seiner Bedürfnisse und Triebe den Zweck des Lebens zu erfüllen
wähnt, oder durch die treue Ausführung seines bürgerlichen Berufes
allen Anforderungen zu genügen glaubt: die Entwickelung und Aus=
bildung geht auch unter diesen irrigen Voraussetzungen vor sich,
und es findet sich öfters sogar, daß den verkehrtesten Ansichten zum
Trotz die unbewußte edlere Natur das Individuum zu den höchsten
sittlichen Thaten, zur größten Hingebung und Aufopferung nöthigt,
und damit den Gegenbeweis gegen sich selbst liefert. Es versteht
sich aber von selbst, daß die wahrhafte und intensive Vervollkomm=
nung allein unter der Herrschaft der richtigen Anschauung von der

menschlichen Bestimmung gedeiht und erreicht wird, und daß durch
dieses Bewußtsein, durch das, aus diesem fließende bewußte und
thatkräftige Streben die Errungnisse des Menschen und alle Aeuße=
rungen seines Willens erst die rechte Bedeutung, das höhere Ver=
dienst und die möglichste Vollendung erlangen. Doch muß man
wohl bemerken, daß es hierbei nicht sowohl auf die begriffsmäßige
Vorstellung, auf das Wissen und Zugestehen dieser Bestimmung
ankommt, als vielmehr darauf, daß sie zum Lebensmittelpunkt aller
unserer geistigen Bewegung und Thätigkeit geworden, und so die
unbewußten und bewußten Handlungen hervorbringt, leitet und
durchführt. Lassen wir uns daher von der Verwirrung und den
Verwicklungen, in welche das menschliche Leben durch die unermeß=
liche Entfaltung aller seiner verschiedenartigen Momente gerathen
ist, nicht irre machen; erhalten wir uns den klaren Einblick in das
Ursprüngliche, Ewigbleibende und doch immer wieder Siegreiche.
Ist es gekommen, daß wir zum Erwerbe der Lebensbedürfnisse un=
aufhörlich alle unsre Kräfte anstrengen und uns hiermit fast aus=
schließlich beschäftigen müssen, so mögen wir nicht vergessen, daß
auch in dieser Berufsthätigkeit die Entwickelung und Ausbildung
unserer Kräfte immerfort vor sich geht, daß in ihr sich immer mehr
zum Meister machen auch den Fortschritt unsres Geistes bedeutet,
daß wir in ihr, in unsren Familien= und bürgerlichen Verhältnissen
die sittliche Kraft und Würde zu bewahren, zu bethätigen und zu
vervollkommnen tausendfache Veranlassung haben, und daß wir
daher im Kampfe selbst um die materiellsten Interessen uns nur
den höheren Sinn, das allgemeinere Verständniß und die religiös=
sittliche Anschauung des Lebens zu erhalten haben, um die höhere
Bestimmung des Menschen zu erkennen und ihr zu genügen. Wahren
wir uns also nur, den Lebensberuf als einen bloßen Mechanismus
anzusehen, welchem wir uns nach Zeit und Ort unterziehen, um in
regelmäßiger Folge zu erwerben und zu genießen, und das höhere
Licht des Geistes wird uns niemals erlöschen. — Geschieht es, daß
durch das Verhängniß schwere Trübsale über uns hereinbrechen,
bittere Täuschungen uns in unsren liebsten Hoffnungen kränken,
daß wir den schwer errungenen Preis uns entrissen, am erhofften
Ziele uns zum Beginne wieder zurückgeworfen, von unsren theuersten

Freunden uns betrogen, von den unersetzlichsten Verlusten uns be= troffen, ja jeden Ausgang uns verschlossen sehen — lassen wir uns dadurch nicht in Verwirrung und Verzweiflung stürzen; erwägen wir, daß es auf die äußerlichen Erfolge im vergänglichen Leben gar nicht ankommt, daß deren Werth und Wirkung für uns und Andere sehr zweifelhafter Art ist, daß wir darum niemals für uns und Andere umsonst gelebt und gestrebt, daß hingegen alle diese Prü= fungen erst die rechten Impulse und Gelegenheiten zur Entfaltung und Vervollkommnung unserer intellektuellen und sittlichen Kräfte sind, und daß wir mit der Stärke, mit welcher wir sie ertragen, mit der Energie, mit welcher wir in ihnen ausdauern, mit der Unverrückbarkeit unsres Willens, unsrer Treue und Tugendhaftigkeit den höchsten Sieg erringen und unserer Bestimmung genügen. — Erfahren wir endlich, wie trotz aller Entwickelung und Ausbildung das Leben der Menschen von wilden Leidenschaften durchstürmt werden, und diese jenes vorzugsweise leiten und beherrschen; er= wachen diese Leidenschaften selbst in uns, unterliegen wir ihnen zeitweise, selbst einer edeln Natur und den besten Absichten zuwider, so daß wir mit Schuld und Sünde belastet werden: wissen wir doch, daß also der Mensch angelegt sein mußte, sollte die Ent= wickelung und Vervollkommnung für ihn möglich und Ziel werden, daß wir nun berufen sind, diese Leidenschaften in uns zu bewältigen, daß wir auch befähigt sind, wenn wir genugsam Eifer und Kraft anwenden, in jedem Stadium unserer Begierden Herr zu werden, und wir dadurch zur Höhe des menschlichen Daseins gelangen; wissen wir, daß die unendliche Barmherzigkeit Gottes uns verstattet, uns von jeder Schuld und Sünde zu reinigen und seine Verzeihung zu erlangen; erwägen wir, daß es zuletzt doch immer Wahrheit und · Recht sind, welche das Dauernde begründen und zu bleibender Existenz führen, und daß so aus allen Wirrsalen und Kämpfen der Leidenschaften heraus die Menschenwelt zur Klärung dringt: so wird auch hier das Räthsel des Lebens sich uns lösen, und die Bestimmung des Menschen zu Erkenntniß und Verständniß gelangen.

Die Gotteslehre tritt demnach in der Bestimmung des Menschen d r e i e n Ansichten als irrthümlich entgegen. Zuerst der Meinung, daß diese in der Entwickelung und Ausbildung zum reinen M e n s c h e n =

thume bestehe, in der Entfaltung zum wahren Guten und Schönen,
dem καλὸν κἀγαϑόν des Sokrates. Wenn diese Ansicht der Gotteslehre am nächsten steht und inhaltlich mit ihr in Vielem zusammen-
fällt, so erweist sich doch bald, daß es ihr an einem eigentlichen
Grunde fehlt und daß sie keinen Zweck enthält. Sie sucht also ein
Ideal des Menschen, das sie eben Menschenthum nennt, aufzustellen,
zu welchem sich das Individuum entfalten soll. Aber welches ist
dieses Ideal? Woher kann sie es entnehmen, wenn nicht eben aus
der Gotteslehre? Und wenn sie es aus dieser entnimmt, aber die
Grundlage in Gott von sich stößt, so fehlt ihr eben jedes Fundament.
Diese Willkührlichkeit in der Aufstellung des Ideals zeigt sich denn
auch geschichtlich und allwege. Welche Verschiedenheit in dem Ideal
des Spartaners und des Atheners, obschon beide ganz nahe Stämme
eines Volkes waren. Welche Verschiedenheit in dem Ideal des
Katholiken und des Protestanten, obschon beide einer und derselben
Mutterreligion angehören. Wer hat aber das Recht, die Wahrheit
des Ideals dem Anderen abzusprechen? Woher ein Kriterium für
diese Wahrheit nehmen, wenn es eben nur in diesem von jedem
anders gedachten Menschenthume zu finden sein soll? Nur da, wo
das Ideal für den Menschen im vollkommensten Wesen, im Gotte
der Wahrheit, der Liebe und des Rechts gesucht wird, wo der
Mangelhaftigkeit der Menschennatur gegenüber eine Concentration
des Vollkommenen, welcher der Mensch zuzustreben hat, anerkannt
ist, hat das Ideal einen festen Grund und Boden, auf welchem es
selbst bei der Mangelhaftigkeit der Erkenntniß ohne Schwanken und
in sicheren Zügen steht. — Ebenso entbehrt diese Ansicht des eigentlichen Zweckes in sich. Jede Entwickelung muß über sich selbst
hinauszugehen haben, weil sie sich sonst nur in einem Kreise be-
wegte, und also zweck- und ziellos wäre. Die Entfaltung des Menschenthums innerhalb seiner Grenzen im Erdenleben als das Streben
des Individuums fort und fort gesetzt, und doch nur zu theilweiser
Erfüllung fähig, stellt sich selbst als völlig zweck- und ziellos dar.
Nur dadurch, daß die Entfaltung zu immer höheren Stufen bis zur
Vollkommenheit angenommen wird, erhält die Entwickelung einen
Zweck in sich. — Diese Ansicht hat daher dieselbe Schwäche, wie
die sogenannte Vernunftreligion, welche die Resultate der Gottes-

lehre annimmt, und als ihr Eigenthum beansprucht, während sie jene als ihren Boden verschmäht, und darum grund= und ziellos ist.

Die zweite Meinung erkennt das Individuum nur als das Glied des großen Organismus der Menschheit an, und setzt die Bestimmung jenes in der Erfüllung aller Pflichten gegen die Ge= sellschaft, in dem vollen Leben an und mit der Gesellschaft und für dieselbe. Leidet diese Meinung schon an und für sich daran, daß sie dem Individuum jeden Selbstzweck nimmt, den es doch als ein dennoch für sich bestehender leiblicher und geistiger Organismus, neben dem Zwecke für die Gesammtheit der Gesellschaft, besitzen muß, so kommt hierzu die völlige Unsicherheit dieser Pflichten. Be= stehen diese blos für die ganze Menschheit? Oder für die staatliche Gesellschaft, der der Einzelne angehört? Ist es wiederum der histo= rische Staat oder der nationale, auf den sich seine Pflichten kon= zentriren? Jedermann weiß, daß diese oft genug mit einander in Widerstreit kommen, daß der Einzelstaat den übrigen feindlich gegen= übersteht, daß innerhalb des Einzelstaates die mannichfaltigsten Parteien sich bekämpfen, daß somit die entgegengesetzteste Auffassung der Pflichten vorhanden ist, und von der einen Seite als höchstes Verdienst gerühmt wird, was die andere als Verbrechen brandmarkt. Es findet daher auf diesem Gebiete nichts Allgemeines sich vor, sondern jede That und Handlung kann nur aus den besondersten Verhältnissen hervorgehen und findet ihren Maßstab nur in diesen allein. Endlich geschieht es nur mit großem Zwange, daß in die Gesellschaft und in das Leben für diese, sehr bedeutende Gebiete des menschlichen Lebens hineingezogen und aus der Pflicht gegen jene die Pflichten auf diesen hergeleitet werden. Das innere seelische Leben des Individuums bietet jene Menge von Momenten, welche für die Gesellschaft durchaus gleichgiltig sind, oder doch nur in sehr losem Zusamenhange mit ihr stehen, und genau genommen sind ihr alle Motive der That gleichgültig, wenn diese selbst nur ihren Zwecken entspricht.

Dieser Ansicht gegenüber sieht die dritte das Individuum als lediglich für sich bestehend und in sich abgeschlossen an, und findet seine Bestimmung in der möglichsten Erreichung seines Wohlseins; sie setzt den Egoismus als das Prinzip des menschlichen Daseins hin. Ausgehend von dem natürlichen Triebe des Menschen nach Wohlbefinden, Freude, Genuß, Glück, hält sie diesen für den ganzen Inhalt der menschlichen Natur, und sucht in dessen Ausnutzung die Bestimmung des Menschen. Hier stellt sich aber zunächst die Frage hin, worin besteht das Wohlsein des Menschen? Darüber die größte Verschiedenheit der Philosophen, die größte Verschiedenheit in jedem einzelnen Menschen. Von der ήδονή des Epikur bis zur Bedürfnißlosigkeit des Cynikers die mannichfaltigste Meinung, wie schon die verschiedenen Anhänger des Epikur's in allen Zeiten das Entgegengesetzteste darüber aussagten. Ob das Individuum sein Wohlsein in der viehischesten Wohllust oder in den feinsten Spekulationen des Geistes und in der Uebung der schwersten Selbstaufopferung findet, ist einmal das Wohlsein zum obersten Prinzip erhoben, so hat Niemand das Recht, es dem Anderen streitig zu machen, es als Unrecht zu bezeichnen, Niemand das Recht, dem Anderen zu sagen: Dieses soll und muß dein Wohlsein sein, wenn es ihm vielleicht gerade den größten Schmerz verursacht. Denn selbst auf die Folgen und Wirkungen des Thuns hinsichtlich des Wohlseins, daß z. B. die Ausschweifung geistigen, körperlichen und finanziellen Ruin nach sich ziehen, oder umgekehrt das Ertragen von Entbehrungen und Schmerzen ein späteres Wohlbefinden erwirke, kann das Individuum nicht verwiesen werden, da ihm Niemand diese Zukunft als gewiß und von ihm erlebt und genossen zu verbürgen vermag. — Diese Ansicht ist aber auch schon darum völlig verwerflich, weil sie einentheils nur ein einzelnes Glied aus dem menschlichen Organismus hervorhebt, und es zum alleinigen Beherrscher desselben macht, anderntheils weil sie der Natur des Menschen widerspricht. Das Wohlsein ist der Gegensatz der Entwickelung, da diese aus dem vorhandenen Zustande herausstrebt, und selbst Hingebung und Schmerz, Aufopferung und Kampf nicht scheut, um zu ihrer Befriedigung zu gelangen. Sie liegt aber so unwiderstehlich in der Menschennatur, daß die Zurückhaltung derselben, das gewaltsame Einstauen innerhalb des Erlangten das größte Unwohlsein herbeiführt. Gerade hieraus entspringt daher für denjenigen, der das Wohlsein als seinen Zweck betrachtet, die größte Quelle der Uebel und die mannichfachste Entbehrung der

Befriedigung und höheren Genüsse, was sich dann praktisch in der Erscheinung bethätigt, daß gerade die egoistischen Menschen an ihrem Lebensglücke am öftesten scheitern und das verlieren, worin sie ihr höchstes Ziel gesucht haben.

Wir brauchen aber kaum aufmerksam zu machen, daß die An= führung und Widerlegung dieser drei Ansichten über die Bestimmung des Menschen nicht etwa blos der Vollständigkeit wegen geschehen. Nicht nur die erste dieser Meinungen ist eine seit der Verbreitung der Gotteslehre, namentlich seitdem ihre Ideen tief in das Leben der Menschen eingedrungen, eine sehr allgemeine, sondern auch die beiden anderen haben zu aller und zu unserer Zeit zahlreiche An= hänger gehabt. Und wenn allerdings die zweite immer nur während eines großen Aufschwunges des staatlichen, nationalen oder mensch= lichen Lebens, wie in der Blüthezeit Sparta's, Athens, Roms, der französischen Revolution und der neuesten Zeit, erscheint, so hat dagegen die dritte bewußt und unbewußt immerdar den größten Spielraum in den Ansichten und Handlungen der Menschen, ja macht sich in jedem Individuum geltend, so daß sie von der Gottes= lehre als ihr hartnäckigster Gegner mit aller Kraft bekämpft werden muß, und selbst der wärmste Anhänger dieser niemals die Bedeut= samkeit dieses Feindes in seinem eignen Innern vergessen darf.

Erster Abschnitt.

Die Heiligung des Menschen in seinem Verhältniß zu sich selbst.

35.

Welches ist der Inhalt des Verhältnisses des Menschen zu sich selbst?

Die Selbsterhaltung und die Selbstveredelung.

Die Erhaltung seiner selbst und die Entwickelung sind die beiden natürlichen Elemente der Menschennatur in leiblicher und geistiger Beziehung, und beide wurzeln in einander. Denn die Entwickelung, welche die Erhaltung unberücksichtigt läßt, zerstört sich selbst, indem sie sich die größten Hindernisse schafft und endlich sich unmöglich macht; und wiederum die Erhaltung kann nur durch die Entwicke-lung ermöglicht werden, weil Stillstand in den organischen und lebendigen Wesen den Tod bedeutet oder doch in Bälde nach sich zieht. Es ist dies Betreffs des Körpers leicht ersichtlich, da dieser nur durch den beständigen Stoffwechsel sich erhält und in einem bestimmten Entwicklungsgange innerhalb eines Kreislaufes bestehen bleibt. Aber auch der Geist kann nur durch eine beständige Arbeit existiren, und ein Stillstand ist ihm gleichbedeutend zuerst mit Rückschritt, dann mit geistigem Tode. Indem nun die Bestimmung des Menschen die immerfortige Ausbildung und Entwickelung zum Vollkommenern zum Inhalte hat, ist ihre erste Aufgabe die Erhaltung und Veredlung in ihr richtiges Verhältniß zu einander zu bringen, damit sie sich nicht gegenseitig stören oder zerstören, sondern einander fördern und zum belebenden Behikel dienen.

I. Die Selbsterhaltung.

36.

Worin besteht die Selbsterhaltung?

Körper und Geist gesund und im richtigen Wechselverhältniß zu erhalten.

Gesundheit heißt: die zweckgemäße Beschaffenheit des ganzen Organismus und in ihm aller einzelnen Organe. In dem Begriffe eines Organismus liegt es, daß er aus einzelnen Organen besteht, von denen jedes einzelne seinen bestimmten Zweck für das Leben des Gesammtorganismus hat, hierfür geeignet eingerichtet und in das Ganze eingegliedert ist. Das Leben des Organismus beruht daher darin, daß alle seine Organe sich in der Beschaffenheit befinden, in welcher sie zur Erfüllung ihres Zweckes vollständig geeignet sind, und daß sie darum auch sich so zu ihren Mitorganen und zum Ganzen in ihrer Eingliederung befinden, daß sie in ihrem Zwecke weder zurückbleiben, noch darüber hinausgehen. Dies ist die Gesundheit. Es geht daraus hervor, daß, sobald der Organismus als Ganzes leidet, auch die einzelnen Organe ergriffen sind, und daß, sobald ein einzelnes Organ leidet, der ganze Organismus und mit ihm die übrigen Organe in Mitleidenschaft gezogen werden. Ist nun eine absolute Gesundheit bei der Complicirtheit des Organismus, wenn nicht unmöglich, doch nur für kurze und seltene Augenblicke vorhanden, so nähert sich doch sein Zustand mehr oder weniger diesem Höhenpunkte, und es stellt sich die Aufgabe dahin, so viel wie möglich das Ganze wie alles Einzelne im Organismus der wahren Gesundheit nahe zu erhalten, da, sobald in irgend einer Weise ein Organ seinem Zwecke nicht mehr entspricht, oder durch die krankhafte Beschaffenheit und Stimmung des ganzen Organismus alle einzelnen Organe ihren Zwecken nur mangelhaft entsprechen, eine Störung und früher oder später die Zerstörung eintritt. In analoger Weise findet dies auch im Geiste statt. Der an sich einheitliche Geist äußert seine Thätigkeit in verschiedener Weise, was wir Geisteskräfte nennen. Jede dieser Kräfte kann aber, wie wir gezeigt [1]), dennoch ohne Mitthätigkeit der anderen gar nicht thätig sein, und durch die vorwiegende Thätigkeit der einen Kraft würden die anderen in ihrem Vermögen und in ihrer Thätigkeit behindert, benachtheiligt. Die Folge ist daher, daß die Geisteskräfte in einem richtigen Verhältniß zu einander erhalten werden müssen, sowohl weil sonst jede einzelne Kraft in ihrer eigensten Thätigkeit behindert und geschwächt wird, als auch weil sonst der Geist zu ganz falschen, weil durchaus einseitigen Erzeugnissen gelangt. Also auch der Geist ist nur gesund, wenn er in seiner Einheit und in dieser seine einzelnen Kräfte zweckentsprechend sich befinden und zu einander verhalten. Jede Ueberwucherung oder jedes Zurückbleiben einer einzelnen Kraft wird zweckwidrig, gefährlich, verderblich auf die Gesammtheit, auf den ganzen Geist wirken. Je enger aber die Verbindung des Körpers und Geistes zu einer höheren organischen Einheit ist, desto wichtiger und folgenreicher ist auch die Erhaltung des richtigen Verhältnisses beider zu einander. Jede körperliche Störung greift nachtheilig in das geistige Leben ein; jede bedeutende Affektion des Geistes wirkt schädlich auf den Körper; die vorwiegende Förderung des einen und das Zurückbleiben des anderen ist von den bedrohlichsten Folgen begleitet, und hemmt auch die Thätigkeit und das Leben des anderen. Auch hier ist demnach Gesundheit das zweckentsprechende Verhältniß des Körpers und Geistes zu einander, so daß, wie der Körper das Werkzeug und der Träger des Geistes, der Geist aber eigentlicher Zweck und Inhalt des menschlichen Lebens ist, beide so vollständig wie möglich diese ihre Bestimmung erfüllen.

---

[1]) S. Th. II. S. 14.

Die hieraus entspringende Pflicht ist, Alles, was zur Erhaltung des Lebens und der Gesundheit nothwendig und förderlich ist, heran= zubringen und zu verwenden, hingegen Alles zu vermeiden und ·zu beseitigen, was das Leben und die Gesundheit stört und zerstört. Hierhin gehört daher einerseits, alle Schädlichkeiten, welche die Gesundheit benachtheiligen und das Leben gefährden, von uns abzuhalten, selbst mit Ueberwindung lebhaften Verlangens darnach, und in allen Erkrankungsfällen die Hülfe Sachverständiger anzu= rufen und ihren Vorschriften gewissenhaft uns zu unterwerfen; andererseits aber auch eine direkte Gesundheitspflege. So gewiß es sündhaft ist, sich tollkühn und zwecklos Lebensgefahren auszusetzen, so unrecht ist es auch, die Gesundheit als von neben= sächlichem Werthe anzusehen, ihre Pflege, gegen andere Pflichten und Beschäftigungen genommen, als gleichgültig zu betrachten und hintenanzusetzen. Das erste Erforderniß der Gesundheitspflege ist, die Thätigkeit des Körpers und des Geistes in angemessenem Ver= hältniß zu einander zu üben. Es gehört zur vernünftigen Diätetik, sowohl den Körper als den Geist in Anstrengung zu erhalten, ohne daß diese eine übermäßige sei. Die Trägheit des Geistes bewirkt auch Trägheit in allen Funktionen des Körpers und führt zu Stockung, Anschwellung und Zersetzung in demselben; die Trägheit des Körpers ist aber selbst bei geistiger Indolenz nachtheilig und bringt den Verfall jenes herbei, ist aber bei übermäßiger Geistes= anstrengung noch gefährlicher und die Ursache vieler Krankheiten und vorzeitigen Todes. Körperliche Arbeit, gymnastische Uebungen und Bewegung in freier Luft sind daher für Jedermann noth= wendig und pflichtgemäß, noch dazu, da sie auf die Erheiterung des Gemüthes, auf eine freiere Anschauung und eine religiös=sittliche Stimmung wesentlich einwirken. Wird doch auch von den h. Sängern die Betrachtung der Gottesnatur als von großer Wirksamkeit auf vernünftige Erkenntniß und Herzenserhebung gefeiert. Ein zweites Erforderniß ist die Reinlichkeit, die am Körper, in Kleidung und Wohnung so überaus viel zu leiblicher und geistiger Gesundheit bei= trägt. Es ist jetzt bekannt, daß durch die im Volke immer mehr verbreitete Reinlichkeit nicht blos die großen im Mittelalter so häu= figen Seuchen und Pestilenzen verhindert werden, sondern auch die

durchschnittliche Lebensdauer der Generationen wesentlich gestiegen
ist. Das h. Wort, welches den Menschen überall in der Einheit
des Geistes und Körpers auffaßt, erkennt den Zusammenhang eines
reinlichen Körpers mit einer lauteren Stimmung der Seele überall
an, und verlangt daher Waschen, Baden und Reinigen nicht blos
symbolisch, sondern faktisch da, wo eine Heiligung vorgenommen
werden soll, und begreift diese ohne jenes nicht. Endlich als die
dritte Forderung der Gesundheitspflege ist eine gesunde, kräftige und
nicht übermäßige Nahrung anzusehen. Auch dieses letzte Moment
faßt das Gesetz, aber nicht blos vom diätetischen, sondern von einem
höhern psychischen Standpunkte aus, vermittelst der Speisegesetze, auf.

„Seiner Seele thut wohl der Mann voll Güte,
wer sein Fleisch peinigt, ist unbarmherzig." (Spr.
Sal. 11, 17.)

Als Jakob nach Beth=El ziehen will, um einen Altar zu bauen, den ein=
zigen Gott anzubeten, und alle fremden Götter der Seinigen zu entfernen,
befahl er diesen „sich zu reinigen und ihre Kleider zu wechseln" (1 Mos. 35, 2).
Bevor das Volk zur Verkündigung der Zehn=Worte an den Fuß des Berges
Sinai rücken soll, wird ihm befohlen, „sich heute und morgen zu heiligen,
und ihre Gewänder zu waschen." (2 Mos. 19, 10. Vgl. Josch. 3, 5.) So
wurde den Priestern, bevor sie irgend eine priesterliche Verrichtung im Hei=
ligthume vornahmen, befohlen, Füße und Hände zu waschen (2 Mos. 30,
19 ff.); bei jeder Unreinheit, wie Berührung des Todten u. s. w., mußte der
Israelit sich waschen und baden; das Lager der Israeliten mußte von aller
Unreinheit frei gehalten werden. In der späteren Zeit gaben die Vorberei=
tungen allwöchentlich zum Sabbath und jährlich zum Peßach Gelegenheit,
die Häuser der Juden reinlich zu erhalten, und war dies Alles sicherlich ein
Vehikel zu der Erscheinung, daß die Juden von vielen Pesten unberührt
blieben, eine Erscheinung, die ihnen oft genug böswillige Verdächtigung und
Verfolgung zuzog. — Ueber die Speisegesetze s. Paragraph 38.
Der Talmud, anlehnend an 5 Mos. 4, 9., „nur hüte dich und hüte dein
Leben (eig. deine Seele) wohl", erklärt die Erhaltung des Lebens für ein
mosaisches Gebot (Berachoth 32, 2.). Daher sagt Maimon. Hilch. Deoth 4, 1.):
„Für die Gesundheit und das Wohlbefinden des Körpers zu sorgen, verlangt
Gott, denn es kann Niemand seinen Geist vervollkommnen und zur Gottes=
erkenntniß kommen, wenn er krank ist. Daher muß der Mensch sich fern=
halten von den Dingen, die den Körper verderben."

37.

Welches ist das der Selbsterhaltung widerstreitende Verbrechen?

Der Selbstmord, der unmittelbare und mittelbare.

Selbstmord ist die mit Absicht vollführte Handlung, durch welche dem eigenen Leben ein Ende gemacht wird; unmittelbar nennt man ihn, wenn ein bestimmtes Mittel, dessen tödtliche Wirkung uns bekannt ist, hierzu verwendet wird, während ein mittelbarer Selbst=mord dann stattfindet, wenn man sich Einflüssen überläßt, deren gefährliche, das Leben bedrohende und untergrabende Wirkungen wohl bewußt sind. Wenn der Wüstling sich Ausschweifungen hin=giebt, deren todtbringende Wirkung ihm bekannt und an ihm selbst ihm sichtbar sind; oder wenn Jemand dem leidenschaftlichen Grame, der verzehrenden Sorge, dem zerrüttenden Zorne und ähnlichen Affekten sich überläßt, die in erkennbarer Weise seinen Organismus vernichten, so ist dies ein mittelbarer Selbstmord.

Der Selbstmord ist unter allen Bedingungen, sobald die Hand=lung mit Bewußtsein geschieht, ein Verbrechen, bei welchem der Um=stand, daß der Mörder seine Hand an sein eigenes Leben legt, keinen mildernden Grund ausmacht. Denn das Leben ist dem Indi=viduum ebenso verliehen, ein gegebenes und anvertrautes Gut, wie das Leben jedes Anderen. Die Vernichtung des Daseins auf Erden, der ganzen irdischen Zukunft, die ihm auf natürlichem Wege und nach der Anlage durch die Vorsehung noch zustand, bildet den Inhalt des Verbrechens, ob es an ihm oder einem Anderen verübt worden. — Der Selbstmord ist aber stets eine That der Feigheit und Schwäche. Der Selbstmörder will die Folgen seiner Handlungen oder die Mühsale des Geschickes nicht ertragen; es fehlt ihm an Muth und Kraft, sich dieser Bürde zu unterziehen, die ihm so schwer erscheint, daß der Verlust des Lebens ihm leichter dünkt. Gerade im Gegentheile von einer nicht wenig verbreiteten Ansicht, welche den Selstmord · als eine Aeußerung der Kraft, der Lebens=verachtung, ja des Heroismus auffaßt, wird eine genauere Prüfung die Schwäche und Feigheit, die ihm zum psychischen Grunde liegt, erkennen. Der muthige, willensstarke, dabei Gott vertrauende Mensch wird auch die schlimmsten und drückendsten Erlebnisse ertragen, wird, wenn er sein Schicksal verschuldet hat, es als eine Sühne annehmen, wenn es ihn unverschuldet überkommen, sein Bewußtsein zur Hülfe rufen, den Wechsel der Dinge erwägen, seine Kräfte zu Rathe ziehen und anfeuern, und jedenfalls die ihm von Gott angewiesene Stelle in treuer Wacht so lange einnehmen, bis die Vorsehung ihn abruft. Es ist dies allerdings oft eine ungeheure Prüfung, welche den höchsten Muth und die ausdauerndste Kraft in Anspruch nimmt, aber hierin gerade bewährt sich der religiös= sittliche Mensch, und der Selbstmörder erweist nur seinen Mangel an jenen.

Der Selbstmord ist ein Verbrechen, bei welchem der Maßstab der mildernden Umstände in dem Grade des klaren ungetrübten oder des betäubten und gestörten Bewußtseins liegt; ein Maßstab, den anzulegen und zu einem Urtheile zu verwenden um so schwie= riger ist, je seltener ein Einblick in die, der That vorangegangenen Gemüthszustände gewährt, der Thäter selbst aber jeder nachfolgen= den Beobachtung entzogen ist. Hierzu kommt nun, daß jedenfalls in dem Menschen eine außerordentliche Zerrüttung der Gedanken= und Gefühlswelt, eine schwere Beängstigung, eine fürchterliche Ver= zweiflung vorausgesetzt werden muß, bevor der starke, sonst zu den größten Opfern bereite Selbsterhaltungstrieb überwunden wird, so daß wir schon um dessentwillen, was der Selbstmörder vor seiner That gelitten, ein tiefes Mitgefühl mit ihm haben werden. — Es liegt aber im Vorhergehenden schon angedeutet, daß, wenn zu einer Zeit oder in einer bestimmten Lokalität der Selbstmord häufiger wird, dies ein Beweis für die Ueberhandnahme wüster Leidenschaftlichkeit, sittlicher Schwäche und religiöser Ueberzeugungslosigkeit ist, weil eben der bewußte Selbstmord nur ein Ausfluß dieser Zustände ist. Auch hierin wirkt allerdings das Beispiel verderblich und oft wie ansteckend, da es im Augenblicke der Verzweiflung sehr viel darauf ankommt, welcher Gedanke dem Unglücklichen nahe tritt. Als Gegen= mittel lassen sich daher allein diejenigen Tugenden aufstellen, aus deren Mangel der Selbstmord entspringt. Zeiget, daß er ein Ver=

brechen der Feigheit ist, wecket in der Jugend den männlichen Muth, der niemals vor einer Zukunft zurückschreckt, vor Allem festigt in den Geistern die Zuversicht auf Gott und seine Vorsehung, sowie den Gedanken an das göttliche Gericht, und der Selbstmord wird nur als ein sehr seltenes Ergebniß aus dem Zusammenfluß der trübseligsten Verhältnisse vorkommen.

Während der Selbstmord bei den europäischen Völkern schon in alter Zeit z.-B. bei den Römern keine ganz ungewöhnliche Erscheinung war, ist er bei den orientalischen Nationen und so auch bei den Israeliten nur sehr selten vorgekommen, und hat sich dies bei den Juden bis auf die neueste Zeit erhalten. In der h. Schrift kommen nur zwei Beispiele von Selbstmord vor, der des Königs Schaul vor den andrängenden Pelischthim, nachdem die Schlacht verloren und seine Söhne gefallen waren, wobei wir uns daran erinnern müssen, daß Schaul, schon lange Zeit von tiefster Melancholie befangen, seine Verwerfung vor Gott tief empfand, und jetzt in höchster Noth, seinen Feinden schon fast in die Hände gefallen, und an seiner Zukunft verzweifelnd war, weßhalb ihn auch die Tradition wegen seiner That entschuldigt und ihn nicht als einen eigentlichen Selbstmörder ansieht. (1 Schem. 30, 4.) Das zweite Beispiel ist das Achithophel's, des listigen Rathgebers Abschalom's, nachdem er den Lohn seiner Verrätherei sich aus den Händen schwinden, Abschalom seinen Rath verschmähen sah, und vorauserkannte, daß David wieder die Oberhand erlangen werde (2 Schem. 17, 23.). — Es ist darum einsichtlich, daß die h. Schrift kein direktes Verbot des Selbstmordes ausspricht, und ihn unter das allgemeine Verbot: „Du sollst nicht tödten," subsumirt. Der Talmud hingegen drückt seinen Abscheu gegen den Selbstmord in den Worten (Sanhedrin) aus: „Wer sich vorsätzlich das Leben nimmt, wird des zukünftigen Lebens nicht theilhaftig;" womit er wohl weniger die Vernichtung des Geistes des Selbstmörders, als vielmehr das schwere Gericht Gottes, das dieser mit seiner That, abgesehen von vorhergegangener Verschuldung, über sich gebracht hat, bezeichnen und warnend in die Seele rufen will. Der den Feuertod erleidende Rabbi, zu welchem die Jünger sprachen: „Oeffne den Mund, dann werden die Flammen dich früher tödten," antwortete: „Gott kann mir das Leben nehmen, ich selbst darf mich nicht umbringen." (Aboda Sara 18. 1.) Es lag daher auch in der Consequenz, daß die traditionelle Gesetzgebung die Betrauerung eines Selbstmörders, der sich mit Bewußtsein den Tod gegeben (המאבד עצמו לדעת) untersagte, so daß um seinetwillen alle die vorgeschriebenen Trauergebräuche unterblieben mit Ausnahme dessen, was den Ueberlebenden zur Ehre und Tröstung geschieht (אבל עומדין עליו בשורה ואומרים עליו ברכת אבלים וכל' דבר שהוא כבוד לחיים); doch wird sorgfältig darauf geachtet, ob die That mit vollem Bewußtsein und aus freiem Entschlusse geschehen, weil, wenn hieran zu zweifeln, wenn irgend eine Unfreiheit, ein Zwang vorausgesetzt werden kann, die Trauergebräuche in keinerlei Weise unterlassen werden dürfen, wie denn auch ein Unmündiger, der sich getödtet, nicht als bewußter Selbstmörder angesehen werden soll; s. Rambam הלכ' אבל I. 11. Jor. Deah. הלכ' אבל 345, 1—3. Außer dieser Unterlassung der Trauer=gebräuche wurde aber irgend eine anderweitige Beschimpfung des Todten nicht verordnet, wie denn nach der h. Schrift selbst Achithophel in seinem Erbbegräbnisse beerdigt wurde, wohingegen bekanntlich das christliche Mittel=alter die beschimpfendsten Gebräuche für die Leiche des Selbstmörders hatte, die erst der milderen Anschauung unsrer Zeit gewichen sind.

Dahingegen enthält die h. Schrift an vielen Stellen sehr nachdrückliche, erhebende und das Gemüth stärkende Aussprüche, welche den Menschen in den verzweifeltsten Lagen auf Gott verweisen, über die Drangsale hinweg zu ihm emporheben, seine Rettung nahe wissend und verheißend, daß wer diese Worte der alten Sänger und Propheten in seine Seele nimmt, sich vor Verzagtheit retten, und aus der Verzweiflung, die ihn fassen will, lösen wird, um mit neuem Muthe den schweren Kampf zu beginnen. Vorzugs=weise sind es die Psalmen, die an derartigem Zuspruche reich sind.

„Mich umschlangen Bande des Todes, Bäche des Verderbens schreckten mich, Schlingen des Todes hatten mich überfallen: in meiner Noth ruf' ich den Ewigen, zu meinem Gotte fleh' ich auf: er hört aus seinem Heiligthume meine Stimme, mein Flehen kommt vor ihn zu seinen Ohren. —" (Ps. 18, 5—7.)

„Denn er, er rettet dich aus Vogler's Schlinge, vor der Bosheit Pest; mit seinem Fittig deckt er dich, und unter seinen Flügeln findest du Schutz, Schild und Schirm ist seine Wahrheit. Nicht fürchte dich vor dem Schrecken der Nacht, vor dem Pfeile, der flieget des Tages, vor Pest, die schreitet im Dun=kel, vor Seuche, die verwüstet am Mittag. Fallen Tausend zur Seite dir, Zehntausend an deiner Rechten: dich wird er nicht treffen. Nur mit den Augen schauest du es, siehst der Frevler Vergeltung. Denn du, Ewiger, bist meine Zuflucht." (Ps. 91, 3—9.) Vgl. auch Ps. 116. 118 u. a. O.

So auch das Gebet Jonah's (Jon. 2, 4—10).

„Du hattest in die Tiefe mich, in's Herz des Meeres geworfen, und mich umschwoll die Strömung, all' deine Brandung, deine Wellen, sie fuhren über mich dahin. Da dachte ich: verworfen bin ich fern von deinen Augen! Doch schauen werde ich noch nach deinem heiligen Tempel! Mich umrangen Gewässer bis an die Seele, die Fluth umschwoll mich, mein Haupt umschlungen vom Geschilf. Zu den Gründen der Berge war ich gefahren, vor mir der Erde Riegel für ewig — da zogest aus der Grube du mein Leben, Ewiger, mein Gott. Da meine Seele in mir schmachtete, dacht' ich des Ewigen, zu dir kam mein Gebet, zu deinem heiligen Tempel. Die falsche Nichtigkeiten wahren, verlassen all' ihr Heil: beim Ewigen ist Hülfe!"

Mendelssohn handelt an zweien Stellen seiner Schriften über die Gründe, welche den Selbstmord zu einer unerlaubten That, zu einem Verbrechen machen. Oberflächlicher nämlich im Phädon, erstes Gespräch S. 105 Bd. II. Ausgabe 1843. Er stellt hier als das wesentlichste Moment auf, daß Gott unser Eigenthumsherr, wir sein Eigenthum sind und seine Vorsehung unser Bestes besorgt. Indem Gott uns das Leben und ein gewisses Maß von Kräften, durch die es erhalten wird, gegeben, handeln wir wider seinen klar ausgesprochenen Willen und seine Absichten, wenn wir den Erhaltungskräften unserer Natur Gewalt entgegensetzen und der Dauer unsres Lebens ein Ende machen. Ausführlicher und eingehender sprach er sich schon früher in den Briefen über die Empfindungen, Brief 9, 13, 14 und 15 aus. Er stellt hier drei Gesichtspunkte auf: erstens, den der Religion, welche das jenseitige Leben als den Zustand der Glückseligkeit lehrt, die aber durch Unschuld, Geduld und Vertrauen auf Gott, also durch die nachdrückliche Bekämpfung jeder Verzweiflung, durch das muthige Ausharren auch in der schwersten Prüfung erlangt werden kann. Zweitens den Gesichtspunkt derjenigen Philosophen, welche mit dem Tode die Vernichtung auch des geistigen Lebens eintreten lassen. Da aber kein Elend so groß sein kann, daß nicht eine Besserung, keine Trauer so schwer, daß nicht mit der Zeit eine Tröstung, keine Reue so bitter, daß nicht eine Beruhigung eintreten könne, mit der Vernichtung aber zugleich jede Möglichkeit, den Geist aus dieser seiner Beschränkung wieder frei zu machen, aufhört, so ist auch aus diesem Gesichtspunkte der Selbstmord zu verwerfen. Es kann da nicht mehr die Frage sein, ob

Leben oder Tod vorzuziehen sei, wo Vorzug, Wahl, Freiheit verschwinden, sobald zwischen Sein und Nichtsein ein Ausspruch geschehen soll. Drittens, den Gesichtspunkt der Philosophen, welche die Unsterblichkeit zwar nicht aus der Religionslehre schöpfen, aber aus der Vernunft herleiten. Diese müssen die Zustände im jenseitigen Leben als die Fortsetzung der diesseitigen ansehen, müssen die Entwickelung von Stufe zu Stufe steigen lassen. „Wer diese Welt anders verläßt, muß jene anders betreten. Ein Sterblicher also, welcher das Ende der ihm in dieser Welt beschiedenen Dauer nicht abwartet, stürzt sich in einen ganz anderen künftigen Zustand als der ist, in welchen er nach dem Laufe der Natur versetzt worden wäre. Wie vieles wagt der Unbesonnene! Der Streich hat einen Einfluß in seine ganze Unsterblichkeit. Alles wird merklich anders, als es für ihn bestimmt war. Und diese kühne Aenderung, diese große Revolution trifft er blindlings!"

Es versteht sich von selbst, daß es ganz gleich ist, durch die Hand eines Anderen seinen Tod absichtlich herbeizuführen oder selbst Hand an sein Leben zu legen. Hier aber liegt die Frage nahe, welche die Grenzlinie zwischen solchem mittelbaren Selbstmorde und den Fällen sei, in welchen wir uns tödten lassen, also den Tod erleiden müssen. Die Antwort wird dahin gehen, daß, so wie wir unser eigenes Leben für die Erfüllung einer höheren Pflicht einsetzen müssen, z. B. zur Rettung eines Nebenmenschen aus Lebensgefahr, zur Vertheidigung des Vaterlandes gegen den Feind, wir auch verpflichtet sind, den Tod zu erleiden, ehe wir eine höhere Pflicht verletzen oder verletzen lassen.

Der Talmud, welcher der Lebensgefahr (נפש‎ סכנת‎) alle Satzungen nachstellt, und diese selbst Behufs der Heilung von lebensgefährlicher Krankheit aufhebt, sogar zum Theil, wenn diese nur ein einzelnes Glied betrifft (s. Orach Chajim über die Kranken am Sabbath, Abschn. 328.), stellt drei Vergehungen auf, deren Begehung der Tod vorgezogen werden müsse: Götzendienst, Incest und Mord (Sanhedr. 74. 1.). Wir sollen also eher uns tödten lassen, als eines dieser drei Verbrechen verüben. Aus diesem Gesichtspunkte können dann auch Fälle vorkommen, in welchen ein Selbstmord nicht unerlaubt erscheint, wenn nämlich alle Aussicht und Kraft fehlt, einer solchen verbrecherischen That aus dem Wege zu gehen. So führt der Talmud das Beispiel von 400 israelitischen Jungfrauen an, die sich selbst den Tod gaben, als sie geschändet werden sollten (Gittin 57. 2.).

38.

Welche Pflicht entspringt hieraus?

Den sinnlichen Leidenschaften nicht zu fröhnen.

Welche Tugend wird hierin geübt?

Die Mäßigkeit.

Wie heißt das hiergegen streitende Laster?

Jede Art von Ausschweifung und Völlerei.

Der Mensch ist bestimmt, die ihm vom Schöpfer gegebenen Triebe nicht zu unterdrücken und auszurotten, aber sie zu regeln, gewissen Gesetzen zu unterwerfen, ihre Befriedigung so aus blos thierischen Akten zu sittlichen Handlungen zu erheben, sie mit einem sittlichen Werthe zu durchdringen, und ihnen sittliche Würde zu verleihen. Hiermit erst tritt der Mensch aus der thierischen Welt heraus, löst sich von der unfreien Natur ab, und wird ein anderes höheres Wesen. Das Thier befriedigt seine Triebe und Begierden wo, wie und wieweit es ihm irgend möglich ist, während der Mensch dies den Vorschriften der Vernunft und Sittlichkeit unterzieht; das Thier thut jenes nach den ihm eingesenkten Instinkten, der Mensch handelt auch hierbei mit Bewußtsein, und erhebt dadurch jede Befriedigung eines sinnlichen Bedürfnisses von der Stufe der Naturnothwendigkeit zu einem Akte des freien Willens mit allen hieraus sich ergebenden Consequenzen. Gerade hieraus erfließt aber, daß, wenn der Mensch seinen sinnlichen Begierden freien Lauf läßt, wenn er den Zügel der Vernunft von ihnen nimmt, und die Gesetze der Sittlichkeit nicht achtet, er thierischer als das Thier wird, und weit unter dasselbe an Gehalt und Würde sinkt, während er im Gegentheil durch die Bezwingung der Sinnlichkeit überall da, wo sie dem Sittengesetz und der Vernunft entgegentritt, seinen höchsten Adel als Mensch erlangt. — So tritt uns hier das nachdrückliche Gebot entgegen, den sinnlichen Leidenschaften nicht zu fröhnen.

Sinnlichkeit ist einmal von der Natur des Körpers untrennbar, und ihren Forderungen soll Genüge geschehen, weil dies zur Erhaltung des Menschen unentbehrlich ist. Die Hand, die sich nach einem Bissen Brodes ausstreckt oder den Becher zum Munde führt, um die dürstende Lippe zu netzen, befriedigt eine Forderung der Sinnlichkeit. Aber vor Allem dürfen wir diese nicht zu Leidenschaften werden lassen, sondern diese natürlichen Triebe in den Schranken der Mäßigkeit erhalten. Ist es aber geschehen, daß wir unbewußt oder in unserer Schwäche einen derselben die Heftigkeit der Begierde und endlich die Gewalt der Leidenschaft haben annehmen lassen, so sollen wir rechtzeitig uns aufmachen, sie zu bekämpfen, uns ihr nicht hingeben, sondern sie so lange in jeder Weise beschränken, bis sie zum rechten Maße zurückgekehrt ist. — Es gilt hier zuerst zu erwägen und im beständigen Bewußtsein zu erhalten: daß auch der menschliche Leib ein göttliches Heiligthum, der für einen unsterblichen Geist von Gott geschaffene Tempel ist, den keusch und rein zu erhalten, wahrhaft unsre Würde ausmacht. Der menschliche Körper ist das Meisterstück der Erdenschöpfung [1]), das vollkommenste Gebilde auf diesem Weltkörper; so müssen wir ihn hoch achten und heilig halten, ihn nicht zu entweihen, zum Werkzeug der niedrigsten, selbst unter das thierische Maß gesunkenen Begierden zu erniedrigen. Denn die Verbindung zwischen Körper und Geist ist eine zu enge und einheitliche, als daß nicht durch die Entweihung des Körpers auch der Geist entweihet würde, der Körper unfähig wird, das bereite Werkzeug des Geistes zu sein, und wie der Leib verthiert, so auch der Geist. Um so mehr dies aber, als es ja die Aufgabe des Geistes ist, die sinnlichen Triebe des Körpers zu beherrschen und zu versittlichen, demnach, wenn er jenen die Zügel schießen läßt, seine Herrschaft und seine Sittlichkeit verliert, selbst nur zum Werkzeug und Knecht des Leibes herabsinkt, verdirbt und sich versündigt. — Bei keinen Vergehungen, und dies sei die zweite Erwägung, treten aber auch die Folgen und Wirkungen unmittelbarer und verderblicher ein. Wer sich der sinnlichen Ausschweifung und Völlerei ergiebt, und sie zu Lastern macht, die ihm zur Gewohnheit des

---

[1]) S. Th. IV. S. 58.

Daseins werden, zerstört seinen Körper und seinen Geist, bringt sie früher oder später in den schmählichsten Zustand und endlich zum Untergang, zerrüttet oder vernichtet seine bürgerliche Existenz und seine ganze Wirksamkeit als Mensch, bringt über seine Angehörigen unsägliches Leid und knüpft Schmach an seinen Namen. Man braucht nur das Bild eines Säufers oder eines Wüstlings sich vor die Erinnerung zu bringen, um sich all' die traurigen Wirkungen dieser Leidenschaften zu vergegenwärtigen. Aber auch, wo diese nicht zu einem vollen Grade des Verderbnisses gestiegen sind, haben sie die nachtheiligsten Folgen. Der Körper wird schlaff und unfähig, Anstrengungen zu ertragen; das bleiche, fahle Gesicht, die matten Augen, die kahle Stirn und das haarlose Haupt zeigen die Verwüstungen, welche die sinnliche Leidenschaft schon in den Jahren der Jugend und Manneskraft angerichtet haben; das Gedächtniß ist schwach, die Einbildungskraft matt, der Geist alles Aufschwunges, aller edleren Gefühle, aller höheren Energie baar, wogegen der Egoismus zur alleinigen Triebfeder und zu einer eisigen Hartnäckigkeit wird. So bestrafen sich die sinnlichen Leidenschaften am ehesten selbst, und stellen warnende Beispiele genug vor unsre Augen. Das einzige Gegenmittel ist die Selbstbeherrschung, welche den Geist befähigt, die sinnlichen Triebe in ihren Schranken zu halten, und selbst der unbewacht erwachsenden Leidenschaft zur rechten Zeit und in rechtem Maße entgegen zu treten. Diese Selbstbeherrschung, die sich dann auch auf anderen seelischen Gebieten, wie Zorn, Haß, Aerger, Ehrgeiz, Habgier u. s. w. geltend macht, und sich die höchsten Verdienste erwirbt, darum eine der kräftigsten Stützen unsres Lebens, der treueste Wächter aller der Kleinodien ist, welche unser Leben birgt, ist eine Tugend, welche von zartester Jugend an erworben sein will. Viele Menschen, allerdings solche, deren Begriffe von Sittlichkeit und Tugend nicht sehr fest stehen, meinen, man müsse die Jugend tollen lassen, bis sie sich „die Hörner abgelaufen", sie werde dann schon zur Mäßigkeit und Selbstbeherrschung kommen. Diese Ansicht, welche durch Toleranz gegen die Jugend die sittliche Kraft und Würde für das spätere Leben zu retten wähnt, ist eine sehr irrige und gefährliche. Wie viele treffliche Jünglinge bei diesem Experimente verloren gehen, ist nicht zu bemessen; und ein ausgebrannter Krater hat nur noch todte Lava, kein Feuer mehr. Im Gegentheil, gerade die Jugend muß zur Selbstbeherrschung und zwar auf's Frühzeitigste erzogen und angeleitet werden, weil nur dadurch der Geist die Kraft erhält, die schweren Proben zu bestehen, die aber fehlt, wenn sie nicht von lange her erworben und geübt worden. Schon der Knabe und das Mädchen müssen lernen, ihre Wünsche zu beschränken, ihren Begierden zu widerstehen, ihren Willen abzugrenzen und dem Anderer zu unterwerfen, sie müssen zu Auf= opferung und Hingebung angeleitet werden und darin Uebung erlangen, um gerade für die Gluthzeit des Lebens, wo die Phantasie am feurigsten, das Herz am empfänglichsten, die Leidenschaft darum am nächsten und heißesten, gerüstet zu sein.

Wir sollen also den Bedürfnissen und Trieben unsres sinnlichen Theiles Befriedigung geben, soweit dies den Vorschriften der Sitt= lichkeit nicht widerspricht, auf gerechte Weise erworben und innerhalb des rechten Maßes gehalten wird. Dies ist die Tugend der Mäßig= keit, die einentheils alles Unsittliche überhaupt zurückzuweisen vermag, anderntheils aber auch von dem Erlaubten und zu Gebote stehenden nur ein rechtes Maß zum Genusse gestattet. Welches das rechte Maß sei, hängt selbstverständlich von persönlichen, örtlichen und zeitlichen Verhältnissen ab, besteht aber immer darin, daß jede schädliche Wirkung nach allen Richtungen hin vermieden, weder Körper noch Seele durch den Genuß irgendwie überfüllt oder über= reizt und zu sehr an den Genuß gewöhnt werde. So ist es diese Tugend, welche den ganzen Menschen gesund, den Reiz des Lebens immer frisch erhält, und, durch alle Gebiete des menschlichen Wesens hindurch wachsend, uns die wahre Lebensweisheit verleiht. Selbst= beherrschung und Mäßigkeit treten nachdrücklich der Genußsucht entgegen, welche allerdings in unsrer Zeit, wenn auch nicht raffi= nirter, doch durch alle Volksschichten allgemeiner und verbreiteter als früher geworden, und die namentlich die größere Kultur in die Häuser Israels begleitet hat, jener Genußsucht, welcher die Eltern selbst dadurch so vielen Vorschub leisten, daß sie in unverständiger, verweichlichter Liebe stets auf das Vergnügen ihrer Kinder sinnen, und sie zu „amusiren" trachten; jener Genußsucht, die der ernste Menschenfreund, ohne rigorös zu sein, als den Feind alles Höhern

im Menschen, der alle Tugend und Sittlichkeit untergräbt, aller
Manneskraft den Nerv abschneidet und in die bürgerlichen Verhält=
niffe die größte Verwirrung wirft, wohl erkennt und beklagt. Selbst=
beherrschung und Mäßigkeit, diese große Tugend der alten, verach=
teten Juden, müssen daher als die wahren sittlichen Reformatoren
mit aller Kraft erstrebt und in unsre Jugend zurückgebracht werden.

Die h. Schrift sieht die Sinnlichkeit als die erste Quelle der Sünde
im Menschen an, und veranschaulicht dies in der Geschichte des Paradieses.
In der unschuldigen, reinen, des Bewußtseins von Recht und Unrecht noch
baaren Seele erwacht die Sinnlichkeit innerhalb der natürlichen Bedürfnisse.
Da tritt ihr die Beschränkung in der Befriedigung dieses Bedürfnisses als
Gebot Gottes entgegen. Bald aber wird aus dem Bedürfniß die Begierde,
welche das badurch geweckte Gewissen verblendet, die Gründe der Enthaltsam=
keit listig verdreht, jedes Bedenken zurückdrängt, und so zur sündigen That
verleitet. Hiermit ist die Unschuld gebrochen, die Erkenntniß des Guten
und Bösen in die Seele gebracht, und fortan der immer sich erneuende
Kampf eröffnet. Dies ist einfach die Bedeutung und der Gedankeninhalt
dieser tiefsinnigen Erzählung, deren allegorischer Charakter schon durch den
Namen des Baumes („der Erkenntniß des Guten und Bösen"), durch die
Frucht, deren Genuß diese Erkenntniß bewirkt, und durch die sprechende
Schlange angedeutet ist, wenn auch in ihr zugleich die Erklärung verschie=
dener natürlicher Erscheinungen und selbst einige historisch=geographische An=
deutungen gegeben werden sollten und sind. (S. unf. Bibelw. II. Aufl.
Th. I. S. 12 ff.) Als die zweite Quelle der Sünde stellt dann die
h. Schrift in der Geschichte Kajin's die Gesellschaft durch die innerhalb der=
selben geweckten Leidenschaften der Ehr= und Habgier an. — Während daher
die h. Schrift durchaus keine Feindin der Freude und Heiterkeit, des schuld=
losen Genusses der Gaben, die uns die göttliche Huld verleiht, ist, während
das Gesetz selbst die Freude an den drei großen Nationalfesten zur Vorschrift
erhebt, und sie an den Opfermahlzeiten für alle Glieder des Volkes bereitet
wissen will, während Musik, Spiel und Tanz überall als zum Volksleben
gehörig angesehen und von den Propheten als in dem wiedererstandenen Israel
und Jerusalem reichlich geübt verkündet werden — wird jede Ausschreitung
der Sinnlichkeit, die sittliche Entartung in Ausschweifung, Ueppigkeit und
Wolluft mit der schwersten Verdammniß verurtheilt, werden ihre Wirkungen
und Folgen in schärfster Weise geschildert, und der Untergang der Nationen,
und so auch Israels, von ihnen herdatirt. Insonders die Prophetenbücher
sind hiervon angefüllt, züchtigen alle Klassen des Volkes deßhalb und
zeichnen alle Arten und Wege der sinnlichen Lüfte in kräftigen Zügen. Heben
wir hier nur eine Art derselben und eine Stelle darüber hervor. Jesajas
rufet aus: „Wehe denen, die am frühen Morgen nach starken

Getränke jagen, am späten Abend vom Weine glühen. Zither und Harfe, Pauke und Flöte, und Wein sind ihre Gelage, aber das Thun des Ewigen betrachten sie nicht, seiner Hände Werk sehen sie nicht." Ferner: „Wehe den Helden im Wein= trinken, den Tapfern im Mischen starken Getränks; die frei= sprechen den Frevler um Bestechung, der Gerechten Recht diesen entreißen — denn sie verachten die Lehre des Ewigen der Heerschaaren und den Ausspruch des Heiligen Israels verschmähen sie." (Jes. 5, 11. 12. 22. 23. 24.) Der Prophet entwickelt in richtigster Folge, daß die Lust an Gelage und Weintrinken zuerst den Sinn für alles Religiöse und Sittliche abstumpft, daß dann der von ihr bewirkte Mangel an Mitteln Bestechlichkeit, Ungerechtigkeit und jede böse That nach sich zieht, bis die Seele in das vollständige Verderbniß versunken ist. Das Gesetz setzte sogar voraus, daß Schlemmerei und Säuferei selbst dahin führen könnte, daß ein in diese versunkener Sohn die Ehrfurcht vor seinen Eltern verlieren, gegen sie widerspenstig werden und sie mißhandeln könnte, und verordnet, daß die Eltern einen solchen Sohn anklagen sollten, und ihn, „den Schlemmer und Säufer (זולל וסובא), steinigen sollen alle Leute seiner Stadt, daß er sterbe und du hin= wegschaffest das Böse aus deiner Mitte, und ganz Israel es höre und sich fürchte." (5 Mos. 21, 20. 21.) Die Tradition bemerkt zu diesem Gesetze, daß es niemals zur Ausführung kam, weil ein solcher Sohn niemals in Israel war und sein werde (Sanhedr. 71. 1.), so daß jenes Gesetz nur zur Warnung bastehe, um die Schlechtigkeit solches Thuns als todeswürdig zu bemessen.

„Wer seinen Geist beherrscht, ist besser als ein Städte= bezwinger" (Spr. Sal. 16, 32.), worauf sich berufend es heißt (Spr. d. Väter 4, 1): „Wer ist ein Held? Der seine Neigung bezwingt." Es wird daher von den Talmudisten die Forderung gestellt, daß der Mensch selbst hinsichtlich der erlaubten Genüsse sich beschränken solle, um Selbst= beherrschung zu erlangen und desto leichter der bösen Neigung, der Begierde und Leidenschaft zu widerstehen. (S. Orach Chajim הלכ' צניעות 240 §. 1.) — Hiermit begnügte sich aber das geoffenbarte Gesetz nicht, sondern griff auch positiv ein, um Körper und Geist vor der Verunreinigung und Entartung durch leidenschaftliche Entwickelung der Sinnlichkeit zu schützen. Es lagen ihm hiebei nicht blos pädagogische und diätetische Motive zu Grunde, die sich dann allerdings auch wie von selbst einfanden, sondern tiefere, aus der Einheit der Menschennatur, aus der harmonischen Verbindung und kräftigen Wechselwirkung des Körpers und des Geistes geflossene physikalisch=psycholo= gische Ansichten. Indem das h. Wort die Materialität im thierischen Theile und die Geistigkeit in der Seele des Menschen an sich und in ihrer engen Verbindung anerkennt, hält es jede Mangelhaftigkeit oder Ueberfüllung jener

als von wesentlicher Wirkung auf diese, und verlangt daher, daß die Stei=
gerung der Materialität verhindert, oder, wo sie durch die natürlichen
Bedürfnisse und Triebe unumgänglich ist, durch besondere Akte wieder
beseitigt werde, weil sonst der Geist dadurch heruntergezogen, depravirt,
dem thierischen Leben zu sehr genähert, und hingegen die Annäherung
an Gott behindert würde. Dies ist der Grundgedanke, welcher dem großen
Reinigkeitsgesetze in der Thorah einwohnt. Wie die Annäherung an Gott
durch Erhöhung der Geistigkeit, d. i. die Heiligung, geschieht, so wird zu dieser
durch das Entfernthalten und die Entfernung von den thierischen Zuständen,
d. i. durch Reinigkeit und Reinigung, hingeführt, und darum dem Gebote
„ihr sollt euch heiligen", das Verbot „ihr sollt euch nicht verunreinigen",
unterstellt, weil durch leibliche Verunreinigung auch die Seele verunreinigt
werde (לא תטמאו oder תשקצו את נפשתיכם לא 3 Mos. 11, 43.
44. 18, 24 u. a. O.) Das Gesetz der Reinigkeit umfaßt nun: I. die Ge=
setze der Reinigkeit, und zwar a) Speisegesetze, b) Ehe= und Keuschheits=
gesetze; II. Gesetze der Reinigung a) bei Verunreinigung durch den Tod,
α. durch den Aussatz, β. durch Todte, b) bei Verunreinigung durch geschlecht=
liche Zustände. Indem nun die Gesetze der Reinigung in der Abhandlung
über den Cultus besprochen worden, die Ehe= und Keuschheitsgesetze weiter
unten abgehandelt werden, so sind es vorzugsweise die Speisegesetze, die
an unserer Stelle betrachtet werden müssen. Erwägen wir hier, wie sie
vom mosaischen Gesetze aufgestellt werden. Das Gesetz macht 1) einen
Unterschied zwischen reinen (טהור) und unreinen (טמא) Thieren und
verbietet den Genuß der letzteren. Zu den ersteren gehören von den Säuge=
thieren diejenigen, welche vollständig gespaltene Klauen haben und wieder=
käuen (Bisulca Ruminantia), diese beiden Kennzeichen müssen aber zugleich
vorhanden sein; von den Wasserthieren, welche Schuppen und Flossen haben;
hinsichtlich der Vögel wird eine Menge von Species für unrein erklärt, von
denen wir die meisten nicht mehr mit Bestimmtheit deuten können, zu denen
aber alle Raub= und Aasvögel gehören; von den anderen geflügelten Thieren
(Insekten) sind nur die rein, welche oberhalb ihrer vier Füße noch zwei
Springfüße haben (s. 3 Mos. 11., 5 Mos. 14.). 2) dürfen diese Thiere
(nämlich Säugethiere und Vögel, s. Jor. Deah Hilch. Schech. 13. §. 1.)
nur gegessen werden, wenn sie geschlachtet worden, und durchaus nicht, wenn
sie gefallen oder zerrissen (נבלה וטרפה), (2 Mos. 22, 30. 3 Mos. 17,
15. 16. 5 Mos. 14, 21.), wer von letzteren gegessen, ist unrein bis zum
Abend, muß seine Kleider waschen und sich baden; wobei noch besonders das
Böcklein in der Milch seiner Mutter zu kochen und Mutter und Junges an
einem Tage zu schlachten, verboten wird. (2 Mos. 23, 19. 34, 26., 5 Mos.
14, 21.) 3) dürfen von den Säugethieren und Vögeln gewisse Theile nicht
gegessen werden, und zwar das Blut, das vergossen und mit Staub bedeckt
werden soll (an vielen Stellen der h. Schrift, schon 1 Mos. 9, 4.) und von
den Säugethieren die Fettstücke, die auf dem Altar verbrannt wurden (3 Mos.

3, 17. 7, 23—25. vgl. Jor. Deah Hilch. Treph. 64.). Hierzu kommt noch die Spannader (גיד הנשה) bei den Säugethieren, ein Verbot, das nur 1 Mof. 32, 33 als ein Gebrauch angeführt wird, und im Gesetze selbst ganz übergangen ist. — Soweit geht das mosaische Speisegesetz. In wie fern nun die Tradition alles dieses näher bestimmt, außerordentlich erweitert und umzäunt hat, gehört nicht in dieses Werk; wie sie namentlich aus dem Verbot über das Böcklein eine Trennung zwischen Fleischspeisen und Milch= speisen („fleischig und milchig"), selbst Betreffs der Vögel gemacht, die Ver= mischung beider, das Verzehren der letzteren unmittelbar nach den ersteren streng verboten und für beide verschiedene sorgfältig getrennte Geräthe anbefohlen hat (s. Jor. Deah Hilch. בשר בחלב 87—97.); wie sie ferner das „Ge= fallene und Zerrissene" also das Vieh, das an einer Krankheit crepirt oder von Raubthieren zerrissen ist, auf alles kranke Vieh übertrug, und deßhalb auch eine Untersuchung des Innern bei den größeren geschlachteten Thieren (בדיקה) verordnete (s. Jor. Deah Hilch. טריפות 29—60.) — eine Ver= ordnung, für welche wir ihr aus Sanitätsrücksichten sehr dankbar sein müssen, wenn sich freilich nicht verkennen läßt, daß dieser Abschnitt eine neue wissen= schaftliche Prüfung erfahren müßte, weil die von der Tradition angegebenen Kennzeichen von gesund und krank nach dem Standpunkte der jetzigen Wissenschaft vielfach nicht mehr zutreffen, theils unnöthiger Weise zu weit gehen, theils nicht weit genug — wie sie ferner das „Schlachten" einer höchst sorgfältigen und detaillirten Gesetzgebung unterwarf (s. Jor. Deah Hilch. שחיטה 1—28.); wie sie endlich das Verbot der Spannader [1] fest= hielt, darunter zwei, sehr schwierig herauszusondernde Adern verstand, so daß für die meisten Juden die ganzen Hinterviertel unter das Verbot fielen (Jor. Deah 65 §. 5—14.). Hinzuzufügen ist hier noch, daß die Tradition aus 1 Mof. 9, 4. das Verbot, Glieder von noch lebenden Thieren (אבר מן החי) zu essen, zieht.

Das mosaische Speisegesetz ist demnach einfach: nur gewisse Thiere dürfen und zwar wenn sie nicht gefallen oder zerrissen waren, gegessen, diese, soweit sie Säugethiere und Vögel sind, müssen geschlachtet, ihr Blut darf nicht ver= zehrt werden, und ebensowenig von den Säugethieren die auf den Altar zu bringenden Fettstücke. Alles Uebrige ist Erweiterung und Erschwerung der Tradition. Welches sind nun die Motive dieses Gesetzes? Man hat sich im Allgemeinen auf den Abscheu, den alle Völker vor dem Genuß gewisser Thiere haben, berufen; man hat ferner in ihm diätetische und sanitärische

---

[1] Das גיד הנשה wird von Einigen irrthümlich tendo Achillis, die sich in der Knöchelgegend befindet, von Andern nervus ischiacus, der vom Sitzbein= ausschnitt verläuft, erklärt, bedeutet aber wohl die an der und um die Hüft= pfanne sich befindenden Sehnen und Bänder, durch deren Verletzung ein Hinken hervorgebracht wird (s. unf. Bibelw. dritte Aufl. Bd. I. S. 197.).

Zwecke gefunden, und endlich auch die pädagogische Absicht, zur Enthaltsam=
keit, Mäßigkeit und Selbstbeherrschung zu erziehen [1]) gesucht. Wir acceptiren
diese Motive sämmtlich. Sehen wir doch auch, daß die civilisirten Völker
in ihrer allgemeinen und regelmäßigen Ernährung und bei dem, vor dem
Landbau und der Industrie immer mehr stattfindenden Verschwinden des Wild=
standes, sich fast nur auf die vom mosaischen Gesetze erlaubten Thiere beschrän=
ken, wogegen hinsichtlich des Genusses des Schweines neuere Erfahrungen das
Gesundheitswidrige immer mehr herausstellen, wie denn auch die ungeheure
Zahl der Mohamedaner das Verbot des Schweines sorgfältig hält. Anderer=
seits ist nicht zu verkennen, daß die große Enthaltsamkeit, welche, namentlich
bei strenger Beachtung der traditionellen Erweiterung, das Speisegesetz
den Juden auferlegte, viel dazu beitrug, jene Nüchternheit, Mäßigkeit und
Entfernung von wilden Leidenschaften und wüsten Lastern, Tugenden, die
an den Juden selbst von ihren bittersten Gegnern anerkannt werden, hervor=
zurufen und zu förbern. Demungeachtet treffen diese Motive nur einzeln
zu und muß dem konsequenten Gesetze ein bestimmtes Prinzip zu Grunde
liegen. Dies wird uns theils durch nähere Prüfung der erlaubten und un=
erlaubten Thiere, theils durch den Ausspruch der h. Schrift selbst offenbar.
Es zeigt sich nämlich in ersterer Beziehung einerseits, daß das Gesetz alle
fleischfressenden Säugethiere und Vögel ausschließt und nur die Pflanzen=
verzehrenden gestattet (wie schon das Wiederkäuen als Bedingung erweist);
andererseits, daß, da eine aufsteigende Linie in der Vervollkommnung der
Organisation in der Natur stattfindet, nur die vollkommener organisirten
Thiere gestattet werden. Deßhalb werden die Insekten, Amphibien und
Würmer gänzlich verboten mit der einen Ausnahme der höchst organisirten
Insekten, welche geflügelt, mit vier Gang= und zwei Springfüßen versehen sind;
deßhalb von den Fischen alle, welche keine Schuppen und Flossen haben, da
diese zugleich auch keine Rippen= und Knochengräthen und keine Schwimm=
blasen haben; deßhalb von den Säugethieren nur die gestattet, welche wieder=
käuen und gespaltene Klauen zugleich haben, offenbar unter den Grasfressern
die in ihrer Art am vollkommensten organisirten [2]). Verbinden wir nun hier=
mit das Motiv, welches die h. Schrift bei dem Verbote des Blutes selbst
hinzufügt 3 Mos. 17, 14: „Denn die Seele alles Fleisches ist sein
Blut mit seiner Seele, darum sprach ich zu den Söhnen
Israels: das Blut des Fleisches sollt ihr nicht verzehren,

---

[1]) Dies besonders und in trefflichster Weise Maimonides in Schemone
Perakim IV. Andere, z. B. die allegorisirenden Ansichten Philo's, landwirth=
schaftliche und national=ökonomische, übergehen wir hier. S. darüber, wie über
alles Spezielle unser Bibelwerk II. Aufl. B. I. S. 584.

[2]) Bei den Vögeln ist dies wegen der mangelnden Kenntniß der von der
h. Schrift aufgeführten Spezies nicht nachweisbar, doch sind alle Raubvögel und
Aasfresser ausgeschlossen.

denn die Seele alles Fleisches ist sein Blut"; ebenso 5 Mos.
12, 23: „Sei nur fest, nicht das Blut zu essen, denn das Blut
ist die Seele und du sollst nicht die Seele mit dem Fleisch ver=
zehren". Weil also das thierische Lebensprinzip vorzugsweise und am
intensivesten im Blute ist, soll dies vom Menschen nicht verzehrt werden.
Hieraus geht als das Prinzip des mosaischen Speisegesetzes hervor: in das
menschliche Leben soll das thierische Leben nur höchst vor=
sichtig aufgenommen werden, um nicht durch Assimilation
beider das menschliche Leben zum thierischen zu erniedern, die
menschliche Seele mit thierischen Affectionen zu erfüllen und
zu depraviren, und dadurch zur Annäherung an Gott weniger
tauglich zu machen; weßhalb hierbei der schon oben angeführte Aus=
druck, „verunreinigt nicht und macht nicht abscheulich eure Seelen" wieder=
holt vorkommt. Aus diesem Prinzip heraus soll in erster Linie das Blut
als die Concentration des thierischen Lebens nicht verzehrt (das Thier deß=
halb geschlachtet) werden, sollen in zweiter Linie alle fleischfressenden Thiere
vom Genusse ausgeschlossen, in dritter Linie überhaupt nur die innerhalb
dieser Grenze vollkommener organisirten Thiere gestattet sein. Dies erhellet
auch aus dem, was über die Verletzung dieser Verbote ausgesagt wird. Eine
Strafe von menschlicher Seite, etwa wie bei dem Sabbathgesetz, findet bei
dem ganzen Speisegesetz nicht statt. Bei Uebertretung des Blutverbotes
ist die Ausrottung (d. i. durch Fügung Gottes) angedroht, die übrigen Ver=
bote sind nur einfach als solche hingestellt, und beim Gefallenen und Zer=
rissenen nur die Bestimmung hinzugefügt, daß, wer solches gegessen hat, bis
zum Abend unrein sei, sich wasche und bade. Durch die letztere Bestimmung wird
das Verbot des Gefallenen und Zerrissenen als ein kultuelles bezeichnet, indem
der „Unreine" das Heiligthum nicht besuchen durfte, bevor er nicht durch
Waschen und Baden zur bestimmten Zeit seine Reinheit wiedererlangt hat.
Daher auch die eigenthümliche Erscheinung, daß der Prophet Jecheskel in
dem von ihm aufgestellten Gesetze Zerrissenes und Gefallenes zu essen den
Priestern verbietet (44, 31.). Hervorheben müssen wir noch, daß allein
bei dem Verbote des Blutverzehrens dies als ein „ewiges" Gesetz ausdrück=
lich bezeichnet wird (3 Mos. 3, 17): „Eine ewige Satzung für eure
Geschlechter in allen euren Wohnungen: alles Fett [1] und
alles Blut sollt ihr nicht essen." — Fragen wir, wie weit in den
Büchern der h. Schrift sich Spuren von der Beobachtung der Speisegesetze
finden, so beschränken sich diese nur auf folgende wenige Stellen. Im Buche
der Richter Kap. 13 V. 4. 7. 14. wird der Mutter Simsons der Genuß
von Wein und starken Getränken während der Schwangerschaft verboten
und jedesmal hinzugefügt: „und iß' nichts Unreines", was allerdings vor=

---

[1] Es ist vorher von den Fettstücken die Rede, die der Priester auf dem
Altar in Feuer aufgehen läßt.

aussetzt, daß dies anderweitig geschah, und hier nur bei der Einleitung des Nasiräats für Simson besonders verboten wird. Die Erzählung im ersten Buche Samuelis 14, 32. 33. 34 setzt die Sitte des Schlachtens der Thiere voraus, zugleich aber, daß hinsichtlich des Blutessens keine sorgfältige Beach= tung.stattfand, und darum hier dem Volke eingeschärft wird. Außer diesen beiden Stellen findet sich vor dem babylonischen Exil nichts weiter. Mit dem Beginne des letzteren wird es anders. Jecheskel rühmt sich (4, 14): „Da sprach ich: Ach, Herr, Ewiger, siehe, meine Seele ist nie verunreinigt worden, und Gefallenes und Zerrissenes hab' ich nicht gegessen von meiner Jugend an bis jetzt, und Fleisch des Gräuels ist nicht in meinen Mund gekommen," — wobei man sich erinnere, daß Jecheskel selbst Priester war. Jesaias II. spricht die Verurtheilung gegen diejenigen Israeliten aus, welche „das Fleisch des Schweines, die Brühe unreinen Gethiers, das Gräuel und die Springmaus" verzehren, und verkündet ihnen, daß sie umkommen werden (65, 4. 66, 17.). Endlich im Buche Daniel wird in Kap. 1. erzählt, wie Daniel und seine drei Genossen, die unter den Knaben der Großen im Palaste des Königs erzogen und von den Speisen und dem Weine des Königs genährt werden sollten, sich es ausbaten, diese verschmähen und sich blos von Kräutern nähren zu dürfen, wobei sie dann noch blühender und kräftiger als die übrigen Jünglinge erschienen [1]. — Erst mit dieser Zeit tritt also die Be= obachtung der Speisegesetze stärker hervor, und nahm durch die traditionelle Bearbeitung eine immer entschiedenere und erweiterte Richtung.

39.

Wie haben wir uns zu den äußeren Gütern des Lebens zu verhalten?

Wir haben sie als Mittel zu den Zwecken des Lebens, niemals aber als Zweck selbst anzusehen, und um so weniger sie auf unerlaubten und ungerechten Wegen zu erwerben.

Welche sind diese äußeren Güter?

Zuerst: Geld und Gut.

„Ringe nicht reich zu werden, aus Vernunft laß ab. Soll auf das dein Auge fliegen, was bald

---

[1] Der erste Theil des Buches Daniel (Kapp. 1—6.) ist zu Esra's Zeit, ungefähr 450 vor der gew. Zeitr., geschrieben.

nicht mehr iſt? Denn Flügel ſchafft es ſich, und
fliegt davon wie der Adler gen Himmel." (Spr. Sal.
23, 4. 5.)

Der Spruch verwarnt vor dem Streben nach Reichthum aus dem Ver=
nunftgrunde, daß ſein Beſitz unſicher iſt, und leicht wieder verloren geht.
Des Ringens und Kämpfens, welches die höchſte Anſtrengung, das völlige
Abſorbiren aller geiſtigen und leiblichen Kräfte auf dieſes eine Ziel bedeutet,
iſt das Ziel um ſo weniger werth, als der Reichthum vergänglich, flüchtig
iſt, alſo der dauernden und den ganzen Menſchen beherrſchenden Beſtrebung
durchaus nicht entſpricht. Dieſe Flüchtigkeit des Reichthums wird durch das
Bild des gen Himmel fliegenden Adlers anſchaulich gemacht. Wie der Adler, ſo
lange er nahe über uns ſchwebt, groß, mächtig, furchtbar erſcheint, im ſchnellen
Fluge aber unſern Blicken immer kleiner und kleiner wird, bis er ihnen gänzlich
entſchwindet: ſo verflüchtigt ſich der Anfangs bedeutend ſcheinende Reichthum
in kurzer Zeit, bis er völlig verloren gegangen. Die Erfahrung beſtätigt dies
allwege. Von der anderen Seite mahnt das Wort, unſre ausdauernden An=
ſtrengungen auf Dauerhaftes und Bleibendes zu richten, und es könnte in dem
Gleichniß auch die Anſpielung gefunden werden („gen Himmel"), daß der Adler,
der mit ſeinen ausgebreiteten Schwingen in der Nähe faſt unſern ganzen
Geſichtskreis beſpannt, in ſeinem Fluge zur Sonne bald immer kleiner, dann
wie ein geringer Punkt erſcheint, der endlich vor den Strahlen des Lichtes
gänzlich verſchwindet. So wird uns, je mehr wir das Auge unſres Geiſtes
zur wahren Sonne des Lebens, zu Erkenntniß, Frömmigkeit und Tugend
erheben und feſt auf ſie richten, der bloße Reichthum immer mehr an Be=
deutung verlieren und in ſeinem Werthe zuſammenſchrumpfen.

1. So wie die Verhältniſſe der menſchlichen Geſellſchaft ſich
ſeit Jahrtauſenden geſtaltet und entwickelt haben, kann Niemand
des Beſitzes, der Habe, des Geldes entbehren und iſt dieſes äußere
Gut zur Erhaltung des Lebens durchaus nothwendig. Ob wir unſre
Bedürfniſſe ausdehnen oder beſchränken, ob unſre Stellung die be=
ſcheidenſte oder die hervorragendſte iſt, da die ganze bürgerliche Welt
auf dem gegenſeitigen Austauſch beruht, ſo liegt es außerhalb unſres
Willens, für uns und die Unſrigen der Mittel zur Beſchaffung der
Lebensbedürfniſſe entbehren zu wollen. Vielmehr ſind wir Alle
darauf angewieſen, dasjenige zu erwerben, oder, falls wir es ſchon
beſitzen, uns zu erhalten, was wir zum Unterhalt gebrauchen. Ebenſo
liegt es überhaupt in der Erfüllung eines Lebensberufes, welcher
dieſer auch ſei, den damit verbundenen Erwerb zu betreiben, und

wo jener seiner Natur nach diesen vorzugsweise mit einschließt, durch den tüchtigen und nach Verhältniß sich ausdehnenden Betrieb auch unsern Besißstand zu vergrößern. Außerdem aber bedürfen wir auch zu den meisten höheren Zwecken des Lebens der äußeren Mittel. Wenn wir unsern Mitmenschen Gutes erzeigen, ihnen in ihren Nöthen beispringen wollen; wenn wir darauf denken, gemein= nüßige Zwecke zu fördern, ja selbst wenn wir die Ausbildung unsres Geistes, die Vermehrung unsrer Kenntnisse, die Fortsetzung wissen= schaftlicher Forschungen und Untersuchungen erstreben, sind uns in den meisten Fällen Geldmittel unentbehrlich. Besiß überhaupt heißt nichts Anderes als die gesammelten Mittel zur Befriedigung gegen= wärtiger und zukünftiger Bedürfnisse und für gegenwärtige und zukünftige Zwecke. Hieraus und aus dem, was also den Besiß noth= wendig macht, fließt aber auch die Begrenzung für den Erwerb, näm= lich: daß er niemals als Zweck selbst und nicht auf ungerechte Weise erstrebt werden darf. Zum Zwecke des Lebens aber machen wir ihn, wenn wir alle unsre Bemühungen darauf allein seßen, unsern Sinn und unser Streben darin aufgehen lassen, und ihm alle Zwecke des Lebens unterordnen, so daß wir den Besiß nur um seiner selbst willen erstreben und demnach ihn zum Zwecke selbst erheben. Sind die Folgen dessen, die Vernachlässigung hoher und entschiedener Pflichten und das Verfehlen unserer höheren Bestim= mung, so erfließt auch ◆araus die Erniedrigung des Geistes, die Beschränktheit der Ansichten und Gesinnung, Hartherzigkeit und Mangel an jeder Aufopferungsbefähigung. Noch weniger aber darf der Erwerb und die Erhaltung des Besißes auf ungerechte Weise, durch irgend eine Verletzung der Gerechtigkeit und ihrer Vorschriften erzielt werden, und hierzu berechtigt keine Art von Zwecken, so edel und bedeutsam diese auch sein mögen; ja selbst Entbehrung und Noth vermögen einen ungerechten Erwerb nicht zu rechtfertigen. Es kann hier keine Kollision der Pflichten eintreten, da die Gerechtigkeit höher steht als irgend ein Bedürfniß unsrerseits, und selbst die Verwendung für Andere bietet hierin kein Motiv der Entschuldigung.

2. Wie aber die Vorschriften für den Erwerb aus dem Begriff des Besißes hervorgehen, so erfließen aus ihm auch die Pflichten hinsichtlich seiner Anwendung. Er legt uns die Pflicht auf, den

Besitz auch in richtiger Weise und richtigem Maße für die Zwecke zu verwenden, für welche er bestimmt ist, und der Besitzende unterliegt hierfür so gut wie der Erwerbende der Verantwortlichkeit. Dies geht auch aus den eigenthümlichen Verhältnissen jedes Besitzstandes hervor. Dieser entspringt vielfach nicht aus dem eigenen Schaffen und Arbeiten; man ererbt oder gewinnt ihn; es bieten sich dem Einen günstigere Verhältnisse zur Erwerbung desselben als dem Anderen dar, und es ist in zahllosen Fällen durchaus nicht die Würdigkeit und Verdienstlichkeit, welche dem größeren Besitze zu Grunde liegt; endlich ist es überhaupt die bürgerliche Gesellschaft, welche durch ihre Einrichtungen Raum und Gelegenheit giebt, um zum Besitz zu gelangen, und die uns in ihm schützt. Hieraus geht nothwendig die Verbindlichkeit hervor, den Besitz nach allen Seiten hin zur Erfüllung unsrer Pflichten zu verwenden, und eine tiefliegende Verantwortlichkeit des Besitzenden, den rechten Gebrauch zu machen, eine Verantwortlichkeit, die zwar nicht zu den Competenzen menschlicher Richter gehört, aber desto strenger vor dem Tribunal der religiösen Sittlichkeit geltend gemacht werden muß.

40.

Welche Laster sind hier zu vermeiden?
Habgier und Geiz.

Der Trieb zum Erwerbe und die Lust am Besitze steigern sich zu den Leidenschaften der Habgier und des Geizes, von denen die erstere in dem rastlosen Verlangen nach Mehrung der Habe, im Ansichreißen alles erreichbaren Gutes, die letztere in dem unüberwindlichen Eifer, das Erworbene zu behalten, besteht. Der Habgierige setzt alle seine Kräfte daran, und alle Mittel in Bewegung, um immer mehr zu erwerben, während der Geizige darauf sinnt, so wenig wie möglich von dem, was er besitzt, zu verwenden, und darum Alles vermeidet, was ihm Ausgaben verursacht. Beide Laster stehen so nahe, daß sie in vielen Fällen vereint auftreten; in anderen herrscht das eine oder das andere vor. Der Habgierige wird einerseits den Erwerb zum ganzen Inhalt seines Lebens machen,

und selbst ungerechte und ehrlose Mittel nicht scheuen, um zu immer größerer Anhäufung seines Besitzes zu gelangen, während der Gei=
zige die theuersten Pflichten hintenansetzen, und ungerechte und hart=
herzige Handlungen nicht verschmähen wird, um seine Habe nicht
zu verringern und sie durch sich selbst wachsen zu machen. Abge=
sehen hiervon, tragen beide Laster ihre Strafe schon in sich selbst
dadurch, daß in denen, welche ihnen verfallen sind, die eigentliche
Freude und der lautere Genuß an dem, was sie erworben, nicht
aufkommt. Denn den Habgierigen quält die Begier nach immer
Mehrerem, und was er erworben, erscheint ihm immer wieder
unbedeutend und gering gegen ein größeres Maß, das ihm nunmehr
wünschenswerth dünkt; und der Geizige wird von der steten Furcht
gepeinigt, zu verlieren, was er sein nennt. Allerdings ist die Freude
am Besitze eine natürliche und gerechtfertigte; die Früchte seiner
Arbeit in gedeihlichem Zustande zu sehen, zu wissen, daß man für
die Bedürfnisse des Lebens eine angemessene Befriedigung um sich
hat, ein gewisses Gefühl der Sicherheit für sich und die Seinigen,
die mitten in den Schwankungen unserer Lebensverhältnisse bei allem
Bewußtsein ihrer Wandelbarkeit uns gegeben ist, alles dies thut
uns wohl und ist uns vergönnt; um so mehr, wenn wir uns hier=
durch zu redlichem Streben und fortgesetzter Arbeit aufgemuntert
fühlen, im rechten Begriff vom Werthe dieses Besitzes uns nicht
beirren lassen und in unsrem Herzen ein volles Dankgefühl für die
Wohlthaten der göttlichen Vorsehung hegen. Aber desto mißlicher
steht es um uns, wenn wir den Besitz von Hab und Gut zu
unsrem Idol machen, unser ganzes Herz daran hängen, unsern
Werth und unser Glück darein verlegen, und nichts Anderes daneben
schätzen und achten. Verlieren wir dadurch nicht alle Freiheit unsres
Geistes, würdigen uns zu Sklaven des glänzenden Staubes herab,
der doch nur einen Werth durch seine Anwendung erlangen kann,
setzen uns dem tiefsten Kummer, der düstersten Verzweiflung aus
bei ihrem theilweisen oder ganzen Verluste, verlieren allen Adel und
alle Erhebung unsrer Seele, stumpfen uns für alle edleren und
höheren Empfindungen immer mehr ab und werden unsern heiligsten
Pflichten ungetreu. Darum ist es unsre besondere Aufgabe, mitten
in den verworrenen Verhältnissen des bürgerlichen Lebens, mitten

in den entgegengesetzten Strömungen, denen wir hierin ausgesetzt
sind, wo uns bald die Nothwendigkeit und die Vortheile zum Erwerbe
hintreiben, bald der höhere Sinn und die Pflicht uns davon zurück-
drängen, uns den rechten Blick, die richtige Einsicht und das angemessene Maß zu bewahren, und uns gleicherweise von zu großer
Schätzung und von Verachtung des Besitzes zurückzuhalten. Auch
hier kömmt es darauf an, der erwachenden Leidenschaft rechtzeitig
entgegenzutreten. Dem aufrichtigen Beobachter seiner selbst können
die mahnenden Anzeichen gerade dieser Leidenschaften in seiner
Seele nicht entgehen, und er wird dann darauf denken, sich ihrer
zu erwehren. Dies kann er am ehesten dadurch erreichen, daß er
neben seinem Erwerbsberuf seinen Geist auch auf andere, jenem
nicht verwandte, das Interesse seiner Seele weckende Bestrebungen
richtet, und ihnen einen Raum innerhalb seiner Thätigkeit gewährt;
andrerseits, daß er nach dem Maßstabe seiner Verhältnisse und seines
Besitzes den Widerwillen gegen Ausgaben, die nicht durchaus unver-
meidlich wären, zu überwinden sucht, und, ohne in Verschwendung
zu verfallen, doch Allem zu genügen trachtet, was wohlanständig
und nützlich ist.

„Wehe denen, die reihen Haus an Haus, Feld an
Feld fügen, bis Anderen kein Raum mehr ist.“
(Jesaias 5, 8.)

„So sind die Wege Jedwedes, der nach Gewinn
geizt, seinem Besitzer nimmt er das Leben.“ (Spr.
Sal. 1, 19.)

„Der Geizige lebt in seinem Geize, sein Herz
schafft Unheil, Ruchloses zu verüben und Irrsal
vom Ewigen zu reden, den Hungrigen läßt er ver-
schmachten, den Durstigen des Tranks ermangeln.
Und des Habgierigen Waffen sind böse, Tücke
ersinnt er, mit trügerischen Reden die Gebeugten
zu berücken und den Dürftigen um sein Recht zu
bringen.“ (Jesaias 32, 6. 7.)

„Nichts helfen Frevel-Schätze, vom Tode rettet
Gerechtigkeit.“ (Spr. Sal. 10, 2.)

„Süß ist dem Manne das Brod des Truges, doch nachher füllt es mit Kiesel sich." (Daf. 20, 17.)

„Wer seinen Reichthum mehrt durch Wucher und Uebermaß: für den, der Arme beschenkt, sammelt er." (Daf. 28, 8.)

„Ein Rebhuhn, das Junge zieht, die es nicht ge= boren, ist wer Reichthum schafft, und nicht mit Recht: in seiner Tage Hälfte verläßt er ihn, an seinem Ende steht als Thor er da." (Jerem. 17, 11.) Vergl. Preb. 6, 2.

Die h. Schrift kennt und würdigt die lautere Freude am reblichen Besitz; sie stellt diesen als einen Segen von Gott dar (5 Mof. 28, 3—6. V. 8: „Entbieten wird der Ewige mit dir den Segen in deinen Speichern und in allem Schaffen deiner Hand, und dich segnen in dem Lanbe, das der Ewige, dein Gott, dir giebet."), und zeigt uns als ein Ideal in der menschlichen Gesellschaft, daß Jedweder seinen eigenen genüglichen Theil an den Gütern der Erde habe, und „sicher unter seinem Weinstock und seinem Feigenbaume wohne." (1 Kön. 5, 5. Mich. 4, 4.) Sie weist uns aber auch die Gefahren, welche mit dem Reich= thum verbunden sind, und wie leicht dieser zur Selbstüberhebnng, zu Hoch= muth und Sittenverberbniß führt. „Jeschurun warb feist und schlug aus; warb feist, warb stark, warb fett: da verließ es den Gott, seinen Schöpfer, verstieß es den Fels seines Heils." (5 Mof. 32, 15.) „Wer Gelb liebt, wird des Gelbes nicht satt, und des Ertrages nicht, wer Reichthum liebt. Was ist der Gewinn des Besitzers, als mit seinen Augen das Gut anzu= sehen?" (Preb. 5, 9. 10.) „Auch jeber Mensch, dem Gott Reich= thum und Güter gegeben und befähigt ihn zu zehren davon und seinen Theil hinzunehmen und für seine Mühe sich zu freuen, das ist eine Gabe Gottes." (Preb. 5, 18.) Es war baher das Ziel der mosaischen Gesetzgebung, einen möglichst gleichen Besitzstanb, fern von Reichthum und Armuth, jeder Familie im h. Lande zu schaffen und zu sichern, und sie suchte dies durch die gleichmäßige Vertheilung des Bodens bei der Eroberung Canaans, sowie durch das Gesetz über das Erlaß= und Jobeljahr zu erwirken, worüber Ausführliches weiter unten. War hierburch der Habgier schon ein weites Feld entzogen, so suchte sie ihr eine besondere Schranke zu errichten, indem sie das Schulbenwesen verhin= berte und die Vortheile, bie aus dem Verleihen von Werthen gezogen werden,

verbot. Wer die großen Erſchütterungen, welche in Athen und Rom aus
dem anwachſenden Schuldenweſen entſprangen, kennt, und weiß, wie die
ärmeren Claſſen durch die ihnen ſich anhäufenden Schulden von den Reicheren
unterdrückt wurden, und wer ermißt, wie viel Elend den Aermeren aus
dem Schuldenweſen erwächſt, wird dieſe große Maßregel in dem heiligen
Geſetze zu würdigen verſtehen. Dieſes verbot alſo jeden Zins, beſtehe er in
Geld (נשך) oder in Naturalien (מרבית), ſo daß das Leihen nur eine
Wohlthat ſei (2 Moſ. 22, 24. 3 Moſ. 25, 35—37. 5 Moſ. 23, 20. 21.),
die ſich von Geſchenken und Almoſen dadurch unterſchied, daß das Geliehene
wieder zurückerſtattet werden ſollte. Ferner ſetzte es jedes ſiebente Jahr als
ein Erlaßjahr feſt, mit deſſen Eintritt alle Schulden als verjährt und
erlaſſen angeſehen wurden [1]. Um aber dadurch das Verleihen an den, der
einer Sache bedurfte, nicht zu erſchweren, wurde es dem Israeliten zur
Pflicht gemacht, darum ſeine Aushülfe dem Bedürftigen nicht zu verſagen [2],
und wiederum andererſeits dem Gläubiger, den Schuldner vor dem Beginn
des Erlaßjahres nicht allzuſehr zu drängen [3]. Jene beiden Vorſchriften
konnten naturgemäß nur für die Bewohner des h. Landes gelten (hier aber
auch für den Fremdling und Einſaſſen) [4], nicht aber für das Ausland, weil
ſonſt jeder Handelsverkehr zwiſchen den Israeliten und dem Auslande un=
möglich geworden wäre. [5]. Allerdings brachte dieſes Geſetz, als ſich die
induſtriellen und Beſitzverhältniſſe unter den Israeliten entwickelt und ver=
mehrt hatten, viele Schwierigkeiten mit ſich, ſo daß die jüdiſchen Geſetzlehrer
durch ſchriftlichen Vorbehalt (פרוזבול) unter gewiſſen Bedingungen das
Anrecht des Gläubigers über das Erlaßjahr hinaus zu ſichern ſuchten und
auch den Schuldner als lobenswerth erklärten, welcher trotz des Erlaßjahres ſeine

---

[1] 5 Moſ. 15, 2. Ramb. Hilch. Schemit. Abſchn. IX. Philo de septen.
S. 1173. 1181. Die Auslegung Neuerer, daß die Schuld während des ſiebenten
Jahres nur nicht eingefordert werden ſollte, hält vor der unparteiiſchen Prüfung
der Textesworte nicht Stich.

[2] 5 Moſ. 15, 9. 10. Daher ſagt die Trad. גדול המלוה יותר מן נותן,
„leihen iſt eine größere Wohlthat als Geben".

[3] 5 Moſ. 15, 2. Die Tradition verbietet daher jedes dringende Einmahnen,
warnt deßhalb ſchon den Schuldner zu beſuchen, mahnt möglichſt vor ihm nicht
vorüberzugehen, um ihm keine Beſchämung zu verurſachen. Ramb. a. a. O. I. 3.

[4] 3 Moſ. 25, 35. 36. Die Tradition faßt es in Bezug auf dieſe nicht ſo
(ſ. Ramb. Hilch. Malveh. V, 1.).

[5] Daß in der Erlaubniß, den Ausländer zu bezinſen und von ihm die
Schuld einzufordern, indem das Erlaßjahr auf dieſen ſich nicht erſtrecke, durchaus
nichts Feindſeliges und Gehäſſiges enthält, ſondern aus dem Zwecke des Geſetzes
und aus der Nothwendigkeit, mit dem Auslande nicht jeden Handelsverkehr
unmöglich zu machen, hervorging, ſieht jeder Vorurtheilsloſe leicht ein.

Schulden bezahlte[1]). Wie aber auch von dem jetzigen Standpunkte der Verkehrsverhältnisse diese Gesetze angesehen werden mögen: so liegen für uns die ernstesten Mahnungen darin, in den Vortheilen, welche aus der Ver= wendung unseres überschüssigen Besitzes für Andere entspringen, gerechtes Maß zu halten, und in keinerlei Weise die Noth anderer zu benutzen, um uns unverhältnißmäßigen Gewinn zu verschaffen. Wenn das h. Gesetz schon den Zins verbietet, wie muß es erst den Wucher verdammen? Denn wenn auch auf dem Grunde der jetzigen Verkehrsverhältnisse es gerechtfertigt erscheint, von dem Gewinne, den ein Anderer mit Hülfe unseres Capitals sich verschafft, einen Theil zu beanspruchen, so darf dabei nicht übersehen werden, daß es doch vorzugsweise die Arbeit des Anderen ist, welche diesen Gewinn erwirbt, also unser Theil nur ein verhältnißmäßiger sein und nicht etwa jenen Gewinn verschlingen darf. Wenn ferner nach dem h. Gesetze das Verleihen wesentlich nur eine Art Wohlthat sein sollte, so darf noch jetzt die Noth unsres Nebenmenschen nicht benutzt werden, um ihm einen übermäßigen Vortheil für uns aus unsrem Darlehen abzunöthigen. Noch verbrecherischer wird es aber sein, wenn die Leichtfertigkeit und üblen Nei= gungen Anderer benützt werden, um ihnen Vorschub zu leisten, die Mittel zur Fröhnung jener darzubieten, und daraus übermäßige Vortheile durch Darlehen zu ziehen. Denn hierin liegt nicht nur der Vermögensruin, son= dern auch die Seelenverderbniß, die Anleitung zu Sünde, Schuld und Ver= gehen, an denen man sich thätiger Weise betheiligt.

41.

Welche sind die Tugenden, die in dieser Pflichterfüllung geübt werden?

Arbeitsamkeit, Sparsamkeit und Ordnungsliebe.

Und welche Laster widerstreiten diesen?

Trägheit, Verschwendung und Liederlichkeit.

1. Schon aus der Bestimmung des Menschen zur Entwickelung geht für ihn die Nothwendigkeit der Arbeit hervor; denn nur durch die Arbeit ist die Entwickelung möglich. Der Nutzen der Arbeit

---

[1]) Es war jedoch das Prusbul mit großer Vorsicht an viele Bedingungen geknüpft, s. Ramb. a. a. O. IX., §. 15 ff.

ist ein dreifacher. Zuerst der materielle, indem wir durch sie für uns und Andere die Existenz ermöglichen und die Befriedigung der Bedürfnisse herbeischaffen. Aus einem höheren Gesichtspunkte sind wir sie hierin der Gesellschaft schuldig, die auf dem Austausch der Arbeit beruht, so daß, indem Andere für uns arbeiten, wir auch verpflichtet sind, durch unsre Arbeiten Anderen irgend welchen Nutzen zu schaffen. Zweitens der geistige Nutzen, indem die Entfaltung unserer geistigen Kräfte lediglich durch sie bewirkt, durch ihre Er= lernung, Ausbildung und stete Uebung unser Geist immerfort ange= regt, entwickelt, an Erfahrung bereichert, ausgedehnt und gestärkt wird. Allerdings macht hier die Art unserer Arbeit einen großen Unterschied aus, und jemehr dieselbe die Thätigkeit und eine bedeu= tende Kraft des Geistes beansprucht, desto größer ist auch ihre Wirksamkeit hierin. Aber so wie selbst eine rein geistige Beschäf= tigung durch Einseitigkeit und Irrthum auch ihre nachtheiligen Wirkungen haben kann, so giebt es auch keine noch so mechanische körperliche Arbeit, die nicht zugleich ein Feld für die Entwickelung des Geistes. wäre, diesen beschäftigte und anregte; wobei auch nicht zu übersehen, daß die Arbeit Körper und Geist gesund und in ihrer richtigen Wechselwirkung erhält. Der dritte Nutzen der Arbeit end= lich ist der sittliche, der ebensosehr negativ durch die Abwehr des Lasters und der Verirrungen, welche nothwendige Folgen des Müssigganges sind, eintritt, wie positiv als treue Pflichterfüllung und durch das befriedigende Bewußtsein, seiner Bestimmung genügt, Nutzen geschafft zu haben und an äußerem und innerem Werthe gewachsen zu sein, ein Bewußtsein, das uns nicht allein am Ende eines rüstigen Arbeitstages, sondern noch mehr im Ablauf eines in Arbeit wohlverbrachten Lebens erhebt und für alle Anstrengungen reichlich belohnt. Alle diese hohen Vortheile, welche uns die Arbeit= samkeit gewährt, und die uns durch ihr Gegenbild, die traurigen Folgen der Trägheit und des Müssiggangs nur um so schärfer be= wußt werden, müssen uns aneifern, den manchen Menschen durch Temperament, Erziehung und Gewöhnung einwohnenden Hang zur Trägheit und Ruhe zu überwinden, und dies steht um so mehr in der Macht unsres Willens, als es uns stets offenkundig und erkenn= bar ist, ob wir uns beschäftigen und arbeiten oder nicht. Dazu ist aber insonders die Jugend berufen, denn sie muß vorzugsweise die Zeit der Arbeit sein, weil sie sich hierdurch für das ganze Leben vorzubereiten hat, weil die von ihr angenommene Gewöhnung für ihre ganze Zukunft eine bleibende ist, und weil sie eine noch unge= schwächte Arbeitskraft besitzt. Das untrügliche Kennzeichen der Arbeitsamkeit ist aber: die Freude an der Arbeit; denn nur wer die Thätigkeit liebt, wer den nachhaltigsten Genuß aus ihr zieht, wer sie niemals auf längere Zeit entbehren mag und kann, ist wirklich arbeitsam. Dabei mag denn auch die Regel beobachtet werden: bei vorliegenden verschiedenen Arbeiten die schwereren zuerst vorzunehmen und nicht hinter die leichteren zu verschieben, weil sonst Unlust und Abspannung eintreten, bevor wir zu den schwierigeren gekommen sind. Um die rechte Arbeitsamkeit zu erlangen, ist es auch nothwendig, jenen Hang zur Träumerei und Schwärmerei aus uns zu verdrängen, zu welchem besonders die jungen Seelen so leicht hinneigen, der die gesunde Kraft des Geistes leicht entnervt, die Ansichten verschroben macht, und uns eine schöne brauchbare Zeit raubt. Dies vermögen wir dadurch leicht, daß wir unser Augenmerk stets auf wirklich nützliche Arbeiten richten. Nicht als ob diese ledig= lich in solchen bestünden, welche uns einen offenbaren materiellen Vortheil bringen, aber es sind als derartige doch nur die anzu= erkennen, welche eine reelle Wirkung auf unsern Geist oder in unsrem Berufe versprechen, nicht aber blos zur Unterhaltung und angenehmen Beschäftigung unsrer Phantasie dienen. Dem gegenüber dürfen wir allerdings auch nicht außer Augen setzen, jede Art von Ueberarbeitung, jedes Uebermaß von Anstrengungen, außer in unab= weisbaren Fällen, zu vermeiden. In geistiger wie körperlicher Be= ziehung besitzt jeder Mensch doch nur eine gewisse Summe von Kräften, ein Maß, das nicht ohne nachtheilige Folgen überschritten werden darf. Denn schon jede einzelne derartige Uebertreibung bringt eine Erschöpfung und Abspannung zu wege, die erst durch eine lange Erholung und neue Sammlung von Kräften gehoben werden kann; öfter wiederholt aber stumpft sie geradezu den Geist ab, stimmt das Nervensystem herab, hält die Entwickelung des Geistes und des Körpers auf und führt endlich zu schwer zu hebender Schwäche oder Krankheit. Hierin das rechte Maß zu treffen ist

nicht schwer, weil die Natur uns mit mancherlei Warnungen und
Anzeichen hierfür versehen hat, wie Kopfschmerz, Augendruck, Glieder=
schwere, welche Mahnungen wir niemals zu übersehen haben.

Das gesammte Alterthum haßte und verachtete die Arbeit, soweit diese
nicht eine politische und geistige ist. Ueberall lud man die Arbeit auf die
Schultern von Sclaven; wie Sparta seine Heloten, so hatten alle Völker
des Alterthums eine Unzahl von geknechteten Menschen, welche für die eigentlichen „Bürger" arbeiten mußten. Da, wo diese nicht ausreichten, wo an
sich freie Menschen die Arbeiten der Handwerke, des Landbaus und der
Viehzucht übernahmen, bildeten diese die niedrigste und verachtetste Kaste,
welche nicht blos dem schwersten Joche unterworfen, sondern mit der
äußersten Verachtung und Mißhandlung gebrandmarkt war, während die
Priester und Krieger die Herren und die Inhaber der unverletzlichsten Ehre
und Würde waren. Ueber solche Zustände konnten sich selbst die größten
Denker der Griechen und der Römer, selbst ein Plato und Aristoteles nicht
ganz erheben. Diesem gegenüber bildete auch hierin die israelitische Welt
einen vollständigen Gegensatz. Die Arbeit wird in der h. Schrift zuerst als
die Bestimmung des Menschen aufgestellt, woraus wiederum die Pflicht
der Arbeit hervorgeht; alsdann wird ihr materieller Vortheil und ebenso
ihre sittliche Wirkung vielfach in Betracht gezogen. Gleich nach der
Schöpfung der Erde und des Menschen spricht die h. Schrift (1 Mos. 2, 5.)
die Bestimmung des Menschen zur Arbeit aus: „und der Mensch war noch
nicht zur Bearbeitung des Erdbodens da", und führt uns dann in einem
großartigen Gemälde die erste Entwickelungsgeschichte des Menschen vor;
sie zeigt uns zuerst die geistige Entwickelung, wie der Mensch zur ersten
Sünde kam, hierin zur Erkenntniß des sittlich Guten und Bösen gelangte,
wodurch er überhaupt ein sittliches Wesen ward, das nur in dem Gegensatze
von Gutem und Bösem begriffen werden kann. Hieran schließt sie den
Ausspruch über die Bestimmung des Menschen zur Arbeit (1 Mos. 3,
17—19.): „Und zu Adam sprach er: Weil du gehört hast auf die Stimme
deines Weibes, und gegessen von dem Baume, von dem ich dir gebot, in=
dem ich sprach: iß nicht davon, so sei verflucht der Erdboden deinethalben,
mit Beschwerde sollst du von ihm essen alle Tage deines Lebens; und Dorn
und Distel soll er dir sprießen lassen, und du sollst verzehren das Kraut
des Feldes. Im Schweiße deines Angesichts sollst du Brot verzehren, bis
du rückkehrst zum Erdreiche, denn von dem wardst du genommen, denn
Staub bist du und zu Staube wirst du rückkehren." Um diese Verse richtig
zu verstehen, muß man sich die ihnen zu Grunde liegende Frage vergegen=
wärtigen: Warum, während die Erde den Thieren Alles, was diese zu
ihrer Nahrung bedürfen, frei und von selbst hervorbringt, sie für die dem
Menschen nothwendigen Erzeugnisse erst von diesem bearbeitet werden müsse,
ja diese Arbeit noch vielfach erschwere, indem sie durch das Aufschießen von

Unkraut, Dornen und Disteln die dem Menschen genießbaren Gewächse ge=
fährdet und zu verdrängen sucht? Dieser Zustand der Erde wird als durch
einen Gottesfluch hervorgebracht angesehen, da er als eine Abweichung von
der ursprünglichen Beschaffenheit der Erde erschien. Dieser Zustand der
Erde ist aber nun die nothwendige Unterlage für die Bestimmung der
Menschen auf Erden zur Arbeit [1]). Wird aber hiermit vorzugsweise die
leibliche Arbeit gemeint, so ist doch nicht damit verstanden, als ob diese aus=
schließlich die Bestimmung des Menschen ausfülle. Im Gegentheil geht die
Nothwendigkeit der körperlichen Arbeit erst als eine Folge aus der geistigen
Entwickelung hervor, und gleich darauf (V. 22) heißt es: „Gott sprach:
Siehe, der Mensch ist worden wie Einer von uns, erkennend Gutes und
Böses." Die körperliche Arbeit des Menschen beruht also auf geistiger Unter=
lage, wird von ihr getragen und durchdrungen. Dies ist denn auch das
einzig richtige Verhältniß, denn sowohl erhält die leibliche Arbeit ihren Zweck
und ihre Einrichtung vom Geiste, als auch wiederum dieser sich an jener
entwickelt und sich an ihr stählt. [2])

---

[1]) Man bemerke wohl, daß nicht der Mensch, sondern die Erde „geflucht",
d. h. zu einer niedrigern Stufe und Beschaffenheit verurtheilt wird.

[2]) Sehr richtig ist die Bemerkung, welche Riehl „die deutsche Arbeit"
(S. 179) macht: „Man kann nicht blos den sittlichen, sondern auch den ökono=
mischen Bildungsgrad der Leute in ihrer Vorstellung vom Himmel ermessen.
Der grobe Volksglaube mag sich die himmlische Seligkeit noch als ein unendliches
Ausruhen und arbeitsloses Genießen ausmalen; allein schon im Mittelalter faßt
Dante in seinem Himmel das selige Leben als auf erkennend Schauen ge=
gründet (28. Gesang des Paradieses). Erkennen aber ist Geistesarbeit und zwar
in ihrer höchsten Kraft. Darum denkt sich der wahrhaft Gebildete den Himmel
als die fort und fort sich steigernde Arbeit der Erkenntniß und findet in der
Ruhe zunächst die Last des Leibes, die uns niederzieht; in der Seligkeit der Ar=
beit dagegen den Vorschmack des Himmels auf Erden. Erst dann wird man
sagen können, ein Volk sei sittlich und ökonomisch durch und durch gebildet,
wenn auch der geringste Mann sich seinen Himmel nicht mehr als den ewigen
Feierabend, sondern als den ewigen, seligen Arbeitstag träumt." — Richtig.
Bei aller Voraussetzung des Unsterblichkeitsgedankens (s. Th. II. S. 231 ff.)
weiß die h. Schrift nichts davon, das jenseitige Leben immerfort als eine Bon=
bonniere vorzustellen, aus welcher der gläubige und gute Mensch in Zukunft
ohne Unterlaß naschen werde. Ueberall ist vielmehr auf ein rühriges, thatkräf=
tiges Leben voll Schaffens und Thuns hingeführt, und der Segen Gottes selbst
nur an das „Schaffniß deiner Hand" geknüpft (5 Mos. 12, 7., 15, 10. und
öfter). Schon in den Psalmen wird das Schauen und Erkennen Gottes im
Jenseits als dessen Inhalt ausgesprochen (s. a. a. O. S. 237); nachdem während
des zweiten Tempelbestandes die Unsterblichkeitslehre als ein Tröstungsmittel
immer mehr in das gedrückte Volk eindrang, erschienen zwar die ewige Wonne

Aus dieser Bestimmung fließt denn auch die Pflicht zur Arbeit (2 Mos. 20, 9. 10.): „Sechs Tage arbeite und verrichte all dein Werk, aber der siebente Tag ist Ruhe, dem Ewigen, deinem Gotte; du sollst keinerlei Werk verrichten, du und dein Sohn und deine Tochter, dein Knecht und deine Magd, und dein Vieh, und dein Fremder, der in deinen Thoren." Um den Menschen vor dem Versinken in das rein Materielle, vor dem Auf= gehen in die leibliche Arbeit, vor der alleinigen Beschäftigung mit dem Ge= werblichen zu schützen, ihn immer wieder zur geistigen Thätigkeit, und wo diese ihre eigentliche Concentration findet, zu Gott zu führen, wird der sie= bente Tag als Ruhetag eingesetzt, wo das Feiern von aller körperlichen und gewerblichen Arbeit geboten ist, und der Tag dem Ewigen, ِer Heiligung, der Geistesthätigkeit in Gott gewidmet sein soll. Allerdings tritt hier nur das Verbot der Arbeit am Sabbath eigentlich als Gesetz auf, und man kann darum das Arbeiten während der sechs Tage noch nicht als ein Ge= bot ansehen.[1] Indeß spricht sich doch schon durch den Gegensatz im Sabbath die Verpflichtung des Menschen zur Arbeit, zum thätigen Wirken und Schaffen innerhalb des bürgerlichen Lebens klar und unzweideutig darin aus. Ihren höchsten Hintergrund aber erhält diese Pflicht in dem folgenden Verse (11): „Denn sechs Tage machte der Ewige den Himmel und die Erde und das Meer und Alles, was darinnen, und ruhete am siebenten Tage." Hierdurch wird also das Arbeiten des Menschen mit dem Schaffen Gottes verglichen und die menschliche Arbeit an die Seite der göttlichen Schöpfung gestellt. Die große Lehre, daß der Mensch ein Ebenbild Gottes, und die daraus fließende große Vorschrift, daß der Mensch in allem seinen Thun Gott nacheifern und zu Gott sich erheben, daß er „sich heiligen solle, wie Gott heilig ist" (3 Mos. 19, 2.), wird also consequent auch durch die Arbeit des Menschen hindurchgeführt. In der Arbeit ist also der Mensch auch Gott ähnlich, sie ist nichts Niedriges und Erniedrigendes, sondern ein Heils= werk, auch eine Heiligung. Wer mit dem Blicke auf die Verachtung der arbeitenden Classen bei den Völkern des Alterthums und bei den bevor= rechteten Ständen des Mittelalters bis in die neueste Zeit und auf die Ascetik der christlichen Kirche, dann auf diese Stellung der menschlichen Arbeit

---

und Freudenfülle als der wesentliche Bestandtheil des jenseitigen Lebens; aber schon die Talmudisten erhoben sich aus dieser populären Anschauung und be= trachteten das jenseitige Leben nicht als einen bloßen Zustand der Ruhe, sondern des Fortschreitens ins Unbegrenzte, wie es heißt: „Die Frommen haben auch jenseits keine Rast, sie gehen von Streben zu Streben". (Moëd Kat. 29, 1.)

[1] Auch die Rabbinen nahmen ein solches Arbeitsgebot für die sechs Werkel= tage nicht in die Aufzählung der Ge= und Verbote auf, wohl aber die Sabbath= ruhe und Sabbathheiligung als zwei Gebote. Deßhalb ist auch Strafe auf die Verletzung des Sabbathgesetzes, nicht aber auf die eines solchen Arbeitgebotes gesetzt.

zum göttlichen Schaffen sieht und deren Bedeutung erwägt, erkennt der nicht, daß hiermit der menschlichen Arbeit die höchste Würde und eine wahrhaft sittliche Kraft verliehen worden ist? Wer muß nicht zugestehen, daß hiermit die Pflicht der Arbeit aus dem lautersten und idealsten Gesichtspunkte betrachtet und zu ihm erhoben worden ist? Die h. Schrift wollte also das Volk zu einem thätigen, arbeitsamen, in der Arbeit seine Menschenbestimmung erfüllenden und Gott nachwandelnden machen, in welchem die Arbeit als eine gemeinsame Pflicht aller Menschen erachtet und geehrt werde, das aber hiervon, vom Arbeits = und Erwerbsdrange nicht verschlungen, sondern in dem immer wiederkehrenden Sabbath zur geistigen Thätigkeit, zum Leben in der religiösen Geisteserhebung zurückgeführt wird.[1]

Wo die Arbeit die Sache nicht des der Züchtigung unterworfenen Sclaven, sondern des freien Menschen ist, da ergiebt sich auch alsbald ein sehr verschiedener Eifer für dieselbe. Wie auf der einen Seite Thätigkeit und Arbeitsamkeit zur wahren Lust und Luft des Lebens wird, so macht sich auf der anderen auch Trägheit und Müssiggang heimisch, und bleiben nach beiden Seiten hin die Folgen und Wirkungen nicht aus. Im weitern Verlaufe der Volksgeschichte prägen sich dann diese Erfahrungen in Kernsprüchen aus, deren wir in der heiligen Schrift eine reiche Fülle besitzen. Diese realen Erfolge der Arbeit und des Müssigganges werden daher vorzugsweise in den Salomonischen Sprüchen dem Volke ans Herz gelegt und ihm gezeigt, daß Reichthum, Macht und Ehre Ertrag des Fleißes, Armuth, Dienstbarkeit und Schande das Loos des Trägen sei. Spr. Sal. 6, 6—11.: „Geh zur Ameise, Fauler, schau ihre Weg' und werde weise! Ihr ist kein Vogt, kein Herr: sie rüstet doch im Sommer ihre Nahrung, sammelt zur Ernte ihre Speise. Wie lange liegst du, Fauler? wann stehst du auf von deinem Schlafe? „„Ein wenig Schlafen, ein wenig Schlummern, ein wenig Hände= falten im Liegen.""" Da kömmt wie ein Räuber deine Ar= muth, dein Mangel wie ein Schildbewehrter." — 10, 4. 5.:

---

[1] Eine richtige Bemerkung macht Riehl, wenn er darauf hinweist, daß selbst die Spenden an die Armen nicht zu einem Almosen, sondern zu einer Arbeit für jene gemacht werden. Der Landmann soll nach dem mosaischen Ge= setze die Ecken der Aecker nicht abernten, die Obstbäume und den Weinberg nicht nachlesen, sondern dies den Armen überlassen. Diese haben also eine Arbeit an dieser Einsammlung, wodurch der Werth dieser Gaben ihnen ungleich größer wird. Er rühmt es an einem Theile der deutschen Bauern, daß sie dieses mo= saische Gesetz zu ihrer Sitte gemacht, und zeigt, wie dies 'ein Segen bis in die Schule hinunter ist, welche zur Erntezeit nicht blos die Kinder der Reichen, um bei der Ernte zu helfen, sondern auch die Kinder der Armen freiläßt, um Aehren zu sammeln, so daß die letzteren sich nicht zurückgesetzt fühlen und auch ihre Erntefreude haben.

„Arm wird, wer mit träger Faust arbeitet, die Hand der Fleißigen macht reich. Wer im Sommer sammelt, ist ein kluger Sohn, wer in der Ernte schläft, ein schändlicher." — 12, 11.: „Wer seinen Acker baut, wird satt des Brotes, wer Müssiggängern nachfolgt, ist unverständig." — Das. 24.: „Fleißige Hand herrscht, lässige wird fröhnen müssen." — 20, 4.: „Ob Wintersturms pflügt nicht der Faule, er sucht zur Ernte, und es ist nichts da." — 24, 30—32.: „An des Trägen Feld ging ich vorüber, an des Unverständigen Weinberg. Und siehe, in Nesseln war er aufgeschossen ganz und gar, es deckten Dornen seine Fläche, und seine Steinmauer war verfallen. Da schaut' ich dies, nahm's mir zu Herzen; ich sah's und nahm mir Warnung daraus."

So wichtig und wahr diese Mahnungen und Warnungen der Arbeitsamkeit und der Trägheit im Wirklichen auch sind, und welchen nützlichen Einfluß sie, sobald sie in das Volk eingedrungen waren, auch üben mußten, so sehr müssen sie dennoch beschränkt werden, um Ueberschätzung des Besitzes und des Reichthums zu verhindern, und daß nicht die Arbeit allein um des Ertrages, sondern um ihrer selbst willen geliebt werde. Hier ist es, wo vor Allem der sittliche Werth der Arbeit hervorgehoben werden muß, wo immer und immer wieder vor Habgier und Geiz gewarnt, die Nichtigkeit des Reichthums an sich erwiesen, der Vorzug der Armuth, wenn sie mit Gerechtigkeit, Wahrhaftigkeit und Unschuld verbunden ist, ins Licht gestellt und die Arbeit überhaupt nur bei vollem sittlichen Inhalt als preiswürdig und ihr Ziel erreichend gelehrt werden muß. Und dies ist es denn auch, was wir in vielen Stellen der h. Schrift mit lebendigster Kraft ausgesprochen und nachdrücklich eingeprägt finden, wie wir oben §. 40. gesehen.

So stellt uns das heilige Wort die Arbeit, die leibliche und geistige, als die Bestimmung des Menschen, die aus seiner innersten geistigen Natur entspringt, daher als seine Pflicht, in deren Erfüllung er Gott selbst nachstrebt und sich heiligt, dar, zeigt auf ihren realen Erfolg hin und hebt ihren sittlichen Gehalt und Werth hervor, indem es aus ihr jede Begierde nach Reichthum entfernt wissen, sie mit Gerechtigkeit und Liebe verbunden haben will und ihr den höchsten Preis zugesteht, wenn sie in Arbeitsfreude, Gerechtigkeit und Gottesfurcht vollführt wird. Das sittliche Bild, welches uns unsere h. Schrift von dem arbeitsgetreuen Menschen entwirft, ist daher ein vollendetes und umfaßt alle Beziehungen zu sich selbst, zu seinem Nebenmenschen und zu Gott.

2. Die Sparsamkeit verwendet die bereiten Mittel nur auf nöthige und gebotene Bedürfnisse, vermeidet also alle Verwendung und Ausgaben auf Nutzloses und Ueberflüssiges. Es versteht sich, daß sie dies auf dem Grunde der verschiedenen Verhältnisse

thut und nach deren Maßgabe, daß sie aber in a l l e n Verhältnissen, in höheren und niederen, in beschränkten und reichlichen geübt werden kann. Sie macht den Besitz wachsen, sammelt ihn für die Zukunft und für außerordentliche Bedürfnisse, hält selbst unter un= günstigen Umständen den Ruin des Vermögens auf und verleiht die Kraft, sich bald in beschränktere Verhältnisse zu schicken. Ihren bedeutsamen sittlichen Werth erhält sie aber dadurch, daß sie auf Be= sonnenheit und Selbstbeherrschung beruht und diese nährt und stärkt, und daß sie den Sinn stets auf das Zweckliche richtet. Diese positive Bedeutung wird aber noch durch die Verneinung ihres Gegensatzes, durch die Abwehr der Verschwendung, erhöht, welche nicht allein früher oder später den Sturz im bürgerlichen Wesen, den Verlust des Vermögens und der Stellung herbeiführt, sondern zugleich das tiefste Sittenverderbniß bewirkt, den schmählichsten Leidenschaften fröhnt, und so inneres und äußeres Elend über den, der ihr huldigt, und zugleich über alle die Seinen bringt. Die Erziehung muß es sich daher als ein ganz besonderes Ziel setzen, die Jugend zur Ge= wöhnung an Sparsamkeit anzuleiten. Am wirksamsten ist hierfür das Vorbild im elterlichen Hause, aber auch der bewußte Grundsatz, der Jugend, nicht etwa alle Mittel zu versagen, aber nur nach dem Maße der wachsenden Vernunft und Sittlichkeit und erst nach ge= nügenden Proben über den rechten Gebrauch zu Gebote zu stellen, überhaupt aber die Kinder von allen überflüssigen Genüssen zurück zu halten und ihnen, ohne hart zu sein, die Uebung der Entsagung aufzuerlegen. Einsichtlich ist es, daß eine solche Erziehung mit dem Maße, als die Eltern größeren Reichthum besitzen, um so noth= wendiger wird, da für die Kinder der Reichen die Versuchung näher liegt und stärker ist. Zeigt doch die Erfahrung, daß ebenso oft die Armuth die Mutter des Reichthums, wie der Reichthum der Vater der Armuth ist. Aber auch hier muß der Gegensatz sorgsam ver= mieden werden, damit die Sparsamkeit bei Jungen und Alten nicht in Geiz ausarte, der sich selbst das Nöthige und Nützliche versagt.

„Wer übel Haus hält, hinterläßt den Erben Lust,
des Verschwenders Knecht erhält der weise Mann."
(Spr. Sal. 11, 29.)

3. Die Ordnung iſt es, welche Alles zur rechten Zeit und
am rechten Orte thut, beſorgt und hält. Die rechte Zeit und der
rechte Ort ſind aber die, wohin jedes Ding ſeiner Natur nach gehört, wo es demnach die geeignete Wirkung thut und erfährt. Die
Ordnung iſt das beſte Erhaltungsmittel für Alles, was wir ſind
und beſitzen, die nachhaltigſte Erſparung von Zeit, Kraft und Werth,
die Vermeidung dauernder Verluſte und bisweilen unter Umſtänden ein wahrhaftes Rettungsmittel, wie denn das Gegentheil
von unberechenbar ſchädlichen Folgen iſt und langſamer oder ſchneller
Verderben vorbereitet und herbeiführt. Sei es im Hauſe, oder im
Geſchäft und Gewerbe, oder im Amte, überall iſt die Ordnung das
weſentliche Beförderungsmittel des Beſitzes und eine ſichere Unterlage des Beſtandes. Sie wehrt zahlloſe Verlegenheiten und Unannehmlichkeiten ab, erhält im Hauſe den Frieden und flößt nach
Außen Vertrauen und Sicherheit ein. Die Ordnung hat aber auch
den innern Werth, daß ſie auf geordnetem Geiſte beruht, aus dem
Bedürfniß der Pflichterfüllung hervorgeht, ruhige Ueberlegung und
rechtzeitiges Handeln erfordert und fördert, und ſo zur Ausbildung
des Charakters einen weſentlichen Theil beiträgt. Auch für dieſe
Tugend iſt die Erziehung das wirkſamſte Mittel, und hierin können
Eltern nicht ſtreng genug ſein, um da, wo eine Anlage zur Nach-
läſſigkeit und Unordnung vorhanden, dieſe rechtzeitig zu überwinden.

Die letzte Spruchrede im Buche der Salomoniſchen Sprüche entwirft ein
liebliches Bild eines tugendhaften Weibes, einer muſterhaften Hausfrau,
deren beſonderer Vorzug in der unermüdlichen Sorge für die Ordnung des
Hauswesens beſteht. Sie ſchafft mit Luſt und Eifer Alles zur rechten Zeit
für Kleidung und Nahrung, für reichlichen Vorrath an Allem, was in den
verſchiedenen Tages- und Jahreszeiten Bedarf iſt und beſchickt dies, indem
ſie ſich und den Ihrigen das Tagewerk ordnet, vom frühen Morgen bis
zur ſpäten Nacht. Da thut ſie denn Allen Gutes, vermehrt den Beſitz,
bereitet dem Hauſe Ehre und hat für Milbthätige eine offene und volle
Hand. Ihr vertrauet daher das Herz des Mannes ganz, ihre Söhne verehren ſie und alle Welt achtet und lobt ſie. Aber dieſe Thätigkeit und
dieſer Geiſt des Weibes beruht in ihr auf weiſem Verſtande, anmuthigem
Herzen und wahrhafter Gottesfurcht, ſo daß auch die kleinlichen Sorgen
und Mühen des Hauſes Ausfluß einer hohen Seele, Frucht eines erhabenen
Charakters ſind. Da glaubt der Mann die Krone ihres Geſchlechtes zu

besitzen, die sonst nirgends zu finden und deren Besitz er als den des höchsten Kleinods weit über alle äußeren Schätze setzt. (Spr. Sal. 31, 10—31.)

42.

Welche sind diese äußeren Güter zweitens? Ansehen und Ehre.

Da wir nicht isolirt, sondern in der Gesellschaft leben, so bildet sich über einen jeden von uns bei den ihn umgebenden und mit ihm in Berührung kommenden Menschen eine Meinung. Da ist es nun ein natürlicher Trieb, in guter Meinung bei den Menschen zu stehen, und im Fortgange Ansehen und Ehre bei ihnen zu erlangen. An sich ist dies ein guter Trieb, denn es liegt in ihm schon eine Anerkennung des Guten durch die Scham, als böse und unwürdig erkannt zu werden, es spricht sich in ihm eine Achtung vor den Menschen und ihrem Urtheil aus, er ist ein Sporn zum Guten, um sich Verdienste zu erwerben, sowie eine Abwehr vom Bösen, das uns Schande erwirken könnte. Dieser Trieb, eine gute Meinung von uns zu erwecken und zu Ansehen und Ehre zu gelangen, ist daher eine Quelle vieles Guten, und wenn sie auch nicht unge-trübt und ganz lauter ist, da ihr Motiv ein selbstsüchtiges ist, so bringt doch die Uebung des Guten zu immer Mehrerem dessen, bis es zur Gewöhnung geworden. Ansehen und Ehre sind daher eines der wesentlichen Güter des äußeren Lebens, dessen wir sehr ungern entbehren. Sie fördern uns und die Unsrigen, erleich-tern unsre Wirksamkeit und befriedigen das Bewußtsein. Darum beugt uns ihr Verlust tief, wir ertragen Miß- und Verachtung mit großem Kummer, sie schaffen uns und den Unsrigen zahllose Schwierigkeiten auf unsern Lebenswegen. Ansehen und Ehre sind daher ein großes Gut, das die Eltern ihren Kindern und Nach-kommen vererben, wie Schmach und Schande als eine schwere Bürde auf den nachfolgenden Geschlechtern lastet. Dem ungeachtet gilt auch von ihnen der oben aufgestellte Grundsatz, daß sie nie-mals für uns Zweck selbst bei unsern Handlungen werden und nicht durch ungerechte Mittel erstrebt, sondern immer nur als günftige Folgen guter Werke betrachtet werden dürfen. Wir müssen das Gute um des Guten willen thun, weil es sonst seinen eigentlichen Werth verliert, nicht aber, um dadurch Ehre zu erlangen; wir würden uns sonst auf das beschränken, was Ehre erwirbt, und die gute That im Verborgenen unterlassen, und endlich muß uns die Ehre bei Gott und vor unsrem eignen Gewissen höher stehen als die äußere Ehre bei den Menschen. Um so weniger dürfen wir aber zu ungerechten Mitteln greifen, und uns hinterlistige Wege gestatten, um durch den äußeren Schein Ehre bei den Mitmenschen zu erlangen und sie über den wahren Werth unsrer Handlungen zu täuschen.

„Vorzüglicher ist guter Name als viel Reichthum, gutes Ansehen besser als Silber und Gold.“ (Spr. Sal. 22, 1.)

„Besser ist guter Name als köstliches Oel.“ (Pred. 7, 1.)

Oel, womit der Morgenländer zur Erhaltung der Gesundheit und zur körperlichen Anmuth sich salbt, vertritt hier die Außenseite, das Aeußere des Menschen. Der gute Name ist besser als der reichste und köstlichste äußere Schmuck. „Name“ und „Oel“ bilden dabei im Hebr. ein unübersetzbares paronomastisches Wortspiel.

„Des Frevlers Gedächtniß schwindet aus dem Lande, und kein guter Name bleibt ihm auf den Straßen.“ (Hiob 18, 17.)

Unter den großen Wohlthaten, welche nach 2 Sam. 7, 8. 9. der Herr dem David gewährt hat, wird auch aufgeführt: „Ich machte dir einen großen Namen, gleich dem Namen der Großen auf der Erde.“

„An wem die Menschen Wohlgefallen finden, an dem hat auch Gott Wohlgefallen; an wem aber die Menschen kein Wohlgefallen finden, an dem hat auch Gott kein Wohlgefallen.“ (P. A. 3, 13.)

43.

Welche sind die Laster, die hier zu vermeiden sind?

Eitelkeit und Ehrgeiz.

Eitelkeit ist die Ehrbegier, die nicht auf wahre Verdienste, sondern auf Schein und kleinliche Auszeichnungen, die keinen wahren Werth besitzen, abzielt, und Ansehen und Ehre durch theils zufällige, theils innerlich werthlose Vorzüge zu erringen sucht, wie durch Schönheit, Reichthum, Kleidung, äußerliche Umgebung u. s. w. Die Eitelkeit geht daher viel weniger auf wirkliche Anerkennung als auf kleinliche äußere Zeichen der Achtung aus, überwacht jede Geberde und jedes Wort Anderer, und fühlt sich durch jede Vernachlässigung auf's Tiefste verletzt. — Ehrgeiz ist die Ehrleidenschaft, die über Andere, und zwar so viele Andere wie möglich, hervorragen, den ersten Platz einnehmen, vor allen Anderen bevorzugt sein und über sie herrschen will, weßhalb sie auch mit der Herrschbegier Hand in Hand geht. Die Eitelkeit ist das Merkmal eines kleinlichen, der Ehrgeiz eines selbstsüchtigen Charakters. Beide aber verfehlen ihr Ziel. Denn die Menschen lehnen sich gegen Alles auf, was einen besondern Anspruch an Auszeichnung und Bevorzugung erhebt, stellen sich ihm feindlich gegenüber, entziehen ihm selbst verdiente Anerkennung, die sie dem Bescheidenen gern und von selbst entgegentragen. Die Erfolge der Eitelen und Ehrgeizigen sind nur sehr flüchtig, und brechen auf's Leichteste zusammen, aber auch ihre günstigsten Erfolge beglücken sie nicht, weil dem Eitelen Verdruß und Kränkung überall nahe liegt, der Ehrgeizige aber durch das, was er erreicht, unbefriedigt bleibt, sich immer höhere Ziele setzt, die er allein für wünschenswerth erachtet, ganz wie es dem Habgierigen auf seinem Wege ergeht. Erlangt aber der Ehrgeizige seine Ziele nicht, so verzehrt sich seine Seele vor Gram und Täuschung. Die Eitelkeit vergiftet das Herz mit Neid und Mißgunst; der Ehrgeiz verblendet Einsicht und Gewissen, treibt von That zu That, und füllet das Herz mit Rachsucht. Beide Laster führen daher leicht zu Sünde und Vergehen, und bereiten sich Sturz und Verderben. Es öffnet sich hier das weite Feld der Ränke und Intriguen, bis der Weg von der List zur Gewaltthat und Unterdrückung führt. Bald setzt der Ehrgeiz alle Rücksichten außer Augen, und scheut keine Mittel, um zu seinem Ziele zu gelangen. Wer die Geschichte kennt, weiß, daß das meiste Unheil, die heftigsten Erschütterungen, die stärksten Stürme in der Menschenwelt vom Ehrgeize hervorgerufen worden, daß dieser hart gegen die Leiden Anderer macht, auf das Elend zahlloser Menschen nicht rücksichtigt, wenn er nur seiner selbstsüchtigen Leidenschaft genügen kann, und wie oft der Ehrgeiz eines Einzigen die Völker in die zerstörendsten Kämpfe gestürzt, und Mord und Verwüstung durch die Länder gebreitet hat. So artet der natürliche und gerechtfertigte Trieb nach gutem Ruf und günstigem Ansehen zur verderblichsten Leidenschaft aus, welche nach und nach die edelsten Naturen zu ihrem Gegentheile verwandelt. Fragen wir da, wie wir wohl diesen gefährlichen Leidenschaften in uns zu begegnen haben, so ist das einzige Mittel: sich von Jugend an zu gewöhnen, die Dinge in ihrem rechten Lichte zu betrachten, ihren wahren Werth zu erkennen, alle Täuschungen vor unsrem geistigen Auge zu lösen, und so nur das als erstrebenswerth erkennen zu lernen, was wahr, edel und gut ist; je mehr wir die wahre Gottesfurcht in uns nähren, die Flüchtigkeit und den nur bedingten Werth aller irdischen Dinge durchschauen, und je empfindlicher wir unser Pflichtgefühl ausbilden, desto sicherer werden wir vor den Versuchungen der Eitelkeit und des Ehrgeizes sein.

„Anmuth lügt, Schönheit trügt, nur ein gottesfürchtig Weib ist lobenswerth." (Spr. Sal. 31, 30.)

„Wer nach Ehre jagt, verliert die Ehre." (P. A. 1, 13.) Ein Bild der Eitelkeit, insonders der Putzsucht des weiblichen Geschlechts entwirft Jesch. 3, 16—24. und zeigt, wie sie zu Schanden und in das Gegentheil verwandelt wird: „Und der Ewige spricht: Dieweil hoffärtig sind die Töchter Zijon's, einhergehen mit gerecktem Halse, umherwerfend die Augen, trippelnd schreiten sie einher, und mit den Fußspangen klirren sie: wird kahl machen der Herr den Scheitel der Töchter Zijon's ff."

Unter den Leidenschaften, die „den Menschen von der Welt bringen", wird der Ehrgeiz aufgezählt (P. A. 4, 28.)

Als ein treffendes Bild des verblendenden Ehrgeizes stellt uns die h. Schrift die Geschichte Korach's hin, der Levit war, und auch Priester sein wollte, und darüber in den Abgrund stürzte. (4 Mos. 16.) Bis zu welchen verbrecherischen Handlungen der Ehrgeiz führen könne, zeigt sie uns an dem Beispiele Absalom's, des empörerischen Sohnes David's, der den frühen Abschluß seines Lebens auf der Flucht fand, mit seinen Haaren an den Zweigen einer Terebinthe hängend, durch den Speer Joab's durchbohrt. (2 Sam. 15.)

II. Die Selbstveredelung.

~~~~~~~~~

44.

Welches ist der höchste Grundsatz der Selbstveredelung?

Nach einer gleichmäßigen (harmonischen) Ausbildung aller unserer Geisteskräfte zu streben.

1. Wir haben Th. II. S. 13. über die verschiedenartigen Hauptthätigkeiten des an sich einheitlichen Menschengeistes, die Vermögen oder Kräfte genannt werden, nämlich das Denk-, Gefühls- und Willensvermögen gehandelt. Aber außer diesen stellen sich uns die Thätigkeiten des Geistes noch in anderer eigenthümlicher Art da, wie als Phantasie oder Einbildungskraft, Gedächtniß, Gewissen, Witz und Scharfsinn. Die Phantasie ist die Fähigkeit unsres Geistes, erworbene Vorstellungen in eigenthümlicher Weise willkürlich zusammenzustellen, und daraus ein eigenes neues Bild zu schaffen, während das Gedächtniß nur die Wiederholung einer schon gehabten Vorstellung im Bewußtsein bewirkt. Allerdings kann die Phantasie nur bereits gewonnene Vorstellungen als Material zu ihren Bildern verwenden, und ist selbst nicht im Stande neue und andere Vorstellungen hervorzubringen; aber ihre schöpferische Kraft besteht in der eigenthümlichen Zusammensetzung von Vorstellungen, die in

dieſer Combination noch nicht vereinigt geweſen oder vereinigt ge=
funden worden. Hierin iſt die Phantaſie weder an die Natur noch
an die Logik gebunden, und ihr Geſetz iſt lediglich die Zweckmäßig=
keit der zum Bilde zuſammengefügten Vorſtellungen, um dem vor=
liegenden intellektuellen ſittlichen, oder äſthetiſchen Zwecke zu genügen.
Die Phantaſie vermag ein neues Weſen nur aus ihr bekannten
Theilen anderer Weſen zuſammenzuſtellen, z. B. einen Centauren
aus Menſch und Roß, eine Najade aus Menſch und Fiſch u. ſ. w.
Ob ein ſolches Weſen nach den Naturgeſetzen beſtehen könne, hat
ſie nicht zu fragen, da die Natur dies geradezu verneint, weil der
Körper eines Menſchen nicht zugleich den eines anderen Thieres
ernähren kann; ſondern es handelt ſich nur darum, ob dieſes Kind
der Einbildungskraft dem Charakter entſpricht, den aufzuſtellen be=
abſichtigt worden. Die Phantaſie iſt eine der wichtigſten Fähigkeiten
des Geiſtes, weil ſie zur Vermannichfaltigung unſerer Vorſtellungen
weſentlich beiträgt, das Leben des Geiſtes erfriſcht und bethätigt,
und den übrigen Vermögen des Geiſtes, dem Denk=, Gefühls= und
Willensvermögen, zur Förderung ihrer Thätigkeiten dient, indem ſie
die Bilder vor die Seele bringt, an welche jene ihre Thätigkeit an=
knüpfen, und die zu neuen Combinationen auch für jene Veranlaſſung
und Boden geben. Dennoch können wir für das Geiſtesleben dem
Gedächtniß eine noch höhere Bedeutung, ja völlige Unentbehrlichkeit
nicht abſprechen. Das Gedächtniß bringt dem Geiſte, in welchem
alle Vorſtellungen, Begriffe und alles Wiſſen ſo ſchnell aus dem
Bewußtſein in's Unbewußte vorübergehen, alle dieſe immer wieder
in's Bewußtſein zurück, ſobald ihm nur irgend ein Anhalt gegeben
worden, an den ſich die früher gehabte Vorſtellung durch irgend
eine Verbindung anknüpft; und ohne das Gedächtniß würde der
Geiſt im Beſitze nur der Vorſtellung ſein, die ſich im Augenblicke
durch ſinnliche Wahrnehmung bildet. Alle früheren Vorſtellungen,
Begriffe und Wiſſen wären ihm immer wieder verloren. Es unter=
ſcheidet ſich aber von der Phantaſie weſentlich dadurch, daß es ledig=
lich gehabte Vorſtellungen, ſo wie ſie geweſen, im Bewußtſein
erneuert, und hat ſeine Stärke darin, die Vorſtellungen ſo genau
wie möglich zu wiederholen. Es lebt hierin mit der Phantaſie
gewiſſermaßen im Streite, indem dieſe ihm, dem Gedächtniſſe, ein

eigenes geschaffenes Bild theilweise oder ganz der gehabten Vor=
stellung unterschiebt. — Das Gewissen haben wir Th. I., S. 164
als das unmittelbare Gefühl des Guten und Bösen erklärt. Der
Witz ist die Fähigkeit, bei Vergleichung verschiedener Gegenstände
die Aehnlichkeiten derselben, und der Scharfsinn die Verschieden=
heiten derselben aufzufinden, und tragen diese so zur deutlichen,
scharfen und richtigen Auffassung der Dinge in ihrer Form und
ihrem Wesen nachhaltig bei.

2. Alle diese Vermögen oder Kräfte schlummern in dem Geiste
des Menschenkindes, erwachen mit seiner Thätigkeit und dem Be=
wußtsein, entfalten und entwickeln sich. Diese Entwickelung ist, wie
wir oben gesehen, die in dem Wesen des Menschen begründete Be=
stimmung desselben. Das Denkvermögen soll eine immerfortige
Vermehrung der Vorstellungen, wie durch fortgesetzte Uebung immer
mehr die Kraft erhalten, in richtiger Weise Vorstellungen zu Urthei=
len, Urtheile zu Schlüssen zu verbinden, so zu Erkenntniß und
Wissen in immer reicherem Maße zu gelangen, und Wahrheit und
Irrthum von einander unterscheiden zu können. Das Gefühlsver=
mögen soll die wachsende Fähigkeit erlangen, von jeder Berührung
tangirt zu werden, die entsprechende Empfindung in sich nach=
haltiger entstehen zu lassen und dem Bewußtsein entschiedener zu=
zuführen. Das Willensvermögen soll eine immer stärkere Energie
gewinnen, sich klar und sicher zu gestalten und seine äußeren Werk=
zeuge und Mittel zu gebrauchen und zu beherrschen. Die Phantasie
entfalte ihre schöpferische Kraft, ihre Lebendigkeit und Klarheit; das
Gedächtniß seine Treue und Festigkeit und damit seinen Reichthum
an fertigen Vorstellungen, Begriffen und Wissen; das Gewissen seine
Zartheit und Entschiedenheit; der Witz und der Scharfsinn ihre Be=
fähigung, ihre Auffindungs= und Auffassungskraft. — In allem diesem
ist die Entwickelungsfähigkeit des Geistes eine unbegränzte, der die
bestimmte Schranke nicht nachgewiesen werden kann. Das zeigt die
außerordentliche Höhe, welche einzelne Geister in diesem oder jenem
Vermögen erreicht haben, dies zeigen die Beispiele von Denkern,
Dichtern und Künstlern, Gedächtnißvirtuosen u. s. w., die eine schein=
bar unerreichbare Fähigkeit erlangten und bethätigten. Philosophen,
deren Abstraktionen nur von Wenigen gefaßt werden können, Maler

und Bildhauer, deren Phantasie die Gestalten ihnen lebendiger, als
wenn sie sichtbar vor ihren Augen stünden, vorführt und festhält,
Rechenkünstler, die eine unerhörte Menge Zahlen behalten konnten,
Componisten, welche außerordentliche Tonmassen sich zu vergegen=
wärtigen und nach den Tongesetzen zu ordnen vermochten, und wie
viele Andere noch erregen unser Erstaunen, unsere Bewunderung.
Aber auch abgesehen von diesen seltneren Vorkommnissen, von dieser
außergewöhnlichen Entwickelung besonderer Begabung, ist die Menge
des Wissens, der Reichthum der Begriffe, der Umfang der Kennt=
nisse, die Lebhaftigkeit der Phantasie u. s. w. selbst bei mittelmäßigen
Menschen erstaunenswerth, wenn wir sie einmal unbefangen über=
schlagen und gegen den Zustand in der Kindheit bemessen.

3. Wenn aber demnach die Entwickelung der Geisteskräfte
unserer Bestimmung gemäß die höchste Pflicht der Selbstveredelung
ist, so tritt hier als der maßgebende Grundsatz herein: die verhält=
nißmäßige harmonische Entwickelung aller unsrer Geisteskräfte.
Denn einerseits findet eine so innige Zusammengehörigkeit, eine
gegenseitige Wechselwirkung unter allen Kräften unsres Geistes statt,
sie alle sind der gesunden Organisation des Geistes so nothwendig,
ja unentbehrlich, daß die Vernachlässigung und Unzulänglichkeit der
einen auch die Energie der andern vermindert, ihrer Thätigkeit eine
nachtheilige Richtung giebt und ihre Erfolge einseitig oder irrig
macht. Andrerseits lehrt die Erfahrung, daß die überwiegende Ent=
wickelung einer Geisteskraft auf Kosten der übrigen geradezu gefähr=
lich ist und dem Menschen in der Erreichung eines höhern Zieles
die größten Hindernisse schafft. Die einseitige Ausbildung des Ver=
standes mit Unterdrückung der Gefühlswärme, mit feindlicher Hal=
tung gegen die Phantasie macht den Menschen nüchtern und trocken,
beraubt ihn des belebenden Ideals, und verschafft ihm jene zersetzende
Lauge, welche ihm und seiner Umgebung alle Freuden des Lebens
zerfrißt. Eine wucherische Befruchtung der Gefühlswelt tritt jeder
klaren Einsicht entgegen, macht jede sichere Erkenntniß unmöglich,
löst das ganze Leben in eine fieberhafte Bewegung, in ein stetes
Hin= und Herwerfen zwischen Freude und Schmerz, zwischen höchster
An= und tiefster Abspannung auf, macht uns wehrlos gegen den
Andrang der Leidenschaften, und läßt weder Ruhe noch Festigkeit

finden. Nicht minder giebt eine allzustarke Entwickelung der Phan=
tasie unsrem Geiste eine schiefe, bedrohliche Richtung; sie baut
sich eine Welt zusammen, wie sie gar nicht existirt, beurtheilt die
Lebensverhältnisse nach selbstgeschaffenen Bildern, schiebt der richtigen
Beurtheilung von Personen und Dingen ihre eigenen Produktion unter,
giebt sich auf's Leichteste der Schwärmerei hin und entnervt alle
Thatkraft. Wenn eine tüchtige Willenskraft, die nach reiflicher Er=
wägung einen bestimmten Entschluß sicher und beharrlich auszuführen
vermag, ein überaus schätzbares Gut ist, daran meist unsere ganze
Wirksamkeit sich knüpft: so führt eine einseitige Entwickelung der=
selben zu Eigensinn und Starrheit, zu Unbeugsamkeit und Härte,
welche uns an den Klippen des Lebens scheitern machen, selbst die
besten Absichten in das Gegentheil kehren, und eine Wüste um uns
bereiten, wo wir fruchtbare Saat ausgestreut zu haben glauben. —
Alle diese Beobachtungen, die sich uns täglich darbieten, erweisen,
wie nothwendig es ist, die verhältnißmäßige Ausbildung unsrer
Geisteskräfte ernstlich im Auge zu haben, und eine harmonische
Entwickelung uns zur Aufgabe zu stellen. Es läßt sich hierbei noch
bemerken, daß von den verschiedenen Geisteskräften eine jede in
einem gewissen Lebensalter vorwiegend ist, wie wir Th. II. S. 74 f.
auseinandergesetzt haben, daß daher einerseits dem ganzen Menschen
die Befähigung aller seiner Geistesvermögen nothwendig ist, um in
den verschiedenen Lebensaltern das entsprechende genügend vor=
gebildet zu haben, andrerseits aber dieses keine Alleinherrschaft üben
zu lassen, und so durch die harmonische Ausbildung allen die Thätig=
keit und Wirksamkeit zu erhalten. Es ist ebenso gefährlich, in der
Jugend der Phantasie eine unbeschränkte Herrschaft einzuräumen,
wie derselben im höhern Lebensalter ganz zu entbehren, in der
Jugend sich der Weichlichkeit der Gefühle zu überlassen, wie im
Alter frostig und eisigen Herzens seinen einsamen Lebenspfad zu
beenden. Ja, wenn es möglich ist, sich die Frische des Geistes, die
Talente und die schöpferische Kraft desselben bis zum höchsten
Greisenalter zu erhalten, so kann dies nur geschehen, wenn wir alle
Quellen unsres Geistes stets offen und frisch rieselnd haben, und
durch die Regsamkeit und immerfortige Bewegung aller unsrer
Geisteskräfte niemals in Stocken gerathen und ermatten. Fragen

wir nun, wodurch wir diese harmonische Entwickelung zu erlangen
und zu erhalten vermögen, so werden wir sowohl auf eine richtige
Erziehung, wie auf eine fortwährende Aufmerksamkeit hingewiesen.
In richtiger Würdigung des Werthes aller Geisteskräfte müssen wir auf
die Weckung und Fortbildung jeder derselben immerfort bedacht sein,
und die geistigen Arbeiten so anordnen, daß neben und nach einander
jeder dieser Kräfte genährt und gestärkt, keine vernachlässigt werde.
In der Regel sind es die Berufsgeschäfte, welche den Verstand vorzugsweise beanspruchen; so wird neben ihnen die Beschäftigung mit
classischen Dichtungen oder mit irgend einer Kunst Herz und Phantasie beleben, und, wenn der Beruf nur die Arbeit einer untergeordneten oder gewöhnlichen Verstandesthätigkeit erfordert, wird die
Forschung in der heiligen Schrift, in den Wahrheiten der Religion,
in den Fragen der übersinnlichen Existenz die höhere Erkenntniß-
kraft entwickeln und zu würdigen Resultaten führen. So ist es auch
die Beschäftigung mit Naturwissenschaften und Geschichte, welche
sowohl dem Verstande wie der Phantasie wohlthätige Nahrung zuführen, und das Herz der Bewunderung und der Verehrung fähig macht.
In der Jugend muß der Erzieher und der jugendliche Mensch selbst
auf alle diese Gegenstände der Geistesbildung seine Aufmerksamkeit
zugleich richten, und es werden, z. B. für die richtige Entwickelung
des Verstandes die Anfangsgründe der Mathematik von großem
Nutzen sein, der auch der weiblichen Jugend nicht entzogen werden
sollte. Mit derselben Gewissenhaftigkeit muß aber auch Alles vermieden werden, was irgend eine Geisteskraft tödten, vergiften oder
übermäßig ernähren kann. Daher ist eine sorgfältige (doch nicht
peinliche) Ueberwachung der Lectüre für die Jugend nothwendig,
wobei eine angemessene Abwechslung in deren Gegenständen am
räthlichsten erscheint; besonders aber muß in der Zeit der reifenden
Jugend die vergiftende Lectüre der entarteten Romanliteratur
vermieden werden, durch welche die Phantasie verschroben, das sittliche Gefühl verletzt und abgestumpft und der Geist unfähig gemacht
wird, sich mit ernsteren Gegenständen zu beschäftigen. Eine besondere
Fürsorge, die aber am seltensten geleistet wird, erfordert die richtige
Entwickelung der Willenskraft, da dieser entweder zu freier Spielraum gelassen oder zu enge Schranken gezogen werden. Frühzeitig

muß die Jugend die Willenskraft üben, aber auch der Vernunft, dem Gewissen und dem Willen Anderer sich zu unterwerfen lernen. Es kommt also Alles darauf an, das rechte Maß hierin zu treffen, und den jungen Menschen ebensowenig eigensinnig, verstockt, herrsch= süchtig, wie schwach, unfähig sich selbst zu leiten, unkräftig in seinem Wollen und Vollführen zu machen. Ueberall aber muß die Indi= vidualität berücksichtigt werden, und die allgemeinen Grundsätze müssen nur dazu dienen, um von ihnen aus die individuelle Be= gabung und Anlage zu beurtheilen, in die Berechnung zu ziehen und zu leiten, nicht aber aus ihnen eine Schablone anzufertigen, nach welcher alle Individuen zu behandeln seien.

45.

Was haben wir für die Ausbildung unseres Verstandes zu thun?

Unsere Kenntnisse immerfort zu vermehren, unsere Be= griffe zu berichtigen und aufzuklären, in der Erkenntniß Gottes und aller seiner Werke möglichst fortzuschreiten und uns von allem Aberglauben und allem Unglauben fern zu halten.

1. Die geistige Arbeit soll für jeden einzelnen Menschen wäh= rend seines ganzen Lebens eben so wenig wie für die ganze Mensch= heit aufhören. Wenn die Entwickelung des Geistes in Wirklichkeit niemals im Individuum endet, wie wir oben nachgewiesen, und diese Entwickelung die Bestimmung des Menschen ist, so liegt ihm die Pflicht auf, dieselbe mit Bewußtsein zu fördern, Sorge dafür zu tragen und Mühen dafür zu übernehmen. Und auch hier gilt, was wir oben von der Arbeitsamkeit überhaupt gesagt, daß sie erst dann vorhanden, wenn die Arbeit zur Freude und zum Genusse geworden, und so muß die Beschäftigung des Geistes mit den seine Entwickelung beabsichtigenden Arbeiten zur wahren Befriedigung, zum höchsten Genusse des Lebens werden. Aber auf keinem Gebiete

steht die Entwickelung des Menschengeschlechts wohl noch so weit zurück, wie gerade hierin. Unter den Völkern ist es immer noch die Mehrzahl, welche der geistigen Cultur fernab steht. Im Kreise der civilisirten Nationen ist es noch die Mehrzahl, bei welcher die großen Volksmassen noch nicht einmal lesen und schreiben lernen. Aber auch innerhalb der auf der Höhe der Cultur stehenden Völker beschäftigt sich die enorme Mehrzahl wenig mit geistiger Arbeit, vernachlässigt nach den wenigen Schuljahren in der Kindheit alle weitere bewußte Ausbildung des Geistes, und so gehen Zahllose durch das Leben hin, ohne einer höheren Erkenntniß theilhaftig zu werden, ohne über die allgemeinsten Verhältnisse des Menschen, der Menschheit, des Erdballs, auf dem sie wohnen, der sie umgebenden Wesen einige Kenntniß und Aufklärung zu erlangen. Um so mehr muß es unser Streben sein, uns und Andre, soweit unsre Wirksamkeit reicht, aus diesem unwürdigen Zustande herauszubringen, und zur geistigen Thätigkeit, wie sie nicht blos in dem bürgerlichen Berufe liegt, anzutreiben. Flößen wir es vor Allem der Jugend ein, mit dem Abgang von der Schule nicht alle Lern- und Wißbegierde zu verlieren, alle geistige Thätigkeit aufzugeben und sich lediglich mit dem bürgerlichen und gesellschaftlichen Leben zu befassen. Es ist dies auch für die religiöse Erkenntniß das größte Bedürfniß. Denn nur durch diese Lässigkeit der Geister kommt es, daß sich diese mit der oberflächlichsten Kenntniß der äußern Erscheinung der Religion begnügen, und daher so leicht entweder dem Aberglauben oder der religiösen Gleichgiltigkeit oder gar dem Unglauben anheimfallen. Eine schwache Seite unsres Culturlebens ist es eben, daß zwischen Schule und Leben eine so breite Kluft, daß, sobald der junge Mensch aus der Schule in das bürgerliche Leben hinübergelangt ist, der Weg zu den Bestrebungen der Schule abgeschnitten ist, und daher von der großen Mehrzahl Alles hinter sich geworfen wird, was in der Schule erzielt und erreicht worden. Mögen daher die Lehrer mehr dahin streben, in ihren Schülern die Freude am Lernen, die Lust an geistiger Thätigkeit so zu wecken, daß ihnen diese zum Lebensbedürfnisse werden, und möge jeder Mensch es als eine theure Pflicht erkennen, in der Ausbildung seines Verstandes ununterbrochen und unermüdlich weiter zu arbeiten.

„Der Pfad des Lebens geht für den Denker auf=
wärts." (Spr. Sal. 15, 24.)

Alle Menschen suchen den Weg des Lebens, aber der Einsichtsvolle weiß,
daß er nur zu finden durch die Richtung und das Streben nach Oben,
nach wachsender Erkenntniß, zum Ideale des Geistes, zu Gott hinauf.

„Der Weisheit Anfang ist: erwirb Weisheit, und
mit all' deinem Gute erwirb Einsicht." (Spr. Sal. 4, 7.)

Das Streben nach Weisheit ist schon der Beginn der Weisheit, indem
jenes die richtige Würdigung des Wahren und Guten voraussetzt.

„Ein Quell des Lebens ist Verstand seinem Be=
sitzer." (Spr. Sal. 16, 22.)

Unter allen Völkern zeichnete sich der israelitische Stamm von seinen Ur=
anfängen an durch die Liebe zur geistigen Thätigkeit aus, wenn auch diese
in vielen und langen Zeitperioden auf die religiöse Cultur allein beschränkt
war. Sicherlich war dies eines der Mittel seiner Erhaltung mitten durch
die furchtbarsten Verfolgungen, mitten in der drückendsten Ausschließung
und Beschränkung. So kann es nicht mehr zweifelhaft sein, daß schon
anderthalb Jahrtausende vor der gewöhnlichen Zeitrechnung die Schreibekunst
unter den Israeliten außerordentlich verbreitet, und darum die Fähigkeit des
Lesens bei der Masse des Volkes selbst vorausgesetzt war. Viele Vorschriften
des Gesetzes, wie die der Mesujoth, Thephillim u. s. w. hätten sonst gar
keinen Sinn. Die Aufzeichnung auf die, auf dem Berge Ebal zu errichten=
den Steine und Anderes liefert den unzweideutigen Beweis. Führt doch
im Buche Josua eine Stadt schon den Namen קרית ספר; und in der
Zeit des größten Verfalls aller Cultur, in der Richterzeit, kann ein zufällig
angetroffener Knabe schreiben (Richter 8, 14. s. das Nähere in uns. Bibel=
werke, Einleitung in die 5 Bücher Moscheh § 15.) und ebenso fanden sich
in der Zeit der härtesten Ausschließung während des Mittelalters und der
vorletzten Jahrhunderte, sogar in einer Zeit, wo außer den christlichen Geist=
lichen selbst aus den höchsten Ständen nur sehr Wenige lesen und schreiben
konnten, nur äußerst wenige Juden, auch unter dem weiblichen Geschlechte,
welche nicht das Hebräische zu lesen, und nicht Viele, welche nicht die jüdisch=
deutschen und ähnliche Lettern zu schreiben verstanden. Die fortlaufende
Reihe der Schriftwerke, also eine ununterbrochene Literatur von den 5 Büchern
Moses an bis auf den heutigen Tag giebt davon Zeugniß, da eine solche
ohne zahlreiche Leser und eifrige Theilnehmer nicht existiren kann. Als den
Juden aller geistige und wissenschaftliche Verkehr mit der Außenwelt abge=
schnitten war, war es das Studium der heiligen Schrift und des Talmuds,
welches eine lebendige geistige Thätigkeit und Bewegung erhielt, und durch
seine Verbreitung in der Volksmasse den anderweitigen Mangel an geistiger

Ausbildung ersetzte. Gesetzliche Vorschriften flößten der Menge die höchste Ehrfurcht vor Wissen und Studium ein, und verlangten es von Jedermann, natürlich insonders im Gesetz. (Jor. Deah Abschn. 246.) Nur so ist es erklärlich, wie dieser Stamm nach einer so langen Periode der Abschließung sich in der kürzesten Zeit zur erfolgreichsten Theilnahme am Culturleben erheben konnte. Erfreulich ist es auch, daß aus allen Ländern, wo der jüdischen Jugend jetzt der Zugang zu den öffentlichen Lehranstalten aller Stufen geöffnet ist, die statistischen Nachweise den Zudrang jener zu den Schulen und den Universitäten bezeugen, so daß das Zahlenverhältniß der jüdischen Schüler ein bei Weitem günstigeres als der nichtjüdischen ist. Möge daher die jüdische Jugend hierin die Wege ihrer Väter niemals verlassen, andrerseits aber auch nicht verleitet werden, falsche, von Religion und Sittlichkeit abweichende Pfade zu beschreiten.

2. Die Ausbildung des Verstandes besteht zunächst in der Vermehrung unsrer Kenntnisse, durch welche wir einen immer größeren Reichthum richtiger Vorstellungen aus allen Gebieten des Wissens erlangen. Diese Kenntnisse sollen aber keine bloße Anhäufung von Notizen bleiben, sondern in dem Zusammenhange gefaßt, in ihrem Verhältniß als Ursache und Wirkung verstanden und vervollständigt werden, um zur Berichtigung und Aufklärung der Begriffe, zu denen jene das Material liefern, zu dienen. Erst hierdurch gelangen wir zur Erkenntniß und bilden uns richtige Urtheile über das Wesen der Dinge. Unsre Zeit hat den großen Vorzug, nicht aus sich selbst, aus Voraussetzungen auf das Wesen der Dinge schließen, und dieses durch bloße Syllogismen des Verstandes erkennen zu wollen, wie in den früheren Zeiten, sondern sie verlangt, daß überall die richtige Kenntniß der realen Dinge und Erscheinungen zu Grunde gelegt werde, um so aus den verschiedenen Objecten das Gleichartige herauszufinden und es als das Gesetz, als das von Gott den Dingen und Erscheinungen eingeschaffene Gesetz zu erkennen. Man nennt dies die inductive Methode, welche überall die Erfahrung, das Wissen der Wirklichkeit zu Grunde legt, nicht aber etwa bei der bloßen Erfahrung stehen bleibt, sondern aus derselben die großen Gesetze, nach denen die Dinge werden und sind, zu sicherer Erkenntniß zu bringen bezweckt. Dann werden aus diesen Gesetzen wieder die folgerichtigen Schlüsse auf die Wirklichkeit gezogen, insonders soweit diese noch nicht bekannt ist, und müssen sich in derselben bewahrheiten. Die großen Gebiete dieses Wissens und

Begreifens sind nun die Natur, die Geschichte und die Politik. In allen diesen muß der Mensch sich Wissen verschaffen, seine Begriffe aufklären und Erkenntniß anstreben. Er muß sich Rechenschaft geben können, was er als Glied der Schöpfung und was diese selbst ist, wie sie sich um ihn in den nächsten, weiteren und weitesten Kreisen legt, und wie er ihr angehört; er muß sich Verständniß verschaffen, wie die Menschheit zu dem geworden, was sie ist, wie sie in den vergangenen Zeiten gestanden, und aus ihnen sich entwickelt hat, so daß er selbst und seine Zeit aus diesem Boden der geschichtlichen Vergangenheit erwachsen; er muß endlich begreifen, was und wie die menschliche Gesellschaft, und insonders das bürgerliche Wesen, dem er angehört, ist und bedeutet, welches die Rechte und Pflichten in ihr sind, welche ihre Tendenzen und wie sie erreicht werden.

Das letztere Wissen ist auch von unmittelbarem Werthe und Erfolge; denn bei dem in unserer Zeit außerordentlich geweckten politischen Bewußtsein, bei der regen Theilnahme Aller an den Ereignissen und Bestrebungen der Gegenwart, bei dem Urtheile, das sich hierüber ein Jeder zutraut, ist es von höchster Wichtigkeit, sich über die Verhältnisse der menschlichen und staatlichen Gesellschaft richtige Kenntnisse und Begriffe zu verschaffen, um nicht urtheilslos dem Irrthum und Vorurtheil rechts oder links anheimzufallen. Dieses bessere politische Wissen ist aber wiederum nicht ohne Geschichts= kenntniß zu erlangen, wie andrerseits durch diese die höheren Gesetze des menschengeschlechtlichen Daseins zum Bewußtsein kommen, ein Bewußtsein, das über die Leidenschaften des Tages hinaushebt.

Die h. Schrift stellt die Erkenntniß Gottes, der Welt und des Menschen geradezu auf den Boden der Natur, auf das naturwissenschaftliche Be= wußtsein. Was ist Letzteres? Das Begreifen Gottes als Schöpfers der Welt, das Begreifen der Welt als einer Einheit und das Begreifen des Menschen als eines Gliedes dieser Einheit, als denselben Gesetzen unterworfen wie die übrigen Wesen, zugleich aber auch als einer Einheit aus Geist und Körper. Die h. Schrift beginnt mit der Schöpfung der Welt, innerhalb derselben der Erde, der Wesen auf der Erde und unter diesen des Menschen; dann behandelt sie die äußere und innere Entwickelung des ganzen Menschen= geschlechts und hebt endlich aus diesem einen Stamm, eine Familie, einen Mann hervor, der zum Ausgangspunkte für die Gotteserkenntniß geworden. Der Mosaismus wollte hiermit die Zusammengehörigkeit dieses Mannes

und des aus ihm entsprungenen Religionsvolkes mit dem ganzen Menschen=
geschlechte und die Einheit dieses, die Eingliederung des Menschen in die
Wesenreihe der Erde, und die Einheit der ganzen Schöpfung lehren. Aller=
dings betrachtete er den Menschen als das höchste der Erdengeschöpfe, das
zwar seiner ganzen physischen Seite nach dem Thierreiche, ja der Erde, aus
deren Elementen (עפר) er gebildet, eingeschlossen ist, aber durch Beseelung
mit dem gottebenbildlichen Geiste auch zugleich einer höheren Welt angehört
und einen höheren Beruf zu erfüllen hat; er erkennt aber diese Vereinigung
des physischen und geistigen Lebens im Menschen als eine Einheit an, die
während des Erdendaseins untrennbar und unlöslich ist. Ebenso ist ihm
die Schöpfungsgeschichte nicht blos etwa ein erster Anknüpfungspunkt, son=
dern wie sie nichts anderes und nichts weiter als die großen Schöpfungs=
gedanken Gottes und die allgemeinen Bedingungen des physischen Daseins
im ganzen Weltall und auf der Erde insbesondere bezeichnet, bildet sie ihm
die Unterlage zur ganzen Gotteserkenntniß. Es ist eine wesentliche Eigen=
thümlichkeit der israelitischen Gotteslehre, daß sie sich zu aller Zeit ebenso
wohl als eine geoffenbarte, gegebene, als auch als eine aus der Natur er=
kannte und durch dieselbe erwiesene hinstellte. Wir brauchen den Kundigen
nicht erst auf alle die Prophetenstellen, die Psalmen (namentlich den 19.
Psalm), das Buch Hiob u. s. w. hinzuweisen, in welchen die Gotteslehre
als auf die Natur gegründet angerufen und die ganze Schöpfung mit allen
ihren Wesenreihen und deren Einrichtungen als der schlagende Beweis für
das Dasein und die Eigenschaften Gottes, wie unsere Religion sie lehrt, er=
hoben wird. Zahllose in diesem Buche citirte Stellen zeigen dies. Nur
auf solchem Grunde konnte das Buch Hiob erstehen, und wie von dem
Weisesten der Nation (Salomon) gerade gerühmt wird, daß er „zu sprechen
gewußt von der Ceder auf Libanon bis zum Ysop an der Wand, von dem
Vieh und den Vögeln und dem Gewürm und den Fischen" (1 Kön. 4, 33.),
so ist es nicht zu verkennen, daß dieses naturwissenschaftliche Bewußtsein
selbst schon innerhalb des Judenthums einmal bis zur Ausschreitung ge=
langte und sich als Verkennung der „Vorzüge des Menschen vor dem Thiere"
aussprach (Kohel. 3, 19.[1]) — Nicht minder geht die Anschauung der Ein=
heit, in welche Körper und Geist im Menschen gebracht worden, durch das
ganze mosaische Gesetz und liegt ihm wesentlich zu Grunde. Das ganze
Reinigkeits = und Reinigungsgesetz, insonders auch das Speisegesetz beruht
auf der Ansicht, daß die körperlichen Processe auf den Geist nachhaltige
Wirkung üben, aus der Verunreinigung, Entweihung, Verthierung des Kör=
pers auch eine Befleckung, Entweihung, Erniedrigung des Geistes hervorgeht,

---

[1] Daß dies nicht die Ansicht des Buches Kohel. selbst ist, sondern als eine
damals nicht ungewöhnliche Meinung angeführt und bekämpft wird, zeigten wir
in unserm Commentar zu diesem Buche. S. unser Bibelwerk Th. III. S. 745.

so daß die Heilighaltung und Heiligung des Menschen mit dem Leibe beginnen muß, um die Erfüllung im Geiste vollständig machen zu können.
So haben denn auch selbst während des dunkelsten Mittelalters die beden-
tendsten Männer des Judenthums keinen Widerspruch darin gefunden, sich
mit den Naturwissenschaften zu beschäftigen, und niemals wurden jene deßhalb als außerhalb der Synagoge stehend oder gar als Hexenmeister und
Zauberer angesehen. Ja, selbst die abenteuerliche Verirrung der Kabbalah
und noch mehr des Chassidismus, der den Gebeten selbst eine Einwirkung
auf die Natur zuspricht, setzt den Zusammenhang voraus, in welchem das
Judenthum den Menschen mit der Natur anschaut. — Also auch hier erkennen wir das Judenthum in seiner Grundanschauung und Reinheit als
das wahre Correctiv gegen die Ausschreitungen auf der einen wie auf der
andern Seite. Es erhebt sich gegen diejenigen positiven Religionen, welche
das naturwissenschaftliche Bewußtsein als gegnerisch und feindlich ansehen,
in der Naturbetrachtung den Widerspruch gegen ihre Dogmen finden und
ihre ganze Anschauung gegen alles Natürliche im Menschen richten. Es erhebt sich aber nicht minder gegen die Extravaganzen des naturwissenschaftlichen Bewußtseins, gegen dessen Versinken in das physikalische Element,
gegen dessen Ausartung in Atheismus und Materialismus. —

Findet aber die israelitische Gotteslehre ihren festen Boden in der Erkenntniß der Natur, so baut sie sich noch sicherer auf dem Boden der Geschichte auf, und stellt sich' überhaupt als ein geschichtliches Gebäude hin.
Sind doch sämmtliche Bücher der h. Schrift, mit Ausnahme einiger Hagio-
graphen nichts Anderes als eine fortlaufende Geschichte der Offenbarung,
beginnend mit deren Vorgeschichte, fortschreitend mit der allmäligen Ertheilung
derselben bis zum letzten der Propheten, und dann den Kampf derselben
mit dem Heidenthume innerhalb Israels von Moses bis zu Esra und Nehemia darstellend. Unter den nachbiblischen Schriften nehmen die geschichtlichen Bücher der Makkabäer und des Josephus wieder die erste Stelle ein;
und sind auch die Talmudim vorzugsweise die Sammlung der Traditionen
in Gesetz und Lehre, so bieten sie doch gerade darum eine Menge geschichtlicher Notizen, und stellen die Traditionen in ihrer allmäligen Entwickelung
aus einem geschichtlichen Gesichtspunkte dar. Ist auch die rabbinische Literatur
arm an historischen Schriften, so that sich doch das Erwachen des wissenschaftlichen Geistes im Judenthum gleich wieder mit der Durchforschung und
Bearbeitung der Geschichte kund, und ging diese allen andern wissenschaftlichen Bestrebungen im Judenthume voran. Hieraus erfloß ein zweifaches
Resultat, nämlich einerseits, daß das Judenthum im großen Ganzen nur
als ein geschichtliches Produkt gefaßt und verstanden werden kann, daß es
auf dem Grunde des Mosaismus als eine ununterbrochene geschichtliche
Entwickelung erscheint, und andrerseits, daß der jüdische Stamm durchaus
ein geschichtlicher ist, indem er von seinen ersten Keimen an bis zu dem
heutigen Tage, wie kein anderes Volk, seine Geschichte hat, seiner geschichtlich

bewußt ist, so daß also sowohl der Bestand des Judenthums als des jüdischen Stammes auf der Geschichte beruht, und aus ihr sein Wesen, seine Verhältnisse und Stellung zieht und erkennt. Die Religion Israels stellt sich als eine gegebene, ununterbrochen überlieferte, auf fortlaufender Tradition beruhende hin, hat von Beginn an als Gegensatz zum gesammten Heidenthum eine weltgeschichtliche Stellung und ist daher wesentlich ohne die Weltgeschichte nicht zu verstehen. —

Indem aber die israelitische Religion zugleich eine Religion des Rechtes sein wollte und in der vollen Consequenz der Gotteslehre sein mußte, demnach die staatliche Gesellschaft in ihren höchsten Prinzipien und speziellen Einrichtungen anordnen mußte, endlich da sie sich zunächst an ein bestimmtes Volk knüpfen, und dessen historischen Verhältnissen in ihrer Entwickelung durch die Jahrtausende folgen mußte, ist es ersichtlich, daß sie das politischsoziale Moment ganz besonders durcharbeiten und als einen integrirenden Theil ihrer selbst behandeln mußte. Wir brauchen daher kaum auf den breiten Raum hinzuweisen, welchen das politisch-soziale Wesen im Gesetze der h. Schrift und in der Tradition einnimmt; wie bis auf den heutigen Tag der Jude durch seine persönliche Stellung an der politisch-sozialen Entwickelung aller Staaten interessirt ist, und wie die höchsten Grundsätze der menschlichen Gesellschaft in der Religion des Judenthums als religiös-soziales Gesetz ausgesprochen und enthalten sind. —

Es ist demnach das Eigenste des Judenthums, daß es den ganzen Menschen befaßt, ihn nach allen seinen Richtungen und Beziehungen versteht und trägt, darum aber auch den ganzen Menschen will, eine volle Anhänglichkeit, eine allseitige Zugehörigkeit. Die Religion des Judenthums vereinigt und verbindet auf ihrem Grunde alle diese einzelnen Fächer des geistigen Lebens, durchwebt sie mit einem Geiste, läßt sie in einem Boden wurzeln, in Gott. So unendlich sich die Schöpfung vor uns ausbreitet, in welcher Fülle sich uns auch die Lebensnormen und Lebensformen der Natur offenbaren, wie unbegrenzt die Forschung, die Erkenntniß hier auch vor uns liegt, wie reicher jeder Schritt in der Naturwissenschaft vorwärts unser Wissen und unsere Einsicht macht: das Judenthum nimmt dies alles an und auf und lehrt dir immerfort, daß alles und jedes ein Werk des allmächtigen und allgütigen Schöpfers ist, und jede neue Kunde läßt es dich begreifen als einen neuen Erweis seiner Weisheit, und jede dir neue Erscheinung als eine Bethätigung seiner Liebe, und so macht es dir das Reich des wahrnehmbaren Daseins, daß dir die Wissenschaft nur als einen todten Mechanismus vorzustellen vermag, zu einem lebendigen, von Gott gedachten, gewollten und belebten, vom Geiste Gottes erfüllten und getragenen.

So mannichfaltig, so verworren und vielgestaltig die Geschichte der Menschheit mit allen ihren Thatsachen und Erscheinungen, ihren Ursachen und Wirkungen, ihrem Verlaufe und ihren Verschlingungen vor uns liegt, ihre Männer, Geschlechter und Völker in langen Reihen uns vorüberführt, kaum

an dem Faden der Zeit uns hindurchleitend, jemehr auch hier die Untersuchung und Forschung, der Fleiß und der Scharfsinn leisten und der
Einzelheiten immer größere Massen aus Licht bringen, den Trümmerschutt
von untergesunkener Vergangenheit hinwegräumen, aus den zerbrochenen
und umhergeworfenen Gliedern ein Ganzes wieder herzustellen und aus
den verblaßten und verstümmelten Formen das Wesen wieder zu erfassen
suchen: die Religion des Judenthums verbindet sie alle zu einer großen
und organischen Einheit, läßt sie alle aus dem Willen und der Fügung der
göttlichen Vorsehung hervorgehen, lehrt dich das Ganze durch das Gesetz der
Entwickelung nach dem Plane der göttlichen Weisheit begreifen, zündet dir
auch hier das Licht der Erkenntniß auf allen Pfaden des Weltganges an,
verknüpft Vergangenheit, Gegenwart und Zukunft zu einem Werke der
göttlichen Absicht und Leitung, erhebt so das Reich des Todes, das unabsehbare Gräberfeld des Gewesenen zu einem Reiche des Lebens, zu einer
Flur des lebendigen Daseins und Wirkens, vom Geiste Gottes erfüllt und
getragen.

So eigenthümlich, mangelhaft, verworren, unerklärlich die mannichfaltigen
Erscheinungen der menschlichen Gesellschaft vor uns stehen, wie mühsam hier
jeder Schritt vorwärts, wie einander bekämpfend Recht und Thatsache, Idee
und Wirklichkeit hier erscheinen, Verdienst und Lohn, Werth und Nutzen,
Arbeit und Gewinn sich zu widersprechen scheinen, wie zahllos die Schaaren
der Sclaven, der Leibeigenen, der Knechte gegen die kleine Zahl der Herren,
die Menge der Arbeitenden gegen die Genießenden, der Entbehrenden gegen
die Schwelgenden sich gegenüber reihen, wie maßlos und unerfüllbar die
Ansprüche gegen die Befriedigung anstreten: die Religion des Judenthums
läßt auch diese menschliche Gesellschaft als ein großes, ursprünglich begrün-
detes, allmählich sich entwickelndes, sicher zu einem fernen Ziele fortschreiten-
des Werk der göttlichen Vorsehung, des wirkenden Gottesgeistes erkennen,
wie die Geschlechter der Menschheit allmählich zu einer einheitlichen Völker-
familie sich zusammenschließen, die fernsten Glieder dem Körper sich annähern,
auf dem Boden des Austausches sich das Ganze organisirt, das Verschiedenartige zur Ausgleichung, das Rechtslose zur Berechtigung, das Gefesselte und
Geknechtete zur Freiheit, zur freien Entfaltung und zu freiem Walten geführt wird. Schon bei ihrem Beginne entwarf sie die Linien hierzu, deutete
die Pfade an, stellte die Grundsätze der Rechtsgleichheit, der Besitzausgleichung
und der Freiheit auf, zeigte aber schon in ihren Vorschriften, daß hier allein
das Gesetz allmählicher Entwickelung zum Ziele der allgemeinen Befriedigung
führen könne und dürfe, wie namentlich auf diesem Gebiete nicht die allgemeine Idee sofort zur Wirklichkeit werden könne und solle, sondern in
immer weiterm Vorschreiten von Stufe zu Stufe bis zur Höhe anstreben
möge. So lehrt sie uns auch hier das Wirken und die Wege Gottes be
greifen, weist den Gedanken des Zufalls und der ewigen Herrschaft der
Leidenschaften und der Selbstsucht weit von sich, und will auch die mensch-

liche Gesellschaft als vom Geiste Gottes regiert und durchwebt, entworfen
und geleitet zur Erkenntniß bringen.

So vereinigt die Religion des Judenthums die Natur, die menschliche
Gesellschaft, die Geschichte, die Sittlichkeit und die Gotteserkenntniß in einem
großen Gedanken, von dem aus sie alle diese Gebiete durchdringt und mit
ihrem Odem erfüllt, daß sie zu einem Reiche des Lebens werden.

3. Alle diese Ausbildung des Verstandes muß aber gipfeln in
der fortschreitenden Erkenntniß Gottes und aller seiner Werke
in Offenbarung, Geschichte und Natur, in diese müssen alle einzelnen
Strahlen der geistigen Thätigkeit, des Lernens, des Forschens, der
Vernunftentwickelung wie in einen gemeinsamen Brennpunkt aufgehen und zusammenlaufen, um aus diesem geistigen Fokus wieder
durch das ganze geistige Leben des Menschen zu strömen, und in
Gedanken, Wort und That sich zu manifestiren. Die Gotteserkenntniß
ist der Anfang und das Ende des israelitischen Geistes und Lebens;
sie ist der Boden, aus welchem all' dessen Blüthen und Früchte ent-
keimen, ersprießen, erwachsen sollen. Das Judenthum hat darin
sein Charakteristikum, daß es nicht Gotteslehre, Sittenlehre und
Rechtslehre als gesonderte, nur lose und gelegentlich zusammen-
hängende Gebiete gibt und betrachtet, von denen etwa das eine vom
andern getrennt werden könnte, ohne wesentlich zu verlieren, sondern
Alles ist in ihm Consequenz der Gotteslehre, und wäre ohne diese
weder verständlich, noch begründet. Gott ist heilig, der Mensch soll
heilig werden nach Gott, der Mensch ist gottebenbildlich, und darum
muß Alles was der Mensch ist und soll, aus Gott kommen, gezogen
und gethan werden. Ohne Gotteserkenntniß daher keine Erkenntniß
des Menschen von sich selbst, seines Daseins, seines Zweckes, seiner
Kräfte, seiner Pflichten und Rechte. Andrerseits endlich ist die
Erkenntniß Gottes selbst der höchste Stoff, die höchste Stufe und die
höchste Bethätigung des menschlichen Geistes, der menschlichen Vernunft. An ihr geht also die eigentliche Entwickelung des Verstandes
vor sich, ersteigt dessen Ausbildung die höchsten Staffeln, und ist
diese ohne sie nur eine sehr mangelhafte und unvollständige. Wohl
wissen wir, daß der menschliche Geist in der Gotteserkenntniß niemals zum letzten Endziel zu gelangen vermag, daß er, der an die
sinnliche Wahrnehmung gebunden ist, den unendlichen Gottgeist zu

begreifen und erschöpfend zu erkennen gar nicht befähigt ist; weil er aber darum in der Gotteserkenntniß einen unbegrenzten Fortschritt hat, vom ersten Erwachen des Bewußtseins im Kinde an immerfort fortschreitet und sich zur erhabensten Höhe emporschwingen kann, mit der Gewißheit, daß jeder Fortschritt unmittelbar einen großen, segensreichen Einfluß auf ihn übt, und mit der Aussicht, in einem jenseitigen Dasein von Erkenntniß zu Erkenntniß fortzuschreiten, ist es seine, des Individuums höchste und heiligendste Aufgabe, in dieser Erkenntniß unaufhörlich die bedeutsamste Arbeit seines Geistes zu finden. Für den Israeliten gestaltet sich dies nun zu einer ganz besondern Pflicht. Indem seinem Stamme unleugbar der Beruf des Religionsvolkes geworden, jeder Einzelne dieses Stammes also auch seinen Theil an dieser Trägerschaft, an dieser Mission und an diesem Lebensberufe hat, kann er dieser Pflicht sich nicht entziehen, ohne seiner Bestimmung untreu zu werden und als Israelit einen wesentlichen Werth zu verlieren.

Haben wir die Beweisführung für Obiges aus der h. Schrift bereits an den betreffenden Stellen unsrer Einleitung Th. I. S. 8. und 39 ff. ge= geben, so finde hier nur noch eine kurze Darstellung der Ansicht des großen Maimonides einen Platz. In dem 54. Abschnitt des dritten Theiles seines Moreh stellt er besonders auf Grund von Jeremias 9, 22. 23. die vier Vollkommenheiten (שלמות), oder vielmehr die vier Stufen (מעלות) der Vervollkommnung des Menschen folgendermaßen dar. Die erste ist „die Vollkommenheit des Besitzes als Geld, Kleider, Gefäße, Grundstücke u. dgl., selbst der Besitz einer königlichen Würde gehört zu dieser Classe, die nur in Rücksicht des Nutzens, den er aus ihr zieht, mit dem Besitzer verbunden ist". Die zweite ist die Vollkommenheit des Körpers, Gesundheit, Schönheit, Stärke, „die dem Menschen zukommt, nicht insofern er Mensch, sondern in= sofern er ein lebendiges Geschöpf ist, da er die Körperlichkeit mit dem ge= ringsten der Thiere gemein hat". Die dritte Art der Vollkommenheit „ist die sittliche Vollkommenheit, bei welcher die Sitten des Menschen den höchsten Grad ihrer Vorzüglichkeit erlangt haben". „Dennoch ist diese nicht selbst der höchste Zweck des Menschen, denn die Sitten betreffen bloß das Ver= hältniß des Menschen zum Mitmenschen, und sind unentbehrlich und nützlich, sobald er irgendwie in Verbindung mit Anderen lebt". Die vierte Art ist die wahre menschliche Vollkommenheit, nämlich die Einsicht in die höchsten Vernunftwahrheiten, die Erkenntniß Gottes und aller göttlichen Dinge. „Das ist der höchste Zweck und dasjenige, welches den Menschen wahrhaft vollkommen macht, ihm allein angehört, die Unsterblichkeit sichert, und wo=

durch der Mensch zum Menschen wird". Allerdings versteht Maimonides
mit dieser Gotteserkenntniß nicht etwa blos eine metaphysische Schluß=
folgerung, sondern faßt sie in den Worten zusammen: „die Vollkommenheit
des Menschen besteht in der höchst möglichen Erkenntniß, in der Erkenntniß
der Beschaffenheit der göttlichen Vorsehung, vermöge deren er seine Geschöpfe
in's Dasein ruft, und für dieselben Sorgen trägt, und in einem dieser Er=
kenntniß entsprechenden Lebenswandel, bei welchem der Mensch stets von
dem Streben durchdrungen ist, Gnade, Gerechtigkeit und Wohlwollen zu
üben, und die Gottheit in ihren Handlungen nachzuahmen".

Als die reichste und lauterste Quelle der Gotteserkenntniß haben wir
Th. I. S. 39 ff. die h. Schrift näher betrachtet, und so ist es selbstverständ=
lich, daß das Streben, in der Gotteserkenntniß fortzuschreiten, insonders in
steter Beschäftigung mit der h. Schrift, in immer durchdringenderer Kennt=
niß und reicherem Verständniß derselben sein wichtigstes Moment finden
muß, wobei das Studium des Textes und seiner besten Erklärer das wesent=
lichste Hülfsmittel ist. Der Israelit besitzt in der h. Schrift zugleich die
ältesten Denkmäler seines Stammes, das köstlichste Erbtheil seiner Väter,
das feste Panier, um das sich alle ihre Geschlechter geschaart, und dem sie
durch alle ihre Kämpfe und Leiden ohne Wanken gefolgt sind. Endlich
mögen wir noch darauf hindeuten, daß die meisten Bücher der h. Schrift
auch den ästhetischen Gefühlen des gebildeten Lesers Genüge schaffen, und
daß unter ihnen viele poetische und historische Meisterwerke sind, die sich
den größten Schöpfungen des dichterischen und historischen Geistes aller
Nationen und Zeiten an die Seite stellen.

„Es soll nicht weichen dieses Buch der Lehre von
deinem Munde, und du sollst darüber sinnen Tag
und Nacht, damit du beachtest zu thun, nach Allem,
was darin geschrieben, denn dann wirst du deinen
Weg gelingen machen, und dann wirst du Glück
haben." (Jos. 1, 8.)

„Meine Worte, die in deinen Mund ich gelegt,
sie sollen nicht weichen aus deinem Munde und
aus deiner Kinder Munde und aus deiner Kindes=
kinder Munde, spricht der Ewige, von jetzt an bis
in Ewigkeit." (Jes. 59, 21.)

Unter הכמה., „Weisheit" wird an manchen Stellen der h. Schrift
z. B. Hiob Kap. 28. die Erkenntniß der metaphysischen Wahrheiten, des
Transzendentalen, Ueberirdischen verstanden, und der Zweifel ausgesprochen,
ob der menschliche Geist zu deren Erfassen und Lösen befähigt sei — ein

Zweifel, den der zweite Theil des B. Hiob mit Hinweisung auf den Forscher=
trieb des Menschen und die Offenbarungen Gottes in der Natur zurück=
weiset. Andrerseits erscheint aber — und dies besonders im B. der Spr.
Sal. — הכמה als die Erkenntniß der höheren Sittlichkeit, wie sie aus
Gott fließt und auf Gott beruht, so wie בינה die Einsicht bedeutet, jene
in jedem gegebenen, speziellen Falle anzuwenden und zur Bethätigung zu
bringen. Das ganze Buch der Spr. S. soll das Verhalten des Menschen
im wirklichen Leben und in all dessen Lagen nach den Vorschriften dieser
Weisheit regeln, und den Segen, der daraus entsprießt, und das Verderben,
das aus dem gegensätzlichen Denken und Thun erfolgt, schildern. Daher
wird der Sammlung aller dahinzielenden Sprüche eine Lobrede auf diese
Weisheit (Kap. 1—9) vorangesendet. Diese Weisheit ist es, welche Gott in
allen seinen Werken verwirklicht hat, so daß sie in seinem Geiste vor allem
wirklichen Dinge war, die vom Menschen nach seinem Maße erlernt, ver=
standen und bethätigt werden soll, und die sich traditionell durch die Zucht
der Eltern und die Lehren der Weisen verpflanzt. Darum ist diese Weisheit
auch jedem Menschen zugänglich, der nach ihr verlangt, sucht und strebt
(Sp. S. 1, 20 ff. 8, 1 ff.).

4. Wenn die Gotteserkenntniß auf der richtigen Vorstellung
und dem wahren Begriff von Gott beruht und diese zu immer
höherer, klarerer und umfassenderer Anschauung bringt, so tritt sie
von vorn herein jedem Unglauben und jedem Aberglauben
entgegen und verdrängt sie aus dem Geiste. Das Streben nach
Gotteserkenntniß muß daher mit dem aufrichtigen Eifer, Unglauben
und Aberglauben aus sich zu entfernen, verbunden sein, diese nach=
haltig in sich zu bekämpfen, bis alle ihre Keime, die sich wie Unkraut
unter der Oberfläche der Erde verbergen, ausgerottet sind. Unglauben
und Aberglauben sind die beiden Gegner der Gotteserkenntniß, und
wenn jener listig genug ist, um sich gerade mitten in unsere ernsten
Bestrebungen nach Gotteserkenntniß einzuschleichen und sie zu ver=
fälschen: so trachtet dieser, der Aberglaube, die Gotteserkenntniß selbst
zu bemänteln, in sein Gewand einzukleiden und sich für sie auszu=
geben. Unglauben und Aberglauben sind daher die beiden Gegen=
sätze, zwischen welchen die Menschheit und jeder einzelne Mensch
hin= und herschwanken, und um sich nun von diesen gleichweit fern
zu halten und mitten zwischen ihnen hindurch den festen Pfad zur
lauteren Gotteserkenntniß zu finden, müssen wir alle Kraft und
allen Ernst unsres Geistes verwenden. Denn abgesehen von aller

Trübung unsres Geistes durch jene beiden Verirrungen, üben, wie die Gotteserkenntniß ihren Segen, sie ihren Fluch unmittelbar auf unser Leben aus. Der Unglauben raubt unsrem Geiste die rechte Kraft und Stärke, insonders den Stürmen des Lebens zu widerstehen, den Trost im Unglück, die Aufrichtung im Fall, die Befriedigung im Siege. Breitete sich der Unglauben in der Menschheit aus, so würde er die Sittlichkeit untergraben, das Rechtsgefühl zerstören und die Bande der Menschheit in den Kampf Aller gegen Alle auflösen. Denn wenn auch im einzelnen Ungläubigen, der selbst zu diesem traurigen Ziele durch den Fehlgang auf den Wegen des Denkens gelangt ist, der sittliche Fond noch groß genug sein kann, um ihn im Rechten zu erhalten, so fällt dies doch bei der Menge weg, die gedankenlos oder oberflächlich schimmernden Phrasen folgt, weil sie ihrer entarteten und niedrigen Gesinnung entsprechen und für ihre innere Gehaltlosigkeit eine scheinbare Begründung geben. Der Unglauben vermag eben nicht nur keinen festen Grund, keine Beweise und Aufforderungen für Recht und Sittlichkeit zu geben, sondern nimmt jene diesen ganz und gar hinweg. Wo demnach das Individuum an sich schon sehr lose mit den Gesetzen des Rechts und der Sittlichkeit zusammenhing, schneidet der Unglauben dieses Band völlig entzwei. Denn der Unglaube sieht nur das Sinnlich-Wahrnehmbare als vorhanden an, hält nichts weiter dem Menschen erkennbar, leugnet darum das Dasein Gottes und alles Geistes, und muß daher jeden höheren Zweck, jede Pflicht, jedes Gesetz als dem Menschen aufgedrängt, als eine, höchstens durch den allgemeinen Nutzen gerechtfertigte Fessel betrachten. — Weiter verbreitet und durch die ganze Geschichte des Menschengeschlechtes laufend ist der Aberglauben, der Alles umfaßt, was das Uebersinnliche betrifft, und der reinen Gotteslehre, der Vernunft und dem Herzen widerspricht. Er ist darum von der mannichfaltigsten Gestaltung, täuscht mit den buntesten Bildern, und frischt sich in allen Zeiten in immer neuer Figuration auf. Keine allgemeine Aufklärung und Bildung eines Zeitalters schützen genügend vor ihm, und es hat sich oft genug erwiesen, daß die beiden Gegensätze sich nahe berühren, und daß der Unglauben direkt in die Arme des Aberglaubens führt. Was allein vor ihm und seinen Unholden schützt, ist der lautere und wahre Begriff von Gott, seinem Wesen, Walten und Wollen. Der Aberglaube tritt bald als falsche, dem Gottheitsbegriffe imputirte Vorstellungen, bald als irrige, verkehrte Dogmen, bald als Gespenster- und Geisterseherei, bald als Wahrsagerei, Zauberkünste u. dgl. auf. Es liegt einmal in dem Menschen der Trieb, das Uebersinnliche leiblich zu schauen, und ein unmittelbares Wirken desselben auf die realen Dinge sich materiell vorzustellen; der Hang, hinter dem durch die Vernunft Erkennbaren sich noch eine weite Welt des Geheimnisses, des uns Verborgenen zu denken, und diese sich irgendwie anzueignen; die Begierde, das Zukünftige vorauszuwissen, und Wünschenswerthes durch Künste und Mittel aus einer übernatürlichen Region zu erlangen; und wo nun eine lebhaft angeregte Phantasie, die sich der Herrschaft des Verstandes entzieht, zu diesen Neigungen tritt, ist der Mysticismus mit all seinen Mißgeburten schnell bei der Hand. Wird ein ganzes Zeitalter oder eine ganze Nation von derartiger Schwärmerei und solchem Aberglauben ergriffen, so erfolgen die traurigsten Wirkungen, welche zahllose Opfer an Menschenleben und Menschenglück verschlingen, oft auf lange Zeiten die düsterste Finsterniß ausbreiten, und des ausdauerndsten Kampfes zu ihrer Beseitigung bedürfen. Aber auch wo Mysticismus und Aberglauben sich in das Leben von Individuen einschleichen, ziehen sie die traurigsten Folgen nach sich und kosten nicht selten Eigenthum, Glück und Leben. Von den Menschenopfern an, welche alle Völker des Alterthums außer den Israeliten, sobald diese sich von der Gotteslehre beherrschen ließen, in zahlloser Menge darbrachten, bis zu den Hexenprozessen, die noch im Anfang des vorigen Jahrhunderts ihre Scheiterhaufen anzündeten, den Holzstößen der spanischen Inquisition, die noch in den zwanziger Jahren unsres Jahrhunderts brannten, ja bis zu den magnetischen Curen, den Schatzgräbereien, dem Tischrücken und Geisterklopfen, die noch in unsern Tagen ihre Rolle spielen, hat der Aberglaube der Menschheit Ströme von Blut und Thränen gekostet, Lüge für Wahrheit, Unrecht für Recht ausgegeben, scheußliche Grausamkeiten geheiligt und Zerrüttung in Staat und Familie maßlos angerichtet. Darum ist es die heiligste Pflicht, den Aberglauben in sich und Andern mit aller Kraft zu bekämpfen und schonungslos dagegen aufzutreten.

Sage man nie, daß dieser oder jener Aberglaube unschädlich sei, harmlos und darum den Leuten zu lassen, denen er vielleicht in Noth und Verlust einigen Trost und einige Befriedigung schaffe. Ueber Nacht wächst die Giftpflanze in die Höhe, überwuchert das Wahre und Gute und erdrückt es, und erlangt eine Macht, die nunmehr, da sie aufgeschossen, lange nicht überwältigt werden kann.

„Denn nicht Zauberkunst ist in Jakob, nicht Wahr=
sagerei in Israel." (4 Mos. 23, 23.)

Das Gesetz der Thorah trat mit aller Kraft und Entschiedenheit jeder Art von Aberglaube, abergläubischen Ceremonien und Sitten entgegen. Wie es überhaupt den der Anbetung des einzigen Gottes gewidmeten Dienst mit dem Opferkultus auf die einfachsten unzweideutigsten Formen beschränkte, hielt es von ihm alle abergläubischen und die Priestermacht befestigenden Ceremonien fern, wie z. B. das Weissagen aus der Beschaffenheit der Opfer= thiere, insonders deren Eingeweiden, was bei allen alten Völkern, auch in Hellas und Rom, den Priestern so oft Gelegenheit gab, in den Gang der Staatsangelegenheiten, Kriegführung u. s. w. einzugreifen. Indem es andrer= seits allem Götzenthume den kräftigsten Widerstand entgegensetzte, wollte es auch alle götzendienerischen Gebräuche verbannen, z. B. bei der Todtenbe= trauerung, untersagt Alles, was dahin zielt, als הקת הגוי. Es verbietet ferner: 1) Das Opfern für Geister und Gespenster שדים und שעירים die als Feld=, Wald= und Wüstengötter, als bocksförmige Unholde verehrt wurden, was auch bei den Israeliten im Schwange gewesen sein muß und von Jerobeam in das Zehnstämmereich wieder eingeführt wurde (5 Mos. 32, 17. Pf. 106, 37. 3 Mos. 17, 7. 2 Chr. 11, 15.). 2) Jede Art von Zauberei, Geister= und Todtenbeschwörung, Künste mit Schlangen, Vogel= und Wolkenflugdeuterei, deren Uebung mit Mord und Blutschuld gleichge= stellt wurde; wer zu denen, welche derartige Künste trieben, seine Zuflucht nahm, dem wurde die Ausrottung durch Gottesfügung angedroht, wer sie übte, sollte mit dem Tode bestraft werden. (2 Mos. 22, 17. 3 Mos. 19, 26. 31. 3 Mos. 20, 6. 5 Mos. 18, 10—12. Sanhedr. 65, 1 ff. Ramb. Hillch. עכום VI, 1. 2.). So waren auch aus der israelitischen Gerichts= pflege alle sogenannten Ordalien, Gottesurtheile u. dgl. verbannt. — Es lag in der Natur der Sache, daß das Gesetz lange nicht Herrschaft genug über das Volk hatte, um auch wirklich die bei allen Völkern im Schwange seienden abergläubischen Künste auszurotten, bis von Zeit zu Zeit einsichts= volle Herrscher das Gesetz nachdrücklich handhabten. So erfahren wir aus 1 Sam. 28, 9., daß der König Saul die Todtenbeschwörer und Zeichen= deuter ausgerottet hatte, so daß nur ein Weib zu Endor ins Geheim diese Künste betrieb. Daß zuletzt Saul selbst in seiner Schwermuth und Todes=

ahnung seine Zuflucht zu diesem Weibe nahm, ist keine auffällige Erscheinung. Wohl zu beachten ist, daß der Schrifttext bei diesem Vorgange ausdrücklich bemerkt, Saul habe nichts gesehen, und frug erst die Todtenbeschwörerin selbst, was sie für eine Erscheinung sehe. — Mit der Rückkehr aus Babel, mit der schon lange vor der Zerstörung Jerusalem's begonnenen und nach dieser vollendeten Zerstreuung der Juden brach sich auch unter diese der Aberglaube von Neuem vielfach Bahn, und der Talmud und Midrasch, obwohl das Verbot der Uebung von Zauberei u. dgl. dem Wortsinne nach streng aufrecht erhalten wurde, enthalten des Aberglaubens mehr als genug. Ein sehr bevölkertes Engelreich umgiebt Gott wie eine „obere Familie" מעלה של פמליא (Sanhedr. 38, 2.) oder wie ein großer Hofstaat und steht jedem Naturreiche, jedem Meteore, jedem Volke und seinem Regenten vor, ihm gegenüber existirt aber auch ein großes Dämonenreich, in welchem die Seïrim und Schedim die größte Rolle spielen, und giebt der Talmud selbst die verschiedenen Arten an, auf welche sie geschaffen wurden (Aboth 5, 6. Pessach 4, 1. Erubin 18, 2.); diese Schedim richten Schaden, Unglück, Gebrechen und Krankheiten aller Art für die Menschen an. Visionen und Träumen fehlt es im Talmud nicht an Glauben, und es werden z. B. Berachoth 55 ff. viele Deutungen aufgeführt, welche gewisse Dinge, die man im Traume gesehen, als Voraussagungen bestimmter Ereignisse angeben. Wie schon oben bemerkt, hielt das traditionelle Gesetz das Verbot, Zauber= künste zu treiben, streng aufrecht, aber der Glauben an Zaubereien und Zauberkünste selbst findet im Talmud die vielfachste Bestätigung, nur daß er annahm, Hexen= und Zauberkünste vermöchten nichts gegen den gläubigen Israeliten, sondern träsen nur den, welcher ihnen an= und nachhängt. Dagegen glaubt der Talmud an glückliche und unglückliche Omina, an astrologische Einflüsse, Konstellationen (מזל) und Horoskope, glückliche und unglückliche Tage (Sabb. 129, 2.); stellt Krankheit und Tod in bestimmter Weise als Strafen für die Verletzung gewisser Ceremonialgesetze auf; be= richtet von vielen magischen Ursachen von Krankheiten und Unglücksfällen, glaubt insonders an die Wirkung des „bösen Blickes" (עינא בישא), kennt daher auch viele magische Heilungen, besonders durch Amulete (קמיעא), Besprechungen u. s. w.[1] — Erinnern wir uns nun, daß diese finstre Herrschaft des Aberglaubens durch das ganze Mittelalter hindurch ihr trauriges Joch über alle Völker der Erde ausgebreitet, und daß außer einigen wenigen seltenen Geistern auch die Männer der Wissenschaft ihr unterstanden, ferner, daß die Juden, abgeschlossen von allem geistigen Verkehre, eingekerkert in die finstern und engen Gassen der Judenviertel lebten, so wird man es erklärlich finden, daß einerseits im Schooße des Judenthums sich an die abergläubigen Aussprüche im Talmud eine Religionsphilosophie knüpfte, die

---

[1] Ausführliches hierüber findet man in der Schrift des Dr. Gideon Brecher (Wien, 1850): „das Transcendentale, Magie und magische Heilarten im Talmud".

auf Phantasmagorien beruhte, und die Magie und magische Gebräuche und Vornahmen verarbeitete (die Kabbalah[1]), und andrerseits die Volksmasse voll solchen Aberglaubens wurde. Mit dem Erwachen von Bildung, mit dem Erstehen geregelter Schulen, mit der Theilnahme am allgemeinen Leben wich dieser Aberglauben schnell auch aus der jüdischen Masse, so daß die gegenwärtige Jugend kaum noch von diesem Volksglauben etwas kennt. Dieser anerkennenswerthen Erscheinung gegenüber entstand aber eine neue Schule des Aberglaubens unter den Juden im östlichen Europa, der Chassibismus, der in Polen, Rußland, Galizien und Ungarn eine wachsende Vergrößerung gewonnen hat und zu den traurigsten Erscheinungen gehört. Der Glaube an die Wunderkraft der Rebbi's, welche nicht blos durch Amulete, sondern durch alle ihrer Person angehörigen Dinge Krankheiten heilen, Unglücksfälle vermeiden, Fruchtbarkeit und Segen aller Art erwirken können, an die Wunderthätigkeit der Gebete, denen auch die Herrschaft über die Naturereignisse einwohnt, dazu eine wüste Entartung der Sitte, der Hang zu Gelagen und Müssiggang machen den Chassibismus, welcher selbstverständlich auch der unermüdlichste Gegner aller Bildung und alles Unterrichts ist, ebenso religiös wie moralisch und nationalökonomisch wahrhaft gefährlich. Um so mehr erkennt man auch hieraus die religiöse Pflicht, den Aberglauben, wo und in welcher Gestalt er sich zeigt, mit aller Kraft zu bekämpfen, und dürfen wir nie außer Acht lassen, daß der Aberglaube in sich die positive Triebfeder trägt, Wahrheit, Bildung und Aufklärung als seine natürlichen Feinde mit allen Mitteln zu bekämpfen, während die letzteren, zu sehr auf die Siegeskraft, die ihnen einwohnt, zu vertrauen und daher im Streite gegen den Aberglauben lässig zu sein pflegen.

Aber nicht minder liegt uns auch die Bekämpfung des Unglaubens ob, um ebensosehr die Einzelnen wie die Gesammtheit vor seinen zerstörenden Wirkungen zu schützen. Der Unglaube hat zwei Quellen, einerseits eine vorwiegende und einseitige Entwickelung des Verstandes zur zersetzenden Sophistik, andrerseits den Hang, die sittliche Entartung durch Hinwegräumung der Gründe für Recht, Liebe und Keuschheit zu rechtfertigen. Beide Momente werden schon in der h. Schrift angedeutet und bekämpft. Die Beschönigung des Unrechts und der Sittenlosigkeit durch Leugnung der göttlichen Gerechtigkeit und Vergeltung, darum Gottes selbst, und die Beseitigung der Gewissensunruhe durch derartige Ansichten wird schon in den Psalmen besprochen, z. B. Ps. 10, 4: „Hochnäsig denkt der Frevler: Er ahndet nicht; es ist kein Gott, füllt alle seine Pläne". Vgl. V. 11. Ps. 14, 1: „In seinem Herzen spricht der Thor: Es ist

---

[1] Es kann jetzt, nach den gründlichen Untersuchungen mehrerer Neueren (s. Dr. Grätz, Gesch. d. Juden Th. VII, S. 235 und 487 ff.), nicht mehr zweifelhaft sein, daß das Hauptwerk der kabbalistischen Schule, der „Sohar", ein Produkt des Fälschers Mose de Leon (st. 1305.) war.

kein Gott! Verderbt, abscheulich sind sie in ihrem Handeln":
ebenso bei den Propheten, z. B. Jes. 5, 18. 19. Den sophistisirenden Ver=
stand aber bekämpft schon das kleine Fragment Spr. Sal. 30, 1—9, das
die Gottesleugnung theils aus der Behauptung, daß der Mensch nichts zu
wissen und zu erkennen vermag, theils aus der Uebersättigung und sittlichen
Entartung erklärt. Vorzugsweise ist diesem Streite aber das vielverkannte
Buch Koheleth gewidmet. Es ist dieses insofern auf einen objektiven Boden
gestellt, als es von dem Prinzip des Mosaismus und Prophetismus, daß das
israelitischnationale und allgemeinmenschliche Bewußtsein in der fortschreiten=
den Entwickelung zu reiner Erkenntniß Gottes und zum allgemeinen Recht
und Frieden beruht, abstrahirt, darum überhaupt kein geschichtliches Bewußt=
sein kennt, darum alles Thun und Gebahren des Menschen für erfolglos,
eitel, nichtig (הֶבֶל) ansieht. Gerade auf diesem Grunde aber, weist es nun
nach, daß das allein Wahre und Richtige in der Ueberzeugung besteht: 1) es
ist ein Gott, Schöpfer Himmels und der Erden und Lenker aller menschlichen
Geschehnisse, indem Alles Gabe Gottes an den Menschen ist; 2) dieser Gott
als das höchste sittliche Wesen kann und muß alles Thun des Menschen
richten, so daß er seine Gaben doch nur nach der sittlichen Würdigung ver=
theilt. Koheleth tritt daher in richtiger Schlußfolgerung ebenso sehr dem
Atheismus und Epikuräismus, wie der Ascetik entgegen, indem sich ihm als
höchste Regel ergiebt: genieße freudig dein Leben in gottgefälligem Wandel,
also auf dem Grunde und innerhalb der Grenzen der Sittlichkeit (s. aus=
führliche Darstellung in unsrem Bibelwerke Th. III, S. 745 ff.). Der Un=
glaube tritt in der ganzen Geschichte der Menschheit auf, hält sich in gewissen
Zeiten im Hintergrunde, drängt sich in anderen wieder hervor, manifestirt
sich dann in philosophischen Systemen und breitet sich in der Masse von
Individuen in mißverstandenen und hohlen Phrasen und unbegründeten
Behauptungen aus. Dem Vorurtheilslosen zeigt die Geschichte, daß der
Unglaube eine weitere Herrschaft nur in Zeiten des geistigen, sittlichen und
politischen Verfalls erlangte; wenn die geistige Kraft durch eine große
klassische Periode abgespannt worden und sich gewissermaßen erschöpft hat:
wenn die Religionen durch starres Festhalten an dogmatischen Formeln und
einem veralteten Ceremoniale die Befriedigung der Geister nicht mehr dar
bieten und den Kampf der Vernunft und Bildung gegen sich herauf be
schwören, wenn durch Ueberverfeinerung Luxus, Ueppigkeit und Verschwen
dung allgemein geworden, wenn die politische Welt in unauflösliche Wirren
gerathen ist, und die gesellschaftlichen Fragen zu einem vernunftgemäßen Ziele
nicht gelangen zu können scheinen, dann ist die Zeit des Unglaubens gekommen,
er tritt aus seinem alten Versteck heraus, wirft die Scham ab, kleidet sich
in den Mantel der Freisinnigkeit, besticht die Geister, bethört die Gemüther
und stellt sich als Führer an die Spitze der Wissenschaft und Geistesentwickelung. Da kommt es darauf an, ihn zu entlarven, die bunte Gewan
dung abzuziehen, ihn in seiner inneren Trostlosigkeit nackt hinzustellen, und

die Verwüstung an Geist und Herz, an Wahrheit und Sittlichkeit, die er auf seinen Schritten hinterläßt, nachzuweisen. Glücklich die Zeit, welche sich dadurch nicht verleiten läßt, in das andere Extrem zu verfallen, in Pietisterei, Ultramontanismus und Aberglauben, sondern die Kraft besitzt, sich zu den reinen Quellen der Religion, der Wissenschaft und Bildung zurückzuarbeiten! In den frühern Zeitaltern leitete sich der Unglaube aus dem Skeptizismus heraus, der davon ausging, daß die sinnliche Wahrnehmung nichts Allgemeines enthalte, nur Thätigkeit des Individuums sei, darum auf Schein beruhe, und eine wirkliche Erkenntniß nicht begründen könne. Er war daher immer nur die letzte Phase im Kreislauf einer Periode der philosophischen Entwickelung, und mußte immer wieder dadurch sich selbst vernichten, als aus ihm selbst folgen mußte, daß wir dann auch nicht einmal wissen können, daß wir nichts wissen, und er endete daher mit dem Aufgeben alles Denkens, mit dem geistigen Selbstmorde. Ganz entgegengesetzt geht der moderne Unglauben, nachdem die Naturwissenschaft so große und keinem Zweifel unterworfene Erfolge vermittelst der induktiven Methode erlangt hat, von der Meinung aus, daß nichts erwiesen ist, als was durch die sinnliche Wahrnehmung erfahrungsmäßig erwiesen ist. Ihre Grundlage ist also das gerade Gegentheil von Skeptizismus, und geht über den einfachen Hinweis hinweg, daß die sinnliche Wahrnehmung und die aus derselben gezogenen Schlüsse durch sich selbst gar nicht erklärt werden können, sondern um gemacht zu werden, nothwendig ein ganz Anderes voraussetzen, nämlich den Geist. Aus dieser großen Schwäche erklärt es sich denn auch, daß die Gegenwart zwar Ungläubige und Aussprüche des Unglaubens in Menge, aber kein System des Unglaubens, keine einzige systematische Darstellung des Unglaubens hat, und daß, auf naturwissenschaftlichem Boden entstanden, der Unglaube gerade auf diesem selben Boden bereits seine gründlichen und zahlreichen Bekämpfer findet, so daß seine Herrschaft auf dem Gebiete der Wissenschaft nur eine kurze gewesen sein wird. Für die große Menge aber wird es um so nothwendiger sein, die Religion in ihrer ganzen Lauterkeit wieder herzustellen, ihre Formen zu läutern, und aus ihrem Ceremoniale alles Veraltete und Mißbräuchliche zu entfernen; dann aber auch die Geschichte der großen menschheitlichen Entwickelung Allen zugänglich zu machen, und die Ueberzeugung von dem Walten der göttlichen Vorsehung, von der fortschreitenden Entfaltung des Menschengeistes und von dem allmäligen Siege der großen sittlichen Prinzipien auch in der Gesellschaft auszubreiten und zu befestigen. Dann fällt der Unglauben von selbst zusammen und seine Nichtigkeit wird Allen klar.

5. In allem diesem Streben manifestirt sich die Liebe zur Wahrheit; sie ist es, welche uns aneifert, die wahre Kenntniß und den richtigen Begriff und aus diesen die tiefere Erkenntniß der

Dinge uns zu erwerben, und jedes Irrthums ledig zu werden; sie, in der Natur des Menschen gelegen, wie von selbst in der Uebung aller Geisteskräfte enthalten, muß vorwiegend das Motiv aller unserer geistigen Arbeit werden. Dann wird sie uns so begeistern, daß wir sowohl jede Anstrengung für die Erforschung der Wahrheit über= nehmen, als auch jedes Opfer in der Treue für die Wahrheit, im offenen und standhaften Bekenntniß derselben zu bringen vermögen namentlich uns auch durch eigenen Schaden nicht abhalten lassen werden, den Irrthum einzugestehen, dem wir vielleicht lange stand= haft angehangen.

Wie das Eingeständniß früheren Irrthums ein Akt edelster Selbstüberwindung ist, und daher nur aus großsinnigem Charakter und aus einem auf das Höchste gerichteten Geiste hervorgeht, so ist die standhafte und zu den größten Opfern bereite Treue an dem, was wir als wahr erkannt, eine Pflichterfüllung sowohl gegen uns als gegen unsre Nebenmenschen. Wie diese als Glaubenstreue noch ein ganz besonderes Moment enthält, haben wir Th. II. S. 74 erkannt. In der That bewährt sich der Mensch in seiner Bestimmung, in seiner Gottebenbildlichkeit, in seiner Würde als geistiges Wesen am höchsten, wenn er ohne Berücksichtigung persönlicher Nachtheile und persönlicher Leiden offen und unverrückt die Wahrheit bekennt und aufrecht erhält.

Ueber die Wahrhaftigkeit s. §. 70. c. Wie schon in grauer Vorzeit aus dem Volke Israel Märtyrer der Wahrheit berufen wurden, die in Kampf und Tod für dieses Zeugniß zu geben hatten, zeigen schon die Berichte in Daniel 3 und 6, denen ein historischer Kern nicht abgesprochen werden kann. Aber so gut wie dem Daniel und seinen drei Genossen, in der höchsten Ge= fahr Rettung zu erfahren, ward es wenigen Juden in späterer Zeit, und von den Opfern vor den Makkabäersiegen an bis auf den heutigen Tag hat die Geschichte keines Volkes und keines Glaubens so große Zeiträume hin= durch und so die ganze Masse beanspruchend ihre Tafeln mit den Namen und Thaten heldenmüthiger Bekenner der Wahrheit zu füllen gehabt, wie die Geschichte der Juden.

46.

Was haben wir für die Ausbildung unsres Herzens zu thun?

Diejenigen Tugenden uns zu erwerben und in uns zu befestigen, welche das Herz des Menschen läutern und veredeln.

„Ein reines Herz schaffe mir, o Gott, und einen festen Geist erneu' in meinem Innern." (Pf. 51, 12.)

„Vor aller Wacht hüte nur dein Herz, denn des Lebens Strömungen gehen von ihm aus." (Spr. Sal. 4, 23.)

So wie wir unsern Verstand durch die Vermehrung unsrer Kenntnisse, die Berichtigung unsrer Begriffe, die Stärkung unsrer Denkkraft auszubilden haben, um in der Erkenntniß fortzuschreiten, so müssen wir die Gefühle unsres Herzens immerfort zu läutern und zu veredeln, d. h. für das Gute und Edle, für Liebe und Recht immer empfindlicher, geneigter und empfänglicher, gegen das Böse und Gemeine, gegen Haß und Unrecht immer widerstrebender zu bilden suchen. Aus dieser Entwickelung unserer Gefühle geht die Tugend hervor. Tugend ist die durch die wiederholte Uebung des Guten erlangte Gewöhnung am Guten, wodurch bewußt und unbewußt unser Wille zur Vermeidung des Bösen und zur Bethätigung des Guten getrieben wird. Im Gegensatze ist Laster die durch wiederholte Uebung des Bösen erlangte Gewöhnung am Bösen, wodurch bewußt und unbewußt unser Wille zur Unterlassung des Guten und zur Bethätigung des Bösen getrieben wird. Nicht ein einmaliges Gefühl und eine einmalige That, und selbst wenn sie von Zeit zu Zeit einmal eintreten, sondern nur das dauernde Gefühl und die sich immer wiederholende That, und darum die unsrer Seele eingepflanzte Gewöhnung machen das Charakteristikum der

Tugend und des Lasters aus. Auch der tugendhafteste Mensch wird
einmal fehlgreifen und sündigen, ohne daß er dadurch lasterhaft
würde; und ebenso wird der lasterhafteste Mensch dann und wann ein
edles Gefühl empfinden und eine edle That vollbringen, ohne daß er
dadurch aufhört, lasterhaft zu sein. Gerade diese unleugbare Er=
fahrung weiset darauf hin, daß wir ununterbrochen wachsam auf
uns sein müssen, um uns in der Tugend zu erhalten, in ihr zu
befestigen und sie in uns wachsen zu machen. Es geht dies eben
daraus hervor, daß das Herz des Menschen, selbst bei aller Ge=
wöhnung am Guten doch nie aufhört, bösen Gefühlen zugänglich
zu sein, und sich von ihnen überwinden lassen zu können. Auch die
Ausbildung unsres Herzens erfordert daher eine immerwährende
Bestrebung, ein ununterbrochenes bewußtes Einwirken auf uns selbst,
und auch hierin bespannt die Arbeit des Geistes das ganze mensch=
liche Leben.

Es ist von manchen Sittenlehrern behauptet worden, daß es mehr sittliche
Kraft erfordert, ein Laster, dem wir uns ergeben haben, zu überwinden, und
uns von ihm zu befreien, als eine Tugend uns anzueignen und uns in ihr
zu erhalten. Wir müssen diesem entschieden entgegentreten. Es giebt wohl
einzelne Fälle, in welchen es sich so verhält, wie, wenn einerseits Jemand in
so einschränkenden Verhältnissen gelebt, und lebt, daß ihm die Abweichung
von dieser Tugend nur sehr schwer möglich wäre, oder sein Geist so unent=
wickelt geblieben, daß die Versuchung nur sehr schwach an ihn herantreten
kann; andrerseits wenn in einem, irgend welchem Laster ergebenen Menschen
das sittliche Gefühl und Bewußtsein von innen heraus mit solcher Kraft
erwacht, daß er aus diesem alleinigen Motiv allen Anreizungen widersteht,
dieses Laster aus sich herausräumt und die entgegengesetzte Tugend sich an=
eignet. Dies sind aber nur seltene Fälle, und in der Regel muß jene Be=
hauptung darum verneint werden, weil es der Energie des sittlichen Be=
wußtseins bedarf, um das Gefühl des Guten zu einer wirklichen Tugend
auszubilden, weil auch der Tugendhafteste immer wiederholter Anfechtung
und Versuchung ausgesetzt ist, die immer wieder überwunden sein wollen;
weil in den meisten Lasterhaften zu ihrer Besserung das erste und nachhal=
tigste Motiv ist, entweder daß die Furcht vor den schlimmen Folgen des
Lasters stärker wird, als die Neigung zur Befriedigung desselben, oder
daß eine Abstumpfung gegen die Reize des Lasters eingetreten. — In gleicher
Weise müssen wir die bisweilen ausgesprochene Meinung zurückweisen, daß
dem bekehrten Sünder ein größeres sittliches Verdienst einwohne, als dem
Tugendhaften, welcher dieser Sünde niemals verfallen. Es ist dies eine

Ansicht, die wohl in einer andern Religion aus ihrem dogmatischen Systeme heraus Platz haben mag, die aber unserer h. Schrift gänzlich widerspricht. Diese lehrt zwar, daß „kein Mensch lebt, der nicht sündigt" (1 Kön. 8, 46. Pf. 143, 2.), lehrt aber nicht, daß jeder Mensch ein Sünder sei und zwar ein geborner. Es bedarf daher jeder Mensch der Buße und Besserung und der göttlichen Barmherzigkeit für das, was er gesündigt, aber hierdurch wird er nach dem Sinne der h. Schrift nur erst wieder auf die Stufe erhoben, auf welcher er eigentlich stehen sollte, nicht aber darüber hinaus. Darum heißt im Hebräischen die Buße eigentlich „Umkehr" (שובה‎). Die h. Schrift setzt eben voraus, daß die Natur der Menschenseele wie diese rein aus der Hand ihres Schöpfers hervorgeht, die Neigung des Guten in gleicher Stärke, wie die Neigung des Bösen in sich trägt, während die entgegengesetzte Lehre jene als verderbt und sündhaft ansieht, aus der sich zu erheben eine größere Kraft verlangte als ihr von vornherein zu widerstehen.

Eine zweite Frage auf diesem Gebiete ist: in wiefern jedem Menschen eine gewisse Anlage, nicht blos in intellectueller, sondern auch in sittlicher Beziehung angeboren sei, die auf sein sittliches Verhalten großen Einfluß übe, und in der Schätzung des sittlichen Werthes eines Individuums wesentlich zur Anrechnung kommen müsse. Einen Schritt weiter geht man noch, indem man auch die körperliche Beschaffenheit als von großer Einwirkung auf das sittliche Verhalten ansieht, und darin einen mehr oder minder starken Antrieb zu Leidenschaft, Sünde und Laster erblickt. Hierin haben wir auch die sogenannten Temperamente zu beziehen, oder Grundstimmungen der Seele, die aus gewissen Beschaffenheiten des Körpers hervorgehen, auf dem Einflusse des letzteren auf die Seele beruhen, doch aber auch ihre Keime in seelischen Anlagen haben sollen. Man zählt deren seit alter Zeit vier Hauptarten auf, die aber selten in völliger Entschiedenheit auftreten, sondern sich mannichfaltig compliciren. Man nennt sie sanguinisch, melancholisch, cholerisch und phlegmatisch, und könnte sie als leichtblütig, schwerblütig, heißblütig und kaltblütig bezeichnen; die leichte Erregbarkeit und Beweglichkeit der Seele charakterisirt das erstere, Abgeschlossenheit, Insichgekehrtsein, Trübsinn das zweite, Heftigkeit, Leidenschaftlichkeit und Festhalten der einmaligen Eindrücke das dritte, Langsamkeit und Trägheit das vierte. — Kein vorurtheilsloser Beobachter wird verkennen, daß in allem Diesem viel Wahres liegt. So wie jeder Mensch mit einem individuell gestalteten und beschaffenen Körper geboren wird, so auch tritt jede menschliche Seele in gewisser Eigenthümlichkeit und innerer besonderer Gestaltung in das Leben. Aus der Fülle seiner Schöpferkraft hat Gott alle individualisirten Wesen ungleich unter einander geschaffen, und je höher, feiner und vielgestaltiger eine Organisation ist, desto verschiedenartiger wird sie in den Individuen sein. Jeder Erzieher wird diese besonderen Anlagen in jedem Kinde erkennen, und die Eltern, welche mehrere Kinder haben, werden nicht blos deren körperliche Verschiedenheit, sondern auch ihre bedeutenden Unterschiede

an Intelligenz und Charakter leicht gewahren. Ebenso liegt es in der be=
wunderungswürdigen Verbindung zwischen Körper und Geist, daß die Be=
schaffenheit jenes auf diesen von großem Einflusse ist. Aber zuvörderst ist
hierbei nicht außer Acht zu lassen, daß hinwiederum der Geist, seine
Richtung, Bewegung und Thätigkeit eine sicher ebenso große, wenn nicht
in vielen Fällen größere Einwirkung auf den Körper haben, so daß diese
mit dem Einfluß des Körpers auf den Geist gleich schwer wiegt. Es kann
nicht verkannt werden, daß eine dauernde Bewegung und Thätigkeit des
Geistes nach bestimmter Richtung hin auf die Stimmung des Nervensystems,
auf den Kreislauf und die Mischung des Blutes, auf die Beschaffenheit der
Muskulatur, auf den Stoffwechsel und dessen Funktionen sehr einwirkt und
sie oft wesentlich verändert und umgestaltet. Andrerseits ist es eben der
Beruf des Menschen, sein sittliches Gefühl und Bewußtsein so auszubilden
und zu stärken, daß sie die Anlagen zum Besseren und Edlen entwickeln,
das Temperament oder eine gewisse Grundstimmung beherrschen, mobificiren
und durch die Hindernisse hindurch, welche sie bereiten, der Sittlichkeit den
Sieg verschaffen. Würde dies nicht der Fall sein oder sein können, so würde
der Begriff des allgemein Sittlichen gar nicht aufgestellt, und ein Sitten=
gesetz nicht gegeben werden können. Allerdings ist die Arbeit der menschlichen
Seele dadurch eine viel schwierigere, ihre Aufgabe ist dadurch größer und
erfordert viel bedeutendere Anstrengung. Aber ebenso wächst ihre Kraft nur
um so mehr, ihr Beruf erhält um so höhere Bedeutung und Würde, und
der Sieg des Guten in ihr erlangt eine um so erhabenere Weihe.

Wenn es 1 Mos. 8, 21. heißt: „das Bilden des Menschenherzes
ist böse von seiner Jugend an," so soll dies heißen: die Natur des
Menschen ist, sobald das sittliche Gefühl und Bewußtsein in ihm erwachen
(„von Jugend an"), im Schwanken und Fehlen begriffen, und in diesem
folgt er einem innern Gesetze seiner Natur. Nicht „das Herz des Menschen
ist böse", sondern „das Bilden des Menschenherzens". Also nicht das Sein
des Menschen an und für sich, sondern nur das, was die Empfindungen
des Menschen (לב) bei der Entwickelung der Sinnlichkeit, welche Natur=
nothwendigkeit der Körperlichkeit ist, und innerhalb der Gesellschaft hervor=
bringen, das, was sich aus diesem Zusammentreffen herausstellt, ist böse,
tritt der Sittlichkeit entgegen und muß von ihr überwunden werden. —
Die Vielgestaltigkeit des Menschenherzens wird Jerm. 17, 9. so ausgedrückt:
„Trügerisch ist das Herz mehr denn Alles, und siech ist es,
wer durchschauet es? Ich, der Ewige durchschaue es ff." wobei
zu bemerken, daß עקב ebenso „trugvoll" (Gesen.) wie „unergründlich"
(Fürst) auszulegen ist, und diese Mannichfaltigkeit der Gefühle und Gedanken
es nur Gott möglich macht, das Menschenherz zu durchschauen.

47.

Welche Tugenden sind dies?

Zuerst: Besonnenheit.

Und das hiegegen streitende Laster?

Leichtsinn und Leichtfertigkeit.

„Wer eine Sache wohl überlegt, erfährt gute Folgen." (Spr. Sal. 16, 20.)

„Des Weisen Herz macht seinen Mund besonnen." (Das. B. 23.)

„Besonnenheit wacht über dich, Vorsicht behütet dich: dich zu retten vor dem Wege des Bösen, vor dem Manne, der Falschheit redet." (Das. 2, 11. 12.)

„Wer seine Reden sparet, kennt Besonnenheit, und kühlen Geistes ist der Mann der Vorsicht." (Das. 17, 27.)

„In der Unbesonnenheit der Seele ist nichts Gutes, und wer mit den Füßen eilt, geht fehl." (Das. 19, 2.)

„Des Besonnenen Entwürfe kommen nur zur Fülle, aber der Leichtfertigen nur zum Mangel." (Das. 21, 5.)

Der Werth einer Handlung — und hier gilt das Wort soviel wie That — liegt theils in dem sittlichen Gehalte ihrer Triebfedern, theils in ihren Wirkungen auf und für uns und Andere. Wir haben uns daher zu gewöhnen, vor jedem Worte, das wir sprechen, und vor jeder That, die wir vollziehen, sowohl die uns dazu bewegenden Triebfedern und Absichten zu prüfen, als auch die Folgen möglichst zu erwägen, und uns von dieser Ueberlegung leiten zu laffen. In dieser Gewöhnung besteht die Tugend der Besonnenheit, die Mutter der Selbstbeherrschung und Mäßigkeit (s. §. 38.). Ihr gegenüber steht der Leichtsinn und die Leichtfertigkeit, von denen jener jede Erwägung der Folgen und Wirkung des Sprechens und Thuns, diese jede Prüfung der Beweggründe und ihres sittlichen Gehaltes unterläßt. Der Leichtsinnige und Leichtfertige spricht und handelt also nach den ersten unmittelbaren Einfällen, Gedanken und Gefühlen, ohne sich über deren Inhalt und Tragweite, über deren Sittlichkeit und Zweckmäßigkeit irgend eine Rechenschaft zu geben. Es ist klar, daß auf diese Weise nur der Besonnene der sittlichen Würde und Aufgabe des Menschen entspricht, die eben verlangt, daß alle unsre Handlungen aus klarem Bewußtsein über Triebfeder, Absicht und Ziel hervorgehen, wohingegen der Leichtsinnige diese Würde und Aufgabe hintenansetzt; daß jener stets in vollem Lichte wandelt, während dieser im Dunkeln tappt und es fraglich läßt, ob er das Rechte treffe. Allerdings wird nun auch der Besonnene öfters fehlgreifen und durch eine falsche Beurtheilung der Verhält= nisse irren; dann liegt aber die Ursache zumeist außerhalb seiner, und er wird die Kraft besitzen, schnell den Fehler einzusehen und ihn zu verbessern. Unabsehbar sind aber die traurigen Folgen, welche der Leichtsinn in zahllosen Fällen nach sich zieht, die Schäden, die er anrichtet, die Uebel und Wirren, die er herbeiführt. Wie oft steht der Leichtsinnige vor einem zerstörten Lebensglück, vor einem ruinirten Vermögen, vor dem Verluste seiner Ehre und seiner Stel= lung! Immerhin wird man zugeben müssen, daß der Leichtsinnige an einer sündhaften That oder an einem Unglück, das er angerichtet, sich nicht soweit verschuldet und in dem Maße strafbar ist, wie der wirkliche Sünder und Verbrecher, der mit klar bewußter Absicht das Böse thut und mit voller Voraussicht seiner Folgen und Wirkungen. Geräth doch der Leichtsinnige oft in das gerade Gegentheil von dem, was er gewollt, und schlägt dann verzweiflungsvoll, die bitterste Reue im Herzen, die Hände über den Kopf zusammen. Aber er ist weder ganz entschuldbar noch unstraffällig. Er verdient den Tadel und die Strafe, welche der Mensch, gegenüber der Vernunft, die er besitzt, und der Gewissenhaftigkeit. die ihm Pflicht ist, wegen Ver= nachlässigung dieser beiden durch größeren oder geringeren strafbaren

Leichtsinn verdient. Es ist daher nicht rathsam, einen jungen Men=
schen, der zum Leichtsinn neigt, den Folgen einer leichtsinnigen
Handlung zu entziehen und sie ihn nicht fühlen zu lassen, da, je
härter er diese empfindet, er um so mehr gewarnt und zur Be=
sonnenheit engeleitet wird. Auch das darf man nicht sagen, daß
die Besonnenheit der Kühnheit und dem Muthe Abbruch thue. Der
Leichtsinnige mag tollkühn sein und sich verwegen mitten in die
Gefahr hineinstürzen! Dies aber gefährdet den Erfolg oft um so
mehr. Der Besonnene wird nur darum um so muthiger den Feind
oder das Hinderniß bekämpfen, als er alle seine Kräfte und alle gün=
stigen Momente überblickt und sie mit sicherer Hand verwendet. Das
Sprüchwort „der erste Gedanke ist der beste", ist darum eben nur
ein Sprüchwort, das, wie alle solchen, neben Wahrem auch Irrthüm=
liches enthält. Der erste Gedanke ist oft der richtigste, weil er auf
einer unmittelbaren Gedanken= und Gefühlsverbindung beruht, oft
aber auch nicht, weil er sich von einem augenblicklichen Gefühl be=
herrschen läßt. Es hält aber auch den Besonnenen nichts ab, zum ersten
Gedanken wieder zurückzukommen, nun aber nach ernster Prüfung
aller Motive.

48.

Zweitens?
Bescheidenheit.

Was ist das hiergegen streitende Laster?
Stolz und Hoffahrt.

„Kommt Hochmuth, kommt Schande, bei Beschei=
denen ist Weisheit." (Spr. Sal. 11, 2.)

„Stolz erniedrigt den Menschen, der Bescheidene
erlangt Ehre." (Spr. Sal. 29, 23.)

„Stolzer Blick des Menschen wird erniedrigt,
Hochmuth der Männer gebeugt." (Jes. 2. 11., vgl. 5, 15.)

„Wer stolzer Augen, hochfahrenden Herzens, ihn
mag ich nicht!" (Pf. 101, 5.)

Die Bescheidenheit erfließt aus den Erwägungen: 1) daß wir vieler Vorzüge und Verdienste entbehren, welche andere Menschen besitzen; 2) daß selbst in den Vorzügen und Verdiensten, welche uns eigen sind, andere Menschen eine weit höhere Stufe erreicht haben; und 3) daß wir nach den Anlagen, der Ausbildung und den Gelegenheiten, die uns gegeben worden, weit hinter dem zurück= geblieben sind, was wir hätten erreichen können und sollen. So ist die Bescheidenheit die Schwester der Demuth, dieses Bewußtseins, daß alle menschlichen Eigenschaften vor der unendlichen Vollkommen= heit Gottes nichtig sind (s. Th. II. S. 155.). Der Stolz hingegen übertreibt den Werth der erlangten Vorzüge und Verdienste, und erhebt sich über die andern Menschen wegen derselben. Dennoch liegen dem Stolze gewisse Vorzüge und Verdienste zu Grunde, während die Hoffahrt der Eigendünkel entweder auf Vorzüge, die gar nicht vorhanden, oder auf solche ist, die keinen Werth haben oder rein zufällig der Person geworden sind, wie Geburt, Rang, Reichthum, Schönheit. Liegt in der Bescheidenheit schon der rechte Maßstab und die rechte Würdigung der Eigenschaften, die wir be= sitzen, und derer, die uns mangeln, regelt sie daher unser eigenes Bewußtsein und unser Betragen gegen Andere, bewahrt sie uns vor Selbstüberschätzung und vor Kränkung und Verletzung Anderer, so wird sie in uns auch das Weiterstreben, die ununterbrochene An= strengung, immer höhere Befähigung und Würdigung zu erlangen, anregen und fördern. Der Stolz aber, und die Hoffahrt in noch größerem Maße, täuscht uns über uns selbst, übertüncht die Mängel und Lücken, die wir haben, mit gleißnerischen Farben, läßt uns gegen Andere geringschätzig und abstoßend verfahren. Während der Bescheidene daher überall Freunde und Gönner findet, erwecken der Stolze und der Hoffährtige sich aller Orten Gegner und Feinde; jener erhält selbst ungesucht Lob und Anerkennung, wozu die Men= schen dem Bescheidenen gegenüber bereit und willig sind, während diese Widerwillen und Verachtung, und dadurch Verkennung selbst dessen, worauf sie Anspruch hätten, hervorrufen. So verfehlen diese das Ziel, wonach sie mit dem heftigsten Verlangen streben, von den Menschen hochgestellt zu werden und unter ihnen hervorzuragen, während der Bescheidene erlangt, was er zu beanspruchen nicht wagt, bisweilen mehr als er wirklich verdient. Trifft den Letzteren ein Unglück, ein Verlust, eine Hintenansetzung oder Beschimpfung, so werden hundert Hände sich regen, ihm Ersatz zu bieten; der Sturz des Stolzen und Hoffährtigen aber erweckt bei Vielen nur Freude und Befriedigung, Jedermann sieht ihn als eine gerechte Strafe an, und kein Arm regt sich zum Beistande. Aber selbst ohne solche Erlebnisse fühlt der Stolze und Hoffährtige sich so oft unbefriedigt, hat so vielfache Gelegenheit, sich gekränkt und in seinen vermeintlichen Rechten geschmälert zu glauben, daß er niemals glücklich ist, schmerzliche Empfindungen, vor denen der Bescheidene immer geschützt ist.

49.

Drittens?

Genügsamkeit und Wohlwollen.

Und das hiergegen streitende Laster?

Unzufriedenheit, Neid und Mißgunst.

„Besser ist wenig in Gottesfurcht, als großer Schatz und Unruhe dabei. Besser ein Gericht Gemüse und Liebe daselbst, als Mastochse und Haß dabei." (Spr. Sal. 15, 16. 17.)

„Zwiefaches flehe ich von dir, versag's mir nicht, bevor ich sterbe. Falschheit und Lügenwort halt fern von mir, Armuth und Reichthum gieb mir nicht, laß mich verzehren mein bestimmtes Brod." (Spr. Sal. 30, 7. 8.)

„Ein genügsames Herz erhält den Körper gesund, gieriger Neid ist Beinfraß." (Spr. Sal. 14, 30.)

„Den Einfältigen tödtet der Neid." (Hiob 5, 2.)

„Wer ist reich? Der sich an seinem Theile freut." (P. A. 4, 1.)

1. In der menschlichen Gesellschaft giebt es für Alles, was der Mensch besitzt, die verschiedenartigsten und mannichfaltigsten Stufen, Stellungen und Verhältnisse. So an Rang und Stand, an Ehren und Würden, an Reichthum und Besitz, an Gesundheit, Stärke und Schönheit, an Erfolgen und Verdiensten, aber auch an Kenntnissen, Fähigkeiten und Bildung. Keine dieser Stufen, keines dieser Verhältnisse aber ist so beschaffen, daß sie nicht höher und größer gedacht werden könnte; der Besitz des einen Gutes schließt den Besitz anderer aus, und so kommt es auf die Art und Weise an, wie wir alle diese Dinge betrachten, wie wir dasjenige, was wir erreicht haben, was unser ist, ansehen, um uns entweder mit dem heftigen Verlangen nach Mehrerem und Anderem zu erfüllen, uns unzufrieden zu machen, oder daß das Erlangte uns genügend erscheint und uns befriedigt. Soviel ist gewiß, daß das Maß des Besitzes durchaus keinen nachhaltigen Einfluß auf die Befriedigung unsres Herzens ausübt, da ein sehr hohes Maß noch immer nicht unsre Begierde zu stillen und unsern Blick von dem Streben nach Weiterem zurückzuhalten vermag, und hinwiederum ein niedriges im Stande ist, unsre Wünsche völlig auszufüllen. Hierzu kommt, daß der Mensch auch seine Bedürfnisse beschränken und ausdehnen kann, daß ihm erweiterte Bedürfnisse, selbst wenn er sie befriedigen kann, noch keinen dauernden Genuß zu schaffen brauchen, und daß beschränkte und verminderte Bedürfnisse ihn noch nicht der schwer gefühlten Entbehrung aussetzen, und ihn unglücklich machen mögen, da selbst die Entbehrung, richtig verstanden, ihm das Gefühl der Befriedigung und Erhebung zu schaffen vermag. Giebt es nun auch eine Grenze, wo der Mangel am Unentbehrlichen drückend und schwer zu tragen, ja bedrohlich und gefährlich wird, so hängt es doch sehr vom Menschen selbst ab, wo für ihn diese Grenzlinie beginnt, wo er sie für sich zieht. Die Wahrheit des Gesagten wird täglich erwiesen, und mancher in seinem Besitze Zurückgekommene wird nach einiger Zeit, wenn er zurückblickt, erstaunen, wie viel er entbehren kann, weil er muß, und wie er dennoch dabei wieder zur Ruhe, Heiterkeit und Freude gekommen ist. Wie mancher Begüterte bleibt verwundert stehen, wenn er Lust und Glück in den Hütten der Armuth antrifft, in deren Räumen er keine Stunde leben zu können vermeint. Der

Mensch ist also selbst Herr über die Gefühle, welche ihn betreffs seiner Lage und seiner Besitzverhältnisse beseelen, und es kommt hierbei Alles auf die Gewöhnung seiner Seele an, aus Kleinem oder Großem Genuß zu ziehen, an Wenigem oder Vielem sich zu befriedigen. Die Genügsamkeit besteht also einfach darin, an dem genug zu haben, was man hat, von welchem Maße dies auch sei; die Unzufriedenheit aber darin, mit keiner Beschaffenheit seines Looses, mit keiner Größe des Erlangten genug zu haben, und überall die Wünsche über die Grenzen des Erreichten hinaus zu richten. Daß die Genügsamkeit darum doch nicht dem Weiterstreben ent=gegensteht, also nicht mit dem natürlichen Triebe und der Pflicht des Menschen im Widerspruch ist, erhellt daraus, daß sie die ander=weitigen Motive hierzu nicht ausschließt, sie aber mit verständigem Maße beschränkt. Keine Tugend aber trägt ihren Lohn unmittel=barer in sich als die Genügsamkeit, welche den wahren Lebensgenuß stets gewährt und wach erhält, Frohsinn und Heiterkeit unter allen Verhältnissen darbietet und fördert, und die Kräfte des Menschen, weil sie deren Aufreibung behindert, stärkt und erhält. Im Gegen=satz schafft die Unzufriedenheit Kränkung, Unwillen und Sorge zu aller Zeit, zerstört alle Freude an dem, was das Geschick uns ge=währt und was unsre Anstrengung uns erwirbt, und reizt uns zu maß= und zielloser Arbeit, die uns dennoch niemals beglückt. Nicht minder besitzt der Genügsame eine oft wunderbare Elasticität, sich in alle Lagen und Verhältnisse mit Ruhe zu schicken, und auch innerhalb der engsten einige Blüthen des Lebens zu treiben, während dem Unzufriedenen jede Veränderung in's Beschränktere unerträglich wird, ihn verbittert und zur Verzweiflung bringt.

2. Mit der Genügsamkeit sehr nahe verbunden ist jene warme Strömung der Gefühle, die durch das Herz eines Menschen geht, und von uns als Wohlwollen bezeichnet wird. Wenn unsre Seele allen Dingen freundlich zugewandt ist, wenn sie insonders die Menschen um sich, ihr Thun und Treiben in hellem Lichte betrachtet, und darum, die dunklen Flecken gern übersehend, sich wo irgend möglich eine gute Meinung von ihnen bildet, wenn sie deßhalb sich alles Guten, das ihnen begegnet und das sie vollbringen, innig freut, und stets das Beste ihnen wünschet — das ist ein wohlwollendes

Gemüth. Es ist wahr, ein solches wird oft der Täuschung ausge=
setzt sein, und in vielen Menschen geschieht es daher, daß ihr in
der Jugend offnes und wohlwollendes Herz nach und nach erkaltet,
und selbst zur Hartherzigkeit gelangt — aber der wahrhaft Wohl=
wollende wird troß allen Täuschungen und sogar in diesen selbst
das Bessere und Entschuldbare in dem Menschen immer wieder
herausfinden, vorsichtiger, aber doch nicht abgeschlossen und unfreund=
lich werden. Denn dieses wahrhafte und bleibende Wohlwollen be=
ruht auf allen schönen und edelen Momenten in der Menschenseele,
ist mit so vieler Befriedigung und so vielem Frieden verbunden,
und verkörpert sich weiterhin in so vielem trefflichen Thun, daß
wir lieber einige Täuschungen mehr in den Kauf nehmen mögen,
als uns diesen stets fließenden Quell des edelsten Genusses und der
Herzenslauterkeit verstopfen, oder nur trüben zu wollen. — Noch
deutlicher ist die Verwandtschaft, in welcher mit der Unzufriedenheit
der Neid und die Mißgunst stehen, da diese aus jener hervorgehen,
dann aber wieder sie verstärken. Der Neid blickt mit schelem Auge
auf Alles, was dem Nebenmenschen Gutes begegnet, auf Alles,
was dieser besißt, und wünscht, es zu erhalten; die Mißgunst be=
seelt mit gleichen Gefühlen, doch selbst in Bezug auf Gegenstände,
von denen der Mißgünstige selbst gar keinen Gebrauch machen
könnte. Der Neidische will also für sich, was eines Andern ist,
und dessen er ermangelt; der Mißgünstige will, daß überhaupt dem
Nächsten nichts Gutes werde, und sieht dies mit großem Mißbehagen
an, ob er selbst es auch schon besiße, oder gar keinen Gebrauch davon
machen könnte. Es ist klar, daß diese beiden Laster den Menschen
auf's Vielfachste verhindern, Gutes zu thun und seine Pflicht gegen
Andere zu üben, daß sie das Urtheil trüben und zu unwürdigen,
ja sündhaften Handlungen verleiten. Der Charakter derselben ist
eine niedrige, gemeine Gesinnung. Sie tragen aber ihre Strafe in
sich selbst, denn sie füllen das Herz des Menschen mit bittern
Empfindungen, lassen ihn zum reinen Genuß des Lebens nicht
kommen, und je häufiger und je mehr allerorten die Gelegenheit sich
darbietet, sie in der Seele erwachen zu lassen, desto nagender und
krankhafter werden sie dem Gemüthe. Darum hebt eine der oben
zitirten Schriftstellen mit Recht hervor, daß, wie ein genügsames

Herz selbst auf die Beschaffenheit unsres Leibes einwirkt und durch den fröhlichen Muth und die befriedigte Empfindung, die es gewährt, ihn gesund erhält, so der Neid, wenn er zu einem bleibenden Gefühle, zu einer immer wiederkehrenden Bewegung unsrer Seele, wenn er leidenschaftlich und „gierig" wird, die Gesundheit auch des Leibes gefährdet und eine nachtheilige Säftemischung bewirkt. Neid und Mißgunst gehören zu den bösen Neigungen, deren Keime in jedem Menschenherzen vorhanden, denen daher ein Jeder ausgesetzt ist, die in Keinem gänzlich verschwinden. Um so größere Aufmerksamkeit erfordern sie, um sie in jedem einzelnen Falle in uns zu erdrücken, und überhaupt sie aus unserer Gemüthswelt möglichst zu beseitigen. Und doch sind wir im Stande, uns sehr leicht in ihnen zu ertappen, denn schon eine einfache Beobachtung, welches Gefühl in uns wach wird, wenn wir von dem Guten, das einem unsrer Nächsten begegnet, hören, oder wenn wir ein solches bei ihm sehen, das er besitzt, belehrt uns über den Zustand unsres Gemüthes nach dieser Richtung hin, und muß unsre Bemühung wecken, mit Bewußtsein die Empfindung des Wohlgefallens und der Freude über das Glück unsres Mitmenschen in uns hervorzurufen und über die Regung des Neides herrschend zu machen. Diese Bemühung, wenn sie fortgesetzt wird, bleibt sicher nicht erfolglos, wird unsern Geist über alle derartige kleinlichen und niedrigen Empfindungen erheben und ihm den Adel verleihen, der seiner allein würdig ist.

50.

Viertens?

Geduld, Gelassenheit und Sanftmuth.

Und die hiergegen streitenden Laster?

Leidenschaftlichkeit und Jähzorn.

„Der Langmüthige ist voller Einsicht, der Jähzornige thut Narrheit kund." (Spr. 14, 29.)

„Jähzorniger erreget Hader, Langmüthiger be=
schwichtigt Streit." (Spr. 15, 18.)

„Langmüthiger ist besser als ein Held, wer seinen
Geist beherrscht, als Städtebezwingen." (Spr. 16, 32.)

„Des Menschen Klugheit hält seinen Zorn auf,
zur Zier ist's ihm, Vergehung übersehen". (Spr.
19, 11.)

„Besser ein Langmüthiger als ein Hochmüthiger:
übereile nicht dein Gemüth zum Zürnen, denn
Zorn weilt in der Brust von Thoren." (Pred. 7, 8. 9.)

1. Wenn die verschiedenen Dinge, Ereignisse und Personen,
ja selbst unsere eigenen Gedanken in uns wechselnde Gefühle und
Stimmungen hervorrufen, und diese bald schwächer, bald stärker
erscheinen, so giebt es doch auch eine gewisse Grundstimmung unserer
Seele, eine gewisse bleibende Beschaffenheit, aus und auf der das
Wechselnde in unseren Empfindungen vor sich geht und durch sie
bestimmt, begränzt, geleitet wird, eine Angewöhnung unsrer Seele, be=
günstigt durch Anlage, erworben durch An= und Ausbildung, Erfahrung
und Lebensschicksale. Diese Grundstimmung ist entweder eine Herr=
schaft über uns selbst, über die Bewegungen unsres Herzens, deren be=
schleunigte Strömung wir zu hemmen und zu mindern stark genug
sind, oder die Willfährigkeit, mit der wir jeder Erregung freie Bahn
in uns lassen, der Leidenschaftlichkeit, mit welcher wir jedes Ding oder
jeden Vorgang ergreifen oder uns von ihm ergreifen und hinreißen
lassen. Sind auch unsere Gefühle das unmittelbare Erzeugniß der Be=
rührung, der ersten Einwirkung der Dinge auf unsre Seele, so stehen
sie doch unter der Herrschaft unsres Verstandes und unsrer Ein=
bildungskraft, und werden von diesen verstärkt und geschwächt. Es
kommt daher bei dem Höhengrade und der eigenthümlichen Färbung,
bei dem ganzen Verlaufe eines Gefühls auf die Vorstellungen an,
die wir uns von der das Gefühl bewirkenden Sache machen, wie
weit diese Vorstellungen die richtigen sind, wie weit wir sie der
Prüfung des Verstandes unterwerfen, ehe wir die Springfluth unsres
Gefühls immer höher steigen lassen, wie weit wir das Gefühl durch

die Bilder unsrer Phantasie beleben oder verblassen machen. So ist im Allgemeinen wie in jedem einzelnen Falle der Mensch allerdings auch Herr seiner Gefühle, vermag sie zu leiten, ihnen Maaß und Ziel zu geben, und selbst wenn er ihrer nicht Herr ist, ist dies, weil er ihrer nicht Herr sein oder werden wollte. Es giebt Menschen, welche ihre Würde und Stärke darin finden, jedes Gefühl zu unter= drücken, keine Aeußerung eines Gefühls aufkommen zu lassen, die eine Thräne in ihrem Auge für eine Schande halten. Wie weit dies öfters nur Schein, nur Unterdrückung von Manifestirung der in ihnen doch vorhandenen Gefühle ist, oder eine wirkliche Erkaltung der Gefühlswelt, eine Erstarrung und Unbeweglichkeit der Empfin= dung, können wir selten oder nur durch lange Beobachtung des Betreffenden entscheiden. Wir begegnen aber auch Menschen, welche ihre Würde und Stärke darin vermeinen, daß sie jedes ihrer Ge= fühle, sei es auf natürlichem, sei es auf gekünsteltem Wege, in be= sonderer Energie hervortreten lassen, denselben den stärksten Ausdruck geben und ihre Handlungen als Ausfluß dieser Gefühle erscheinen lassen. Wir brauchen nicht hervorzuheben, daß beide Arten von Menschen in großem Irrthum befangen sind, ein Irrthum, der auf sie selbst, die Ihrigen und die mit ihnen in Berührung Kommenden sehr traurige Wirkungen übt, der selbst bis zum Verbrechen führen kann. Das Gefühl ist ein sehr wesentliches Moment unseres ganzen geistigen, und besonders sittlichen Lebens, und das Mangeln des= selben nimmt dem Menschen nicht blos den höchsten Reiz des Lebens, sondern auch die besten und edelsten Motive seines Thuns. Hin= gegen wird das ungezügelte oder absichtlich zur möglichsten Inten= sivität angeregte Gefühl zu einer Flamme, welche alle Erwägung des Verstandes und alle Einwirkung des sittlichen Bewußtseins ver= zehrt. Jenes breitet den Tod, dieses die Zerstörung um uns her. Die wahre Würde, die wahre Aufgabe und die wahre Stärke des Menschen besteht darin, daß er seine Seele aller Gefühle und Em= pfindungen fähig erhält, über jedes und jede dieser aber die Herr= schaft hat und sie zu regeln und zu begrenzen vermag. Diese Grundstimmung unserer Seele erlangen wir durch mannichfaltige Uebung in den verschiedensten Lagen des Lebens, durch Beobachtung und Erkenntniß unsrer selbst, durch bewußte Zügelung gerade der

Gefühle, denen wir uns am zugänglichsten und die wir in uns zur Heftigkeit und in Leidenschaft umzuschlagen am geneigtesten finden. Wir stehen hier allerdings schon bei Eigenschaften, welche einen wesentlichen Einfluß auf unser Thun gegen unsere Nebenmenschen üben, und daher in das Pflichtgebiet gegen diese hinübergreifen, aber an sich gehören sie zu unserer eigenen Geistesbeschaffenheit und hängen von der Entwickelung und Ausbildung unserer Seele ab.

2. Diese Herrschaft über die Gefühle besteht zunächst in der Tugend der Geduld. Die Geduld äußert sich sowohl bei den Schmerzen und Leiden, die uns selbst treffen und bei den Schwierig= keiten, die sich uns im Leben entgegenstellen, als auch bei den Fehlern und Schwächen Anderer, unter denen wir zu leiden haben. In allen diesen Fällen, wenn die Unzufriedenheit, der Unwille, der Zorn, das Gefühl der Unerträglichkeit, kurz die leidenschaftliche Erregung darüber sich unserer Seele bemächtigen will, hemmt die Geduld den Strom dieser Empfindungen, zügelt sie, hält sie zurück, unterdrückt sie so viel wie möglich. Wenn die Schmerzen, leibliche oder geistige, heftiger werden und sich immer wieder erneuern, wenn die Leiden sich auf uns häufen, Verlust auf Verlust sich drängt, wenn unserm Streben sich immer neue Schwierigkeiten entgegen= stellen, nach der Ueberwindung der einen die andere vor uns sicht= bar wird, Täuschung auf Täuschung erfolgt, und wir uns oft kurz vor dem ersehnten Ziele abermals von ihm abgeschnitten sehen, wenn über alles dieses die Verwünschung unseres Daseins, das Verwerfen unseres Strebens in unsre Seele kommt — dann sind es die Gedanken an die göttliche Vorsehung, die uns in weiser und gütiger Absicht alles dies zuschickt, an unsere Bestimmung und Auf= gabe, durch den immerwährenden Kampf die Kräfte unseres Geistes, den Adel unsrer Seele entfalten, die Gedanken, daß alle diese Müh= seligkeiten dennoch vorübergehen, und Genesung, Ruhe und glückliches Gelingen dennoch hinter jenen, und wir wissen nicht wie bald, ein= treten können, endlich der Gedanke, daß das Murren, der Unwille, das Verzweifeln die Stacheln des Schmerzes und der Täuschung nur noch mehr schärfen und die Kraft zu ertragen und zum Ziele zu streben nur vermindern: so sind es alle diese Gedanken, welche uns Geduld einflößen. In gleicher Art wird, wenn uns die

Schwächen und Fehler Anderer lästig fallen, wenn sie uns das
Leben erschweren und verbittern, unsere Freuden vergällen oder sie
uns entziehen, unsere Mühen unnöthig vermehren und uns kränken,
der Gedanke, daß dies Prüfungen sind, welche uns veredeln und
unsere Kraft entwickeln, ferner, daß auch wir Schwächen und Fehler
besitzen, die Anderen Aehnliches bereiten, endlich, daß durch unsern
Unwillen und Widerstand die Anderen von ihren Fehlern nicht ge=
heilt, sondern in ihnen verstärkt werden, daß sie aber durch unser
ruhiges Ertragen überwunden werden können, uns dahin bringen,
uns darüber hinwegzusetzen. So besitzt auch diese Tugend der Geduld
den zwiefachen Vortheil, sittlich veredelnd auf uns zu wirken und
zugleich die Mühsale des Lebens zu mindern, unsere Kraft zu stärken
und uns zu einem höheren Ziele zu führen. Allerdings kommt
hier bisweilen die Frage herein, in wie weit die Geduld zur
Schwäche und Ohnmacht, ja zu fehlerhafter Nachgiebigkeit werden
könne? Wenn auch dies niemals in eigenen Schmerzen und Leiden
der Fall sein kann, so könnte doch wohl die zu weit ausgedehnte
Geduld und Ausdauer in der Besiegung von Schwierigkeiten zu
starrem Eigensinn in dem Streben nach einem unerreichbarem Ziele,
zur Verblendung über unübersteigbare Hindernisse führen; am ein=
leuchtendsten aber ist, daß eine zu weit geübte Geduld auch Andere
zu Unrecht und Sünde verleiten und in Lasterhaftigkeit bestärken
kann. In allen solchen Fällen bedarf es der eigenen sorgfältigen
Erwägung, ob und in wie weit die Geduld bis zu der Grenze geführt
worden, wo sie zur Schwäche und zum Fehler wird; und ist man
darüber in der Stunde ruhiger Betrachtung zu einem bestimmten
Urtheil gekommen, so muß man die Energie besitzen, das Verhält=
niß ohne alle leidenschaftliche Erregung zu lösen. Ueberall aber
widerspricht es der Geduld durchaus nicht, ein offenes Aussprechen
in gemessener Weise, eine klare Verständigung zu versuchen und
auszuführen. — Was die Geduld im fortgesetzten Verhalten den
Widerwärtigkeiten des Lebens gegenüber ist, das bezeichnen wir als
Gelassenheit bei plötzlich anstürmenden Ereignissen oder dem Un=
gestüm und den Beleidigungen seitens Anderer, wenn wir diesen
eine ruhige und gemessene Haltung entgegenstellen. Die Bedeutung
liegt hier in dem Ueberraschenden der Begegnung, in dem unver=

mutheten Eintreffen derselben. Wir sind nicht darauf vorbereitet,
wir haben uns nicht darauf gefaßt, und in einem solchen Falle ist
das Hervorbrechen eines analogen Gefühls um so natürlicher. Die
Gewalt, die wir über uns selbst üben, die Herrschaft, die wir über
unsere Gefühle erlangt haben, bethätigt sich in solchen Augenblicken
am meisten. Wenn wir uns darin geübt haben, auch die plötzlichste
Erregung unserer Gefühle zu bewältigen, ihnen gegenüber die Erwägung des Verstandes und die Kraft des sittlichen Bewußtseins
aufrecht zu erhalten und uns von diesen, nicht aber von den plötzlichen Eingebungen unserer Empfindungen, leiten zu lassen, so üben
wir die Tugend der Gelassenheit. Diese wird uns daher vor leiden-
schaftlichem Handeln behüten, erhält uns die klare Einsicht in die
wirklichen Verhältnisse, läßt uns den angemessensten Entschluß fassen
und fördert uns in der Ausführung desselben. Die Gelassenheit ist
daher die Mutter der Geistesgegenwart, welche uns im rechten Momente das passende Wort und die passende That finden läßt. Sie
wird uns daher ebenso vor einem Fehlgriff schützen, wie sie uns
überhaupt ein großes Uebergewicht über den leidenschaftlich erregten
Menschen wie über unangenehm verworrene Verhältnisse verleihet.
Allerdings ist auch hier zu beachten, daß ein gelassenes Benehmen
den Gegner öfter in seiner Aufwallung noch mehr verstärkt, ihn
gerade durch das Gefühl dessen, was ihm mangelt, noch mehr reizt;
es ist dies aber dadurch zu vermeiden, daß wir unsere Gelassenheit
nicht allzusehr durch unsere äußere Haltung und Geberde fühlbar
machen, da wir sonst in dem Gegner die Meinung des Trotzes von
unsrer Seite und das Gefühl der Rechtfertigung für seinen Zorn
hervorbringen. Die rechte Gelassenheit äußert sich daher nicht in
einer eisigen Kälte, die so leicht wie Spott und Hohn aussieht und
nur um so mehr aufbringt, sondern in einem ruhigen Eingehen in
die Gefühle des Anderen, im Würdigen der den Anderen aufreizen-
den Momente und in milder Beschwichtigung desselben. — Während
Geduld und Gelassenheit den bezüglichen Uebeln, wenn sie eintreten,
gegenüber geübt werden, ist es die Sanftmuth, welche das
dauernde Verhalten des Menschen charakterisirt, und negativ wie
positiv zu aller Zeit das Benehmen und Thun durchwebt. Sie
äußert sich in unsrer Handlungsweise, tritt aber auch in Ton, Ge-

berbe und Haltung zu Tage. Die Sanftmuth fließt aus der Grund=
stimmung der Milde, der Freundlichkeit und des Friedens, die unser
ganzes Wesen durchwachsen und gestaltet hat. Sie suchet an allen
Dingen und Vorkommnissen die bessere Seite heraus, beurtheilt sie
aus günstigerm Gesichtspunkte, und tritt daher den Personen und
Gegenständen freundlich entgegen. So ist die Sanftmuth noch mehr
des weiblichen Geschlechtes Natur und Zierde, und das Greisenalter
vorzugsweise zu ihr berufen. Es versteht sich, daß die Sanftmuth
weder Manier, noch Maske sein darf, sondern rein und ungekünstelt
aus dem innersten Wesen fließen muß. Dann wirkt sie wohlthuend
auf ihre Umgebung, entwaffnet den Aufwallenden, und selbst den
Gegner, und schafft um so mehr Würde und Ansehn, als sie diese
nicht erstrebt und auf einem wohlgeordneten und friedreichen Ge=
müthe beruht. Wenn die Bildung im Allgemeinen schon auf ein
gemessnes und zurückgehaltenes Benehmen abzweckt und ein solches
zu erwirken hat, so wird die wahre Herzensbildung um so eher
auf Sanftmuth in Sitte, Gewohnheit und Thun hinwirken.

3. Diesen Tugenden gegenüber stehet jenes unruhige, erregbare
und bewegliche Wesen, das anwachsend zur wilden, wüsten Leiden=
schaftlichkeit wird. Es gleichet der weiten Wassermasse, welche von
jedem Luftzuge aufgeregt, von jedem Windstoße durchwühlt, zu
wilden, ungezähmten Wogen aufschlägt und dahinrauscht. Da wird
Alles von der feindseligen Seite aufgefaßt, jedes Wort und jede
That als von absichtlicher Gegnerschaft ergriffen, jedem Gefühle eine
zügellose Energie gegeben, welche alle Erwägung des Verstandes,
allen Widerstand des sittlichen Bewußtseins mit ihrem Wellenschlage
bedeckt und erdrückt. Solchen Gemüthern wird die leidenschaftliche
Aufregung zum Bedürfniß; sie geben sich jedem Ansturme ihrer
Gefühle widerstandslos, ja willig hin, und jede Einwendung, sei es
Beschwichtigung, sei es Mahnung, entflammt sie nur noch mehr.
Den Schmerzen und Leiden setzen sie ein wildes Murren, ein un=
aufhörliches Klagen und Schmähen, den Schwierigkeiten und Hinder=
nissen wüsten Ungestüm und tollkühnes, planloses Anstürmen, den
Unbillen, die sie vermeintlich oder wirklich von Andern erleiden,
Wuth und Rachgier entgegen. Die nothwendige Folge ist, daß sie
alle sittliche Haltung, alle vernünftige Ueberlegung, alle Berechnung

der Wirkungen, alle Absichtlichkeit und Planmäßigkeit des Handelns
verlieren, und ebenso leicht in Verzweiflung, wie in grimmige Wuth
verfallen. Ganz besonders tritt aus dieser Leidenschaftlichkeit das
Laster des Jähzorns heraus, der auf jede, noch so leichte Verletzung hin, oft auch ganz unabsichtliche und scheinbare Kränkung des
vermeintlichen Rechtes sich der ungebändigten Aufwallung des Zornes
überläßt und diesen zu ganz unverhältnißmäßiger Höhe steigert.
Der Jähzorn macht den Geist sofort blind, blind für die Prüfung
der Momente, die ihn hervorriefen, blind für die Rücksichten, mit
denen die Sache zu behandeln, blind für die Wirkungen dessen,
was der Jähzornige zur Abwehr und zur Bestrafung unternimmt.
So wird dieser zu Handlungen verleitet, welche zu dem Vorgefallenen
in keinem Verhältnisse stehen und die traurigsten, ja schrecklichsten
Folgen haben, am wenigsten aber die Befriedigung und die Ausgleichung erwirken, da sie vielmehr in der Regel die bitterste Reue
und eine gänzliche Verwirrung der Verhältnisse nach sich ziehen.
Man hat gefragt, in wie weit der Leidenschaftliche, besonders der
Jähzornige für das, was er in seiner wilden Erregung thut, verantwortlich und strafbar sei? Und in der That könnte man diesen
Zustand der höchsten Leidenschaft der Berauschung oder einem zeitweisen Wahnsinn vergleichen. So mag man in dem einzelnen Falle
mildernde Umstände in dem Mangel aller Herrschaft über sich selbst
während des Zornausbruches finden. Schuldbarer aber erscheint
ein solcher Mensch, wenn die Leidenschaftlichkeit und der Jähzorn
ihm zur Angewöhnung, zum Laster geworden. Denn allerdings ist
es die Pflicht des Menschen, ein solches in sich nicht aufkommen zu
lassen und, sobald er sich dazu geneigt fühlt, mit aller möglichen
Anstrengung und Gewissenhaftigkeit dahin zu streben, daß er die
Keime dieses Lasters aus sich entferne und sie nicht emporwuchern
lasse. Er vermag dies auch, so lange es eben nur noch Keime sind,
nur eine Neigung seines Gemüthes; während es immer schwieriger
wird, je länger er diese Neigung unbewacht und unbehindert walten
und wachsen läßt. Wie manches Verbrechen wäre ungeschehen geblieben, wie manches Unheil über mehr oder weniger Personen vermieden worden, wie mancher sonst unbescholtene Mensch frei von
Sünde und Vergehen, wenn er rechtzeitig aus der Leidenschaftlich-

keit zur Geduld, aus dem Jähzorn zur Gelassenheit gestrebt hätte und gekommen wäre. Darum vergleicht, wie wir oben angeführt, Salomo den, der sich selbst bezwingt, sein Gemüth beherrscht und zur Geduld und Gelassenheit gelangt, mit dem Kriegeshelden und Städteeroberer, und setzt den Werth jenes weit über diesen hinaus, denn viel leichter lassen sich äußere Schwierigkeiten mit Muth, Kraft und Ausdauer überwinden, als die zur Gewohnheit gewordene leidenschaftliche Aufwallung des Herzens.

So stehet vor uns, von der Hand der Religion gezeichnet, das Bild eines Menschen, der mit dem ernstesten Eifer, mit der An= strengung aller seiner Kräfte, nach der Heiligung seiner selbst fort und fort strebt. Wohl wissen wir, daß es ein Ideal ist, welches die Religion uns aufstellt, und das vollkommen zu erreichen dem Erdensohne nicht gegeben ist. Aber es ist kein Ideal, das gänzlich über den Menschen und seine Natur hinausgelegt ist, kein Ideal, das mit der Wirklichkeit in keinem Zusammenhange stehe, kein Ideal, dessen einzelne Züge sich nicht in dem Wesen eines Menschen aus= prägen ließen. Sondern dieses Ideal müssen wir immerfort vor den Augen unseres Geistes haben, unser Anstreben unaufhörlich darauf richten, seine Anforderungen stets zu verwirklichen suchen; denn es steht so nahe vor uns, daß unmittelbar das Glück und Unglück unsres Lebens, das Heil und Unheil unsrer Seele davon abhängt, wie weit wir uns ihm nähern oder von ihm entfernen. Jemehr wir von ihm uns erfüllen, desto glücklicher und freudevoller wird unser inneres und äußeres Leben sich gestalten; jemehr wir ihm zuwider handeln, desto schwerer werden wir die Folgen tragen. Wohl wissen wir, daß auch derjenige, welcher eifrigst nach der An= eignung aller der Tugenden, die es erfordert, nach der Erfüllung aller der Pflichten, die es uns auferlegt, fort und fort strebt, den= noch manchen Schritt abwärts thut, und nach der Schwäche unserer Natur bewußt und unbewußt sich von dem zeitweise entfernt, was er durch sein ganzes Leben ersehnt; denn wir sind dem Irrthum unterworfen und unser Herz vermag nicht immer dem Anstürmen der Leidenschaft zu widerstehen. Aber auch diese Erfahrung darf uns nicht entmuthigen, sondern muß uns um so mehr anfeuern,

über den Fehltritt hinwegzukommen, ihn auszugleichen und auf den
von uns beschrittenen Pfad zurückzukehren. Wissen wir doch: ohne
Kampf kein Sieg, und je härter der Kampf, desto größer der Sieg,
desto segensreicher der Friede. So stehet also vor uns das Bild
des Menschen, der auf dem Boden unerschütterlicher religiöser Ueberzeugung, von der Ehrfurcht vor Gott erfüllt, von der Liebe zu Gott
durchglüht, mit seinem ganzen Herzen und mit seiner ganzen Seele
ihm dienend und ihm nacheifernd, an der Heiligung seiner selbst
in seinem Verhältnisse zu sich selbst mit ganzem Eifer arbeitet; er
beachtet die Pflichten der Selbsterhaltung mit Ernst, und die Gesundheit des Geistes und Körpers ist ihm ein theures Gut; die
Genüsse des Lebens nimmt er an, aber in strenger Mäßigkeit, jede
Ausschreitung vermeidend, jede anwachsende Begier unterdrückend;
wie er den Anforderungen seines Berufes genügt, strebt er nach
Mehrung seines Besitzes in Arbeitsamkeit, Sparsamkeit und strenger
Ordnung, ohne ihn je als eigentlichen Zweck zu betrachten oder in
unrechtmäßiger Weise zu erwerben, ohne sich von Habgier beherrschen,
von Geiz leiten zu lassen; die Wünsche seines Herzens gehen nach
einem ehrenvollen Namen und gutem Ansehen bei seinen Mitmenschen,
aber er sucht diese nur auf dem Wege eines unbefleckten und ver-
dienstlichen Wandels, ohne Eitelkeit und Ehrgeiz zu den Triebfedern
seines Thuns zu machen; vor Allem aber ist sein Streben auf die
Entwickelung und Ausbildung aller der herrlichen Kräfte und Fähigkeiten gerichtet, die sein Schöpfer in seinen Geist gelegt hat; ihm
ist es Lust und Bedürfniß, seine Kenntnisse zu mehren, sein Denken
zu schärfen, seine Erkenntniß zu erhöhen, und Vorurtheile und Aberglauben als die wahren Hindernisse der Erleuchtung von sich ab-
zustreifen; Klarheit und Besonnenheit macht er zu den Leitern seines
Denkens und Handelns; in dem Bewußtsein, wie weit er hinter
den höheren Zielen zurückbleibt, erhält er sich in Bescheidenheit und
Demuth; sein Herz ist wohlwollend gegen alle Welt und jede Regung des Neides und der Mißgunst unterdrückt er als die Schlange,
die in unser Herz sich einschleicht und die Wurzel alles Guten zer-
nagt; welches auch sein Erdenloos sei, er betrachtet es mit dem
Auge der Genügsamkeit, und freuet sich dessen, was ihm die Hand
der Vorsehung zugetheilt; ob ihn die Schmerzen und Leiden des

Lebens überkommen, weiß er ja, daß das unser Aller Theil auf
Erden ist und von der Hand des Vaters kommt, geduldig trägt er
sie, sie überwindend nach seinen Kräften, geduldig trägt er die Un=
billen, die ihm von Menschen bereitet werden, gelassen steht er ihren
Angriffen gegenüber, sie muthig und entschlossen abwehrend, und
über sein ganzes Wesen breitet Milde und Sanftmuth ihren erhabe=
nen Reiz aus. Wohlan, Jüngling oder Greis, Mann oder Weib,
erlaben und stärken wir uns an diesem Bilde, lassen wir uns von
ihm erfüllen und durchdringen, sei es uns gegenwärtig in allen
Lagen und Verhältnissen! Alle diese Güter uns zu erwerben, sind
wir Alle berufen, und nicht Bildung und Wissenschaft, nicht Stand
und Reichthum sind die Bedingungen, diese Schätze in uns anzu=
sammeln. Wer du auch seiest, du bist verpflichtet, sie dir anzueignen,
mit all deinen Kräften, und Niemandem ist es genommen, ihrer
theilhaftig zu werden. Fange nur an, fange frühzeitig an, und
höre niemals auf, danach zu streben, glaube niemals, genug gethan
zu haben, fürchte stets, davon zu verlieren, und siehe, du schreitest
darin voran, und der Segen dessen wird dir fühlbar werden.

51.

Welche Mittel befördern die Selbstveredelung?

**Wachsamkeit auf sich selbst und Selbsterkenntniß, Umgang
mit guten und weisen Menschen, und häufiges und inniges
Gebet.**

„Des Klugen Weisheit ist Selbsterkenntniß, des
Thoren Unverstand ist Selbsttäuschung." (Spr. Sal.
14, 8.).

„Wer mit Weisen umgeht, wird selbst weise, wer
sich zu Thoren gesellt, verdirbt." (Spr. Sal. 13, 20.).

„Nahe ist der Ewige allen, die ihn anrufen,
allen denen, die ihn anrufen in Wahrheit." (Psalm
145, 18.).

1. Wenn wir einen Erblindeten auf dem Wege gehen sehen ohne Führer, werden wir uns wundern, wenn er strauchelt, zum Falle und großen Schaden kommt? Und doch gleichen die meisten der Menschen einem solchen in ihrem sittlichen Wandel, überlassen sich ihren Gedanken und Gefühlen, ohne sich darüber Rechenschaft zu geben, ohne Kenntniß ihrer wahren Triebfedern und des Zu= standes ihrer Seele selbst. Wie anders kann es da kommen, als daß unsre Seele in Schwächen und Fehler verfällt, ohne daß wir derselben so recht inne werden, daß sie sich in uns heimisch machen, ohne daß wir es wissen, daß das Gute in uns keine Fortschritte macht und wir ungefördert bleiben in der Tugend und Gewissen= haftigkeit. Bei der eigenthümlichen Anlage unsres Geistes, bei der Mannichfaltigkeit der äußeren und inneren Einflüsse auf unser Ge= müth, bei der Zerstreuung, welche das Leben und seine Anfor= derungen uns zuziehen, ist eine stete Wachsamkeit auf uns selbst, eine unaufhörliche Beobachtung und genaue Kenntniß unserer selbst un= umgänglich nothwendig, wenn wir es ernst mit uns und mit unsrer sittlichen Ausbildung meinen. Denn wer dahin gelangt, seine Fähig= keiten richtig zu würdigen, die Grenzen seines Wissens zu überschauen, die Neigungen seines Herzens zu kennen, die Motive seines Willens, seine Absichten und Entschlüsse klar zu beurtheilen, der wird alsbald dahin wirken, die Schäden, die er an sich beobachtet, zu heilen, den Mängeln abzuhelfen, die Fehler zu vermeiden, und sich hingegen anstrengen, mit Beherrschung seiner selbst sich im Guten zu stärken und nach Tugenden und Vorzügen zu streben, und es wird ihm dies Alles möglich sein. Wie ein einsichtsvoller Arzt zuerst den Sitz und die Ursachen des Uebels aufzufinden sucht, und sich ihm dann leicht die Mittel der Wiederherstellung und Kräftigung darbieten, so ist die Selbsterkenntniß die rechte Führerin durch das Labyrinth der ihrer ermangelnden Seele, aus ihm in den wohlgeordneten und gepflegten Garten der Sittlichkeit und höheren Entfaltung zu ge= langen. — Aber in der That ist diese Selbsterkenntniß auch eines der schwierigsten Werke für den Menschen. Die Lässigkeit und Trägheit der Menschen, welche sie am liebsten unbesorgt den einmal eingeschlagenen Weg weitergehen läßt, die Scheu, das Dunkel zu lichten und Schäden an sich selbst zu gewahren, der Trieb, sich

selbst im besten Lichte zu schauen und die gute Meinung, die Jeder von sich hat, nicht zu zerstreuen, die natürliche Neigung, sich selbst zu entschuldigen und gerechtfertigt vor sich zu erscheinen, dann auch die geringe Uebung, in die Kammern des eignen Herzens hineinzusehen und die Windungen der Gedanken und Gefühle bis zu ihrem eigentlichen Quell zu verfolgen, alle diese Schwierigkeiten stellen sich der Selbsterkenntniß entgegen und erfordern eine große Energie, um sich so über sich selbst zu stellen, über sich selbst zu einem richtigen Urtheil zu kommen. Und dennoch giebt sie selbst der von uns erreichten Tugend erst den rechten Werth und die volle Bedeutung, und ohne sie ist der Fortschritt und die Erhaltung im Guten unsicher und schwankend.

2. Der Umgang mit guten und weisen Menschen und die Vermeidung böser Gesellschaft ist das zweite Förderungsmittel für unsre geistige und sittliche Ausbildung und ihre zweite Bedingung. Nicht allein, daß wir von Jenen unmittelbar lernen, zu guten Handlungen angeleitet und aufgemuntert werden, so ist schon überhaupt der Geist, der in guter Gesellschaft lebt, gewissermaßen die Luft, welche edle und weise Menschen umgiebt, veredelnd, bildend und erhebend. Der Mensch ist seiner Anlage gemäß immer geneigt, dem Beispiele zu folgen, das sich vor seine Augen stellt, und äußerlich wie innerlich das Thun, die Gewohnheiten und Sitten derer nachzuahmen, von denen er umgeben ist, und die ihm achtungswerth erscheinen. Gerade darum aber ist auch die schlechte Gesellschaft, die Genossenschaft mit thörichten und schlechten Menschen von trauriger Wirkung. Man kann nicht sagen, daß der Gute und Reine auch in einer schlechten Umgebung gut und rein bleiben könne. Auch die größte Vorsicht wird ihn nicht zu schützen vermögen. Wie ein einziger Oeltropfen sich auf reinem Papiere immer weiter verbreitet und seine Flecken nach und nach durch eine ganze Lage bringen, so frißt das Gift, das von bösen Menschen ausgeht, sich auch in die Seele des Schuldlosesten bei dauerndem Verkehre mit ihnen ein, stumpft seine Empfindung gegen das Unsittliche allmälig ab, und unvermerkt gewinnt das Böse die Herrschaft über ihn, der er einen immer schwächeren Widerstand zu leisten vermag. Nichts ist daher insonders dem jungen Menschen ernster anzurathen, als vorsichtig

in der Wahl seiner Genossen, in der Wahl des Umgangs und der Gesellschaft zu sein. Der sittliche Werth, die Uebereinstimmung in Gefühl und Grundansichten, die Ueberzeugung eines gemeinsamen schönen Strebens müssen die Wahl leiten. Thöricht sind andere Motive; die Eitelkeit, mit Personen höheren Standes und Alters, anderer Confessionen und Gesellschaftskreise umzugehen, bringt mancherlei Gefahren und schlimme Folgen. Wo die Verhältnisse es durchaus erfordern, mit Personen zusammenzutreffen, die für uns nicht geeignet sind, müssen wir die Gelegenheiten so viel wie möglich vermeiden. Vor Allem muß aber der junge Mensch gegen die Spöttereien gewaffnet sein, mit denen entartete Menschen den Unschuldigen und Gesitteten zu verhöhnen pflegen, um ihn auf ihren Weg zu verlocken.

„Mein Sohn, wenn Sünder dich verlocken, willige nicht ein! Geh nicht auf dem Wege mit ihnen, halt deinen Fuß von ihren Pfaden zurück!" (Spr. Sal. 1, 10. 15.).

3. Wenn aber schon der Umgang mit guten und weisen Menschen so nachhaltig auf Geist und Herz wirkt, wie viel mehr der Umgang mit dem höchsten, vollkommnen Wesen, mit Gott! Je mehr und öfter wir uns in den Gedanken an Gott, in die Gedanken seines Wesens versenken, je mehr und öfter die Vorstellungen von Gott durch unsre Seele gehen, je öfter und inniger wir uns zu Ihm wenden, zu Ihm sprechen, beten [1] — desto inniger werden wir vom Bewußtsein des Guten, Reinen, Edlen, Heiligen erfüllt, desto mehr bildet sich in uns Erkenntniß und Gefühl zu immer Höherem aus, desto empfindlicher wird unser Gewissen, desto entschiedener werden unsre Vorsätze und Entschlüsse. Wer hat es nicht schon empfunden? In der Stunde der Versuchung genügt ein fester Gedanken an Gott, um die Wage der Tugend sinken zu lassen. Aber der öftere Gedanke an Gott, das öftere Gebet vermindert auch durch sich selbst schon die Versuchungen, sowohl an Wiederkehr als an Stärke, indem sie die bösen Neigungen nicht aufkommen lassen, welche die

---

[1] S. Th. I. S. 144. Th. II. S. 191.

Versuchungen herbeiführen. Das siehet aber Jedermann leicht ein, daß, um eine solche Wirkung zu haben, das Gebet ein aufrichtiges, wahrhaftes, unsre ganze Seele erfüllendes sein muß, daß das bloße Hersprechen des Gebetes, ohne daß unser Herz dabei ist, auch ohne bildende Kraft auf uns bleiben muß, ja daß es die entgegengesetzte Wirkung in unserm Geiste haben muß, wenn es heuchlerisch nur, um vor Menschen fromm zu erscheinen, vollbracht wird. Allerdings darf uns daher nicht die Erscheinung zweifelhaft machen, die in alten und neuern Zeiten ebenso wie in der Gegenwart leider allzuoft vor uns tritt, daß die Uebung des Gebetes, die frömmelnde Gebahrung mit einem verderbten Herzen und boshaften Handlungen verbunden ist, und sich später hier der Abgrund zeigt, der mit der leichten grünenden Rasendecke der Religiösität verdeckt war. Lassen wir uns dadurch nicht zweifelhaft machen, und uns die Kraft des aufrichtigen Gebetes, der wahrhaften Beschäftigung unsrer Seele mit Gott nicht unsicher erscheinen für die Bildung unsres Geistes zum Höchsten. Darum fügt auch der Psalmist in dem angeführten Verse hinzu: „Allen denen, die ihn anrufen in Wahrheit."

„Und es spricht der Herr: dieweil dieses Volk sich mir nähert mit seinem Munde, mit seinen Lippen mich ehret, sein Herz aber fern hält von mir, daß seine Furcht nur erlernte Menschensatzung ist: Darum, siehe! schwindet seiner Weisen Weisheit, und seiner Klugen Klugheit verbirgt sich." (Jesch. 29, 13. 14. — Vgl. Koh. 5, 1. 2.).

„Denn bei Dir ist die Quelle des Lebens, in Deinem Lichte schauen wir Licht." (Psalm 36, 10.).

Zweiter Abschnitt.

Die Heiligung des Menschen in seinem Verhältniß zu seinen Nebenmenschen.

I. Die Heiligung in der Allgemeinheit der Menschen.

A. Die Allgemeinheit in der Gesammtheit.

52.

Worauf gründet sich die Allgemeinheit der Menschen? Auf die Einheit des ganzen Menschengeschlechts.

Das gesammte Menschengeschlecht bildet eine Einheit, eine einzige große Familie. Weder die Verschiedenheit der Racen, die übrigens niemals vollständig an irgend einem Menschenstamme vorkommt, noch die Zerspaltung in zahllose Völkerschaften verhindert die Anerkennung aller menschlichen Individuen als einer Gattung angehörig. Hierfür spricht die gemeinsame Beschaffenheit aller Menschen. Wie sie sich allesammt als in der Vereinigung des Geistes und Körpers bestehend erweisen, so besitzen sie auch dieselbe geistige und körperliche Organisation mit gleichen Gesetzen und Einrichtungen. Es giebt nur e i n e menschliche Anatomie und Physiologie, nur e i n e Heilkunde, wie auch nur e i n e Logik und Psychologie, und die Verschiedenheiten der Racen und Völker in körperlicher und geistiger Beziehung bilden nur ein kleines Kapitel dieser Wissenschaften. So anschaulich auch die Steigerung in der Organisation der verschiedenen Thierarten bis zum Affen herauf ist, so trennt doch eine ungeheure, unübersteigliche Kluft die entwickeltste Thiergattung von dem unentwickeltsten Menschenstamm, der durch Bildung einer Sprache, durch häusliche und gesellschaftliche Einrichtungen, durch die Anfänge der Künste und des Kultus hinlänglich seine ganz verschiedene Art erweist, und mit diesen Elementen der Entwickelung diese als seine Natur und Bestimmung dokumentirt [1]). Man hat den niedrigen Kulturzustand einiger Menschenstämme, namentlich der Negerrace, als einen Beweis für die völlige Verschiedenheit, für die niedrigere Beschaffenheit derselben angeführt, sie darum vom allgemeinen Complex aller Menschen abtrennen, und deßhalb z. B. als zur Sklaverei bestimmt ausgeben wollen. Aber von der einen Seite haben einzelne Individuen auch dieser Race eine so überraschende geistige Befähigung, so großartige Anlagen, die nur der günstigen Umstände bedurften, gezeigt, daß sie dadurch jenes Vorurtheil völlig zu Schanden machten und erwiesen, daß der tiefe Culturstand ihrer Race vielmehr den geographischen, klimatischen und geschichtlichen Verhältnissen zuzuschreiben ist. Von der andern Seite wissen wir, daß nicht blos in den Steppen des innern Afrika's, sondern auch im innern Asien, auf dessen Hochplateaus und in dessen Niederungen große unentwickelte Menschenschwärme existiren, und daß ebenso die indianische Bevölkerung Amerika's, nur mit Ausnahme Mexiko's und Peru's,

---

[1]) Vom naturwissenschaftlichen Standpunkte gilt auch hierfür der Satz, daß nur das Gleichartige unter den Thiergattungen sich zur Fortpflanzung vereinigt. Die wenigen Beispiele der Kreuzung finden nur zwischen nahestehenden Arten derselben Thiergattung statt. Das in der h. Schrift mehrfach vorkommende Verbot der Vermischung des Menschen mit anderen Thieren deutet nur auf einen scheußlichen Mißbrauch in der Vorzeit hin. Mißbrauch ist eben Sache des Menschen, nicht der Natur.

einen noch rohen Zustand aufzuweisen hatte, bevor sie mit der Cultur in Berührung trat. Nicht minder liegt die Einheit des Menschengeschlechtes in den gleichen Bedürfnissen und Richtungen, welche ihre körperliche und geistige Cultur aufweist. Nirgends verbleiben die Menschen auf dem Standpunkte, auf welchen die äußere Natur sie gestellt; in Nahrung, Kleidung, Wohnung verlassen sie alsbald den rohen Naturzustand, suchen sie die ihnen von der Natur gebotenen Mittel zu verarbeiten, um ihre Bedürfnisse in anderer und neuer Weise zu befriedigen; überall bleiben diese Bedürfnisse nicht bei dem Nothwendigen stehen, sondern entwickeln sich zum Schönen und Angenehmen, und auch der roheste Wilde greift nach einem äußern Schmucke seines Körpers und seiner Umgebung, nach einer besondern Befriedigung seines Gaumens und nach irgend einer geistigen Aufregung. Ueberall geben sich dieselben Leidenschaften kund; Genußsucht, Herrschbegier, Ehrgeiz, Eitelkeit, Neid, Eifersucht, Habgier, Geiz, Verläumdungssucht, Haß, Rache wohnen nicht blos in Hütten wie in Palästen, sondern auch im Wigwam des Indianers wie in den Schlössern und Tempeln der civilisirtesten Nation. — Endlich begründet die Gleichheit des Geschickes und der Bestimmung für alle Individuen des Menschengeschlechtes dessen Einheit. Geburt und Tod, Jugend und Alter, Gesundheit und Krankheit, Stärke und Schwäche, Gewinn und Verlust, Reichthum und Armuth, Ueberfluß und Mangel, Fülle und Entbehrung, Liebe und Haß, all' dieser Wechsel des Verhängnisses trifft in gleichartigem Verlaufe alle Individuen der Menschheit. Und wer wollte es wohl wagen zu behaupten, daß nicht alle Menschen ohne Unterschied der Abstammung eine und dieselbe Bestimmung hätten zur Entfaltung ihrer geistigen Kräfte, Gott nachzustreben und das Heil bei Gott zu erlangen? Wer wollte es wagen zu behaupten, daß es nicht e i n e Tugend, e i n e Sittlichkeit, e i n e Liebe und e i n Recht für alle Individuen der Menschheit gebe? In welchem Maße sie auch diese er- und anerkennen, ihr Streben und ihre Entwickelung ist nach einem Ziele gerichtet. Die Verschiedenheit der Ansichten und Bethätigung besteht auch unter den civilisirtesten Völkern, gipfelt sich aber in der Einheit eines und desselben Grundgedankens, eines und desselben höchsten Zieles.

8*

Die Einheit der Menschheit ist eine der Ideen, welche die h. Schrift Israels in die Welt gebracht, gegenüber den Völkern des Alterthums, von denen Jedes sich für das Haupt, die anderen für untergeordnete Glieder des Menschengeschlechtes hielt und sie „Barbaren" nannte, wie dies auch aus der·benachtheiligenden Behandlung hervorgeht, welcher nicht blos die Fremden, sondern auch die Einheimischen von anderm Stamme als dem herrschenden, unterworfen waren, während das mosaische Gesetz alle Bewohner des Landes, Einheimische wie Fremde, nach gleichem Gesetz und Recht behandelt haben wollte. Die Erzählung von dem Ursprunge aller Menschen aus einem Paare sowohl nach der Schöpfung als nach der Fluth, aller Völker aus des Noah dreien Söhnen (Sem die Asiaten, Cham die Afrikaner und Japhet die Europäer), von der weiteren Entwickelung des Menschengeschlechts, wie die Völkertafel (1 Mos. 10.), der Thurmbau von Babel als Ursprung der verschiedenen Sprachen, so wie die Aussprüche des Gesetzes geben diese An= schauung unzweifelhaft kund (vgl. Th. I. S. 167.). Ebenso sprechen es die Propheten aus und hält das talmudische Judenthum daran fest.

„Haben wir nicht alle Einen Vater, hat uns nicht Ein Gott geschaffen?" (Mal. 2, 10.)

53.

Welches ist der höchste Ausspruch der h. Schrift für die Allgemeinheit?

Das Wort 2 Mos. 19, 6.: „Ihr sollet mir ein Reich von Priestern und ein heiliges Volk sein."

Der Sinn dieser Worte geht dahin, daß alle Menschen ein Reich der Gotteserkenntniß und der aus dieser fließenden Liebe und des Rechtes bilden sollen, in welchem die Gesammtheit als ein solches sich auf den höchsten Grundsätzen der Liebe und des Rechtes aufbaut und jeder Einzelne·in der Gotteserkenntniß und deren Be= thätigung sich heiligt, wodurch die Gesammtheit eine heilige und jeder Einzelne gleich einem Priester Gottes wird. In keinem Aus= spruche charakterisirt sich die Identität der Lehre und des Lebens, der Religion und der Wirklichkeit, welche der Mosaismus wollte, so sehr wie in diesem. Das gesammte Leben der Menschheit sollte ein religiöses sein, das materielle auf dem sittlichen, das sittliche auf dem religiösen beruhen, und so alles menschliche Dasein von der Gotteserkenntniß getragen, auf die Bestimmung durch Gott ge= richtet, nach dem Willen Gottes lebend sein. Wie daher dieser Aus= spruch das Fundament des religiösen Lebens der Menschheit ist, so zugleich das Endziel aller ihrer Entwickelung. Wir haben Th. I. S. 124 ff. nachgewiesen, wie weit die Menschheit hierin bereits fort= geschritten und daß sie allerdings auf dem weiten Wege zu diesem Ziele begriffen ist. Wenn nun auch das angeführte Wort, wie es an seiner Stelle im 2. der Bücher Mosis ausgesprochen ist, speziell an das israelitische Volk gerichtet war, so kann es uns doch jetzt, schon nach den nachdrücklichen Aussprüchen der Propheten, nicht mehr zweifelhaft sein, daß es geschichtlich zuerst für das Volk ver= wendet werden mußte, welches allein unter allen damaligen Nationen die Gotteserkenntniß empfing und für sie empfänglich und erzogen war, aber in seinem eigentlichen Grunde für die ganze Menschheit Geltung erhalten sollte, je nachdem diese allmälig und immer mehr für die Gotteserkenntniß im ganzen und vollen Sinne des Wortes heranreift. Wir heben dies hier ein für alle Mal hervor. Die israelitische Religion selbst konnte und kann dies nicht anders vermeinen. Wenn sie die besonderen Ceremonialgesetze als das Mittel, um den israelitischen Stamm an die Religion fester zu knüpfen und sie im indi= viduellen Leben entschiedener bethätigen zu lassen, blos für diesen Stamm gegeben und verpflichtend ansieht, so muß sie doch die höchsten Wahrheiten in Lehre und Gesetz als göttliche Wahrheiten, also unbeschränkt und unbedingt von Ort und Zeit anerkennen, und nur als solche und zu diesem Zwecke von Gott geoffenbart glauben. Unter den heidnischen Völkern der alten Welt sollte eben Israel allein ein Reich von Priestern und ein heiliges Volk zu bilden be= rufen sein. So wie aber dereinst die Anerkenntniß Gottes, des einzigen, wahrhaftigen Gottes über die ganze Erde ausgebreitet sein soll, so auch die Herrschaft der Liebe und des Rechtes, wie sie als Consequenzen der Gotteserkenntniß hervorgehen und geoffen= bart sind.

„Und der Ewige wird König sein über die ganze
Erde; am selbigen Tage wird der Ewige einig,
und sein Name einig sein." (Sechar. 14, 9. — Vgl.
Sechar. 8, 20—22. 14, 16.)

Wie das Schema das Bekenntnißwort der Synagoge für Israel geworden,
so dieser Vers für die Zukunft der ganzen Menschheit. Die gesammte
Menschheit wird Gott als einzig und einig anerkennen und anbeten und
das göttliche Gesetz der Liebe und des Rechtes als das ihrige und alleinige
zur Geltung und zur Ausübung bringen („wird König sein").

„Der die Menschengeschlechter berufen von Anbe-
ginn, ich der Ewige." (Jesch. 41, 4.)

„Denn mein Haus wird ein Bethaus für alle
Völker heißen." (Jesch. 56, 7. — Vgl. 55, 5. 66, 18. 23.)

„So spricht der Gott, der Ewige, der die Himmel
geschaffen, sie ausgespannt, der die Erde gebreitet
mit ihren Sprossen, der Odem giebt dem Volke
auf ihr, und Geist den auf ihr Wandelnden: ich,
der Ewige, habe dich berufen im Heile, ich fasse
deine Hand, ich wahre dich, ich mache dich zum
Bund der Völker, zum Lichte der Nationen." (Jesch.
42, 5. 6.)

Die Bestimmung Israels, denn dieses ist hier als 'ה עבד Knecht Gottes
(V. 1) angeredet, ist nach diesem Ausspruch des Propheten ihm nicht etwa
von einem Nationalgotte, sondern von dem, der die Welt geschaffen, der dem
Menschen den Geist giebt, dem Verkünder der Wahrheit ertheilt, und geht
dahin, daß es vermittelst seiner Lehre das Band, das Bindemittel der
aus einander strebenden und sich feindlichen Völker werde und das Licht der
Erkenntniß, des Rechts und der Liebe über alle Nationen ausbreite. Diese
Lehre und dieses Gesetz sind also für die ganze Menschheit bestimmt.

Nationen ziehen deinem Lichte zu, Könige deinem aufstrahlenden Glanze." (Jesch. 60, 3.)

54.

Welche sind daher die Aufgaben der Allgemeinheit?

1) Der allgemeine Austausch der geistigen und mate= riellen Erzeugnisse und die dadurch bewirkte Solidarität der Interessen, 2) die allgemeine Geltung des Rechts und der allgemeine Friede.

1. Wie das Licht, das Verbindungsmittel des Weltganzen, der Bote ist, der von Weltkörper zu Weltkörper Kunde bringt und sie mit einander verbindet, so ist es die Arbeit, welche die natürliche und sichere Verbindung der gesammten Menschheit, die feste Unter= lage ihrer Einheit ausmacht, die materielle wie die geistige Arbeit. Ganz wie das Individuum, sobald seine Entwickelung die ersten Schritte gethan hatte, zur Befriedigung seiner Bedürfnisse der Ge= sellschaft, der anderen Individuen nicht mehr entbehren konnte, so vermag auch ein Volk, nachdem es sich nur etwas über den rohen Naturzustand erhoben hat, nicht mehr seine Bedürfnisse durch die eigene Arbeit allein völlig auszufüllen. Wie die verschiedenen Länder durch ihre natürliche Beschaffenheit Erzeugnisse, die selbst zu den unentbehrlichen Lebensbedürfnissen nothwendig sind, nicht alle und nicht genügend hervorbringen, das eine der fruchtbaren Ackerkrume, das andere der Viehzucht entbehrt, so sind die Nationen bei jedem Schritt in der Cultur vorwärts um so mehr auf einander ange= wiesen, und werden es von Tag zu Tag mehr. Und nicht minder in geistiger Beziehung. Schon von vornherein haben die Völker durch ihre genetischen Anlagen und ihre geschichtliche Richtung geson= derte Pfade der geistigen Cultur, so daß sie in besonderen Zweigen des Geisteslebens excelliren, dann aber auch besitzen sie immer nur einen eigenthümlichen beschränkten und einseitigen Charakter, wodurch die allgemeine Bildung und die Befriedigung aller geistigen Bedürf= nisse es nothwendig machte, daß die Völker zu den geistigen Erzeug= nissen der anderen ihre Zuflucht nehmen, durch sie ihre eigene Ent= wickelung corrigiren, ausdehnen und verallseitigen. Hier ist es,

wo daher die gegenwärtigen Völker nicht blos auf einander ange=
wiesen sind, sondern auch die folgenden Geschlechter auf alle voran=
gegangenen. Hieraus erhob sich das wunderbare Gebäude der
menschlichen Industrie, auch ein Werk der göttlichen Vorsehung,
deren Grundlage der Austausch aller Erzeugnisse aller Völker der
Erde ist [1]). Auf diesem Grunde steigt ihr Aufbau an 1) durch die

---

[1]) Ein planes Beispiel wird diesen großartigen Aufbau deutlicher vor die
Augen stellen, und erlauben wir uns hierzu unsre Worte in einem frühern
Werke „Reden wider den Unglauben" (2te Aufl. S. 20 ff. anzuführen.). „Mein
Nachbar ist ein ehrlicher, arbeitsamer, aber in seinen Mitteln sehr beschränkter
Tischler. Er bringt seinen Tag zu, seine Bretter zu hobeln, zuzuschneiden,
Tische, Stühle, Schränke daraus zusammen zu setzen, die er sein polirt und
ausschmückt. Er kann in der That von all seinen Produkten keinen Gebrauch
machen, da er sich mit einem schlichten Tisch und Dreibein begnügt. Es fällt
ihm nicht ein, sich des Abends in eine der kostbaren Mahagonibettstellen zu legen,
die er schon gefertigt hat. Aber siehe, früh Morgens steht er auf, er kleidet sich
an; so einfach seine Kleider sind, so hat er doch nicht Eines derselben selbst ge=
macht, und welch eine Menge von Arbeit, Erfindungen, Transport war nöthig,
um sie ihm zu geben. Amerikaner mußten die Baumwolle hervorbringen, Indier
den Indigo, Deutsche Wolle und Flachs, Brasilianer Leder, alles dies mußte aus
und nach den verschiedensten Orten geschafft werden, um verarbeitet, gewebt, ge=
gerbt, gefärbt, genäht zu werden, bis es den Körper meines Nachbarn, des armen
Tischlers, bekleiden konnte. — Jetzt frühstückt er; damit er das Brod, das er
täglich holen läßt, verzehren könne, mußten Aecker urbar gemacht werden, viel=
leicht vor Tausenden von Jahren, von Menschen, die längst nicht mehr sind;
sie mußten bearbeitet, gefurcht, besäet, das Getreide geschnitten, gesammelt, ge=
droschen, gemahlen, das Mehl verbacken werden; wie viele hölzerne und eiserne
Werkzeuge sind dazu benöthigt, wie viele Thiere mußten deshalb gezähmt, ge=
zogen werden; es mußte auch Sicherheit im Staate durch tausendfache Einrich=
tungen hergestellt sein, daß die Ernte nicht geraubt, die Scheune nicht geplündert
werde. Mein Nachbar trinkt auch Kaffee; welche Hand hat für ihn den Kaffee=
baum gepflanzt, die Bohnen gesammelt, getrocknet, übers Meer gebracht? Der
Zucker, den er braucht, ihn zu versüßen, welche Masse von Händen und Köpfen
mußten in Bewegung gesetzt werden, um ihm nur dieses Stückchen zu bereiten.
Mein Nachbar sendet sein Söhnchen auch in die Schule; so beschränkt auch der
Unterricht ist, den der Knabe erhält, wie viele Studien mußten vorangehen, wie
viele Kenntnisse von den Menschen gesammelt werden, bis Jenem Lesen und
Schreiben gelehrt werden konnte. — Mein Nachbar geht aus, er findet eine ge=
pflasterte und beleuchtete Straße; er unternimmt eine Reise, andere Menschen
haben ihm den Weg planirt, nivellirt, Berge abgetragen, Niederungen ausgefüllt,

Theilung der Arbeit, indem, während die Natur jedes Individuum
ihrer Wesen sich selbst beschaffen läßt, was es braucht, der Mensch
sich seine ungeheure Arbeit millionenfach getheilt und zerlegt hat,
und jedes Individuum seines Geschlechts machen läßt, was es am
besten versteht. So arbeitet Jeder nur für die Befriedigung irgend
eines, sei es großen, sei es noch so kleinen allgemeinen Bedürfnisses,
dieses aber weit über das Maß seines persönlichen Bedarfs hinaus,
und giebt nun den Ueberfluß seiner Produktion an viele Andere
zur Befriedigung ihres Bedürfnisses in diesem einen Produkte ab,
wofür er von diesen die Befriedigung aller seiner anderen Bedürf=
nisse erhält. 2) Durch die Gegenseitigkeit. Während die Natur
Alles durch rohe Gewalt thut, so daß was ein Geschöpf dem anderen
nützt, diesem erst geraubt werden, dieses selbst erst der Vernichtung
anheim fallen muß, ordnet sich in der Menschenwelt Alles nach dem
Grundsatze der Gegenseitigkeit; Jeder giebt und empfängt; Jeder giebt

---

die Ufer der Flüsse verbunden, Schienen gelegt, Wagen und Locomotiven gebaut,
damit mein armer Tischler in wenigen Stunden eine Entfernung durchmessen
kann, über welche er sonst eben so viele Tage angestrengtesten Fußwanderns
verbringen würde. — Ja, würde mein Nachbar nur, was er an Einem Tage
verbraucht, selbst machen müssen, er könnte es kaum in zehn Jahrhunderten zu
Stande bringen. Während dessen läßt er zahllose Menschen für sich arbeiten
und begnügt sich, des Tages über seine Bretter zu hobeln. . . . Und thun dies
diese Menschen etwa aus Freundschaft, aus Menschenliebe, aus Barmherzigkeit
oder nur aus Gemeinsinn? Nicht im Geringsten; sie kennen ihn nicht, sie
kümmern sich nicht um ihn, und wenn er gar nicht existiren würde, thäten sie
dasselbe, natürlich für einen Andern, weil nämlich — Andere dasselbe für sie
thun. Wir bewundern die Oekonomie der Natur, in welcher eine Klasse von
Geschöpfen ihren Lebensbestand aus einer andern zieht, wo alle Arten von Wesen
so ineinander gegliedert sind, daß sie durcheinander gegenseitig bestehen, und wo
das Thier durch seine Exkremente die Pflanze nährt, die das Thier zukünftig
wieder nähren wird. Aber das Rind frißt nur den Klee, den es mit seinem
Maule erreicht, und würde verhungern, wenn dieser wenig Meilen entfernt
wüchse; der Löwe verzehrt das Thier, das seine Tatzen greifen, und würde ver=
schmachten, so er es nicht erreicht; alle Thiere hat die Natur an den, mit wenigen
Ausnahmen, wie die Zugvögel und Wanderfische, nur kleinen Kreis ihrer Be=
wegungskraft gebannt, die Pflanzen gar nur an die Stelle ihres Keimens und
Wurzelns — aber der Mensch holt sich alle Gegenstände von da, wo sie im
Ueberfluß sind, und lacht der Dürre und des Mißwachses, wenn das wohlbe=
lastete Schiff von der fernen Küste kommt".

Dasselbige an Viele, und empfängt nach diesem Maße von ihm das Mannichfaltige. 3) Durch die alleinige Herrschaft des Bedürfnisses, welches allein den Werth der Dinge bestimmt und den Regulator der gesammten Arbeit abgiebt. Daher in der industriellen Welt die völlige Freiheit von aller Persönlichkeit und Leidenschaft. Hier wird gearbeitet für den Geringsten wie für den Höchsten, für den Aermsten wie für den Reichsten, für den Gehaßtesten wie für den Geliebtesten, Tausende für Einen und Einer für Tausende, ohne es zu wissen und zu wollen. Die entferntesten Erdtheile liefern einander die Produkte ihrer Arbeit, Einer sorgt für den Anderen, ohne dies zum Zwecke zu haben, ja Geschlechter, die längst nicht mehr sind, für die spätesten Nachfolger, ohne es zu beabsichtigen, denn ich bewohne das Haus, das vor zwei Jahrhunderten gebaut, ich lese das Buch, das vor zwei Jahrhunderten gedruckt, ich beernte den Acker, der vor zwei Jahrtausenden urbar gemacht worden, und trinke aus der Quelle, die vor zwei Jahrtausenden gegraben worden — und dies Alles nicht aus Liebe oder Haß, nicht aus Gemeinsinn oder Mißwollen. Darum endlich auch hier die Freiheit von aller Bevormundung und oberen Leitung; denn diese große Bewegung des Austausches, welche für alle Bedürfnisse und alle Bedürfende unaufhörlich und vollständig sorgt, geschieht ohne daß eine allgemeine Behörde an der Spitze steht, ohne daß ein allgemeines Gesetzbuch sie regelt und in Ordnung hält. — So wie aber alles Dies in der Sphäre der materiellen Industrie vor sich geht, so auch auf dem Gebiete der geistigen Arbeit in ähnlichen Verhältnissen nach gleichen Gesetzen. — Wir haben nun bereits Th. I. S. 125 ff. den geschichtlichen Anwachs der Verbindung unter den Nationen aller Welttheile, die immer weiter und tiefer greifende Ausbreitung dieses Austausches aller geistigen und materiellen Erzeugnisse geschildert; die verschiedenartigen Motive, welche thätig sind, dieses Band immer weiter auszudehnen und immer stärker zu machen, dargethan, wie unwiderstehlich die Treibkraft ist, welche die Vereinigung aller Menschenstämme nach dieser Richtung hin erwirkt, wie keine Schranken, welche Unverstand und Feindseligkeit dagegen aufführen, keine Fernen und keine Schrecken der Natur einen dauernden Widerstand zu leisten vermögen. Die Bestimmung der Menschheit, auf diesem

Wege eine einige unermeßliche Arbeiterfamilie zu bilden, aus welcher kein Glied ausgeschlossen ist, an welcher alle Glieder ihren Antheil nehmen, ist darum völlig klar und zweifellos. Ja, je umfassender und vollständiger diese Einheit wird, desto bestimmter nimmt auch jedes Glied derselben seinen angemessenen Platz in dem großen Bunde ein, so daß eine immer angemessenere Ordnung in der Art und Theilung der Arbeit, ein immer richtigeres Eingreifen jedes Gliedes in die Gesammtheit erfolgen wird, bis der Organismus der gesammten Menschheit auf diesem Felde ein völlig normaler geworden sein wird. — Hierdurch aber ist zugleich ein Moment begründet, welches den anderen, in unsrem Texte aufgestellten Aufgaben der gesammten Allgemeinheit den Weg zur Erfüllung immer mehr bahnen wird, nämlich die Solidarität der Interessen aller Völker. Der Mensch existirt nur durch seine Arbeit, für die er aber vermittelst des Austausches die Befriedigung aller seiner Bedürfnisse erhält; ebenso existirt ein Volk, existirt die ganze Menschheit nur durch die Arbeit. Erforderlich ist dabei aber, daß für die Arbeit des Einzelnen wie des ganzen Volkes auch der Austausch, d. i. der Absatz, gesichert sei. Wo dieser fehlt, ist die Arbeit vergebens, und die eigenen Bedürfnisse bleiben unbefriedigt. Somit ist jeder Einzelne von den anderen, jedes Volk von den anderen abhängig. Jede Störung des Austausches, d. i. des Verkehrs unter den Völkern ist daher von den nachtheiligsten, gefährlichsten, zerstörendsten Folgen begleitet. Jemehr daher jene industrielle Vereinigung der Nationen wächst, desto größer wird unter ihnen die Solidarität der Interessen. Was dem einen Volke Verlust bringt, fügt ihn auch vielen anderen zugleich zu; die Schläge, die das eine treffen, werden auch von vielen anderen gefühlt; die Störungen und Hemmnisse, die Krisen und Wirren, die für die Arbeiten der einen Nation eintreten, wirken auch auf die vieler anderen zurück. Aeltere und jüngere Erfahrungen haben dies zur Genüge erwiesen, und wir brauchen kaum auf die Noth und Verluste hinzuweisen, welche der nordamerikanische Bürgerkrieg in England, Frankreich und Deutschland hervorrief. Je inniger und allgemeiner daher die materielle und geistige Verbindung aller Menschenstämme und daher auch die Solidarität der Interessen werden wird, desto unabweislicher wird es für die Völker werden, um sich selbst vor den traurigsten Nachtheilen zu schützen, nicht blos jede eigene Stö= rung zu vermeiden, sondern auch einer solchen, wo sie eintreten will, mit vereinten Kräften entgegenzutreten, da auszuhelfen, wo es noth thut, da abzuwehren, wo ein feindlicher Zusammenstoß die Ursache ist. Bleibt also der Menschheit nach dieser Richtung hin noch Vieles zu lösen und zu schaffen übrig, so tritt doch hier das Endziel bereits so deutlich hervor, und ist der Fortschritt zu diesem so unzweideutig, daß die Einheit des Menschengeschlechtes auf diesem realen Boden als sicher eintretend betrachtet werden muß, und eine nicht geringe Bürgschaft für die Erfüllung auch der idealen Einheit gegeben ist.

Es ist selbstverständlich, daß die h. Schrift von dieser realen Einheit des Menschengeschlechts noch keine durchgreifende Vorstellung zum Ausspruch bringen konnte, noch dazu da Israel als lediglich landbebauendes Volk für Handelsinteressen nicht bestimmt war. Dennoch finden wir die beiden Grund= gedanken im 27. Kapitel des Propheten Jecheskel angedeutet. Hier wird mit lebhaften Farben geschildert, wie Tyrus durch seinen ausgebreiteten Handel eine Verbindung der entferntesten Weltgegenden bewirkte, wie auf seinen Märkten die Männer des Westens und Ostens, des Südens und Nordens mit ihren Erzeugnissen zusammentrafen und dadurch ein Band um die damalige Menschenwelt geschlungen ward. Da lieferten das ostjordanische Land Eichen zu Rudern, die Mittelmeerländer Buxbaum und andere Hölzer zu Schiffen, Aegypten buntdurchwirkten Byssus, Griechenland gefärbte Wollentücher, Spanien und Britannien Silber, Eisen, Zinn und Blei, die Pontusländer Sklaven und Kupfergeräthe, Armenien Rosse und Maulesel, die Idumäer Elfenbein, Ebenholz und Reitdecken, Syrien und Mesopota= mien Edelsteine, Purpur, weiße Wolle und Wein, Arabien Eisen, Kassia, Kalmus, Gold und Schafvieh, Assyrien Prachtgewänder und Damast, und auch Israel war in die Reihe der produzirenden Völker durch Weizen, Back= werk, Honig, Oel und Balsam hineingezogen. So stellt uns diese Schil= derung ein treffendes, anschauliches Bild von dem industriellen Zusammen= hange der damaligen Völker auf, ein Bild, das einem ähnlichen aus der Gegenwart gegenüber gestellt, uns das Wachsthum dieser Einheit klar macht, aber auch zeigt, wie die Idee derselben von vornherein mit der Menschenwelt angelegt und in ihr lebendig war. Auch damals schon mußte aber diese Verbindung der Völker verhältnißmäßig eine gewisse Solidarität der In= teressen hervorbringen, und auch dieses Moment deutet der Prophet in effektvollster Weise an. Von Osten her kommt der Eroberer über Tyrus, und zerstört es plötzlich. Alle Schiffer und Kaufleute unter allen Völkern sind entsetzt über diesen Sturz, ihr Gewerbe ist zerstört, sie schreien, jammern und trauern. Der Prophet fährt sehr treffend fort: „Als dein Handel durch die Meere ging, sättigtest du viele Völker, bereichertest mit der Fülle deiner Güter und deines Handels die Könige der Erde, jetzt, da du zerbrochen wurdest in den Tiefen des Gewässers, sind alle Bewohner der Länder entsetzt über dich und ihren Königen sträubt sich das Haar, zittert das Antlitz". (27, 33—35.)

Abgesehen aber hiervon, proklamirte das mosaische Gesetz die zwei wichtigsten Faktoren zur Erreichung jener realen Einheit, nämlich die Handels- und die Gewerbefreiheit. Um dies richtig zu beurtheilen, muß man sich vergegenwärtigen, daß in den ältesten Staaten diese beiden Lebensmomente des Verkehrs völlig fehlten, und die vollständigste Unfreiheit einen außerordentlichen Druck ausübte. In Aegypten, von wo doch Moses und Israel eben kamen, war bekanntlich das Volk in streng gesonderte Kasten getheilt und jedes Gewerbe hatte seine abgeschlossene Zunft, und zwar so, daß Niemand von der einen in die andere übertreten und der Sohn nur das Gewerbe des Vaters betreiben durfte. Ebenso war der Handel fast geradezu verboten, weil jeder Verkehr mit Fremden verhaßt, den Fremden der Aufenthalt oder gar die Niederlassung in Aegypten untersagt war, was erst seit dem 7. Jahrhundert etwas erleichtert wurde, indem die Häfen des Mittelmeers geöffnet und den syrischen und griechischen Handelsleuten abgesonderte Quartiere in Memphis und andern Städten zugestanden wurden. Nicht minder war im indischen Staate Gewerbe und Handel den drückendsten Gesetzen unterworfen. Nicht allein, daß das altindische, später bis zu 40 Kasten ausgebildete Kastenwesen die Kauf- und Handelsleute nach den verschiedenen Handelszweigen in eine Menge von Corporationen absonderte, in welcher der Sohn unabänderlich dem Vater in seinem Gewerbe folgte, auch nur innerhalb seines Standes heirathen durfte, sondern der König, d. i. die Staatsregierung, stellte auch die Ein- und Verkaufspreise aller Gegenstände des Handels fest, gestattete nur bestimmte Procente des Gewinns, nahm den zwanzigsten Theil des Reingewinns für sich, nachdem schon die drückensten Zölle erhoben waren, bestimmte gewisse Waaren zu Regalien, erließ Ausfuhrverbote gewisser Waaren, und setzte sogar die Frachtsätze zu Lande und zu Wasser fest[1]). Es ist also von großer Bedeutung, daß das mosaische Gesetz von dergleichen Beschränkungen der Handels- und Gewerbefreiheit auch nicht die geringste Spur zeigt, sondern die ganze Industrie völlig freigab. So sind auch die Vorsteher und obersten Leiter aller Arbeiter beim Heiligthume aus den verschiedenen Stämmen und mit ihnen ein Jeder, der fähig wäre, an diesen Arbeiten Theil zu nehmen, ohne Unterschied des Stammes berufen (2 Mos. 35, 30. 34. 36, 2.). Auch wurde

---

[1]) S. unsere Abhandl. „über die altindische Handelsverfassung" im „Central organ junger Kaufleute" Jahrg. 1862 No. 6. Ferner Allg. Zeit. d. Jud. 1862. No. 37.

den Künstlern frei gegeben, nach eigener Gabe zu erfinden und auszuführen (2 Mof. 35, 32. 33. 35.). Daß Gewerbe- und Handelsfreiheit, vom mosaischen Gesetz als Prinzipien der Gesellschaft hingestellt wurden, ist deshalb um so aner= kennenswerther, als die groben Beschränkungen derselben bereits so alt und bis zu den ersten Entwickelungsstadien der Industrie hinaufreichend sind, und bis heute noch mit Vorurtheilen und Eigennutz zu kämpfen haben [1].

2. Während in der Natur der Schöpfer jedes Wesen nur auf sich selbst beschränkt und angewiesen hat, und darum die Aeußerung seiner materiellen Kraft, soweit es diese besitzt, oder die Gewalt das Mittel seiner Existenz und das Maß seiner Ansprüche ausmacht, so daß die ganze Oekonomie der Natur hierauf aufgebaut ist, und jedes Individuum sich das aneignet, was es sich anzueignen und zu überwinden die Macht hat, treten bei dem Menschen ganz andere Motive ein. Die freie Entfaltung und Entwickelung seiner Kräfte, die freie Uebung und Verwendung derselben und die Frucht seiner Arbeit und Thätigkeit (Eigenthum) bilden die Grundlage seines Daseins, und machen das Maß seiner Ansprüche aus. Diese Frei= heit aber begrenzt sich für das Individuum dadurch, daß dieselbe Freiheit allen andern Individuen einwohnt, und die Gesellschaft besteht daher in der Vereinbarung über das Maß dieser Freiheit, wie es jedem Individuum in der Verbindung mit allen andern zukommt. Diese Freiheit und ihre Beschränkung in der Gesellschaft begründen daher das Recht in der Gesellschaft. Während also in der Natur die Gewalt, ist für den Menschen das Recht der wahrhafte und alleinige Faktor. Das Recht liegt daher sowohl in dem sittlichen Wesen als auch in der gesellschaftlichen Natur des Menschen. In der Natur vermag das Individuum Alles durch die Gewalt, soweit es sie besitzt, der Mensch soll Nichts weiter vermögen, als wozu ihm das Recht zusteht. In der Natur ist der Schwächere vor dem Stärkeren durch Nichts geschützt, in der Menschenwelt soll der Schwächere vor dem Stärkeren durch die Sittlichkeit und die

---

[1] Die einzigen Beschränkungen, welche das mof. Gesetz dem Handel auf= legte, und die gerade das eigentliche Prinzip um so klarer hervorhoben, sind Betreffs des Bodenverkaufs, den es nur zu einer Verpachtung bis zum Jobel= jahre machte, und das Verbot des Zinsnehmens im Inlande. Ueber Letzteres handelten wir §. 40., über das Erstere s. w. unten.

Gesellschaft geschützt sein, weil dem Letztern nicht das Geringste mehr vom Recht einwohnt, als dem Erstern. Hier aber ist es, wo mit dem Beginne der Gesellschaft selbst auch erst eine weite, durch die Jahrtausende reichende Entwickelung anhob. Der Mensch trat zu sehr unmittelbar aus der Natur hinaus, und Sittlichkeit und Gesellschaft entsprangen aus noch zu sehr unentwickelten Elementen, als daß nicht jenes Prinzip der Natur auch im Menschen noch zu sehr vorwalten und mit ihm in die Gesellschaft eintreten mußte. Die h. Schrift deutet uns dies auf's klarste durch den Streit Hebel's und Kain's, des nomadisirenden Hirten mit dem ansässigen Land= bebauer, an. Gewalt und Recht ringen seitdem um die Herrschaft und Obmacht in der Menschenwelt, und die Geschichte der letztern ist zu einem großen Theile Nichts weiter, als die Geschichte dieses Kampfes. Das Recht stellt sich uns aber als ein zwiefaches dar, als das Recht zwischen den einzelnen Staaten und Völkern unter= einander, das man das internationale Völkerrecht nennt, und als das Recht in jedem einzelnen Staate oder Volke. Auch die Völker sind als Individuen zu betrachten, die in der Gesammtheit des Menschengeschlechtes neben einander existiren, zu einander in mannich= fachen Beziehungen stehen und darum gegenseitig sich in der Frei= heit und im Eigenthume Beschränkungen auferlegen. Es besteht daher unter ihnen ebenso ein Recht wie unter den Individuen in einem Staate, und gerade zwischen ihnen entstand darum der Kampf des Rechtes und der Gewalt um so mehr. Die Gewalt äußert sich unter den Völkern durch den Krieg, der in der Anwendung aller materiellen Mittel zur Bezwingung des Gegners, zur Befriedigung der Ansprüche durch den letztern besteht. Die Ursachen des Krieges waren und sind daher: 1) die Herrschsucht, welche dem einen Volke und insonders dem Herrscher desselben die Gewalt über andere Nationen erwerben will; dieser entgegen tritt das zu unterjochende oder unterjochte Volk durch Krieg zu seiner Befreiung. 2) Die Religion, indem ein Volk in seiner religiösen Lehre den Grund zu haben glaubt, andere mit Gewalt zu ihr zu bekehren; diesem ent= gegen sucht sich das zu bekehrende Volk in der Freiheit seiner eigenen Religion zu erhalten. Außer diesen beiden Hauptmotiven der Kriege giebt es noch untergeordnete, wie für Handelsinteressen, zur Be=

strafung von erlittenen Beleidigungen und Beeinträchtigungen u. dgl.
Für alle derartigen Kriege finden sich in der Geschichte die mannichfaltigsten Beispiele; für beide Hauptarten aber lag ein wesentliches
Motiv in dem Streben, eine Weltherrschaft und eine Weltreligion
zu begründen. Die Versuche zu einer Weltherrschaft reichen in das
graueste Alterthum hinauf, und fast jedes mit bedeutenden Kräften
ausgestattete Volk, von den Aegyptern und Altassyrern bis zu den
Franzosen unter Napoleon I., erschöpfte seine besten Kräfte in diesem
Experiment, das stets nach kürzerer oder längerer Dauer des Erfolges scheiterte. Wenn die alten Religionen des Heidenthums von
dem Verlangen, eine allgemeine Herrschaft zu erreichen, frei waren,
und nur hier und da innerhalb eines Volkes oder bei seinen nächsten
Nachbarn sich auszubreiten versuchten, so trat dagegen mit dem Ursprunge des Christenthums und des Islams das Bestreben, zur
Weltreligion zu werden und hierzu sich der Gewalt, also des Krieges,
zu bedienen, hervor, und war das letztere bei dem Christenthume
nur gelegentlich der Fall, so trat der Islam sofort damit auf, und
verdankte ihm eine überaus schnelle Verbreitung binnen weniger
Jahrzehende. Wir mögen es hier hervorheben, daß das israelitische
Volk es war, welches niemals auf Eroberungskriege ausging, nachdem es seinen Wohnsitz erlangt hatte, und niemals die Ausbreitung
seiner Religion durch Waffengewalt anstrebte. Es versteht sich von
selbst, daß die Kriegführenden selten mit dem nackten Motiv der
Herrschsucht hervortreten, daß sie sich vielmehr in den meisten Fällen
hinter ein vermeintliches Recht bergen, und ihre Motive aus früheren
Verträgen und Rechtsverhältnissen herleiten. Dies vermindert aber
an sich nicht das eigentliche Moment, die Anwendung der rohen
Gewalt bis zur Bezwingung oder gar Vernichtung des Gegners.
So geschah es, daß durch alle Zeiten hindurch der Krieg unter den
Menschenvölkern mit aller Entfesselung der rohesten Leidenschaften,
mit den schrecklichsten Verheerungen und Greuelthaten, mit Mord,
Brand und Raub seine blutige Rolle spielte, daß Herrschaft und
Tyrannei vom Stärkeren maßlos geübt, und Knechtschaft und Unterdrückung vom Schwächeren getragen wurden. Der Boden der Erde
trank in Strömen das Blut derer, die im „Ebenbilde Gottes geschaffen", Recht und Sittlichkeit wurden in ihrem Bestande geschwächt

gehemmt, verletzt und gefährdet, die Entwickelung nach jeder Rich=
tung hin unterbrochen und irre geleitet, die Arbeit und Thätigkeit
in geistiger und materieller Beziehung gestört und um ihre besten
Früchte gebracht. Hatten die Kriege eine längere Dauer und eine
große Ausdehnung, so war die Verwilderung ganzer Generationen
die Folge, und es bedurfte einer langen Anstrengung, um die herein=
gekommene Rohheit und Barbarei allmälig wieder zu beseitigen.
Wie aber in dem Bereiche der internationalen Verhältnisse Gewalt
und Recht mit einander um die Herrschaft ringen, so auch innerhalb
der Staaten und Völker selbst. Der Egoismus des Individuums
erhebt ungemessene Ansprüche, sucht sich den Kreis seines Rechtes
so weit wie möglich auszudehnen, erstrebt also Vorrechte vor den
andern Individuen, und scheut sich auch nicht, Unrecht zu seinem
Vortheile geltend zu machen. Auch hier also ein Ringen des Rechtes
mit der Gewalt. Entweder werden die Kräfte und Einrichtungen
der Gesellschaft zur Uebung von Gewalt und Unrecht benutzt, oder
die Gewalt selbst zur Rechtsquelle gemacht, der Mißbrauch durch
Verjährung und lange Geltung sanktionirt und so selbst das Un=
recht zu einem historischen Rechte gewandelt. Die innere Geschichte
der Staaten und Völker zeigt uns demnach ein ähnliches Schauspiel,
wie die Kriegsgeschichte der Völker, und wenn sie auch nicht die
massenhafte Vergießung von Blut und Verheerung aufweist, so wiegt
sie dies durch Elend und Unterdrückung ganzer Menschenklassen und
zahlloser Individuen auf. Auch hier dieselben Resultate für Sitt=
lichkeit und Recht, für Entwickelung und Arbeit.

Es ist von selbst einsichtlich, daß die Religion des einzigen
Gottes über alle Anwendung der rohen Gewalt ihr Verdammungs=
urtheil ausspricht, daß sie den Krieg unter den Völkern und alle
Ungerechtigkeit in den Staaten verwirft und beseitigt haben will.
Sie, welche die Einheit des Menschengeschlechtes lehrt, die Gleichheit
aller Menschenkinder verkündet, die Liebe und das Recht als die
Fundamente des menschlichen Daseins anerkennt, die Sittlichkeit
und fortschreitende Entwickelung des Menschen aufstellt, sie muß
dem gesammten Menschengeschlechte die allgemeine und unantastbare
Geltung des Rechtes und den allgemeinen Frieden als höchste Auf=
gabe auferlegen. Von ihrem Beginne an erkannte sie daher als

den eigentlichsten Inhalt der menschlichen Entwickelung die wachsende
Kraft des Rechtes, die Verallgemeinerung des Friedens, und zeichnete
als das Ziel der Menschheit einen solchen Zustand, in welchem
alle Völker und alle Individuen im ungekränkten Rechte leben und
darum des ungestörten Friedens sich erfreuen werden. Man hat
dies lange Zeit für eine Chimäre gehalten, und hält es zum Theil
noch dafür, um so mehr, da die herrschenden Religionen sich durch=
aus nicht energisch dafür aussprachen, sondern im Laufe der Ge=
schichte oft genug für das Gegentheil gewirkt haben. Ging man ja
sogar so weit, den Krieg nicht blos als ein nothwendiges Uebel,
sondern selbst für ein Mittel der Entwickelung auszugeben, als ob
der Friede nicht mit geringeren Opfern viel höhere Resultate lieferte;
man verirrte sich soweit, den Krieg für ein naturgesetzliches Moment
zur Verhinderung der Uebervölkerung zu halten, als ob nicht die
Erdoberfläche noch Raum für ungeheuer mehrfaches Maß der Be=
wohnerschaft und Cultur darböte, noch dazu, da bei steigender Cultur
der Ausfall in der Bevölkerung durch den Krieg ein sehr geringes
Verhältniß zum Anwachs derselben einnimmt. Beruft man sich
aber auf die natürlichen Leidenschaften des Menschen, die, wie man
meint, niemals ihre Einwirkung auf die menschlichen Zustände ver=
lieren würden, so vergißt man, daß diese Leidenschaften nur indi=
vidueller Natur sind, ein Hauptstreben der Entwickelung aber dahin
geht, den beherrschenden Einfluß von Individuen auf die Völker
und innerhalb des Staates immer mehr zu beschränken, und Recht
und Gesetz davon frei und unabhängig zu machen. Wenn es daher
einerseits das Ziel ist, die eigentlichen Rechtsgrundsätze, wie sie, von
der Religion ausgehend, im nächsten Kapitel erörtert werden, im
Staate immer mehr zur Verwirklichung zu bringen, so kommt es
andererseits darauf an, den Krieg, also die Anwendung physischer
Gewalt aus den internationalen Verhältnissen der Völker unter
einander zur Ausgleichung der obschwebenden Fragen und Rechts=
streitigkeiten zu beseitigen, zuvor immer seltener und endlich völlig
verschwinden zu machen. Hierzu ist der erste Faktor jene Solidarität
der Interessen, welche wir, basirt auf dem gegenseitigen Austausch
aller geistigen und industriellen Erzeugnisse, in ihrem fortschreitenden
Wachsthum bis zu ihrer dereinstigen vollständigen Organisation

erkannt haben. Wenn schon jetzt die Verluste der einen Nation nicht minder Verluste bei allen anderen zu ihrer Folge haben, die Verminderung des Besitzes der einen eine solche auch für die anderen nach sich zieht, jede Störung und Stockung in dem einen Weltheile sich in allen anderen nachhaltig fühlbar macht, der Ausfall an Erzeugnissen einer Gegend den gefährlichen Mangel an denselben in anderen erwirkt, um wie viel mehr wird dies im Laufe der Zeiten bei der in riesenhaften Verhältnissen steigenden Verbindung aller Völker nach dieser Richtung hin der Fall sein, so daß allerdings vorauszusehen ist, wie dies zu einer zwingenden Noth= wendigkeit für den Frieden, für die Vereinigung Aller zur Bekämpfung dessen, der ihn zu stören unternimmt, werden müsse. Wer die Ge= schichte der neueren Zeit sorgfältig prüft, dem können die bedeut= samen Anfänge eines solchen Zustandes nicht entgehen. — Als zweiten Faktor haben wir die ansteigende Entwicklung des sittlichen Bewußt= seins in den Völkern ebenso wie in den Individuen zu bezeichnen. Zunächst ist es das Verschwinden jener alten Bestrebungen nach einer Weltherrschaft, die Abschwächung der Herrschsucht überhaupt in den Völkern, und daß an die Stelle dieser die· Tendenz nach einem gewissen Gleichgewicht unter den Staaten und Völkern, das den Schutz der Schwächeren vor den Stärkeren durch die Stärkeren und die Vereinigung enthält, tritt, was sich hier erkennbar macht. Dem zur Seite geht die Minderung jenes religiösen Fanatismus, der in der Bekämpfung des Andersgläubigen durch Waffengewalt eine Verherrlichung, einen Triumph der Religion sah, der Mordstahl, Scheiterhaufen und Brandfackel für geeignete Mittel zur Bekehrung der „Ungläubigen" hielt, die wachsende Erkenntniß, daß die Glau= bensfreiheit ein unantastbares Recht jedes Menschen ist. Alsdann die steigende Einsicht in den Völkern, daß der Krieg nur zerstöre, die obschwebenden Fragen niemals wirklich löse, und die innere Freiheit der siegenden Nation selbst am meisten bedrohe; das sich immer mehr entwickelnde Rechtsgefühl, welches gerade den Stärkeren von der Uebung jedes Unrechts an einem Schwächeren zurückhält und den wahren Höhepunkt der Macht und des Ruhmes einer Nation in der Gerechtigkeit gegen Alle, in der Befriedigung aller Rechtsansprüche findet. Und endlich der wachsende Abscheu vor den

Greueln des Krieges, vor dem brutalen Kampfe mit den Waffen. Daß ein solcher bereits in den civilisirten Völkern vorhanden, kann dem beobachtenden Auge nicht entgehen. Die europäischen Völker, selbst wenn sie durch die Umstände oder durch ihre Herrscher ge= zwungen, Krieg führen, thun dies zwar mit Muth und Lebhaf= tigkeit, aber doch nur mit innerem Widerwillen; sie wollen von dem bloßen kriegerischen Ruhme nichts mehr wissen, stellen die Auszeich= nung im Kriege für die Völker nur auf eine sehr zweideutige Höhe; selbst aus dem Munde der Soldaten vernimmt man die Verwunde= rung, wie sie dazu kommen, Menschen zu tödten, die sie gar nicht kennen, und mit denen sie nie in Streit gewesen; die Hülfe, die man den Verwundeten, ob Freund, ob Feind, zukommen läßt, die Behandlung der Kriegsgefangenen, die Art und Weise überhaupt, wie man die Wunden, welche der Krieg schlägt, sofort zu heilen bemüht ist, nachdem sie kaum geschlagen worden, und Völker und Staaten, die sich eben noch bekämpften, sich alsbald wieder zu allen Zwecken und Werken des Friedens die Hände reichen: alles dies erweist hinlänglich, daß die ersten wesentlichen Schritte zur allge= meinen Geltung des Rechts und zur Verwirklichung des allgemeinen Friedens gethan sind. Denn Niemand darf sagen, daß dieses Ver= schwinden der Kriegslust aus einer Verweichlichung der europäischen Völker erfließe; denn das Gegentheil erhärten sie überall, wo sie mit halb= oder gar nicht civilisirten Stämmen in Kampf gerathen, und gegen die nicht allein ihre höhere Kriegskunst, sondern auch ihr Muth und ihre Befähigung, die schwersten Strapazen zu ertragen, die außerordentlichsten Siege davon tragen; erhärten sie täglich durch ihre Hingebung an wissenschaftliche Forschungen und industrielle Zwecke in den Wüsten Afrika's wie in den Polarmeeren. — Es versteht sich, daß die Verwirklichung einer solchen allgemeinen Rechtsherrschaft und Friedsamkeit, ja schon die Fortschritte zu ihr nicht nach Jahrhunderten zählen; daß gegen= wärtig die Formen, in denen ein solcher Zustand der Menschenwelt leben wird, noch nicht erkennbar sind, daß jede gewaltthätige Er= zwingung, jede plötzliche Einführung nur Vorübergehendes bewirken könnte, und daß selbst Congreß= und Areopagideen eben nur An= bahnungen, keine Ziele sind. Die allmälige Entwickelung selbst

kann allein auch die angemessenen Mittel und Formen produziren.
Was der Einzelne, und sei er noch so hoch gestellt, hier thun kann,
verschwindet vor der Größe und dem Umfange der Aufgabe. Aber
ein Jeder kann an dem großen Werke mitarbeiten, dadurch, daß er
selbst in allen Verhältnissen das Recht angestrengt wahrt und be=
obachtet, und daß er durch Wort und That, soweit sein Geist und
sein Arm reicht, jener großen Zukunft der Menschheit Ausdruck
giebt, und das Bewußtsein derselben in den Menschen weckt und
pflegt. Und dies ist seine heilige Pflicht.

„Der Gerechtigkeit Werk ist Friede, der Gerechtig=
keit Frucht ewige Ruhe und Sicherheit, da wohnet
mein Volk in der Hütte des Friedens, in sicheren
Wohnungen, sorglosen Ruhestätten." (Jesch. 32, 17. 18.)

„Dies sind die Dinge, die ihr thun sollt: redet
Wahrheit, Einer mit dem Andern; nach Wahrheit
und Gericht des Friedens richtet in euren Thoren."
(Sech. 8, 16.)

„Nur liebet die Wahrheit und den Frieden."
(Sech. 8, 19.)

„Und ich tilge die Wagen aus Ephrajim, und die
Rosse aus Jeruschalajim, getilgt wird der Krieges=
bogen, und er redet zu den Völkern Frieden."
(Sech. 9, 10.)

„Liebe den Frieden, jage dem Frieden nach, liebe die Menschen und bringe
sie der Lehre und dem Rechte näher". (P. A. 1, 12.)

In der antiken Welt herrschte die Ansicht vor, daß das Menschengeschlecht
sich immer mehr verschlechtere und daß es aus der Unschuld den Weg der
Entartung wandele, bis es in der äußersten Verderbniß den völligen Unter=
gang finde. Die Dichter, schon Hesiod, nach ihm Ovid, stellten dies als
die vier aufeinander gefolgten Zeitalter, das goldene, silberne, erzene und
eiserne dar. Gerade im Gegensatz läßt die h. Schrift die Menschheit zwar
in Unschuld entstehen, schildert, wie der Mensch zur Sünde kommt, dann
aber zeigt sie, wie die ersten Geschlechter in die wüstesten Laster verfielen,
so daß sie in deren Entartung das moralische Motiv zur noachidischen Fluth
findet und dieselben einem besseren Geschlechte Platz machen läßt, welches
in steigender Entwickelung vorwärts schreitet, bis es zuerst der theilweisen,
dann der ganzen Annahme der Lehre und des Rechts, die Israel geoffenbart

worden, zureist und so endlich zum ewigen Reiche des Rechts und des
Friedens gelangt. Allerdings, wie so vieles Frembartigen sich die Exulanten
in Babel bemächtigten, eignete sich auch Daniel jenes Bild der vier Zeitalter
nach den vier Metallen an, indem er Nebuchadnezar im Traume (Kap. 2)
vier Weltreiche von Gold, Silber, Kupfer und Eisen sehen läßt, vier Welt=
reiche, die, wie wir in unserm Bibelwerke B. III. S. 799 erwiesen haben,
durchaus nicht bestimmte geschichtliche Reiche bezeichnen, sondern den Ge=
danken ausdrücken, daß kein menschliches Reich bestehen würde, daß vielmehr
eines auf das andere folgen und das vorhergehende zertrümmern werde, bis
durch diese beständigen Vernichtungskämpfe ihr Ende herbeigeführt werde.
Aber der jüdische Seher wandelt diese antike Anschauung im israelitischen
Geiste sofort dadurch um, daß auf diese menschlichen Weltreiche ein ewiges
Reich folgen werde, welches die Versöhnung der menschlichen Wirklichkeit
mit der göttlichen Idee eines vollkommenen Zustandes der Menschheit voll=
bringt. Er endet daher (B. 44): „Aber in den Tagen dieser Könige wird
der Gott des Himmels ein Reich aufrichten, das in Ewigkeiten nicht zerstört
wird und dessen Herrschaft einem andern Volke nicht übergeben wird: es
wird zermalmen und vernichten alle jene Reiche, aber selbst bestehen in
Ewigkeit".

Als Moses das große Werk seines Lebens vollendet, die geoffenbarte Lehre,
welche die Verbindung der Idee und der Wirklichkeit, die Identificirung der
Lehre und des Lebens zu ihrem Angelpunkte hatte, dem Volke Israel über=
geben hatte, lebte es ihm im Bewußtsein, daß es noch weithin sei, bis dieses
Volk seine Aufgabe begriffen, sich der Lehre vollständig ergeben und sie im
Leben verwirklichen würde. Er sah vorher und sprach es in erhabenster Rede
aus, daß es oft abirren und abfallen würde, mahnte und verwarnte es und
weissagte ihm all das Unheil, das darob über dasselbe kommen und aus dem
es sich erst spät herausretten werde, aber auch da schon andeutend, daß es
nicht zum Untergange bestimmt sei, sondern zur endlichen Wiederherstellung.
Auf diesem Boden nun stand das ganze Prophetenthum. Es hatte den
wirklichen Abfall, den religiösen und sittlichen Verfall, den immer wieder=
holten Rückfall in das Heidenthum vor sich, und diesem mit aller Kraft
und Selbstaufopferung entgegenzutreten war sein eigentlicher Beruf. Es
verkündete daher immerfort den durch die religiöse und sittliche Entartung
herbeigeführten Sturz Israels, den Untergang seines weltlichen Bestandes,
die Verbannung in fremde Länder, die Verfolgung und Unterdrückung, die
es selbst zu ertragen haben werde. Durch dieses Strafgericht aber werde
Israel geläutert, von allem Sündhaften und aller Schuld befreit und zu
Gott zurückgeführt werden. Dann würde auch über die Völker, welche aus
Herrsch= und Raubsucht alle diese Leiden über Israel gebracht, das göttliche
Strafgericht ergehen und aus diesem die Wiederherstellung Israels in äußerer
und innerer Größe, in äußerer Verherrlichung und innerer Heiligung er=
folgen. diesem wiederhergestellten Israel würden sich die Völker anschließen,

von ihm die Gotteserkenntniß über alle Nationen ausstrahlen und endlich die ganze Menschheit zu einem ewigen Reiche des Rechts, der Liebe und des Friedens sich vereinigen. Dies sind die Momente, welche alle Reden und Schriftwerke der Propheten ausfüllen. Aus dieser Allgemeinheit treten sie nur zu subjectiver Aussprache hinsichtlich zweier Punkte heraus; nämlich, daß sie meist die Erfüllung dieser Verkündigungen in eine nahe Zukunft setzen und Strafgericht, Wiederherstellung und das ewige Gottesreich, nur durch kürzere Zeiträume getrennt, sich vorstellen[1]), und daß sie bisweilen die Wiederherstellung Israels und das Friedensreich des ganzen Menschen= geschlechts durch eine gottgesandte Persönlichkeit herbeigeführt sich denken. Diese Persönlichkeit bezogen sie dann auf einen Abkömmling des Hauses David. Es ist hierbei hervorzuheben, daß in den ältesten Propheten= sprüchen die Idee der messianischen Zeit gegeben ist, daß auf diesem Hinter= grunde die Anknüpfung des Eintritts des Gottesreiches an eine Persönlichkeit nur bei den älteren Propheten, wie Jeschajah, klarer hervortritt, während sie bei den jüngeren Propheten wieder verklingt und bei Jecheskel und Jeschajah II. gänzlich verschwindet und immer schärfer in die Idee des durch die Entwickelung selbst eintretenden Friedensreiches aufgeht. Je tiefer also das Haus David sank und jemehr die Propheten in den Zusammenhang der Völker hinaustraten, destoweniger schlossen sich die großen Hoffnungen der erhabensten und geläutertsten Zukunft an eine Persönlichkeit an, sondern vielmehr an das ganze wiederhergestellte Israel und an die durch Gott her= beigeführte Entwickelung der Völker. Die Jahrhunderte vergingen; Juda in seinem zweiten Bestande gelangte nur zu einem kümmerlichen und vieldurch= stürmten Dasein; die Zustände inmitten einer maßlos verworrenen und ihrem Verfalle zuschreitenden Menschenwelt gaben keine Aussichten zu einer großartigen Umgestaltung. Aber das Judenthum hielt fest an der Weissagung jener großen Heilszeit, die in der ganzen Anlage seiner Lehre, in dem Wesen seiner Gotteserkenntniß und in dem Bewußtsein seines Nationalberufes wurzelte. Da griff es umsomehr zu den alten Weissagungen einer zu er= wartenden, die Wiederherstellung Israels und das Heil der Menschheit bringenden Persönlichkeit zurück, belegte sie mit dem Namen משיח „Ge= salbter" (Messias)[2]), erhob das dereinstige Kommen desselben zu einem

---

[1]) S. das Nähere hierüber in unserm Bibelwerke „Einleitung zu den zwölf kleinen Propheten" §. 16.

[2]) Das Wort משיח wird in den 5 Büchern Mos. mit כהן verbunden zur Bezeichnung des Hohenpriesters, der mit dem heiligen Salböl gesalbt worden. Deßhalb wurde späterhin der König von Israel, weil er ebenfalls nach dem Vor= gange durch Samuel gesalbt wurde, משיח und משיח ה' genannt; so in den Büchern Samuelis, in den Psalmen, Klagelieder 4, 20., Habak. 3, 13., wie denn Jesch. 45, 1. selbst Cyrus dieses Beiwort erhält. Daß Psalm 2, 2. kein anderer

Glaubensartikel, schmückte dessen Ankunft mit aller erdenklichen Herrlichkeit aus und schilderte sie mit den lebhaftesten Farben. Je wirksamer, je trost= reicher, je aufrechterhaltender dieser Glaube für das zerstreute und unter dem furchtbarsten Geschicke seufzende Juda sein mußte, desto öfter wurde er aber auch gemißbraucht und für die Juden von traurigen Folgen begleitet. Wie einst die Prophetie Gelegenheit gab zu einer Unzahl falscher Propheten, von denen in der h. Schrift oft genug die Rede, so beuteten auch falsche Messiasse diesen Glauben aus, und Bar=Kochba und Sabbathai=Zwi haben ihre Namen neben vielen anderen mit dunklen Farben in die Geschichte des jüdischen Stammes eingezeichnet. Sowie aber einst die Propheten, jemehr sie aus dem engen Umkreis ihrer Heimath in die große Welt der Völker hinaus= traten, von der Idee eines persönlichen Messias abließen und wieder allein die Idee der messianischen Zeit festhielten: so schwächte sich auch in den Juden der neueren Zeit, sobald sie aus ihren engen Ghettis in das große Culturleben der Völker eintraten, der Glaube an einen persönlichen Messias ab und erweiterte sich zur festen Ueberzeugung, daß die Menschheit in ihrer Entwickelung zur reinen und ganzen Gotteserkenntniß, wie die Religion Israels sie in ihrem Schoße trägt, und damit auch zur allgemeinen Geltung des Rechts und zum allgemeinen Frieden gelangen werde. Es ist daher im gegenwärtigen Judenthume diese Frage, ob persönlicher Messias oder messia= nische Zeit? dem Individuum zu eigener Beantwortung freigestellt — die eigentliche Idee der erhabenen und heiligen Zukunft der Menschheit, zu welcher sie die göttliche Vorsehung bestimmt hat und führt, bleibt in beiden Fällen dieselbe und ist ein unantastbares Eigenthum des Judenthums.

Von den Propheten, deren Schriften uns überliefert worden, sprechen sich über diese Vereinigung der ganzen Menschheit in der Gotteserkenntniß, im Recht und Frieden ihrer Zeitfolge nach diese aus: Amos, Jeschajah I (Kap. 1—39); Michah, Jirmejah, Secharjah I (Kap. 9—14), Chabakuk, Jeschajah II (Kap. 40—66), Secharjah II (Kap. 1—8). Sehen wir nun, in wieweit diese sich darüber auslassen. —— Im Amos tritt der ganze Gedanke noch in sehr schwachen Umrissen und völlig individualisirt als Herstellung Israels und seines Königthums in Verbindung mit anderen Völkern auf; 9, 11. 12: „An selbigem Tage werde ich aufrichten die verfallene Hütte David's und vermauern ihre Risse und richte auf ihre Trümmer und baue sie wie in den Tagen der Vorzeit; auf daß sie erwerben den Ueberrest Edom's und

---

als David selbst nach seiner Thronbesteigung sich so nennt, haben schon Raschi und Kimchi richtig erklärt; s. unsere Einleitung zu diesem Psalm. Daß selbst bei Daniel 9, 25. 26. nicht die Idee des Messias diesem Worte einwohnt, son= dern die eines Königs oder Fürsten, ersieht man daraus, daß derselbe „dahin= gerafft" wird. In der ganzen h. Schrift also hat das Wort משיח die Bedeutung des „Messias" ni ch t.

alle Völker, über die mein Name genannt wird, spricht der Ewige, der solches thut". — Eine viel bedeutendere Grundlage und zwar für die reine Idee der messianischen Zeit giebt ein Ausspruch des Jeschajah 2, 2—4., welcher sich, und zwar in ursprünglicherer Fassung, bei Michah 4, 1—4. wiederfindet, jedoch so, daß die Umgebung dieser Verse beweist, daß der Ausspruch weder dem einen noch dem andern originaliter angehört, sondern von beiden einem alten Prophetenspruche entlehnt ist, welchen sie an die Spitze von ihren Reden stellten. Er lautet: „Und sein' wirds in der Folge der Zeiten: gegründet wird stehen der Berg des Hauses des Ewigen an der Spitze der Berge und über die Hügel erhaben, und zu ihm strömen Völker. Und es gehen viele Nationen und sprechen: Auf! hinan laßt uns ziehen zum Berge des Ewigen, zum Hause des Gottes Jakob's, daß er uns lehre von seinen Wegen und wir wandeln in seinen Pfaden: denn von Zijon geht die Lehre aus und des Ewigen Wort von Jeruschalajim. Dann wird er richten zwischen vielen Völkern, schiedsrichten mächtigen Nationen bis in die Ferne, daß sie schmieden ihre Schwerter zu Senfen und ihre Speere zu Winzermessern: nicht hebt Volk gegen Volk das Schwert und nicht lernen sie fürder den Krieg. Dann wohnt ein jeder unter seinem Weinstock und seinem Feigenbaume, und niemand schreckt: denn der Mund des Ewigen der Heerschaaren hats geredet". Es ist hervorzuheben, daß gerade dieses älteste Stück über die messianische Zeit weder darüber sich ausspricht, wodurch diese herbeigeführt werden würde, noch etwa über die Art des Cultus (Opfer), sondern nur enthält, daß die Wahrheit der Gotteslehre von allen Völkern und darum das Gotteshaus in Jerusalem als das höchste anerkannt werde, daß die Völker die Lehre und das Sittengesetz als für sie verbindlich annehmen und daß damit ein allgemeiner Friede, ein Aufhören alles Krieges stattfinden werde. So auch läßt Jeschajah Kap. 18 Boten ausgehen zum hochgewachsenen, glänzenden Volk, zum furchtbaren Volke von je und fortan, der Nation der Kraft und Zermalmung, deß Land Ströme durchschneiden, wozu „alle Bewohner der Welt, Insassen der Erde" sich gesellen sollen und jenes furchtbare Volk „Gaben darbringen dem Ewigen der Heerschaaren zum Orte seines Namens". Das hier speziell gemeinte Volk sind die Aethiopier, tritt hier aber als Repräsentant aller Völker auf. Ebenso läßt er in Kap. 19 Egypten sich vollständig zum Ewigen bekennen, der ihm daher Hilfe und Rettung bereitet. Fügen wir hinzu 25, 6—8: „Da bereitet der Ewige der Heerschaaren allen Völkern auf diesem Berge ein Mahl von Fettem, ein Mahl von Hefenweinen, von markigem Fetten, geläuterten Hefenweinen; und tilgt auf diesem Berge die Hülle, die alle Völker umhüllt, und die Decke, auf alle Nationen gedeckt; er tilgt den Tod auf ewig, er nimmt, der Herr, der Ewige, die Zähre von jeglichem Angesichte und schafft seines Volkes Schmach von der ganzen Erde: denn der Ewige sprachs." In drei Bildern zeichnet der Prophet hier die friedliche Einigung aller Völker als ein herrliches Mahl auf dem Berge Zion, wie

ein Mahl beim Friedensschlusse oft erwähnte Sitte war, die allgemeine Er=
kenntniß als ein Zerreißen der Decke, welche die Geister der Völker verdunkelt,
und das Aufhören alles Unheils, sittlichen und materiellen Verderbens, als
das Aufhören des Todes und der Thränen. Ebenso verkündet auch Michah
7, 12. eine Zeit, wo alle Völker — es werden Assyrien und Egypten ge=
nannt — nach Israel kommen und sich ihm zugesellen. Dahingegen haben
wir bei Jeschajah zwei Stellen, wo das Eintreten jener erhabenen Zukunft
der ganzen Menschheit an eine Persönlichkeit geknüpft wird. Zuerst 9, 5. 6:
„Denn ein Kind ist uns geboren, ein Sohn uns gegeben, auf seiner Schulter
ruht die Herrschaft und seinen Namen nennt man: Wunder, Berather,
Gottesheld, beständiger Vater, Friedensfürst; zu mehren die Herrschaft, zum
Frieden ohne Ende für David's Thron und sein Reich, zu festigen es und
zu stützen durch Recht und Gerechtigkeit von jetzt bis in Ewigkeit: der Eifer
des Ewigen der Heerschaaren wird solches thun". Dann 11, 1—10: „Dann
geht ein Reis aus Jischai's Stamm heraus, ein Sproß aus seinen Wurzeln
bricht hervor. Es ruht auf ihm der Geist des Ewigen, der Geist der Weis=
heit und der Einsicht, der Geist des Rathes und der Kraft, der Geist der
Erkenntniß und der Furcht des Ewigen. Ihm Wohlgeruch ist Furcht des
Ewigen, nicht nach der Augen Schauen richtet er, nicht nach der Ohren
Hören urtheilt er. Er richtet in Gerechtigkeit die Armen, urtheilt in Billig=
keit den Leidenden des Landes: so schlägt er das Land mit der Ruthe seines
Mundes, mit dem Hauche seiner Lippen tödtet er den Bösewicht. Gerechtig=
keit ist seiner Hüften Gurt und Treue seiner Lenden Gurt. Da wohnt der
Wolf mit dem Lamme, beim Böcklein lagert der Parder, Kalb und junger
Leu und Mastkalb beisammen: ein kleiner Knabe leitet sie. Und Kuh und
Bär weiden, beisammen lagern ihre Jungen, der Löwe, wie ein Rind, frißt
Stroh. Es spielt der Säugling an der Natter Kluft, und in des Basilisken
Höhle streckt die Hand der kaum Entwöhnte. Nicht böse, nicht verderblich
handeln sie auf meinem ganzen heiligen Berge, denn voll ist das Land der
Erkenntniß des Ewigen, wie Wasser bedecken den Meeresgrund. An jenem
Tage wird es sein: die Wurzel Jischai's, die zum Panier den Völkern steht,
Nationen suchen sie auf, und seine Ruhestätte ist Herrlichkeit." Die erste
dieser beiden Stellen beschränkt ihre Tragweite allerdings auf das Heil und
den Bestand Israels, und erwägen wir, daß der Prophet diese Heilszeit
gleich nach dem Sturze der assyrischen Herrschaft, welcher späterhin wirklich
während der Lebenszeit Jeschajah's vor sich ging, eintreten glaubt, so kann
es nicht fraglich sein, daß er unter diesem „Kinde" den damals ungefähr
12 Jahre alten Chiskijahu, der bereits besondere Zeichen seines frommen
Sinnes gegeben haben konnte, verstanden hat. Wenn auch Targum den
Messias versteht, so schwankt diese Ansicht doch bei den Talmudisten (Sanhedr.
94, 1.), wie auch Raschi, Kimchi und Abarbanel für den Chiskijahu stimmen.
Die zweite Stelle bringt die weitere Ausführung der ersten, indem die
Heilszeit unter dem Bilde, daß alle Raubthiere ihre wilde Natur verlieren,

Pflanzen fressen und mit den zahmen Thieren friedlich zusammen weiden werden, geschildert, alle Völker im Bunde der Wahrheit, des Rechts und des Friedens vereinigt und dies aus dem göttlichen Geiste hergeleitet wird, der auf einer aus davidischem Geschlecht stammenden Persönlichkeit ruhe. Wenn nun allerdings der Zusammenhang lehrt, wie auch hier der Prophet auf den jugendlichen Prinzen Chiskijahu blickte, was schon ein Hillel (Sanhedr. 98, 2.) und Aben-Esra behaupteten: so ist dies doch im allgemeinen von keiner weiteren Bedeutung, da jedenfalls Jeschahjah an diesen beiden Stellen die messianische Zeit durch eine von Gott hierzu berufene und ausgerüstete Person herbeigeführt hinstellt, wobei wir jedoch hervorheben wollen, daß der Prophet weder besondere Wunder hiermit verbindet, noch die messianische Person von irgend göttlicher Natur sein, sondern nur von göttlichem Geiste inspirirt sein läßt. — Wie Jirmejah alle seine Verkündigungen in einfaches und klares Wort kleidet, so geschieht dies auch hinsichtlich der messianischen Zeit. Er sagt hierüber 3, 17.: „In jener Zeit wird man Jeruschalajim Thron des Ewigen nennen, und versammeln sich dahin alle Völker zum Namen des Ewigen, nach Jeruschalajim, und werden nicht mehr wandeln nach der Verstocktheit ihres bösen Herzens"; ebenso 16, 19—21.: „Ewiger, meine Stärke und meine Veste und meine Zuflucht am Tage der Bedrängniß! zu dir werden Völker kommen von den Enden der Erde und sprechen: Nur Lüge hatten unsere Väter zu eigen, Nichtigkeit, durch die keine Hilfe. Götter soll ein Mensch sich machen? Das sind keine Götter! Darum, siehe, ich mache ihnen diesmal kund, ich mache ihnen kund meine Hand und Allgewalt: sie sollen erkennen, daß mein Name Ewiger ist". Von einer messianischen Person ist bei ihm nirgends die Rede, wenn er auch 23, 5. 6. und 33, 15 ff. über das wiederhergestellte Israel einen König aus dem Geschlechte David's regieren läßt, „der Recht und Gerechtigkeit übt im Lande", was zu erklären bei der damaligen Entartung der Königsfamilie und den oftmaligen Drohungen, die Jirm. gegen sie schleudern mußte, für ihn ein Bedürfniß war. —

Sein Zeitgenosse Secharjah I (Kap. 9—14) beginnt alsbald 9, 9. 10.: „Jubele laut, Tochter Zions, jauchze, Tochter Jerusalems! Siehe, dein König kommt zu dir, gerecht und siegesreich, demüthig, auf einem Esel reitend, auf dem Jungen einer Eselin! Und ich tilge die Wagen aus Ephraim und die Rosse aus Jerusalem; getilgt wird der Kriegesbogen, und er redet zu den Völkern Frieden, und seine Herrschaft reicht von Meer zu Meer und vom Strome bis an die Enden der Erde". Der Prophet symbolisirt die für Juda kommende Zeit des Sieges und des Friedens in der Person eines Königs, der gerecht, siegreich und demüthig sein wird, der den Krieg aufhören macht, Frieden bewirkt und dem doch alle Völker gehorchen werden. Darum läßt er ihn nicht auf kriegerischem Rosse, sondern auf friedlichem Esel in seiner Sanftmuth und Demuth einherziehen; denn noch jetzt ist im Orient das Reiten auf Eseln nicht verachtet, wohl aber ein Zeichen der Be-

scheidenheit, da das Reiten auf Pferden durchaus als von größerer Würde
angesehen wird. Dagegen spricht derselbe Prophet sich im 14. Kapitel ohne
jede Hindeutung auf eine symbolische Person klar darüber aus, daß nach
furchtbaren Kämpfen, die sowohl innerhalb Juda's selbst als von den Natio=
nen gegen dieses geführt werden, die Zeit der allgemeinen Gotteserkenntniß
eintrete und alle Völker namentlich zum Hüttenfeste nach Jerusalem hinauf=
ziehen. Er spricht hier das Wort aus (V. 9): „Und der Ewige wird König
sein über die ganze Erde; an selbigem Tage wird der Ewige einzig und
sein Name einzig sein" — ein Ausspruch, den wir schon oben in seiner
Wichtigkeit hervorgehoben haben und der dem Glauben an eine messianische
Person geradezu entgegengesetzt zu sein scheint. — Zu der selbigen Zeit
weissagte Chabakuk 2, 13. 14.: „Ist es nicht von seiten des Ewigen der
Heerschaaren, daß Völker sich fürs Feuer ermüdet, Nationen sich umsonst
gemüht? Denn voll wird sein die Erde von Erkenntniß der Herrlichkeit des
Ewigen, wie Wasser bedecken den Meeresgrund", d. h. so lange die Völker
in Ungerechtigkeit und Gewaltthat sich mühen und Werke aufführen, ist es
vergeblich und fallen diese in Trümmer, denn der Bestand der Menschheit
beruht in der Gotteserkenntniß, die dereinst in allen aufkommen werde. —
Bei dem Propheten Jecheskel findet sich keine Verkündigung, weder auf
einen Messias noch auf eine messianische Zeit im eigentlichen Sinne, und
wenn er, der Gefangene in Babylonien, wiederholt über die Wiederherstellung
Israels spricht, dieses nach seiner Rückkehr in das h. Land nicht mehr in
zwei Reiche gespalten sein, sondern von einem Könige aus dem davidischen
Geschlechte beherrschen läßt (34, 23. 24., wie aus 37, 22 ff. überklar her=
vorgeht) und hinzufügt, daß durch dieses Geschehniß der Name Gottes vor
dem Angesichte der Völker geheiligt würde und sie die göttliche Waltung
und Allmacht erkennen werden (36, 23. 39, 21. 23.), wie: „So zeige ich
mich groß und heilige mich und thue mich kund vor den Augen meiner
Völker, daß sie erkennen, daß ich der Ewige": so ist es ersichtlich, daß der
Pr. hiermit weder eine messianische Zeit noch einen Messias im wahren
Sinne dieser Worte verstanden und geschildert hat. — Auf die Höhe der
prophetischen Anschauung aber versetzt uns Jeschajah II (Kap. 40—66).
Er, der begeistertsten und weitschauendsten Propheten einer, der, in Babel
lebend, den nahenden Siegeszug des Cyrus, den Fall Babels und die daraus
entspringende Freiheit Juda's, nach dem heiligen Lande zurückzukehren, vor=
aussah und mit aller Kraft des Wortes die theils in Schlaffheit theils in
Götzendienst versunkenen Juden in Babel zur Rückkehr in das verwilstete
Land der Väter aufzuregen und zu begeistern strebte, besaß den tiefsten Ein=
blick in die ganze Bewegung der Völker, verstand es, hoch über allem
Einzelnen das Allgemeine zu durchbringen, war von dem Bewußtsein des
Berufes Israels, Lehrer der Völker zu werden, völlig erfüllt und festigte
durch diese klare Einsicht und seinen heißen Enthusiasmus recht eigentlich
die Bahn dieser Anschauung. Ihm ist Israel nur das Werkzeug Gottes,

um das Menschengeschlecht mit der Lehre und dem Recht bekannt zu machen, dafür zu zeugen und zu leiden; ihm ist daher die Wiederherstellung Israels nur der Durchgang zum Reiche der Erkenntniß, des Rechts und des Friedens. Mit so glühenden Farben er auch die Herrlichkeit dieses neu erstehenden Jerusalems schildert, er geht darüber hinaus zu der dereinstigen Herrlichkeit der ganzen Menschheit. Schon seine dritte Rede beginnt er 42, 1—7.: „Siehe, mein Knecht, den ich stütze, mein Erkorener, an dem Gefallen meine Seele hat: meinen Geist legte ich auf ihn, das Recht soll er den Völkern bringen. Nicht schreiet er, nicht ruft er laut, läßt draußen seine Stimme nicht vernehmen. Geknicktes Rohr zerbricht er nicht, glimmenden Docht verlöscht er nicht: mit Wahrheit soll das Recht er bringen. Nicht müde wird er, nicht entkräftet, bis daß auf Erden er das Recht gegründet und seiner Lehre die Länder harren. — So spricht der Gott, der Ewige, der die Himmel geschaffen, sie ausgespannt, der die Erde gebreitet mit ihren Sprossen, der Odem gibt dem Volk auf ihr und Geist den auf ihr Wandelnden: „Ich, der Ewige, habe dich berufen zum Heile, ich fasse deine Hand, ich wahre dich, ich mache dich zum Bund der Völker, zum Lichte der Nationen, blinde Augen zu öffnen, aus dem Kerker Gefangene zu führen, aus dem Hause der Haft, die in Finsterniß wohnen". Daß der ‘ה עבד „Knecht Gottes" kein anderer als das Volk Israel ist, wie schon die Septuaginta und Raschi richtig sagen (vergl. 41, 8. 9. 43, 10. 44, 1. 45, 4. 49, 3.), kann jetzt nicht mehr zweifelhaft sein. Der Prophet spricht hier nun die allgemeine Bestimmung Israels aus, die Gotteslehre und das göttliche Recht den Völkern zu lehren und sie dadurch zu einem Bunde zu vereinigen, sie von der Verfinsterung des Aberglaubens zu befreien und den Kerker des Irrwahns zu öffnen; dies soll aber Israel nicht durch Uebung von Gewalt, durch lärmendes Auftreten, zudringliche Ueberredung, die sämmtlich der Wahrheit doch keine feste Wurzel bereiten, sondern allein durch die Kraft der Wahrheit, die zwar langsam, aber desto vollständiger siegt, innerhalb der freien Entwickelung des Menschengeschlechts vollbringen. Dazu legte Gott seinen Geist auf dieses Volk, dazu ist es unermüdlich und fest bestehend, bis das ferne, aber erhabene Ziel erreicht ist. (Vgl. 49, 6. 22.) Daher ruft der Prophet 43, 9. aus: „Alle Völker, versammelt Euch zumal; zusammenkommen sollen die Nationen" — (45, 6.) „auf daß man erkenne vom Anfgang der Sonne und vom Niedergang, daß nichts ist außer mir, ich bin der Ewige, und keiner noch". Ferner 45, 22—24.: „Wendet euch zu mir, auf daß ihr gerettet werdet, alle Enden der Erde, denn ich bin Gott, und keiner noch. Bei mir schwor ich, Heil ist aus meinem Mund gegangen, ein Wort, das nicht zurückkehrt; daß mir sich beugen werde jedes Knie, schwören jede Zunge. Nur bei dem Ewigen, spricht man von mir, ist Heil und Macht; zu ihm werden kommen und sich schämen alle, die wider ihn entbrennen". — In einer Rede, die mit 52, 13. beginnt und 53, 12. endigt, widerlegt der Prophet den Einwand gegen den oben gezeichneten Beruf Israels, welchen man aus dem Druck der Verachtung und tiefen Erniedrigung Israels unter den Völkern zog. Er zeigt, daß die gegenwärtige Erniedrigung Israels nothwendig sei zur Erfüllung dieses Berufes, weil die Erhöhung dieses erniedrigten, die Verherrlichung dieses verachteten Volkes den Völkern die Erlösungskraft des Einigen, den Israel anbetet, so klar, so überraschend vor Augen stellen wird, daß sie sich zum Einigen bekennen werden. Ja, der Prophet geht weiter, indem er die Leiden Israels überhaupt nur als für das Heil der Völker, um diese aus ihrer sündigen Abgötterei zu der reinen Erkenntniß Gottes zu bringen, von Israel getragen erklärt. Sie sind die Märtyrer der Erkenntniß des Einigen, durch deren Erhöhung die Völker auf den Einigen überzeugend gewiesen werden. — Im 56. Kap. erklärt der Prophet ausdrücklich, daß niemand aus allen Völkern vom göttlichen Bunde ausgeschlossen und jeder, der sich dem Ewigen treu anschließt, dem Israeliten gleich geachtet sei, „denn mein Haus wird ein Bethaus für alle Völker heißen"; und 66, 21., daß aus den anderen Völkern auch Priester und Leviten genommen werden sollen, und fügt hinzu V. 23: „Und es geschieht, je von Monde zu Mond und je von Schabbath zu Schabbath wird kommen alles Fleisch, anzubeten vor mir, spricht der Ewige". — Von einem persönlichen Messias ist also bei Jeschajah II keine Spur, denn die einzige Stelle, die darauf bezogen werden könnte, 55, 3. 4. spricht lediglich das Lob des von Israel stets hochverehrten Königs David aus, wie der Zusammenhang unwiderleglich zeigt. So ist denn auch der Beiname Gottes, den dieser Prophet am öftersten gebraucht, „der Erlöser Israels". — Auch derjenige Prophet, welcher von den drei Propheten, die nach dem babylonischen Exil lebten, sich über die messianische Zeit ausspricht, Secharjah II (Kap. 1—8) knüpft diese nicht an eine Persönlichkeit, wie die beiden folgenden Stellen lehren, 2, 14. 15.: „Juble und freue dich, Tochter Zijons, denn sieh, ich komme und wohne in deiner Mitte, spricht der Ewige. Und viele Völker schließen sich dem Ewigen an an selbigem Tage und werden mir zum Volke; und ich wohne in deiner Mitte und du erkennest, daß der Ewige der Heerschaaren mich zu dir gesandt"; und 8, 20—22.: „Also spricht der Ewige der Heerschaaren: Fürder werden Völker kommen und Bewohner vieler Städte, und die Bewohner der einen gehen zur andern, sprechend: Lasset uns gehen, vor dem Ewigen anzuflehen und den Ewigen der Heerschaaren zu suchen: und ich gehe hin! Und es kommen viele Völker und mächtige Nationen, den Ewigen der Heerschaaren in Jerusalem zu suchen und zu flehen vor dem Ewigen". —

Eine eigenthümliche Stellung nimmt noch Maleachi, der letzte der Propheten, ein. Derselbe spricht weder von einem Messias noch von einer messianischen Zeit, sondern von einem Gerichte Gottes, das aber, wie Kap. 3 unzweideutig zeigt, blos in und für Israel vor sich gehen soll. Denn da nämlich Verbrechen, Verhöhnung des Cultus, Zweifel an Gottes Gerechtigkeit und Vorsehung in dem wiederhergestellten Juda allzusehr im Schwange waren und ihr Haupt frech erhoben, so daß die Gerechten und Treuen sehr darunter litten: so verkündet er ihm, daß ein Gericht Gottes eintreten werde, welches zwischen den Gerechten und Sündern unterscheiden, jene zu Glück und Frieden, diese zum Untergang bringen werde. Er beginnt diesen Absatz seiner Rede (3, 1.): „Siehe, ich sende meinen Boten, der bahnt vor mir den Weg; und plötzlich wird kommen zu seinem Tempel der Herr, den ihr begehrt, und der Bote des Bundes, nach dem ihr verlangt; siehe, er kommt, spricht der Ewige der Heerschaaren". Hiernach schildert er das Gericht, das Gott vollbringen werde. Man wird diese Worte verstehen, wenn man weiß, daß es noch jetzt im Oriente Sitte ist, daß, wenn ein Mann von Bedeutung reist, ein Bote vorhergesandt wird, der seine Ankunft meldet und die Vorbereitungen zu seinem Empfange trifft. Ist es eine königliche Person, so geht der Bote lange vorher, um Zeit zu ausgedehnten Vorbereitungen zu geben (Vgl. 1 Mos. 46, 28.). Es sollen also vor dem Eintreten jenes Gerichtes offenbare Anzeichen und Vorbereitungen geschehen. Ueberhaupt mußten die Gerechten nach der Schilderung des Gerichtes und seiner Wirkungen zu der Frage kommen: Woran haben wir bis zum Eintritt des Gerichtes uns zu halten und welche werden jene Vorbereitungen sein? Hierauf antwortet der Pr. in seinen drei Schlußversen, daß sie sich stricte an das Gesetz Mosis zu halten haben und daß prophetische Einwirkungen nicht fehlen werden, um die Eintracht in den Familien als die sicherste Grundlage des sittlichen Lebens wiederherzustellen, damit das Verderben nicht allzu groß werde und alle Menschen ergreife. Er drückt dies Vers 23 und 24 so aus: „Siehe, ich sende euch Elijah, den Propheten, bevor der Tag des Ewigen kommt, der große und furchtbare; der wird das Herz der Väter zu den Kindern und das Herz der Kinder zu den Vätern zurückwenden, auf daß ich nicht komme und schlage die Erde mit Bann". Hinter Moses als Gesetzgeber tritt hier Elijah als Repräsentant der Prophetie auf, wie dieser schon immer den Beinamen הנביא „der Prophet" erhalten (1 Kön. 18, 36. 2 Chr. 21, 12.), sich durch seinen glühenden Eifer für die Gotteslehre ausgezeichnet hatte und darin aus einer düstern Vorzeit hervorleuchtet [1]. —

---

[1] Wie man voraussetzen wird, wurden früher diese Worte als ein wirkliches Wiedererscheinen Elijah's gedeutet und spielt daher dieser in der spätern Ausmalung als „Vorläufer des Messias" eine große Rolle. Auch B. 1 erklärte mancher den מלאכי als den Elijah, andere den Messias, Raschi und Kimchi einen Engel. — Wir haben hier noch die Stelle bei Daniel 4, 13. 14. zu erwähnen, wenn auch Daniel nicht zu den Propheten, wie schon der Talmud ausdrücklich bemerkt, gerechnet wird: „Ich schaute in den nächtlichen Gesichten, und siehe, mit den Wolken des Himmels kam wie ein Menschensohn und gelangte bis zu dem Hochbetagten, und vor denselben hin brachte man ihn. Und ihm ward Herrschaft und Herrlichkeit und Reich gegeben, und alle Völker, Nationen und

Dies sind die Stellen, welche bei den Propheten die Verkündigungen über die Zukunft der Menschheit enthalten. Sie stimmen sämmtlich darin überein, daß diese in einer Vereinigung aller Völker zur lauteren Erkenntniß und Anbetung eines einzigen Gottes, zur unbedingten Uebung des Rechtes und zu einem allgemeinen Frieden bestehen werde. Wir haben gesehen, daß nur zwei unter allen, Jeschajah I und Secharjah I, und auch nur zusammen an drei Stellen den Eintritt dieser Zukunft an eine messianische Persönlichkeit, welche noch dazu bei Jeschajah durchsichtig der Königssohn Chiskijah ist, knüpfen: alle übrigen wissen nur von einer messianischen Zeit. — Hiernach entscheidet sich auch die jetzt wieder zur Sprache gebrachte Frage und es ist überklar erwiesen, daß diejenigen vollständig auf dem Boden des schriftgemäßen Judenthums stehen, welche sich die messianische Zeit auch ohne eine messianische Persönlichkeit vorstellen, da die Propheten bis auf so wenige Stellen jene ohne diese verkündigen.

Wir können aber diesen Gegenstand nicht verlassen, ohne einen vergleichenden Blick auf die Messiasidee des Christenthums zu werfen.

Man sagt gewöhnlich, der Unterschied sei: das Christenthum sagt, „der Messias sei gekommen", das Judenthum, „der Messias werde kommen". So oberflächlich dies erscheint, so setzt es doch nicht blos eine Verschiedenheit über die Zeit, sondern auch im eigentlichsten Inhalte voraus. Denn jene

Zungen dienten ihm, seine Herrschaft eine ewige Herrschaft, die nie vergeht, und sein Reich, das nie zerstört wird". Es lag sehr nahe, diese Verse auf einen persönlichen Messias zu beziehen, wie es auch Saadja, Raschi u. a. gethan. Und dennoch ist es nicht so, sondern die Worte „mit den Wolken des Himmels kam wie ein Menschensohn" bezeichnen nichts anderes als das Volk Israel, wie schon Aben-Esra erkannte. Sehen wir nämlich V. 17 die Erklärung der Erscheinung, V. 22 den Bericht und V. 24 die specielle Deutung, wo fast dieselben Worte wiederholt werden, so bedeutet, „wie ein Menschensohn" nichts anderes als „das Volk der Heiligen des Höchsten" in V. 27, die Heiligen des Höchsten V. 18. 21. Die früheren Herrschaften heidnischer Völker werden durch Thiere, ihre Könige durch Hörner symbolisirt; so konnte auch das Volk Israel nicht an sich auftreten, sondern mußte durch etwas symbolisirt werden, und zwar nicht durch ein Thier, denn dann wäre es den heidnischen Völkern gleichgestellt, aber auch nicht durch einen Engel, weil ihm sonst die irdische Natur genommen worden, also eben nur durch eine Menschengestalt als das wahre geläuterte Menschenwesen. Darum heißt es auch „wie ein Menschensohn", sowie die früheren Reiche „wie ein Löwe, wie ein Bär" u. s. f. Wäre wirklich ein persönlicher Messias hier gemeint, so hätte er im Folgenden doch wieder erwähnt werden müssen, während in der Erklärung der Vision alles dem Volke Israel übertragen wird. Als das siegreiche, mit ewiger Herrschaft zu belohnende Israel kommt es nicht von unten und nicht aus der Höhe des Himmels, sondern „mit den Wolken des Himmels" (nicht „auf") vor den in der Höhe thronenden Richter.

Ausprüche bedeuten doch: das Christenthum sieht die Verwirklichung der Messiasidee bereits als eingetreten, das Judenthum erst als in der Zukunft eintretend an. Wenn nun das Judenthum nach den Wirkungen der erfüllten Messiasidee fragt, wenn es aus der Geschichte ersieht, daß die achtzehn Jahrhunderte nach dem vorausgesetzten Eintritt durchaus keinen besseren Anblick bieten als die achtzehn vorhergegangenen, wenn sich in jenen ebenso viel Krieg, Gewaltthat, Unrecht, Haß und Herrschaft aller bösen Leidenschaft zeigen wie in diesen, wenn noch heute die Erde das Blut ihrer Kinder trinkt wie früher, das Christenthum aber dennoch die Wahr= heit jenes seines Ausspruches aufrecht erhält: so beweist dies uns, daß eben eine Grundverschiedenheit in dem besteht, was die eine und was die andere Religion unter dem Messias versteht, also eine Grundverschiedenheit in der Messiasidee der beiden Religionen.

Worin besteht diese nun?

Es ist zwar bedeutsam, daß, während das Judenthum nach dem Vor= gange der Propheten ebenso sehr die Messiasidee an sich wie an einen per= sönlichen Messias geknüpft aufstellt und festhält, ohne eben in der letzteren Anschauung mehr als die Vorstellung von der Art der Verwirklichung zu finden, das Christenthum sich lediglich an den persönlichen Messias hält und diese Persönlichkeit zum wesentlichen Mittelpunkt seiner ganzen Glaubens= lehre macht; ferner daß, während das Judenthum selbst den Messias nie= mals anders als einen inspirirten und von Gott mit besonderen Eigen= schaften zu seiner Mission ausgerüsteten Menschen macht, dem es sogar seine bestimmte Abstammung aus der davidischen Familie zuweist, das Christen= thum in seinem Messias ein göttliches Wesen selbst findet — dennoch sind dies nur Symptome der in der Tiefe der beiden Ideen liegenden Ver= schiedenheit.

Diese Verschiedenheit finden wir nämlich in Folgendem. Das Judenthum erkennt in der Messiasidee die dereinstige Anerkenntniß und Anbetung des einzigen, unkörperlichen Gottes, des Schöpfers der Welt, von allen Völkern der Erde, die unbedingte Erfüllung seines Willens von allen Menschen, darum die allgemeine Geltung und Uebung des Rechtes — unter Recht im höheren Sinne versteht das Judenthum auch die Liebe — und darum die allgemeine Herrschaft des Friedens. Das Christenthum hingegen sieht in der Messiasidee die Vergebung der Sünden, die Versöhnung des schon sündig geborenen Menschen mit Gott durch den Glauben. Das Judenthum faßt die Messiasidee als die Erlösung der Menschheit von Irrthum, Unrecht und Kampf durch Erkenntniß Gottes, Recht und Frieden; das Christenthum die Erlösung von der Sündhaftigkeit durch den Tod des Messias und Er= lösers und durch den Glauben an diese Erlösung und die Art, wie sie voll= führt worden. Dies ist in einfachster und klarster Weise die wahre und ganze Verschiedenheit zwischen den Messiaslehren beider Religionen, und diese ist groß und wesentlich genug, um eine Vermittelung zwischen beiden nicht stattfinden zu lassen. Sie erklärt aber auch die oben angeführten Momente in ihrer äußerlichen Erscheinung. Wir wollen die von uns an einem andern Orte [1]) angestellte Untersuchung, wie sich dieses Dogma des Christenthums aufgebaut, hier nicht wiederholen; dem Judenthume aber war es unmöglich, darauf einzugehen. Ein Kerngedanke des letzteren ist, daß, wenn auch die nothwendigen Folgen der Sünden der Väter von den Kindern und anderen mitgetragen werden, doch die Versöhnung der Schuld, die Vergebung der Sünde nur von jedem für sich durch sich allein und die Allbarmherzigkeit Gottes, durch Reue, Buße, Umkehr und guten Wandel erlangt werden kann, daß hierin außer Mahnung und Beispiel Niemand etwas für den andern thun könne, daß eine jede Seele nur durch sich selbst geläutert, gesühnt und geheiligt werden könne. Dies ist die bestimmteste Lehre Mosche's, der Propheten und des ganzen Judenthums. Fälschlich weist man auf den Versöhnungstag und die an demselben gebrachten Sünd= opfer. Die letzteren betreffen lediglich das Verhältniß der ganzen Nation, der ganzen Priesterschaft und des Hohenpriesters zu Gott und dem Heiligthume, während jedem einzelnen Israeliten die Kasteiung (רעניתם את נפשתיכם 3 Mos. 23, 27. 29. 32.) d. i. die Demüthigung und Berennung der Seele, getragen und gefördert durch das leibliche Fasten, geboten wird[2]), wie denn auch jeder einzelne Israelit bei jeder einzelnen Sünde, sobald er sie bekannt hatte und bereute, ein Sündopfer zu bringen hatte (3 Mos. 4, 27 ff.). Der Versöhnungstag ist aber nur ein Mittel der Religion, den Menschen zur Reue, Buße, Besserung und dadurch zur Versöhnung mit Gott zu bringen, wie denn auch alle Lehrer des Judenthums die Wirkung des Versöhnungstages an die aufrichtige Buße und Besserung knüpfen und z. B. sagen: wenn jemand sündigt mit dem Gedanken, der Versöhnungstag werde ihn versöhnen, den versöhnt der Versöhnungstag nicht; das heißt

---

[1]) S. „das Christenthum und das Judenthum" im 27. Bande der Allg. Zeit. d. Judenth. von S. 45 an.

[2]) Den klarsten Beweis hierfür giebt die Schrift 3 Mos. 16, indem sie an die Opferung am Versöhnungstage V. 16 fügt: „So versöhne er das Heiligthum wegen der Unreinheiten der Söhne Israels und wegen ihrer Missethaten in allen ihren Verschuldungen, und also soll er thun dem Zelte der Zusammen= kunft, das unter ihnen weilet inmitten ihrer Unreinheiten" (vergl. V. 33), während sie V. 29 und 30 die Vergebung der Sünden an die „Kasteiung der Seele" knüpfet: „So soll es euch zu ewiger Satzung sein: im siebenten Monat am zehnten des Monats kasteiet eure Seelen und verrichtet kein Werk, der Ein= geborene und der Fremdling, der sich aufhält in eurer Mitte: denn an diesem Tage wird er euch versöhnen, euch zu reinigen, von allen euren Verschuldungen vor dem Ewigen sollt ihr rein werden."

doch nichts anderes, als daß der Versöhnungstag an sich die versöhnende Kraft nicht habe, und daß der Glaube an die Versöhnungskraft dieses Tages allein nicht versöhne [1]). So erhaben also die Institution des Versöhnungstages ist, so wirksam und segensreich sie für die Bekenner des Judenthums war, ist und bleiben wird, so wohnt doch gerade ihr jener Grundgedanke des Judenthums ein, daß Reue und Besserung die eigentlichen und alleinigen Bedingungen der Vergebung unserer Sünden sind. Vergebens wird man sich auch etwa auf Jeschajah Kap. 53 berufen, wo der Prophet die Völker in der Erkenntniß ihrer früheren Verirrungen und Entartung die Leiden des Volkes Israel als für sie und um ihrer Sünden willen von ihm getragen und erlitten aussagen läßt. Der Prophet will hier zeigen, in welchem Lichte Israel den Heiden erscheinen werde, wenn sie zur Erkenntniß gekommen sein werden. Sie erkennen, daß Israel, seine Leiden und seine Erlösung die Werkzeuge Gottes waren, um die Völker zur Erkenntniß zu führen; sie sehen darum die Leiden Israels als für sie getragen an und beachten nicht, daß, abgesehen von diesem höheren Zwecke Gottes, doch auch die Israeliten ihr Geschick durch religiösen und sittlichen Abfall erwirkt und verdient hatten, was der Prophet an anderen Stellen so oft und nachdrücklich hervorhebt.

Es giebt unseres Wissens keine Stelle in der h. Schrift, worin als die Wirkung des Messias die Sündenvergebung hervorgehoben wird, sondern überall die Erkenntniß Gottes, die Befreiung von jedem Irrthum und Wahn, von jedem Joche und Unrecht, die Erfüllung des göttlichen Willens, die Gerechtigkeit und der Frieden. So lebt die Messiasidee, in welcher Art sie konkret auch aufgefaßt werde, im ganzen Judenthume. Um nur noch ein Beispiel aus späterer Zeit heranzubringen, verweisen wir auf Folgendes. Es ist bekannt, daß durch die Untersuchungen Bleek's, Möhler's, Alexander's und Friedlieb's es außer allen Zweifel gebracht ist, daß das dritte Buch der Sibyllinen einen jüdischen Verfasser hat und daß dieser zur Zeit der Triumvirn Antonius, Octavian und Lepidus schrieb. In diesem Buche kommt der Verfasser wiederholt auf die Messiaslehre und schildert das messianische Reich folgendermaßen: „Dann wird die Erde die herrlichsten Früchte hervorbringen an Weizen, Wein und Oliven, — Milch und Honig werden fließen und die Städte gefüllt sein mit mannigfachen Gütern. Nicht wird mehr Krieg sein auf Erden, — nicht wird Trockenheit den Boden verderben, nicht wird Hunger mehr sein und nicht zerstörender Hagel; — ein tiefer Frieden lagert folgenreich auf dem weiten Erdenrunde, ein König ist dem andern Freund für ewige Zeiten; — die ganze Menschheit wird nach einem und demselben Gesetze regiert von dem unsterblichen Gotte: denn er ist ein ewiger Gott und außer Ihm keiner".

---

[1]) Der bekannte Satz: האומר אחטא ויום הכפורים מכפר אין יום הכפורים מכפר Mischna Joma 8, 9.

„Dann wird Gott ein ewiges Reich errichten für alle Menschen der Erde — was Er verheißen, gewähren den Frommen und Gerechten: die Erde und die Welt, das Heil und die Freude in unbegrenztem Maße; — von der ganzen Erde wird man Geschenke bringen und Weihrauch zu dem einen Tempel, der hienieden nimmermehr seines Gleichen wird haben. — Das hohe Gebirg ist wiederum fahrbar, — eine Heerstraße die brausenden Wogen des Meeres: — denn die Propheten des großen Gottes haben als gerechte Richter der Menschen das Schwert vom Erdenballe verbannt; sicher durchschreitet man das Land, das tiefen Frieden athmet zum Heile der ganzen Menschheit".

B. Die Allgemeinheit in ihren besonderen Instituten.

I. Der Staat.

55.

Was ist Staat?

Die Vereinigung von Menschen, um die Zwecke der menschlichen Gesellschaft nach denselben Gesetzen und durch die gemeinsamen Mittel und Einrichtungen zu erfüllen.

Das Charakteristikum des Staates besteht zunächst in der Gemeinsamkeit der Gesetze, und zwar vorzugsweise des Staatsgrundgesetzes, sei dies nun vollständig oder nur zu einem Theile niedergeschrieben, zum andern Theile im überlieferten Herkommen enthalten. Dieses Grundgesetz bestimmt 1) die Staatsform, ob der Staat monarchisch oder republikanisch, d. h. Einen lebenslänglichen, in der Regel nach dem Erbrecht folgenden Herrscher, oder eine oder mehrere auf Zeit gewählte Personen an der Spitze habe, ob er absolutistisch sei, wo die Machtfülle des Staates in dem oder den Herrschern, konstitutionell, wo sie zwischen Herrscher und Volk getheilt, oder demokratisch, wo sie allein im Volke liegt; 2) die Grundrechte und Grundpflichten aller Staatsangehörigen. Die Gemeinsamkeit dieses

Grundgesetzes ist die hauptsächliche Bedingung im Begriffe des Staates. Denn weiterhin können in den einzelnen Provinzen und Landschaften besondere Gesetze und Rechte gelten, ohne daß damit der Begriff des Staates aufgehoben sei. Besitzen aber einzelne Theile ein besonderes Grundgesetz, so bilden sie keinen Staat mehr, sondern nur durch die Person des Herrschers oder durch Verträge mit einander verbundene Staaten. Alsdann bilden die für die Zwecke der Gesellschaft im Staate verwandten gemeinsamen Mittel, welche theils aus, dem Staate zugehörigem Grundbesitz, theils aus fiskalischen Einnahmen, theils durch die Besteuerung der Staatsangehörigen fließen, den Charakter des Staates, wodurch ein Staatsvermögen, ein Finanzwesen und eine Finanzlage des Staates entstehen. Endlich sind es die gemeinsamen Einrichtungen, welche durch die Mittel und Kräfte des Staates für allgemeine und besondere Zwecke desselben hergestellt werden, die zum Wesen eines Staates gehören. — Von dem Begriff des Staates ist der des Volkes zu unterscheiden. Ein Volk ist die Gesammtheit von Menschen, welche eine Gemeinsamkeit in Abstammung, Vaterland, Sprache, Sitte, Anlage und Geschichte haben. Das Wesen eines Volkes beruht zunächst auf der Abstammung, jedoch so, daß diese sich nicht blos etwa auf die erste Wurzel beschränkt, sondern in ihrer Besonderheit allgemein erhalten worden ist. Haben sich in einer längst verflossenen Vergangenheit aus einem Urstamme mehrere gespalten, und sind gesondert herangewachsen, so bilden sie nicht mehr ein Volk, sondern Völker, die einen gemeinsamen ersten Ursprung haben. Ebenso verhält es sich mit dem Vaterlande, das zwar nicht mehr das Mutterland des ganzen Volkes zu sein braucht, doch aber in einer längeren Gegenwart der eigentliche Sitz des Volkes sein muß; größere oder kleinere Theile des Volkes, die auf die Dauer andere Sitze bewohnen, haben sich daher vom Volke getrennt und können, nach längerer Zeit, nicht mehr zu demselben gerechnet werden. Erst nach diesen Vorbedingungen tritt auch die Sprache als ein Charakteristikum des Volkes auf; denn allerdings ist sie wesentlich ein solches, aber es können Völker, die sich als solche getrennt haben, doch noch eine und dieselbe Sprache besitzen, während umgekehrt die Verschiedenheit der Sprache (selbstverständlich) nicht der

Dialekte) selbst untereinander wohnende Menschen nicht als ein Volk betrachten läßt. Hieran schließt sich mehr oder minder die gemeinschaftliche Sitte, die jedoch im Laufe der Entwickelung nicht mehr zu den entschiedenen Bedingungen eines Volkes gehört. Ein gleiches Moment bildet die Eigenthümlichkeit der genetischen Anlagen eines Volkes, welche in ihrer Entfaltung den Volkscharakter aus= machen, und die Gemeinsamkeit der äußern und innern Geschichte. Wenn daher ein Volk seine gemeinsame Abstammung, Vaterland und Sprache verliert, so hört es auf, ein Volk zu sein. Verliert es das Vaterland und die Sprache, behält aber die gesonderte Abstammung und theilweise Sitte und Charakter, so kann es zwar nicht mehr als ein Volk, wohl aber als eine Nation (natio von nasci) ange= sehen werden. Jedes Volk ist darum in seiner Wurzel aus der Familie entsprungen, die zum Geschlechte, dann zu einer örtlichen Gemeinde, zu einem Stamm und endlich zu einem Volke herange= wachsen. Der Staat ist aber mit dem Volke nicht identisch, wenn er auch ursprünglich mit dem Volke entstand; denn er kann in seiner geschichtlichen Entwickelung in der Verbindung mehrerer Völker bestehen, wie auch umgekehrt ein Volk sich in mehrere Staaten theilen kann; ein Volk kann fremde Elemente nur durch Assimilation derselben, also durch eine langsame Aneignung in allen volksthüm= lichen Momenten aufnehmen, während der Staat fremden Elementen immerfort offen stehen kann und müßte, und diese in ihrer eigenen Art bestehen lassen kann, sobald sie sich nur seinen Gesetzen unter= werfen und zu seinen Zwecken mitwirken. Wie dem aber auch sei, da der Staat immer erst aus dem Volke erwachsen ist, beruht auch er auf der Familie in seiner Unterlage, hat aber dann aus den Instanzen, durch welche hindurch ein Volk zu einem solchen geworden, nur die Familie und die örtliche Gemeinde erhalten, während er das Geschlecht und den Stamm als für ihn irrelevant beseitigt, gegen was es nicht streitet, wenn einzelne Geschlechter und Stämme im Besondern noch eine gewisse staatliche Geltung besitzen. Der Staat beruht daher fortwährend auf der Familie und der örtlichen Gemeinde.

Die Israeliter treten uns zunächst als Volk entgegen. Ihre Abstammung aus der Familie Abrahams, wie diese mit Jakob zu einem Geschlechte, nach diesem zu Stämmen und mit dem Auszuge aus Egypten zu einem Volke wurde, wird uns genau berichtet. Der Charakter der gemeinsamen und gesonderten Abstammung wurde in dem Volke besonders erhalten, und es heißt daher fortdauernd בני ישראל „die Söhne Israels" und עם בני ישראל „das Volk der Söhne Israels". Lange Zeit waren auch die Familien (בתים), die Geschlechter (משפחות) und die Stämme (שבטים) in ihm erhalten [1]), bis im großen Ganzen zuerst jene, dann, theils durch den Verlust der zehn, theils durch das Verschmelzen der beiden übrigen Stämme (Juda und Benjamin) auch diese verschwanden. Nicht minder besaßen sie ihre eigene Sprache, die später zeitweise von dem aramäischen Dialekt, und theilweise von der hellenistischen Sprache verdrängt ward. Sitte, Charakter und eigenthümliche Geschichte treten bei dem israelitischen Volke um so prägnanter hervor, als es noch mehr in seinem, nur ihm angehörigen Berufe als Religionsvolk ein unterscheidendes, besonderes und tief eingreifendes Moment besaß. Mit dem Leben in der Wüste wurden die Israeliten zunächst ideell, mit der Eroberung Canaan's auch realiter ein Staat, der in seiner ideellen Gestaltung עדת בני ישר' oder קהל בני ישר' oder קהל עדת בני ישר' „die Gemeinde oder die Versammlung der Söhne Israels" benannt ward. Derselbe hatte bekanntlich einen ersten Bestand bis zu seiner Vernichtung durch Nebuchadnezar 588 vor der gew. Zeitr., und nach dem babylonischen Exil einen zweiten bis zum Falle desselben durch Titus, 70 nach der gew. Zeitr., wenn er auch während dieses letzten Zeitraums oft nur zum Charakter einer Provinz herabgedrückt worden. Wenn nun mit der Zerstreuung die Juden das gemeinsame Vaterland und die Sprache verloren, denn das Hebräische und theilweise Aramäische war von da ab nur Sprache des Cultus und der Gelehrten, nicht mehr der Masse — in Sitte und Geschichte vielfach den Völkern, unter denen sie lebten, sich amalgamirten, was in der neueren Zeit sich immer mehr ausdehnte: so hörten sie damit auf ein Volk zu sein, blieben jedoch durch die Aufrechterhaltung der gesonderten Abstammung eine Nation, wie sie andererseits durch die Gemeinsamkeit des religiösen Bekenntnisses eine große Religionsgemeinde bilden.

---

[1]) Als die 42,000 Männer mit Serubabel aus dem babylonischen Exil nach den Trümmern Jerusalems zurückkehrten, konnten die Meisten ihre Geschlechtsverzeichnisse aufweisen, ein Theil nicht — ein Beweis, wie hoch diese Erhaltung der Geschlechter gehalten worden.

56.

Welche sind die Zwecke des Staates?

1) Sicherung seiner selbst und aller seiner Angehörigen vor Angriffen und Benachtheiligungen von Außen; 2) Sicherung des Eigenthums (wozu auch die Ehre gehört) und des Lebens für jeden Einzelnen innerhalb des Staates; 3) Entfaltung, Verwendung und Ausbildung aller materiellen und geistigen Kräfte, und endlich 4) die Fürsorge für die allgemeine Wohlfahrt und alle Momente, die diese betreffen.

Alle anderweitigen im vorigen §. gegebenen Bestimmungen, nämlich die Gemeinsamkeit der Gesetze, Mittel und Einrichtungen werden aber erst dadurch wesentlich für den Begriff des Staates, daß sie die Zwecke der menschlichen Gesellschaft, wie sie im Staate konkret sich erfüllen, betreffen, weil jene ohne diese auch auf jede anderweitige Vereinigung von Menschen passen würden. Die oben aufgeführten Zwecke machen nun den eigentlichen Inhalt des Staatslebens aus, und charakterisiren sich näher durch die folgenden Institutionen. Die Sicherstellung des Staates nach Außen und der im Auslande sich befindenden Staatsangehörigen, die Abwehr aller Angriffe und Benachtheiligungen geschieht theils durch friedliche Verhandlungen, theils, sofern es Noth thut, durch kriegerische Vertheidigung; der Staat bedarf also hierzu einerseits der die Verhandlungen leitenden Personen (Diplomaten), andrerseits der organisirten Wehrkraft (das Heer), die Sicherstellung des Eigenthums und des Lebens innerhalb des Staates erfordert einerseits die allgemeine Beaufsichtigung sowie die Verhütung von Verbrechen (Polizei), andrerseits die Rechtspflege (Justiz), welche sowohl die Rechtsstreitigkeiten zwischen den Einzelnen (Civilgerichtsbarkeit), als auch die

vorgefallenen Verletzungen an Eigenthum und Leben (Criminal=
gerichtsbarkeit) zu beurtheilen und darüber zu erkennen hat. Die
Entfaltung, Verwendung und Ausbildung aller materiellen und
geistigen Kräfte legen dem Staate die Pflicht auf, für den Unter=
richt und die Erziehung der Jugend im Allgemeinen, als auch für
Bildungsstätten aller Art behufs der verschiedenen Lebensberufe und
Beschäftigungen von der untersten bis zur obersten Stufe Sorge zu
tragen; dann aber auch Wissenschaft und Kunst in möglichster Weise
zu fördern; diesen an die Seite tritt der Cultus, als die konkrete
Erscheinung der verschiedenen Religionsbekenntnisse, in wiefern und
in wieweit dieser der Mit= und Einwirkung des Staates unterzogen
und bedürftig erachtet wird. Endlich liegt auch eine gewisse Or=
ganisation und Beaufsichtigung der verschiedenen Thätigkeiten in
ihrem Ineinandergreifen und ihrer Zusammengehörigkeit zu dem
Lebenskreise des Staates, damit sie allesammt in nützlichster und
zweckmäßigster Weise neben einander existiren, einander fördern,
gegenseitig tragen und unterstützen können, und somit zur Kräftigung
des Ganzen und zum Wachsthum alles Einzelnen gereichen. Hierzu
treten alle für die allgemeine Wohlfahrt, für die leibliche und
geistige Gesundheit und Entwickelung wichtigen Interessen und Fragen
vom national=ökonomischen, sittlichen und sanitärischen Standpunkte.
Alle diese Zwecke des Staates machen zu ihrer Ausführung und
Befriedigung ein großes Finanzwesen des Staates nothwendig, das
somit selbst zu einem Staatszweck wird, weil der regelmäßige Fort=
gang desselben und eine gerechte und vernünftige Besteuerung zu
den bedeutsamsten Förderungs= oder Verhinderungsmitteln des Staats=
lebens gehört. In der Vereinigung aller dieser Zwecke liegt die
Majestät der staatlichen Gesellschaft, die Großartigkeit ihres Aufbau's,
die Heiligung ihrer Existenz.

Der israelitische Staat nahm allerdings noch eine ganz eigenthümliche
Stellung ein. Als der Staat d e s Volkes, welches allen übrigen Völkern
gegenüber die ihm übergebene Religion des einzig=einigen Gottes zu wahren
und ihre Consequenzen zu verwirklichen haben sollte, mußte er auch diese
Religion unter seinen Zwecken haben, ihre Erhaltung, Förderung und Ver=
wirklichung. Nicht daß er als Staat mit dem Cultus an sich zu thun ge=
habt; dieser Cultus war vielmehr Sache des Volkes und speziell der
Priesterschaft, hatte auch, so weit er Nationalsache war, einen zu geringen

Umfang — ein Heiligthum mit geringzähligen täglichen und Festopfern — wie denn auch der Unterhalt der Priesterschaft die Angelegenheit der Indibuen, nicht des Staates war. Sondern vielmehr weil diese Religion auf der Identifizirung der Lehre und des Lebens beruhte, waren die Grundgesetze des Staates diesem von der Religion gegeben, er hatte sie sich nicht erst zu schaffen, sondern nur sie festzuhalten und in der Fortbildung der Verhältnisse weiter zu entwickeln. Welchen Einfluß dieses Moment übte, werden wir weiter unten sehen. — Wirft man hierbei überhaupt die Frage auf: ob der Staat religiös sein solle? so kann diese nur aus Mißverständniß entstehen. Der äußere Cultus und die besondere Confession ist nicht Sache des Staates, weil diese in der That nur dem Individuum angehören, lediglich für dieses bestehen und einen allgemeinen die Gesellschaft selbst unmittelbar berührenden Zweck nicht haben. Hat ein Staat geschichtlich übernommene Rechtsansprüche von Seite einer Kirche an ihn zu erfüllen, so versteht es sich von selbst, daß er diesen, so weit sie sich nicht durch die Umstände selbst geändert haben, z. B. durch Verminderung der Bekenner oder der Bedürfnisse, gerecht werden muß. Aber insofern die Religion auch die Bethätigung des höchsten Rechts, die Verwirklichung der reinsten Sittlichkeit enthält und lehrt, muß der Staat allerdings religiös sein, und hängt sein Heil von dem Höhengrade dieser Religiosität in seinen Institutionen und in allen seinen Individuen ab, muß der Staat diese höchsten religiösen Prinzipien zu den seinigen immer mehr zu machen streben, seine Gesetze und deren Ausübung von ihnen durchbringen lassen. Gerade die rechte Verwirklichung derselben wird den Staat abhalten, kirchlich zu sein, confessionell ausschließlich und hierarchisch.

57.

Welche sind nun die Grundprinzipien, die die israelitische Religion vom Staate innerhalb dieser seiner Zwecke angenommen, entwickelt und verwirklicht haben will?

Erstens: Die Gleichheit Aller vor dem Gesetze.

„Ein Gesetz soll für den Eingebornen und für den Fremdling sein, der sich in eurer Mitte aufhält." (2 Mos. 12, 49.)

„Ein Recht soll euch sein, der Fremdling sei wie
der Eingeborene, denn ich bin der Ewige, euer
Gott." (3 Mos. 24, 22.)

„Eine Satzung sei euch, für den Fremdling wie
für den Eingeborenen des Landes." (4 Mos. 9, 14.)

„Ein Gesetz und ein Recht soll euch sein, und dem
Fremdling, der sich aufhält bei euch." (4 Mos. 15, 16.)

Es liegt in der Natur der Sache selbst, daß eine völlige Gleich=
heit der Menschen weder stattfinden kann noch soll. Die Verschieden=
heit aller Individuen in körperlicher und geistiger Beziehung, der
individuellen und Familienverhältnisse, in der Art der Arbeit, dem
Fleiß und der Uebung der Tugenden oder Laster bedingt auch eine
Ungleichheit unter den Menschen. Und gerade durch diese unendliche
Mannichfaltigkeit unter den menschlichen Individuen wird die Ent=
wickelung der Einzelnen wie der Gesammtheit möglich, da bei völliger
Gleichheit ein ununterbrochener Stillstand eintreten müßte. Jede
absolute Gleichheit ist daher unmöglich; darum soll diese Gleichheit
eben nur „vor dem Gesetze", soll eine Gleichberechtigung Aller im
Staate sein, indem das Gesetz an sich Alle gleich behandelt und als
gleichberechtigt voraussetzt, keine allgemeinen Motive der Verschieden=
heit wie Stand, Reichthum, Geburt, Confession, Beruf u. s. f. zuläßt,
sondern nur in seiner Anwendung auf den individuellen Fall nach
dessen Verhältnissen sich accomodiren muß, wie z. B. bei Verwendung
im Staatsdienste ein Jeder an sich gleich berechtigt sein muß,
dennoch aber nur ein solches Amt erlangen kann, zu welchem er
die erforderliche Befähigung besitzt. Dies muß nicht allein für die
Angehörigen des Staates, sondern auch für den Ausländer gelten,
der in seinen Rechtsverhältnissen zu den ersteren einen völlig gleichen
Rechtsschutz wie diese erhalten, bei kürzerem Aufenthalte die hierfür
nöthigen, bei dauerndem Aufenthalte und Niederlassung alle Rechte
der eingeborenen Staatsangehörigen erhalten muß.

Wie schon die angeführten Schriftstellen erweisen, war es eine der ersten
und entschiedensten Grundsätze der geoffenbarten Religion: die völlige Gleich=
heit Aller vor dem Gesetze. Es war dies für sie auch gar nicht anders
möglich, da sie alle Menschen als Kinder desselben Gottes und aus Einem

Menschenpaare entsprungen ansah, Alle im Ebenbilde Gottes geschaffen. Es sollte eben nur Ein Gesetz und Ein Recht für Alle geben. Innerhalb Israels fand kein Unterschied des Standes, der Geburt, des Reichthums u. s. w. statt; Niemand hatte ein Vorrecht irgend einer Art vor dem Andern; wer ein obrigkeitliches Amt versah, war hierzu gewählt [1]). Auch die Priester machten hiervon keine Ausnahme [2]), und die Verrichtung des Cultus war eben für sie nur die Beschäftigung ihres Lebens und die Quelle ihres Unterhalts; Vorrechte hatten sie nicht, und selbst ihrem Einflusse und einer etwaigen Machtaneignung wurde vom Gesetze dadurch vorgebeugt, daß ihnen kein Grundbesitz gegeben ward und sie von dem frommen Sinn des Volkes abhängig waren. Nicht minder sollte der Eingeborene durchaus keine Vor= rechte vor dem Fremden besitzen. Nicht allein war es aufs Strengste ver= boten, einen Fremdling in irgend einer Art zu bedrücken (2 Mos. 22, 20.), und geboten „ihn zu lieben wie sich selbst" (3 Mos. 19, 33. 34. 5 Mos. 10, 19.), so wie auf's Schärfste untersagt war, das Recht des Fremden in Streitsachen zu beugen (2 Mos. 23, 6. 5. Mos. 24, 17.), und der Fluch über den ausgesprochen, der solches thut (5 Mos. 27, 19.): sondern der Fremde trat auch in alle bürgerlichen und religiösen Rechte vollständig wie der Eingeborene, der aus Israel abstammte, ein. Daher genoß der Fremb= ling alle diejenigen Vergünstigungen, welche dem israelitischen „Armen, der Wittwe und Waise" zustanden, und die wir weiter unten aufführen werden,

---

[1]) Wenn späterhin unter den Königen hierin einige Veränderung ein= traten, und es Große, Vornehme, Fürsten auch in Israel gab, so lag dies in den Verhältnissen, und war eben eine Verletzung des Grundgesetzes wie so vieles Andere. Wie ängstlich das Gesetz über die Gleichberechtigung Aller wachte, ersieht man daraus, daß beim Bau der Stiftshütte außer den freiwilligen Gaben jeder Israelit einen halben Schekel Silber, „der Reiche nicht mehr und der Arme nicht weniger" geben mußte (2 Mos. 30, 15.), welches Silber, bezeichnend genug, zu den Füßen des Heiligthums und zu den Köpfen der Säulen des Hofes (2 Mos. 38, 27 f.) verwendet wurde. Es sollte hierdurch jedem Israeliten ein gleicher Antheil und gleiches Anrecht am Heiligthume geschafft und die ganze Masse Israels auch hierin geeinigt und abgeglichen werden. Aus ähnlichem Grunde wurde vom Gesetze die Reiterei verboten, weil diese die nächste Veranlassung zur Schöpfung einer besondern und bevorrechtigten Kriegerkaste giebt, wie die Bezeichnungen ἱππεῖς, equites, Ritter erweisen, wenn auch zugleich hierdurch der Eroberungslust vorgebeugt werden sollte.

[2]) So heißt es 2 Mos. 12, 14: „So aber Einer frevelt an seinem Nächsten, indem er ihn mordet mit Hinterlist, von meinem Altar sollst du ihn wegnehmen, zu sterben", was sowohl das Asylrecht des Altars verneint, als auch den Priester, der ein Verbrechen begangen, ohne Ausnahme dem allgemeinen Recht unterwirft, wie die Tradition diese Worte auslegt.

und es stand ihm völlig frei, durch die Beschneidung in den religiösen Bund Israel's einzutreten (dieser hieß speciell (גֵּר) und hatte dann alle religiösen Pflichten und Rechte (2 Mos. 12, 48. 5 Mos. 29, 10. 14.); er nahm am Peffach Theil, hat am Sabbath und Versöhnungstag zu ruhen, das Schlachtopfer am Eingang der Stiftshütte zu bringen, untersteht denselben Opfergesetzen, derselben Versöhnung, derselben Reinigung, darf kein Blut essen, bleibt, wenn er „Zerrissenes oder Gefallenes" gegessen, bis zum Abend unrein, wohnt am Hüttenfeste im siebenten Jahre der Vorlesung der Thorah bei, und hat sich des Molochdienstes und der Lästerung des Namen Gottes zu enthalten. (2 Mos. 12, 19. 48. 49. 4 Mos. 9, 14. 2 Mos. 23, 12. 3 Mos. 16, 29. 5 Mos. 5, 14. 3 Mos. 17, 8. 9. 22, 18. 4 Mos. 15, 14—16. 26. 30. 19, 10. 3 Mos. 17, 10. 12. 13. 15. 20, 2. 24, 16. 5 Mos. 31, 10. 12.) Ebenso untersteht er denselben Richtern, flieht nach denselben Freistädten bei unfreiwilligem Todtschlage und ist denselben Ehe- und Keuschheitsgesetzen unterworfen (5 Mos. 1, 16. 4 Mos. 35, 15. 3 Mos. 18, 26.). Aber auch ganz dieselben Rechte mit Ausnahme dessen, was cultuelle Handlung ist, genoß der Fremde, welcher nicht in den religiösen Bund Israels eintrat, sondern nur im Lande wohnte (daher תושב „Beisasse" genannt), er hatte dieselben Freiheiten und Unterstützungen zu beanspruchen, auch von ihm durften Zinsen nicht genommen werden, sein Erwerb war unbeschränkt, und es können sich ihm Israeliten verkaufen (4 M. 35, 15. 3 Mos. 25, 35. 47.). Nach der Tradition mußte er sich jedoch alles Götzendienstes enthalten. — Die Gleichberechtigung Aller, die sich innerhalb der Grenzen des israelitischen Staates aufhielten, war also eine vollständige, und wir haben bereits Th. I, S. 172 gezeigt, daß dieselbe in der späteren Geschichte für die Fremden im Lande keinerlei Einbuße erlitt. Um diese große Thatsache richtig zu beurtheilen, müssen wir einen Blick auf alle Völker und Staaten des Alterthums wie des christlichen und islamitischen Mittelalters werfen. In Egypten und Indien bestand das Kastenwesen in seinen drückendsten und schroffsten Sonderungen, wo die unteren Kasten den oberen an den wichtigsten Rechten nachstanden; in allen griechischen Staaten und in Rom waren die eigentlichen Bürgerrechte nur für eine kleine Zahl von Bürgern nach deren Abstammung vorhanden, während die übrigen Einwohner und alle Fremden davon ausgeschlossen waren; und dies auch in den Zeiten der unbedingtesten Demokratie, während vorher auch die Bürger selbst, theils nach dem Geschlechte, theils nach dem Vermögen in Klassen mit stufenweisen Rechten getheilt waren. Man erinnere sich, welche Kämpfe es in Rom kostete, daß z. B. Plebejer und Patrizier sich untereinander verheirathen durften[1]). Im Mittelalter war

[1]) In Athen, Sparta, Theben, Rom ff. hat die städtische Gemeinde immer den eigentlichen Staat ausgemacht, alles Andere war unterworfenes Land, Per-

jedes Volk in Stände und Körperschaften vielfach getheilt und aus solchen
zusammengesetzt, und jeder Stand und jede Körperschaft hatten ihre eigenen
Rechte, von denen die Andern ausgeschlossen waren. So baute sich der
Feudalstaat in einer großen Stufenleiter der Vor- und Unrechte auf, auf
welcher der Adel am bevorzugtesten oben und der Leibeigene am bedrücktesten
unten stand. Im islamitischen Staate waren die Ungläubigen von den
vorzüglichsten bürgerlichen Rechten ausgeschlossen, und wie sehr auch in den
christlichen Staaten die Confession einen tief einschneidenden Einfluß auf
die bürgerliche Berechtigung übte, brauchen wir nur anzudeuten. Wenn
daher erst der moderne Staat dazu kam, die Gleichberechtigung Aller als
einen Grundsatz des Staatslebens anzuerkennen und nach und nach zu
verwirklichen, so geht er hierin nur auf den Standpunkt des mosaischen
Gesetzes zurück.

Zweitens: Die persönliche Freiheit.

Der „im Ebenbilde Gottes" geschaffene Mensch hat, wie wir
gesehen (Th. II. S. 69), Selbstbestimmung oder freien Willen, nach
den Antrieben seines Geistes, seinen eigenen Entschlüssen und
Wünschen zu handeln und zu unterlassen. Es gehört daher zu seiner
Aufgabe als Mensch, diesen freien Willen zu üben, zu entwickeln
und auf das Beste und Höchste zu richten. Dies ist es darum, was
ihm die Gesellschaft zu gewährleisten hat. Würde sie ihm die Ausübung seiner Selbstbestimmung ganz oder zum größten Theile unmöglich machen, so stellte sie sich der Erfüllung seiner Bestimmung
entgegen und würde die Zwecke des Schöpfers mit dem Menschen
vereiteln. Es ist also diese Freiheit des Willens ein natürliches,
mit seinem Wesen verbundenes Eigenthum jedes Menschen. Andererseits wird diese Freiheit des Willens aber bereits in der ursprüng-
lichsten Verbindung von Menschen, in der Familie beschränkt, deren
einzelne Glieder unter einander ihren Willen zu beschränken das

---

tinentien der Stadtgemeinde. Für diese allein war die Freiheit und das Recht
vorhanden. Athen hatte 20,000 berechtigte Bürger, gegen 450,000 Seelen in
Attika; Sparta nur 9000 gegen 30,000 unterworfene Lakonier und die helo-
tischen und die messenischen Sklaven. Bei der späteren großen Ausdehnung des
römischen Bürgerrechtes zählte das unermeßliche römische Reich im Jahre 28
doch nur 4,163,000 röm. Bürger gegen 100 Millionen Menschen. S. unsere
„Religion der Gesellschaft" S. 81.

Recht haben. Je weiter nun dieſe Verbindung von Menſchen greift, in der örtlichen Gemeinde, im Volke, endlich im Staate, deſto mehr Bedingungen zur Beſchränkung der Willensfreiheit treten für den Einzelnen ein, und im letzteren iſt es nicht allein die Freiheit aller Individuen, welche die Freiheit jedes Individuums abgrenzt, ſondern auch die Zwecke der Geſammtheit. Nichts iſt darum ſchwieriger, als die rechte Abgrenzung für die perſönliche Freiheit des Indivi= duums gegenüber allen anderen und den Zwecken des Staates zu ziehen, und ebenſoſehr das Recht des Einzelnen auf die perſönliche Freiheit zu wahren, als das Recht der Anderen und des Staates auf deren Beſchränkung. Es ergiebt ſich daher in der Geſchichte ſowohl ein immerwährender Kampf hierüber, der mit ſehr ſchwan= kenden Erfolgen geführt wird, als auch eine große Entwickelung, die vom Urſprung des Staates an durch alle Epochen der Menſch= heit bis zur neueſten Zeit fortſchreitend geht und ihre völlige Löſung erſt in weiter Zukunft zu erwarten hat. Das erſte und vielleicht ſchwierigſte Moment hierin war und iſt zum Theil noch die Aner= kennung dieſes Rechtes auf perſönliche Freiheit für jeden Menſchen ſelbſt. Denn in der hiſtoriſchen Zeit tritt der Staat zunächſt als roher, unorganiſirter oder mechaniſch gegliederter Despotismus [1]) auf, der den Staat allein als berechtigt, die Individuen ihm gegen= über als völlig rechtlos anſieht. Das griechiſche und römiſche Alterthum trennte die Menſchen in drei große Claſſen, von denen die erſte als Bürger des Staates das volle Recht auf perſönliche Freiheit beſaß, die zweite, die Unterworfenen nur nach den Be= dingungen, die ihnen die erſte auferlegte, und die dritte, die Sklaven, der perſönlichen Freiheit gänzlich beraubt war. Dies war nicht blos die Praxis, ſondern auch die Theorie jener Epoche [2]). Das Mittel= alter erkannte ebenſowenig ein abſolutes Recht auf perſönliche Frei= heit an; vielmehr theilte der Staat die geſammte Maſſe in viele Körperſchaften, die einander ſubordinirt waren, ſo jedoch, daß die einzelnen Körperſchaften wieder in Abtheilungen zerfielen, die coor=

---

[1]) Jener in den aus Mittelaſien herausbrechenden Völkern von den Alt= aſſyrern bis zu den Perſern, von den Arabern bis zu den Türken; dieſer in Egypten und Indien. S. unſere „Religion d. Geſellſchaft“ Vorleſ. V.

[2]) S. a. a. O. S. 81 ff.

binirt neben einander standen, welche sämmtlich ihre besonderen Rechte hatten, und die anderen in diesen ihren Rechten ausschlossen. Hiernach ergab sich auch für die persönliche Freiheit eine große Mannichfaltigkeit der Maße, bis hinab zu den Leibeigenen, welchen als „zur Scholle gehörig" wesentliche Momente derselben fehlten, ohne jedoch ihrer ganz zu entbehren, wie die Sklaven [1]). Eine Ausnahme hiervon machte das mosaische Gesetz und der israelitische Staat, welche die persönliche Freiheit zu ihrem obersten Gesetze hatten, wie dies sowohl aus der von der Gotteslehre gegebenen Erklärung des menschlichen Wesens, als auch die ihm auferlegte Erfüllung des Gesetzes nothwendig mit sich brachten. Der moderne Staat in seiner absolutistischen Phase erkannte allerdings die persönliche Freiheit des Individuums als ein ursprüngliches Recht an, weßhalb er auch die Abschaffung der Leibeigenschaft vornahm, aber er legte dem Staate auch das Recht bei, diese persönliche Freiheit des Individuums vermittelst der von ihm erlassenen Gesetze in unbedingtem Maße zu beschränken. Es war daher derjenige Staat, in welchem der Absolutismus niemals zur vollen Geltung kam, England, der erste, welcher die persönliche Freiheit als ein wirkliches und gültiges Recht anerkannte, und seit dem Erlaß der Habeas-Corpus-Akte (1215) verwirklichte. In den anderen Staaten trat und tritt das Recht der persönlichen Freiheit als solches, wenn auch in engerem oder weiterem Maße mit der Zeit ein, wo der Staat aus dem Absolutismus in einen verfassungsmäßigen Zustand übergeht, und das Wesen einer Verfassung besteht eben in der Feststellung, wie und inwieweit das Recht der persönlichen Freiheit und das Recht der staatlichen Beschränkung derselben zur Ausgleichung kommen soll. Somit ging die neueste Zeit auch hinsichtlich dieses Grundsatzes zu den Prinzipien des mosaischen Gesetzes zurück. — Die persönliche Freiheit manifestirt sich aber in verschiedenen Momenten, und zwar: 1) als Freiheit der Person, die darin besteht, über die eigene Person nach freiem Belieben, nach Zeit, Ort und Thätigkeit verfügen zu können. Die Beschränkung dieser Freiheit tritt theils durch Vertrag, wie in einem Dienstverhältniß, ein, der aber an sich

---

[1]) S. a. a. O. Vorles. VI.

ein Ausfluß dieser Freiheit selbst ist, theils durch die Zwecke des Staates, z. B. als Soldat, oder bei dem Verdacht oder als Strafe eines Verbrechens. — 2) Denk- und Glaubensfreiheit. Der Staat hat lediglich ein Verhältniß zu den Thaten und Handlungen des Menschen, wohingegen das Denken und Glauben des Menschen nur in einem Verhältniß zu sich selbst und zu Gott steht. Soweit daher das Denken und Glauben bei sich bleibt, und zu keiner Aeußerung in Wort und That gekommen ist, geht es den Staat durchaus nichts an, und hat der Staat auch nicht das entferntefte Recht darauf. Die religiöse Ueberzeugung, sowie die Art des Den= kens und Fühlens überhaupt ist daher völlig frei und unabhängig vom Staate, und kann der letztere Niemanden dafür verantwortlich machen. Jede Beschränkung der Denk= und Glaubensfreiheit, jeder Eingriff in dieselbe Seitens des Staates ist daher unrechtmäßig, und welche traurige Folgen die Verkennung und Verletzung jener gehabt, und zu welchen grausamen Gewaltthätigkeiten sie geführt haben, lehrt die Geschichte in zahlreichen Beispielen. Eine noth= wendige Consequenz dieser Denk= und Glaubensfreiheit ist, daß der Staat Niemanden um seines Denkens und Glaubens willen von irgend einem ihm sonst zustehenden Rechte ausschließen, noch mit irgend einer Art des Denkens und Glaubens ein Vorrecht verbinden darf. Der Staat schiebt sich sonst geradezu zwischen Gott und den Menschen ein, und wirft sich zum Vormunde jenes auf. Es leuchtet dies aber auch praktisch um so mehr ein, als das wirkliche Denken und Glauben eines Menschen der Cognition aller anderen entzogen ist, und darum selbst das Bekenntniß irgend eines Denkens und Glaubens noch keine Bürgschaft für die Wahrhaftigkeit giebt, der Staat also geradezu einen Preis auf die Heuchelei stellen, die Wahr= haftigkeit und Ueberzeugungstreue aber bestrafen würde, was denn auch überall, wo die obige Freiheit nicht anerkannt wurde, der Fall gewesen. — 3) Die Berufsfreiheit. Berufen, mit seinen Kräften, wie sie sich aus den ihm von Gott verliehenen Anlagen entwickelten, in der großen Menschenfamilie, insonders innerhalb des Volkes und Staates, dem er angehört, möglichst zu nützen, und durch seine Arbeit, sei sie körperlich, sei sie geistig, mitzuwirken seines Theiles in dem unermeßlichen Austausch der Erzeugnisse, hierdurch zu gleicher

Zeit seiner Bedürfnisse Befriedigung zu verdienen und seine Fähig=
keiten zu entfalten und zu verwenden, hat jeder Mensch das Recht,
gerade die Thätigkeit zu wählen und zu üben, die ihm am ange=
messensten erscheint, seinen Neigungen und Fähigkeiten am meisten
entspricht, oder die sich ihm am nächsten und vortheilhaftesten dar=
bietet. Die beschränkenden Bedingungen, die hierin sich ergeben,
sind, wenn diese Thätigkeit als gemeinschädlich dem Rechte der Ge=
sammtheit entgegentritt, oder das begründete Recht eines Andern
verletzt, oder in einer Weise betrieben wird, daß daraus eine Ueber=
vortheilung oder Täuschung Anderer erfließt. Außer diesen Be=
schränkungen hat der Staat nicht das Recht die freie Verwendung
und Uebung der Kräfte zu begränzen, um so weniger, als dadurch
nicht blos dem Einzelnen, sondern auch der Gesammtheit ungerecht=
fertigter Nachtheil zugefügt wird, welche von der Summe der in
ihr vorhandenen Kräfte nichts entbehren darf und soll. — 4) Die
Redefreiheit. Die Sprache ist das wesentlichste Verbindungs=
mittel der Menschen unter einander, das nur in sehr geringem
Maße durch Blick, Geberde und Zeichen ersetzt werden kann. Sie
dient zum Ausdruck unserer Gedanken und Gefühle, und ist daher
das eigentliche Werkzeug, die Gemeinsamkeit der Menschen in allen
ihren Beziehungen zu vermitteln. Weder die Entwickelung des
Einzelnen noch der Gesammtheit wäre ohne dieselbe denkbar, da die
Menschen ohne sie auch ohne Zusammenhang und Zusammenwirken,
ohne Belehrung und Ueberlieferung sein würden. Aber nicht allein
für das, was das Individuum von andern zu empfangen hat, ist
die Sprache unentbehrlich, sondern unsere eigenen Gedanken und
Gefühle werden nicht eher uns selbst klar und vollständig, bevor wir
ihnen nicht durch die Sprache einen Ausdruck zu verleihen gesucht haben.
Es wohnt aber auch in dem Menschen ein natürlicher Drang, sich
durch die Sprache Anderen mitzutheilen, ein Drang, der bei gewalt=
samer Nichtbefriedigung selbst Geistesstörung und Wahnsinn hervor=
rufen kann. Daher ist die Freiheit der Rede, d. h. seine Gedanken
und Gefühle durch die Sprache kund zu geben, ein selbstverständ=
liches Recht des Menschen, das er um so eher in Anspruch nehmen
darf, als ihm andrerseits die Wahrhaftigkeit zur sittlichen Pflicht
gemacht ist. Es kann hierbei keinen Unterschied machen, ob er seine

Rede an Einen, Mehrere oder Viele, zu gleicher Zeit oder nach und nach richtet, und darum kommt es nicht darauf an, ob die Rede durch hörbare Laute oder durch die für diese angenommenen Zeichen, also durch Schrift oder Bilder verständlich gemacht wird. Aber auch diese Freiheit wird ihre Beschränkung darin finden, daß durch die Rede oder Schrift weder das Recht eines Anderen z. B. durch Ehrenkränkung, noch das Recht der Gesammtheit z. B. durch Aufforderung zum Umsturz oder durch Verrath eines Staatsgeheimnisses verletzt werde. — 5) Die Vereinsfreiheit. Je weniger der Mensch als Einzelner zu wirken und zu schaffen vermag, je mehr er darauf angewiesen ist, sich zu jedem umfänglicheren Werke und Zwecke mit Anderen zu verbinden, und je vielfältiger in der Entwickelung der Verhältnisse, Bedürfnisse und Ziele diese Werke und Zwecke werden, die nur durch gemeinsame Thätigkeit Vieler erwirkt werden können, desto unumgänglicher hat der Mensch das Recht zu solchen Vereinigungen zu beanspruchen. Die Zwecke solcher Vergesellschaftung können materieller, industrieller, geselliger und geistiger Natur sein; sie können die Oertlichkeit betreffen, aber auch über deren Grenzen, über die Grenzen eines Staates und selbst eines Weltalls hinausreichen, und es ist einsichtlich, daß das Interesse der Gesammtheit darin liegt, derartige Vereinigungen zu fördern und den Trieb dazu zu stärken. Die Erfahrung hat gelehrt, daß nicht bloß die großartigsten Werke, deren Schöpfung selbst dem Staate eine Unmöglichkeit wäre, auf diesem Wege ihre Herstellung finden, sondern, auch Miß- und Uebelstände, welche weder durch die Individuen als solche, noch durch den Staat gehoben werden konnten, durch eine derartige Vereinigung mehr oder weniger Abhülfe gewannen. Der Staat ist daher am reichsten, kräftigsten und blühendsten, in welchem die Vereinigung der Einzelnen zu gemeinsamen Zwecken am gewöhnlichsten und leichtesten ist. Indeß kann es nicht übersehen werden, daß auch die Vereinsfreiheit ihre Beschränkung darin finden muß, ob die erstrebten Zwecke keinen, die Rechte Anderer benachtheiligenden oder einen gemeinschädlichen Inhalt haben, da es sich von selbst versteht, daß, je größer die Wirkung der Vereinigung ist, desto bedeutender auch ihr Nachtheil wird, wenn sie sich einen schädlichen Zweck gestellt hat. — Sind dies die einzelnen Manifestationen

und Richtungen der persönlichen Freiheit und haben wir hier ein=
fach nur ihre Berechtigung, sowie die Bedingungen, an die sie
geknüpft, und die Beschränkungen, soweit diese berechtigt sind, erörtern
wollen, so leuchtet bei jedem dieser Momente ein, wie schwierig die
richtige Bestimmung dieser Beschränkungen ist, aber auch wie wichtig,
weil hiervon die wirkliche Freiheit abhängt. Denn selbst bei voller
grundsätzlicher Anerkennung dieser Freiheit, wird sie doch durch jede
über das berechtigte Maß hinausgehende Beschränkung illusorisch
gemacht, und Druck, ja selbst Knechtung geübt, welche dem Menschen
diese integrirenden und unentbehrlichen Rechte entziehen oder doch
verkümmern, wodurch seine Kräfte gebunden und der Drang zur
Widersetzlichkeit und zur Beseitigung durch List oder durch Gewalt
geweckt und gesteigert wird. Der Staat, der zuletzt doch nur auf
der Achtung vor dem Gesetze beruht, muß vor Allem dahin streben,
daß die Gesetze der Ausdruck des wahren und vollen Rechtes sind,
nicht aber daß durch das Unrecht im Gesetze und die Härte in seiner
Ausführung der Staatsangehörige im Gesetz und in der Ausführung
nur die Gewalt und die Unterdrückung sieht. Der Staat hat aber
auch in sich die Verpflichtung der Sittlichkeit, und diese legt ihm
auf, jede Unsittlichkeit durch unberechtigte Entziehung oder Beschrän=
kung eines Rechts zu vermeiden. Die Heiligung des Staates ge=
schieht dadurch, daß jede berechtigte Freiheit in ihm geachtet und
geübt wird, so daß er der wahre Schauplatz wird, auf welchem die
Freiheit zu ihrem höchsten und allgemeinsten Rechte gelangt, nicht
aber ein Kampfplatz, auf welchem die wildesten Leidenschaften ge=
weckt und gepflegt werden. Es ist hier ferner zu beachten, daß mit
der Ausbildung und Entwickelung der Menschen, auch die Veranlas=
sung sich mehrt und das Bedürfniß wächst, die persönliche Freiheit
in allen ihren Richtungen in immer ausgedehnterem Maße zu be=
nutzen, zu üben und darum zu beanspruchen, und es ist daher die
Pflicht und das Heil des Staates, diesem entwickelten Bedürfniß in
entsprechendem Maße Befriedigung zu gewähren. Hieraus ergiebt
sich, daß zunächst vor dem Rechte der persönlichen Freiheit in ihren
angeführten Momenten jede Prohibitivmaßregel ein Unrecht ist; denn
jedes Prohibitiv ist an sich eine präsumtive Aufhebung der Freiheit,
also des Rechtes, und nicht der Gebrauch einer berechtigten Freiheit

darf behindert, ſondern nur ihr Mißbrauch muß beſtraft werden. Zu Jemandem zu ſagen: dieſe und dieſe Freiheit iſt dein Recht, aber du darfſt ſie nicht üben, weil du ſie mißbrauchen könnteſt, iſt eine ärgere Verhöhnung, als die Ableugnung jener. Der Kampf, der ſich daher um die perſönliche Freiheit ſeit Alters erhoben hat, galt und gilt zunächſt der Beſeitigung der Prohibitivmaßregeln, alsdann der Feſtſetzung, was der Mißbrauch jener ſei und wie derſelbe zu beſtrafen. Die zahlloſen Irrthümer hierin und die furchtbaren Wirkungen derſelben, Irrthümer, die von beiden Seiten begangen wurden und ebenſo in maßloſer Forderung wie in maßloſer Be=ſchränkung der perſönlichen Freiheit beſtanden, ſind tief zu beklagen, aber ſie dienen doch zu immer größerer Klärung und Entwickelung, deren Fortſchritt um ſo höher zu achten, weil er nur durch Zähmung und Beſeitigung der in dem Menſchen am meiſten und am wildeſten obherrſchenden Leidenſchaften errungen wird.

„Denn meine Knechte ſind ſie, die ich heraus=geführt aus dem Lande Mizrajim: ſie ſollen nicht verkauft werden, wie man Knechte verkauft." (3 Moſ. 25, 42.)

„Denn mir ſind die Söhne Iſraels Knechte, meine Knechte ſind ſie, die ich herausgeführt aus dem Lande Mizrajim. Ich bin der Ewige, euer Gott." (3 Moſ. 25, 55.)

Die dieſem Verſe vorhergehenden Worte zeigen, daß hiermit erklärt wor=den: ſie ſollten keines Menſchen, ſondern nur Gottes Diener ſein, keinem Menſchen, ſondern nur Gott zugehörig. Dieſelbe Freiheitserklärung erfloß aber ſchon in dem erſten und oberſten Geſetze, in dem erſten der zehn Worte: „Ich bin der Ewige, dein Gott, der dich aus dem Hauſe der Knechte geführt," womit die Unvereinbarkeit der wahren Gotteserkennt=niß mit Unfreiheit und Sklaventhum ausdrücklich erklärt worden. So wie daher das „erläuternde Geſetz" mit dem 21. Kapitel des 2. Buches Moſ. beginnt, hebt es mit der Vernichtung der Sklaverei an: Iſrael ſollte ein freies Volk und ein Volk von Freien ſein. Daher die obige allgemeine Er=klärung, und die Verhängung der Todesſtrafe über den, welcher einen Menſchen der Freiheit der Perſon beraubt („und wer einen Menſchen ſtiehlt und ihn verkauft, oder er wird gefunden in seiner Hand, der soll getödtet werden." 2 Mos. 21, 16.) Faktisch stand diesem aber die Praxis des ganzen Alterthums gegenüber, und es mußte daher zur Beseitigung des Sklaventhums ebenfalls ein praktischer Weg beschritten werden. Das Gesetz that dies, indem es die Sklavenschaft in eine Miethlingschaft auf eine be=stimmte Zeit mit Vorauszahlung des Lohnes als Kaufgeld verwandelte. Zuerst wurden die Fälle, in welchen der Israelit Knecht werden konnte, auf die beiden beschränkt, daß er im Falle äußerster Armuth (a. a. O. B. 39.), wenn er sich selbst nicht erhalten konnte, sich als Knecht verkaufte, oder von Gerichtswegen, wenn er gestohlen hatte und nicht im Stande war, das Ge=stohlene zu ersetzen, verkauft wurde. (2 Mos. 22, 2.) In beiden Fällen aber durfte er nur sechs Jahre (vom Tage seines Verkaufs an, wie die Tradition deutet) dienen, im Anfang des siebenten Jahres ging er frei aus, und der Herr war gehalten, ihm ein Geschenk von Schafen, Getreide und Wein mitzugeben; trat aber das Jobeljahr noch früher ein, und wäre es nur ein Jahr nach dem Verkauf, so ging er ebenfalls frei aus, und endlich konnte er nicht als Knecht vererbt werden, sondern bei dem Tode des Herrn ging er frei aus. Die längste Zeit seines Dienstes konnte also nur einen Zeitraum von höchstens 6 Jahren bespannen. Hiermit war allerdings das Prinzip des Sklaventhums aufgehoben, was die Schrift auch ausdrücklich mit den Worten bemerkt: „Wie ein Lohnarbeiter soll er bei dir sein," fer=ner: „sein Kaufpreis sei nach der Zahl der Jahre, wie wenn es die Zeit des Lohnarbeiters bei ihm gewesen; wie ein Lohnarbeiter Jahr für Jahr soll er bei ihm gewesen sein;" endlich: „Es sei nicht zu schwer in deinen Augen, daß du ihn frei entlassest von dir, denn das Doppelte des Lohnes eines Mieth=lings hat er dir verdient in sechs Jahren, und segnen wird dich der Ewige, dein Gott, in Allem, was du thust." (2 Mos. 21, 2. 3 Mos. 25, 40. 46. 5 Mos. 15, 12. 13—15. 18.) Allerdings, wenn dem Knechte die Verhält=nisse im Herrenhause lieb geworden, oder er fürchtete, in die alte Bedürftig=keit zurückzufallen, so konnte er aus Entschließung seines freien Willens er=klären, bei seinem Herrn bleiben zu wollen, mußte aber diesen seinen freien Willen öffentlich vor Gericht kundgeben, und diente dann weiter (2 Mos. 21, 5. 6. 5 Mos. 15. 16. 17., nach der Tradition konnte dies in strengster Fassung der Textworte nur der vom Gericht Verkaufte und ein Kohen gar nicht, Rambam M. T. Hilch. Abadim III. §. 6. 8.) Aber im Jobeljahre mußte auch dieser frei ausgehen. Das Jobeljahr (3 Mos. 25.), das ist je das 50 Jahr (also nach Verfluß von 7 Schmittahjahren), sollte die In=stitution sein, welche eine Bürgschaft für die Freiheit der Person in sich trüge; am Versöhnungstage dieses Jahres wurde die Drommete durch das ganze Land geblasen und דרור „Freiheit" ausgerufen; Alles, was dienst=bar war, wurde frei, alle Reste von Knechtschaft mußten aus Israel ver=schwinden und die allgemeine Freiheit eintreten, und es konnte dies um so eher geschehen als im Jobeljahre auch die verkauften Erbgüter an ihre eigent=

lichen Beſitzer frei wieder zurückfielen (3 Moſ. 25, 39—-41.). Eine Frau durfte weder ſich verkaufen noch vom Gericht des Diebſtahls wegen verkauft werden. (Ramb. a. a. O. I. §. 2.) Ein Iſraelit konnte ſich auch an einen Fremden verkaufen und blieb dann bis zum Jobeljahre, behielt aber die Rechts=wohlthat, daß einer ſeiner nächſten Verwandten zu aller Zeit ihn loskaufen konnte und ſollte, wo dann nach Verhältniß des Kaufpreiſes die Jahre, die er bis zum Jobeljahre noch zu bienen gehabt hätte, berechnet wurden. Ueber=haupt aber war geboten, den Knecht nicht ſtreng zu behandeln. (3 Moſ. 25, 43—54.) Sobald daher durch die Entfernung der Juden aus dem heiligen Lande die Feier des Jobeljahres unmöglich geworden, hob das tal=mudiſche Geſetz auch noch dieſen Reſt des Sklaventhums auf (Erachin 29, 1.) [1]. Somit war im iſraelitiſchen Staate die perſönliche Freiheit aller ſeiner Glieder prinzipiell ausgeſprochen und faktiſch verwirklicht, und, verbinden wir damit die oben beſprochene Gleichheit vor dem Geſetze und die weiter unten zu beſprechende Vertheilung des Grundbeſitzes, ſo war jene eine durchaus voll=ſtändige. Aber er ſtand hiermit einzig da und dem ganzen Alterthum gegen=über, und in dieſen Zuſtänden mußte daher der aus dem Auslande erkaufte Knecht in einem andern Verhältniſſe ſtehen. Aber auch er konnte ſich zu aller Zeit loskaufen, oder durch einen Freibrief von ſeinem Herrn die Frei=heit erhalten; ſtrafte ihn der Herr ſo, daß er eines Gliedes verluſtig ging, (ſei es nur ein ausgeſchlagener Zahn), ſo ging er frei aus; ſtarb der Knecht dabei, ſo erlitt der Herr ebenfalls den Tod (nach der Tradition durch das Schwert), am Sabbath mußte man ihn ruhen, an den Freuden der Feſte mußte man ihn theilnehmen laſſen. Flüchtete ſich ein Sklave vom Auslande nach Iſrael, ſo durfte er nicht ausgeliefert werden, ſondern es mußte ihm geſtattet werden, zu wohnen, wo es ihm gefiel, und er durfte nicht gedrückt werden. (2 Moſ. 20, 10. 21, 20. 21. 26. 27. 5 Moſ. 5, 14. 12, 18. 16, 11. 14. 23, 16. Rambam a. a. O. V. §. 1. 4. VIII. §. 11. Talm. Kiddusch. 24. 1 ff.) — Stellte hiermit der iſraelitiſche Staat das allein rechtmäßige, der Gotteslehre allem entſprechende Prinzip auf, ſo verſteht es ſich, daß mit der erwarteten und erſtrebten Ausbreitung über alle Menſchen=völker auch dieſes Prinzip zu einem Grundgeſetz für alle Staaten werden ſollte und müßte. — Daß im Laufe der Zeiten dieſes Geſetz nicht immer beobachtet wurde, dafür iſt es ſelbſtverſtändlich nicht verantwortlich; welch hoher Werth aber auf daſſelbe gelegt wurde, erſieht man aus Jirmejah 34, 8 ff., wo der König Zibkijah während der Belagerung Jeruſalems die wider=geſetzlich zurückgehaltenen Knechte freigeben ließ, als aber die Belagerung eine Zeit lang aufgehoben worden, weil die Chaldäer gegen die einen Einfall verſuchenden Egypter gezogen, ſie wieder in die Knechtſchaft zurückzwang, wofür der Prophet allen Iſraeliten die Knechtſchaft androhte. — Schon

---

[1]) אין עבד עברי נהג אלא בזמן שהיובל נוהג.

früher bemerkten wir, daß das mosaische Gesetz keine Freiheitsstrafen kannte, sondern nur bie Untersuchungshaft (3 Mos. 24, 12. 4 Mos. 15, 34.). Die Internirung des unfreiwilligen Todtschlägers in eine der sechs Freistädte bis zum Tode des Hohenpriesters, geschah nur zum Schutze jenes gegen die aus dem Volke noch nicht geschwundene Blutrache. Also auch hierdurch war die Freiheit der Person anerkannt und geschützt. — Daß auch die Berufs= ober Gewerbefreiheit zu den Prinzipien des israelitischen Staates gehörte, sahen wir §. 54., und daß die Denk= und Glaubensfreiheit selbst für den Nichtisraeliten im h. Lande galt, bemerkten wir an dem Fremden, der sich im Lande niedergelassen, ohne sich zur israelitischen Religion zu bekennen (תושב, s. oben in unserem §. zu 1.). Ueberhaupt ist hier zu bemerken, daß im Mosaismus die Gottesverehrung, der Gottesdienst dem Individuum ganz frei gegeben war. Der Opfercultus betraf nur das ganze Volk Israel, nicht die Individuen. In bem einzigen allgemeinen Heiligthum (in einem Lande von 500 Quadratmeilen) wurden Opfer im Namen des ganzen Volks gebracht. Das Individuum kann freiwillige Opfer bringen, kann Gelübde geloben, kann Schuldopfer barbringen zur Sühnung des durch die Schuld gestörten Verhältnisses zum Volksheiligthume. Die Wanderung nach dem Heiligthume, das Peßachlamm, das Verzehren der Mazzoth am Peßach, die Darbringung der Erstlinge, die Reinigkeitsopfer, das Verzehnten, selbst die Beschneidung waren geboten, aber ihre Unterlassung war von aller staatlichen Pön frei, und höchstens mit göttlicher Strafe bedroht, bei einem Fehl gegen die Reinigkeitsgesetze, wozu auch die Speisegesetze gehören, waren nur Waschungen vorgeschrieben, und fand ein zeitweises Fernbleiben vom Heiligthume statt. Eine Einmischung der Staatsgewalt in das cultuelle Leben des Individuums ist nirgends constatirt. Das Individuum soll nur Gott lieben, verehren, ihm anhangen und dienen, indem er die Heiligung im Geiste und im Lebenswandel bethätigt (5 Mos. 10, 12.), wie weit aber durch Cultus und Gebet, ist ihm selbst überlassen [1]. Dahingegen lag es in bem Zwecke und der Aufgabe des israelischen Staates, innerhalb seiner Grenzen das Aufstellen von Götzenbildern und Götzenaltären nicht zu bulden, es war dies eine Lebensbedingung für ihn, der Zweck, um ben er da war, und wenn er weder ben Inländer, noch ben Frembling zwang, sich zum Cultus des einzigen Gottes zu bekennen und bie cultuellen Handlungen zu vollziehen, so mußte er boch ben öffentlichen Götzendienst mit ber höchsten Strafe belegen, wenn er sich nicht selbst aufgeben wollte. Faktisch, als der tausendjährige Kampf zwischen der Gotteslehre und dem Heidenthume währte, wird stets von den Propheten die bloße Umkehr zu Gott und die Beseitigung des Götzendienstes und seines Apparates als einzige Forderung hingestellt. Hierhin gehört auch das Sabbathgesetz als die Grundlage der religiös=sittlichen

---

[1] Siehe unsere „Entwickelung der religiösen Idee". S. 40.

und ſozialen Ordnung des israelitiſchen Staates, an welchen nicht blos alle
Glieder des Volkes, alle im h. Lande wohnenden Menſchen, ſondern auch die
Thiere Theil haben ſollten, um auf ihr das ſoziale, ſittliche und religiöſe
Leben in Gott aufzubauen. — Hieraus iſt es denn gekommen, daß ſo ver-
ſchiedenartig auch die Richtungen in den meiſten Epochen der israelitiſchen
Religion unter deren Bekennern waren, ſo mannichfaltig die Elemente, die
Entwickelung von innen und die Antriebe von außen, dennoch vermittelſt
der ihr einwohnenden Duldung und Freiheit nur ſehr geringe Sektirerei
vorkam, und dieſe niemals vermochte, eigentliche Spaltungen herbeizuführen.
Unter dem lichten Dache des Judenthums ſammelten ſich ſtets die verſchie-
denartigſten Denk- und Auffaſſungsweiſen nebeneinander um den ewigen
Mittelpunkt, und wenn auch der Kampf oft ein harter war, ſo endigte er
doch ſtets in der Einheit des Ganzen. — Wenn man beobachten will, wie
unbeſchränkt die Redefreiheit in Israel geübt worden, wie mächtig ſie in
ihm lebte, ſo braucht man nur auf die Propheten zu blicken, welche allen
Machthabern, götzendieneriſchen Königen, entarteten Prieſtern, falſchen Propheten gegenüber es an ſchneidenden Vorwürfen und bitterſtem Spott nicht
fehlen ließen. Aber aus gleichem Grunde wie für das Verbot des öffentlichen
Götzendienſtes, war auch in der ſonſt nirgends beſchränkten Redefreiheit die
Gottesläſterung ein Verbrechen höchſter Strafbarkeit aufzuſtellen, da ſie den
Lebensnerv des ganzen israelitiſchen Staates traf. Es iſt übrigens be-
merkenswerth, daß zuerſt die Gottesläſterung nur allgemein verboten (2 Moſ.
22, 27. [1]) und erſt ſpäter bei einer faktiſchen Veranlaſſung die Strafe beſtimmt wurde, (3 Moſ. 24, 10—16.) Die Tradition in wörtlichſter Auffaſſung beſchränkte die ſtrafwürdige Gottesläſterung auf die Läſterung des
Namens 'ה, während die Läſterung eines Beinamen Gottes ſtraflos bleibe
(Sanhedr. 56, 1 ff.), daß übrigens dieſes Geſetz beobachtet wurde, erſieht
man aus der Geſchichte Naboth's 1 Kön. 21, 10. [2]) — Nirgends wurde
wohl in früheren Zeiten in ſo ausgedehntem Maße Gebrauch gemacht von
dem Vereinsrechte wie innerhalb des Judenthums. Nicht ſowohl die Ver-
brüderung der Propheten in den ſeit Samuel beſtehenden Prophetenſchulen[3]),
oder die ſpätere der Eſſäer[4]) meinen wir, als vielmehr die ſeit der Zer-
ſtreuung in allen jüdiſchen Gemeinden zu allen möglichen Zwecken werkthä-

---

[1]) Einige Erkl., wie Mechilt., Aben-Esra, Raſchbam verſtehen hier אלהים
„Richter,“ wogegen Midr., Raſchi, Abarb. „Gott,“ was auch, wie wir zur Stelle
erwieſen, das Richtige iſt.

[2]) Ein intereſſantes Beiſpiel eines Verſuches zur Beſchränkung der Redefreiheit, zur Einführung der Cenſur treffen wir Jirm. 29, 27.

[3]) S. unſer Bibelw. Th. II. S. 288.

[4]) S. Grätz, Geſch. d. Judenth. Th. 3. S 96. Joſt, Geſch. d. Judenth. I.
S. 207.

tiger Liebe und der Beschäftigung mit Lehre und Gesetz aller Orten gestifteten Vereine (חבורות) führten das Wesen und den Nutzen der Vereinigung praktisch durch, und trugen nicht wenig zur Erhaltung des Judenthums bei, so sehr sie auch ihren Wirkungskreis auf die Oertlichkeit beschränkten. —

Drittens: Die Heiligkeit des Lebens und des Eigenthums.

1. Die Existenz des Menschen besteht zunächst in seinem Leben. Mit dem Ende des Lebens hört auch sein Dasein als Mensch auf Erden auf. Es ist ihm von Gott gegeben, und keine menschliche Macht vermag es ihm wiederzugeben, wenn es geendet hat. Umsomehr ist es die Pflicht des Staates, und gehört zu seinen besonderen Zwecken, das Leben aller Einzelner zu schützen, und umsoweniger ist der Staat Herr über das Leben der Einzelnen. Dem Staate liegt es vielmehr ob, alle die allgemeinen Mittel, durch welche das Leben und die Gesundheit der Einzelnen geschützt und gefördert wird, darzubieten und zu verwenden, und dahinzielende Maßnahmen zu treffen, weßhalb auch die Gesundheitspolizei zu den Funktionen des seiner höheren Aufgaben bewußten Staates gehört. Nur in zwei Fällen hat der Staat das Recht, das Leben seiner Angehörigen in Anspruch zu nehmen. Erstens zur Vertheidigung der Gesammtheit. Er sendet die dazu tauglichen Männer in den Kampf, um den Feind von seinen Grenzen abzuwehren, oder den Verbrechen in seinem Schooße entgegenzutreten. Hierzu hat er das Recht, von seinen Bürgern selbst die Aufopferung des Lebens zu fordern, weil er dadurch nicht allein den Bestand der Gesammtheit sichert, sondern auch durch den Tod Einzelner das Leben Vieler schützt. Es ist aber ersichtlich, daß auch dieses Recht des Staates seine Begrenzung hat. Eine unrechtmäßige Anmaßung ist es, Krieg um bloßer Eroberungen, um Befriedigung der Herrsch- und Raubsucht, oder um des bloßen Ruhmes willen zu führen. Sondern nur da, wo es den Schutz der Existenz oder der wesentlichen Güter des Staates, des Vaterlandes, der Nation oder auch die Vertheidigung der höchsten Interessen der ganzen Menschheit gilt, ist der

Krieg gerechtfertigt. — Zweitens hat der Staat das Recht, die Todesstrafe auf die höchsten Verbrechen, welche den ganzen Bestand der Gesellschaft und das Leben ihrer Angehörigen vernichten, zu verhängen. Allerdings ist dieses Recht in neuerer Zeit ein Gegenstand der Discussion geworden. Auf dem Boden des geoffenbarten Gesetzes ist diese Frage allerdings nicht vorhanden, denn die h. Schrift spricht sich unzweideutig darüber aus. — Auch hierin stellt die Geschichte ein langes Sündenregister der Staaten auf, da sie einerseits zahllose Kriege aus den ungerechtfertigsten Motiven führten, und unendliches Blutvergießen, Verheerung und Knechtschaft aus den selbstsüchtigsten Triebfedern verursachten, anderntheils dem Despotismus das Leben der Staatsangehörigen in willkürlichster Weise zu Gebote stellten, und endlich die Todesstrafe über viele wirkliche oder vermeintliche Verbrechen, wie auf Diebstahl (z. B. bis noch vor Kurzem in England), auf Glaubensverschiedenheit, auf Hexerei, auf eine lange Reihe von politischen Verbrechen u. s. w. verhängten. So haben wir auch auf diesem Gebiete eine bedeutsame Entwicklung zu verfolgen, bis der Staat seinen blutgetränkten Boden verlassen und in die Grenzen seines wirklichen Rechtes sich zurückgezogen haben wird.

Eine ganz besondere Fürsorge für die Gesundheit und leibliche Pflege der Menschen legt das Gesetz dar; denn außer dem eigentlichen religiösen Inhalt und Zweck kann man doch in der Beschneidung, im Sabbath, in den Reinigkeits-, besonders den Speisegesetzen ff. das sanitärische Moment nicht verkennen, nur daß diejenigen fehlten, welche deßhalb den Zweck aller dieser Gesetze hierauf beschränken wollten. Bedeutende medizinische Autoritäten haben sich über die sanitärische Nützlichkeit der Beschneidung ausgesprochen; die Ruhe nach sechs Werkeltagen gereicht zur Stärkung der Kräfte und Erfrischung des Thätigkeitsdranges; wie die Speisegesetze, namentlich innerhalb der vom mosaischen Gesetze gezeichneten Grenzen, vor Schädlichkeiten schützen, z. B. vor dem Genusse schwerkranken Viehes, wird immer mehr anerkannt, und die jetzt grassirende Trichinenkrankheit des Schweines hat dies wieder einmal herausgestellt; die Reinigkeitsgesetze bieten mehrfache derartige Punkte dar. Der Grundsatz meus sana in corpore sano, d. h. daß eine gesunde Seele nur in einem gesunden Körper bestehen könne, wurde von den Alten nur sehr äußerlich verstanden, vom mos. Gesetze in seiner wahrhaften Tiefe erfaßt: die Seele kann sich nur heiligen in einem heilig gehaltenen Körper.

Nur einen einzigen Eroberungskrieg hat Israel geführt, nämlich um sich einen Sitz, eine Wohnstätte da zu gewinnen, wohin es von den Ueber= lieferungen seiner Väter und von den Verheißungen seines prophetischen Gesetzgebers gewiesen war. Es war ein Kampf um seine Existenz. Von da ab hat es die Waffen nur zu seiner Vertheidigung erhoben. Dies war der Gedanke, der ihm vom Gesetze mitgegeben worden. Sah es doch Mose Anfangs nicht einmal gern, daß die ostjordanischen Bezirke zum israelitischen Lande geschlagen werden sollten. Vermied er doch die Kämpfe mit Edom, Moab, Ammon; verbot die Reiterei, weil diese einen kriegslustigen Geist und das Eindringen in fremde Länder fördert. Und doch macht er das Volk durchaus wehrhaft, indem er alle Mannen vom 20. bis 50. Jahre zum Heere verpflichtete. Und doch zeigen viele der Vertheidigungskriege, daß die Israeliten zum Kriege überaus tauglich waren; unerschrocken kämpften sie lange gegen die größten Dynastieen, gegen Egypter, Assyrer, Chaldäer; gegen die Syrer, Graecosyrer, Römer. Da schon alle Völker zu den Füßen der Welteroberer lagen, erhoben sie sich freiheitsdurstig gegen sie, und gingen lieber kämpfend unter, als daß sie schimpfliche Bedingungen eingingen; und selbst nach dem Untergange ihres Staates erhoben sie sich zu wiederholten Versuchen, ihre Freiheit wieder zu erlangen, mit lange schwankenden Erfolgen; auch in den Heeren fremder Herrscher zeichneten sie sich später .oftmals aus. Nicht an dem Muthe und der Wehrkraft des Volkes lag es also, sondern an dem, die Nation beherrschenden Gedanken, wenn sie in einer Geschichte von mehr als anderthalb Jahrtausenden des Eroberungskrieges sich stets enthielt.

Die Todesstrafe verhängt das Gesetz zunächst über den Mörder. Es findet aber hierin folgendes Fortschreiten statt. Bei dem ersten Morde, von dem die Schrift berichtet, bei dem Brudermorde Kain's an Hebel, wird die That nicht mit dem Tode bestraft, sondern die Reue und die aus dieser sich ergebende Flüchtigkeit (Verbannung) als Abbüßung genügt, um das Verbrechen prinzipiell zu sühnen, und der wird für schuldhaft und strafbar erklärt, der, etwa aus Blutrache („wer mich findet"), Kain tödten würde (1 Mos. 4, 12—15.). Sobald nach der noachidischen Fluth die menschliche Gesellschaft neu begründet werden soll', wird die Todesstrafe auf den Mord zwar ausgesprochen, aber, wie der Zusammenhang lehrt, doch nur noch fakultativ. Es wird nämlich daselbst erklärt, daß der Mensch nach freiem Belieben und in Unverantwortlichkeit über Pflanzen und Thiere verfügen und sie verwenden kann, und zwar jene unbedingt, diese jedoch mit der Ausnahme, Fleisch von noch lebenden Thieren und das Blut nicht zu verzehren. Dagegen für die Tödtung eines Menschen, weil dieser „im Ebenbilde Gottes" geschaffen, ist Thier wie Mensch verantwortlich, und wird Gott das Leben eines Menschen von Thier und Menschen „fordern", deßhalb „darf das Blut dessen, der Menschenblut vergossen, durch Menschen vergossen werden"[1]). (1 Mos. 9, 1—6.) Wie aber in den Zehnworten das Verbot des Mordes für den Einzelnen strikte ausgesprochen wird, so folgt beim Beginn der „erläuternden Gesetze" sofort auf die Sicherung der persönlichen Freiheit die unzweifelhafte Verhängung der Todesstrafe auf den Mord. Hier aber wird sofort der Unterschied zwischen dem vorsätzlichen und unvorsätzlichen Morde gemacht. Die vorsätzliche Tödtung, sei es an einem Freien oder an einem Knechte, sei es an einem Eingeborenen oder Fremden, soll mit dem Tode bestraft werden (2 Mos. 21, 12. 20. 3 Mos. 24, 17. 21. 22.); vorsätzlich aber ist der Mord, wenn er mit Hinterlist geschieht, durch Auflauern, oder wenn bei dem Schlage oder Stoße eine Absicht vorhanden war, aus Haß und Feindschaft, oder mit einem Werkzeuge agirt wird, von dem es offenbar ist, daß die Wirkung tödtlich sein wird. Es durfte für das Leben des Mörders unter keiner Bedingung ein Lösegeld genommen und dasselbe geschont werden (2 Mos. 21, 14. 31. 5 Mos. 19, 11. 13.). Die unvorsätzliche Tödtung, die nicht geflissentlich, sondern durch Gottes Fügung aus Versehen, Ohngefähr, ohne Feindschaft geschehen, durfte, sei es Israelit oder Fremder, nicht mit dem Tode bestraft werden (2 Mos. 21, 13. 4 Mos. 35, 11. 15. 22. 5 Mos. 4, 42. 19, 4. 5.). Theils aber um die größere oder geringere Schuld an dem Geschehenen zu sühnen, dann aber um den Thäter vor der in dem Volke noch lebenden Blutrache zu schützen, mußte der unvorsichtige Tödter nach einer der dazu bestimmten sechs Freistädte fliehen, wird vom Gerichte abgeurtheilt, und wenn erwiesen wird, daß er den Tod des Gestorbenen unvorsätzlich verursacht, bleibt er in der Freistadt bis zum Tode des jeweiligen Hohenpriesters[2]), nach welchem er nach seiner Heimath frei zurückkehren kann.

---

[1]) Gewöhnlich wird יִשָּׁפֵךְ „soll vergossen werden" übersetzt, allein, wie der Zusammenhang lehrt, unrichtig, um so mehr, da ja sonst auch der unvorsätzliche Mörder getödtet werden dürfte, und somit die bei allen alten Völkern gewöhnliche Blutrache, die ohne Berücksichtigung des Motivs Jeden, der am Tode eines Menschen schuld ist, vom nächsten Verwandten des Getödteten tödten ließ, sanktionirt wäre. Vielmehr will Gott das Leben des Getödteten vom Thäter „fordern" d. h. nach Recht strafen, und dazu kann auch der Mensch unter Umständen Werkzeug sein.

[2]) Man hat gefragt, warum bis zum Tode des Hohenpriesters? Da der unvorsätzliche Todtschläger aus seiner Internirung doch einmal zurückkehren mußte, dies aber von dem Tode eines Betheiligten, wenn der Haß und die Feindseligkeit nicht noch mehr Nahrung erhalten sollten, nicht abhängig sein konnte, sondern nur von einem allgemeinen Momente, das Gesetz die monarchische Verfassung Israels nicht voraussetzte und die Uebung des Rechtes mit dem Cultus und dessen Trägern in Verbindung brachte, bot sich der Tod des Hohenpriesters als das geeignetste Ereigniß zu diesem Zwecke dar.

Wer einen solchen Todtschläger innerhalb des Weichbildes der Freistadt tödtete, war selbst des Mordes schuldig. Auch das Fliehen nach der Freistadt durfte nicht abgekauft werden. Es war aber geboten, daß die Wege nach der Freistadt stets in gutem Zustande gehalten wären, und die sechs Städte waren so gewählt, daß die weiteste Entfernung von einer solchen nicht über sechs Meilen war. (4 Mof. 35, 12. 24—30. 32. 5 Mof. 19, 3. 6. 12. Jof. 20, 1—6). Ein gemischter Fall ist es, wenn Jemand den Tod eines Andern zwar nicht vorsätzlich verursachte, doch aber mit Wissen die Todesgefahr bereitet hatte, z. B. wenn er einen stößigen Ochsen nicht verwahrte, obgleich er darüber verwarnt worden und dieser einen Menschen tödtete; das Thier wurde gesteinigt, und der Besitzer desselben war des Todes schuldig, konnte aber sein Leben mit dem, was ihm auferlegt warb, lösen (2 Mof. 21, 28 ff.). Darum wurde verordnet, durch sorgfältige Vorsichtsmaßregeln die Tödtung eines Menschen zu vermeiden, z. B. ein Geländer um das glatte Dach seines Hauses zu machen (5 Mof. 22, 8.); die Tradition faßte richtig den allgemeinen Sinn dieser speziellen Verordnung und verbot bei Strafe der Geißelung alle analogen Dinge, deren Unterlassung Jemandem Gefahr bringen konnte. (Ramb. Hilch. Roz. XI § 1 ff.). Aber auch wenn ein Erschlagener gefunden, und der Mörder unbekannt war, sollte eine Sühnung vor sich gehen; die Aeltesten der nächstgelegenen Stadt[1]) sollten eine junge Kuh nach einem immer fließenden Bache[2]) führen, daselbst der Kuh das Genick brechen[3]), ihre Hände über derselben waschen und ihre Unschuld, so wie die Bitte um Vergebung und Nichtanrechnung des unschuldig vergossenen Blutes feierlichst aussprechen (5 Mof. 21, 1—9.). Endlich wurde dem Mörder gleich erachtet und mit dem Tode bestraft: 1) der einen Menschen stiehlt, 2) der falsche Zeuge, dessen Aussage dem fälschlich Angeschuldigten die Todesstrafe gebracht hätte. — Durch diese Verordnungen wurde bestimmt 1) die völlige Gleichheit aller Menschen in Bezug auf ihr Leben, 2) die alte Sitte der Blutrache als unzulässig und in ihrer Wesenheit zu vernichten, 3) den absichtlichen Mord durch den Tod zu bestrafen, 4) die Ablaufung der Strafe durch Lösegeld (wie sie selbst noch von Mohamed Koran Sure II. empfohlen wird) abzuschaffen, weil dadurch der Reiche straflos gemacht und das Menschenleben herabgewürdigt wird, 5) die unvorsätzliche Tödtung vor der Blutrache zu schützen, doch ange-

---

[1]) Als zunächst an der Strafbarkeit des Mordes betheiligt.

[2]) Nicht „harter Grund" f. unser Bibelw. z. St. In einem immerfließenden Bache, um die Blutschuld symbolisch völlig hinwegzuströmen und jede Spur zu verwischen, während das am Boden haftende Blut noch immer Zeugniß der That geblieben wäre (vgl. 1 Mof. 4, 10.).

[3]) Symbolisch darzuthun: so würde dem Mörder geschehen, wenn er gefunden würde.

messen zu bestrafen, 6) alle Unvorsichtigkeiten hinsichtlich des Menschenlebens zu vermeiden, und 7) überhaupt das Menschenleben als heilig und unverletzlich zu achten. Es sollte dem Volke ein tiefer Abscheu vor dem Morde eingepflanzt werden, und so keinerlei Art der Tödtung ohne Folgen bleiben. Fragen wir nun nach dem Prinzipe, aus welchem heraus das Gesetz die Todesstrafe über den absichtlichen Mörder verhängte, so erscheint dies als ein dreifaches: 1) als die einfache Widervergeltung, die dem Verbrecher das thut, was er selbst gethan; es geschieht dem Verbrecher sein Recht, indem ihm seine That vergolten wird; 2) ein Mord ist nicht blos ein an dem Einzelnen verübtes Verbrechen, sondern die ganze staatliche Gesellschaft ist dadurch verletzt, ihr Zweck, das Leben zu schützen, ihr Gesetz, das Leben nicht anzutasten, vereitelt, ihre Heiligkeit befleckt, und so der Tod des Mörders eine Sühnung und Wiederherstellung der Gesellschaft und ihrer Heiligkeit; endlich 3) dient der Tod des Mörders zur Abschreckung und damit zur Verhütung anderweitiger Verbrechen. Wenn das erste dieser Prinzipe durch die Worte: „wer Menschenblut vergießt, dessen Blut wird durch Menschen vergossen" (1 Mos. 9, 6.) und „wer einen Menschen schlägt, daß er stirbt, soll getödtet werden" (2 Mos. 21, 12. 3 Mos. 24, 17.) ausgedrückt wird, so findet das zweite seinen Ausdruck in den Worten: „die Stimme von deines Bruders Blut schreiet zu mir auf von dem Erdboden" (1 Mos. 4, 10.), „damit ihr nicht entweihet das Land, worinnen ihr seid, denn das Blut, es entweihet das Land, und dem Lande ist keine Sühne für das Blut, das darauf gegossen, außer durch das Blut deß, der es vergossen" ꝛc. (4 Mos. 35, 33.). „Das Land" ist hier offenbar das Volk Israel, der Staat, die Gesellschaft, an der gefrevelt, die entweihet worden, und die erst durch den Tod des Mörders wieder gesühnt, wieder unbefleckt, in ihre Integrität restituirt wird, daß sie der unbefleckte Boden des Rechts, der Sittlichkeit, der Heiligung ist. So heißt es daher in dem Gebete der Aeltesten bei Auffindung eines Erschlagenen: „Vergieb deinem Volke Israel, lege nicht unschuldiges (unschuldig vergossenes) Blut auf inmitten deines Volkes Israel", worauf es heißt: „Und es soll ihnen vergeben sein das Blut". (5 Mos. 21, 8.) Endlich über das dritte Prinzip, das der Abschreckung heißt es (5 Mos. 19, 20. 21. 21, 21.): „daß die Uebrigen es hören, und sich fürchten, und fürder nicht fortfahren solcherlei Böses zu thun in deiner Mitte: so blicke dein Auge nicht schonend; Leben um Leben" — wobei allerdings nicht zu übersehen, daß dieses letztere, die Abschreckung erst am spätesten im Gesetz ausgesprochen wird. Wie daher auch die Verhandlungen über die Zulässigkeit der Todesstrafe und über die Richtigkeit der ihr zu Grunde liegenden Prinzipien in der modernen Welt ausfallen mögen: die h. Schrift selbst zeigt uns eine bedeutsame Entwickelung von der durch Reue und Exil geschehenen Abbüßung bis zu der Abschreckungstheorie — die übrigens nicht in grobmaterieller Weise aufgefaßt werden darf, wie das jetzt gewöhnlich geschieht — eine Entwickelung, welche gestattet nach dem Zustande der

Gesellschaft selbst, nach den durch die Verhältnisse und Umstände gebotenen Zwecken und Motiven zu fragen, und hiernach die Ansicht zu modifiziren. Wie dem aber auch sei, das eine Prinzip steht unwandelbar fest, daß die Gesellschaft, der Staat als solcher selbst in seinem Grundelement bei dem Verbrechen betheiligt, daß seine Grundlage und sein Zweck durch dasselbe erschüttert und befleckt ist, und seine Heiligung nicht etwa blos mit der Unschädlichmachung des Verbrechers befriedigt ist.

Außer auf den vorsätzlichen Mord ist im Gesetze die Todesstrafe noch auf drei Gruppen von Verbrechen festgestellt: 1) auf solche, welche die höchsten Sittengesetze verletzten, nämlich: a) der Sohn, der seine Eltern schlägt, verflucht, in Schlemmerei versunken, gegen sie widerspenstig ist; b) der dem Rechtsanspruch und Urtheil der obersten Rechtsinstanz widerspenstig ist. 2) Die zweite Gruppe bilden geschlechtliche Verbrechen schändlichster Art: Viehschande, Päderastie, hohe Grade von Blutschande und von Vergehungen gegen die Keuschheitsgesetze. 3) Die dritte Gruppe endlich besteht in Verbrechen, die eine Leugnung der Gotteslehre, eine Vernichtung der sie tragenden Institutionen, die Wiederherstellung des Götzendienstes enthielten, nämlich: öffentlicher Götzendienst, götzendienerisches Prophetenthum, öffentliche Lästerung des höchsten Namens Gottes, öffentliche Sabbathschändung, Zeichendeuterei und Wahrsagerei. Es ergiebt sich hieraus, daß dies Verbrechen waren, welche gegen die Fundamente der israelitischen Gesellschaft, des israelitischen Staates gerichtet und angethan waren, diese zu zerstören, und die Aufgabe und den Zweck jenes zu vereiteln. Denn die erste Gruppe betraf die sittlichen Grundlagen desselben, die Ehrfurcht vor den Eltern und den Gehorsam gegen den höchsten richterlichen Ausspruch. Die Familie und die lauterste Pflege des Rechts bildeten das Fundament der israelitischen Gesellschaft; sie waren bedroht und untergraben durch die Thätlichkeiten eines in sittliche Verwahrlosung versunkenen Sohnes gegen die Eltern und durch die gewaltthätige Auflehnung gegen die Erkenntnisse der höchsten Richterinstanz. Es muß jedoch bemerkt werden, daß die Tradition erklärt, der Fall eines solchen des Todes würdigen Sohnes niemals vorgekommen sei, und wohl niemals vorkommen werde (Sanhedr. 71, 1.); Ferner daß es sich bei dem zweiten Momente nicht etwa um politische Vergehen handelte, sondern ausdrücklich nur bei Rechtshändeln (5 Mos. 17, 8 ff.), sowie ebenfalls nicht etwa um priesterliche Autorität, sondern um die jeweilige höchste richterliche Instanz, die von dem Texte ebenso gut als in den Händen eines Oberrichters der Nation als in denen des Hohenpriesters vorausgesetzt ward (5 Mos. 17, 9. 12.). Die zweite Gruppe der geschlechtlichen Verbrechen brutalster Art berührt ein zweites Fundament des israelitischen Staates. Das mosaische Keuschheitsgesetz hatte nicht allein den Zweck, die Nation vor der aus geschlechtlichen Verbrechen nothwendig erfolgenden Entartung in sittlicher und materieller Beziehung zu schützen, sondern beruhete auch auf dem Gedanken, daß die Nation in ihrer Ge-

sammtheit und in ihren Individuen, in ihrem Verhältniß zu Gott, in ihrer
Heiligung und religiösen Aufgabe durch die geschlechtlichen Verbrechen ge=
stört, befleckt und entweiht werden, derartige Ausschreitungen entwürdigen
die von Gott geschaffene und zu ihm hinaufgerichtete Menschennatur, ent=
sittlichen und verunreinigen die Individuen und, sofern sie vor den Augen
der Nation geschehen, auch diese und ziehen sie in eine Sphäre herab, in
welcher sie zur geistigen und sittlichen Verbindung mit Gott unfähig sind.
Wie endlich die dritte Gruppe gegen das ganze Wesen, den Inhalt, die
Aufgabe, den Bestand des israelitischen Staates sich richtete, und diese zer=
störte, brauchen wir nicht weiter auszuführen. Die Nothwendigkeit der
auf diese sämmtlichen Verbrechen verhängten Todesstrafe erweist sich hieraus
von selbst, doch wird auch zugleich ersichtlich, daß, wie die Tradition auch
zugiebt, dieselbe bei mehreren dieser Verbrechen nur als eine Drohung und
Verwarnung, durch welche auch die Verbrechen wirklich verhütet wurden,
zu erachten ist, und daß andererseits die Festsetzung der Todesstrafe, weil
sie bei vielen dieser Verbrechen eben nur nach den Zeitverhältnissen den
Bestand des Staates, dem Eindringen des Heidenthums gegenüber, sichern
sollte, auch nur den Charakter einer zeitweiligen Verhängung hat, nicht
den der Unveränderlichkeit, und daß sie also mit der Entwickelung der
Menschheit sich modifizirt und in Wegfall kommen kann. Dies erwies sich
denn auch in dem faktischen Fortgang, und es heißt Makkoth 7, 1.: „ein
Synedrium, welches in je 7 Jahren ein Todesurtheil fällt, heißt ein ver=
derbenvolles. R. Elieser sagt: eines in 70 Jahren. R. Tarphon und R.
Akiba sagen: wären wir im Synedrium gewesen, so wäre nie ein Mensch
hingerichtet worden" — ein Ausspruch, welcher der gänzlichen Aufhebung
der Todesstrafe gleichkommt [1]). Aber auch abgesehen hiervon lehrt ein ver=
gleichender Blick auf das Strafrecht bei den alten nichtisraelitischen Völkern,
wie ungleich härter nach allen Beziehungen hin dieses war [2]), und noch
jetzt zählt der Napoleonische Codex 17 verschiedene Fälle auf, in welchen er
auf den Tod erkennt, das preußische Landrecht ungefähr 15, von denen
viele sich weit weniger sittlich rechtfertigen lassen. — Die Arten der Todes=
strafen sind: durch das Schwert (הרג) für den Mörder und die Einwohner
einer zum Götzendienst abgefallenen Stadt; Steinigung (סקילה), bei der

---

[1]) Die Rabbiner vermochten dies, ohne das Gesetz aufzuheben, durch die
mannichfachsten beschränkenden Bedingungen, von denen das Erkenntniß auf die
Todesstrafe abhängig gemacht wurde. Vgl. Sanhedr. IX, 1. 2.

[2]) Das Zerhauen und Zerschneiden des Körpers, das Todtgeißeln, die
Qualen, die dem Verurtheilten vor dem Tode zugefügt wurden, die zahllosen
Geißelhiebe, die für das geringste Vergehen ertheilt wurden u. s. w., bezeichnen
das Strafrecht der alten Völker, z. B. der Perser, so wie des Mittelalters, und
heben so die Milde und den Ernst des mosaischen hervor.

die Zeugen den ersten Stein werfen mußten und das Volk die Steinigung
vollzog, so daß also der Akt ein öffentlicher, das Volk aber kein müssiger
Zuschauer war, darum gerade bei den Verbrechen, bei welchen die Ge=
sammtheit am meisten betheiligt war, nämlich bei der ganzen dritten Gruppe;
Verbrennung (שריפה) nur in zwei Fällen, wer eine Frau und ihre
Tochter zugleich ehelichte und die buhlerische Priesterstochter. Wie diese
Todesstrafen in der spätern Praxis executirt wurden, beschreibt die Trad.
Sanhedr. VI. VII.[1]) Da nirgends das Hängen als Todesstrafe angeführt,
5 M. 21, 22. 23. aber geboten wird, wenn an Jemandem Todesschuld
haftet, er getödtet und an einen Baum (Holz) gehängt wird, der Leichnam
nicht über Nacht hängen bleiben sollte — worüber an einer andern Stelle
— schließt man, daß es Sitte war, den Leichnam des Hingerichteten auf=
zuhängen. Die Tradition schloß aus V. 23., daß dies nur bei dem der
Fall gewesen, welcher gesteinigt worden war (Sanhedr. 45, 2.).

Hierher gehört nun noch jede Verletzung des Leibes, ohne daß sie den
Tod zur Folge hatte. Sobald der Verletzte nach einiger Zeit, ohne an
einem Gliede wesentlichen Schaden erlitten zu haben, wieder genas, so hatte
der Schläger das Versäumniß und die Heilkosten zu zahlen (2 Mos. 21,
18. 19.). Hat aber die wirkliche Verletzung eines Gliedes stattgefunden,
so soll dem Schuldigen gethan werden, wie er 'gethan, Bruch um Bruch,
Auge um Auge, Zahn um Zahn (3 Mos. 24, 19. 20. 2 Mos. 21, 22—25.
5 Mos. 29, 21.). Diese strenge Wiedervergeltung (jus talionis), die sich
auch in den altattischen Gesetzen und in den römischen Zwölf Tafeln fand,
muß vorzugsweise als Prinzip betrachtet werden. Die traditionelle
Interpretation nimmt an, daß, da bei dem Mörder das Annehmen von
Lösegeld strikte verboten wird, die Lösung bei Verletzung der Glieder ge=
stattet sei (Baba Kama 83, 2 ff.), und erklärt das תחת „um", „für" als
Bezahlung nach dem Werthe des verletzten Gliedes. Auch Josephus deutet
an, daß die israelitischen Gerichte hiernach entschieden, und Rambam Hilch.
chobel umasik I §. 6. behauptet es. Auch bei den Arabern ist es noch heute
Rechtssitte. Es hat dies auch den Umstand für sich, daß es in keiner mensch=
lichen Macht und Kunst liegt, eine ganz gleiche Verletzung als Strafe her=
vorzubringen, jede geringere oder größere Verletzung aber gegen das Maß
der Gerechtigkeit liefe, während doch gerade hierin das mosaische Recht die
äußerste Sorgfalt angewendet wissen will, wie wir weiter unten z. B. bei
der Geißelung sehen werden. Auch darin findet es seine Bestätigung, daß
der Knecht, dem ein Glied von seinem Herrn verstümmelt worden, sei es
nur ein Zahn, seine Freiheit erhielt, was immerhin eine Art Ablösung des

---

[1]) Die Trad. fügt noch eine vierte Todesstrafe Erdrosselung (חנק) hinzu,
und zwar für die Verbrechen, bei denen in der Schrift nur die Tödtung vor=
geschrieben ist, Sanhedr. VII, 3., wovon in der Schrift aber keine Andeutung.

Verbrechens ist. Es würde dies aber einen recht augenscheinlichen Beweis geben, wie wir in der Schrift viel mehr auf das unzweideutige Prinzip, als auf die wörtliche Fassung Gewicht zu legen haben [1]). Dennoch dürfen wir dies nicht so schlechthin annehmen, um so mehr, da 2 Mos. 21, 22—25 die wirkliche Absicht des Gesetzes erwiesen wird, dann, wenn aus dem Schlage kein wesentlicher Schade entsteht, ein Lösegeld annehmen, bei einem wirklichen Schaden aber ein solches nicht gestatten zu lassen. Vielmehr müssen wir das Verhältniß so verstehen: da bei den Israeliten ebenso wie bei allen alten Völkern das Ablösen einer Verletzung durch Geld oder Geldeswerth durchgängig Sitte war, wie denn auch die 12 Tafeln zu dem Grundsatze des jus talionis die Worte hinzufügen Ni cum eo paicit „wenn der Verletzte mit dem Schläger sich nicht abfindet": so wollte das Gesetz dieser Unsitte, die dem Reichen so vielen Vorschub leistete, ernstlich entgegentreten, sie möglichst aus dem Volksbewußtsein verdrängen. Immer also mit dem Vorbehalte, daß in Fällen, wo eine Vergeltung einer Verletzung durch die Zufügung einer gleichen in gerechtem Maße unmöglich wäre, eine Ablösung zu gestatten, stellte das Gesetz das Wiedervergeltungsrecht in voller Geltung hin, und wollte es in allen den möglichen Fällen ausgeführt haben.

Was das Prinzip der Wiedervergeltung sowohl bei der Todesstrafe als bei der Entschädigung für Verletzung betrifft, so steht es mit dem Verbote der Rache (3 Mos. 19, 18.) in keinerlei Widerspruch. Denn dieses betrifft das Verhalten des Individuums dem Individuum gegenüber, während jenes das Recht betrifft, das im Wesen und Interesse der Gesammtheit liegt. Das Individuum vergiebt seinem Gegner das an ihm geübte Unrecht; die Gesammtheit aber, die durch jedes Verbrechen in ihrem Rechte geschädigt ist, kann das Unrecht nicht vergeben, ohne sich selbst aufzugeben und ihre Angehörigen zum Unrecht anzumuntern. Das Individuum vergiebt den ihm zugefügten Schaden, während die Gesammtheit nur die That, das Verbrechen an sich verfolgt, und verfolgen muß, wenn sie nicht selbst Unrecht thun will. Das Gericht hat daher die Pflicht, den Schadenersatz zu dekretiren, und zwar, nicht um den Beschädigten zu entschädigen, sondern um den Schädiger zu strafen, weßhalb denn auch neuere Gesetzgebungen außer dem Schadenersatz noch eine Freiheitsstrafe hinzufügen. Dem Individuum steht es frei, auf den Schadenersatz zu verzichten, nicht aber dem Gerichte. Es beruhen daher die bezüglichen Worte der Bergpredigt (Matth. 5, 38.) auf einer völligen Verwirrung der Begriffe, wenn nicht durch sie verhindert werden sollte, daß der Ausspruch des Gesetzes, der nur für das Gericht gelten sollte, auch in die Gesinnung der Individuen übergehe. Daß mit ihnen jede Rechtspflege unmöglich wäre, sieht Jeder ein, da auf Grund

---

[1]) So faßten es auch Michaelis, Salvador, Saalschütz u. A. auf.

12 *

derselben das Gericht dem Beschädigten auferlegen müßte, einen gleichen Schaden noch einmal zu tragen [1]).

2. Die Thätigkeit des Menschen unterscheidet sich von der aller andern Erdengeschöpfe dadurch, daß sie ein Ausfluß seines freien Willens ist. Der Baum, der Früchte trägt, die Biene, die Honig sammelt, der Vogel, der ein Nest baut, thut dies aus dem Gesetze seiner Natur heraus, was sich dadurch erweist, daß es von jedem Individuum seiner Gattung und auf dieselbe Art und nichts weiter geschieht. Der Mensch aber thut nur das, wozu ihn sein freier Wille bestimmt, nur so lange und auf die Art, wie er es will. Auch bei dem Sklaven ist dies der Fall, und der Zwang für ihn besteht nur in der Befürchtung der Strafe oder der Erwartung des Lohnes. Welche aber auch die Motive seien, jede Thätigkeit des Menschen muß durch sein Bewußtsein gegangen und von seinem freien Willen bestimmt werden. Darum ist die Arbeit jedes andern Geschöpfes und das Erzeugniß derselben ihm nur gegeben wie sein ganzes Wesen, zu dem jene unabänderlich gehört, während die Arbeit des Menschen und deren Erzeugniß ein Produkt seines Be=

---

[1]) Wir fügen hinzu, was Hegel, Philosophie des Rechts S. 143. Zus. sagt: „Die Wiedervergeltung ist der innere Zusammenhang und die Identität zweier Bestimungen, die als verschieden erscheinen, und auch eine verschiedene Existenz gegen einander haben. Indem dem Verbrecher vergolten wird, hat dies das Ansehen einer fremden Bestimmung, die ihm nicht angehört, aber die Strafe ist doch nur, wie wir gesehen haben, Manifestation des Verbrechens, das heißt, die andere Hälfte, die die eine nothwendig voraussetzt. Was die Wiedervergeltung zunächst gegen sich hat, ist, daß sie als etwas Unmoralisches, als Rache erscheint, und daß sie so für ein Persönliches gelten kann. Aber nicht das persönliche, sondern der Begriff führt die Wiedervergeltung selbst aus. Die Rache ist mein, sagt Gott in der Bibel, und wenn man in dem Worte Wiedervergeltung etwa die Vorstellung eines besondern Beliebens des subjectiven Willens haben wollte, so muß gesagt werden, daß es nur die Umkehrung der Gestalt selbst des Verbrechens gegen sich bedeutet. Die Eumeniden schlafen, aber das Verbrechen weckt sie, und so ist es die eigene That, die sich geltend macht. Wenn nun bei der Vergeltung nicht auf spezifische Gleichheit gegangen werden kann, so ist dies doch anders beim Morde, worauf nothwendig die Todesstrafe steht. Denn da das Leben der ganze Umfang des Daseins ist, so kann die Strafe nicht in einem Werthe, den es dafür nicht giebt, sondern wiederum nur in der Entziehung des Lebens bestehen".

wußtseins und freien Willens ist, der freien Anwendung seiner
Kräfte. Darum hat jedes andere Geschöpf kein Recht auf das Er-
zeugniß seiner Thätigkeit, und es steht ihm nur zu, so lange es die
Macht hat, es zu bewahren; der Mensch aber hat ein Recht auf
das Produkt seiner Arbeit, das über alle Macht hinausreicht. Der
Mensch allein hat deßhalb Eigenthum, d. i. das Erzeugniß
seiner aus seinem Bewußtsein und freien Willen geflossenen Thätigkeit. — Allerdings giebt es noch ein anderes unterscheidendes
Moment, das aber nicht überall zutrifft. Wenn alle Thätigkeit zur
Befriedigung eines Bedürfnisses geschieht, so ist die Thätigkeit des
Thieres, mit Ausnahme einiger wenigen Thiere, nur auf die Befriedigung eines gegenwärtigen Bedürfnisses gerichtet, während der
größte Theil der menschlichen Thätigkeit auf die Befriedigung vor-
ausgesehener, zukünftiger Bedürfnisse ausgeht, und alles Besitzthum
in der größeren oder geringeren Anhäufung von Mitteln zur Befriedigung zukünftiger Bedürfnisse besteht. — Das Eigenthum beruht
also auf der Arbeit des Menschen, wobei es nicht darauf ankommt,
ob die Arbeit geistig oder körperlich, ob sie groß oder gering, schwer
oder leicht, ob sie von der Person selbst gethan oder das Produkt
jener ihr von einer andern überlassen sei. Das Eigenthum gehört also wesentlich zur Persönlichkeit des Menschen, und das Eigenthumsrecht beruht in dem Recht der Persönlichkeit. Darum ist
es ein unverletzliches, das dann seine besondere Heiligung durch
die Religion empfängt. — Hierzu kommt noch, daß in dem
Eigenthum das nachhaltigste Motiv zur Thätigkeit liegt, die ohne
die Existenz des Eigenthums und seines Rechtes ihre wesentlichste
Triebfeder verlieren und sich auf das augenblickliche Bedürfniß beschränken würde. Ebenso ist allein auf dem Boden des Eigen-
thumsrechts der Austausch der Erzeugnisse, und somit nur auf
ihm die Verbindung der gesammten Menschheit möglich. Wie daher der Schutz des Eigenthumes zu den bedeutsamsten Zwecken
des Staates gehört, so hat er auch nur in zwei Fällen Anspruch
auf Eigenthum seiner Angehörigen, soweit er nämlich desselben zur
Erhaltung seines Bestandes und zur Erreichung seiner Zwecke bedarf, zu welchem Ende der Staat das Besteuerungsrecht besitzt, und
inwiefern er Strafen auf das Eigenthum für begangene Ver-

gehungen, namentlich zur Erstattung bei Verletzung des Eigen=
thums, zu legen hat.

Es war die Consequenz des Despotismus, wenn er, sowie er über die
Personen, ihre Freiheit und ihr Dasein willkürlich zu verfügen sich anmaßte,
so auch über das Eigenthum aller Staatsangehörigen, wobei es gleichgültig
ist, ob er das gesammte Eigenthum dem Staatsoberhaupte zu Gebote stellte
oder, wie es in Sparta der Fall war, das Eigenthum aufhob und Güter=
gemeinschaft Aller einführte. Eine solche mag wohl vertragsweise von einer
Anzahl Privatpersonen unter sich hergestellt werden, wie der Essäerorden,
die ersten Christen u. A. gethan haben; aber als Gesetz und Einrichtung
des Staats ist sie der höchste Despotismus, der den Individuen die Persön=
lichkeit und ihr Recht verkümmert, und die Freiheit völlig aufhebt. Darum
sind auch die modernen Theorien des Communismus und Sozialismus nur
Phantasmagorien, die bei dem ersten praktischen Versuche der Verwirklichung
zum Verbrechen gegen die menschliche Gesellschaft werden, weil sie die Natur
des Menschen gänzlich umkehren, seine Thätigkeit seinem freien Willen gänz=
lich entziehen, die Erzeugnisse seiner Arbeit ihm nehmen, und jede freie
Bewegung unmöglich machen wollen. — Diesen Allen gegenüber erkannte
das mosaische Gesetz die Heiligkeit des Eigenthums an, und machte sie zu
einem Fundament der menschlichen Gesellschaft. Jede Verletzung des Eigen=
thums erklärte es für ein Verbrechen, das unsittlich, eine Sünde vor Gott
und von Seiten des Staates strafbar sei. Ebenso gewährte es die freie
Bewegung des Eigenthums in Tausch und Handel. Hiervon machte es
jedoch nach modernen Begriffen eine Ausnahme. Indem es nämlich von
der oben gezeichneten Ansicht ausging, daß das Eigenthum auf der mensch=
lichen Arbeit beruhe und in deren Erzeugnissen bestehe, erkannte es den
Grund und Boden nicht als völliges Eigenthum des Individuums, sondern
als ein ihm von Gott zur Bearbeitung geliehenes und überlassenes Gut
an,[1] über welches die Verfügung daher gewissen Bedingungen unterworfen
sei. Als daher das Land von Israel in Besitz genommen worden, wurde
es nach den Stämmen, Geschlechtern und Familien in verhältnißmäßige Loose
getheilt, von denen jedes einer bestimmten Familie zum Erbeigenthum gegeben
wurde. Dieses sollte daher nicht dem Individuum zu völlig freier Ver=
fügung stehen, sondern als Eigenthum der Familie dieser erhalten bleiben.
Darum sollte das Individuum das Grundstück zwar veräußern dürfen,
jedoch mit jedem fünfzigsten Jahre ein Jobeljahr eintreten, in welchem
jedes veräußerte Grundstück der Familie, welcher es eigenthümlich zugehörte,
ohne Rückkaufsgeld zufallen sollte. Es versteht sich, daß hierdurch der Kauf

---

[1] So heißt es 3 Mos. 25., 23.: „Das Land aber soll nicht verkauft werden
auf immerdar; denn mein ist das Land, denn Fremdlinge und Beisassen seid ihr
bei mir."

eines Grundstücks nur eine Pachtung auf so viele Jahre, wie bis zum Jobeljahre noch hin waren, wurde, ganz wie die Knechtschaft eines Menschen nur eine Vermiethung auf höchstens sechs Jahre durch das Gesetz geworden, so daß hiernach der Kaufpreis sich gestaltete (3 Mos. 25.) [1]). So drückt es auch die h. Schrift selbst aus B. 15. 16.: „Nach der Zahl der Jahre seit dem Jobel sollst du es kaufen von deinem Nächsten, nach der Zahl der Ertragsjahre soll er es dir verkaufen. Nach der Mehrzahl der Jahre sollst du seinen Kaufpreis vermehren und nach der Minderzahl der Jahre seinen Kaufpreis vermindern, denn die Anzahl der Erträge, diese verkauft er dir." Häuser in den Dörfern wurden, als zu den Grundstücken gehörig, demselben Gesetze unterworfen; hingegen Häuser in den Städten, durch deren Besitz das Grundeigenthum nicht verändert wird und die mehr dem Handwerker, Künstler, Handelsmann u. s. w. gehören, waren von dem Gesetze des Jobeljahres ausgeschlossen, und dem freien Erwerb überlassen. Da nun aber das Jobeljahr immerhin einen großen Zeitraum umfaßte, und umfassen mußte, wenn es nicht störend werden sollte, so wurde ihm noch subsidiarisch ein Lösungsrecht beigegeben, das für Grundstücke und Häuser in Dörfern dem Verkäufer das Vorrecht gewährte, zu jeder Zeit das Verkaufte zurück- zulösen, und zwar sollte der nächste Verwandte verpflichtet sein, für die Kaufsumme das Verkaufte zurückzunehmen, im Falle aber kein Löser sich findet, der Verkäufer aber zu Vermögen kam, wurden die Jahre, die das Grundstück verkauft war, berechnet und von der Kaufsumme abgezogen. (3 Mos. 25, 25—28. 31.) Das Jobeljahr bedeutete somit eine Restitutio in Integrum, eine Wiederherstellung der ursprünglichen Verhältnisse im Güterbesitz und in der persönlichen Freiheit. Der Zweck dieser Institution kann aber nur darin gefunden werden, daß sie der Verarmung der Masse einerseits und dem übermäßigen Gütererwerbe andrerseits entgegenwirken sollte. Eigentliche Proletarierfamilien konnten sich, so lange dieses Gesetz in Geltung stünde, nicht bilden, weil auf die Dauer keine Familie ohne Güter- besitz bleiben konnte; ebenso waren große Güterkomplexe nicht möglich, weil Grundstücke nur durch Erbschaft zu erwerben waren und durch Vererbung immer wieder zertheilt wurden; gerade dadurch aber war auch wiederum an eine eigentliche Gütergleichheit nicht zu denken. Fügen wir hierzu die Institution des Erlaßjahres in jedem siebenten Jahre, in welchem alle Schulden von selbst erlassen waren, und das Verbot des Zinses, worüber wir zu §. 40 gehandelt, so erkennen wir in diesen drei Einrichtungen das Bestreben, eine Vermittelung zwischen der unbeschränkten freien Bewegung

---

[1]) Der Name kommt von יבל her, das öfter mit שפר identisch gebraucht wird (2 Mos. 19, 13. 16. Jos. 6, 5.), und wurde das Jobeljahr durch das Blasen der Drommeten verkündigt. שנת יבל ist daher ganz analog mit יום תרועה, dem ersten Tage des 7. Monats.

des Eigenthums und einer fesselnden Gütergleichheit, also eine mögliche Ausgleichung der Besitzverhältnisse ohne Aufhebung und Fesselung des Eigenthums herzustellen. Es sollten die beiden Extreme, einerseits des Despotismus, andrerseits jener durch Besitzlosigkeit und Schuldenwesen bewirkten unbegrenzten Verwirrung der Besitzverhältnisse, welche nicht allein unsägliches Elend über zahllose Familien bringt, sondern auch zu aller Zeit die furchtbarste Erschütterung der Staaten (z. B. in Athen und Rom) bewirkte, vermieden werden. Daß dies in der That die Absicht des Gesetzes war, erkennt man daraus, daß an der angeführten Stelle diese Institutionen zusammenhängend dargestellt werden und der Zweck derselben durchsichtig gemacht wird.

Von der andern Seite stellte das Gesetz jede Verletzung des Eigenthums unter das Strafrecht. 1) Der Diebstahl wurde dahin gestraft, daß, wurde die gestohlene Sache beim Diebe gefunden, ohne daß er sie zu seinem Gebrauche verwendet hat, er sie doppelt ersetzen mußte, hatte er sie aber zu seinem Nutzen verwendet, so mußte er sie vier- oder fünf Mal ersetzen [1]). Wird der Dieb beim Einbruche in der Nacht getroffen und dabei getödtet, so trifft den Tödter keine Blutschuld, wohl aber am Tage. (Das. 22, 1. 2. Die Tradition deutet dies anders Sanhedr. 72, 1.) 2) Beim Raube, wenn Jemand etwas mit Gewalt nimmt (גזל) oder vorenthält (עשק) muß alles Geraubte seinem vollen Werthe nach nebst einem Fünftel desselben darüber erstattet, und wenn der Thäter seine Schuld von selbst bekannt, ein Schuldopfer von einem Widder gebracht werden (3 Mos. 5, 20—26. 19, 13.). 3) Enthält Jemand etwas Anvertrautes vor, er beschwört, daß es ihm gestohlen worden oder gestorben sei, und dieser Schwur ist falsch, bekennt er seine Schuld später, muß er den Werth nebst dem Fünftel ersetzen und ein Schuldopfer von einem Widder bringen, wird ihm aber der falsche Schwur durch Zeugen nachgewiesen, so muß er es doppelt ersetzen (3 Mos. 5, 20—26. 22, 6—8. 4 Mos. 5, 6. 7.). In gleicher Weise verhält es sich mit Gefundenem. 4) Richtet Jemand vorsätzlich Schaden an, so hat er denselben zu ersetzen. Bei allen diesen Vergehungen gegen das Eigenthum ist also das Prinzip der Erstattung, und zwar nach dem Grade der Strafbarkeit der einfachen mit einem Fünftel, der doppelten oder mehrfachen durchgeführt; es ist sogar dem Verbrecher der Weg zur Reue aufmunternd geöffnet, indem er bei reuigem Bekenntniß nur die einfache Erstattung mit

---

[1]) 2 Mos. 22, 3. 7. 21, 37. In der Schrift werden diese Grundsätze an Thieren dargestellt. Wird das Thier noch lebend beim Diebe gefunden, muß er es doppelt ersetzen, ist es geschlachtet oder verkauft, so muß er einen Ochsen fünf Mal, ein Lamm vier Mal ersetzen. Der Grund hiervon ist, daß es mehr List und Anstrengung, also auch mehr verbrecherische Absicht und Thätigkeit erfordert, einen Ochsen als ein Lamm zu stehlen.

einem Fünftel (für den Verlust des Gebrauches während der verflossenen Zeit) zu bewerkstelligen und ein Schuldopfer darzubringen hat. Dies Letztere tritt insonders ein, wo durch einen falschen Schwur das Vergehen vergrößert worden. Freiheitsstrafen oder gar Todesstrafen sind nicht verhängt, nur daß, wenn der Dieb das Gestohlene zu ersetzen nicht die Mittel hatte, das Gericht ihn als Knecht (natürlich nur auf höchstens sechs Jahre) verkaufen und aus dem Kaufgelde den Ersatz leisten mußte. (Nach der Tradition kann dies nur mit einem Manne und für den Werth des Gestohlenen geschehen, nicht aber um den Ersatzpreis, so daß, wenn er den ersteren, aber nicht den letzteren entrichten kann, er dennoch frei bleibt und diesen später bezahlt, wenn er kann. Ramb. Hilch Genev. III, 12.) Auch ist es zu bemerken, daß gewaltthätige aber offene Verletzung des Eigenthums weniger strafbar, als der heimliche Diebstahl angesehen, dessen Strafbarkeit als größer erkannt wurde, je mehr List und Anstrengung damit verbunden war — gerade entgegengesetzt wie in Sparta und Rom.

Viertens: Die allgemeine Wehr= und Steuerpflicht.

1. Der Staat hat, wie wir oben gezeigt, ein Recht auf Leben und Eigenthum seiner Angehörigen zur Sicherung seines Bestandes und Erreichung seiner Zwecke. Es erfließt hieraus die Wehr= und Steuerpflicht aller seiner Angehörigen. Aber gerade darum ist es um so nothwendiger, daß diese Rechte des Staates und Pflichten seiner Angehörigen nach bestimmten Grundsätzen der Gerechtigkeit geregelt und bemessen seien. In der geschichtlichen Entwickelung ergab es sich, daß bei dem einen Volke alle Männer die Waffen trugen und zum Kriege auszogen, wie bei den Persern, während bei dem andern sich aus alter Zeit besondere Geschlechter für die Waffen ausbildeten, und eine Kriegerkaste ausmachten, welche allein dieser Beschäftigung gewidmet war, während die andern Theile des Volkes den friedlichen Thätigkeiten oblagen, darum aber jener untergeordnet wurden, wie bei den Egyptern und Indern. In den Heeren selbst nahm oft eine Abtheilung oder eine Waffe, z. B. die Reiterei, den Vorrang ein, und erlangte dadurch einen höheren Rang und gewisse Vorrechte. Als die Kriege sich mehrten, sei es zu Eroberung, sei es zu Vertheidigung, trat das Bedürfniß stehender Heere ein, die zu aller Zeit zum Kriege bereit seien. Diese wurden nun entweder durch Aushebung aus dem Volke selbst, oder

durch Anwerbung von Söldnern beschafft. Es ist ersichtlich, daß solche stehende Heere einerseits herrschsüchtigen Regenten die Gelegenheit und Mittel zur Befriedigung despotischer Gelüste darbieten, aber auch selbst schon oft den Herrschern gefährlich und zum Verderben wurden (Prätorianer), andrerseits außer der Entziehung von bedeutenden Arbeitskräften so große finanzielle Mittel beanspruchen, daß sie zur Erschöpfung der Völker und zum Ruin ihres Finanzwesens gereichen. So wenig wie es nun auch möglich ist, mit einem Male aus den historisch gegebenen Verhältnissen herauszukommen, und dies namentlich nicht von e i n e m Staate abhängig ist, da es hierbei vielmehr auf die Haltung und Gesinnung der umgebenden Staaten ankommt, so stellen sich doch vom Standpunkte des Rechtes folgende Grundsätze als die Elemente einer gerechten und vernunftgemäßen Wehrverfassung heraus: 1) die Wehrpflicht muß für alle Staatsangehörigen in völlig gleichem Maaße gelten, so daß nur die körperliche oder geistige Untauglichkeit oder besondere Menschlichkeitsrücksichten die Ausnahme bilden; 2) in dem Heere selbst darf keinerlei Vorrecht gelten, sondern einem Jeden muß das Aufrücken in die niedrigeren oder höheren Befehlshaberstellen ermöglicht sein; 3) die Vorbildung zum Militärdienste, so wie dieser selbst in Friedenszeiten müssen auf das möglich geringste Maß von Zeitaufwand eingeschränkt werden, um die Störung in der Berufsthätigkeit und die Steuerlast des Volkes so gering wie möglich zu machen; 4) das Heer nimmt in keinerlei Weise, außer was unmittelbar den Dienst betrifft, eine Ausnahmestellung ein, ist dem ordentlichen Richter unterzogen und auf das Staatsgrundgesetz verpflichtet.

Das mosaische Gesetz bietet das Bild einer solchen Wehrverfassung dar. Zum Heere pflichtig (צָבָא יָצָא¹) war jeder Israelit „vom zwanzigsten Jahre und darüber", mit alleiniger Ausnahme der Priester und Leviten (4 Mos. 1, 2. ff.). Diese ganze Masse war zwar nach den Stämmen, Geschlechtern und Familien, zugleich aber auch in Rotten von Tausend, Hundert, Fünfzig und Zehn getheilt, und an die Spitze derselben Oberste über Tausend, Hundert, Fünfzig und Zehn gestellt ¹). Innerhalb dieser Rotten

---

¹) Während des Wüstenzuges fand diese Abtheilung auch wegen administrativer Beziehungen statt, und die „Obersten" dieser Rotten hatten auch als Richter zu fungiren. (2 Mos. 18, 21 ff.)

standen also die Angehörigen einer Familie, eines Geschlechts und eines Stammes bei einander, was im Kriege viele Vortheile bot. Ueber die ganze Masse wurde mit Hülfe der Familien=, Geschlechts=, und Stammhäupter eine allgemeine genaue Stammrolle gehalten. Dieser allgemeinen Wehrpflicht gegenüber traten folgende Ermäßigungen ein: 1) die Dauer der Dienst= pflicht war nicht bestimmt, was, da diese sonst, wie bei den Leviten, genau angegeben ist, erweist, daß sie sich nach der Tauglichkeit des Indivi= duums richten sollte: 2) der Ehemann im ersten Jahre seiner Ehe, wer ein neues Haus gebaut, und es noch nicht eingeweiht, wer einen Weinberg ge= pflanzt, und ihn noch nicht gelöst (also bis zum vierten Jahre), waren vom Kriegsdienst während dieser Zeit frei; 3) vor dem Kriegszuge selbst wurde Jeder, „der furchtsam und verzagten Herzens sei," aufgefordert, vorzutreten, und durfte nach Hause zurückkehren, „daß nicht feig werde das Herz seiner Brüder wie sein Herz". Alle diese Momente waren sowohl aus Humanitäts= rücksichten, als auch besonders um der allgemeinen Entschlossenheit wegen berücksichtigt, in der richtigen Erwägung, daß nicht die Zahl sondern der Muth der Krieger im Kriege entscheidend ist, daß das Hangen und Sehnen nach heimathlichen Gegenständen die Tapferkeit vermindert, und daß also nicht blos physische, sondern auch psychische Tauglichkeit erforderlich ist. Da= rum sollte, wenn der Kriegszug ausgerüstet war, „der Priester"[1] vor die Front treten, mit Hinweisung auf Gottes Beistand den Muth der Krieger beleben und die Frage nach den oben bezeichneten Kategorien an das Volk richten. (5 Mos. 20.) — Waren also alle Mannen Israels wehrpflichtig, so sollten sie doch kein stehendes Heer bilden, sondern in jedem speziellen Falle nach dem Umfang des Krieges eine Anzahl Krieger genommen und in den Krieg entsendet werden, und zwar so, daß jeder Stamm eine bestimmte Zahl zu stellen habe, wie zu dem midjanitischen Kriege je 1000 Mann von jedem Stamme. Dies waren dann die Kriegsgerüsteten Mannen (חֲלוּצֵי צָבָא) (4 Mos. 31.)[2] Das israelitische Heer sollte vorzugsweise aus Fußsoldaten bestehen (5 Mos. 17, 16.)[3]. So nothwendig es war, daß auch die Israe-

---

[1] Wahrscheinlich der Hohepriester, weil הכהן steht; die Trad. nimmt des= wegen hierzu einen besonderen Priester an, der כהן משיח מלחמה genannt wurde. Ramb. Hilch. Milcham. VII, §. 1.

[2] So ziehen von den 2½ Stämmen Ruben, Gad und Halbmenasscheh, welche jenseits des Jordans ihre Sitze genommen, und zusammen 110,580 Männer über 20 Jahre zählten, doch nur „ungefähr 40,000" kriegsgerüstet über den Jordan zur Eroberung Canaans mit, also etwas über ein Drittel.

[3] Durch Reiterei wird die Eroberungslust angefacht, mit ihr war überall ein Vorrang verknüpft, und da Canaan die Pferde aus Egypten holen mußte, war eine engere Verbindung zwischen Israel und Egypten zu fürchten. Ueber= haupt sollte der israelit. Krieger seine Zuversicht aus seinem Vertrauen auf Gott schöpfen, nicht aber aus der Vorzüglichkeit seiner Bewaffnung und Kriegsrüstung,

liten [ein kampffähiges Volk sei, so sollte doch die Kriegslust niemals in ihnen gepflegt, sondern im Grunde doch Abscheu vor dem Kriege ihnen eingeflößt werden. So wurde nach der Heimkehr eines Heeres aus dem Kriege eine siebentägige Reinigungsfeier angeordnet, sich gründend auf das Reinigungsgesetz bei Berührung eines Leichnams. Sieben Tage lagerte das Heer außerhalb des Ortes, wo das Heiligthum stand, und Jeder, der einen Menschen getödtet oder einen Erschlagenen berührt hatte, wurde am dritten und siebenten Tage durch Besprengung mit Reinigungswasser entsündigt, er mußte sich dann am siebenten Tage baden, und nun erst konnten sie einziehen; alle metallene Geräthe mußten durchs Feuer gezogen und besprengt, die Kleider gewaschen, alles Uebrige ebenfalls besprengt werden. (4 Mos. 31, 19 ff.) Wenn auch hierin vorzugsweise die Beziehung zum Heiligthum ursächlich lag, so mußte doch das Gefühl, sich im Zustande der Unreinheit zu befinden, das Kriegshandwerk nicht in glänzendem Lichte erscheinen lassen. In diesem Sinne wird David untersagt, den Tempel zu bauen, weil er zu viele Kriege geführt und dadurch Menschenblut vergossen habe, wenn auch die Kriege Davids an sich gerechtfertigt waren (1 Chron. 22, 8.) — Daß der Krieg grundsätzlich so viel wie möglich human und milde geführt werden sollte, prägen mehrfache spezielle Gesetze aus. Zuerst das Gebot, auch in Feindesland jeder Stadt, also allen Bewohnern „Frieden zu entbieten", und denen, die sich ergeben oder ohne Kampf überwunden werden, die größte Schonung angedeihen zu lassen, so daß Leben und Eigenthum unangetastet blieben und ihnen nur eine Contribution auferlegt werde (5 Mos. 20, 10.); eine eigentliche Verheerung anzurichten, mit Feuer und Schwert Alles zu verwüsten, war dadurch behindert, wozu besonders noch das Verbot, selbst im Falle einer längeren Belagerung die Fruchtbäume zu verschonen und sie selbst nicht zu Belagerungswerken zu gebrauchen (das. 19. 20.), beitragen mußte. Alsdann war das Gebot über die Behandlung der gefangenen Weiber von höchster Bedeutung und von so zarter und tiefer Sittlichkeit, daß es allein genügen würde, dem Gesetze den Charakter der höchsten Sittlichkeit zu geben. Es wird dem israelitischen Krieger untersagt, ein gefangenes Weib sich ohne Weiteres anzueignen, sondern er muß ihr einen Monat Zeit gewähren, den Verlust der Ihrigen zu betrauern, und dann sie ordnungsmäßig ehelichen; will er sich später von ihr scheiden, so muß er sie frei entlassen, darf sie nicht zur Magd machen oder verkaufen 5 Mos. 21, 10 ff.). Hierdurch war allem unsittlichen Verfahren der Soldaten gegen das weibliche Geschlecht vorgebeugt. Wenn hingegen die Männer in einer mit Sturm eroberten Stadt getödtet werden sollten, so lag dies sicherlich nicht in einem Zuge von Grausamkeit, denn ein Gesetz, das

---

weßhalb die Propheten und Psalmisten öfter gegen Rosse und das Vertrauen auf sie eifern. So behielt noch David von allen erbeuteten Pferden nur 100 zurück, und lähmte die anderen (2 Sam. 8, 4.).

die Fruchtbäume verschont, kann nicht hart gegen Menschen sein, sondern weil jeder Krieg der Israeliten ein Nationalkrieg um Freiheit und Bestand war, keine Herrschaft über widerspenstige Länder gewonnen und keine Sklaven einge= bracht werden sollten, was die stete Erneuerung des Krieges zur Folge gehabt hätte, und das abschreckende Beispiel den anderweitigen Widerstand und Kampf vermindern mußte. Endlich sollte auch die Beute nicht dem Individuum gehören, sondern ein gemeinsames Gut sein, wodurch die Plünderungssucht vermindert werden mußte. Von der Kriegsbeute sollten Kleider, Kleinodien und anderes Bewegliche (שלל und בז) den Kriegsleuten in ihrer Gesammtheit gehören, dagegen das Gefangene an Vieh und Menschen (מלקח) zur Hälfte an die Kriegsleute vertheilt werden; von der Hälfte für das Volk wurde ein Fünfzigstel für die Leviten, von der Hälfte für die Soldaten ein Fünfhundertstel für die Priester erhoben. Die übrige Beute wurde unter die Soldaten vertheilt, wobei natürlich die Obersten einen Vorzug hatten, die dann aber eine bedeutende Gabe an Kostbarkeiten in den Schatz des Heiligthums lieferten. (4 Mos. 31, 25 ff.)

2. Wenn es einerseits die Pflicht des Staates ist, die weiseste Sparsamkeit mit den Mitteln des Volkes zu beobachten, alle un= gerechten und unnöthigen Ausgaben zu vermeiden, um für die wahren Bedürfnisse und wirklichen Zwecke eine genügende Fülle zu Gebote zu haben, so stellen sich für die Besteuerungsweise folgende Grundsätze als die, sowohl mit der Gerechtigkeit als mit einer ge= sunden Volkswirthschaft übereinstimmenden Grundsätze auf: 1) die Besteuerung muß alle Staatsangehörigen betreffen, und Ausnahme und Bevorrechtigung darf in keinerlei Weise bestehen; 2) die Besteuerung muß eine direkte sein, also unmittelbar von dem Steuernden erhoben werden mit völliger Kenntniß seiner Leistungen seitens des Letzteren; 3) die Besteuerung darf weder von dem Ver= mögen an sich, noch von dem Verbrauch, sondern von dem wirklichen Einkommen eines Jeden mit Berücksichtigung seiner durch die Größe und die Verhältnisse seiner Familie nothwendigen Ausgaben gezogen werden. Es versteht sich von selbst, daß die historisch gegebenen Verhältnisse auch hierin eine gewichtige Rolle spielen, daß man nicht mit einem Male an die Verwirklichung dieser Prinzipien gehen kann, sondern eine allmälige Annäherung, einen zeitweisen Uebergang suchen muß, wie denn auch dies bereits in den meisten europäischen Staaten geschehen ist, in denen man, während man im vorigen Jahrhundert noch nur nach neuen Consumtionssteuern

und Erhöhungen der Eingangszölle suchte, jetzt zur Einkommensteuer gegriffen hat. Das einzige bedeutsame Motiv für die indirekten Steuern, daß dieselben dem Steuernden nicht fühlbar seien und sich für ihn in unmerkliche Bruchtheile vertheilen, wird durch ihre Ungerechtigkeit, die darin besteht, daß gerade die unentbehrlichen Lebensbedürfnisse am meisten betroffen, und zahlreiche aber arme Familien mehr belastet werden, als reiche geringzählige, sowie durch die Größe der Erhebungskosten bei Weitem aufgewogen. Daß die Eingangszölle dem freien Austausch der Erzeugnisse unter den Völkern hemmend entgegentreten, und Schutzzölle eine Belastung des eignen Volkes zu Gunsten einiger Produzenten sind, ist jetzt allgemein anerkannt. Aber auch die Steuer von Kapitalvermögen und selbst von den Einkünften ohne Berücksichtigung der nothwendigen Ausgaben ist ungerecht, da Kapitalvermögen an sich gar keine Bedeutung hat, sondern der Werth desselben nur in dem Maaße der daraus erfließenden Einkünfte besteht, das Einkommen für sich allein aber über die wahre Steuerfähigkeit noch nicht entscheidet.

Das mosaische Gesetz kennt keine indirekte Steuer, so wenig wie eine Vermögenssteuer, sondern nur eine direkte und zwar von dem Ertrage Jahr für Jahr. Es legte dem Volke die Abgabe des Zehenten von dem jährlichen Ertrage an Früchten und Vieh auf, von denen die ersteren auch in Geld, dann aber mit einem Fünftel des Betrages des Zehenten Aufgeld abgegeben werden konnten. Ein zweiter Zehent sollte in jedem dritten Jahre (mit Ausschluß des siebenten als des Brachjahres) für die Armen (Wittwen, Waisen, Fremde und Leviten) verwendet werden, während er in den beiden andern Jahren für die Familien selbst zu Festmahlen am Orte des Heiligthums verbraucht werden sollte. Eine einmalige Steuer kommt bei der Errichtung des Heiligthums vor, bestehend in einem halben Schekel Silber [1]) von jedem männlichen Israeliten, und zwar ohne Unterschied von Reich und Arm. Durch diese sollte jeder Israelit einen gleichen Antheil am Heiligthume erhalten. Die Trad. hat hieraus eine jährliche Abgabe an das Heiligthum gemacht, ohne daß dies aber in der Schrift selbst eine Begründung hätte. Vielmehr erweist die Verwendung dieser Kopfsteuer zu bestimmten Theilen des Heiligthums, daß sie nur als eine einmalige für diesen bestimmten Zweck erhoben wurde, um, da das Heiligthum aus frei-

---

[1]) Die Berechnungen vom Werthe eines halben Schekels Silber, wie sie verschiedentlich von den Gelehrten angestellt worden sind, variiren zwischen 3½ Groschen Conventionsmünze und 13 Silbergroschen.

willigen Gaben errichtet wurde, den Ansprüchen der Reicheren wirksam
entgegenzutreten. Daß für das Heiligthum eine Art von Schatz angelegt
wurde, ist schon oben bei Gelegenheit der Kriegsbeute angedeutet worden
und finden sich in den geschichtlichen Büchern der h. Schrift mehrfache
Belege. Er sollte zu kultuellen Zwecken, namentlich zur Restaurirung des
Heiligthums dienen, wurde aber später bisweilen zum Ablauf einbringender
Eroberer verwendet, was jedoch nur die entgegengesetzte Wirkung hatte.
Aus den obigen Grundsätzen des Gesetzes floß es, daß in den jüdischen
Gemeinden zur Erhaltung derselben die Steuern nur auf dem Wege der
Abschätzung von Einkommen und nothwendigen Ausgaben erhoben werden,
ein Prinzip, das bei der verhältnißmäßig außerordentlich großen Besteuerung
der Gemeindemitglieder für diese Zwecke sich immer bewährte, und den
Staaten und Communen zum Muster dienen könnte. Die Theilnahme
am Gemeindeleben wurde durch das Bewußtsein des vollen Umfangs der
Steuer sehr rege gehalten, und wiederum die Steuerlast durch das Interesse für den Zweck bedeutend erleichtert. Dies wäre für den Staat das
politische Motiv für dieselbe Besteuerungsweise.

Fünftens: Die Selbstverwaltung.

Wenn der Staat, wie wir oben auseinandergesetzt, in der Vereinigung der Individuen zu den Zwecken der Gesellschaft besteht,
und seine Aufgabe daher sowohl in der Erhaltung dieser Vereinigung durch die von ihr bedingte Ausgleichung zwischen der Freiheit
des Individuums und deren nothwendiger Beschränkung, als auch
in der Erreichung jener Zwecke liegt: so ergiebt sich eine zwiefache
Thätigkeit des Staates. Denn erstens hat der Staat die allgemeine
Regelung durch das Gesetz, und zweitens die Anwendung und Ausführung des Gesetzes in allen gegebenen Fällen zu vollbringen. Die
erstere bildet die Gesetzgebung, die zweite die Ausführung (Exekution).
Die letztere besteht aber wieder aus zwei Momenten, sie ist nämlich
die richterliche, welche die Entscheidung in allen zwischen Individuen
oder Parteien entstehenden Rechtsfragen trifft (Justiz), und die ver-
waltende, welche alle, gemeinsame Verhältnisse betreffenden Einrichtungen ausführt (Administration). Es liegt hierin schon die Nothwendigkeit eines Staatsgrundgesetzes, das die Verhältnisse dieser
verschiedenen Funktionen des Staates an sich und unter einander
ordnet und feststellt, möge dieses Staatsgrundgesetz nur faktisch aus

der Entwickelung des Staates hervorgegangen, oder mehr oder
weniger formulirt, niedergeschrieben und feierlich sanktionirt sein.
Es fragt sich nun hierbei, welcher Grundsatz dieser staatsgrundgesetz=
lichen Verfassung einwohnen und in ihrer Verwirklichung herrschend
sein solle. Zu diesem Zwecke sind seit langer Zeit die verschieden=
artigsten theoretischen Systeme, welche sich zum Theil in den äußer=
sten Gegensätzen befinden, aufgestellt worden, und haben mehr oder
weniger Einfluß auf die Entwickelung und Verwirklichung gehabt.
Das Richtige ist aber auch hier nur, die natürliche Grundlage und
die historische Entwickelung zum wesentlichen Maßstabe zu machen.
Der Staat ist weder unmittelbar aus einem rohen Naturzustande von
selbst, noch allein aus dem Abschluß eines Vertrages hervorgegangen,
sondern er hat sich entwickelt, wie die Familie zu Geschlechtern, die
Geschlechter zu Stämmen, die Stämme zu einem Volke, und das Volk
oder mehrere Völkerschaften zu einem Staate heranwuchsen. Ueberall
verweilten aber die Menschen eine Zeit lang auf allen diesen Stufen,
das Wachsthum ging allmälig vor sich, und innere und äußere
Momente wirkten auf das Entstehen der höheren Phase aus der
niedrigeren, indem zugleich mehr oder weniger aus der niedern in
die höhere mit hinüber genommen wurde oder jene in dieser
erhalten blieb. So bildete sich zunächst aus den Familien die ört=
liche Gemeinde, aus den örtlichen Gemeinden die Landschaft, aus den
Landschaften der größere Staat, und es geschah daher innerhalb dieses
doppelten Bildungsprozesses des Volkes und des Staates, daß der
Staat die Geschlechter und Stämme beseitigte, das Volk absorbirte,
und so seinen wesentlichen Bestand in der Familie, der örtlichen
Gemeinde und der Landschaft fand, die er in sich als ein Ganzes
vereinigte. Der Staat als solcher kann daher seine Lebensbe=
dingungen weder aus dem rohen Naturzustande, noch aus dem
Rechtsverhältnisse eines Vertrages, noch aus der Natur der Ge=
schlechter, der Stämme und des Volkes ziehen, sondern allein aus
dem Verhältniß und der Natur des Individuums, der Familie, der
Gemeinde und allenfalls noch der Landschaft. Allerdings ist nun
historisch öfter der Fall eingetreten, daß ein Staat, wie er sich aus
den Elementen des Volkes bilden wollte, oder, was meist der Fall
war, um aus einer außerordentlichen Verwirrung herauszukommen,

sich gewissermaßen neu konstituirte, eine Uebereinkunft seiner vor=
handenen Bestandtheile der Neugestaltung zu Grunde legte, und
dieser Akt bildete eine Art Vertrag. Aber diese Uebereinkunft kann
doch nur aus der Natur und Beschaffenheit jener schon vorher vor=
handenen Bestandtheile hervorgehen, und es ist daher ganz gleich=
gültig für den Begriff des Staates, ob diese zu einem gewissen
Zeitpunkte einen solchen bestimmt formulirten Ausdruck findet, da
jene doch zu aller Zeit existiren und maßgebend sind. — Hierbei
ist aber vor Allem zu beachten, daß der Staat nicht etwa ein bloßes
Conglomerat von Individuen, Familien, Gemeinden und Landschaften,
die neben einander bestehen, ist, sondern ein selbstständiger Organis=
mus, der jene als Organe, Glieder und Systeme umfaßt, und sie in
sich nach seinen allgemeinen Lebensnormen existiren und leben läßt.
Denn der Staat ist ganz ebenso eine Naturnothwendigkeit für den
Menschen, wie die Individualität, wie die Familie und die Gemeinde,
da keine dieser für sich allein bestehen, sondern stets aus sich heraus=
schreiten und mit den anderen in Verhältniß kommen muß, das
eben den Staat voraussetzt oder unumgänglich macht. Diese einzelnen
Momente leben daher ein Leben für sich und zugleich am Gesammt=
leben des Staates, sie sind die nothwendigen Elemente des
Staates, und ziehen zugleich aus diesem die Bedingungen ihres
Daseins. Wo daher nur zwei Individuen, Familien, Gemeinden
in irgend ein Verhältniß zu einander treten, da hat der Staat durch
seine Normen zu verhüten, daß sie in Conflikt mit einander gerathen,
oder entstandenen Conflikt zu schlichten, andrerseits aber ihr eigen=
thümliches Leben nicht zu stören und die ihnen einwohnende Frei=
heit und Eigenheit des Lebens nicht zu fesseln. Hieraus ergiebt sich,
daß die Gesetzgebung des Staates nur aus der Zusammengehörigkeit
der Individuen, Familien, Gemeinden und Landschaften erfließen,
und die Ausübung (Exekution) des Staates wiederum nur in deren
Zusammengehörigkeit verweilen muß. Wie daher auch diese Zusammen=
gehörigkeit, das Lebenselement des Staates, aus dem die Gesetz=
gebung und die Exekution fließen, historisch sich Organe für beide
geschaffen hat und in der Entwickelung ausbildet: die Rechtsquelle
zu beiden liegt in ihr, nicht in den Elementen ihres stofflichen
Materials, sondern in der Existenz, der organischen Zusammengehörig=

keit. Die Rechtsquelle der Gesetzgebung und Ausübung besteht
also nicht in der Gesammtheit der Individuen, nicht in einer Zahl
von Individuen und nicht in irgend Einem Individuum, sondern
allein in der organischen Zusammengehörigkeit, die nun nach der
Entwickelung ihres Lebens sich die Organe in verschiedenartiger
Weise schafft[1]). Wie diese aber auch beschaffen sein mögen, so
müssen doch die Gesetzgebung und die Ausübung sich auf die, die
Zusammengehörigkeit berührenden Objekte beschränken, das Leben
der Individuen, Familie, Gemeinde und Landschaft nur so weit
treffen, als sie dem organischen Gesammtleben angehören, und ihre
anderweitige Freiheit, Selbstständigkeit und Entwickelung durchaus
nicht antasten. Dies ist der Grundsatz der Selbstverwaltung
(selfgovernment), die jedoch nicht blos die Verwaltung im engern
Sinne, sondern auch gesetzgebende und richterliche Momente befaßt.
Es kann keinem Zweifel unterliegen, daß, wie wir oben dargestellt,
die persönliche Freiheit des Individuums vom Staate gewissen
gesetzlichen Bedingungen unterworfen, daß eben so in der Familie
die Rechtsbeziehungen der einzelnen Glieder, wie zwischen den Gatten,
der Anfang der bürgerlichen Selbstständigkeit der Kinder, das Erbrecht, gesetzlich geordnet, daß die Formen des Gemeindebestandes
gesetzlich bestimmt sein müssen, und endlich, daß der Staat über alle
diese Institutionen ein gewisses Aufsichtsrecht zu üben und die Anwendung des Gesetzes zu überwachen habe. Hierüber hinaus hat aber
der Staat Individuum, Familie, Gemeinde, Landschaft sich selbst,
ihrer selbstständigen Führung, Entscheidung, Verwaltung zu über-

---

[1]) Wie gern auch die Anhänger irgend einer Verfassungs- oder Regierungs-
art dies leugnen möchten, sie vermögen es nicht; sie müssen zugestehen, daß zu
verschiedenen Zeiten und in verschiedenen Staaten der Absolutismus, der Feu-
dalismus, der Constitutionalismus, die Monarchie, die Republik ꝛc. zu Recht
bestand und besteht. Sie können diese oder jene Verfassung für die beste halten,
können dies objektiv, oder subjektiv nach Zeit und Ort vermeinen — aber die
eigentliche Rechtsquelle müssen sie in der organischen Zusammengehörigkeit zugeben, und ebenso, daß diese ihre Organe im Zusammenwirken der innern und
der geschichtlichen Entwickelung bildet. Es hat daher immer Zeiten gegeben, wo
diese oder jene Verfassung am zweckmäßigsten diesem oder jenem Staate gewesen,
und wiederum Zeiten, wo die bisherige Verfassung unzweckmäßig und schädlich
geworden und verändert werden mußte.

lassen, und ihr Leben und dessen Funktionen weder einzuschnüren,
noch zu verkümmern. Die organische Natur kann hier überall zum
Vorbilde dienen; denn nicht ein Organ allein ist das Alles Be=
stimmende im Organismus, und jedes organische System bereitet
sich selbst aus dem ihm zugeführten Stoff seinen Fortbestand, trotz=
dem keines ohne das Gesammtleben des Ganzen existiren kann, und
die Wechselwirkung stets im Gange ist. Wie sich also der Staat
aus Individuum, Familie, Gemeinde, Landschaft aufbaut, so hat
er diese in ihrer Selbstständigkeit zu achten, ihnen die ihnen eigen=
thümlichen Interessen zu überlassen, und nur darauf zu wachen,
daß dies nach den gesetzlichen Bestimmungen geschieht; er selbst aber
hat die organische Zusammengehörigkeit, alles aus dieser Fließende
und alles diese Betreffende zu tragen und zu fördern. Der Gegen=
satz hiervon ist die sog. Centralisation. Sie sieht in dem Staate
nichts als ein mechanisches Gefüge mit einem einzigen lebendigen
Mittelpunkt, in den von der äußersten Peripherie her alle Radien
zusammenlaufen und von dem alle Fäden auslaufen, so daß nichts
in dem Staate geschehen dürfe, das nicht von diesem Mittelpunkte
— der Staatsregierung — aus bestimmt, geordnet, entschieden, ge=
stattet oder befohlen wäre. Für Momente hat eine solche Centrali=
sation den Vortheil, die ganze Summe der vorhandenen Kräfte zu
e i n e r Aktion vereinigen und verwenden zu können. Unter ihrer
Einwirkung hingegen muß nach und nach alles Leben absterben,
und Individuen, Familie, Gemeinde zu starren Organen werden,
die nur noch ein mechanisches Gewicht haben, bei irgend einem
größern Anstoße aber zerspringen und zersplittern.

Die h. Schrift stellt uns bis ins Detail den Anwachs der Israeliten aus
der Familie, dem Geschlechte, den Stämmen zu einem Volke in einem über=
raschend klaren Bilde dar. Mit dem Auszuge aus Egypten wird die Masse
zu einem Volke, in der Wüste aber aus einem Volke zu einem Staate. Diese
Umwandlung des Volkes zu einem Staate geschieht durch das von Gott ge=
gebene Gesetz. Dieses Gesetz wird vom Volke feierlich angenommen[1]), und so
haben wir hier das Beispiel eines naturwüchsigen und dennoch auf der Grund=
lage eines bestimmten Gesetzes, auf einem Vertrage[2]) aufgebauten Staates.

[1]) 2 Mos. 24, 3—8. 5 Mos. 27. 5 Mos. 5, 24. 30, 15 ff.
[2]) Als „Vertrag" bezeichnet ihn die Schrift durch das Wort בְּרִית,

Diesem israelitischen Staate sollte als eigentliches Lebensprinzip die Erkenntniß und Anbetung des einzigen Gottes einwohnen; Gott als die Quelle des Gesetzes und des Rechtes angesehen, und die Erfüllung des Gesetzes als die Bürgschaft des Bestandes und Gedeihens des Volkes und des Staates betrachtet werden. Das Gesetz in seinen Prinzipien und in bestimmten konkreten Vorschriften sollte für immer gelten, nichts hinzugefügt und nichts davon genommen werden[1]), in seiner weitern Ausbildung aber der lebendigen sich fortentwickelnden Tradition, die nicht durch schriftliche Abfassung fixirt werden sollte, überlassen werden[2]). Wenn also hiermit die unmittelbare Einwirkung Gottes auf die Gesetzgebung abgeschlossen war, sollte doch in einzelnen, besondern Fällen die Leitung Gottes, abgesehen von seiner allgemeinen Führung, durch gottbegeisterte Propheten, oder auch durch den Hohenpriester[3]) sich bethätigen. Es war hiermit einerseits das Grundgesetz des Staates fixirt und ihm eine Basis der Dauer gesichert, andrerseits dem Leben und dem Geiste der Einfluß geöffnet. In diesem Sinne, aber nur in diesem sollte der israelitische Staat ein theokratischer sein, insofern nämlich die organische Zusammengehörigkeit des israelitischen Staates in dem religiös-sittlichen Lebensprinzip befunden werden sollte, die Quelle des Gesetzes und Rechtes in Gott, das Grundgesetz als ein von Gott gegebenes, der Bestand und das Gedeihen von göttlicher Führung ausgehend und in einzelnen Momenten durch gottbegeisterte Männer beeinflußt. Völlig mißverstanden wäre es aber, wenn man dies etwa als eine hierarchische Verfassung ansähe, die gerade durch die bestimmtesten Einrichtungen vermieden werden sollte, wie aus der Stellung, welche dem Priesterstande gegeben wurde, hervorgeht (s. w. u.). Etwa eine dauernde und den Staat fortgesetzt leitende und beherrschende Verwaltung durch eine Stellvertretung Gottes vermittelst der Priesterschaft ist im Gesetze nicht einmal angebahnt und hat sich in der Geschichte Israels niemals bethätigt[4]). Auch das Prophetenthum, das durchaus nicht mit der Priesterschaft verbunden

---

„Bund", feierlich abgeschlossener Bund. Als solcher wird er schon Abraham verheißen und mit ihm durch eine Ceremonie abgeschlossen (ברית כין הבשרים 1 Mos. 15, 9 ff.).

[1]) 5 Mos. 4, 2. 13, 1. Ueber die verschiedene Auslegung dieser Stellen, s. unser Bibelw. I zur ersten Stelle.

[2]) S. hierüber Bd. I. S. 87 ff.

[3]) Ueber die Urim und Thumarim, die in der Tasche des Choschen auf der Brust des Hohenpriesters lagen, wie die zwei Gesetztafeln in der Bundeslade, s. das Nähere in der Gesch. d. Cultus.

[4]) Die h. Schrift verschuldet es nicht, wenn absichtliches und unabsichtliches Mißverständniß aus ihr Gründe für theokratische Politik, wie Kirchenstaat, Kalvinismus und Puritanismus herholte. Der israelitische Staat glich diesen so wenig wie dem Dalailamastaate, und sollte ihnen nie gleichen.

wurde, war keine feststehende Institution, sondern nur als eine momentan auftretende Erscheinung verheißen, deren Zweck nicht die Staatsleitung, sondern nur die Vertheidigung der Gotteslehre, die Belebung derselben im Volke, die Anleitung des letzteren zur Treue für Lehre und Gesetz zum Zwecke hatte, und welcher keine gesetzgeberische Macht und Funktion eingeräumt war [1]). — Als das oberste Prinzip ward die Freiheit des Volkes aufgestellt, und darum wurde sowohl das Volk nach der Feststellung des Gesetzes wiederholt um seine freiwillige Zustimmung zu demselben befragt, als auch dauernd war dem Volke das Recht der Selbstverwaltung gesichert [2]). Innerhalb des Volkes wurden die Elemente, aus denen es erwachsen, aufrecht erhalten, und die Gliederung in Stämmen, Geschlechtern und Familien bewahrt, und durch das Gesetz gesichert. Denn die Vertheilung des Landes geschah nach dieser Gliederung, und nicht allein den Stämmen wurde ihre Landschaft dadurch gesichert, daß Erbtöchter [3]) nicht außerhalb ihres Stammes heirathen durften, sondern auch den Familien ihr Erbgut an Grund und Boden durch das Lösungsrecht und Jobeljahr. Neben und innerhalb dieser wurde jedoch zugleich eine Gliederung nach der Kopfzahl der Männer in Abtheilungen von Tausend, Hundert, Funfzig und Zehn getroffen, die während der Züge durch die Wüste zu administrativen und militairischen,

---

[1]) Es wird verheißen, daß Propheten erstehen sollen, nicht aber ein dauernder Prophetenstand instituirt (5 Mos. 18, 15. 18.). Wenn ein Prophet sich selbst durch Zeichen als solchen bethätigt hat, aber Abfall und Abweichung vom Gesetze predigt, so soll er nicht allein nicht gehört, sondern [mit dem Tode bestraft werden (5 Mos. 13, 1—6. 18, 20.). Schon Joschua war kein Prophet im eigentlichen Sinne des Wortes, sondern nur behufs seiner administrativen Funktionen zur Eroberung und Vertheilung des Landes inspirirt und dem Hohenpriester Eleasar mit dem Urim in gewissen Fällen subordinirt (4 Mos. 27, 21.).

[2]) So wurde auch die Befragung des Volkes um seine freiwillige Zustimmung zu dem Gesetze als „Bundesvertrag" unter Joschua erneuert Jos. 24, bes. von V. 16 an. Ebenso nach der Rückkehr aus dem babylonischen Exil Nechem. 10, 1 ff. Volksversammlungen, theils in der Gesammtheit aller freiwillig Herbeikommenden, theils durch die Volksvertretung kommen in den Büchern der Richter, Samuelis z. B. bei der Königswahl Saul's und David's, in den Büchern der Könige, z. B. bei Rehabeam's Regierungsantritt, in der Chronik ꝛc. vor, und überall ist dem Volke das Zustimmungsrecht vorbehalten. Interessant ist, wie Moses der Volksversammlung die Bestellung von Richtern vorschlägt und das Volk zustimmt (5 Mos. 1, 9—14.), dagegen das Volk dem Moses den Wunsch, Kundschafter auszusenden, vorträgt, und Moses zustimmt (Das. 22, 23.).

[3]) Dies sind Töchter, die bei Mangel an Söhnen den Grundbesitz der Familie erbten.

im h. Lande selbst zu militairischen Zwecken bestehen sollte[1]). Doch war
der israelitische Staat nicht blos auf das israelitische Volk beschränkt, sondern
jeder Ausländer konnte nicht allein sich niederlassen, und genoß dann sämmtliche Rechtswohlthaten, sondern auch in die Staatsgemeinde eintreten, wenn
er sich dem religiösen Prinzip des israelitischen Staates anschloß[2]). Das
gesammte Volk behielt sein Be- und Zustimmungsrecht in allen bedeutsamen
Fällen, wurde aber sonst in dreifacher Weise vertreten, nämlich durch
die zwölf Stammesfürsten, durch den Rath der siebzig Aeltesten, und den
weiteren Rath sämmtlicher Stammesfürsten, Aeltesten, Richter und Beamten[3]). Diese Alle aber wurden durch das Volk gewählt (5 Mos. 1, 13.
16, 18.). Niemand erhielt für seine Funktion eine Besoldung, und Be-
lohnungen und Ehrenbezeugungen waren nicht vorhanden[4]). Im Lande
selbst waren es die Familien, die Ortsgemeinden und die Stämme (diese
letzteren als Landschaften), welche selbständig bestanden, und durch die Fa-
milienhäupter, die gewählten Aeltesten der Ortsgemeinde und die gewählten
Aeltesten und Fürsten der Stämme in allen exekutiven Funktionen verwaltet
wurden (s. w. u.), eine Institution, die unter allen Wandelungen bis zum
Exil bestand[5]); mit diesem hörte die Stammesabtheilung auf, deren Reste,

---

[1]) Daß diese Institution auch im h. Lande bestehen blieb, ersieht man aus
2 Kön. 11, 4. 1 Chron. 13, 1. u. a. St.

[2]) Die Ausnahme, die 5 Mos. 23, 4 ff. hinsichtlich der Edomiter und
Egypter jedoch nur bis zum dritten Geschlechte, der Ammoniter und Moabiter
ganz und gar, festgesetzt worden, beweist erst recht, daß Jedermann zugelassen
und die Abstammung von Israel keine Bedingung war. Die die genannten
Völker treffenden Ausnahmen mußten sich auf die unvertilgbare Feindschaft und
den unauslöschlichen Hang zum Götzendienste in diesen Völkern gründen.

[3]) Um hier nicht zu weitläufig zu werden, verweisen wir über diesen in-
teressanten und wichtigen Gegenstand auf das ausführliche Kapitel hierüber in
Saalschütz mos. Recht S. 36 ff.

[4]) Dem widerspricht nicht, wenn hier und da freiwillige Ehrenbezeugungen
vorkommen, z. B. für Moses, wenn er durchs Lager schritt, das Stehenbleiben
der Leute, das Entgegenziehen der Weiber mit Sang und Reigen, als David
vom Kampfe mit Goliath zurückkehrt ꝛc. Beispielsweise war die Belohnung mit
Kränzen, wie bei den Griechen, unbekannt bei den Israeliten.

[5]) Daß die Stämme in ihrer ganzen Bedeutung und Sonderung im israelitischen Staate bestehen blieben, hatte seine sehr gefährliche Seite, denn in ihr
mußte der Keim zum staatlichen Untergange liegen. Es entsprang aus ihr der
Geist der Eifersucht, die Prävalenz eines oder mehrerer Stämme, der Kampf
zwischen ihnen und endlich der Bruch. So war die Rivalität der Stämme
Juda und Ephraim eine alte, die bereits bei dem Regierungsantritt David's
auf 7 Jahre, nach dem Tode Salomo's dauernd die Trennung in zwei Staaten

Juda und Benjamin, zu Einem (ישראל) verschmolzen; dagegen verblieb die Ortsgemeinde in ihrer Integrität, nicht allein bis zur Vertreibung aus dem h. Lande[1]), sondern auch in der Zerstreuung bis zu dem heutigen Tage in völliger Selbständigkeit und Selbstverwaltung bestehen, so daß irgend eine Subordinirung, irgend eine hierarchische Organisation der jüdischen Gemeinden nur hier und da von außen her ihnen aufgenöthigt wurde. Nach dieser Feststellung des Grundgesetzes und Sicherung der Volksinstitutionen überließ das Gesetz die äußere Verfassung der Entwickelung und freien Wahl des Volkes, ein Moment, das den ägyptischen Staats= einrichtungen gegenüber und bei der sonstigen Detailirung des Gesetzes seine ganze innere Bedeutung erhält. Es ward dem Volke freigestellt, die republikanische Staatsform, die es aus seinen früheren Zuständen über= kommen, beizubehalten, oder die monarchische anzunehmen; im ersteren Falle, da der Staat doch immer seine einheitliche Spitze haben mußte, sich ein Oberhaupt, „Richter" genannt, zu setzen, als welcher auch der Hohepriester gewählt werden konnte (5 Mos. 17, 8. 12.), im letzteren Falle sollte der König durchaus an das Gesetz gebunden, dessen vorzüglichster Träger, und darum ein Israelit sein (5 Mos. 17, 14 ff. besonders V. 18—20.)[2]). Das

hervorbrachte, wodurch der Untergang des an sich schon kleinen Reiches sehr er= leichtert sein mußte. Andrerseits kann doch auch wieder nicht verkannt werden, daß durch diese Stammesabtheilung die Erhaltung eines Theiles der Nation er= möglicht war, so daß das Reich Juda hundertfünfzig Jahre länger bestand, und das Volk gereifter für die Treue an der Gotteslehre in's Exil ging. Daß die Geschlechter vor dem Exile mit großer Sorgfalt erhalten wurden, ersieht man aus den Geschlechtsregistern, welche uns über die zweiundvierzigtausend Männer, die mit Serubabel zurückkehrten, überliefert worden.

[1]) Auch in den babylonischen Ländern blieben die Geschlechter bei einander, treten die Häupter der Geschlechter und Familien als solche auf, bilden sich Ge= meinden unter Aeltesten Vorstehern, ja der ganze Stamm Juda steht unter solchen Aeltesten, wie diese am Chaboras bei dem Propheten Jecheskel wiederholt sich einfinden (8, 1. 14, 1.). Der Prophet widmet diesen eine besondere Rede (Kap. 34.), in der er gegen die Habgier der Vorsteher donnert. Daß die Ge= meinden und ihre Aeltesten auch nach dem babylonischen Exil ihre Selbstverwal= tung behielten und eine vollgültige Rolle im Staatsleben spielten, ersieht man aus vielen Stellen der Bücher Esra und Nehemia.

[2]) Diese Freiheit, daß die Staatsform aus dem Bedürfnisse und Willen des Volkes erwachsen, bethätigt sich in der Geschichte Israels überall. Es wird also zuerst dem Volke überlassen, in der überkommenen republikanischen Staats= form zu verbleiben. Nach Josua's Tode wird das Volk eine Zeit lang nur durch die „Aeltesten" regiert (Jos. 24, 31. Richter 2, 7.), und erst in den Zeiten der Noth ein „Richter" an die Spitze gestellt, der zunächst als Heerführer,

israelitische Königthum konnte nach der mosaischen Institution also keine Despotie sein, weßhalb auch ausdrücklich das Halten eines Serail, die Aufhäufung von Schätzen und die Anschaffung einer großen Reiterei verboten war; ebensowenig ein Absolutismus, da es einerseits das Gesetz aufrecht erhalten, andrerseits die Volksfreiheiten nicht antasten durfte. Wenn später es historisch anders wurde, so hat dies für uns kein Gewicht, da es sich für uns nur um den Geist, die Grundsätze und die Bestimmungen des Gesetzes handelt, so wenig wie der oftmalige Abfall des Volkes zum Heidenthume für uns die Gotteslehre alterirt. — In der That bildete jede Stadt, jeder Flecken, jedes Dorf eine eigene Gemeinde mit ihrer völlig freien Verwaltung und eigener Gerichtsbarkeit, die sich sogar auch über Leben und Tod erstreckte. Diese Richter jeder Stadt (עיר זקני) waren aus den angesehensten Familienhäuptern gewählt, und mußten tüchtige, gottesfürchtige, zuverlässige und uneigennützige Männer sein (2 Mos. 18, 13 ff. 5 Mos. 16, 18. 19, 12.). Vor ihnen wurden alle rechtsgültigen Verträge geschlossen, sie erkannten auf körperliche Züchtigungen, auf Geldstrafen und auf Todesstrafe, hatten jedoch die Verpflichtung, in schwierigen Fällen, sowohl in Criminal= als in Civilsachen, bei dem obersten Gerichtshof in der Hauptstadt Entscheidung einzuholen, und waren dann an dessen Ausspruch gebunden (5 Mos. 21, 19. 22, 18. 25, 1. 17, 8—13.)[1] Erst

---

dann als oberster Verwalter und Richter fungirte. Die Wahl ging stets durch das Volk vor, indem es sich entweder dem Richter, der sich im Kampfe zum Heerführer gemacht, gefallen ließ, oder ihn vertragsmäßig an die Spitze stellte. Dieses Richteramt wurde nur ein Mal vom Hohenpriester verwaltet (Eli), und nur ein Mal von einem Propheten (Samuel). Die Umwandlung in eine Monarchie geschah wiederum durch den Willen des Volkes, und der Widerstand, den es fand, bestand allein in der begründeten Vermuthung, daß das Königthum in eine asiatische Despotie umschlagen, das Gesetz antasten und beseitigen und der Religion des einzigen Gottes gefährlich sein würde (1 Sam. 8.). Ueberließ das Volk die Wahl des ersten Königs Samuel, so wurde diese doch durch zwei Volksversammlungen zu Mizpah und Gilgal vom Volke bestätigt (1 Sam. 10, 17 ff. 11, 14 ff.). Dieses Wahlrecht bethätigte sich auch nach Saul's Tode, und spaltete später das Volk in zwei Reiche, da der eine Theil das Erbrecht der Davidischen Familie anerkannte, der andere Theil sich sein freies Wahlrecht bewahren wollte (1 Kön. 12, 16.).

[1] Im Buche Ruth nimmt Boas, um einen rechtsgültigen Vertrag zu bewirken, in seinem Wohnorte Betlehem „zehn Männer von den Aeltesten der Stadt", bringt sie nach dem Ring im Thore und vollzieht hier den Lösungsakt für die der Naemi von ihrem verstorbenen Manne zugefallenen verkauften Aecker. Die Anzahl der Aeltesten der Stadt mußte also eine größere als zehn sein (vgl. Jirm. 32, 6 ff.). Als Jsebel den Naboth mit einer Anklage überraschen und

später wurden zum Richteramte öfter Leviten als besondere Kenner des Gesetzes verwendet, wie 1 Chron. 23, 4 u. a. a. St. ausgesagt wird. Weder war dies aber eine mosaische Bestimmung, noch jemals eine wirkliche und geordnete Institution, noch konnte die Zahl der hierzu bestimmten Levitenabtheilung ausreichen. Mit der Entwickelung der Lebensverhältnisse, der gegenüber die Entwickelung und Bildung der Volksmasse nicht gleichen Schritt hielt, mußte die Rechtspflege allerdings auf eine bestimmtere und fixirtere Institution tüchtiger Rechtskundiger hindrängen, und so entstand, anknüpfend an den obersten Rath der siebzig Aeltesten in der Schrift das Sanhedrin oder Synedrion, welches jedoch, wie schon der Name erweist, nicht über die griechische Herrschaft zurück gehen kann, zur Zeit der Seleuciden entstanden, während des Makkabäeraufstandes aufgelöst und mit der Wiedererlangung der Freiheit rekonstituirt worden zu sein scheint. Von dieser Zeit an standen an der Spitze des Synedrions der durch freie Wahl ernannte Präsident (נשיא) nebst einem Gerichtsvorsteher (אב בית דין). Diese beiden eingeschlossen bestand das Synedrium aus 71 Mitgliedern, welche durch Gelehrsamkeit und Ansehen hervorragten, die aber, selbst theilweise, durchaus nicht vom priesterlichen Geschlechte zu sein brauchten. Neben diesem großen Synedrion zu Jerusalem bestanden daselbst und in andern Städten kleine aus 23 Mitgliedern, sowie für Civilsachen Dreimännergerichte. — Außer den Richtern fungirten noch Beamte (שטרים), welche alle, nicht in das richterliche Amt eingreifenden, also polizeilichen, Angelegenheiten der Gemeinde zu besorgen hatten, ebenfalls vom Volke aus den angesehenen Männern, wahrscheinlich den rüstigeren und jüngeren, gewählt wurden. Sie kommen schon in Egypten vor und werden an vielen Stellen neben den Richtern benannt (5 Mos. 16, 18.). — Dieser völligen Freiheit des Volkes in der Wahl ihrer Staatsform und sämmtlicher Organe derselben steht nur eine Gebundenheit gegenüber, nämlich das an ein bestimmtes Geschlecht gebundene Priesteramt. Die dem Volke Israel übergebene Gotteslehre, sowohl in ihrem theoretischen als praktischen Theile beburfte um so mehr einer besonderen Pflege und Hut, als sie den Anschauungen der ganzen übrigen damaligen Menschheit völlig gegenüberstand, und das Volk selbst noch roh und unkultivirt, daher immerfort geneigt war, in das Heidenthum zurückzufallen; ebenso beburfte sie eines Cultus als äußerer Erscheinung, an welche das Volk die Lehre und das Gesetz zu knüpfen und deren Verkörperung in ihr zu erblicken hatte. Für diese Zwecke waren anfangs nach der überall hervortretenden Grundlage des israelitischen Lebens, in jeder Familie der Erstgeborene bestimmt. Allein es zeigte sich bald faktisch, daß die Gotteslehre im gesammten

---

verderben will, wird die Stadtgemeinde Jesreel zu einem Gerichtstage versammelt und Naboth der Vorsitz gegeben; dann treten die erkauften Zeugen gegen ihn auf, schwören einen Meineid, bewirken dadurch die Verurtheilung Naboths, und seine Hinrichtung erfolgt durch das Volk.

Volke noch zu wenig Wurzel gefaßt, um in sämmtlichen Familien den Geist derselben so vorherrschen zu lassen, daß die zu ihrem Organe bestimmte Persönlichkeit des Erstgebornen auch die genügende Fassung und Treue besäße [1]). Sollte daher nicht Alles in der Schwebe bleiben, so mußte ein bestimmtes Geschlecht erwählt werden, welches als ein besonderes Organ der Lehre und des Gesetzes diese zu tragen, zu repräsentiren und im Cultus darzustellen und dieses Amt als ein Familiengut und eine Familienpflicht dauernd zu üben hätte. Hierzu erschien der Bruder Moses, Ahron, der jenem von Anfang an als Gehülfe zur Seite gestanden, am angemessensten. Somit wurde also das Priesteramt, das im Allgemeinen der Beruf des ganzen Volkes war (2 Mof. 19, 6.), an die Familie Ahrons übergeben, und dieser zur breiteren Grundlage der ganze Stamm Levi, welchem sie angehörte, zugetheilt. Lag dieses in der Nothwendigkeit der historischen Verhältnisse, so kam Alles darauf an, dieser erblichen Priesterschaft eine solche Stellung zu geben, daß sie der Bestimmung und der Freiheit des Volkes in keinerlei Weise hindernd entgegentrete. Wurde daher der Levitenstamm aus dem ganzen Volke politisch herausgesondert, ihm jede militärische Betheiligung entzogen und sein Grundbesitz auf ein Minimum reduzirt, indem ihm kein zusammenhängender Stammestheil, sondern nur eine Anzahl durch alle Stämme zerstreuter Städte mit einem kleinen Weichbilde zugewiesen wurde: so wurde andrerseits das Priestergeschlecht auch wieder aus dem Stamme Levi gesondert, ihm einige besondere Städte gegeben, und es zu einem inte = grirenden Theile des Heiligthums selbst gemacht. Diese letztere Stellung muß wohl beachtet werden. Die Priester, und an ihrer Spitze der Hohepriester, waren als Theile des Heiligthums selbst angesehen, und in der Gewandung des Hohenpriesters sogar dieselben symbolischen Ideen ausgeprägt, wie im Heiligthume selbst, und daher auch die Gesetze der Reinigkeit für die Priester und den Hohenpriester erhöht und verschärft [2]). Hierdurch waren sie aber gänzlich zu Organen des Cultus gemacht, standen als solche außerhalb des Volkes, und außerhalb jedes politischen Einflusses. Sie wie alle Leviten konnten nämlich weder innerhalb eines Stammes zum Fürsten und Aeltesten des Stammes, noch innerhalb der Ortsgemeinden zu Aeltesten und Beamten derselben gewählt werden, sondern es stand dem Volke nur frei, zeitweise einen Hohenpriester zum Oberrichter des ganzen Volkes zu wählen, was aber nur ein Mal (Eli) geschehen ist. Die politische Macht war dem Priestergeschlechte und den Leviten aber auch durch den Mangel an allem großen Grundbesitz und durch die Unmöglichkeit, denselben zu vergrößern, entzogen, und noch mehr dadurch, daß sie in ihrer Existenz völlig vom Volke abhängig und auf dessen frommen Sinn ange-

---

[1]) Es war dies bei Gelegenheit des goldenen Kalbes klar geworden, wo nur der Stamm Mose's, Levi, treu geblieben (4 Mof. 3, 12.).

[2]) Der Nachweis und das Einzelne s. in der Geschichte des Cultus.

wiesen waren. Denn die Einkünfte der Leviten bestanden nur in den vom Volke gebrachten Zehnten des Ackerbauertrages, die der Priester in dem Zehnten dieses Zehnten, in ihrem Antheil an den Opfern, in den Erstlingen, den Gelöbnissen, soweit diese nicht dargebracht wurden[1]. Dabei waren sie dem bürgerlichen Recht gänzlich unterworfen. So wie die israelitischen Priester keine Geheimlehre besaßen, und das Gesetzbuch durch öffentliche Vorlesungen stets das Eigenthum des ganzen Volkes sein sollte, so waren ihre Funktionen auch nur kultuelle und zwar innerhalb des Heiligthums, so wie in den Reinigungsakten, die auf das Heiligthum Beziehung hatten. Sollten sie nun im Allgemeinen auch das Volk belehren, und der Hohepriester diejenigen Rechtsfälle entscheiden, die an ihn gebracht wurden, so war dieses ganze Gebiet doch nicht ein solches, auf welchem sie dauernd eine politische Herrschaft erlangen oder nur einen politischen Einfluß üben konnten, um so mehr da sie selbst keine gesetzgeberische Macht hatten, und überall an das fixirte Gesetz gebunden waren, welches von vorn herein ihre Stellung genau begränzt hatte[2]. Die ganze Geschichte Israels zeigt denn auch, wie streng sich dies Alles realisirte[3]. Innerhalb der Priesterschaft selbst bestand nun wieder dasselbe Prinzip der Gleichheit und Freiheit, wie in dem ganzen Volke. Denn außer dem erblichen Hohenpriester, der aber außer einigen lediglich kultuellen Vorrechten durchaus in nichts bevorzugt war, waren alle Priester gleich, und stand es jedem Israeliten frei, sich zu seinem im Tempel darzubringenden Privatopfer beliebig einen Priester zu wählen.

[1] Es wird daher in dem Gesetz der Levit sehr oft dem Frembling, der Witwe, dem Dürftigen zugesellt, und das Volk ermahnt, seiner nicht zu vergessen und ihn mit Festgaben zu bedenken. Waren die Zehenten des Ertrages von zwölf Stämmen für einen Stamm etwas hochgegriffen, so vergesse man nicht, daß die wirkliche Abgabe nur Gewissenssache war, daher stets nur zum Theil geliefert wurde.

[2] Die Leviten waren den Priestern zum Beistande beim Opfern, zur Bewachung und Transport des Heiligthums, später zur Hut des Tempels, zum Sängerdienste, so wie überhaupt zur Belehrung des Volkes, zur Repräsentation, Förderung und Erhaltung der Gotteslehre beigegeben. Politisch traten die Leviten nur ein Mal hervor, als die grausame Athalja gestürzt, und das Kind Joas auf den Thron gehoben werden sollte (2 Chron. 23.).

[3] Die Stellung, welche die Thorah den Priestern im israelitischen Staate anweist, bezeugt ganz besonders deren Antenthie. Denn jedes spätere, aus hierarchischen Gelüsten hervorgegangene Werk hätte ihnen eine überwiegende Stellung und reiche gesicherte Einkünfte zugewiesen. So aber trägt Alles, was über die Priester verordnet wird, den Charakter an sich, daß hier eine Institution geschaffen, aber auch sofort bestimmt abgegrenzt werden sollte. S. hierüber Ausführliches in unserem Bibelw. I zu 4 Mos. 18, 1.

Der Levitenstamm war im Innern ganz wie die übrigen Stämme organisirt, später unter David und Salomo nach ihren Funktionen in Abtheilungen gebracht[1]).

Sechstens: Die unparteiische, gerechte Rechtspflege.

„Thuet kein Unrecht im Gericht". (3 Mof. 19, 35.)

„Ich gebot aber euren Richtern in selbiger Zeit, sprechend: Höret wohl an eure Brüder untereinander und richtet gerecht zwischen Jedermann und seinem Bruder und seinem Frembling; erkennet kein Ansehn an im Gericht, wie den Kleinen so den Großen sollt ihr hören; fürchtet euch vor Niemandem, denn das Gericht, Gottes ist es". (5 Mof. 1, 16. 17.)

„Beuge nicht das Recht deines Dürftigen in Rechtssachen. Von einem falschen Urtheil halte dich fern, und den Unschuldigen und Gerechten bringe nicht um, denn ich werde nicht als gerecht bestehen lassen den Ungerechten. Und Bestechung nehmet nicht an, denn die Bestechung verblendet die Scharfsichtigen und verdreht die Worte des Gerechten". (2 Mof. 23, 6—8.)

„Ihr sollt kein Unrecht thun im Gericht: den Geringen sollst du nicht berücksichtigen, und nicht begünstigen den Vornehmen; nach Gerechtigkeit sollst du deinen Nächsten richten". (3 Mof. 19, 15.)

„Richter und Vorsteher sollst du dir geben in allen deinen Thoren, welche der Ewige, dein Gott, dir giebt, nach deinen Stämmen, daß sie das Volk

---

[1]) Dieser Geist pflanzte sich auch in der späteren Zeit fort, ja stärkte sich immer mehr. Priester und Leviten hatten für den Eintritt in das Sanhedrin keinerlei Vorzug, während dieses über die Priester und den Hohenpriester die Justiz übte. Der Hohepriester konnte nur dann in das Sanhedrin eintreten, wenn er das dazu nöthige Wissen besaß. Er stand weder gesetzlich noch faktisch an der Spitze des Sanhedrin. Sanhedr. I, 2. Midd. V, 4.

richten, ein gerechtes Gericht. Du sollst das Recht
nicht beugen, kein Ansehn anerkennen, und nicht
Bestechung nehmen: denn die Bestechung verblendet
die Augen der Weisen, und verdreht die Worte
der Gerechten. Gerechtigkeit, Gerechtigkeit folge
nach, damit du lebest". (5 Mos. 16, 18—20.)

"Nicht sollen getödtet werden Väter um Kinder,
und Kinder nicht getödtet werden um Väter, Jed=
weder für seine Schuld, sollen sie getödtet wer=
den". (5 Mos. 24, 16.)

"So ein Streit ist zwischen Männern, und sie
treten vor Gericht, und man richtet sie: so soll
man dem Gerechten Recht und dem Schuldigen
Schuld geben". (5 Mos. 25, 1.)

Wenn es eine der wesentlichen Bestimmungen der Gesellschaft,
also des Staates ist, das Recht zu verwirklichen, nicht nach dem
Maße der Macht und Gewalt, sondern nach dem des Rechtes die
Verhältnisse aller Einzelnen unter einander zu regeln und sie darin
zu schützen, so ist die geordnete Rechtspflege durch die staatlichen
Gerichtsinstitutionen eine ihrer wichtigsten Aufgaben. Aus den
oben angeführten Schriftstellen ergeben sich nun hierfür folgende
Grundsätze: 1) "das Gericht ist Gottes". Wie Gott die Quelle des
Rechts ist, so auch des Gerichtes. Alles Recht fließt in seiner Ob=
jektivität aus Gott und beruht auf Gott. Nur aus der Erkenntniß
Gottes und der dem Menschen von Gott gegebenen Bestimmung
entwickelt sich folgerichtig das Recht. Ohne jene ermangelt das
Recht jedes unzweifelhaften Er= und Beweises, und so muß das
Recht, wenn es eine dauerhafte Basis haben soll, immer auf Gott
zurückgeführt werden. Andrerseits ist das Recht im geoffenbarten
Gesetze theils nach seinen Grundsätzen, theils in bestimmter Formu=
lirung gegeben. Wenn aber das Recht, so muß auch das Ge=
richt, d. h. die Ausführung und Geltendmachung des Rechtes so wie
seine Anwendung in jedem gegebenen Falle in höchster Instanz aus
Gott fließen. Nicht sowohl die abstrakte Gesellschaft, wie man gesagt,

sondern Gott selbst verlangt in der Gesellschaft, also im Staate,
den Bestand und die Thätigkeit des Gerichtes. Es ist dieses in dem,
was seines Theiles ist, eine Stellvertretung Gottes in der Gesell=
schaft, übt seine Thätigkeit auf Grund des Gesetzes und ist Gott
verantwortlich. — 2) Darum ist das Recht, wie es durch ein wahr=
haft Gericht zur Verwirklichung kommt, das Leben der Gesammt=
heit und aller Einzelnen, die Sicherung des Bestandes, die Quelle
der höheren Entwickelung, die Erfüllung des höchsten menschlichen
Daseins in der Gesellschaft. Es ist daher als ein besonderes Cha=
rakteristikum wohl zu beachten, daß das Heidenthum den Grundsatz
aufstellte: fiat justitia pereat mundus „Gerechtigkeit geschehe, und
wenn die Welt darüber untergehe" — während die Gotteslehre
sagt: „Gerechtigkeit führe aus, damit du lebest". Wird das Recht
eingehalten und geübt, so erblüht das reichste Leben der Menschheit
und der Menschen; durch das Recht besteht die Welt der Menschen,
und wird durch dasselbe weder jemals gefährdet noch geschädigt. —
3) Der Richter hat darum als allgemeine Vorschriften zu befolgen:
Kein Unrecht im Gerichte zu thun, und das Recht nicht zu beugen,
sondern nach Gerechtigkeit Recht zu sprechen, und sich von jedem
falschen Urtheilsspruch auf's Strengste fern zu halten; keiner Person
Ansehen zu achten, weder den Reichen und Angesehenen noch den
Armen und Schwachen zu berücksichtigen, weder den Einen noch
den Andern zu begünstigen, daher einen Jeden sorgfältig anzuhören,
und sich vor keinem Menschen, vor keiner Menge zu fürchten, und
vorsichtig vor jeder Bestechung sich zu hüten; dadurch den Gerechten
frei zu sprechen und den Ungerechten zu verurtheilen, sowie über
den Schuldigen die ihm zukommende Strafe zu verhängen, so daß
nie der Unschuldige und Gerechte zu Schaden komme, auch der
Vater nicht um den Sohn, der Sohn nicht um den Vater gestraft
werde, sondern ein Jeder für seine eigene Schuld. — 4) Wie Recht
und Gesetz nur Eines, so muß auch im und vor Gericht eine völlige
Gleichheit herrschen; weder Rang und Stand, noch Reichthum und
Bildung dürfen vor Gericht eine Geltung haben, und eine Ver=
schiedenheit des Gerichtes und seines Verfahrens bewirken. Wie
ein Recht so auch ein Gericht für Alle. Jeder ist daher vor seinen
natürlichen Richter zu stellen, und in keiner Weise ein Ausnahme=

gericht zu installiren. — 5) Die Untersuchung muß mündlich und öffentlich geschehen. Jeder Zwang, jede gewaltthätige Maßnahme von den Parteien und den Zeugen fern gehalten werden. — 6) Nicht das Selbstbekenntniß des Schuldigen, sondern die Erkundung des objektiven Thatbestandes, namentlich durch Zeugen, ist Zweck und Ziel des Gerichtes. — 7) Auch die Strafe muß objektiv bemessen sein, und nicht auf Verschärfung und Marter ausgehen. Selbst im Verbrecher muß der Mensch, das Ebenbild Gottes, geachtet werden. — Dies sind die Grundsätze, welche die heilige Schrift prinzipiell für die Rechtspflege aufstellt, die in der Consequenz ihrer Grund= anschauungen liegen, und sich, soweit es in der Phase ihrer Ur= sprungszeit lag und möglich war, in ihren konkreten Bestimmungen verwirklichen. Auch hierin hatte und hat die Menschheit einen großen Entwickelungsgang zu durchschreiten. Von rohen Elementen ausgehend, umgab sich die Rechtspflege einerseits mit Mitteln, welche sie allzu oft zu einer Geißel der Menschheit machten, ihre Zwecke und Ziele verdunkelten und entstellten, und sie zu dem Gegentheile führten von dem, was sie erreichen sollte; andererseits verlor sie sich in Mysticismus und Geheimthuerei oder in Spitzfindigkeiten, und gestaltete ihre Entscheidungen durch die furchtbarsten Strafen zur Unterdrückung und Tilgung aller Menschlichkeit und Menschen= würde. Ordalien oder Gottesurtheile, Folter der grausamsten Art, geheimes inquisitorisches und schriftliches Verfahren, Ausschluß aller Oeffentlichkeit, und die martervollste Verschärfung der Strafen bil= deten Ausschreitungen und Entartungen der Rechtspflege, denen viele Jahrhunderte als Opfer anheimfielen. Mitten durch dieses Dunkel der Zeiten leuchteten die Rechtsgrundsätze der Gotteslehre hindurch, ohne es zerstreuen zu können, bis es erst der fortschreiten= den Entwickelung des Rechtsbewußtseins, der Menschlichkeit und Bildung gelang und gelingt, eine Fessel dieser ausgearteten Justiz nach der andern zu sprengen und abzuwerfen, und so erst allmälig zu der Verwirklichung der Rechtsgrundsätze zu gelangen, welche die Gotteslehre schon vor so vielen Jahrtausenden aufgestellt hatte.

Wenn wir bereits oben die Einrichtungen des Richteramtes nach der h. Schrift beschrieben haben (welche prinzipiell größtentheils noch jetzt in der Schweiz bestehen, und die im Geschwornengerichte wieder ihren ersten

Ausdruck finden), so heben wir zunächst als das Prinzip des mosaischen Rechtsverfahrens die **Anklageform** hervor, wohingegen das Inquisitions= verfahren völlig verneint war. Doch stand die Anklage nicht dem Staate oder dem Gerichte selbst zu, sondern die Schrift läßt den Ankläger entweder in der Person des Verletzten (5 Mos. 22, 13.) oder in den Zeugen auf= treten. Das Gericht sucht weder das Verbrechen auf, noch hält es sich an einen Verdacht, um dem Verbrecher auf die Spur zu kommen, sondern es muß dem Gerichte eine bestimmte Beschuldigung vorgebracht werden. Zur Anklage aber mußte sich jeder verpflichtet fühlen, da „das Böse in Israel nicht ungesühnt bleiben, sondern aus seiner Mitte getilgt" werden sollte. Dieses Anklageprinzip wurde im talmudischen Rechte noch schärfer entwickelt. Hiermit war aber auch von vornherein die Oeffentlichkeit und Mündlichkeit des Gerichtes ebenso entschieden bedingt, wie jede Art von Folter zur Eruirung des Thatbestandes unmöglich. Ankläger und Beklagter hatten vor dem Richter öffentlich und mündlich den Kampf auszuführen, und der Richter hatte nur diesen Kampf vor sich vorgehen zu lassen, um daraus die Entscheidung zu ziehen und ein Urtheil zu fällen. Das Gerichtsver= fahren bestand darin, daß die Richter am Thore der Stadt, wo auch der Markt war, ihren Sitz hatten (z. B. 5 Mos. 21, 19.); die streitenden Par= teien führten ihre Sache in eigener Person, öffentlich, mündlich und kurz, das Urtheil erfolgte auf der Stelle, und die Strafe soll vor den Augen des Richters sogleich vollzogen werden (5 Mos. 1, 16. 25, 1. 7. 2 Mos. 18, 13.). In Criminalsachen stand es nur dem Ortsgerichte selbst zu, die Entscheidung der höheren Instanz zu überlassen, eine eigentliche Appellation Seitens der Parteien war nicht gestattet, sobald das Ortsgericht das Urtheil gefällt, wie dies auch bei dem Geschworenengericht der Fall ist. (5 Mos. 21, 18. 22, 13. 25, 2.) Ueber Mein und Dein konnte die unbefriedigte Partei den Prozeß bei der höheren Instanz noch einmal anhängig machen, nachdem vorläufig dem Urtheil des ersten Richters Folge geleistet worden. Die Ortsgerichte bestanden, wie aus vielen Stellen hervorgeht, aus mehreren Personen, und wurde nach der Mehrheit entschieden. So zeigen uns denn die geschichtlichen Nachrichten oft genug, daß das Volk schwierige Rechtsfälle vor die, durch das allgemeine Vertrauen des Volkes gewählten Oberrichter (bisweilen sogar Frauen, wie Deborah) brachte, und ebenso später der König regelmäßig Gericht hielt [1]). Nach dem talmudischen Rechte stand die peinliche Gerichts=

---

[1]) So machte Samuel jährliche Rundreisen, und richtete insonders zu Beth=El, Gilgal und Mizpah (1 Schem. 7, 16.), während sein beständiger Sitz zum Richten in Ramah war (das. V. 17.). Deborah richtete unter einer Palme zwischen Ramah und Beth=El und das Volk kam dahin zum Gerichte, und nannte die Palme nach ihr (Richt. 4, 4. 5.). Ueber die Gerichtsbarkeit der Könige lesen wir 2 Schem. 15, 2 ff. 1 Kön. 13, 16. Jirm. 21, 12 und öfter.

barkeit den (kleinen) Synedrien zu, die aus 23 Mitgliedern bestanden, von denen bei einem Verdammungsurtheil wenigstens 13 übeinstimmen mußten. (Sanhedr. 2, 1. 2. 40, 1. 86, 2.) Hinsichtlich der Civilprozesse giebt das talmudische Recht eine große Freiheit. Denn außer dem ständigen Gericht von drei gelehrten Beisitzern können die Parteien sich ein solches Gericht auch nach ihrem Uebereinkommen wählen, indem jede Partei einen Richter und diese beiden einen dritten wählen (Sanhedr. 21, 1.). Doch war auch ein solches Gericht an eine Motivirung aus den Rechtsgesetzen gebunden. Jedes Gericht aber mußte durch das ganze Verfahren hindurch suchen, einen gütlichen Ausgleich herbeizuführen. (Chosch. Mischp. c. 12.) Auch in Civil= sachen findet die Verhandlung mündlich statt, und die Parteien können sich nicht durch Anwälte vertreten lassen (Ibid. c. 17.). Der Richter darf nicht eine Partei in Abwesenheit der andern anhören, nicht durch Fragen und Andeutungen der Partei zur Einrede verhelfen, jedoch, vermag die Partei nicht ihre von dem Richter als gegründet anerkannte Einrede in einen ge= hörigen Zusammenhang zu bringen, so soll der Richter, wenn auch mit größter Vorsicht, ihr nachhelfen. Der Partei ist zur Beibringung der Be= weise eine Frist von dreißig Tagen gestattet. Die Parteien treten ab, die Richter diskutiren das Urtheil, das nach Mehrheit der Stimmen gefällt wird, und machen es den wieder eintretenden Parteien bekannt (Sanhedr. 29, 1. 31, 1.). — Der allgemein anwendbare Beweis ist der durch Zeugen. Es mußten deren mindestens zwei aussagen, und zwar in übereinstimmen= der Weise. Die Aussage Eines Zeugen konnte keinen Beweis abgeben (4 Mos. 35, 30. 5 Mos. 17, 6. 19, 15.). Zur Ablegung eines Zeugnisses ist ein Jeder verpflichtet, nachdem vom Richter eine betreffende Beschwörung erfolgt ist. Wer dann verschweigt, was er gesehen oder weiß, begehet eine Sünde (3 Mos. 5, 1.) Ein falsches Zeugniß wurde mit der Strafe belegt, welche, wenn es wahr gewesen, den Verbrecher getroffen hätte (5 Mos. 19, 16—21.). Auch mußten die Zeugen bei der Vollziehung des Todesurtheils zur Vollstreckung Hand an den Verurtheilten legen (5 Mos. 17, 7.). Ge= richtlich eibliche Proceduren fanden nur in der allgemeinen gerichtlichen Be= schwörung an alle die, welche über den Gegenstand Auskunft geben könnten, und in dem Eide derjenigen Partei statt, welche die Anforderung einer andern an irgend ein Besitzthum zurückzuweisen hatte (2 Mos. 22, 6—10.). Andere Eide kennt das mosaische Recht nicht, eben so wenig andere Beweis= mittel, und das Eingeständniß wird von ihm nirgends erfordert, wenn es auch beim Diebstahl die Strafe mildert. Um so weniger konnten Folter und Ordalien [1]) im mosaischen Gerichtsverfahren einen Raum finden. —

---

[1]) Die Ordalien oder Gottesurtheile bestanden in der Ansicht, daß Gott durch irgend ein äußeres Zeichen die Schuld oder Unschuld einer Person kund= thut, so daß das Gericht hierauf ein Urtheil fällt und die gesetzliche Strafe voll= zieht, wie z. B. wenn das glühende Eisen die Hand des Angeschuldigten versengt,

(Die weitere Ausführung namentlich nach dem talmudischen Rechte sehe man in Frankel's „der gerichtliche Beweis nach mosaisch=talmudischem Rechte, Berlin 1846", so wie in Saalschütz „das mosaische Recht" Theil II.) — Ueber das Prinzip des mosaischen Strafrechts haben wir oben ausführlich gehandelt, und fügen hier nur hinzu, daß das Wiederver=geltungsrecht (jus talionis) außer dem oben erörterten positiven Inhalt noch das wichtige negative Moment enthält, daß die Strafe niemals über das objektive Maß hinausgehen durfte, daß daher eine Verschärfung der Strafe, weder bei der Verletzung des Leibes und Lebens noch des Eigenthums Platz greifen sollte. Hierbei galt dem Gesetze vorzugsweise auch die Achtung des Menschen „als Ebenbild Gottes" als besonderes Prinzip. Wenn daher z. B. die Schrift auch die körperliche Züchtigung als Strafe zuläßt, so stellte sie doch überhaupt fest (5 Mos. 25, 1—3.), daß eine solche Strafe nur nach dem Urtheil des Gerichtshofes, und zwar nach gefälltem Urtheile verhängt werden durfte, daß die Schläge, deren Zahl das Urtheil des Richters im Verhältniß zur Uebelthat bestimmte, niemals die Zahl 40 übersteigen und in Gegenwart des Richters selbst vollzogen werden sollten. Sie fügt hinzu: „damit dein Bruder nicht entwürdigt werde in deinen Augen", womit die Menschenwürde über die Strafpflicht gesetzt, und somit auch die Beseitigung der Prügelstrafe, wenn diese überhaupt in der Anschauung der entwickelteren Menschheit als eine Entwürdigung erscheint, gerechtfertigt wird. Eine gleiche Achtung sahen wir bereits in dem Begräbniß des Gehenkten vor Sonnen=untergang, womit jede Folge der Schande auf erlittene Strafe, jede Ent=ziehung eines bürgerlichen und religiösen Rechtes als Strafe und Straffolge gleichfalls verneint war.

Siebentens: Das Recht der Hülfsbedürftigen auf Hülfs=leistung und mögliche Versorgung.

Wir sahen die Gesellschaft nicht als blos äußerlicher Zwecke wegen bestehend und auf äußerlichen Basen begründet an, sondern von Gott in die Natur des Menschen gelegt, von ihm zur Erfüllung der ganzen menschlichen Bestimmung eingesetzt, und darum auf das Recht gestellt und in der Heiligung begriffen. Es ist dies der Staat

---

oder in einem Kampfgerichte die eine Partei außer Stand gesetzt wird, weiter fortzukämpfen. Von solchen Dingen ist im mosaischen Gesetz keine Spur, und selbst das Einzige, was man hierher ziehen könnte, die Probe des bittern Wassers bei der des Ehebruchs verdächtigen Frau (4 Mos. 6.) kann als keine Ordalie gelten, weil auf deren Erfolg kein gerichtliches Verfahren und keine gerichtliche Bestrafung erfolgte.

nicht aus dem materiellen Gesichtspunkte, sondern in der religiös-sittlichen Sphäre. Dieser Staat muß daher ein Recht der Hülfs-bedürftigen an sich anerkennen, weil dem Hülfsbedürftigen die Subsistenzmittel versagen ein Unrecht ist, und der Staat die Soli-darität der Menschen innerhalb der Gesellschaft anzuerkennen und zu verwirklichen hat. Hierzu kommt, daß die Gesellschaft die Siche-rung des Eigenthums zum Zwecke hat. Gerade hierdurch wird aber die Verschiedenheit der Lebensverhältnisse, des Erwerbs- und Besitzstandes hervorgerufen und geschützt, und dadurch wieder zumeist der Mangel an Erwerb und Besitz veranlaßt. Kann der Staat nun darum den letzteren auch nicht ausgleichen, so ist er doch deswegen verpflichtet, in möglicher Weise die Erhaltung der Hülfsbedürftigen, der Kranken, Alten, Waisen und Armen überhaupt zu sichern. Ist die Gesellschaft als solche nicht berechtigt, den Einzelnen die Pflicht der Barmherzigkeit und Wohlthätigkeit in allen einzelnen Fällen aufzuerlegen, so hat sie doch in der Gesammtheit eine solche. Der Staat hat also Einrichtungen und Anstalten zu treffen, um die Erziehung der Waisen, die Belehrung der einzelner Sinne Beraubten, die Verpflegung der Kranken, die Unterstützung der Alten und Armen zu regeln und herzustellen, sowie hinwiederum das Recht, zu diesen Zwecken die Mittel des Staates zu verwenden und Steuern aufzulegen. Reichen auch die Kräfte des Staates niemals aus, allem Elende und Unglücke abzuhelfen, muß hier die Association (Wohlthätigkeitsvereine und Vereine zu gegenseitiger Hülfsleistung) und die Wohlthätigkeit der Privaten aushülflich eintreten, so kommt es doch vorzüglich schon auf die Anerkennung jenes Rechtes Seitens des Staates, auf das Anstreben zu dessen Verwirklichung und auf das vom Staate gegebene Beispiel an.

Es lag vollständig in der Consequenz der Gotteslehre, die Barmherzigkeit nicht blos als eine Pflicht jedes einzelnen Menschen im weitesten Umfange zu verkünden, sondern auch in dem, von ihr gezeichneten und gegründeten Staate das Recht der Hülfsbedürftigen auf den ihnen zu gewährenden Bei-stand zu proklamiren. War sie es, die der religiös-sittlichen Pflicht der Barmherzigkeit für jeden Einzelnen den lebhaftesten Ausdruck und das nach-drücklichste Gewicht gab, wie wir an seiner Stelle auseinandersetzen werden, so war dies doch nur die Entwickelung dessen, was schon in der Natur des Menschen liegt und aus dem Herzen jedes empfindungsfähigen Menschen

14*

entspringt. Aber darin bestand der neue Weg, den sie eröffnete, und in welchem sie abermals die Grundzüge entwarf, welche erst in unserer Gegenwart und in der Zukunft zur allgemeinen Verwirklichung gelangen sollten, daß sie den Hülfsbedürftigen ein Recht zusprach, der Gesellschaft als solcher die Anerkennung dieses Rechtes und die daraus hervorgehende Verpflichtung, zu deren Gunsten gesetzliche Anordnungen und Einrichtungen zu treffen, auferlegte. Das mosaische Gesetz war sich bewußt, seinen Staat durch die gleiche Bodenvertheilung, durch das Erlaß- und Jobeljahr so geordnet zu haben, daß bei der strengen und sorgfältigen Erfüllung desselben den Wechselfällen des Geschickes, der Armuth und dem Elend ein beschränkterer Spielraum gegeben wäre [1]). Aber ebenso gewiß war es, daß es an dieser treuen Erfüllung fehlen und die menschlichen Mängel und Laster die Verhältnisse immer wieder verwirren würden, so daß es an Hülfsbedürftigen nicht mangeln werde [2]), und darum deren Recht auszusprechen und die Anordnungen zu ihren Gunsten zu treffen seien. Die Schwierigkeit aber, die hier zu überwinden war, bestand darin, einen Weg zu bezeichnen, auf welchem Seitens des Staates bestimmte Verordnungen gegeben und dennoch dem freien Willen und Wohlthätigkeitssinn der Staatsangehörigen keine fesselnde Schranke gestellt, sondern genügender Spielraum gelassen würden. Dies muß als das vom Gesetze aufgestellte Prinzip angesehen werden: die Begegnung der gesetzlichen Bestimmungen des Staates und des freien Wohlthätigkeitssinnes der Privaten auf dem Gebiete der Wohlthätigkeit, jene getragen von dem Anrecht der Hülfsbedürftigen an die Gesellschaft, dieser von der Pflicht der Barmherzigkeit für jeden Einzelnen. Indem wir nun an diesem Orte die letztere außer Acht lassen, sehen wir die h. Schrift ein Recht der Fremden, Wittwen, Waisen und Armen — der Fremdling hier im Sinne jener Zeit als Hülfsbedürftiger — folgendermaßen aufstellen. Den genannten Hülfsbedürftigen stand zu 1) an der Ernte: der Ertrag des siebenten Jahres, was in demselben ohne Bearbeitung auf Feld, Weinberg oder Oelbaum wuchs (2 Mos. 23, 11.); ferner die Früchte auf den Rändern des Feldes [3]) und die einzelnen Abfälle beim Schneiden des Getreides [4]), sowie die Nachlese des Weinberges und die beim Lesen abgefallenen Trauben [5]), endlich vergessene Aehren und Garben, und hängengebliebene Oliven [6]) (3 Mos. 19, 9.

---

[1]) S. 5 Mos. 15, 4. 5.

[2]) Das. V. 11.

[3]) פאה. Wie groß diese Ränder zu lassen, war dem freien Ermessen überlassen, nach der Trad. sollte es nicht unter dem Sechzigstel und von Getreide, Hülsenfrüchten, Weinstöcken, Oel, Nuß-, Mandelbäumen und Dattelpalmen sein. Peah I, 1—5.

[4]) לקט, genauere Bestimmungen der Trad. Peah VII, 10 ff.

[5]) עללת und פרט. Peah VII, 3. 4.

[6]) שכחה Peah V, 7 ff.

10, 23, 22. 5 Mof. 24, 19—22). 2) Die zweiten Zehnten des Einkommens des dritten Jahres (5 Mof. 14, 29. 26, 12—15. [1]). 3) An dem Freuden=feste der Wochen und Hütten die Theilnahme an den Opfermahlzeiten (5 Mof. 16, 11. 14.). 4) gehört hierher das Verbot des Zinfes und Ueber=maßes vom Darlehen in Geld und Naturalien (2 Mof. 22, 24. 3 Mof. 25, 35. 5 Mof. 23, 20.), sowie der Erlaß jeder Schuld im siebenten Jahre. 5) Dem Armen darf der Gläubiger, um ein Pfand zu nehmen, nicht selbst in's Haus kommen, sondern der Schuldner muß es ihm heraus bringen (5 Mof. 24, 10. 11.); ist das Pfand ein Kleid, so muß es ihm vor Sonnenuntergang zurückgegeben werden, da er es bei Nacht zur Decke braucht (daf. 12. 13.). Der Wittwe darf das Kleid, sowie die Mühlsteine Niemandem zum Pfande abgenommen werden (daf. 6. 17.). 6) Dem Tage=löhner soll der Lohn an demselben Tage gegeben werden (daf. 14. 15.). — Man ersieht leicht, wie diese gesetzlichen Bestimmungen dennoch dem freien Wohlthätigkeitssinne ein weites Gebiet überließ, da es diesem freistand, wie weit er die Ränder der Felder stehen lasse, wie weit er die Sorgfalt bei der Ernte und Lese erstreckte, um den Armen mehr oder weniger zu über=laffen, wie auch andrerseits unter dem Einflusse der angegebenen Bedingungen Darlehen zu geben oder zu verweigern, was denn auch der Gesetzgeber mit den nachdrücklichsten Worten einschärft. Wir haben daher aus diesen Verordnungen unter ganz veränderten Verhältnissen sorgsam die Prinzipien herauszuziehen, und werden sehen, wie diese nach dem Untergange des israe=litischen Staates von den Rabbinen in neuen Formen durchgearbeitet wur=den, so daß sie in Israel bis zur neuesten Zeit lebendig geblieben.

II. Die Religionsgemeinde.

58.

Was ist und soll die Religionsgemeinde?

Die Vereinigung von Menschen zu einem gemeinsamen religiösen Bekenntniß, zu dessen Erhaltung und Verwirk=lichung.

1. Die Religion, wenn sie auch in der Seele jedes Einzelnen nach dessen geistigen Fähigkeiten und Eigenthümlichkeiten eine be=

---

[1] מעשר עני Maaser scheni V, 10 ff., also der zweiter Zehent im dritten und sechsten Jahre. Ibid. VI, 2—4.

sondere individuelle Gestaltung und Färbung annimmt, befaßt doch genug übereinstimmende Momente der Ueberzeugung für Viele, um unter diesen eine Gemeinsamkeit des Bekenntnisses zu begründen. Ferner ist die Religion nicht etwa aus einer Erörterung der Individuen hervorgegangen, sondern als ein Gegebenes der Menge gelehrt und von da aus von Geschlecht zu Geschlecht in bestimmter Gestalt überliefert worden, deren Entwickelung wieder aus der Wechselwirkung der individuellen Forschung und der allgemeinen Geistesbildung entspringt. Aus diesen beiden Ursachen ergiebt die Religion Grundlage und Inhalt eines Verbandes unter den Bekennern einer Religion. Für die israelitische Religion kommt hierzu noch: 1) daß sie einem bestimmten Volke übergeben ward, also einen äußern Verband schon vorfand, 2) daß sie als Inhaberin der geoffenbarten Wahrheit, von der von Zeit zu Zeit, wie die Menschheit in ihrer freien Entwickelung ihr zureift, ein Theil in die Menschenwelt dringen sollte und soll, das besondere Interesse hat, ihre Bekenner mitten unter allen Nationen in einem religiösen Verbande zu erhalten, um in diesem ganz und vollständig bewahrt zu werden; 3) daß dieses Volk, auch als es die staatliche Existenz und das gesonderte Volksdasein verloren hatte und durch die Welt zerstreut worden, vermöge der Abstammung ein nationales Moment behielt, und 4) daß das gemeinschaftliche Schicksal für ihre Bekenner noch heute nicht aufgehört hat, und diesen dadurch eine gewisse Solidarität verblieb.

„Ich will euch zum Gotte sein, und ihr sollet mir zum Volke sein." (3 Mos. 26, 12.)

Die h. Schrift, welche mit ihren ersten Worten schon und an so vielen andern Stellen Gott als den Schöpfer des Weltalls, als den Lenker und Richter aller Völker der Erde, als den Vater und Meister aller Menschensöhne verkündigt und gelehrt hat, konnte mit diesen Worten auch nicht im Entferntesten zu der Idee eines Nationalgottes, wie sie in allen Völkern des Alterthums lebte, zurückkehren wollen. Es wäre hierdurch gerade alles das wieder aufgehoben worden, was sie als ihr eigenstes Wesen, als den Kern ihrer Lehre aufgestellt hatte, den Begriff des einzig-einigen Gottes. Vielmehr wollte sie damit ausdrücken, daß, da dem israelitischen Volke die Gotteslehre und deren Verwirklichung in der Anbetung des einzigen Gottes und in der Vollführung seines Gebotes übergeben worden, diese die ganze Bestimmung und Aufgabe

dieses Volkes sei, daß sich also einerseits dieses Volk dieser Bestimmung ganz
und gar hinzugeben habe, und daß andrerseits Gott dieses Volk, insofern
es dieser Bestimmung lebt, leiten und erhalten werde durch alle Zeiten hin=
durch, um jener Bestimmung gemäß die Gotteslehre für sich und die ganze
Menschheit zu bewahren, bis die letztere von jener erfüllt sein werde. Dies
ist auch der Sinn von 2 Mos. 19, 5.: „Nun aber wenn ihr ge=
horchen werdet meiner Stimme, und meinen Bund bewahret,
so sollet ihr mir sein ein theures Eigenthum aus allen
Völkern, denn mein ist die ganze Erde," wo die Worte, „denn
mein ist die ganze Erde", jeden partikularistischen Sinn abweisen, da sie
andeuten, daß Gott jedes andere Volk hätte wählen können, das israelitische
Volk aber durch seine Vorgeschichte und Eigenthümlichkeit zu der oben ge=
zeichneten Aufgabe sich besonders eignete.

2. Die israelitische Religionsgemeinde hat daher als solche eine
eigenthümliche Geschichte, die sich in drei großen Zeitperioden charak=
teristisch hervorhebt. In der ersten bestand sie als ein selbstständiges
Volk mit eigenem Staate, wo nun die Religion im politischen,
sozialen und individuellen Leben verwirklicht und durchlebt werden
sollte. Mit der zweiten Zerstörung Jerusalems und der Zerstreuung
der Juden über die ganze Erde, mit dem Aufhören des staatlichen
und Volkslebens trat die israelitische Religionsgemeinde in ihre
zweite Phase ein, indem sie durch die ausschließliche und eigenthümliche
bürgerliche Stellung, welche überall ihren Angehörigen gegeben wurde,
noch ein gesondertes soziales Leben behielt, so daß die Religion, so
weit die Umgebung es zuließ, im sozialen und individuellen Leben
verkörpert werden sollte. Mit der Erlangung der bürgerlichen
Gleichberechtigung aber, mit dem Anschluß ihrer Angehörigen an
das staatliche, bürgerliche und soziale Leben aller Völker, in deren
Mitte sie wohnen, ist die israelitische Religionsgemeinde lediglich auf
das individuelle Leben beschränkt, sie ist lediglich zu einer Religions=
gemeinde geworden, wie diese nach neueren Begriffen verstanden
wird, so daß die Religion nur als gemeinsames Bekenntniß einer
Anzahl Individuen lebt, sich in gewissen, dem religiösen Momente
geweiheten Instituten darstellt und ausprägt und im Leben des
Einzelnen sich verwirklichen soll. Der Natur der israelitschen Reli=
gion gemäß, wie wir sie überall verstanden und erwiesen haben,
da sie niemals das ideale Leben des Menschen allein befaßte, son=

dern in der Identifizirung des idealen und realen Lebens ihr
Wesen fand, konnte die Entziehung des politischen und sozialen
Lebens für sie nur ein Verlust sein. Dafür aber fand sie eine
Entschädigung darin, daß sie mit dieser dritten Phase in eine welt=
historische Stellung eintrat. Denn wenn auch ihre weltgeschichtliche
Mission immer vorhanden und erfüllt ward, wenn sie schon im
babylonischen Exil auf die innerasiatischen Völker, noch mehr aber
durch das Aufgehen des Christenthums in die abendländische und
des Islams in die morgenländische Welt einen unermeßlichen Ein=
fluß übte, so gelangte sie doch erst mit dem Eintritt ihrer Bekenner
in das allgemeine Culturleben zum klaren Bewußtsein dieser Mission,
durch die Gleichstellung der Culte oder das Ringen nach dieser zu
einem weltgeschichtlichen Platze und durch ihre Durcharbeitung und
Verallgemeinerung zur Befähigung, für ihre weltgeschichtliche Auf=
gabe fernerhin wirksam zu sein. Gerade in diesem Sinne aber
gelangt sie zu ihrem politischen und sozialen Momente zurück, und
zwar nicht mehr in einer realen Verkörperung, sondern nach den,
in ihr vorhandenen Grundprinzipien des politischen und sozialen
Lebens, die sie in ihrem allgemeinen Werthe aufzustellen und der
Welt als solche zu verkündigen hat, so wie wir dies im vorigen
Paragraph gethan. Die israelitische Religionsgemeinde hat auf
diesem geschichtlichen Wege eine zwiefache Existenz und Bedeutung.
Denn einerseits besteht sie als die Gesammtheit aller ihrer Ange=
hörigen, als die Gesammtheit aller Bekenner der israelitischen Re=
ligion, andrerseits als ein spezieller örtlicher Verband, als die israe=
litische Ortsgemeinde. In der ersteren Eigenschaft hat sie die
gemeinsame israelitische Religionslehre, eine wenigstens als Grund=
kern bewahrte Gleichheit der Form des Gottesdienstes und das
durch die Solidarität des Geschickes begründete Interesse an den
Schicksalen der Glaubens= und Stammesgenossen zum Inhalte; in
zweiter Eigenschaft die reale Schöpfung der Institute, welche den
religiösen Bedürfnissen ihrer Glieder dienen.

     Beide Gestalten der israelitischen Religionsgemeinde hatten mit deren Be=
ginn schon ihr Dasein. Schon in Egypten, bei dem Erlaß des Peßachge=
setzes wurde Israel nicht blos als eine nationale Einheit, sondern als eine
große religiöse Gemeinschaft anerkannt und als קהל עדת ישראל be=

zeichnet (2 Mos. 12, 6.). Die Herstellung eines einzigen Heiligthums mit dem Verbote des Opferdienstes an jedem andern Orte, mit den Wallfahrten des gesammten Volkes drei Male des Jahres zu diesem Heiligthume realisirte die Idee der religiösen Einheit auf entschiedenste Weise, und so lebendig war diese, daß z. B. in dem großen Hallelujah Psalm 115, 9. 10. und 118, 2. 3. Israel zum Vertrauen auf Gott und zur Dankesfeier Gottes in der Einheit (בטח und יאמר) und dagegen die Priesterschaft in der Mehrheit (בטחו, יאמרו) aufgefordert wird. Hingegen sahen wir im vorigen Paragraph, wie selbst im israelitischen Staate die Ortsgemeinde in ihrer Selbstständigkeit und Selbstverwaltung bestand. Nachdem während des zweiten Tempels das religiöse Bedürfniß die gemeinsame Belehrung und das gemeinsame Gebet an allen Orten selbst des h. Landes hervorrief, und überall sogenannte Synagogen (בית הכנסת) entstehen ließ, ward es zu einem allgemeinen Triebe für die nach den verschiedensten Gegenden ausgewanderten Juden, an allen ihren Niederlassungsplätzen eine Gemeinde zu errichten und die dieser nothwendigen Institute, namentlich Synagoge, Lehrhaus und Begräbnißplatz, zu schaffen. Schon vor der Zerstörung Jerusalems durch die Römer bestanden dergleichen an vielen Plätzen in allen Gegenden der damals bekannten Welt, und z. B. äußerst zahlreich in Alexandrien und Rom. Von demselben Eifer waren die Juden zur Bildung von Religionsgemeinden und zur Gründung ihrer Institute von der Zerstreuung an bis auf unsere Tage beseelt, und noch jetzt laufen fortwährend Nachrichten über die Gründung neuer Gemeinden in Amerika, Australien und Südafrika ein. Für all' diese gilt als belebender Grundsatz der Ausspruch der h. Schrift: „An jeglichem Orte, wo ich meines Namens gedenken lasse, werde ich zu dir kommen und dich segnen." (2 Mos. 20, 24.) Ein äußerlicher Verband aller dieser Gemeinden bestand nach der Zerstörung der Tempels eigentlich nicht, außer daß der Naßi zu Tiberias mit dem dortigen Synhedrium ein Mittelpunkt für die religiösen Angelegenheiten aller Juden im römischen Reiche war, bis auch dieses Patriarchat erlosch. Die babylonischen Gemeinden hatten ebenfalls ein Oberhaupt, Resch Glutha, bis auch dieses Amt im elften Jahrhundert aufgehoben wurde. Die israelitische Religionsgemeinde als eine Einheit aller Bekenner des Judenthums besteht also nur noch in der Idee, ohne irgend eine äußere Verkörperung. Eine Vereinigung einzelner Gemeinden zu Bezirks-, Provinzial- oder Landesverbänden ist nur, wo sie vorhanden, Maßnahme des Staatsgesetzes.

3. Der Zweck der israelitischen Religionsgemeinde in beiden oben gezeichneten Eigenschaften ist demnach: 1) Die Erhaltung der israelitischen Religion, 2) die Wirksamkeit derselben auf die Individuen und die Menschenwelt. Beide Zwecke sucht sie zu erreichen: 1) durch den gemeinsamen Gottesdienst. Zum Behufe

desselben hat jede Gemeinde eine Synagoge zum gemeinschaftlichen, d. i. öffentlichen Gottesdienste mit allen hierzu erforderlichen Requi=
siten zu errichten und die hierzu erforderlichen Beamten anzustellen. Ebenso ist sie verpflichtet, einen Begräbnißplatz zu erwerben und einzurichten. 2) Durch den Religionsunterricht, der sowohl die religiöse Belehrung der Erwachsenen (Predigt und andere Vor=
träge), als den geordneten Unterricht der Jugend in allen die Religion betreffenden Disciplinen befaßt. Einer jeden Gemeinde liegt es ob, die hierzu nothwendigen Einrichtungen zu treffen und angemessene Lehrer anzustellen. 3) Durch Wohlthätigkeits=
anstalten, namentlich soweit sie auf religiösen Verpflichtungen beruhen, und als besondere Forderung der israelitischen Religion anzusehen sind. 4) Durch die Förderung der, die israeli=
tische Religion betreffenden Literatur. Die Verpflich=
tung hierzu trifft allerdings weniger die einzelne Gemeinde, als die Gesammtheit und jeden Einzelnen. Sie entspringt aber aus der Idee und dem Zweck der Religionsgemeinde überhaupt, weil in der Literatur das wesentlichste Mittel gegeben ist, die Forschung in der Religion und ihren Urkunden lebendig zu erhalten und fortzuent=
wickeln, die Bekenner zu belehren und für Lehre und Leben religiös zu begeistern, und endlich die nichtjüdische Welt über die Gottes=
lehre aufzuklären, diese zu befestigen und zu verbreiten. Endlich 5) durch den thätigen Antheil am Geschick der Reli=
gionsgenossen, wie er sich in Wort und That, durch Verthei=
digung, Fürsprache und Hülfe bethätigt.

Auch die Geschichte des jüdischen Gottesdienstes, wie wir sie in einem besonderen Anhange darstellen, zeigt, daß die Form des Kultus weder stets noch ganz dieselbe gewesen. Wie der Opferdienst seit David mit Musik und Gebet verbunden, wie später neben dem ersteren der Gebetkultus eingeführt und mit der Tempelzerstörung an die Stelle jenes gesetzt wurde, wie ferner der Gebetzyklus durch eine mehr als tausendjährige Ausbildung und Ver=
breiterung aus kleinen Anfängen zu einem sehr umfänglichen Ganzen gebildet wurde: so stellten sich auch nach und nach Verschiedenheiten nach den ver=
schiedenen Ländern ein, und es entstanden nicht blos mehrfache Riten, die neben dem gemeinsamen Grundkörper der Gebete doch eine große Verschieden=
heit in den weiteren Gebetstücken und in mannichfachen Bräuchen besitzen, sondern selbst in einzelnen Gemeinden bildeten sich mancherlei Abweichungen

aus. Diese verschiedenen Riten wurden und werden mit großer Zähigkeit festgehalten, und traten um so hemmender für eine einheitliche Form des Gottesdienstes auf, als selbst eine sehr verschiedenartige Aussprache des Hebräischen die gegenseitige Benutzung des Gottesdienstes, z. B. zwischen dem sog. spanischen und deutschen Ritus hinderte. Eine völlige Gleichheit des Gottesdienstes hat daher wohl niemals stattgefunden. Nachdem aber in neuester Zeit das Bedürfniß der Verbesserung, Veredelung oder Umgestaltung des Gottesdienstes für viele zu unumgänglichem Bedürfniß geworden, aber eine kompetente Behörde zur Anordnung und Feststellung derselben nicht vorhanden war, die Vereinzelung und Autonomie der Gemeinden eine Ver= ständigung darüber unmöglich machte, die einzelnen Gemeinden daher nach ihrem Gutdünken so und so verfuhren: so vermehrte sich diese Verschiedenheit in hohem Grade, und es kam so weit, daß an mehreren Orten besondere Synagogen für den alten und für einen veränderten Ritus bestehen. Alle diesen Gegenstand im Einzelnen betreffenden Fragen behandeln wir in dem angeführten Anhang über die Geschichte des jüdischen Kultus. Hier haben wir ihn insonders vom Standpunkt der Allgemeinheit zu betrachten. Eine gemeinsame religiöse Lehre will auch einen gemeinsamen Ausdruck, eine ge= meinsame Verkörperung haben. Diese findet jene vorzugsweise im Gottes= dienst, und zwar wie er aus alter Zeit überkommen worden, weil neue Formen nur sehr allmählich und immer mobifizirt Eingang erlangen. Es war daher immer ein Vorzug des jüdischen Gottesdienstes, durch die hebräische Gebetsprache und durch Gleichheit der Grundgebete und religiösen Bräuche den Gottesdienst für die Bekenner des Judenthums auch aus den entferntesten Gegenden aller Orten zugänglich zu machen. Wenn aber einerseits dieser Vortheil dennoch nicht bedeutsam genug und allein berechtigt ist, um dem dringenden Bedürfniß der heimischen Glieder Abhülfe zu verweigern, und dem Kultus einen ewigen Stillstand aufzuerlegen, und wenn andererseits nicht unbedeutende Verschiedenheiten immer stattgefunden: so geht daraus für jede Gemeinde nur die Verpflichtung hervor, daß ihr Kultus stets ein treuer Ausdruck der gemeinsamen Lehre bleibe, daß er sich von dem allge= meinen herkömmlichen Verlauf oder der allgemeinen herkömmlichen Gestalt nicht loslöse, und daß er die Grundgebete, namentlich das שמע und die תפלה nebst der Vorlesung aus der Thorah in der alten Weise und hebräi= schen Sprache behalte.

Sobald an einem Orte sich so viele Männer befinden, wie zu einem öffentlichen Gottesdienste erforderlich sind, so haben sie die Verpflichtung, eine Synagoge herzustellen. Am angemessensten geschieht dies auf dem Wege der freiwilligen Gaben. So wurden schon in der Wüste die Israeliten auf= gefordert, zur Errichtung des Heiligthums Gaben zu bringen, „Jedweder, wie sein Herz ihn treibt," und sie brachten an allen erforderlichen Stoffen und Arbeiten so viel, daß ihnen geboten werden mußte, einzuhalten, „und des Gebrachten war genug zu aller Arbeit, sie auszuführen, und es war noch übrig" (2 Mof. 36, 4—7.). Genügen aber die freiwilligen Spenden nicht, so kann der Rest durch Umlage erhoben werden, und das trab. Gesetz gewährt hierzu der Gemeinde ausdrücklich die Gewalt (vgl. Th. I, S. 149.). Zur Weihe der Synagoge genügt eigentlich das Hineinschaffen der Geräthe, namentlich der Thorahrolle und die Verrichtung des Gebetes. Doch geschieht die Weihe in der Regel durch einen feierlichen Akt, besonders durch Umzüge mit den Thorahrollen und das Ausrufen des Schema. Die Synagoge ist sammt den in ihr gebrauchten Utensilien heilig, und darf in ihr durchaus nichts Profanes vorgenommen werden. Sie darf nur verkauft werden, um wiederum eine Synagoge, eine heilige Lade u. s. w. dafür anzuschaffen. Dennoch stellt das trab. Gesetz das Lehrhaus (בית המדרש), sowohl in seiner Nothwendigkeit als auch in seinem Werthe über die Synagoge, so daß diese zu jenem, aber nicht umgekehrt gemacht werden dürfe, das Lehrhaus, in welchem das Studium des Gesetzes von den Rabbinen und ihren Jüngern getrieben wird, ebenso wie es dieses Studium höher hält als das Gebet. Schon der Unterricht der Jugend wird vom Talmud für eine hohe religiöse Pflicht erklärt, denn „auf ihm beruhe die Welt". Dieser Unterricht soll aber nicht mit der Jugend oder gar mit der Kindheit abschließen, sondern jeder Israelit sei verpflichtet, eine bestimmte Zeit jedes Tages zum Studium des Gesetzes zu verwenden und das Lehrhaus zu besuchen, selbst wenn er nicht Alles versteht, was daselbst vorgetragen wird [1]. Diesen Vorschriften, ihrer treuen Uebung und den daraus hervorgegangenen Folgen haben wir es zu danken, daß die jüdische Masse selbst in den Zeiten des größten Druckes geistig nicht verfumpfte, und sich die Kraft bewahrte, überall und zu aller Zeit, wo ihr freier Raum gewährt wurde, sich mit Geisteskraft wieder zu erheben, aufzurichten und Bedeutendes zu leisten. Kam es doch so, daß in der Zeit, wo auch die europäischen Völker unter der größten Unwissenheit schmachteten, so daß selbst unter den Höherstehenden nur Wenige zu lesen und zu schreiben vermochten, alle Juden das Hebräische zu lesen, und die Meisten wenigstens den jüdischen Dialekt zu schreiben verstanden. Es ist demnach aus allen Gesichtspunkten die dringendste Verpflichtung jeder Gemeinde für einen gründlichen und geordneten Religionsunterricht Sorge zu tragen, und sie darf nicht den einzelnen Eltern es überlassen, ihn ihren Kindern zu beschaffen oder nicht. Bei der Umwandelung aller Lebensverhältnisse für die Juden, wie sie seit einem Jahrhundert vor sich gegangen, und bei dem veralteten Geiste und der unbrauchbar gewordenen Methode in den Bothe hamidrasch hat das Studium des Gesetzes für die Erwachsenen sehr abgenommen. Es liegt aber im entschiedensten Interesse sowohl der Religion überhaupt als auch des religiösen Sinnes und Geistes in den Individuen, hierfür Ersatzmittel zu schaffen. Das nächste Mittel ist die Predigt, die neben der Belehrung zugleich befähigt ist, den Gottesdienst zu erheben und

---

[1] Orach Chajim 150—156.

zu beseelen. Deßhalb ist sie auch zum unumgänglichsten Bedürfniß geworden, und die kleinste wie die größte Gemeinde muß dafür sorgen, daß, wenigstens von Zeit zu Zeit, in ihrer Synagoge geprebigt werde. Die jüdische Predigt darf allerdings keine bloße Nachahmung bleiben; sie muß ihrem Stoffe nach aus dem großen Schatze der biblischen und nachbiblischen Literatur und aus der Fülle des geschichtlichen Lebens des Judenthums schöpfen, und ihrer Be= handlung nach sich nicht blos mit Gefühlserregungen und in sentimentalen Phrasen bewegen; aber die Form darf niemals unberücksichtigt bleiben, muß logisch und einfach und doch kunstgemäß sein, weil sie eben wesentlich Volks= rede ist. Doch genügt die Predigt zu einer nachhaltigen religiösen Belehrung nicht, da sie an Inhalt, Form und Umfang sich nur auf einem begrenzten Gebiete halten kann. Es muß daher noch auf andre Weise gesorgt werden. Die Gegenstände des Studiums sind auch auf dem religiösen Gebiete andere und reichhaltigere geworden. In den vergangenen Zeiten war es die Halacha, d. i. das trad. Gesetz im engeren Sinne, allein, welche in den Lehrhäusern studirt ward. Jetzt ist diese allerdings nur zum Studium der rabbinischen Gelehrten geworden, und mit Recht, da eine faktische Anwendung nur noch der geringste Theil derselben für das Leben auch des orthodoxesten Juden hat. Dagegen ist die Lehre an sich, der große umfassende Gedankeninhalt der Religion, wie er von unsern heiligen Schriften gegeben und zur Be= gründung und Festigung alle Entwickelung des Denkens und Wissens, der Vernunft und der Naturwissenschaften heranzubringen gestattet, und ebenso die Geschichte des Judenthums und des jüdischen Stammes, welche in den Vordergrund des Bewußtseins und des geistigen Bedürfnisses getreten sind. Ueber diese Gegenstände, welche dann auch das Gesetz im engeren Sinne mit einschließen, müssen alle Glieder unserer Glaubensgenossenschaft belehrt und zu diesen Zwecken regelmäßig fortlaufende Vorträge gehalten werden. Es hat also schon auf dem Grunde des trad. Gesetzes jede Gemeinde nach ihren Kräften auch hierfür zu sorgen und ihre Beamten dazu zu verpflichten. — Eine andere Frage ist es, ob die jüdische Gemeinde auch Einrichtungen für die übrigen Zweige des Schulunterrichts zu treffen, d. h. eine jüdische Elementar= wo möglich auch Bürgerschule herzustellen habe. Diese Frage wurde eine Zeit lang allgemein verneint, weil es bei dem Uebergang der jüdischen Masse in's allgemeine Culturleben nothwendig schien, daß schon in der Kindheit jede Trennung nach den Religionen vermieden, und der eigen= thümliche Jargon und die eigenthümliche äußere Haltung beseitigt werden, wozu kam, daß es noch an einem tüchtigen gebildeten jüdischen Lehrerstande gebrach, und deßhalb die jüdische Schule überall in Mißkredit gekommen war. In der neuesten Zeit ist man hiervon zurückgekommen. Der jüdische Lehrerstand hat sich in vielen Ländern außerordentlich gehoben, sehr viele jüdische Schulen zeichneten sich durch ihre Leistungen aus, der Jargon ist aus vielen Häusern geschwunden, und damit hierfür mehr gethan als die Schule vermag. Nahmen nun zu gleicher Zeit die allgemeinen Schulen

wieder einen besondern konfessionellen Charakter an, so drängte auch die er=
langte Einsicht, daß der gesonderte Religionsunterricht niemals vollständig
befriedigende Resultate zu erreichen vermöge, sondern diese nur möglich seien,
wenn eine organische Verschmelzung des religiösen und profanen Unterrichts
stattfinde, zur Errichtung jüdischer Elementar= und Bürgerschulen, wo nur
irgend die äußern Verhältnisse und Mittel solche ermöglichen und zu er=
sprießlicher Wirksamkeit befähigen. — Aus den obwaltenden Umständen geht
denn auch die Nothwendigkeit hervor, daß für die Heran= und Ausbildung
von Lehrern und Rabbinen auskömmlich besondere Lehranstalten geschaffen
werden müssen. Die Bothe hamidrasch bestehen nur noch in Osteuropa;
daß aus der sie frequentirenden Menge Einzelne, durch Fähigkeit, Liebe zur
Sache und äußere Umstände getrieben als Rabbiner und Lehrer hervorgehen,
und durch weiteres Studium sich zu ihrem Amte befähigen, ist also anderswo
nicht mehr möglich; andrerseits werden ganz andere Anforderungen an wissen=
schaftlicher und pädagogischer Ausbildung gestellt, welchen die B. ham. nie=
mals genügen könnten. Wie sich also die jüdische Theologie zu einem be=
sondern wissenschaftlichen Gebäude entwickelt hat, in welchem die jüdische
Menge nicht mehr im Ganzen heimisch sein kann: so sind auch besondere
theologische und pädagogische Lehranstalten unumgänglich nothwendig gewor=
den, durch welche eine gründliche theologische Bildung in ihrer Vereinigung
mit umfänglicher profaner Wissenschaftlichkeit für den Rabbiner, und nach
Maßgabe für den Lehrer gegeben werde. Die angemessenste Weise für den
erstern Zweig ist Gründung jüdisch=theologischer Fakultäten an den Univer=
sitäten, und von Seminaren für die Lehrer; daß dies über die Pflichten und
Kräfte einzelner Gemeinden hinausgeht, ergiebt sich von selbst. Um so
bringender ist hierfür die Vereinigung der Gemeinden ganzer Länder geboten,
und die Beitragspflicht Aller zu diesem Zwecke ausgesprochen. Der Bestand
der Religion selbst, wie das Bedürfniß jeder einzelnen Gemeinde an Lehrern
und Rabbinen sind gleicher Weise dabei interessirt.

Warum die israelitische Religionsgemeinde als Ortsgemeinde besondere
Wohlthätigkeitsanstalten haben solle? ist gefragt worden, und ob es nicht
genüge an den Armenanstalten der Ortsgemeinde aktiv und passiv Theil zu
nehmen? In der That betrifft diese Frage nicht etwa die Verpflichtung
jedes Israeliten gegen alle seine Mitmenschen so gut wie gegen seine Glau=
bensgenossen wohlthätig zu sein und den allgemeinen Wohlthätigkeitsanstalten
nach seinen Kräften freudig Opfer zu bringen. Diese Verpflichtung ist ent=
schieden und anerkannt. Ebensowenig ist dadurch das Recht jüdischer Hülfs=
bedürftiger berührt, von den allgemeinen Anstalten Unterstützung zu erhalten,
da dieses Anrecht durch jene Verpflichtung, so wie durch die Steuerpflicht
der Juden zu allen Staats= und städtischen Ausgaben begründet ist. Son=
dern es gilt nur die Frage, ob die israelitische Religionsgemeinde als solche
neben jenen allgemeinen Anstalten noch besondere, für die Bekenner des
Judenthums bestimmte Wohlthätigkeitsanstalten haben solle und müsse?

Diese Frage muß entschieden bejaht werden, und zwar aus folgenden Grün=
den, 1) wie wir im vorhergehenden Kapitel gezeigt haben, erkennt die israe=
litische Religion den Hülfsbedürftigen ein Anrecht an die Gesammtheit zu,
das diese nicht blos als Lehre anerkennen müsse, sondern in Institutionen
zu verwirklichen habe, wie diese in früheren Zeiten als gesetzliche Vorschriften
sich uns dargestellt haben. Dieses Anrecht ist nun auf die israelitische
Religionsgemeinde übergegangen, so daß diese ohne Wohlthätigkeitsanstalten
nur eine ungenügende, der israelitischen Religion nur theilweise entsprechende
wäre. 2) Das Prinzip der israelitischen Wohlthätigkeit ist daher ein viel
weiteres, und befaßt Gegenstände und Verhältnisse, welche die allgemeinen
Anstalten unberücksichtigt lassen, so daß die Religionsgemeinde sich mit den
Ergebnissen der allgemeinen Anstalten nicht begnügen darf. Der Beweis
hierfür wird im Folgenden geführt. 3) Es giebt Zweige der Wohlthätigkeit,
die unmittelbar aus der israelitischen Religion fließen, z. B. die Beerdigung,
die Versorgung der Armen zu den Festen u. a. m. Endlich 4) fließt es
aus den historischen und gegebenen Verhältnissen heraus, denn einentheils
ist es eine alte und erklärliche Sitte bei allen Confessionen, daß eine jede
von ihnen besondere Wohlthätigkeitsanstalten für ihre Angehörigen besitzt,
viele Stiftungen bestehen, bei denen die Confession eine Bedingung ist,
andrentheils sind die jüdischen Armen an umfänglichere Wohlthaten gewöhnt,
als die allgemeinen Anstalten zu leisten vermögen. — Die jüdischen Ge=
meinden ererbten daher aus dem heiligen Lande unmittelbar den tief einge=
pflanzten Hang zur Wohlthätigkeit, den ihnen selbst ihre Feinde zur Zeit
des nationalen Unglücks, z. B. der Geschichtschreiber Tacitus[1]), in hohem
Maße zuerkennen, und die geschichtlichen Verhältnisse waren bis zur neuesten
Zeit dazu angethan, diese Neigung zu erhalten und zur Anwendung zu
bringen. Selbstverständlich nahmen die Wohlthätigkeitseinrichtungen, nament=
lich betreffs ihrer Gegenstände, nach den veränderten Umständen verschiedene
Gestalt an, wie sich dies besonders auch in der Gegenwart kundgiebt. Von
Alters her bestand in jeder Gemeinde eine Armenanstalt, die einentheils in
Geldern bestand, die von bestimmten, von der Gemeinde ernannten Armen=
vorstehern eingesammelt und wöchentlich am Freitage so vertheilt wurden,
daß jeder Arme, so viel er die Woche gebrauchte, erhielt. Es wurde dies die
Kuppa, Armenbüchse genannt. Es war hierzu Jedermann nach seinem
Vermögen zu einem bestimmten Beitrage tarirt, und wie er freiwillig mehr
geben konnte, wurde er entweder durch Züchtigung oder durch Pfändung
gezwungen, das ihm Auferlegte zu leisten. Selbst der Almosenempfänger,
wenn er noch etwas Eigenthum besaß, mußte einen Beitrag leisten. Andrer=
seits wurden täglich Lebensmittel eingesammelt, und jeden Abend unter die
Armen vertheilt, was Tamchui die große Schüssel genannt wurde, eine
Einrichtung, die jedoch nicht in allen Gemeinden bestand und später über=

[1]) Hist. V, 5. Et quia apud ipsos fides obstinata, misericordia in promtu etc.

haupt außer Gebrauch kam. Dagegen wurden und werden an den Rüst=
tagen zu den Festen Lebensmittel vertheilt, besonders Mazzoth zum Peßach).
Zum Einfordern des Armengeldes mußten zwei Personen, bei der Vertheilung
drei zugegen sein, Rechenschaft durfte von ihnen nicht gefordert werden, doch
wurde es empfohlen, sie von selbst abzulegen. Sobald sich Jemand an
einem Orte niederließ, trat für ihn die Beitragspflicht zur Armenbüchse
sofort ein, verweilte er nur vorübergehend daselbst, erst nach einem Monat.
Bei der Vertheilung der Armengelder haben die Armen der Stadt den Vor=
zug vor denen einer andern Stadt, und ebenso die Armen im gelobten
Lande vor denen anderer Länder[1]). — Die in den Gemeinden zu übende
Wohlthätigkeit zeichnete sich in zwei Richtungen ab. Die erste, צדקה ge=
nannt, ist die Hülfe, die dem Dürftigen gewährt wurde, und theilte sich
wieder in 1) לפדיון שבוים Auslösung von Gefangenen, selbstverständlich
nicht solcher Gefangenen, die verbrecherischer Handlungen wegen zur Unter=
suchung oder Strafe gezogen worden, sondern die durch Gewalt und trübselige
Umstände gefangen waren, was in den Zeiten der Barbarei so überaus oft
der Fall war, und noch jetzt in den unzivilisirten Ländern nicht selten ist.
Es liegt auf der Hand, daß dieser Wohlthätigkeitszweig gegenwärtig in den
kultivirten Staaten ganz außer Gebrauch kam[2]). 2) לכיסת כ:ה Aus=
stattung armer Bräute, was für eine sehr hohe Pflicht erklärt wurde, die
geringste Gabe in solchem Falle wurde zu 50 Gulden bestimmt; eine Waise
wurde dabei jeder andern vorangestellt[3]). 3) לפרנסת יתומים Ernährung
und Erziehung von Waisen. 4) לכיסת אורחים Aufnahme armer Reisen=
der. Auch diese Pflicht ging in ihrer nachdrücklichen Einschärfung und um=
fänglichen Erfüllung aus geschichtlichen Verhältnissen hervor. Die schrecklichen

---

[1]) Jor. Dea. Abschn. 247 ff. 251 §. 3. 256.

[2]) Der geschichtlichen Erinnerung wegen mag hier angedeutet werden, wie
ausführlich das Kapitel über die Loslösung der Gefangenen in unsern Gesetz=
büchern behandelt wurde, ein Zeugniß, wie außerordentlich die Theilnahme der
Juden für solche Fälle in Anspruch genommen wurde. Gefangene auszulösen
wurde für das Gott wohlgefälligste Gebot erklärt, und selbst wenn die Materia=
lien zu einem Synagogenbau schon gekauft waren, müssen diese wieder verkauft
werden, um Gefangene loszulösen. Jeden Augenblick, den man versäumt, Ge=
fangene auszulösen, gleicht dem Blutvergießen. Doch wurde die Vorsicht em=
pfohlen, den jüdischen Gefangenen nicht durch übermäßigen Sold loszulösen, weil
sonst die Feinde der Juden um so mehr suchen würden, Juden gefangen zu
halten, Jenen aber auch nicht zur Entweichung zu verhelfen, weil sonst die
Strenge der Haft verschärft würde. Eine gefangene Frau muß eher ausgelöst
werden als ein gefangener Mann, eine Mutter eher als der Vater. Jor. Dea.
Abschn. 252.

[3]) Jor. Dea. Abschn. 249 §. 15. 250 §. 2.

Verfolgungen und immerwährenden Vertreibungen, welche bald Einzelne, bald ganze Gemeinden betrafen, jagten zu aller Zeit Schaaren von Flücht= lingen, meist ihrer Habe beraubt, durch die Länder, die einem schmählichen Untergange anheim fallen mußten, wenn sie nicht in der unerschöpflichen Wohlthätigkeit ihrer Glaubensbrüder Hülfe und Erhaltung fanden. Die außerordentliche Theilnahme der Juden in dieser Beziehung, die aufopfernde Gastfreundschaft, die sie übten, mußte aber auch den Nachtheil zur Folge haben, daß sich ein übermäßiger Gewohnheitsbettel wandernder Juden bil= dete, der die besten Kräfte der Gemeinden nutzlos verzehrte. Schon früh wurde daher verordnet den gewerbsmäßigen Bettlern von Thüre zu Thüre nur wenig zu geben[1]), dagegen Vertriebene, Flüchtlinge, Kranke oder zu einem bestimmten Zwecke Reisende mit Speise und Nachtlager zu versehen. Geschah dies nicht von einzelnen Juden, so hatte die Armenkasse dafür zu sorgen, besonders für den, der am Freitag herangereist kam[2]). In unserer Zeit sind der Vertriebenen und Flüchtigen nur sehr wenige, der vagabon= direnden Bettler um so mehr geworden, und es sind im Ganzen ungeheure Summen, welche auf diese Weise verloren werden, und zu den nützlichsten Anstalten verwendet werden könnten. Es ist daher die Pflicht der Gemein= den, sowohl aus diesem Grunde als auch um die Bettelei zu vermindern, hierin die bestimmtesten Maßregeln zu treffen, um den Ansprüchen reisender Juden nur in den gebotenen Fällen ein Genüge zu thun. 5) לפרנסת עניים die Ernährung der Armen, wie sie oben bereits beschrieben worden. — Der zweite Zweig der jüdischen Wohlthätigkeit ist גמילות חסדים, und besteht in 1) שמחת חתנים Erfreuung der Brautleute an ihrem Hochzeits= tage durch Geschenke, Ehrenbezeugungen und fröhliche Theilnahme[3]), eine sehr zarte, das Gefühl ehrende Pflicht, da der Hochzeitstag nicht selten der höchste, wenn nicht selbst der einzige Freudentag im Leben bedrückter Menschen ist. 2) ביקור חולים Besuch der Kranken, eine Pflicht, die mit großer Vorsicht geübt werden muß, und besonders ihre Quelle in der Verpflichtung, für die Genesung des Kranken zu beten, fand, in früherer Zeit wohl auch bei Mangel an Aerzten darin, ob ein Besuchender irgend ein Heilmittel wisse, dann auch in der Zerstreuung des Genesenden, in der Ehre, die dieser in dem Besuche fand, weßhalb auch besonders vorgeschrieben war, daß man hierin keinen Unterschied zwischen Vornehm und Gering machen dürfe[4]). Daß aber auch die Aufstellung einer solchen Pflicht ihre Nachtheile hat, versteht sich von selbst; an sich aber mußte auch sie die brüderliche Theil= nahme unter den Gliedern der Gemeinde stärken. 3) הלוית המתים Be= stattung der Todten, indem es als höchst verdienstlich erklärt wird, an der

---

[1]) Jor. Dea. Abschn. 250 §. 3.

[2]) Jor. Dea. Abschn. 250 §. 4.

[3]) Eben haaes. 65 §. 1.

[4]) Jor. Dea. Abschn. 335 §. 1. 2. 4. 5.

Reinigung, Bekleidung, Beerdigung der Leichname thätigen Antheil, natür=
lich ohne Bezahlung, zu nehmen[1]). Gerade für diesen Zweig wohlthätiger
Werke hat das Judenthum seine Grundprinzipien bewährt. Wenn es uralte
Satzung ist, daß die jüdischen Leichen auf einem besondern Begräbnisse be=
stattet werden, und es daher eine der ersten Pflichten jeder Religionsgemeinde
ist, einen Friedhof (בית הקבורה, בית עולם, „guter Ort" genannt)
zu erwerben und ihn durch genügende Umfriedung zu schützen, so machten
sich die Prinzipien der Pietät und der Gleichheit dadurch geltend, daß einer=
seits dieser Friedhof mit derselben Ehrerbietigkeit wie die Synagoge betreten
und heilig gehalten, daß die Betretung der Gräber vermieden und eine
Leiche nur ausgegraben werden sollte, um sie in ein Familienbegräbniß
oder in das h. Land überzuführen[2]); andererseits die Todtenbestattung,
namentlich in Bezug auf Kleidung und Sarg für Reich und Arm gleich
und auf's Einfachste gehalten wurde[3], selbstverständlich für die Armen alles
Dahingehörige beschafft wird, und ein Jeder nur die Uebung einer religiösen
Pflicht darin findet, bei der ganzen Behandlung der Todten thätig zu sein.
Alle diese Einrichtungen können als wahrhaft mustergültig betrachtet werden.
Aller Pomp bei der Bestattung ist unjüdisch, was natürlich nicht verhindert,
daß die größere oder geringere allgemeine Theilnahme zum Ausbruck kommen
kann. Allerdings lag es im Bedürfniß unsrer Zeit, die eingeschlichene
äußere Unordnung bei der Beerdigung zu beseitigen, und die meisten Ge=
meinden haben hierfür Reglements entworfen. Mag hierbei nun noch die
letzte Spur symbolisch abergläubischer Ceremonien, z. B. die Belegung des
Gesichtes mit Scherben und einem Schlößchen in Wegfall kommen. 4) נחם
אבלים Tröstung der Trauernden durch Besuch, Zuspruch und nach alter
Sitte Versorgung mit Speisen[4]). — Es liegt auf der Hand, daß mehrere
dieser Wohlthätigkeitspflichten Sache der Einzelnen sind, und werden wir
weiter unten über alle diese vom Standpunkte des Individuums handeln.
Auch sieht man leicht ein, daß die durch Beiträge aufgebrachte Armenkasse
für alle Zweige dieser Wohlthätigkeit nicht die ausreichenden Mittel besitzen
kann, daß vielmehr hierzu die Opfer der Einzelnen, wie sie sich für diese
oder jene That am meisten interessiren, beansprucht werden müssen. Von
jeher haben sich daher innerhalb der Gemeinden Vereine für besondere Zwecke
der Wohlthätigkeit, חברות genannt, gebildet. Unter diesen stand stets die
ח' קדישה voran, deren Aufgabe die Unterstützung und Versorgung der
Kranken und die Beerbigung der Todten war, womit in der Regel auch
Lehrvorträge verbunden waren. Eine solche Bruderschaft sowohl seitens der
Männer als der Frauen besteht in jeder Gemeinde, doch hat man jetzt an

---

[1]) Jor. Dea. Abschn. 343 §. 1.
[2]) Jor. Dea. Abschn. 363 §. 1.
[3]) Jor. Dea. Abschn. 352 §. 1.
[4]) Jor. Dea. Abschn. 376. 378 §. 1.

vielen Orten die Einrichtung getroffen, um die Theilnahme zu verallge=
meinern, daß ein Theil der Mitglieder sich mit der Reinigung und Be=
kleidung der Todten beschäftigt (מתעסקים), ein andrer Theil an der Be=
erdigung sich betheiligt, Alle aber Geldbeiträge zahlen. Andere Vereine haben
spezielle Zwecke, wie Unterstützung der Wöchnerinnen, Beschaffung von Brod,
Holz und Bekleidung, Ausstattung der Bräute u. s. w. Man wird voraus=
setzen, daß unter den tief eingreifenden Veränderungen in der Stellung und
den Verhältnissen der Juden in der neueren Zeit sich auch die Bedürfnisse
der Wohlthätigkeit modifizirt haben, daß gewisse Zweige, wie wir schon oben
angedeutet, überflüssig geworden, und dafür andere eingetreten sind, und
zwar theils solche, welche in jeder einzelnen Gemeinde berücksichtigt sein
wollen, theils solche, die eine Vereinigung mehrerer oder vieler Gemeinden
erfordern. Der ersteren Art sind besonders solche Vereine hervorzuheben,
die statt des Almosens das Prinzip der gegenseitigen Aushülfe verfolgen,
so daß die Mitglieder im Falle der Benöthigung keine Gabe empfangen,
sondern ein Anrecht auf bestimmte Benefizien haben, wozu auch Vorschuß=
oder Darlehnskassen gehören. Der letzteren Art sind z. B. Waisenerziehungs=
anstalten, Stipendienkassen für Studirende, Unterstützungsvereine für Lehrer,
Vereine zur Bildung von Handwerkern, Landleuten und Künstlern u. s. w.
Wenn durch den Eintritt der Juden in das allgemeine Kulturleben ihre
Theilnahme an aller öffentlichen und privaten Wohlthätigkeit ohne Unter=
schied der Confession außerordentlich gewachsen ist und sich überall in rühm=
lichster Weise bethätigt, so findet dennoch das religiöse Gemeindeleben dadurch
seine regsamste Verwirklichung, daß unermüdlich an der Erhaltung und
Schöpfung geordneter Wohlthätigkeitsanstalten gearbeitet und bei immer sich
mehrenden Ansprüchen ein volles Maß befriedigt wird.

Es ist eine alte Sitte, daß jede israelitische Gemeinde eine Büchersammlung
besaß, die von den Mitgliedern der Gemeinde zum Studium des Gesetzes
benutzt werden konnte. Schon in diesem Besitze sah die Gemeinde ein
heiligendes Werk. Zur Förderung der Literatur an sich wie zu deren Ver=
breitung und Studium kann auch jetzt eine Gemeinde nichts Nützlicheres
thun, als eine Bibliothek der das Judenthum betreffenden Schriften theils
älterer theils jetziger Zeit anzulegen, sowohl wissenschaftlicher Art, so=
weit das örtliche Bedürfniß reicht, theils populärer Gattung, und sie den Mit=
gliedern zur Benutzung zu stellen und zu empfehlen. Es ist dies selbst für
kleinere Gemeinden ein wesentliches Bedürfniß, und wird die Kenntniß des
Judenthums von Neuem verbreiten und die Theilnahme erwecken.

Es war ein altes Vorurtheil, das auch jetzt noch nicht ganz geschwunden
ist: die Juden hätten unter sich einen Verband, bildeten eine Art Kameraderie,
die zum Zwecke haben, jede Art von Vorschub und Vortheil den Glaubensge=
nossen auf Kosten der anderen Menschen zu verschaffen. Man faßte dies in
ganz materieller Weise, und schrieb den Juden umsomehr eine Uebermacht und
einen Einfluß dadurch zu, je weiter sie über alle Welttheile zerstreuet wären.

Wir brauchen jetzt kaum zu versichern, daß niemals etwas dergleichen bestanden hat, daß selbst die Zeiten, die dessen am meisten bedurft hätten, nichts davon wußten. Sicherlich wäre, wenn eine solche Verbindung unter den Juden bestanden hätte, dies längst durch getaufte Juden aufgedeckt und verrathen worden. So aber blieben es immer nur Redensarten, Beschuldigungen und Verdächtigungen ohne irgend einen Nachweis. Dahingegen wird man, weil allzu natürlich, es gerechtfertigt finden, daß zu aller Zeit eine gewisse Solidarität für die und unter den Juden bestand, die desto größer und lebhafter war, je härter und allgemeiner das Geschick derselben war. Denn allerdings mußte eine gewisse Gemeinsamkeit aus der Gleichheit der Religion und der Abstammung, also von innen heraus, hervorgehen, wie sie ja schon unter den Bekennern jeder Confession besteht, um wie viel mehr wo die Stammesgenossenschaft noch hinzutrat. Mehr aber noch wurde den Juden diese Solidarität von außen her aufgenöthigt. Bereitete man doch ihnen als Juden überall ein gleiches und zwar trauriges Geschick, drückte sie durch dieselben Ausnahmegesetze, verfolgte sie unter denselben Vorwänden, brandmarkte sie allesammt mit Hohn und Verachtung, beschuldigte sie mit denselben Vorwürfen und schändlichen Erdichtungen, rechnete die Vergehen und Fehler Einzelner ihnen Allen an. Die einzige Milderung, die sie für ihr Schicksal erlangen konnten, bestand in der gegenseitigen Aushülfe, an der sie es, soweit ihre Kräfte gingen, bei dem Ausbruch großer Unglücksfälle auch nicht fehlen ließen. Stets fand dies aber lediglich zur Abwehr statt, durchaus aber nicht zur Erlangung besonderer Vortheile und wesentlichen Einflusses. Eher lassen sich Beispiele entgegengesetzter Art anführen. Neid und Mißgunst spielten unter ihnen oft genug eine häßliche Rolle; ein kleinlicher Geist wirkte bisweilen gegen die eigenen Glaubensgenossen, und drang z. B. auf die Beschränkung der Niederlassung für anderswo herkommende Juden. Als erst ruhigere Zeiten gekommen waren, schrumpfte der Gemeinsinn immer mehr ein, und beschränkte die Theilnahme auf das örtliche Weichbild. Ja, es kam, als die Bildung erst einen kleinen Theil der Juden ergriffen hatte, so weit, daß viele sich ihrer Glaubensgenossenschaft schämten, und es scheueten, für dieselbe irgendwie einzutreten oder etwas zu thun. Die neueste Zeit hat sich daher eher veranlaßt gesehen, den Gemeinsinn unter den Juden wieder zu wecken, als ihn abzuschwächen, die Selbstachtung wieder aufzurufen, das Interesse zu nähren. Also eine gewisse Solidarität findet noch heute statt, und muß sogar als Pflicht bezeichnet werden. Nachdem einmal der frühere Kerker geöffnet ist, und die Juden in die allgemeine Welt eingetreten sind, haben sie ein Prinzip zu vertreten, das Prinzip der Glaubens- und Gewissensfreiheit. Wie weit dieses Prinzip zur Geltung gekommen, dafür machen die Juden den rechten Prüfstein aus, da die Rechtsgleichheit, die man den Juden gewährt, gewiß keiner andern Religionspartei verweigert wird. So lange eben der Kampf um die Verwirklichung dieses Prinzipes noch währt, so lange liegt den Juden die Vertretung desselben ob, und bietet ihnen so eine bestimmte Gemeinschaft des Strebens dar, die darum mit anderweitigen politischen Tendenzen gar nichts gemein hat. Man findet Juden innerhalb aller politischen Parteien, aber in dem Punkte der Gewissensfreiheit stimmen sie Alle überein. Je mangelhafter aber nun dieses Prinzip bis jetzt noch zur Herrschaft gelangt ist, je mehr Angriffen es in den meisten Staaten, wo es gesetzlich anerkannt ist, noch ausgesetzt ist, in je größeren Ländertheilen es aber noch gar nicht zur Geltung gekommen: desto größer und lebhafter muß auch die Theilnahme sein, welche die Juden für das Geschick ihrer Glaubens= und Stammesgenossen hegen und bethätigen müssen. Ja, weil ihre Sache eben als die Angelegenheit eines großen Prinzipes, als eines Rechtsgrundsatzes erkannt worden ist, stellt sich dieses Interesse als ein lauteres und durchaus motivirtes dar, und wird seine Erfüllung zu einer heiligen Pflicht. Was daher auf gesetzlichem Wege von Juden für die Erlangung der Gleichberechtigung, für die Beseitigung ihrer Beschränkungen und Hindernisse, gegen Unrecht und Gewaltthätigkeiten, welche Juden als solchen und um des Glaubens willen widerfahren, gegen Vorurtheile, falsche Beschuldigungen und all dergleichen mit Energie und Anstrengung geschehen kann, das müssen sie thun, dazu sind sie verpflichtet, und wenn sie es unterlassen, haben sie am Judenthume, am Prinzipe des Rechts und der Gewissensfreiheit, an der Menschheit gesündigt. Aber eben so sehr ist auch noch das innere Moment lebendig, und lebendiger als je. Wenn sich die Anforderungen an die Durchbildung des Judenthums außerordentlich gesteigert haben, wenn die alten Anstalten verfallen sind und neue dafür geschaffen werden müssen, Anstalten, die ihren Boden nicht mehr in den vereinzelten Gemeinden haben können, wenn der weltgeschichtliche Beruf des Judenthums zum Bewußtsein gekommen, und die Klärung und Anerkennung des Judenthums zum Bedürfniß geworden, wenn andrerseits die zersetzenden Elemente des Lebens und der Zeitströmung, nachdem das Judenthum in diese eingetreten, mit größerer Energie auf dasselbe eindringen: so bedarf es einer allgemeinen Anstrengung, einer vielseitigen Bethätigung, eines kräftigen Zusammenwirkens, um zu günstigen Resultaten zu gelangen. Auch hier also eine Solidarität, die aber weder ab= und ausschließend, noch in kleinlichen Motiven und Mitteln begriffen ist, sondern die erhabensten Zwecke und Aufgaben umfaßt, würdig der viertausendjährigen Vergangenheit und der großen Zukunft, die wir anstreben. All dies ist Sache der israelitischen Religionsgemeinde in ihrer Gesammtheit, und jede einzelne Gemeinde hat sie zu der ihrigen zu machen, wo sich ihr nur die Gelegenheit dazu bietet.

4. Um diese Zwecke anzustreben und möglichst zu erreichen, bedarf die Religionsgemeinde einer angemessenen Organisation. Daß diese in ihrer äußern Form nach den allgemeinen Anschauungen

der Zeit sich verschieden gestaltet, liegt in der Natur der Sache; immer aber muß sie auf dem sozialen Grundprinzip beruhen, welches von der israelitischen Religion sanktionirt worden.

Wir haben oben gezeigt, daß die aus der Vorgeschichte des israelitischen Stammes hervorgegangene und vom Gesetze sanktionirte Verfassung die der Ortsgemeinde war, daß die Angelegenheiten der letzteren von „Aeltesten und Vorstehern" geleitet und verwaltet wurden, die aus der Wahl der Ortsbevölkerung hervorgingen, und daß diese Aeltesten bei wichtigen Ange- legenheiten eine Gemeindeversammlung zur Beschlußnahme beriefen. Diese Ordnung bildete den Typus der späteren jüdischen Gemeinden, bis der Absolu- tismus die allgemeine Staatsverfassung wurde, in welcher Periode die Ge- meindevorsteher zwar meist von der Gemeinde gewählt wurden, aber ein völlig autokratisches Regiment führten. In der neuesten Zeit hat sich das kon- stitutionelle System auch bei den jüdischen Gemeinden Bahn gebrochen. Die Gemeinde wählt eine Anzahl Vertreter auf einige Jahre, und diese wählen den Vorstand; die Vertreter bilden die berathende und die beschließende Instanz, der Vorstand die ausführende. Es war also zu aller Zeit wenigstens das Wahlrecht der Gemeinde gewahrt geblieben. Alle Gemeindeämter waren und sind nach altjüdischem Grundsatze unbesoldete Ehrenämter. In gleicher Weise kann den Gemeinden das Recht, sich ihre Cultusbeamten zu wählen, nicht bestritten werden, wenn auch die Bestätigung und die Feststellung der gesetzlichen Bedingungen Sache der Obrigkeit sein kann. Eine wesentliche Veränderung hat in der neuesten Zeit insofern stattgefunden, als die Kassen- verwaltung sowohl der Gemeinde als der einzelnen Vereine nicht mehr blos Sache des Vertrauens ist, sondern einer geordneten Controle unterworfen wird.

5. Wonach aber eine jede israelitische Religionsgemeinde am meisten zu streben hat, was ihr bei allen ihren Beschlüssen und Handlungen ein unverrückbarer Gesichtspunkt sein muß, das ist — der Friede in ihrem Schoße. Jede dem Frieden entgegenwirkende Leidenschaft, jeder den Unfrieden bergende Zustand ist an sich schon unreligiös. Der Zwiespalt in den kleinen Massen, welche die Gemeinden bilden, lähmt alle Kräfte, verhindert jede gedeihliche Entwickelung, zerstört den Brudersinn und die Liebe, welche der Religion höchste Ziele sind. Das Bild einer in sich gespaltenen Judengemeinde, deren Parteien sich mit Erbitterung befeinden und in den Mitteln nicht gerade wählerisch sind, macht nicht blos ihr Unehre, sondern wirft auf das ganze Judenthum seinen Schatten. Dies ist es, was unsre Väter als השם חלול „Entweihung des

göttlichen Namens" für eine große Versündigung hielten und zu
deren Vermeidung große Opfer brachten. Dahingegen ist der Friede,
die Eintracht, das einheitliche Zusammenwirken der höchste Segen
einer Gemeinde, wodurch in den Gemüthern religiöse Innigkeit ge=
nährt, selbst geringe Kräfte zur Herstellung bedeutender Werke ver=
einigt und befähigt werden, Hülfe, Schutz und Trost auch für die
Einzelnen ersprießen, und der Religion wie auch der Judenheit
selbst Ehre und Ansehen erblühen. Dies ist es, was unsre Väter
als קדוש השם „Heiligung des göttlichen Namens", für eine ernste
Pflicht, ein heiliges Gebot und großes Verdienst anerkannten und
wofür sie große Opfer brachten. Allerdings ist unter solchem Frieden
nicht ein Stillstand alles Lebens, eine träge Ruhe, eine Stagnation
in allem Streben und Schaffen zu verstehen, ein Friede, dadurch nur
bestehend, weil Nichts gewollt und Nichts gethan wird, sondern ein
Friede bei reger Thätigkeit, frischer Strebsamkeit und kräftigem
Schaffen. Nun ist es in unserer Zeit allerdings viel schwieriger
geworden, den Frieden in der jüdischen Gemeinde zu erhalten. Eine
jede solche ist gegenwärtig aus sehr verschiedenen Elementen zusam=
mengesetzt. Sowohl die allgemeine Bildung als auch die religiöse An=
schauung haben eine sehr große Verschiedenheit in den Individuen und
Klassen auch bei den Juden angenommen, und stehen sich diese zum
Theil darin geradezu gegenüber. Eine jede Art dieser aber bringt auch
verschiedene Bedürfnisse, namentlich in cultueller Hinsicht hervor, und
dieses Bedürfniß verlangt eine Befriedigung. Es ist daher nament=
lich in Synagoge und Unterricht, wo die Mitglieder der Gemeinde
nach ihren Ansichten auseinandergehen und Anderes wollen, was selbst=
verständlich auf die Wahlen der Gemeinde=, Cultusbeamten und Lehrer
seine Wirkung hat. Hierbei finden sich nun auch leicht Persönlichkeiten
ein, und was zuerst Sache war, wird bald zu persönlichem Zwiste.
Endlich giebt es überall Individuen, welche an schroffem Partei=
kampf ihr Gefallen finden oder irgend welchen Vortheil daraus zu
ziehen gedenken, die daher den Hader anzufachen und zu nähren
suchen, ja offenbar die Spaltung der Gemeinden anstreben. Daß
solche Leute die ärgsten Feinde der Religion und der Gemeinde
sind, brauchen wir nur anzudeuten. Um so ernster ist die Mah=
nung der Religion, allem diesem Parteizwist aus dem Wege zu

gehen, ihn zu vermeiden und wo er eingetreten, ihn zu beseitigen; um so heiliger ist die Verpflichtung aller aufrichtigen Freunde der Religion nach der Aufrechterhaltung oder Wiederherstellung des Friedens in der Gemeinde zu streben. Bei sorgfältiger Prüfung werden sich die Streitobjekte in der Regel durchaus nicht von solcher Wichtigkeit zeigen, daß darum ein solcher Kampfzustand herbeigeführt werde; es wird sich zeigen, daß der Sieg der einen Partei, die wirkliche Erlangung des erstrebten Zieles durchaus nicht mit dem angerichteten Schaden gleichzustellen sei. Die Pflicht jeder Ansicht ist daher, sich mit der entgegengesetzten so zu akkomodiren, daß alle Elemente der Gemeinde, zwar nicht die volle, doch aber eine mäßige Befriedigung finden, immer in dem Gedanken, daß eine Gesammt=heit nicht dazu da ist, einigen Einzelnen volles Genüge zu schaffen, sondern Allen die Mittel zu gemeinsamem Bestande, zu gemeinschaft=licher Bethätigung zu bieten. Entwickelung und Fortschritt werden dadurch langsamer aber sicherer sein. Mäßigung in den Forderungen, Nachgiebigkeit in den Zugeständnissen, Vermeidung jeder Hartnäckig=keit und aufrichtiges Streben für die Gesammtheit sind die Pflichten Aller, durch deren Erfüllung der Bestand und der Friede der Ge=meinde sowie deren gedeihliche Entwickelung gesichert werden. Seit alter Zeit wird jede israelitische Gemeinde mit dem Beinamen „hei=lig" (הקהלֹּ הקדוש) belegt. Und in der That verdient sie diesen Namen, da ihre Zwecke nur heilige sind, nämlich Gottesdienst, Unterricht und Wohlthätigkeit — aber nur dann hat sie diese Heiligkeit wirklich, wenn sie diese Zwecke auf die angemessene und würdige Weise, nämlich in Eintracht und Frieden anstrebt. Darin beruht die Heiligung in der Gemeinde. Mögen daher die israelitischen Gemeinden diese Worte: Gottesdienst, Unterricht und Wohlthätigkeit in Frieden auf ihre Fahne schreiben und mit ihr durch alle die Kämpfe schreiten, welche die Menschheit durchzuringen hat, bis jene große verheißene Zukunft anbrechen wird! Dann, und nur dann wird das alte Wort immer wieder eine Wahrheit sein: Wie schön sind deine Zelte, Jakob, deine Wohnungen, o Israel! Wie Thäler dehnen sie sich hin, wie Gärten an dem Strome, wie Aloe, die Gott gepflanzt, wie Cedern am Gewässer." (4 Mos. 24, 5. 6.)

„Betet für Jerusalems Frieden! Ruhe sei in deinen Mauern, Ruhe in deinen Schlössern! Um meiner Brüder, meiner Freunde willen laß mich reden: Fried' in dir!" (Pf. 122, 6—8.)

— — — —

III. Die Familie.

59.

Was ist Familie?

Die Vereinigung von Menschen, die durch Geburt oder Verehelichung in ein näheres Verhältniß zu einander gestellt sind.

Die Familie besteht theils aus den schon bestehenden Familien, in die man hineingeboren wird und hineinheirathet, theils aus der zu begründenden Familie durch Verehelichung. Geburt und Verehelichung sind die beiden Momente, aus welchen die Familie hervorgeht. Daraus ergiebt sich, daß die Familie als ein unmittelbares Werk der göttlichen Vorsehung anzusehen ist, denn sowohl die Geburt ist von der Selbstbestimmung des Menschen gänzlich unabhängig, von der Fügung Gottes gegeben, als auch bei der Verehelichung konkurriren die freie Wahl und Entschließung des Menschen und die göttliche Fügung, da jene Wahl nur unter den, durch die Fügung dem Betreffenden nahe gebrachten Personen stattfinden kann. Darum ist auch die Familie, so weit nicht das eheliche Band auflösbar ist, unveränderlich, und Niemand vermag sich andere Verwandte zu geben oder dieselben dieses Verhältnisses zu entkleiden. Die Familie ist darum ein unterscheidendes Merkmal des Menschen von den Thieren, denn sie ist nur das Eigenthum des Menschen. Wenn auch naturgemäß einige der höher organisirten Thiere eine Zeit lang eine Art Familienverhältniß haben, so hört dies doch bei allen mit dem Augenblicke auf, wo die Jungen selbst-

ständig ihre Nahrung suchen, und ist hiermit für die betreffenden
Individuen spurlos und auf immer verloren. In dem Menschen
aber ist die Familie etwas Nothwendiges, das zur Befriedigung
seines ganzen Wesens unentbehrlich ist. Denn sie besteht für ihn
nicht zu einem bestimmten einzelnen Zwecke, sondern ist ein Stück
seines Wesens selbst, dem sonst kein Genüge wird. Darum ist die
Familie auch die Grundlage der menschlichen Gesellschaft, denn, weil
in jener etwas Nothwendiges und Göttliches liegt, bietet sie einen
unwandelbaren, festen Unterbau, auf welchem selbst die noch so tief
erschütterte oder entartete Gesellschaft sich zu rekonstruiren vermag:
wie ein Organismus sich aus der Millionenmal wiederholten Zelle
zusammenbaut, und die erlittenen Schäden, so lange sein Zellen=
system noch tauglich ist, zu verbessern im Stande ist.

60.

Was bezweckt die Familie?

**Eine gewisse Anzahl Menschen zur Erreichung aller
Lebenszwecke in gegenseitiger Anhänglichkeit und Mitwirkung
näher mit einander zu verbinden.**

Der eigentliche Boden der Familie ist das Gefühl der Zusam=
mengehörigkeit, der Liebe und Treue, das ebenso durch die Geburt
wie durch die Verehelichung in das menschliche Herz gelegt ist.
Aus diesem natürlichen Boden erwachsen die Verhältnisse und Vor=
theile, welche das Familienleben schafft, und aus diesen wiederum
erlangen die darin enthaltenen Gefühle immer größere Kraft und
Dauerhaftigkeit. Das Familienleben besteht zunächst in dem Zu=
sammenleben der zu ihr gehörigen Individuen; in dem dadurch
bewirkten gemeinsamen Erfahren aller Lebensschicksale, der Gemein=
schaftlichkeit der Genüsse und Freuden, der Schmerzen und Kümmer=
nisse, der Mühen und Erfolge, der Sorgen und deren Erledigung;
alsdann in einer größeren oder geringeren Gemeinschaftlichkeit aller
äußern Güter, des Besitzthums wie der Ehre, wodurch in vielfacher
Beziehung Gewinn und Verlust, Ueberfluß und Entbehrung, Ansehen

und Schande alle Glieder gemeinsam treffen; endlich in der gegen=
seitigen Hülfe, die sie sich zu leisten, in den Opfern, die sie sich
einander zu bringen haben. Auf diese Weise ist das Familienleben
der Boden einerseits der höchsten Entwickelung, andrerseits der
tiefsten Befriedigung. Alles was von Liebe und Treue in dem
Menschenherzen ruht, findet seine wesentliche Entfaltung in der
Familie, und fließt von hier aus auf näher und weiter stehende
Mitmenschen über. Wenn das Zusammenleben von Personen so
leicht auch Verletzung der Persönlichkeiten, Reibung und Haber her=
beiführen kann, so ist dem in der natürlichen und wachsenden Zu=
neigung und Liebe von vornherein ein Gegengewicht gegeben, daß
sich nun erst die Friedfertigkeit, Sanftmuth und Versöhnlichkeit zu
entwickeln vermögen, und in dem friedlichen Beisammensein sich das
Herz in den lautersten Gefühlen übt und hebt. Kein Band ist
stärker zwischen Mensch und Mensch als das gemeinsame Ertragen
von Beschwerden, Gefahren und Verlusten, und es ist hier zunächst
den Gliedern einer Familie der Raum gegeben, sich zu der edelsten
Selbstaufopferung aufzuschwingen, zu einer Hingebung, die nicht
Stunden und Tage, sondern viele Jahre, ja ein ganzes Leben der
Liebe und Pflicht zu Füßen legt. Ebenso erleichtert Nichts die
Erreichung eines Zieles, die Vollbringung eines Werkes mehr, als
das Mitstreben Mehrerer, wie es sich in der Familie ergiebt, ja
selbst nur die dauernde Theilnahme, die jeden Schritt begleitet.
Zu welcher Thätigkeit und Anstrengung fordert das Bedürfniß den
Familienvater und die Familienmutter auf, und wie viel Schaffen
und Wirken unterbliebe ohne diesen Hebel! Wie begeistert den
Jüngling der Gedanke, den Hoffnungen seiner Familie zu entsprechen!
So gewährt dem Menschen die Familie den fruchtbarsten Boden
für die reichste Entfaltung des Geistes, für die Erlangung und
Uebung der höchsten und edelsten Tugenden, für die mannichfaltigsten
Ergüsse des Herzens, für die beglückendste Befriedigung all seines
Sehnens und Verlangens. Wie tief werden wir dieses empfinden,
wenn wir uns diesen Bildern gegenüber den einsamen Menschen
vorstellen, den das Schicksal, oder die eigene Gefühlsschwäche und
der Eigennutz isolirt gestellt haben. Seine Entwickelung wird bei
aller Geisteskraft einseitig, sein Herz kalt und hart sein, und das

Gefühl der Vereinsamung ihm den Kelch des Lebens verbittern.
Wie viele Mühsale und Klippen das Familienleben auch mit sich
bringt, die Vergeltung findet sich im reichsten Maße dicht daneben,
und zumeist liegt es an der Schuld des Menschen selbst, wenn er
jenes sich unglücklich gestalten läßt. Die Allgüte Gottes hat sich
für den Menschen in Nichts mehr kundgethan, als daß er ihm die
Gabe des Familienlebens in die Wiege gelegt. Da hat denn die
göttliche Vorsehung immer einige Menschen zu einander gesellt,
welche gemeinsam den Pfad des Lebens wandeln, ihn einander mit
Blüthen und Früchten schmücken, seine Schwierigkeiten beseitigen,
seine Schmerzen ausgleichen sollen! Wenn alle Freuden des Lebens
erbleichen, alle Güter ihren Werth verlieren, bleibt immer noch das
Familienleben als das einzige wahrhafte Glück und Besitzthum zurück; wenn alle Hoffnungen des Lebens zu Täuschungen umschlagen,
Armuth und Schmach über uns hereinbrechen, Siechthum und
Nöthen uns umlagern, weiß das Familienglück Alles zu ersetzen,
alle Wunden zu heilen, alle Verluste zu vergütigen, und den unfrucht-
barsten Boden zu Erntefeldern und Blumenrabatten umzuschaffen.

Die h. Schrift läßt die ganze Entwickelung der Menschheit aus der Familie
hervorgehen. Sofort nach der Schöpfung des Menschen wird die Ehe eingesetzt, noch während des Lebens im Paradiese. Aus dem Schoße der Familie
entspringen alsbald die beiden großen Berufsarten des nomabisirenden Hirten
und des ackerbauenden Ansiedlers. Aus der Familie erwachsen die Geschlechter und Stämme, aus diesen die Völker und Staaten. Es wird
streng auf die Familie gehalten, um ein Geschlecht und einen Stamm entstehen zu lassen. So sendet Abraham nach seiner Familie in seinem Ur-
sprungslande zurück nach einem Weibe für seinen Sohn, und Jakob wandert
ebenfalls wieder dahin. Die Unterhandlungen mit Sichem beweisen, wie
schwierig die Verschwägerung verschiedener Familien und Geschlechter war.
Das Haus wird durch Gesetze gesichert und geheiligt, und schon unter den
Zehn-Worten befinden sich zwei Gebote (das fünfte und siebente, sowie auch
ein Theil des zehnten), welche die Familie betreffen. Jede Familie sollte in
ihrem Erbesitzthume erhalten werden, und als die höchste Freiheit, die das
Jobeljahr bringen sollte, wird ausgesprochen: „daß Jeder frei zurückkehre zu
seiner Familie." (3 Mos. 25, 10.) Daher wurden die Register der Geschlechter und Familien, so lange Israel bestand, fortgeführt und erhalten.
Ueberall kommt in der h. Schrift die Gatten-, Eltern-, Kinder-, Geschwister-
und Verwandtenliebe (selbst die Liebe zwischen Schwiegermutter und Schwiegertochter) zum innigsten und erhebendsten Ausdrucke, und werden dafür muster-

giltige Beispiele aufgestellt. Wo irgend eine That gegen jene geschieht, wird sie als Frevel schwer gebrandmarkt, und in ihren traurigen Folgen gezeichnet. Diese hohe Entfaltung und Heilighaltung des Familienlebens wuchs sogar mit dem Leben Israels. Im Talmud und Midrasch fließt der Strom der Familienliebe nach allen Richtungen hin, sogar noch reicher und inniger als in der h. Schrift. Mit den Zeiten der Verfolgung und Ausschließung, mit der Entziehung aller Theilnahme am öffentlichen und allgemeinen Leben, mit der Verhöhnung und Mißhandlung, welchen der Jude ausgesetzt war, sobald er die Schwelle seines Hauses verließ, wurde er ganz und gar in das Familienleben hingewiesen, hier seine Befriedigung, seine Ehre, seine wirkliche Existenz zu finden. Die Familie war sein Asyl, aber auch die Stütze seines ganzen Lebens, durch welche er sich in dem mühevollsten Kampfe mit der Außenwelt geistig und sittlich aufrecht erhielt. Was Wunder, daß das jüdische Familienleben eine ganz besondere Entwickelung, eine Reinheit, Innigkeit, Friedfertigkeit und Aufopferungsfähigkeit entfaltete, die allgemein als musterhaft anerkannt wurde, und welche selbst auf das physische Leben nicht ohne Einfluß bleiben, wie z. B. die geringere Sterblichkeit, d. h. die durchschnittlich längere Lebensdauer der Juden durch die Sorgfalt für das Weib, das sich in gesegneten Umständen befindet, die Pflege der neugeborenen Kinder und die Fürsorge für Schwache und Kranke im Schooße der Familie erklärt wird. Es ist darum die besondere Aufgabe aller jüdischen Familien= väter, namentlich aber der Rabbinen und Lehrer, mit aller Kraft auf die Erhaltung dieses Familienlebens im jüdischen Stamme hinzuwirken und die eigenthümliche Intensivität desselben zu pflegen.

61.

Welches ist daher der Grundcharakter der Familie?

Die Liebe und die Treue, und innerhalb der Uebung dieser findet die Heiligung in der Familie statt.

Ursprung und Natur der Familie geben gleicherweise derselben allein die Liebe zu ihrem Boden und zu ihrem Inhalt. Geburt wie Verehelichung entspringen aus der Liebe, und, so viele Vor= theile auch die Familie dem Menschen darbietet, so besteht sie doch nicht um dieser willen, sondern sie läßt sie nur aus sich erwachsen, und sie gehörten zum höhern Zwecke der Vorsehung mit, als diese die Familie dem Menschen einsetzte. Dies geht auch aus der Noth= wendigkeit und Unveränderlichkeit hervor, die wir in der Familie

für den Menschen erkannten, denn der Vortheil ist wandelbar, entsteht und vergeht, und verändert sich mit jeder Situation. Jedes
Familienband, das nur um bestimmter Vortheile willen geknüpft
wird, ist, wenn es diese Beschaffenheit nicht mit der Zeit mit der
echten Natur der Familie vertauscht — wie dies auch bei Con-
venienzheirathen glücklicherweise öfter der Fall ist — ein Mißbrauch der
Familie, der bis zur Entartung werden kann. Jedes Familienband,
in welchem nur die Berechnung der Vortheile bewahrt wird, löst
sich auf, gewöhnlich noch vor der Erreichung dieser. Die Liebe ist
aber der Gegensatz des Vortheils an sich, indem sie ihre höchste
Erfüllung gerade in der Aufopferung des persönlichen Vortheils
findet, sich nicht eher erfüllt fühlt, als bis sie solches Opfer gebracht, und nur unbewußt und unbeabsichtigt erlangt sie dadurch
die höchsten und eigentlichsten Vortheile der Person. Das tiefgehende
Gefühl der Zusammengehörigkeit, der im innersten Grunde des
Wesens liegenden Uebereinstimmung im Sein, Wollen, Können und
Vollbringen ist es, welche der Verwandtenliebe Kern bildet [1]), der
durch die Gemeinsamkeit der Interessen und Geschicke, des Genießens
und Tragens zur vollen, ganzen Liebe sich entfaltet. Die höchste
Tendenz dieser Liebe ist, in der Zufriedenheit und dem Glücke des
Andern die eigene Befriedigung zu finden, zur Erreichung, Erhaltung
und Vergrößerung jener Alles zu thun, was in den Kräften steht,
Alles hinzugeben und zu opfern, was man selbst besitzt, darum den
Andern mit aller Anstrengung vor Gefahren und Verlusten zu
schützen, und ihm allen Vorschub zu leisten, der möglich. Diese
Liebe mißt sich nicht geradezu nach dem Maßstabe der Erwiederung
der Liebe oder der Hingebung, niemals nach dem gegenseitigen
Vortheile ab. Noch mehr, sie widersteht lange dem Mangel an
Vergeltung, der Entfernung und Entfremdung im Raume durch
lange Zeiten, der Verschiedenheit an Charakter, Richtung, Ansichten
und Zielpunkten, ja der Kränkung und Feindseligkeit. Da wird
die Liebe zur Treue — wenn sie einerseits auch in der eigensten
höchsten Gefahr nicht die eigene, sondern nur des Geliebten Rettung
anstrebt, und dafür das eigene Heil rücksichtslos einsetzt, andrerseits

---

[1]) S. Th. II. S. 173.

auch bei lieblosem, ja feindlichem Benehmen nicht schwankt, sondern sich gleich bleibt und demnach handelt. Aus dieser Liebe erfließen dann alle Pflichten, die innerhalb der Familie obliegen und geübt sein wollen. Aber gerade daraus ergiebt es sich auch, daß das Familienverhältniß nicht in gleicher Weise alle Glieder der Familie umfassen kann, daß es, je weiter es sich von dem Ursprungsmomente entfernt, desto schwächer wird, und sowohl in der Liebe als in den aus dieser fließenden Pflichten an Stärke sich mindert, bis es sich in das Allgemeine verliert.

Diese verschiedenen Familienverhältnisse sind: 1) die Ehe, 2) das Verhältniß der Eltern zu den Kindern, 3) das der Kinder zu den Eltern, 4) das der Geschwister und Verwandten.

„Gleich dem Tode stark ist Liebe, fest wie die Gruft ihr Eifer, ihre Gluthen, Feuergluthen, Gottesflamme! Nicht vermögen die Liebe viele Wasser zu löschen, Ströme überfluthen sie nicht: so Jemand gäbe seines Hauses ganze Fülle um die Liebe, man würde sein nur schmähen!" (Hohes-lied 8, 6. 7.).

Ein erhabenes ewiges Wort, das Resultat, und darum der eigentliche Mittelpunkt des ganzen Hohenliedes, dessen Verständniß ein richtigeres und sichereres gewesen wäre, wenn man von hier aus gegangen wäre. Zuerst die Alles überwindende Kraft der Liebe, die darum der Macht des Todes verglichen wird, vor der Alles sich beugen muß; alsdann die Ausdauer und Standhaftigkeit derselben, da sie gleich der Gruft nichts herausgiebt, was sie sich einmal zu eigen gemacht. Darum wird das Feuer der echten Liebe als eine Gottesflamme erkannt, von göttlichem Wesen und göttlichen Eigen-schaften, die von Gott kommt und vergöttlicht. Darum ist auch die Liebe unverlöschlich, trotz allen Stürmen des Geschickes, allen Gefahren und Anfechtungen, ja wächst durch diese nur immer mehr an sich und ihrer Kraft. Darum endlich ist die Liebe unkäuflich, und kein Reichthum an äußern Gütern kann sie erwerben, und wer sie hierdurch gewinnen wollte, verfiel nur in Täuschung und Spott. Sicherlich ist das Wesen der Liebe niemals in erhabenerer Weise gezeichnet worden. Mit besonderem Nach-drucke haben wir aber den Ausspruch: „ihre Gluthen — Gottesflamme!" hervorzuheben, da hiermit die Liebe als ein Göttliches im Menschen charak-terisirt wird, wie wir dies Th. II. S. 8. 85. ff. ausgeführt haben.

1) Die Ehe.

62.

Was ist Ehe?

Die Vereinigung des Mannes und des Weibes in engster Gemeinschaft zu allen Lebenszwecken, darum 1) in der Begründung eines eigenen Hauses, 2) im engsten Zusammenleben mit einander, 3) in der Gemeinsamkeit aller Interessen, 4) in der Erzeugung von Kindern und 5) in der Ernährung, Erziehung und Versorgung der Kinder.

Die Verbindung der beiden Geschlechter hat bei allen Geschöpfen außer den Menschen keinen anderen Zweck als die Fortpflanzung der Gattung, wozu bei den höher organisirten Thieren die Ernährung der Jungen so lange, bis sie ihre Nahrung selbst suchen können, gehört. Der erste Blick auf die Art, wie die Ehe seit grauester Vorzeit, und selbst bei der großen Mehrzahl der rohesten Völker besteht, lehrt uns daher, daß die menschliche Ehe weit hierüber hinausreicht, ja daß ihr Schwerpunkt in einem ganz anderen Momente liegt. Die Dauerhaftigkeit des ehelichen Bundes durch das ganze Leben hindurch, also weit über den Moment der Fortpflanzung hinaus, so daß es nur mit dem Tode enden soll; die Verschmelzung aller Interessen, das Zusammenwirken in den Lebensthätigkeiten und selbst die Beschränkung hinsichtlich jenes Aktes auf die ehelich Verbundenen, all' diese wesentlichen Momente der menschlichen Ehe geben ihr einen ganz anderen Charakter, einen anderen Inhalt, eine andere Aufgabe. Offenbar tritt hier das enge Zusammenleben in den Vordergrund, womit einerseits die Begründung eines eigenen Hauswesens und einer Familie im engeren Sinne, andererseits die Vereinigung aller Interessen, in der Regel auch des gesammten Besitzstandes und die gegenseitige Hülfe verbunden ist. Von vorn herein schon ist die Annäherung zwischen dem Manne und Weibe zunächst auf das Zusammensein gerichtet, in welchem sie den höchsten Genuß, die süßeste Befriedigung finden. Alsdann das treue Ausharren bei einander, die Liebe, die sie auch ganz außerhalb der Fortpflanzung zu einander hegen, und sie nicht sich trennen läßt, auch wenn die Zeit jener längst vorüber, oder wenn auch die Ehe kinderlos bleibt, beweisen zur Genüge, daß die menschliche Ehe einen höheren sittlichen und religiösen Zweck und Inhalt hat, indem auch die Liebe des Mannes und Weibes nur zum minderen Theil das sinnliche Moment enthält, sondern höherer, geistiger, sittlicher und religiöser Natur ist. Darum besteht in der menschlichen Ehe der erste Akt in der Begründung eines eignen Hauswesens, eines neuen Hauses, das eben nicht wie bei den Thieren lediglich für die kurze Zeit der Begattung, der Geburt und ersten Ernährung der Jungen, sondern für das ganze Leben der ehelich Verbundenen existiren, die bleibende Stätte der Eheleute und das dauernde Elternhaus der Kinder bleiben soll. Hier ist es nun, wo die Gatten ihr Leben vollständig miteinander verbringen, wohin sie, wenn sie zu einer kürzeren oder längeren Trennung genöthigt waren, immer wieder zu einander zurückkehren, und wie die Zeiten der Jugend und der Kraft, so auch die Tage des Welkens und des Alters mit einander verleben. Hiermit ist es aber auch von selbst gegeben, daß alle Interessen der Ehegatten identisch sind, daß ihre Besitz- und Erwerbsverhältnisse, ihre Stellung nach außen in Ehre und Schmach, in Gewinn und Verlust dieselbe ist, daß sie alle Wandelungen des Geschickes gemeinsam erfahren, daß Genuß und Schmerz, Mühsal und Gefahr, jedwedes Glück und Mißgeschick gleicherweise beide treffen. Hiermit ist aber auch zugleich die Bestimmung gegeben, daß Gatte und Gattin in der Richtung und den Zwecken ihrer Lebensthätigkeit sich begegnen, daß sie zusammen arbeiten und zusammen wirken nach ihren Kräften, sich gegenseitig die aufopferndste Aushülfe leisten, in allen Nöthen und Gefahren bei einander ausharren und sie mitsammen bestehen. All' dieses aber ist und kann nicht sein blos äußeres Werk, nicht auferlegte, berechnete und abgewogene Pflicht. Es ist vielmehr der reine Quell der seelischen Liebe, der hier geöffnet worden, und unaufhörlich und unerschöpflich die lauterften Wasser aus seiner unergründlichen Tiefe

herausströmt und durch das ganze Leben der Ehegatten ergießt.
Aus dieser Liebe muß die menschliche Ehe erstehen, von ihr beseelt
und durchgeistigt sein, unabhängig von äußeren Verhältnissen, un=
abhängig vom Wandel des Geschickes und von der äußeren Erschei=
nung, unabhängig von Siechthum, Verarmung und Schande, wie
von erlangtem Reichthum und Ehre. Aus dieser lautern Quelle
der Liebe erfließen dann die Pflichten der Ehegatten nach all den
Richtungen hin, welche die Ehe umschließt, für all die Zwecke, die
in ihr enthalten sind. So, um den ganzen, erhabenen Werth der
menschlichen Ehe zu erkennen, müssen wir uns drei Bilder vor die
Seele führen. Zuerst eines jungen Ehepaares, das nach langem,
muthigem und beharrlichem Ringen alle ihm entgegenstehenden
Schwierigkeiten und hartnäckigen Hindernisse überwunden hat, und
nun — vielleicht nach langer Entfernung von einander — seine
Vereinigung in höchster Beseligung feiert, und mit glückstrahlendem
Antlitz, den Blick tief ineinander gesenkt, die Bahn des ehelichen
Lebens beschreitet, auf einander und auf Gott vertrauend, daß auch
die Mühsale, welche die Zukunft in ihrem dunkeln Schooße birgt,
zu besiegen sein werden. Alsdann das Bild rüstig strebender Ehe=
gatten, die, umringt von einer Schaar aufwachsender Kinder, hart
arbeiten müssen am Werke des Lebens, um den sich stets mehrenden
Bedürfnissen zu genügen, bald hier, bald dort von Sorgen gedrückt,
von Aengsten gepeinigt, von Verlusten betroffen, von Gefahren um=
ringt, mit vereinten Händen der Strömung des Geschickes entgegen=
treten, gegenseitig nur auf das Wohlsein und Glück des Anderen
und der Ihrigen bedacht, ganz hingegeben, ganz Selbstaufopferung,
den Heroismus der tiefsten Liebe und der stillen Tugend üben.
Was kann sie betreffen, dem sie, wenn nur vereint, nicht die Stirne
böten? Was wäre ihnen unerträglich, so lange sie nur ihre Hände
in einander halten? Was könnte ihnen Genuß bereiten, wenn sie
es nicht gemeinsam genießen? All' ihre Gefühle und Gedanken,
ihre Mühen und Errungnisse gehören einander an. Endlich das
Bild des greisen Ehepaares, das nach langen Jahren gemeinsamen
Schaffens und Kämpfens, vereint der Ausgangspforte des Lebens
zuwandelt. Was haben sie nicht Alles erfahren, erlitten und be=
standen? Jetzt, nach einem mühe= und geräuschvollen Leben, stehen

sie wieder allein; ihre Kinder sind hinausgezogen zu ihren eigenen
Lebensbahnen, ihrer Verwandten und Freunde sind die meisten in
die Gruft gesunken, und die Kraft und Spannung haben sie bis
auf einen Rest verlassen. Aber die Kraft der Liebe ist ihnen ge=
blieben in unverminderter Stärke, und noch immer hängen sie an=
einander mit ihrem ganzen Wesen, und Wohlbehagen und Freude
sich zu bereiten, ist ihr höchster Genuß, und die goldene Sonne des
Einverständnisses und des Friedens steht wolkenlos an ihrem Abend=
himmel. Und reicht nicht das Band der menschlichen Ehe bis über
das Grab hinaus, auch dann im Geiste nicht aufgelöst, und wie
neuer Anknüpfung entgegenharrend? . . . Und in der That, man
darf nicht sagen, daß hiermit nur ein Ideal gezeichnet sei, sondern,
so viel und so oft auch gegen dieses Wesen der menschlichen Ehe
gefehlt und gesündigt wird, so verwirklicht es sich doch auch in
unzähligen Beispielen, und breitet seinen Segen über viele Ge=
schlechter.

Diese Vorstellung von der Ehe ist es, welche die h. Schrift aufgestellt
hat. Während bei der Schöpfung der Thiere über die Trennung in zwei
Geschlechter nichts bemerkt, sondern der Segen der Fruchtbarkeit und Meh=
rung sofort hinzugefügt wird (1 Mos. 1, 22.), heißt es bei der Schöpfung
des Menschen (V. 27.): „Mann und Weib schuf er sie", womit angedeutet
wird, daß, während bei den Thieren Art und Wesen durch die Geschlechts=
verschiedenheit nicht berührt, und nur äußere Momente der Verschiedenheit
vorhanden sind, bei dem Menschen eine tiefe, Art und Beruf, Wesen und
Ziel betreffende Verschiedenheit in Mann und Weib hindurch geht. Dann
soll aber diese Verschiedenheit um eines höhern Zweckes willen in die innigste
Verbindung aufgehen, eine Verbindung, welche bei jener Verschiedenheit
doch wieder eine um so mehr hervortretende Gleichartigkeit erfordert. Um
dieses auszudrücken, wird die Schöpfung des Weibes noch besonders erzählt.
Es wird dies durch die Worte eingeleitet (1 Mos. 2, 18.): „Und der Ewige
Gott sprach: es ist nicht gut, daß der Mensch allein sei, ich
will ihm eine Gehülfin ihm entsprechend (כְּנֶגְדּוֹ עֵזֶר) machen."
Es ist hiermit zunächst ausgedrückt, daß in dem Menschen das Verlangen
der Gesellschaftlichkeit naturgemäß vorhanden, und daß ihm diese nicht ein
vorübergehendes, sondern durch sein ganzes Dasein reichendes Bedürfniß ist;
ferner daß der Mensch ein besonderes Werk, eine umfassende Aufgabe des
Lebens habe, zu deren Lösung er einer stetigen Hülfe bedarf, die aber nicht
aus momentanen Zwecken um zeitweiser Vortheile willen, sondern aus der
entsprechenden Natur andauernd entspringe. Eine solche Hülfe konnte ihm

keines der Thiere gewähren (B. 20), und ebenso wenig später Einer aus dem männlichen Geschlechte. Das Weib wird daher von Gott besonders geschaffen, indem er während eines tiefen Schlafes eine von des Mannes Rippen nahm und zu einem Weibe bildete (B. 21. 22.). Es soll hiermit ausgesprochen sein, daß Mann und Weib bei ihrer Verschiedenheit in der Tiefe doch aus derselben Natur geflossen, in ihrem innersten Wesen zusammengehören und erst in ihrer Vereinigung eine Einheit bilden; daß, während bei den Thieren Mann und Weib getrennt für sich bestehen, für sich ein vollständiges Ganzes ausmachen und nur zeitweise sich verbinden, bei dem Menschen dies nicht der Fall ist, sondern daß sie, zu einer das ganze Leben umfassenden Ehe bestimmt sind, und in dieser eine Totalität ausmachen. Dies wird dann sofort in den Worten ausgedrückt (B. 23. 24.): „Da sprach der Mensch: diese diesmal ist Bein von meinem Bein und Fleisch von meinem Fleisch, diese werde Männin benannt, denn vom Manne ist diese genommen. Darum wird ein Mann seinen Vater und seine Mutter verlassen, und hangen an seinem Weibe, daß sie werden zu Einem Fleisch". Das dauernde Zusammenleben, die Vereinigung aller Interessen, die Verbindung, die nur der Tod lösen soll, die Verschmelzung der Wünsche, Mühen und Regungen des Mannes und Weibes in Eines, das Zurücktreten aller andern Neigungen, selbst der kindlichen, vor der Liebe, welche das Motiv der Ehe sein soll, das heilige, unverrückbare Anrecht des Einen auf den Andern, des unveräußerlichen gegenseitigen Besitzes können nicht kräftiger und genügender ausgedrückt werden. Die Begründung eines eigenen Hauses — denn dies bedeutet das „Verlassen des Vaters und der Mutter" — wird dabei als erstes Moment der Ehe hervorgehoben, und die Vielweiberei als unnatürlich und von vornherein als verwerflich bezeichnet. Endlich wird die Ehe als von Gott eingesetzt und in allen ihren Momenten in die Natur des Menschen gelegt aufgestellt. — Auch weiterhin wird in der Schrift die Ehe in ihrer ganzen Bedeutung gewürdigt. Als ihr Motiv wird die Liebe mit einfachen und erhabenen Worten charakterisirt. Der Morgenländer giebt um den Besitz seines Weibes nach Maßgabe seines Vermögens große Gaben an dessen Eltern und Verwandte. Der flüchtige, gütterlose Jakob diente sieben Jahre um die Rahel, „aber sie waren in seinen Augen wie einige Tage in seiner Liebe zu ihr", (1 Mos. 29, 20.) — ein einfacher, aber tiefer Ausdruck in rührender Fassung. Aber auch da, wo die Wahl nicht unmittelbar von dem Jünglinge selbst getroffen wird, muß die Liebe die Grundlage der Ehe werden, wie es von Isaak und der Rebekka heißt: „sie ward ihm zum Weibe und er liebte sie" (1 Mos. 24, 67.). Die höchste Bedeutung findet aber die Ehe dadurch, daß sie als „ein göttlicher Bund" bezeichnet wird, d. h. der von Gott eingesetzt, im Namen Gottes geschlossen, bei dessen Schließung Gott „Zeuge" ist, so daß er über dessen treue Erfüllung wacht, so Spr. Sal. 2, 17. Mal. 2, 14. Andrerseits wird der Ehebund bei den Propheten nicht selten als Gleichniß für das Verhältniß Israels zu Gott gebraucht.

Nach dieser Darstellung kann es nur eine bereits gelöste Frage sein, ob auf dem Boden der h. Schrift die Ehe ein „Vertrag" sei? Sie ist es entschieden ni cht. Die h. Schrift lehrt uns die Ehe durchaus nur als eine Institution, ja als eine von Gott eingesetzte, geheiligte Institution erkennen, die in der innersten Natur des Menschen begründet ist, in allen ihren Be= dingungen aus seinem Wesen stammt und diesem entspricht. Sie hat sie geheiligt, jede Verletzung derselben ist ihr „eine Sünde gegen Gott" (1 Mos. 39, 19.), unter Umständen ein Capitalverbrechen; sie hat sie, unabhängig von dem Willen des Einzelnen, an bestimmte allgemeine und unveränder= liche Bedingungen geknüpft — was hätte sie also auf dem Boden der h. Schrift von der Natur eines Vertrages an sich? Allerdings bringt die Verbindung zweier, früher sich fremder Personen auch gewisse Rechtsverhält= nisse für das bürgerliche Leben mit sich, namentlich in Bezug auf das beiderseitige Eigenthum, Verhältnisse, die nach dem mosaischen Rechte, nach welchem die Töchter, außer bei Mangel männlicher Erben, von der Erbschaft ausgeschlossen waren, weniger Chancen boten, bei entwickelteren Zuständen aber sich vermannichfaltigten und daher nicht selten besonderer Anordnungen bedürfen, so daß sie zu einem Vertrage und zu einem Vertragsverhältniß Veranlassung geben. Wer sieht aber nicht ein, daß dies für die Ehe nach dem Begriff der h. Schrift nur ein durchaus sekundäres Moment bildet, und daß das Wesen der Ehe sehr wenig davon berührt wird? Auf solche Weise könnte auch das Verhältniß zwischen Eltern und Kindern als auf einem Vertrage beruhend angesehen werden, da z. B. auch zwischen Vater und Kind durch das mütterliche Vermögen Besitzverhältnisse entstehen können, die durch Verabredungen, also auf dem Wege des Vertrages geordnet wer= den. Wenn diejenigen, welche durchaus die Ehe als einen Vertrag charak= terisiren wollen, behaupten, daß die Ehe zwar im Allgemeinen eine In= stitution, in jedem konkreten Falle aber ein Contrakt sei, so ist dies eine Sophisterei, denn die Ehe besteht nur in lauter konkreten Fällen, und jeder konkreten Ehe wohnt das institutionelle Wesen der Ehe ein, stellt ihr seine Aufgaben und Pflichten, deren Erfüllung die Hauptsache, die Einhaltung der etwaigen Rechtsverhältnisse aber nur Nebensache ist. Mag die Ehe in späterer Zeit und in anderen Gesetzgebungen aufgefaßt sein, wie sie wolle, nach der h. Schrift ist sie eine religiös=sittliche Institution.

63.

Welche sind daher die gesetzlichen Bedingungen der Ehe?

Sie sind festgestellt durch 1) die Keuschheitsgesetze und 2) die Ehegesetze.

Die h. Schrift sieht diese Gesetze und ihre Beobachtung als die Grundlage des ganzen sittlichen Volkslebens an, und leitet sie darum in feierlichster Weise ein (3 Mos. 18, 2—5): „Rede zu den Söhnen Israels, und sprich zu ihnen: Ich bin der Ewige, euer Gott. Gleich dem Thun des Landes Mizrajim, wo ihr gewohnt, thuet nicht, und gleich dem Thun des Landes Kanaan, wohin ich euch führe, thuet nicht, und nach ihren Satzungen wandelt nicht. Meine Rechte sollt ihr üben, und meine Satzungen wahren, in ihnen zu wandeln: Ich bin der Ewige, euer Gott. So wahrt meine Satzungen und meine Rechte, welcher Mensch sie thuet, lebet durch sie: Ich bin der Ewige". Es wird also hier als die unterste Gesetzesgrundlage der Wille Gottes selbst in das Bewußtsein gebracht, die Sitten der Egypter und Kanaaniter wie deren Gesetze untersagt, und Israel also in den Gegensatz mit ihnen gestellt, das göttliche Gesetz und Recht zu befolgen auferlegt, und hierdurch der Nation wie dem Einzelnen der Bestand (חיי) zugesichert. Dieses Letztere ist um so mehr eine Wahrheit, als nicht blos der Einzelne in geistiger, sittlicher und materieller Beziehung durch Ausschweifung zu Grunde gerichtet wird, sondern auch im ganzen Kreise der Weltgeschichte der Untergang der Nationen sich gerade durch das Hereinbrechen schwankenloser Ueppigkeit und Ausschweifung charakterisirt.

1. Die Keuschheitsgesetze bestehen darin, daß die h. Schrift die Vereinigung des Mannes und Weibes allein a) innerhalb des Menschengeschlechtes und der beiden Geschlechter, b) nach geschlossener ehelichen Verbindung gestattet, und c) auch hier nur außerhalb der weiblichen Unreinheit. Jede Ausschreitung in ersterer Beziehung, wie sie im Alterthume nicht allzuselten, verurtheilt sie als ein Kapitalverbrechen (2 Mos. 22, 18. 3 Mos. 18, 22. 23. 20, 13. 15. 16. 5 Mos. 27, 21. vgl. Eben haës. 23. 24.). In zweiter Beziehung wird jede Verletzung der Jungfräulichkeit, sei es durch Ueberredung, sei es mit Gewalt, als eine schwere Sünde verboten

und mit Strafen, je nach Maßgabe des Verbrecherischen, belegt (s. unser Bibelwerk I. zu 2 Mos. 22, 15.), und jede Duldung von Buhlerei und Buhlerinnen in Israel auf's strengste untersagt, und sie als eine schändliche Entweihung gebrandmarkt (3 Mos. 19, 29. 4 Mos. 23, 18. 5 Mos. 23, 19.). Endlich in dritter Beziehung s. 3 Mos. 15, 18 ff. 18, 19. 20, 18. ¹).

2) Die Ehegesetze sind: a) die Ehe mit Blutsverwandten ist ‑ verboten.

Als solche Blutsverwandte führt die h. Schrift namentlich auf: α) aus der Aszendenz: die Mutter (3 Mos. 18, 7.), β) aus der Deszendenz: die Enkelin (das. 10.), γ) aus der Seitenverwandtschaft: die Schwester (das. 11.), Vaters= und Muttersschwester (das. 12. 13. 20, 19.), δ) aus der Affinität: Stiefmutter (das. 8. 20, 11. 5 Mos. 27, 20.), Schwiegermutter (20, 14. 5 Mos. 27, 23.), Halbschwester (das. V. 9. 20, 17. 5 Mos. 27, 22.), Stief= tochter und Stiefenkelin (das. V. 17.), Schwiegertochter (das. V. 15. 20, 21.), Brudersfrau (das. V. 16. 20, 21. mit Ausnahme der Leviratsehe 5 Mos. 25, 5—10.), Vatersbrudersfrau (das. V. 14. 20, 20.), der Frau Schwester bei Lebzeiten der Frau (das. V. 18.). Die Trad. führt die vom h. Worte übergangenen As= und Deszendenten weitläufig aus (s. Eben haës. XV.), und fügt nur noch Mutterbrudersfrau hinzu (E. h. das. §. 9.), während die h. Schrift nur Vaterbrudersfrau untersagt. — Das Prinzip, das diesen Eheverboten zu Grunde liegt, ist: Sohn, Tochter, Enkelin sind mit dem Vater, Bruder und Schwester miteinander identisch, indem sie eine und dieselbe Lebensquelle haben, so daß alle aus gemeinschaftlichem Vater oder Mutter hervorgegangenen Glieder eine Zeugung bilden, indem sie neben= einander eine Lebensquelle haben, die As= und Deszendenten eine Linie bilden, indem sie nach= und auseinander eine Lebensquelle haben. Das Gesetz besagt nun: zwei Glieder einer Zeugung in einer Linie können sich mit einander nicht verheirathen, weil sie eine und dieselbe Lebensquelle haben; dagegen kann ein männliches Glied der vorhergehenden Zeugung ein weibliches der nachfolgenden Zeugung heirathen, wenn sie nicht zugleich in gerader Linie stehen (also ein Onkel eine Nichte), nicht aber umgekehrt, weil der Mann in der Verehelichung das bewegende Moment ist (also kein Neffe die Tante). Weil Mann und Frau identisch sind, macht das Halbbürtige und Stiefverhältniß hierin keinen Unterschied, sowohl in einer und derselben Zeugung als in einer und derselben Linie. Die Ehe soll Verschiedenartiges mit einander zur Vereinigung bringen, nicht aber das Gleichartige. Geschähe das Letztere, so wäre es nur durch eine Multiplizirung der rohen thierischen

---

¹) Die jüdischen Weisen unterwarfen das eheliche Leben einer Menge von Vorschriften, wovon eine Zusammenstellung bei Ramb. Hileh. איסורי ביאה, XXI.

Leidenschaft. Hierfür spricht auch vollständig die Wirklichkeit. (Die ausführ=
liche Darlegung und Erweisung s. in unserm Bibelw. Th. I. zu 3 Mos. 18.)
Hierzu treten accessorisch a) das Verbot für die Priester, sich mit gewissen
Frauenzimmern (s. unser Bibelw. zu 3 Mos. 21.), für den Hohenpriester,
sich anders als mit einer Jungfrau zu verheirathen; b) das Verbot für die
Israeliten, sich mit gewissen Nationen zu verschwägern. Es werden deren,
wenn auch 2 Mos. 34, 11. 16 nur sechs, 5 Mos. 7, 1—3 sieben aufgezählt,
und zwar ausdrücklich als diese „sieben Nationen" bezeichnet, größere und
kleinere Völkerschaften in Kanaan. Der Grund wird genau angegeben, da=
mit die Israeliten durch die Verschwägerung nicht vom einzigen Gotte ab=
gewendet und dem Götzenthume zugeführt würden. Während des zweiten
Bestandes erneueten Esra und Nechemjah dieses Verbot mit Strenge, und
bewirkten wiederholt die Entfernung aller fremden Weiber aus der jüdischen
Kolonie. Esra zählt hier (9, 1.) acht Völker auf, indem er zwei, die da=
mals nicht mehr existirten, ausläßt, und dafür Ammoniter, Moabiter und
Egypter hinzuzählt. Nechemjah (13, 23.) fügt noch Aschdod (Pelischthim)
hinzu. Offenbar dehnen sie damit das Verbot auf „die Völker der Land=
schaften" (עמי הארצות) aus, mit denen dort die Juden in nächster Be=
rührung standen. Sie waren hierzu durch das mosaische Motiv, die Ver=
hütung des Abfalls, berechtigt. Auch zeigen bei genauerer Prüfung die
angeführten Stellen der Thorah, daß die Aufzählung jener Nationen sich
eigentlich nur auf deren Ausrottung bezieht, die dann dadurch motivirt wird,
daß durch sie die Verschwägerung verhütet werde, so daß für letztere als
eigentliches Prinzip aufzustellen ist, daß sie da verboten ist, wo die Gefahr
droht, daß dadurch der Abfall von der Religion herbeigeführt oder nahe
gebracht werde, ein Prinzip, das schon bei Abraham wegen Verheirathung
des Isaks (1 Mos. 24.) und bei Isak und Rebekka wegen Verheirathung
ihrer Söhne galt (1 Mos. 27, 46. 28, 1. 6—8.) und von Mal. 2, 11.
geradezu ausgesprochen ward: „Jehudah hat das Heiligthum des Ewigen
entweiht, und fremden Gottes Tochter geehlicht". Im Alterthum galt dies
nun dem Heidenthum gegenüber; aber auch nachdem das Christenthum er=
standen, wurde das Verbot der Verheirathung von beiden, sowohl von
christlicher [1]) als jüdischer [2]) Seite auf's strengste ausgesprochen, und wird

---

[1]) So verbot der Kaiser Constantius (339) die Verheirathung von Juden
und Christen bei Todesstrafe, ein Verbot, das von den späteren Kaisern 388
und 393 wiederholt ward. Cod. Theod. Lib. XVI. Tit. VIII. Lex. VI. Lib. III.
Tit. VII. Lex II. Cod. Jost. Lib. I. Tit. IX. Lex. VII.

[2]) In den Texten der jüdischen Gesetze heißt es überall עכו״ם, und dies sind
Heiden. Z. B. Ramb. Jod hachs. איסור' ביאה 12, 1. Eben haës. Abschn.
16. §. 1. In der Praxis wurde aber auch in Bezug auf Christen das Verbot
aufrecht erhalten.

von der Kirche noch heute entschieden aufrecht erhalten. Das von Napo=
leon I. zusammenberufene Sanhedrin[1]) und die Rabbinerversammlung zu
Braunschweig[2]) beantworteten die ihnen vorgelegte Frage, ob Juden und
Christen sich miteinander verheirathen dürften? dahin, es sei kein striktes
Verbot, daß Juden sich mit Monotheisten verheirathen, vorhanden; das
Sanhedrin bemerkte aber, daß die religiöse Trauung bei einer solchen Misch=
ehe nicht anwendbar sei, und die Braunschweiger Rabbinerversammlung
fügte hinzu: „wenn es den Eltern von Staatsseiten gestattet ist, auch aus
gemischten Ehen erzielte Kinder in'der israelitischen Religion zu erziehen".
— Zu zwei Personen verschiedenen Glaubens, die sich mit einander ver=
heirathen, liegt nun der Widerspruch, daß sie einerseits ihrem Glauben treu
sind, so daß keine von Beiden zu der Religion der andern überzutreten sich
entschließen kann, und daß sie andererseits in ihrer Religion so schwach sind,
daß sie die Gefahr, ihr Leben von ihrer Religion, gerade auf deren lauterstem
und innigstem Gebiete, dem Familienleben, der Erziehung der Kinder u. s. w.
nicht durchbringen und erfüllen zu lassen, und in der höchsten Anschauung
und den heiligsten Gefühlen sich vom Gatten verschieden zu wissen, nicht
scheuen. — Ueber diesen Widerspruch kommt man in der Erwägung über
Mischehen nicht hinweg. Der gläubige Christ — und das ganze System
des Christenthums kann nur einen Gläubigen als Christen ansehen, weil es
sich ganz und gar auf dem Glauben aufbaut — wird und kann nicht ab=
lassen, seine Ehehälfte zur christlichen Religion hinüberzuleiten und sie auf
seinen eigenen Standpunkt zu bringen; er wird sich so lange unglücklich,

---

[1]) Der betreffende Passus der Décisions doctrinales des großen Sanhédrin,
das im Februar und März 1807 in Paris versammelt war, Art. 3., lautet
wörtlich: „Le grand sanhédrin déclare, en outre, que les mariages entre israé-
lites et chrétiens, contractés conformément aux lois du Code civil, sont obliga-
toires et valables civilement, et que, bien qu'ils ne soient pas susceptibles
d'être revêtus des formes religieuses, ils n'entraîneront aucun anathème", d. h.
„das große Sanhedrin erklärt, daß Heirathen zwischen Israeliten und Christen,
die den Gesetzen des bürgerlichen Gesetzbuches gemäß geschlossen worden, verbind=
lich und bürgerlich gültig sind, und daß sie, obschon sie nicht fähig sind mit den
religiösen Formen bekleidet zu werden, keinen Bann nach sich ziehen dürfen".
S. Récueil des lois etc. par A. E. Halphen. Paris 1851. p. 25. In der That
haben die Trauformalitäten jeder Religion beide Personen zu den durch die
Ehe zwischen ihnen stattfindenden Verbindlichkeiten zu verpflichten, und diese
Verpflichtungen zu sanktioniren; sie werden also mißbräuchlich angewandt, wenn
sie nur den einen Theil verpflichten, nicht aber den andern, der sie in ihrer
Gültigkeit gar nicht anerkennen kann.

[2]) Die Versammlung tagte vom 12—19. Juni 1844. S. die Protokolle
der ersten Rabbinerversammlung, Braunschweig, 1844. A. Zeit. d. Jud. 1844,
S. 374.

voll Kummers und Trauer befinden, als ihm dies nicht gelungen ist. Aber selbst der laxe Christ fühlt sich dem Judenthume gegenüber entweder feindlich oder beengt, und wird an die Religiosität seiner Ehehälfte bewußt und unbewußt, absichtlich und absichtslos so lange die Hand der Unterwühlung legen, bis sie zerstört ist. Von der anderen Seite erscheinen dem Juden die christlichen Glaubenssätze so sehr jedem vernunftgemäßen Bewußtsein entgegen, daß er sich stets im Widerstreite zu denselben befindet, und zum Theil seine Achtung vor der Person von jenen abhängig ist. Er selbst aber in seinem größeren oder geringeren Festhalten der concreten Satzungen des Judenthums muß seiner Ehehälfte gegenüber in das ärgste Dilemma gerathen, abgesehen von den Speisegesetzen, selbst abgesehen vom Sabbath, der in einem solchen Hause nun zweitägig auftritt, schon die Feier der hohen Festtage, namentlich des Rosch haschanah und Jom kippur, die Feier des Peßach mit ihren Eigenthümlichkeiten u. s. w., wie vertragen sie sich der christlichen Ehehälfte gegenüber? Kommt nun erst die Erziehung der Kinder dazu, hinsichtlich welcher, wenn jeder der beiden Eheleute es aufrichtig mit ihrer Religion meinen, das Verlangen, die Kinder in und zu seiner Religion zu erziehen, nachdrücklich hervortreten, und die daher, wenn nicht zu Zwietracht und Trennung, doch zu bitteren Gewissensunruhen führen muß; erwägen wir nun noch endlich, daß das Ehepaar doch nicht isolirt steht, daß es mit beiderseitigen Verwandten in vielfacher Berührung und Verbindung ist: so fallen bei aller Vorurtheilslosigkeit diese Momente schwer ins Gewicht gegen die Mischehe, und sie können, wenn sie auch einzelnen Menschen unserer Zeit gleichgültig sind, von der Religion als Gesammtheit sowohl abstract als concret in ihrer ganzen Wucht nicht unberücksichtigt bleiben. Es wird sich daher die Religion gegen die Mischehe erklären müssen. — Man hat gesagt, die Mischehen trügen zur Verbreitung der Toleranz und Annäherung der verschiedenen Confessionen sehr bei; hiergegen wird man zugeben müssen, daß die Mischehen eben so sehr zur Abschwächung der Religiosität und Glaubensinnigkeit beitragen; und sicherlich ist es die wahre Aufgabe der Menschheit, die Toleranz auch der vielfachen Verschiedenheit der Individuen und Classen gegenüber herrschend zu machen, nicht aber durch bloße Nivellirung einiges Terrain für sie zu gewinnen.

So wenig daher der aufrichtige Freund der Religion und Humanität wünschen kann, daß die Religion als ein trennendes Moment zwischen Personen trete, die sich innig lieben und treu anhängen — denn wo nur äußerliche Motive zur Ehe vorhanden sind, kann die Abweisung von keinem Belang sein — je tiefer es ihn schmerzt, solchen Personen bitteres Herzleid zu bereiten: so muß er doch vom Standpunkte der Religion und des aufrichtig religiösen Lebens die Mischehe verwerfen.

b) Die Ehe muß durch einen heiligenden Akt geschlossen werden.

Bei dem religiösen Charakter, den die Ehe nach der Anschauung der

h. Schrift hat, bei der Würdigung, die sie ihr als einer Grundlage des re=
ligiösen und sittlichen Lebens angedeihen läßt, bei der Wichtigkeit und Tiefe
der Pflichten, die sie den ehelich Verbundenen auferlegt und deren Erfüllung
in meister Beziehung dem irdischen Richter sich entzieht, ist es selbstverständ=
lich, daß die Religion die Schließung des Ehebundes zu einem religiösen
Akte macht, um ihm dadurch die Weihe zu geben und ihn zu heiligen. Hier=
mit schließt sie allerdings die bürgerliche Gesellschaft nicht von der Concur=
renz bei dieser Schließung aus, da es jener daran liegen muß, auch ihrer=
seits den Zeitpunkt und die Form zu constatiren, mit denen die Ehe die
Gültigkeit für das bürgerliche Leben und die Rechtsveränderungen der in
die Ehe tretenden Personen gewinnt. Die Religion verneint daher das Recht
der bürgerlichen Gesellschaft auf einen Civilakt bei Schließung einer Ehe
durchaus nicht. Dahingegen hat die bürgerliche Gesellschaft nicht das Recht,
der Religion die Weihung des Ehebündnisses durch die Trauung zu ent=
ziehen, weil eben ein hauptsächliches Moment der Ehe das religiös=sittliche ist.
Auch würde sich die bürgerliche Gesellschaft damit selbst den größten Schaden
zufügen, weil sie dadurch diese Grundlage ihrer selbst, die Ehe, lockern und in
ihrer Kraft abschwächen würde. Wenn daher der Staat auch einen Civilakt
einführt, so muß er doch stets von der Voraussetzung der religiösen Trauung
ausgehen, und wenn auch nicht sie geradezu gesetzlich fordern, doch ihr Be=
dürfniß anerkennen, und z. B. mit der Form des Civilaktes die religiöse
Trauung nicht als unnöthig darstellen. Die Religion, indem sie dem Staate
das Recht eines Civilaktes zugesteht, kann niemals zugeben, daß die Ehe=
schließung ihren vollgültigen Charakter ohne die religiöse Trauung erhal=
ten hat.

Allerdings giebt die h. Schrift keine Vorschriften über die Formen der
religiösen Trauung. Sie überläßt diese dem Herkommen. Aber sie setzt
diese voraus. Indem sie für die Scheidung bestimmte Formalitäten auf=
stellt und strenge Strafen für die Verletzung der Ehe festsetzt, indem sie die
Ehe als einen „göttlichen Bund" betrachtet, bei dessen Schließung „Gott
Zeuge sei", wie wir oben erwiesen, ist es selbstverständlich, daß auch die
Schließung der Ehe mit bestimmten religiösen Formen umgeben sein mußte.
Eine Theilnahme von priesterlicher Seite zeigt sich dabei nirgends, und
hätte sich, falls sie vorhanden gewesen, gewiß ebenso überliefert, wie bei
der Lösung der Erstgeborenen (פריון הבן). Vergleicht man die Segens=
sprüche, die 1 Mos. 24, 60. Ruth 4, 11. 12. über Braut und Bräutigam
ausgesprochen werden, so ergeben sie uns eine, wenn auch nicht zuverlässige,
Andeutung. Eine solche finden wir auch bei Hosea 2, 20 u. s. f., wo bei
der Erneuerung des Bundes Gottes mit Israel feierlich die Formel aus=
gesprochen wird: „Ich verlobe mich dir auf ewig", die dann mit Beziehung
auf das religiöse Verhältniß Israel's zu Gott weiter ausgeführt wird.
Denn daß schon bei der der Ehelichung vorangehenden Verlobung gewisse
Formalitäten stattfinden mußten, geht daraus hervor, daß eine Verlobte

vom Gesetze streng als dem Bräutigam gehörig angesehen, und jede Ver=
letzung dieses Verhältnisses dem Ehebruche ähnlich bestraft wurde. Ent=
wickelter erscheint die Form der Trauung im Buche Tobia, wo der Vater
die Tochter dem Bräutigam mit den Worten übergiebt: „Siehe, nimm sie
hin nach dem Gesetze Moseh's", und er sie dann segnet, worauf eine Ehe=
verschreibung abgefaßt wird (7, 13. 14). Noch bedeutender sind dann 9, 6.,
wo, als die Hochzeit beginnt, es heißt: „Und Tobia segnete sein Weib",
Worte, welche wir füglich übersetzen könnten: ‏ויהי מקדש את אשתו‏ [1]).
Aus den früheren Sitten bildete sich nun in der talmudisch=rabbinischen
Zeit die jüdische Trauung folgendermaßen heraus, daß 1) der Bräutigam
den Trauring an den Zeigefinger der rechten Hand der Braut steckt, und
diese dies geschehen läßt, wodurch von beiden Seiten der freie Wille bekun=
det wird, mit dem sie die Ehe schließen; 2) daß hierbei der Bräutigam die
Worte spricht: ‏הרי את מקדשת לי בטבעת זו כדת משה וישראל‏
„siehe, du wirst mir geheiligt durch diesen Ring nach dem Gesetze Mose's
und Israel's"; 3) daß dies vor mindestens zwei Zeugen geschieht, in der
Regel unter einem Baldachin (‏חפה‏), um die Oeffentlichkeit der Handlung
zu constatiren; 4) daß v o r diesem Acte zwei Segenssprüche (‏ברכת אירוסין‏)
gesprochen werden und das Brautpaar aus einem Becher trinkt, und n a ch
jenem Acte die Eheverschreibung (‏כתובה‏) vorgelesen, und 7 Segenssprüche
(‏ברכת נשואין‏) gesprochen werden, worauf das Brautpaar wiederum aus
einem Becher trinkt. Der diese Trauung Leitende kann eigentlich jeder
Israelit sein; da aber hierzu einige Kenntniß des Gesetzes und der Trau=
förmlichkeiten benöthigt ist, so wurde es Usus, daß nur ein Rabbiner oder
Jemand, der das Qualificationszeugniß hierzu von einem Rabbiner besitzt,
die Trauung vollzieht, um so mehr, als in den Ländern, wo kein Civilact
besteht, der Trauende zugleich die Verantwortlichkeit trägt, ob die Landes=
gesetze (z. B. Aufgebot und die dazu benöthigten Papiere) genau befolgt
worden. In obiger Weise befaßt die jüdische Trauung beide Momente der
Eheschließung, den religiösen Akt der Heiligung und Einsegnung, und den
bürgerlichen Akt der Rechtsverbindlichkeiten (die Eheverschreibung), welcher
letztere allerdings da, wo ein Civilakt besteht, überflüssig geworden.

c) Die Ehe ist heilig, und der Ehebruch eine schwere Sünde.

Schon das siebente der Zehnworte proklamirt die Unverletzlichkeit der
Ehe: „Du sollst nicht ehebrechen". — Es soll hiermit, wie mit den übri=
gen dieser Verbote, die allgemeinste Gesetzesformel aufgestellt werden, die
alle Specialitäten umfaßt. Allerdings befaßt darum das Wort „Du sollst
nicht ehebrechen" nicht bloß die Verletzung der concreten Ehe, sondern auch
jede Unkeuschheit, die das verletzt, was allein der Ehe angehört. — Der
spezielle „Ehebruch" ist noch besonders verboten, und die Todesstrafe darauf

---

[1]) *Καὶ εὐλόγησε Τωβίας τὴν γυναῖκα αὐτοῦ.*

gesetzt 3 Mos. 18, 20. 20, 10. 5 Mos. 22, 22. Hier ist charakteristisch, daß die h. Schrift auch die einem Manne Verlobte schon dem Eheweibe, ein betreffendes Vergehen dem Ehebruche gleichstellt 5 Mos. 22, 23—27. 3 Mos. 19, 20—22. — Mit den einschneidendsten Mahnungen wird daher in der h. Schrift vor Ehebruch und dem Umgang mit ehebrecherischen Wei= bern gewarnt, und diese als das tiefste Verderbniß bezeichnet, z. B. Spr. Sal. 2, 16 ff. 5, 3 ff. u. oft. Aber das Gesetz beließ es hierbei nicht. Wenn ein Weib bei seinem Ehemanne in Verdacht gerathen und seine Seele von diesem Verdachte beherrscht war, so wurde eine eigene Ceremonie im Tempel vorgenommen, die 4 Mos. 5, 12—31. beschrieben wird. Der Zweck dieser Ceremonie war, das Weib durch psychologische Eindrücke zum Geständniß ihres Verbrechens zu bringen, oder aber ihrem Manne den Verdacht zu nehmen, und den Frieden seiner Seele und der Ehe wieder= herzustellen; andrerseits die Frauen höchst vorsichtig zu machen, damit sie nicht blos die That, sondern auch den Schein vermeiden, da selbst dieser somit eine höchst peinliche Folge hatte. Sehr irrig hat man diese Ceremonie als eine Art sog. Ordalie oder Gottesurtheil, wie sie im Mittelalter häufig war, angesehen und bezeichnet. Das Wesen der Ordalie bestand in dem augen blicklich Gefährlichen der Probe, wie der Zweikampf, das Umfassen eines glühenden Eisens, das Eintauchen in's Wasser in einem Sacke u. s. w., und der sofortigen Strafvollstreckung nach der unglücklich ausgefallenen Probe. Von Beidem hier keine Spur. Denn einerseits galt es durch jene Ceremonie nur einer Strafandrohung, die erst nach längerer Zeit sich ver wirklichen konnte, und überhaupt nur auf Glauben beruhte. Andrerseits wurde an diese Ceremonie niemals ein Strafverfahren geknüpft. — Die ganze Grundlage, welche die h. Schrift der Ehe giebt, wie wir sie oben erörtert, beweist, daß sie die Ehe nur als Monogamie faßt, ein Verhältniß, das auch die Natur bestätigt, da das Zahlenverhältniß der beiden Geschlechter nur sehr unbedeutend verschieden ist. Wenn das Gesetz nun auch die im ganzen Oriente stets und überall gültige Polygamie nicht geradezu verbot, d. h. also die gesetzmäßige Ehelichung mehrerer Frauen, sondern sie 3 Mos. 18, 18 und 5 Mos. 21, 15. als nicht verboten, 1 Sam. 1, 2. als vorhanden vor aussetzt, so war doch Regel und Sitte bei den Israeliten die Monogamie, wie z. B. Spr. Sal. 31, 10 ff. erweist. Durch die Synode des R. Ger= schom zu Mainz (960—1028) wurde die Polygamie den Juden (im Abend= lande) verboten und der Bann darauf gelegt. — Hierdurch wurde selbstver ständlich auch die sog. Schwagerehe (Levirathsehe) in vielen Fällen unmöglich, und darum durch jene Synode überhaupt aufgehoben, und die betreffende Ceremonie (Chalizah) ein für allemal vorgezogen. Nach einer alten (1 Mos. 38.), auf die Erhaltung der Familienabstammung und der getrennten Fa milienerbgüter[1] zielenden Sitte nämlich war es Pflicht, die Wittwe seines

---

[1] Darum heißt es: „wenn Brüder beisammenwohnen".

kinderlos verstorbenen Bruders zu ehelichen, und dem in der neuen Ehe geborenen Erstgeborenen Namen und Erbe des Verstorbenen zu geben. Das Gesetz hob die Nothwendigkeit dieser Ehe auf, und gestattete dem Bruder die Ehe zu verweigern, worauf zur Constatirung dessen und um der Wittwe das Recht anderweitiger Verheirathung zu gewähren eine 5 Mos. 25, 7 ff. beschriebene Ceremonie (der Chalizah oder des Schuhausziehens) vollzogen werden soll. Um Gelderpressungen Seitens des Schwagers zu vermeiden, ist es Sitte, vor der Trauung von den Brüdern des Bräutigams eine desfallsige Erklärung ausfertigen zu lassen (שטר חליצה), daß sie nämlich erforderlichen Falls unentgeltlich die Chalizah vollziehen wollen. Schon an und für sich ist, da diese Leviratsehe selbst ganz aufgegeben ist, auch diese Ceremonie, die noch dazu unseren jetzigen Sitten gänzlich widerstrebt, völlig überflüssig, da sie die Nichterfüllung von etwas constatiren soll, was gar nicht mehr erfüllt werden darf, und dann giebt sie trotz aller Vorsicht zu schimpflichen Gelderpressungen Veranlassung, so daß ihre Aufhebung längst an der Zeit wäre.

4) Die Ehe ist auflöslich, doch muß die Scheidung durch einen bestimmten Akt geschehen.

Je umfassender und wichtiger die Zwecke und darum die Pflichten in der Ehe sind, je inniger die Vereinigung der Ehegatten, je mehr daher eine vollständige Verbindung aller Kräfte und Anstrengungen von beiden Seiten zur Erfüllung jener, und eine harmonische Gesinnung und tiefe Zuneigung zur Erreichung dieser erforderlich ist: desto unumgänglicher ist es auch, die Auflösbarkeit der Ehe zu gestatten. Ist es dahin gekommen, daß ein tiefer Riß durch die Verbindung der Ehegatten geht, daß sie sich nicht mehr zu verständigen vermögen, daß an die Stelle der Eintracht steter Hader, an die Stelle der Liebe eine unüberwindliche Abneigung, ja der Haß getreten — dann muß diese innerliche Auflösung des Ehebundes auch durch eine äußere Scheidung möglich sein. Es ist irrig, sich dagegen auf die Heiligung des Ehebundes zu berufen; die Heiligung geschah mit der Voraussetzung dauernden Willens, alle Zwecke der Ehe zu erfüllen, bleibender Befähigung, allen Pflichten der Ehe nachzukommen, und der Heiligkeit der Ehe wird vielmehr durch die fortdauernde Verletzung derselben in Zwist und Haß zu nahe getreten, als durch die Scheidung. Wo die Ehe, statt Quelle der Liebe, Hingebung, Aufopferung und aller Tugenden zu werden, Quelle des Unheils, immer wiederholten Unrechts, immer erneuerter Versündigung geworden — da ist es in der That angezeigt, aus diesem vergiftenden Bunde herauszutreten, und zu lösen, was innerlich längst gelöst ist, und sich in Zank, Widerstreit und Haß zersetzt hat. Die h. Schrift läßt daher die Scheidung zu, entrückt diese aber insofern der Willkürlichkeit, als sie nur durch einen förmlichen Akt geschehen dürfe, durch Ausfertigung eines Scheidebriefes (ספר כריתה, später גט), der von dem Manne dem Weibe übergeben werden muß, und durch förmliche Entlassung des Weibes aus ihres Mannes Hause, 5 Mos. 24, 1. Die Ausfertigung des Scheidebriefes setzt aber wiederum eine behördliche Zwischenkunft voraus. Dann können die Geschiedenen sich anderweitig verheirathen (B. 2.). Doch behält das Gesetz auch den Geschiedenen die Wiederherstellung ihres Ehebundes vor, jedoch nur, wenn die Frau sich noch nicht anderweitig verheirathet hatte (B. 3. 4.). In zwei Fällen jedoch war die Scheidung überhaupt nicht gestattet, 5 Mos. 22, 19. 29. — Das Wichtigste und Schwierigste hierbei bleibt für alle Zeit die Feststellung der Motive, aus denen eine Ehescheidung gestattet werden soll. Die h. Schrift setzt als Motiv die unüberwindliche Abneigung des Ehemannes fest[1]; doch darf diese nicht aus dem Willkürlichen hervorgehen, sondern durch Thatsächliches motivirt sein. Dieses Thatsächliche wird als עֶרְוַת דָּבָר bezeichnet. Derselbe Ausdruck wird 23, 15. beim Lager der Israeliten gebraucht, wo die höchste Reinlichkeit herrschen, alles Unanständige, Ekelerregende fern gehalten werden soll. Es geht daraus hervor, daß עֶרְוַת דָּבָר etwas Widerwärtiges, Ekel Erregendes, höchst Unanständiges ausdrückt, und deutet das Wort עֶרְוָה genugsam hin, in welche Kategorie dies hier gehöre. Man ersieht auch hier, daß die h. Schrift nur das allge= meine Prinzip hinstellen wollte, um es nach den wechselnden Verhältnissen und Bedürfnissen der Zeiten weiter oder enger auslegen zu lassen. Dies ist denn auch geschehen. Die späteren Schulen Schammai's und Hillel's widersprachen sich auf diesem Gebiete gänzlich. Die erstere faßte עֶרְוַת דָּבָר im strengsten Sinne als eine verbotene, schändliche (geschlechtliche) Handlung, so daß also die Scheidungsmotive sehr eng abgegrenzt waren, während die Hilleliten den leichtesten Grund schon als genügend gelten ließen. Andere legten auf das „Mißfallen" den Nachdruck, und gestatteten dem Manne die Scheidung, wenn ihm eine andere Frau „schöner gefiele" (Gittin 90, 1.). Andere nahmen die Deutung Schammai's für die erste, die Hillel's für die zweite Frau an (Eb. haës. 119 §. 3.). Durch die oben erwähnten Syno= dalbeschlüsse des R. Gerschom wurde die Nothwendigkeit der Einwilligung Seitens der Frau gesetzlich eingeführt. — Wir dürfen übrigens nicht glau= ben, daß jene laxere Deutung der Ehescheidungsmotive auf Frivolität der Ansicht von der Ehe beruhte; dagegen spricht der Geist ihrer Urheber. Sondern jene machte sich in einer Zeit der sittlichen Entartung geltend, wo die Gesetzeslehrer durch leichtere Lösung des Ehebundes — nur ein größeres Uebel — die Häufigkeit des Ehebruches — vermeiden wollten. Das Wort

---

[1] אִם לֹא הִמְצָא חֵן בְּעֵינָיו. In der h. Schrift wird das Positive öfter durch die Negation ausgedrückt, wie was dir verboten ist durch: „was dir nicht geboten ist", z. B. 5 Mos. 17. 3: „er gehet hin und dienet anderen Göt= tern, was ich nicht geboten habe" — was offenbar heißen soll „was ich ver= boten habe."

der h. Schrift aber selbst spricht lediglich für die strengere und einschränkende Auffassung, wie denn auch der Prophet Maleachi (2, 16.) ausruft: „Der Ewige hasset das Ehescheiden!" In gleicher Weise waren an sich die Talmudisten gegen die Ehescheidung eingenommen, wie sich in wieder= holten Aussprüchen (Gittin 90, 2.) kund thut, daß wer sich von seinem Weibe (namentlich dem ersten) scheidet, Gott verhaßt sei u. s. w. Auch wurden durch die außerordentlichen Förmlichkeiten bei dem Scheidebriefe Erschwerun= gen für die Ehescheidung bewirkt.

2) Das Verhältniß der Eltern zu den Kindern.

64.

Worauf gründet sich das Verhältniß der Eltern zu den Kindern, und was bezweckt es?

Es gründet sich auf die, allen thierischen Geschöpfen von Gott eingepflanzte Liebe zu den von ihnen hervorge= brachten Wesen, die Elternliebe, die im Menschen die höchste, unbegrenzte Entwickelung erhielt, und die Ernährung, Er= ziehung und Versorgung der Kinder zum Zwecke hat.

Von der untersten bis zur höchsten Stufe ist es die Eigen= thümlichkeit der Thierwelt, daß die Eltern für ihre Jungen Liebe empfinden und bethätigen. Es ist dies der einzige Antheil von Liebe, welcher in der Thierwelt sich erweist. Weil die neuen In= dividuen der Thierwelt nicht so entwickelt ins Dasein treten, daß sie bereits selbstständig für ihre weitere Existenz sorgen können, war es nothwendig, daß die Eltern bis zur Erreichung dieses Zieles die Sorge für jene übernehmen, und der Trieb hierzu ist die Eltern liebe. Nichts ist interessanter als die verschiedene Art zu beobachten, in welcher sich bei den mannichfaltigen Thiergattungen diese Für= sorge bethätigt, und mit welcher Weisheit der Schöpfer nach den verschiedenartigen Erfordernissen ihre Thätigkeit eingerichtet hat. Selbst diejenigen Thiere, welche das Dasein ihrer Jungen gar nicht

erleben, die Insekten, die ihre Larven für ein folgendes Jahr nie=
berlegen, bereiten ihnen im Voraus solche Umgebung, daß sie darin
sofort ihre Ernährung finden; sie sorgen für die Bedürfnisse einer
Stufe, die sie selbst nicht mehr innehaben, für Bedürfnisse, die sie
auf ihrer höheren Entfaltungsstufe gar nicht mehr kennen. Anderer=
seits ist bei den höher organisirten Thieren der Muth und die
Selbstaufopferung zu bewundern, welche die Alten zur Vertheidigung
der Jungen in sie bedrohenden Gefahren bezeugen und üben. Selbst
das wehrloseste und furchtsamste Thier stellt sich vor sein Junges,
strengt alle seine Kräfte an, um es zu vertheidigen, und empfängt die
Todeswunde für dasselbe. Indeß ist dies Alles bei den meisten
Thieren allein, bei den anderen im größten Maße Sache der Mutter,
und nur in einigen Gattungen, z. B. bei den Vögeln, nimmt der
Vater einigen Antheil daran. Wie unterscheidet sich nun die mensch=
liche Elternliebe von der der Thiere? Durch die ungleich tiefere
Empfindung, durch die Dauer über das ganze Leben hinaus, und
durch das Bewußtsein, mit welchem alle ihre Bethätigung vor sich
geht. Denn die Liebe der Eltern beschränkt sich nicht blos auf die
nothwendige Ernährung und den Schutz der Kinder, sondern sie
fühlt sich von innen heraus wie Eins mit dem Wesen der Kinder,
sie will nicht blos deren Wohl und Glück, sondern auch ihr Wohl=
befinden, ihre Befriedigung, ihr Vergnügen; sie will mit und an
den Kindern leben und sie um sich sammeln in Freud' und Leid.
Wer einen Blick auf das Antlitz einer Mutter wirft, welche ihr
Kind lächeln und spielen sieht, auf das Antlitz eines Vaters, welcher
einen Erfolg seines Sohnes erfährt, der erkennt, daß hier eine Tiefe
und Energie des Gefühls vorhanden, welche weit über das irdische
Maß bis zum Saume der Gottheit sich erhebt. Ein Gleiches um
die Dauer. Bei allen Thieren erlischt die elterliche Liebe mit dem
Momente, wo das Junge sich selbst zu versorgen die Fähigkeit ge=
wonnen, und dies geschieht in einem verhältnißmäßig sehr kurzen
Zeitraume; sie erlischt dann vollständig, Eltern und Junge kennen
sich als solche nicht mehr, ja sie treten später, wenn es gerade sich
trifft, in das Geschlechtsverhältniß zu einander. Anders bei den
menschlichen Eltern; sie umfassen ihre Kinder mit gleich starker
Liebe das ganze Leben hindurch; diese wird weder durch die erreichte

Selbstständigkeit der Kinder, noch durch deren Entfernung, noch
durch das eigene Altern schwächer; ja sie reicht über das Grab
hinaus, denn möglichst sorgen die Eltern noch für die Zukunft der
Kinder, wenn sie selbst dahingegangen sein werden, arbeiten und
sammeln dafür, und hinterlassen ihnen, was sie durch ihre Mühen
erworben. Endlich das Bewußtsein, mit welchem die menschlichen
Eltern ihre Fürsorge treffen, die Mühen übernehmen, die Opfer
bringen. Je weniger in dem Menschen Trieb und Instinkt vor=
walten, je weniger er sich daher der Natur überlassen, und die
rohen Naturerzeugnisse genießen und die Elemente auf sich wirken
lassen kann, jemehr deßhalb der Mensch mit Bewußtsein Alles
prüfen, wählen, vorbereiten und bearbeiten muß, desto größer ist
auch die Aufgabe, die Mühewaltung und der sittliche Werth der
menschlichen Eltern. Auch hier ist also das menschliche Verhältniß
weit über den Naturkreis erhoben, die Elternliebe zu einem großen
sittlichen Momente geworden und in ihrer Erfüllung eine tiefe
Heiligung enthalten, je lauterer, umfassender und hingebender die
Elternliebe geübt wird. Es liegt in der Natur der Sache, daß die
Objekte der elterlichen Thätigkeit bei den Menschen mehr und be=
deutsamer sind, und an ihnen allen hat der Mensch zu arbeiten.
Mit Bewußtsein hat er die mannichfaltigsten Vorbereitungen v o r
der Geburt des Kindes zu treffen und n a c h ihr immerfort im
Stande zu erhalten und immer neu eintretende Bedürfnisse zu be=
friedigen, da die Hülflosigkeit des menschlichen Kindes ungleich
größer ist, als die irgend eines Thieres. Während die Unselbstftän=
digkeit des letzteren nur nach Tagen oder Wochen zählt, dauert sie
bei dem Menschen viele Jahre, und unter obwaltenden Lebensver=
hältnissen währt die von den Eltern zu beschickende Ernährung der
Kinder oft über das zweite Jahrzehnt hinaus. Diese Ernährung
bedarf dabei großer Sorgfalt, da dem Menschen der Instinkt nicht
zur Seite steht, und ein viel mannichfaltigeres Bedürfniß einwohnt.
Hierzu kommt, daß der Mensch zahllosen Krankheiten und Gebrechen
ausgesetzt ist, welche von Seiten der Eltern eine beständige Sorg=
falt und in vielen Fällen die dauerndste Aufopferung erfordert. An
diese Ernährung schließt sich die bürgerliche Versorgung der Kinder,
die Wahl ihres Berufes, die Vorbereitungen und Mittel für den=

selben, Dinge von der höchsten Wichtigkeit, welche größtentheils auf den Schultern der Eltern ruhen. Hierzu kommt nun aber das bedeutungsvolle Moment der Erziehung. Denn nicht nur leiblich will das menschliche Kind ernährt und gebildet, sondern auch geistig erzogen werden. Seine sittlichen und intellectuellen Kräfte müssen geweckt, entwickelt und ausgebildet werden. Dies stellt die mannichfaltigsten Erfordernisse auf. Mit Bewußtsein will das Kind vor schädlichen Einflüssen geschützt und nützlichen und fördernden zugängig gemacht sein. Kenntnisse und Fertigkeiten sollen erworben, eine religiöse Grundlage erlangt, das sittliche Bewußtsein geweckt und zur sittlichen Kraft gestärkt, Anlagen entwickelt, böse Neigungen beseitigt werden. Dahin müssen die Eltern durch Beispiel und Maßnahmen wirken und die erforderlichen äußern Mittel hergeben. So baut sich die elterliche Aufgabe bei den Menschen zu einem großen, alle Kräfte und immer währende Anstrengungen beanspruchenden Werke aus, in welchem die edelste Hingebung und die lauterste Thätigkeit geübt und die schönsten Tugenden entwickelt werden. Denn, wenn die Arbeit der Ernährung, Erziehung und Versorgung der Kinder auch ganz vollendet ist, rastet die Elternliebe nicht, sondern hält die Kinder, wo und wie sie auch weilen, an ihrem Herzen fest, verfolgt ihr Geschick mit ängstlicher Sorge, tritt mit Rath und That, wo es Noth thut, ein, freuet sich des Glückes, und theilt mit tiefem Schmerze jedes Mißgeschick der Kinder, erhebt sich in unsäglicher Freude an ihrer Tugend und an ihrem Gedeihen, und empfindet das tiefste Leid über jede Verirrung und jeden Fehltritt derselben. Bis das Auge der Mutter bricht, wacht es über ihre Kinder, und der letzte Athemzug des Vaters ist den Segenswünschen für sie gewidmet.

In tiefen und sinnigen Aussprüchen und leuchtenden Beispielen finden die elterliche Liebe und das elterliche Verhältniß ihren Ausdruck in der h. Schrift. Wie zart deutet sie die Liebe Abraham's zu Isak an: „dein Sohn, dein einziger, den du liebst" (1 Mos. 22, 2.); wie lebhaft die Trauer Jakob's um Joseph: „ich will hinuntersteigen zu meinem Sohne trauernd in die Gruft"! (37, 35.), und seine Freude bei dessen Wiedersehen (46, 30.); wie innig die Liebe zu Benjamin: „seine Seele ist gefesselt an seine Seele"! (44, 30. 29, 31.) Wie rührend ist das Bild des Vaterherzens, das uns David, seinem empörerischen Sohne Absalom gegenüber, entrollt. Dieser

17*

Sohn hatte ihm die Krone geraubt, sein Volk wider ihn zum Aufstande gebracht, ihn zur schimpflichen Flucht genöthigt, und in seiner zartesten Ehre gekränkt. Dennoch empfiehlt der Vater, als sein Heer zum entscheidenden Kampfe auszieht, den Obersten des Heeres: „Seid mir gelinde mit dem Jüngling Absalom"! (2 Sam. 18, 5.) [Jüngling nennt er ihn, um seine Unthaten mit seiner Jugend zu entschuldigen!] — und wie tief ist die Trauer des Königs, nachdem Absalom gefallen: „wäre ich doch gestorben statt deiner, Absalom, mein Sohn, mein Sohn"! (19, 1 ff.) — „Vergißt wohl ein Weib seines Säuglings, ihres Leibes Sohnes sich nicht zu erbarmen"? ruft der Prophet aus (Jes. 49, 15.). — Mit der Liebe der Eltern zu ihren Kindern wird die Gottes zu den Menschen verglichen Ps. 102, 13; „Wie ein Vater der Söhne sich erbarmt, erbarmt sich der Ewige derer, die ihn fürchten", mit der Fürsorge der Eltern für ihre Kinder die göttliche Vorsehung 5 Mos. 1, 31: „Der Ewige dein Gott hat dich getragen, wie ein Vater seinen Sohn trägt, auf dem ganzen Wege"; nicht minder die Züchtigung Gottes mit der Zucht des Vaters für seinen Sohn „an dem er Wohlgefallen hat" (Spr. Sal. 3, 12.); und daher wird Gott, wie wir an seinem Orte sahen, „Vater" genannt. — Ebenso schildert die Schrift das Glück der Eltern an ihren Kindern in sinnigen Zügen: „Sieh', ein Geschenk des Ewigen sind Söhne, Lohn Leibesfrucht. Wie Pfeile in des Helden Hand sind jugendliche Söhne. Dem Manne Heil, deß Köcher voll von solchen: sie werden nicht zu Schanden, wenn sie im Thor mit Feinden reden" (Ps. 127, 3—5). „Dein Weib gleicht fruchtreichem Weinstock im Innern deines Hauses, den Oelbaumsprossen beine Kinder rings um deinen Tisch" (Ps. 128, 3). Vgl. Spr. Sal. 10, 1. 15, 20. 17, 6. u. a. m.

65.

Welche besonderen Beziehungen entspringen hieraus?

Gewisse elterliche Rechte und Gewalten.

Weil die Aufgaben der elterlichen Fürsorge, die Ernährung, Erziehung und Versorgung der Kinder nicht wie bei den Thieren nach den Bestimmungen des Triebes, sondern mit Bewußtsein, nach den Vorschriften der Vernunft und des Herzens ausgeführt werden müssen, und weil in dem menschlichen Kinde sich frühzeitig der eigene Wille, nach eigener Neigung und Entschließung kund giebt, darum müssen die Eltern gewisse Rechte und Gewalten auf die Kinder haben und üben, um an ihnen jene Pflichten vollziehen zu können. Worin bestehen aber diese? In dem Rechte, das Leben und Thun der Kinder während der Kindheit und Jugend zu regeln und zu bestimmen, auf die Wahl ihres Berufes einzuwirken, und während des ganzen Lebens einen berathenden Einfluß zu üben. Wenn dieses Recht schon durch die Leistungen der Eltern als Gegenanspruch begründet ist, so ergiebt es sich andrerseits aus der Stellung der Eltern, denen die Pflicht obliegt, die Kinder vor allem Schaden zu schützen, und sie zu gedeihlichen Zielen zu führen. Mit der Erfahrung, die ihnen zur Seite steht, haben sie oft dem Willen und der Neigung der Kinder entgegenzutreten, weil diese zu Nachtheil und Verderben führen würden. Es frägt sich aber nun, welche die Grenzen dieses Rechts und dieser Gewalt sind? Die Grenzen nämlich ergeben sich daraus, daß jeder Mensch zur Selbstständigkeit und zur freien Uebung seines Willens bestimmt ist. Alles, was die Eltern für die Kinder thun, hat doch nur die Bestimmung und den Zweck, diese zu selbstständigen Menschen zu erziehen. So lange daher und in wie weit die Kinder von diesem Ziele noch entfernt sind, wird die Gewalt der Eltern eine unbedingte sein; je mehr aber jene sich diesem Ziele nähern, desto begrenzter und bedingter wird diese werden. Je mehr die Kinder an Einsicht und Sittlichkeit wachsen, je mehr sie die Fähigkeit erlangen, nach ihrer eigenen Erwägung der Vernunft und Sittlichkeit gemäß ihr Thun und Lassen zu ordnen, für ihre Bedürfnisse selbst zu sorgen und die eigene Lebensbahn zu gehen, desto mehr weicht die elterliche Gewalt zurück und wird nur zu einem Rechte der Berathung mit den Ansprüchen eines hohen und geheiligten Ansehens. Es versteht sich, daß sich dies nicht nach abgemessenen Zeitpunkten richtet, sondern nach den Personen und ihrer Entwickelung so wie nach den Gegenständen und ihrer Wichtigkeit. Denn einerseits darf von den Eltern nicht übersehen werden, daß es ein Zweck der Erziehung mit ist, die Kinder zu einem richtigen Gebrauche des freien Willens zu führen, dem daher auch frühzeitig ein gewisser Spielraum gewährt werden muß. Die Forderung des blinden Gehorsams, der in der Unterdrückung jeder Regung des Willens besteht, und der deßhalb das Kind in der

Unfähigkeit, seinen Willen seiner Vernunft und Sittlichkeit gemäß zu beherrschen, erhält, ist darum zweckwidrig und ungerechtfertigt. Von der andern Seite ist jedes Kind geneigt, seine eigene Ansicht zu überschätzen, seinem Willen und seiner Neigung zu folgen und sich vom Triebe der Unabhängigkeit und Selbstständigkeit beherrschen zu lassen. Es bedarf also von Seiten der Eltern ebenso der vernünftigen Nachgiebigkeit wie der unerschütterlichen Festigkeit, je nachdem die Sache und die Lage es erfordern. Indeß darf dies nicht zu erbitternden Kämpfen werden, sondern die rechte Liebe von Seiten der Eltern wie der Kinder wird über alle Schwierigkeiten hinweg zu heben verstehen, den rechten Weg zu finden und zum Frieden zu gelangen wissen. — In so fern nun dieses Verhältniß auch nach Außen und in das bürgerliche Leben hinausgreift, erhält es auch eine civilrechtliche Seite, die nach den verschiedenen Gesetzgebungen modificirt sein wird. Denn einerseits werden die elterliche Verantwortlichkeit für das Thun des Kindes und dagegen die elterliche Gewalt vom staatlichen Gesetze zu bestimmen sein, andrerseits die Besitzverhältnisse und die Rechtsansprüche zwischen Eltern und Kindern geregelt sein müssen. Auch hier gilt es, die Pflicht und das Recht der Eltern mit der wachsenden Selbstständigkeit der Kinder zu vereinigen und nach allgemeinen Normen zu regeln.

Die elterliche Gewalt erscheint in der heiligen Schrift überall als eine natur- und vernunftgemäße, mächtig nach Gebühr in ihrem Walten, aber mehr durch das natürliche und sittliche Ansehen als durch das Gesetz gestützt und mit einem verhältnißmäßig freien Gebahren der Kinder verbunden. Mit dem Heranwachsen werden sie die Mitarbeiter und Stützen der Eltern, erscheinen als mitberathend bei wichtigen Angelegenheiten der Familie und nicht ohne Einfluß, und nicht zu unbedingtem Gehorsam verpflichtet. Die Eltern verheirathen ebenso oft ihre Kinder nach ihrem Willen, wie umgekehrt die Kinder die Eltern ersuchen, um die von ihnen Erwählte für sie zu werben, und sogar auch ohne Einwilligung der Eltern heirathen. So hat Laban bei der Verheirathung seiner Schwester Rebekka großen Einfluß, doch wird diese selbst um ihre Einwilligung gefragt; Esau heirathet wider und ohne Willen der Eltern, Simson läßt seine Eltern für sich werben; Esau und Jakob wählen ihren Lebensberuf in ganz entgegengesetzter Weise; die Söhne Jakobs erfüllen dessen Willen, nach Egypten zu ziehen, erst nachdem er ihre Bedingung, Benjamin mitziehen zu lassen, nach langem Zögern zugestanden hat u. s. w. Das Gesetz selbst bestimmt über diese Verhältnisse

Nichts, überläßt sie also der Sitte und dem freien Walten der Zeit und der Persönlichkeit. Aber es räumt den Eltern nicht, wie bei anderen alten Völkern, die Gewalt über das Leben der Kinder ein, und wenn es die Todesstrafe auf fortgesetzten Ungehorsam gegen die Eltern durch Schlemmerei, Lieberlichkeit und sittliche Entartung setzt, so gestattet es doch hierbei den Eltern nur die Anklage vor Gericht, nicht aber eine selbstwillige Exekution (5 Mos. 21, 18.)[1]. Selbst das Recht, in der gesetzliche Erbfolge etwas zu verändern, war, wie wir unten sehen werden, den Eltern nicht gegeben. Daß die Behandlung der Töchter, so lange sie im elterlichen Hause weilten, d. h. unverheirathet waren, eine mehr abhängige war als die der Söhne, ersieht man aus der gesetzlichen Bestimmung, daß der Vater für Gelübde solcher Töchter ein Verbietungsrecht hatte, wodurch sie ungültig wurden, während dies bei den Söhnen nicht der Fall war (4 Mos. 30, 4—6.). Es liegt dies auch in der Natur der Sache, da der Mann überhaupt zu einer freieren Uebung seines Willens bestimmt war und ist. Dieses Verbietungsrecht war eben nur geltend, wenn der Vater es sofort, sobald er von dem Gelübbe hörte, ausübte, und fand einer Wittwe oder Geschiedenen gegenüber nicht Statt (Vers 10.)[2]. — Ueber die Zeit der Mündigkeit mit ihren rechtlichen Folgen bestimmt das Gesetz Nichts. Die Wehrpflicht tritt mit dem 20sten Jahre ein, und bei den Vorschriften der Schätzung unterscheidet es von 1 Monat bis zu 5 Jahren, von da bis zu 20 Jahren, von da bis zu 60 Jahren und von da bis zum Tode, so daß nach beiden Momenten die Mündigkeit mit dem 20sten Jahre eingetreten wäre. Nach dem rabb. Rechte wird die Mündigkeit nach der Mannbarkeit bestimmt, in der Regel bei Knaben nach 13 Jahren und einem Tage, bei den Mädchen nach 12 Jahren und 1 Tage; in außergewöhnlichen Fällen mit dem 20sten, resp. sogar erst mit dem 35sten Jahre. —

---

[1] Die Trad. bemerkt, daß das Gesetz, nach welchem die Eltern einen lieberlichen, widerspänstigen Sohn anzuklagen haben und dieser dann zur Steinigung verurtheilt werde, niemals zur Anwendung gekommen sei, so daß es also eigentlich nur zur Verwarnung bestehe. Sanhedr. 71. 1.

[2] Das Gesetz 2 Mos. 21¹, 6. ist nichts anders als der damaligen Sitte der Kebsweiberei gegenüber das dazu bestimmte Mädchen in seinen Rechten zu schützen.

3) Das Verhältniß der Kinder zu den Eltern.

66.

Welches ist der Charakter des Verhältnisses der Kinder zu den Eltern?

Die Liebe ist hier durch Ehrfurcht und Dankbarkeit modifizirt, und bethätigt sich durch die Erfüllung des Willens und der Wünsche der Eltern.

Wenn die eheliche Liebe ihren ersten Anknüpfungspunkt in der Fortpflanzung, die elterliche Liebe in der nothwendigen Ernährung der Kinder hatte und beides bei den Thieren wie bei den Menschen stattfindet, so daß bei den letzteren nur eine Entwickelung zum Höhern vor sich geht: so ist die kindliche Liebe nur ein Eigenthum der Menschen, und findet sich von ihr bei den Thieren keine Spur. Hat diese nun allerdings ihr natürliches Moment in dem Ursprung des Lebens aus den Eltern, lebt sie in der Tiefe der Kindesseele als das innigste Gefühl der An= und Zusammengehörigkeit mit den Eltern: so gestaltet sich doch diese Liebe in eigenthümlicher Weise durch die Ehrfurcht und die Dankbarkeit, welche die Seele der Kinder erfüllen. Denn hat schon dieser Ursprung der Kinder aus den Eltern die Ehrfurcht vor diesen als darum für sie höher gestellten Wesen zur natürlichen Folge, so kommt die größere Einsicht und Lebenserfahrung, welche die Eltern vor den Kindern voraushaben, und daß die Eltern ein Leben voll Wirkens und Schaffens schon zurückgelegt, hinzu, um dauernd die Verehrung der Kinder zu beanspruchen und hervorzubringen. Die Eltern sind für die Kinder die Stellvertreter Gottes. Sie haben von Gott durch diese das Leben erhalten; wie Gott allen Wesen für ihr Dasein die Stätte vorbereitet und gegeben hat, so vollbringen dies die Eltern für die Kinder. Was allen Menschen die göttliche Vorsehung und Fürsorge ist, das leisten die Eltern den Kindern. Und so schattirt sich die

Ehrfurcht vor Gott für die Kinder in der Ehrfurcht vor ihren Eltern
ab. Hierzu nun die Dankbarkeit, die in dem Herzen der Kinder
für die unmeßbaren Wohlthaten, für die unermüdliche Sorgfalt,
für die unerschöpfliche Aufopferung, welche die Eltern den Kindern
widmen, geweckt werden und die, dem Umfange der Gaben gleich,
unbegrenzt sein muß. Allerdings wird diese Dankbarkeit dadurch,
daß die Kinder naturgemäß auf ihre Eltern angewiesen sind, und
durch die Gewöhnung, Gaben von den Eltern zu empfangen, ge=
mäßigt; aber bewußt und unbewußt drückt sie doch ihren Charakter
dem Verhältniß der Kinder zu den Eltern auf, kommt jenen mit
der Zeit zu immer klarerem Verständniß und verbleibt in ihrem
Herzen über Raum, Zeit und Grab hinaus. Diese Ehrfurcht und
Dankbarkeit werden dann zu den wirksamsten Motiven für die
Kinder, den Willen und die Wünsche der Eltern zu erfüllen. Dies
manifestirt sich zunächst durch den Gehorsam; und wenn dieser auch
zunächst das nothwendige Ergebniß des natürlichen Verhältnisses
der Eltern zu den Kindern ist, wenn die Eltern lange Zeit die
Mittel besitzen, die Kinder auch wider deren Willen zum Gehorsam
zu zwingen, so entwickelt er sich doch im Fortgang als ein sittliches
Moment aus der schuldigen, gefühlten und bewußten Ehrfurcht und
Dankbarkeit. Hierdurch erhebt sich dann der Gehorsam aus der
Nothwendigkeit zur sittlichen Kundgebung des freien Willens, und
damit zu dem Streben, dem Willen und den Wünschen der Eltern
freiwillig zu genügen, ja ihnen zuvorzukommen, und den Eltern
Freude und Befriedigung zu bereiten. Dies wird zur höheren Auf=
gabe für die Kinder, und darin, bei der Uebung der dazu erforder=
lichen Hingebung und Selbstaufopferung, ist die Heiligung in dem
Verhältniß der Kinder zu den Eltern enthalten. Uebersehen wir
nicht, daß diese Hingebung der Kinder an die Eltern bei Weitem
weniger innere Nöthigung hat, als die der Eltern an die Kinder, daß
ihr der natürliche Egoismus des Menschen, das Streben, für sich
selbst Vortheil und Genuß zu erwerben, mehr entgegensteht als bei
den Eltern, so werden wir die Opfer, welche Kinder dem Willen,
den Wünschen und dem Wohle der Eltern bringen, in ihrem ganzen
sittlichen Werthe begreifen. Gerade darum wird es aber auch ein=
sichtlich sein, daß die Liebe der Kinder zu den Eltern eine der

wesentlichsten sittlichen Stützen des Menschen ist, daß sie der Sittlichkeit einen dauernden Anhalt gewährt, und darum ein Mensch
so lange nicht als gänzlich versunken und entartet erachtet werden
darf, als sich in ihm die Liebe zu den Eltern lebendig erhält.
Immer wird der Gedanke an die Eltern auch in der größten Versuchung warnend und mahnend dem Kinde vor die Seele treten,
und es von der Sünde zurückhalten; immer wird er ihm die Kraft
verleihen, sich aus dem sittlichen Schmutze zu erheben. Im Gegensatze ist das Kind, welches gleichgültig und mißachtend gegen die
Eltern geworden, und das sich bis zur thätlichen Versündigung
gegen die Eltern verirrt, der tiefsten Entartung anheimgefallen und
seine Seele der Heerd der wildesten Leidenschaften. Daher ist der
Segen der Eltern das höchste Gut der Kinder, läutert und heiligt
sie, stärkt ihre Kraft und Entschlüsse, und fördert so selbst ihr irdi-
sches Wohl. Sicherlich knüpft dann die göttliche Fügung vielfaches
Heil an den wohlverdienten Segen der Eltern, daß er an ihnen
in Erfüllung gehe. Die Erfahrung zeigt es in zahllosen Beispielen,
daß gerade auf diesem Gebiete die göttliche Vergeltung deutlich zu Tage
tritt, daß sich das weitere Geschick der Kinder an ihr Verhalten
gegen ihre Eltern schließt, und daß sie für dieses Lohn und Strafe
an ihren eigenen Kindern finden. — Allerdings hat auch die Verpflichtung zum Gehorsam ihre Grenzen. Befehle der Eltern gegen
die Sittlichkeit, die Religion und das Staatsgesetz dürfen nicht
ausgeführt werden. Da, wo den erwachsenen Kindern eine richtigere
Kenntniß der Dinge, eine genauere Bemessung ihrer Kräfte und
Verhältnisse zur Seite steht, und es sich um die wesentlichsten
Interessen ihres Lebens handelt, ist ein Widerspruch der Kinder
gegen den Willen der Eltern gerechtfertigt. Nur darf auch in
solchen Fällen die Ehrfurcht nicht verletzt, und muß die zarteste
Schonung beobachtet werden. Vor Allem hat sich die Jugend vor
jener Selbstüberschätzung zu hüten, die bei der erwachten Kraft und
Rüstigkeit leiblicher und geistiger Art und im Vollgefühl tüchtigen
Strebens gerade bei ihr so leicht und natürlich ist.

Das Verhältniß der Kinder zu den Eltern wird in der h. Schrift als
ein Grundpfeiler der Sittlichkeit aufgestellt, und vorzugsweise in dem Momente der Ehrfurcht gewürdigt. Es tritt daher in den Zehn-Worten gleich

nach den Gott selbst betreffenden Geboten als fünftes auf: „Ehre beinen
Vater und beine Mutter, damit sich verlängern beine Tage
auf bem Erbreiche, welches der Ewige, dein Gott, dir giebet"
(2 Mos. 20, 12.). „Ehre beinen Vater und beine Mutter, so
wie der Ewige, dein Gott, dir geboten, damit sich beine
Tage verlängern, und damit es dir wohlergehe auf bem Erb=
reiche, welches der Ewige, dein Gott, dir giebet" (5 Mos. 5, 16).
Die alten Ausleger beziehen biese zweifache Verheißung 5 Mos. theils auf
das bieffeitige und jenseitige Leben, theils auf bie ganze Nation, ja bie
ganze menschliche Gesellschaft, in welcher burch das ehrfurchtvolle Betragen
der Kinder bie Ordnung und Harmonie bes Familienlebens erhalten wird.
Das Gebot der Ehrfurcht vor ben Eltern wird 3 Mos. 19, 3. wiederholt
und mit der Heiligung des Sabaths verbunden. Weiterhin wird in ben
Spr. Sal. der schulbige [Gehorsam besonders hervorgehoben (23, 22), und
immer wieder eingeschärft, bie Lehre, bie Mahnung, bie Zucht der Eltern
zu achten und zu befolgen. „Höre, mein Sohn, bie Zucht beines
Vaters, und stoße beiner Mutter Lehre nicht zurück. Denn
holber Kranz sind sie beinem Haupte und Geschmeibe beinem
Halse (1, 8. 9. 4, 1.), Hüte, mein Sohn, des Vaters Gebot,
und verwirf nicht beiner Mutter Lehre. Binbe sie beständig
auf bein Herz, knüpfe sie um beinen Hals. Wenn bu gehst,
wird sie bich führen, wenn du liegst, bich bewahren, wenn
bu aufwachst, bich besonnen machen. Deine Leuchte ist Ge=
bot, und Lehre Licht, und Weg des Lebens bie Mahnung zur
Zucht" (6, 20—23.). — Im Gegensatz spricht das Gesetz ben Fluch aus
über ben, der seine Eltern geringschätzt (5 Mos. 27, 16[1]), und verhängt
bie Todesstrafe über ben, der seine Eltern schlägt (2 Mos. 21, 15.) oder
nur ihnen flucht, benn auch bieses ist ein Todesverbrechen (baf. V. 17.
3 Mos. 20, 9.). „Wer seinem Vater oder seiner Mutter flucht, beß Leucht'
erlischt in tiefster Nacht" (Spr. Sal. 20, 20. 30, 11.). „Das Auge, bas
des Vaters spottet, und ben Gehorsam gegen bie Mutter schmäht, bas
hacken bie Raben des Thales aus, bas fressen bie Jungen des Ablers"
(30, 17). — Die Tradition hat das Verhalten der Kinder gegen bie Eltern
in tiefer Gemüthlichkeit burchgearbeitet. Sie stellt bie Ehrfurcht vor ben
Eltern an bie Spitze der Handlungen, „beren Früchte der Mensch in biesem
Leben genießt, und beren ganzer Besitz ihm verbleibt für das jenseitige
Leben" (M. Peah 1, 1.), und giebt eine Reihe der zartesten Vorschriften,
(Jor. Dea 240.), bie wir w. u. näher besprechen. Doch auch sie verbietet
ben Gehorsam, wenn bie Eltern bie Uebertretung eines Gesetzes befehlen
(Baba Mez. 32, 1. Jor. Dea 240, 15.).

---

[1] Die Trab. verhängt über ihn מכות מרדות Jor. Dea 241 §. 6.

Wenn die Eltern die Pflicht der Ernährung und Versorgung ihrer Kinder auf sich haben, so besitzen doch die Kinder bei Lebzeiten der Eltern kein An= recht auf deren Besitzthum, und tritt ein solches erst mit dem Tode jener ein. Spr. Sal. 28, 24 wird jede Beeinträchtigung des elterlichen Besitzes durch die Kinder gegeißelt. Das mosaische Erbrecht beruht auf den eigen= thümlichen Verhältnissen eines rein ackerbauenden Volkes und in den vom Gesetze festgestellten Grundsätzen seines nationalökonomischen Wesens. Das Land war nach den Stämmen getheilt; der Grund und Boden jedes Stammes nach Loosen an die Familien gegeben, und die Familien wie die Stämme sollten in diesen ihren Antheilen erhalten bleiben. Hieraus entsprangen die beiden Principien des mosaischen Erbrechts, 1) daß das Erbrecht unantastbar sei, also nicht durch letztwillige Verfügungen verändert werden könne, und 2) daß die Töchter, sobald Söhne vorhanden sind, von der Erbschaft ausgeschlossen sind; hierzu kommt 3) daß der Erstgeborene [1] ein doppeltes Erbtheil bekommt. [2] Der erste Grundsatz motivirt sich über= haupt dadurch, daß das Land als den Israeliten von Gott gegeben angesehen wurde, also dem Einzelnen das Verfügungsrecht nicht zustehe, insonders aber das Grundstück Familieneigenthum sei, das dem jeweiligen Besitzer durch das Erbrecht zugefallen sei, durch welches es nun wieder auf dessen Nachkommen übergeht; es steht also den Söhnen mit demselben Rechte zu wie den Vätern. Das Erbrecht hat also weniger Besitzthümer im Auge, die von dem Erblasser erworben, als solche, welche von ihm ererbt worden. Und allerdings konnten im Allgemeinen nach den Verhältnissen des Landes die ersteren nur gering sein. Wie sehr durch ein solches unverrückbares Erbrecht die Streitigkeiten in den Familien vermindert wurden, ist einsicht= lich. Die Töchter traten mit ihrer Verheirathung in die Familien ihrer Männer ein und waren damit versorgt. Würden sie Miterbinnen gewesen sein, so würden die Familiengüter auseinander gerissen und an die verschie= densten Familien gekommen sein. Verarmung und Bereicherung würden auf diese Weise befördert worden sein, was das Gesetz möglichst verhindern wollte. Auch heute kann man nicht leugnen, daß die Würde der Ehe we= sentlich gehoben und erhalten würde, wenn bei Schließung derselben alle Vermögensverhältnisse ausgeschlossen wären. Waren keine Söhne da, so durften die Erbtöchter nur innerhalb ihres väterlichen Stammes heirathen,

---

[1] Der Erstgeborene des Vaters. Ramb. Hilch. Nachal. II, 9.

[2] Wenn ein Vater vier Söhne hat, wird seine Hinterlassenschaft in fünf Theile getheilt, von denen der Erstgeborene zwei, die andern drei Söhne je einen erhalten. Auch dieses Erstgeburtsrecht ist unverrückbar (5 Mos. 21, 15—17). Die Tradition beschränkte dieses Erstgeburtsrecht auf die Güter, die bei dem Tode des Erblassers sich vorfinden, ließ es aber von später zugefallenen nicht zu. Ramb. a. a. O. II, 1. III, 1.

um die Besitzthümer der Stämme nicht durcheinander zu werfen, eine Be=
stimmung, die mit dem Aufhören der Stämme erlosch. Mit dem Tode des
Vaters wurde der Erstgeborene das Haupt der Familie, der die Stütze und
der Anhalt der ganzen Familie sein sollte, und deßhalb mit einem größeren
Vermögen versehen wurde, um hierzu in allen Nothfällen die Mittel zu be=
sitzen. Schon die weiter unten zu erwähnende Lösungspflicht machte dies
nothwendig [1]).

4) Das Verhältniß der Geschwister und Verwandten.

67.

**Welches ist der Charakter des Verhältnisses der Ge=
schwister und Verwandten untereinander?**

**Die Liebe tritt hier insonders als Anhänglichkeit und
Eintracht in den gewöhnlichen Lagen, als Treue in der
Zeit der Noth und Gefahr auf.**

Die Geschwister= und Verwandtschaftsliebe beruht auf dem Ge=
fühle der Zusammengehörigkeit durch den gemeinschaftlichen Ursprung,
wird gestärkt durch den Gedanken, daß Verwandte und besonders
Geschwister von der göttlichen Vorsehung die Bestimmung haben,
mit einander in gegenseitiger Förderung und Unterstützung durch

---

[1]) Nach der Thora (4 Mos. 27, 8—11) erben die Söhne; ist kein Sohn
vorhanden, die Töchter (doch ohne Vorrecht der Erstgeborenen); ist keine Tochter
vorhanden, des Erblassers Brüder; sind solche nicht vorhanden, der nächste Bluts=
verwandte. Die Tradition stellte folgende Erblinie auf: 1) die Söhne, 2) deren
Nachkommen, 3) die Töchter, 4) deren Nachkommen, 5) der Vater, 6) die Brüder,
7) deren Nachkommen, 8) die Schwestern, 9) deren Nachkommen, 10) der Groß=
vater, 11) die Vaterbrüder, 12) deren Nachkommen, 13) die Vaterschwestern,
14) deren Nachkommen ꝛc. Die mütterlichen Verwandten sind also gänzlich aus=
geschlossen. In der Entwicklung in den späteren Zeiten der Verhältnisse war
das jüdische Recht genöthigt, dieses Intestatsrecht durch Schenkungen, Verpflich=
tung zur Mitgift, Documente über das halbe männliche Erbtheil für die Töchter
u. s. w. zu umgehen.

das Leben zu gehen, und wird befestigt durch das Zusammenleben. Bei den Geschwistern kommt besonders fördernd hinzu die gemeinschaft= liche Liebe zu den Eltern, die gemeinsame Erziehung, die Verlebung der Kindheit und Jugend mit einander, die Gleichheit der engeren Familienverhältnisse und des Besitzthums wenigstens in der Jugend. Hieraus entspringt die Pflicht der Anhänglichkeit und Eintracht im gewöhnlichen Laufe der Dinge und die Pflicht der Treue in jeglicher Noth und Gefahr. Diese Anhänglichkeit bethätigt sich insonders durch die gegenseitige Unterstützung in dem, was ein Jeder als Aufgabe seines Lebens erstrebt; sie wird in den ersten Lebenszeiten zunächst von den älteren Geschwistern gegen die jüngern geübt, während in den späteren dieses Verhältniß nach dem Verlauf der Dinge sich macht. Hier tritt jenes alte Gleichniß als zutreffend ein, daß ein Bündel Pfeile von Niemandem zerbrochen werden kann, während jeder einzelne Pfeil leicht zerbrechlich ist, oder, wie es Koh. 4, 12. heißt: „Und wenn Jemand den Einzelnen überwältigen könnte, die Zwei würden ihm widerstehen; gar eine dreifache Schnur wird nicht schnell zerrissen". Die Eintracht aber wird durch das friedfertige Verhalten aller einzelnen Glieder der Familie zu ein= ander erhalten und genährt, und bringt sowohl die innigsten Freu= den und die süßesten Genüsse in das Haus, als es auch den Be= stand, das Wohl und den Segen des Hauses fördert, ja vielfach bedingt. Die Treue endlich bewährt sich in allen außergewöhnlichen Lagen, wo Gefahr und Noth das einzelne, mehrere oder alle Glieder des Hauses bedrohen oder treffen, und bethätigt sich in der Selbst= aufopferung, in der freudigen Hingabe seiner eigenen Interessen, seiner Mühe und Kräfte, seines Besitzes, seiner Gesundheit. Dies ist die große Aufgabe der Familie, insonders der Geschwister, und in deren gewissenhafter Erfüllung heiligen sich alle Angehörigen jener. — Denn es ist nicht zu übersehen, daß in der Erfüllung dieser Pflichten der jedem Menschen natürliche Egoismus mit der Geschwister= und Verwandtenliebe unter Umständen schwer zu kämpfen hat, und daß die persönlichen Leidenschaften in der letzteren einen viel schwächeren Gegner haben, als in der Gatten=, Eltern= und Kindesliebe, welche eine Identificirung des ganzen Wesens viel mehr enthalten, als die Zuneigung der Geschwister und Verwandten.

Selbst die Geschwister sind, namentlich auf dem Boden der jetzigen Gesellschaft, angewiesen, gesonderte Lebenspfade zu verfolgen; die Brüder wählen verschiedene Berufe, erreichen verschiedene Erfolge, meist auch an verschiedenen Orten, gründen ihrerseits gesonderte Familien, und so gehört ein inniges Gefühl der Liebe dazu, daß das Band der Anhänglichkeit ungeschwächt unter ihnen verbleibe. Fast noch mehr findet dies bei den Schwestern Statt, die verheirathet dem Manne und den Kindern ihr ganzes Interesse zuzuwenden haben. Um so erhebender ist es, wenn Zeit, Verhältnisse und Schicksale das Liebesband der Geschwister nicht lockern oder gar aufzulösen vermögen, wenn sie fort und fort bis an das Ende des Lebens sich die wärmste Theilnahme in Freud und Leid bewahren und stets dieselbe durch Rath und That zu erreichen streben. Welche große auch materielle Vortheile sich hieraus ergeben, und wie sich dies auch auf ihre Kinder überträgt, ist ersichtlich. Noch schwieriger ist aber die Erhaltung des Friedens und der Eintracht zwischen Verwandten und besonders Geschwistern. Je enger das Zusammenleben, je mehr in diesem die Persönlichkeiten mit ihrem Selbstwillen, ihren Gewohnheiten, Wünschen und Bedürfnissen auf einander treffen, desto leichter ist hier Streit und Zwietracht, die, einmal angefacht, leicht weiter lodern, die Gemüther entflammen und selbst eine bittere, ja gehässige Stimmung erwirken können. Darum ist ganz besonders hier erforderlich, daß jeder Einzelne kleine Opfer zu bringen, eigene Wünsche aufzugeben, eigenen Willen hintenan zu setzen und seine Entschädigung in der Freude und Befriedigung des Andern zu finden befähigt und geneigt sei. Dies ist die Hauptsache; denn wer stets nur an sich denkt, wird über den Einspruch des Andern entrüstet sein, und ihm Widerstand leisten; wessen Herz aber von der Freude und dem Genusse des Andern mehr als von den eigenen erfüllt und gehoben wird, wird stets nachzugeben geneigt sein und auf die Befriedigung der Andern sinnen, wo nicht eine höhere Pflicht dem entgegen tritt. Nichts aber bietet ein edleres und erfreulicheres Bild als ein Haus, wo die Harmonie des Wollens und Thuns alle Glieder vereinigt und sie sich allesammt in dem Bewußtsein begegnen, im Einverständniß und Frieden das Werk des Lebens zu vollführen. Daß hierzu die

Geschwister besonders durch den Gedanken an ihre Eltern, an die Freude, die sie ihnen durch ihre Eintracht bereiten, so wie an den Kummer, welchen sie ihnen durch ihren Hader und ihre Gehässigkeit schaffen, geleitet werden müssen, ist einsichtlich. — Gerade darum sind die Opfer der Treue, welche in außerordentlichen Lagen Geschwister und Verwandte einander bringen, so hoch sie auch anzuschlagen sind, dennoch von geringerem sittlichen Werthe, als jene dauernde Eintracht mit ihren beständigen Anforderungen. Denn das Außergewöhnliche erhebt und begeistert den Menschen, und die Schrecken des drohenden Untergangs bewegen leichter zu außerordentlichen Anstrengungen. Aber die Verpflichtung selbst ist keine geringere, und kann allerdings bis dahin gehen, wo die eigene Existenz durch die Hingebung für den Bedrohten, gefährdet erscheint. Wie beruhigend und erhebend zugleich ist aber für die Glieder einer Familie die Ueberzeugung, in allen Bedrängnissen sicher auf einander rechnen zu können, und wie groß ist die Rettungskraft, die hierin geborgen liegt, wo durch die Vereinigung kleiner Kräfte selbst eine große Gefahr glücklich bekämpft werden kann.

„Siehe wie schön und wie lieblich ist's, wenn Brüder friedlich zusammenwohnen! Wie köstlich Oel auf's Haupt — wie Hermonsthau fließend auf die Berge Zions — denn dahin hat bestellt der Ewige den Segen, Leben auf immer". (Psalm 133.)

Wie Verwandte sorgfältig jede Veranlassung zum Streite vermeiden und für die Erhaltung des Friedens Opfer bringen sollen, zeigt uns die h. Schrift in Abraham, der sich selbst des Vorrechts, die fruchtbarere Wohnstätte sich zu wählen, das ihm Lot gegenüber als Oheim und Führer des Zuges zustand, um des Friedens willen begab, indem er sprach (1 Mos. 13, 8.): „Lieber, laß doch keinen Streit sein zwischen mir und dir, denn wir sind ja Brüder"! (Verwandte). — Insonders zeigt die Geschichte Josephs, wie der Bruder selbst die an ihm verübte Unthat den Brüdern vergeben und ihnen Böses mit Gutem vergelten müsse. Allerdings war es für ihn nothwendig, bevor er sie nach dem fremden Lande zöge, sie einer Prüfung ihrer nunmehrigen Gesinnung in brüderlicher Beziehung zu unterwerfen. Nachdem sie sich aber hierin durch die Treue, die sie gegen Benjamin erwiesen, bewährt hatten, steht er nicht an, sich ihnen zu erkennen zu geben, sie mit Wohlthaten zu überhäufen, und ihnen in zartester Weise zuzureden, indem er die Bosheit ihrer That mit dem günstigen Ausgang zu verdecken suchte, und sie immer wieder zufrieden stellte, wenn ihr böses Gewissen ihnen Furcht einflößte. Aber die Fülle seines brüderlichen Herzens offenbarte sich, als er seinen Bruder Benjamin erblickte: „Und er erhob seine Augen und sah Benjamin, seinen Bruder, den Sohn seiner Mutter, da sprach er: Ist das euer jüngster Bruder, von dem ihr zu mir gesprochen? Und sprach: Gott begnadige dich, mein Sohn! Und Joseph eilte, denn es erglühte sein Mitgefühl für seinen Bruder, und es drängte ihn zu weinen, und er trat in das innere Gemach und weinte da. Dann wusch er sein Antlitz, und ging hinaus, und überwand sich, und sprach: Traget Speise auf" (1 Mos.-43, 29—31.) So auch in der Scene, da er sich zu erkennen gab (Kap. 45). — Ein bedeutendes Bild großartigen Zusammenwirkens von Brüdern im Berufe des Lebens bieten uns Moses und Ahron, zu denen sich noch die Schwester Mirjam in gleicher Weise gesellte. Wie diese alle Mühen des vierzigjährigen Wüstenzuges, alle Gefahren, dem tyrannischen Pharao und dem wilderregten Volke gegenüber, theilten, wie sich hierin der ältere Ahron dem berufeneren Moses willig unterordnete, dagegen Moses der Familie Ahrons die höchste Würde überließ, seine eigenen Nachkommen hintenansetzend, liegt in vielen Zügen vor uns. Daß auch hier einmal ein durch äußere Momente veranlaßter Zwiespalt ausbrach, der tiefgekränkte Moses aber schnell zur Versöhnung geneigt war, und seine Hände flehend zu Gott erhob, um Verzeihung für seine Geschwister zu erlangen (4 Mos. 12.), giebt dem Gemälde einen Zug der Lebenswahrheit mehr. — Doch begnügte sich die h. Schrift nicht, die Geschwister- und Verwandtenliebe in solcher Weise einzuschärfen, sondern sie versetzte dieselbe auch auf den Boden des Gesetzes, und zwar durch das Institut des „Lösers" (גאל). Wenn Jemand in Armuth gerathen, und von seinem Eigenthume verkauft hat, so soll der Löser auslösen, was jener verkauft hat, nämlich durch die Rückzahlung des Kaufgeldes mit verhältnißmäßigem Abzug nach Maßgabe des Zeitraums, während dessen das Grundstück im Besitz des Käufers gewesen (3 Mos. 25, 24 ff.). Wenn Jemand aus Armuth sich als Knecht vermiethet hatte (im Sinne jener Zeit ohne freien Willen und Lohn während des bezüglichen Zeitraums), so mußte der Löser ihn wieder loskaufen (das. B. 48. 49.). Der Löser hatte auch die Pflicht, die Gattin des kinderlos Gestorbenen zu heirathen, damit der in dieser Ehe geborene Sohn den Namen und das Erbtheil des Verstorbenen erhalte. (Löser wird dieser Ruth 3, 9. genannt). Der Löser erhielt auch das von Jemandem veruntreute Eigenthum, wenn der Betrogene seitdem kinderlos gestorben und der reuige Veruntreuer es zurückgeben wollte (4 Mos. 5, 8.). Endlich hatte der Löser die Pflicht, wenn Jemand von der Hand eines Andern getödtet worden, und der Thäter des vorsätzlichen Mordes schuldig befunden worden, diesen zum Tode zu bringen (4 Mos. 35, 24. 5 Mos. 19, 6.). Dieser Löser mit seinen Pflichten und Rechten war der nächste Blutsverwandte, also zuerst der Bruder, dann, wenn ein solcher nicht vorhanden,

ober seine Pflicht und sein Recht nicht üben wollte, der darauf folgende
Verwandte. Denn allerdings wollte das Gesetz den zunächst folgenden Ver=
wandten zur Uebung dieser Pflichten nicht zwingen, verordnete aber im
Weigerungsfalle eine mit Schimpf verbundene Ceremonie, das Schuhaus=
ziehen (חליצה), die zwar im Gesetze ausdrücklich nur bei der Verweige=
rung der Schwagerehe verordnet wird, aber, wie der Vorgang im Buche
Ruth zeigt, auch bei den anderen Lösungsakten im Gebrauch war. Nach
dieser Ceremonie fiel das Recht und die Pflicht auf den nächsten Blutsver=
wandten. Es ist einsichtlich, daß bei einem Verkauf der Person, diese wie=
der frei wurde, und des Eigenthums dieses wieder in Besitz des Verkäufers
kam, weil sonst keine Rechtswohlthat darin gelegen und der ganze Akt nicht
motivirt wäre. Wahrscheinlich mußte aber der Verkäufer mit seinem Löser
sich irgend wie abfinden, was aber das Gesetz freier Uebereinkunft überließ.
Dadurch wird auch die oft aufgeworfene Frage beantwortet, warum der
Betheiligte sich nicht lieber gleich an seinen Verwandten gewendet hätte?
Die Lösung war eine Last, zu deren Tragung sich der Löser erst bestimmte,
wenn er durch Sitte und Gesetz dazu genöthigt war. Hatte er früher dem
Verwandten eine Unterstützung verweigert, so mußte er nun, durch die Oef=
fentlichkeit gezwungen, in den Akt der Lösung eintreten. Ist in unsrer Zeit
dieses ganze Institut längst erloschen, so geht doch als Prinzip daraus die
große Verpflichtung hervor, welche das Gesetz für die Verwandten, beson=
ders für die Geschwister anerkennt und ihnen auferlegt, in allen Nöthen,
Bedrängnissen und gefährlichen Lagen rettend einzutreten, und mit eignen
schweren Opfern die Geschwister= und Verwandtenliebe zu schützender, hel=
fender und aufrichtender That zu machen.

Dies ist das große Gebiet, auf welchem sich die Menschengesellschaft
in erhabener Majestät aufbaut, durch ununterbrochene Arbeit, unauf=
hörliche Entwickelung, zu einem Bauwerke der Heiligung, zu einem
wahren Gotteswerke, einer Schöpfung der göttlichen Vorsehung, wie
die Natur eine Schöpfung der göttlichen Liebe, Macht und Weisheit ist.
Da ist es zuerst die Familie, in welcher Gatten, Eltern, Kinder, Ge=
schwister und Verwandte die Stätten der Liebe und Treue haben; die
Religionsgemeinde, in welcher die religiöse Erkenntniß, die Glaubens=
treue und die besondere Uebung der Wohlthätigkeit ihre Nahrung und
ihr Wachsthum finden; der Staat, in welchem das Heil aller seiner An=
gehörigen durch die Verwirklichung der höchsten Prinzipien, der Gleich=
heit Aller vor dem Gesetze, der persönlichen Freiheit innerhalb ihrer
rechtmäßigen Beschränkung, der Heiligkeit des Lebens und des Eigen=
thums, der allgemeinen Wehr= und Steuerpflicht, der Selbstverwaltung,
der gerechtesten Rechtspflege und des Rechtes der Hülfsbedürftigen, er=

strebt und immer mehr gesichert wird. Und wie aus den Familien der
Staat, so wächst aus den Staaten das ganze Menschengeschlecht zu
Einer großen Menschenfamilie zusammen, die durch den Austausch
aller geistigen und materiellen Erzeugnisse und durch die immer
steigende Solidarität der Interessen zur allgemeinen Geltung des
Rechtes und zum allgemeinen Frieden gelangt. Wie weit nun auch die
einzelnen Staaten von der Verwirklichung jener höchsten Prinzipien und
die Allgemeinheit des Menschengeschlechts von der Erreichung dieses
Zieles seien, die Religion Israels hat jenen und dieser ihre Ziele aufge=
stellt, die Wege dahin eröffnet und so dem Menschengeiste die Bürg=
schaft gegeben, daß mitten durch die geschichtliche Entwickelung und
vermittelst dieser eine immerfortige Annäherung an jene letzten Endziele
stattfindet, und daß hierin die Leitung der göttlichen Vorsehung und
die freie Entfaltung und Ausbildung der Menschennatur zusammen=
treffen. An diesem großem Bilde haben wir Alle uns stets zu er=
heben, und unsern Einzelwillen und unser Einzelstreben zu läutern
und zu heiligen und durch treue Pflichterfüllung innerhalb aller
dieser Institutionen unsern Theil zu vollführen. Wir müssen uns
als Glieder dieses großen Ganzen, das alle Zeiten und alle Ge=
schlechter umfaßt, fühlen, um aus dem persönlichen Egoismus heraus=
zukommen, und dafür die erhebende Anschauung einzutauschen, daß
unser flüchtiges Dasein auf Erden doch kein zufälliges und vergängliches
ist, sondern dauernd an dem Dasein der ganzen Menschheit, hervorge=
gangen aus deren Vergangenheit und hineingewoben in deren Zukunft.

II. Die Heiligung im Verhältniß des einzelnen Menschen zu seinen Nebenmenschen.

A. Im Verhältniß zu allen einzelnen Menschen.

~~~~~~~~~~~~

68.

Welches ist das höchste Gebot der h. Schrift in diesem Verhältniß?

Das Gebot: „Liebe deinen Nächsten wie dich selbst: ich bin der Ewige". (3 Mos. 19, 18.)

1. Die erste Frage, die wir hier zu beantworten haben, ist: wer ist der Nächste? und die Antwort lautet einfach und bestimmt: alle Nebenmenschen ohne Unterschied des Geschlechts, des Alters, der Race, des Glaubens, des Vaterlandes, des Standes, der Bildung u. s. w. [1]). In der Entwickelung des Menschengeschlechtes lag

---

[1]) Daß רע ebenso wie das deutsche „Nächster" zuerst zwar als Nachbar, Freund, Verwandter, dann aber im weitesten Sinne als Nebenmensch ohne Unterschied verstanden werden muß (s. Sanders, deutsches Wörterbuch u. d. W. nahe), wird negativ durch 3 Mos. 19, 34. erwiesen: „Wie der Eingeborene unter euch soll auch der Fremdling sein, der sich bei euch aufhält, und liebe ihn wie dich selbst, denn Fremdlinge waret ihr im Lande Mizrajim: Ich bin der Ewige,

es nothwendig, daß sich die verschiedenartigsten Momente ausbildeten, welche trennend zwischen Mensch und Mensch traten, sie vielfach auseinander halten und besondere Verhältnisse schufen, welche die einen näher mit einander ·verbinden und in dieser Verbindung ihnen besondere Pflichten auferlegen, sie aber darum von Anderen unterscheiden, ja in Gegensätze und Bekämpfung hineindrängen. Es ist durchaus nicht zu verkennen, daß schon das Geschlecht und das Alter gewisse allgemeine Interessen bewirken, die einerseits eine Art Gemeinsamkeit, andererseits eine Art Gegensatz hervorrufen. Diese mehren sich mit der Race, und ganz besonders mit dem Vaterlande. Die Racenverschiedenheit hat leider die Unterdrückung, Mißhandlung und Verachtung der einen durch die andere herbei= geführt, wie sie sich bereits in der Geschichte der drei Söhne Noah's abspiegeln, und der Kampf der Nationen unter einander, wie er durch die ganze Geschichte des Menschengeschlechts geht, erhöhten

---

euer Gott". Was „Fremdling" bedeute, ersieht man aus dem Zusatze, „denn Fremdlinge waret ihr im Lande Mizrajim". Hier waren die Israeliten nicht blos anderen Stammes, nur geduldet, später unterdrückt und mißhandelt, son= dern auch anderer, ja gegensätzlicher Religion, wodurch buchstäblich erwiesen ist, daß Vaterland, Stammesverschiedenheit, Religion und Feindschaft keine Unter= schiede in der Pflicht der Nächstenliebe hervorbringen dürfen, vgl. 2 Mos. 11, 2. Positiv aber zeigt der Gebrauch des רֵעַ, z. B. in der Redensart אִישׁ אֶל רֵעֵהוּ u. dgl., daß es den Nebenmenschen ohne Unterschied bedeutet. Heben wir aus vielen Stellen nur die beiden der zehn Worte hervor: „Du sollst nicht als falscher Zeuge aussagen בְּרֵעֲךָ wider deinen Nächsten", „du sollst nicht begehren das Weib deines Nächsten", wo unmöglich irgend eine Beschränkung auf gewisse Kreise und Klassen der Menschen verstanden werden kann. So wird es auch in geradezu feindseligen Verhältnissen gebraucht, z. B. 2 Mos. 2, 13.: „Warum schlägst du deinen Nächsten?" und öfter, wo vom Morde eines Menschen die Rede ist, vgl. 2 Mos. 21, 18. 5 Mos. 19, 4. So muß Spr. Sal. 25, 9. רֵעֲךָ geradezu mit deinem Gegner übersetzt werden: „Streite mit deinem Gegner den Streit". Darum geht aber auch aus unserer Hauptstelle (3 Mos. 19, 17. 18.) hervor, daß, indem hier אָחִיךָ, עֲמִיתֶךָ, בְּנֵי עַמֶּךָ mit רֵעֲךָ identisch gebraucht werden, diese, vom nationalen Standpunkte aus gebräuchlich gewordenen Aus= drücke doch ohne alle besonderen Beziehungen verstanden sind und mit רֵעַ nichts anderes als den „Nächsten", den Nebenmenschen im vollen Sinne der Allge= meinheit bedeuten.

noch die natürliche Anhänglichkeit, welche wir für alle Kinder unseres
Vaterlandes empfinden, durch die Abneigung, welche dadurch gegen
die Angehörigen anderer Nationen in uns geweckt ist. Allerdings
gereicht es dem Menschen nicht zur Unehre, daß ihm seine religiöse
Ueberzeugung, das, was er als Wahrheit erkannt zu haben glaubt,
nicht so gleichgültig ist, daß ihm die Uebereinstimmung mit den
Religionsgenossen nicht sehr theuer sein sollte, und seine Religion
ihn anfeuert, zur Erhaltung und Vertheidigung derselben großen
Opfer zu bringen. Um so trauriger und niederdrückender ist es
aber, wenn wir auf die furchtbaren Kämpfe, auf den blutigen
Fanatismus, auf die scheußlichen Verbrechen blicken, die im Namen
der Religion vor sich gingen und zu den dunkelsten Seiten der
Menschengeschichte gehören. Daß endlich auch Besitzthum, Stand,
Rang und Bildung die Menschen in verschiedene Classen theilen,
auf der einen Seite verbinden, auf der andern Seite trennen, liegt
in der Natur der Sache, nach dem allgemeinen Gesetze, daß das
Gleichartige sich anzieht und das Verschiedenartige sich abstößt. Es
wäre demnach eine blöde Verkennung der menschlichen Natur und
der Wirklichkeit, wie sie sich entwickelt hat und entwickeln mußte,
wenn wir alle diese, die Menschen trennenden Momente übersehen,
ihre wenn auch begrenzte Berechtigung leugnen, und alle Menschen
in allen ihren Beziehungen auf eine und dieselbe Linie stellen woll=
ten. Aber um so heller und wärmender muß die Sonne der all=
gemeinen Menschenliebe aufgehen und das ganze Menschengeschlecht
überstrahlen. Ja, sagt sie, hierin und darin seid ihr verschieden,
habt ihr verschiedene Wege zu verfolgen, habt ihr euere, bisweilen
entgegengesetzten Interessen auszukämpfen, aber immer nur bis zu
einem bestimmten Punkte, bis zu einer sichern Grenze, wo die Pflicht
der unterschiedslosen Nächstenliebe beginnt, wo deren Uebung mit
eigener Aufopferung selbst des Lebens zum unumgänglichen Gebote
wird, wo die Beachtung eines jener trennenden Momente Sünde
und Vergehen ist, aber die Erfüllung der Nächstenliebe sich zur
lautersten Heiligung, zu einem wahren Schritt zur Gottähnlichkeit,
zur Läuterung und Vervollkommnung unserer Menschennatur ge=
staltet. Diese wahre, von der Religion Israels zuerst gebotene

Nächstenliebe ist keine ideale Höhe, von welcher aus alle Unterschiede der Menschen verschwinden, so daß keine Spur, kein Licht und kein Schatten der Wirklichkeit vor uns übrig bleibt, auf die sich daher nur wenige Menschen und nur in seltenen Augenblicken zu erheben vermögen — dies widerspräche der ganzen mosaischen Lehre, ihrem Wesen und Charakter — sondern sie läßt alle realen Verhältnisse gelten und erkennt sie als berechtigt, auch als Stätten des Menschenthums, der Pflichterfüllung und Heiligung an, aber nur in ihren abgegrenzten Gebieten, über die hinaus sie ihre Arme nicht strecken dürfen, über die hinaus allein die unbedingte Nächstenliebe ihre volle, unwandelbare Geltung besitzt. Was für Pflichten hieraus entspringen, verschwimmt ihr nicht in nebelvoller Ferne, sondern sie hat es in sicherster Weise in den bestimmtesten Geboten aufgestellt und ausgeprägt. Die Einheit des ganzen Menschengeschlechtes, der Eine Gott, dessen Kinder wir Alle sind, die allgemeine Gleichartigkeit unserer Natur und ihrer Gesetze, die Identität unserer Bestimmung, die Uebereinstimmung in unsern Geschicken, in unsern Freuden und Leiden, in unserm Eingang und Ausgang (s. §. 52) sind ihr Grundlage genug, auf welcher sie das große Gebäude der Nächstenliebe errichtet, unter dessen Dach sie die Kinder aller Zonen, aller Völker, aller Glaubensbekenntnisse mit einander vereinigt.

Aus der ganzen h. Schrift tönt uns dieses höchste Gesetz der Nächstenliebe überall wieder entgegen. In allen speziellen Gesetzen, wie sich dies theils schon in den vorhergehenden, theils in den nachfolgenden Artikeln erweist, verkörpert sich dieser erhabene Grundsatz; in den Aussprüchen der Propheten, in den Gesängen der Psalmisten, in den Sentenzen der Spruchredner thut sich derselbe kund. Auch bei den Talmudisten wird er als Eckstein des Gesetzes betrachtet, und Hillel sagte zu dem Heiden mit Bezug auf dieses Gesetz: „Was dir mißfällt, thue deinem Nächsten nicht: dies ist die ganze Lehre, das andere ist nur dessen Erklärung; geh' und lerne weiter". (Sabbath 31, 1.) Auch R. Akiba erklärte: „Liebe deinen Nächsten wie dich selbst" ist das höchste Prinzip der Thorah (זה כלל גדול בתורה). Bekannt sind die schmähenden Urtheile, welche in dieser Beziehung über den Talmud gefällt worden sind, dem man den Geist der Ausschließlichkeit, Unduldsamkeit und Gehässigkeit gegen Andersgläubige zuschrieb. Man behauptete, daß er die Wohlthaten des Gesetzes lediglich zu Gunsten seiner Anhänger gewendet, während er alle anderen Menschen außerhalb des Gesetzes erkläre. Man berief sich zu diesem Zwecke auf eine Anzahl Sätze, die in ihm vorkommen. Prüft man diese genauer, so erkennt man, daß sie aus dem Zusammenhange gerissen sind, indem sie entweder nur für ceremonielle Objekte gelten, die gar keine reale Wirkung haben, oder als Meinung eines Einzelnen aufgeführt werden, welcher die Ansichten Anderer gegenüberstehen, und die niemals Rechtsgültigkeit erlangte. Als Aussprüche Einzelner können sie also als wirkliche Gesetze der Religion nicht angesehen werden, wurden als solche auch niemals betrachtet, und erklären sich einfach als Schmerzensschrei Einzelner in der Welt voll Haß und Verfolgung, die sie umgab. Wenn z. B. vorkommt, daß nur die Israeliten Menschen zu nennen seien (Baba Mezia 114, 2.), so bezieht sich dies ganz allein auf den Fall, daß der Leichnam eines Nichtisraeliten das Haus nicht „unrein" mache, und ist auch allein die Ansicht Simon's ben Jochai, der darin die Zustimmung der andern Lehrer nicht erhielt. Dahingegen wird an andern Stellen der Ausdruck Mensch z. B. 3 Mos. 18, 5. oder wo אִישׁ אִישׁ steht für alle Menschen ohne Unterschied des Volkes oder Glaubens erklärt. (Baba Kama 38, 1. Chullin 13, 2.), wie denn auch Ben Asai als den wichtigsten Vers in der h. Schrift 1 Mos. 5, 1. erklärte: „dies ist das Buch der Geschlechter Adam's", weil dadurch erwiesen werde, daß alle Menschen gleich und Brüder, Abkömmlinge eines Menschenpaares sind. So ist denn auch die Zahl der thalmudischen Aussprüche, welche die reinste Nächstenliebe in den mannichfaltigsten Lebensverhältnissen als Richtschnur vorschreiben und den Geist der ächten Humanität athmen, außerordentlich groß. Mit Fug und Recht können wir daher sagen, daß Grundsätze der Inhumanität und Unduldsamkeit, wie sie von der Kirche und vom Koran als gültig aufgestellt worden sind, im Judenthume niemals die Sanktion erhalten haben.

2. Fragen wir nun nach dem eigentlichen Inhalte des „Liebe deinen Nächsten wie dich selbst, ich bin der Ewige" — so ist es also zuerst die Liebe, welche der Grundzug in allen Verhältnissen der Menschen zu und unter einander sein soll. Bei all den verschiedenen Schattirungen der menschlichen Gefühle, sei es die Liebe, welche uns leite und beherrsche, welche unser Denken, Sprechen und Handeln gestalte, und wo und wie oft wir davon abgewichen, immer wieder mit siegender Gewalt durchdringe und unser Thun und Lassen nach ihren Forderungen einrichte. Die Liebe, welche sich mit dem Gegenstande indentificirt und das Wohlgedeihen und Wohlgefallen des Andern zu ihrem Zweck und Ziele hat, vereine uns mit allen Mitmenschen, die wir als unsre Brüder und Schwestern

zu betrachten haben. — Welches aber nun das Maß und die Be=
grenzung dieser Liebe sein müsse, giebt uns das Gebot mit den
Worten „wie dich selbst" an. Die Nächstenliebe soll der Selbstliebe
gleich sein, die der Schöpfer in uns gelegt, die sich durch das Leben
immerfort entwickelt, und welche die natürliche Triebkraft für unsre
Thätigkeit ist. Das Gebot sagt uns daher einfach: Alles, was wir
aus dieser Selbstliebe heraus für uns thun, sollen wir aus der
Nächstenliebe auch für unsre Nebenmenschen thun. Dieses Gebot
ist daher mit Nichten durch den negativen Satz erschöpft: „Was
du nicht willst, daß dir geschehe, das thu auch einem Andern nicht",
sondern es befaßt noch mehr die positive Vorschrift: was du willst,
daß dir geschehe, das thue auch für einen Andern. Denn die Liebe,
insonders die Selbstliebe begnügt sich nicht, das Mißfällige und
Schädliche zu vermeiden und abzuwehren, sondern erstrebt auch das
Wohlgefällige und Nützliche. Was wir also zu unsrer Selbster=
haltung und Selbstveredlung, für unsre leibliche und geistige Existenz
und Entwickelung zu thun haben, und in wie weit dies Pflicht und
Recht ist, das haben wir nach dem Gebote auch für unsre Neben=
menschen zu thun, und hiermit stellt sich uns der Kreis der wirk=
lichen Pflichten der Nächstenliebe klar und bestimmt heraus. —
Allerdings tritt hier der Unterschied ein, daß die Selbstliebe in uns
als natürliches Motiv auftritt, das in der Entwickelung geregelt und
beschränkt werden muß, während die Nächstenliebe erst eine Ent=
wickelung des im Menschenherzen allerdings vorhandenen Keimes ist,
und im Fortgang gestärkt und ausgedehnt werden muß. Wir haben
also in uns für die Schwächung der Selbstliebe und für die Stärkung
der Nächstenliebe, für die Eingrenzung jener und für die Ausdeh=
nung dieser zu streben und zu kämpfen. Die Nächstenliebe in dem
Maße, wie sie das Gebot vorschreibt, ist daher zwar kein unerreich=
bares, übermenschliches Ideal, wohl aber ein Ziel, dem wir mit
voller Kraft immer näher zu kommen uns zur Aufgabe machen
müssen. Sie hat daher vor Allem die Leidenschaft der Selbstliebe,
d. i. die Selbstsucht zu bekämpfen. Die Selbstsucht, welche als den
alleinigen Zweck unseres Thuns und Lassens den persönlichen Vortheil
und Genuß anerkennt und will, mit Ausschließung aller anderweitigen

Ansprüche an uns, weist verhöhnend alle Forderungen der Nächstenliebe
zurück. Ob sie hiermit den wirklichen und bleibenden Vortheil und
Genuß der Personen erreiche, ist eine andere Frage, die von der
Religion und Erfahrung entschieden verneint wird. Wenn nun
auch die Selbstsucht sich so weit zu beherrschen weiß, daß sie sich
innerhalb des sogenannten strengen Rechts hält, und sich daher mit
dem Prädikat rechtschaffen bekleidet, so hält sie doch Alles was über
diese enge Grenze hinausgeht für unberechtigt und läßt daher keine
Forderung der Nächstenliebe zu, ja, wo sie derselben nachgiebt, hat
sie wiederum nur den eigenen Nutzen zum Motiv, und läßt sich
nur darauf ein, wenn sie einen solchen zu erblicken vermag, ein
Umstand, welcher all' ihrem Gebahren den sittlichen Werth nimmt.
Dies müssen wir erkennen, und von Jugend an und zu aller Zeit
in uns bekämpfen. Alle Waffen des Verstandes und des Herzens,
des höhern Bewußtseins und des Pflichtgefühls, der Religion und
Sittlichkeit müssen wir gegen die, immer in uns auftauchende Frage
richten: was hast du für Nutzen davon? was trägt es dir ein?
Die Ueberzeugung müssen wir uns einpflanzen, daß die Selbstsucht
die gefährlichste Feindin aller edleren Menschennatur ist, daß sie
allen höheren Sinn und damit alle höhere Befähigung in uns zerstört, daß sie doch nur das Vergängliche und Hinfällige an uns
zu fassen und zu fördern vermag, daß sie uns unserm Gotte ent-
fremdet, und nichts als eine höhere Gestaltung des thierischen Daseins
im Menschenwesen ist, daß dagegen die Nächstenliebe die erste und
weiseste Heiligung, die Läuterung unsrer selbst, der Stufengang zur
Gottähnlichkeit für uns ist. In ihr werfen wir zunächst die Ver-
puppung des Menschengeistes ab, und eröffnen dem reineren Lichte
den Zugang zu unserm innersten Wesen. Fassen wir diese Aufgabe
vom praktischen Standpunkte aus, so verkennen wir nicht, daß, da
jeder Einzelne zunächst dazu berufen ist, für seine Selbsterhaltung und Selbstveredelung zu arbeiten und hierzu noch die Pflichten
gegen die engeren Kreise, die ihn umgeben, kommen, dies einen
großen Raum seines Strebens und Schaffens einnimmt. Die Nächstenliebe tritt aber dann 1) als die Forderung an uns heran, durch
unser ganzes Leben die Theilnahme für Alles, was in allgemeiner

und gemeinnütziger Hinsicht zur Erhaltung und Veredlung der Menschen geschieht, in lebendigster Weise zu hegen und mit aller Kraft zu bethätigen, und daß diese Wirksamkeit sich durchaus nicht von der Selbstsucht, die nur auf den persönlichen Vortheil blickt, verdrängen, verkürzen und abschwächen lasse; dann aber 2) daß wir in allen einzelnen Fällen für leidende und gefährdete Menschen, wie sie uns nahe kommen, nach allen unsern Kräften Abhülfe und Rettung schaffen und überall Wohlwollen und Menschenfreundlichkeit empfinden und üben, nirgends aber aus eigennützigen Zwecken das Wohl Anderer für unser eigenes opfern oder untergraben. So stellt sich uns das Bild der Nächstenliebe in ihren Umrissen klar vor die Seele, die wir nunmehr in ihren einzelnen Zügen zu vervollständigen haben. — Hierzu endlich der Zusatz zu dem Gebote: „ich bin der Ewige". Wenn derselbe äußerlich die Feierlichkeit des Ausspruches erhöht, ferner die Warnung enthält, daß die Erfüllung dem Gerichte Gottes untersteht, so weist er zugleich auf die Wurzel des Gebotes in Gott hin, der die Liebe in das Wesen des Menschen gesenkt und die Nächstenliebe ihm zur Bestimmung gemacht, indem er die Menschen als Brüder und zu brüderlichem Leben geschaffen. Außerhalb Gottes hat die Nächstenliebe kein Motiv und keinen Ankergrund, da dann nur die Selbstsucht und die Nothwendigkeit das Band der Menschen weben.

Die Weisen sagen: „Liebe die Menschen und nähere sie der Gotteslehre". — „Welches ist der gute Weg, auf dem der Mensch sich halten soll? Das gute Herz, denn darin sind alle Tugenden enthalten". — „An wem die Menschen Wohlgefallen finden, an dem hat auch Gott Wohlgefallen, an wem aber die Menschen kein Wohlgefallen haben, an dem hat auch Gott kein Wohlgefallen". — „Jede Liebe, die von einer Sache abhängt, hört auf, sobald die Sache aufhört; die Liebe aber, die von nichts abhängt, hört niemals auf". — „Wer sich mit der Gotteslehre um ihrer selbst Willen beschäftigt, der liebt Gott und die Menschen, erfreuet Gott und die Menschen".
— (Pirke Aboth.)

69.

Welche sind die einzelnen Momente der allgemeinen Nächstenliebe?

Erstens: Die Achtung vor Allem, was Mensch ist.

1. Der Gedanke, daß jedweder Mensch im Ebenbilde Gottes geschaffen, daß in jedem ein unsterblicher Geist, eine sich dem Höhern zuentwickelnde Seele, ein jeder Träger und Repräsentant des Menschenthums ist, und seinen Theil hat am Leben der gesammten Menschheit, muß uns das Gefühl der Achtung einflößen, eine Achtung, die von allen besonderen Gefühlen absieht, welche in uns der Einzelne nach seiner Beschaffenheit und seinen Verhältnissen weckt und beansprucht. Es ist dies eine Art objektiver Achtung, die wir dem Menschenthum, dem Menschsein an sich schuldig sind und zollen müssen, die uns niemals vergessen läßt, daß wir ein gleichgeartetes Wesen vor uns haben, und die sich wiederum im Besonderen besonders gestaltet.

„Wer seinen Nächsten geringschätzt, ist ein Sünder". (Spr. Sal. 14, 21.) „Wer seinen Nächsten verachtet, dem fehlt's an Herz und Geist". (Spr. Sal. 11, 12.)

„Wer ist geehrt? der selbst die Menschen ehrt". (P. A. 4, 1.)

2. Zunächst zeichnet sich diese Achtung als die Pflicht der Ehrerbietung vor dem Alter ab, welches Standes und welcher Bildung dies auch sei. Die vielfache Erfahrung, die überstandenen Prüfungen, Geschicke und Kämpfe des Lebens und die Geistesentwickelung, die darin enthalten ist, müssen von uns in jedwedem Greise geehrt werden. Wenn wir selbst einen höheren Standpunkt einnehmen, wenn uns Eigenschaften zur Seite stehen, welche die des Greises überragen, liegt uns aus jenem Gesichtspunkte dennoch die Pflicht der Bescheidenheit und der Ehrfurcht vor dem Alter ob, die sich in unsrem Gebahren und Benehmen gegen dasselbe kundzuthun haben. Jedes stolze hochfahrende Wesen einem Greise gegenüber zeugt von Selbstüberschätzung und unzartem Gemüthe.

„Vor einem grauen Haupte sollst du aufstehen,
und vor dem Greisen sei ehrerbietig, und fürchte
dich vor deinem Gotte: Ich bin der Ewige".
(3 Mos. 19, 32.)

Die Ehrfurcht vor dem Alter wird mit der Ehrfurcht vor Gott in Verbindung gebracht, weil in der Tiefe die Achtung vor allem Höheren in
einem innigen Verbande steht, und die Anmaßlichkeit gegen den Einen auf
dem Mangel an Ehrerbietung vor dem Anderen beruht. Doch deutet der
Hinweis auf die Furcht vor Gott auch dahin, daß, wenn das schwächere
Alter der übermüthigen kräftigeren Jugend gegenüber keine Mittel besitzt,
die Mißhandlung seitens der letzteren zu ahnden, in der Furcht vor Gott
Warnung und Abmahnung gelegen wäre.

„Wenn die Alten sagen: reiße ein! und die Jungen: baue! so reiße ein
und baue nicht; denn das Einreißen der Alten ist Bauen, und das Bauen
der Jungen ist Einreißen". (Nedar. 40, 1.)

3. Die Forderung der Achtung vor Allem, was Mensch ist,
ergeht an uns aber um so nachdrücklicher, wenn uns Menschen begegnen, die mit Gebrechen an Körper und Geist, Entstellungen
und Verstümmelungen, Mangel an diesem oder jenem Sinne leiden.
Jedes Uebel, das wir denselben mit Benutzung ihres Gebrechen zufügen, jede Verhöhnung, Verspottung und Mißhandlung, die wir an
ihnen verüben, ist doppelt schändlich, doppelt roh, doppelt strafbar,
und entfließt um so mehr einem verderbten Gemüthe, je weniger
jene im Stande sind, uns zu strafen, und je tiefer sie das Gefühl
ihrer Mangelhaftigkeit in sich tragen.

„Du sollst den Tauben nicht fluchen, und vor
den Blinden keinen Anstoß legen, fürchte dich vor
deinem Gotte: Ich bin der Ewige". (3 Mos. 19, 14.)

Die Hinweisung auf die Furcht vor Gott (s. oben zu 2.) mit dem feierlichen Zusatze „Ich bin der Ewige" deutet darauf hin, daß, da Gott es
ist, von dem die Schickung eines derartigen Gebrechens ausgeht, es gleich-
sam auch eine Verhöhnung Gottes selbst ist, die von ihm ergangene Mangelhaftigkeit eines Menschenbruders zum Mittel der Verspottung und Mißhandlung zu mißbrauchen, und daß Gott um so mehr das Strafamt für
solche Vergehen üben wird, je weniger der Verunglimpfte sich davor zu
schützen vermochte. Wenn daher schon das Schimpfen, Lästern, Fluchen auf
einen Tauben ein Frevel ist, obgleich jener wegen seiner Taubheit gar nichts

davon vernimmt, um wie viel mehr einem Blinden einen Anstoß in den Weg legen, wodurch er der Beschädigung ausgesetzt wird, ohne daß er den Thäter erblickt. Das Gesetz würdigt daher das Verbrecherische solcher Handlungen so sehr, daß es in der 5 Mos. 27. vorgeschriebenen Ceremonie der Gesetzesbekräftigung auf den Bergen Gerissim und Ebal unter den andern Vers 18 aufführt: „Verflucht wer irre führt einen Blinden auf dem Wege! Und das ganze Volk spreche: Amen"! — Es versteht sich von selbst, daß, wenn das Gesetz hier Taube und Blinde anführt, es doch damit jede Art von Körper- und Geistesgebrechen versteht. So besonders wohl auch die Geistesirren, deren fixe Ideen von leichtsinnigen Menschen so gern benutzt werden, um damit ihren Spaß zu treiben, ein um so gefährlicheres Spiel, da die Irren hierdurch in ihren falschen Vorstellungen noch mehr bekräftigt, oft aber auch zur Wuth gereizt werden.

4. Aber selbst dem Verbrecher gegenüber sollen wir nicht vergessen, daß er Mensch ist. Neben der Entrüstung über seine Bosheit darf einerseits das Mitgefühl über den Fall und das Verderben eines Mitmenschen nicht fehlen, andrerseits die Würde des Menschen niemals verletzt werden. Es ist daher sowohl unsere Pflicht, nichts zu unterlassen, was auf die Besserung des Verbrechers, auf das Erwachen des Gewissens, seine Umkehr und Reue wirken könnte, als auch nichts zu thun, was das Menschenthum in ihm entwürdigt. Muß daher die Strafe des Verbrechers überhaupt ein gewisses Maaß nicht überschreiten, so sind alle Strafmittel verwerflich, welche die Nichtachtung des Menschen als solchen in sich schließen, auf allgemein schändende Formen und Vermehrung der Qualen hinauslaufen.

Wir haben oben die Milde des mosaischen und jüdischen Strafrechtes mehrfach dargestellt. Marter und Folter in der Untersuchung und Anklagen auf bloßen Verdacht fanden nicht statt, erwiesene Thatsachen allein führten die Verurtheilung herbei, das Erkenntniß hing von so vielen Bedingungen ab, daß die Strafurtheile nur sparsam gefällt werden konnten, und die Strafen waren einfach, ohne alle Verschärfungsmittel. Wie sehr aber das Gesetz ängstlich war, die Menschenwürde gewahrt zu sehen, ersieht man aus den Vorschriften über das Verfahren bei körperlichen Züchtigungen (5 Mos. 25, 2. 3 s. oben S. 210.), wie auch aus folgenden, aus denen wir das Prinzip zu ziehen haben (5 Mos. 21, 22. 23.): „Und so an Jemandem Todesschuld haftet, und er wird getödtet, und du hängst ihn an ein Holz: so bleibe sein Leichnam nicht über Nacht am Holze, sondern begraben sollst du ihn an selbigem Tage, denn eine

Verletzung Gottes ist ein Gehängter, und du sollst nicht verunreinigen dein Erdreich, das der Ewige, dein Gott, dir giebet zum Besitz". Auch ein Hingerichteter soll als Mensch, wie Sanhedr. 46, 2. motivirt wird, weil er Ebenbild Gottes, nicht entehrt, seine Gebeine daher nicht den Thieren zum Aase, Bösen zum Muthwillen über= lassen, sondern noch denselben Tag beerbigt werden. Tief religiös wird der Gehängte als eine Verletzung Gottes bezeichnet, indem der Mensch hier Gott in das Richteramt greift und zum Tode bringt, was Gott der leib= lichen Beschaffenheit nach noch zum Leben bestimmt hatte. Sanhedr. 46, 1. wird es erklärt: man würde fragen, warum ist dieser gehenkt? und ant= worten: weil er Gott geläftert. — Wir haben schon öfter bemerkt, daß das mosaische Gesetz keine Gefängnißstrafen kannte. In der That ist es längst Gegenstand der Beobachtung gewesen, wie nachtheilig das Zusammenleben der Strafgefangenen auf die letzteren wirkt, und daß die Strafanstalten erst recht die hohen Schulen des Verbrechens sind, so daß der Gestrafte schlechter und eingeweihter in das Verbrechen herauskommt, als er hineingekommen. Es ist ein Problem, wie dies zu vermeiden, da das System der Einzelhaft oder der Zellengefängnisse wiederum sehr große Nachtheile bietet. Es haben sich Vereine zur Besserung der Sträflinge gebildet. Hierzu kommt, daß der entlassene Sträfling das Mißtrauen der Gesellschaft gegen sich und daher große Schwierigkeiten für sein Fortkommen hat. Auch hiergegen streben Vereine an, namentlich in England. Mögen sie überall erstehen, überall Boden und ausreichende Hülfsmittel finden! —

5. Ganz besonders tritt hier aber das Verhältniß zu den Dienenden und zu Untergebenen überhaupt auf. Frühzeitig hat es sich aus den Verhältnissen der Menschen entwickelt, daß die Einen den Anderen ihre körperlichen und geistigen Kräfte zur Ver= wendung stellen müssen, um mehr oder weniger den Lebensunterhalt oder Lohn dafür zu erhalten. Man nennt dieses auch das Ver= hältniß der Arbeitgeber und Arbeitnehmer. Mehr oder weniger ist damit die Aufnahme in das eigene Haus oder der ganze Erwerb des Dienenden oder nur ein theilweiser damit verbunden. Andrer= seits ist es in allen organisirten Instituten gewöhnlich, seien es staatliche oder private, daß die verschiedenen Geschäfte je nach der Befähigung, die sie erfordern, stufenweise geordnet sind, so daß die Einen als Vorgesetzte die Leitung und Anordnung, die Anderen in Unterordnung die Arbeiten zu leisten haben. In allen diesen Ver= hältnissen ist also dem einen Theil der Menschen mehr oder weniger eine Obmacht über den anderen gegeben, und je leichter diese gemiß=

braucht, oder mit Strenge und Härte geübt werden kann, desto
bestimmter gestalten sich die Pflichten der Vorgesetzten oder der Herrschaft nicht blos auf dem Grunde der Gerechtigkeit, sondern auch
der Achtung vor jedwedem Menschen. Sie bestehen darin: 1) daß
von den Untergebenen und Dienenden durchaus nicht mehr verlangt
wird, als sie zu leisten verpflichtet und nach dem Maße ihrer Kräfte
befähigt sind; 2) daß ihnen dafür Alles geleistet wird, was sie zu
fordern das Recht haben und in keiner Weise das Maß ihres Lohnes
verkürzt wird; 3) daß das obwaltende Verhältniß nicht drückend
gemacht, sondern durch Freundlichkeit, Nachsicht und Milde erleichtert und verschönt wird; endlich 4) daß nach Kräften und Umständen für das leibliche und geistige Wohl der Dienenden und Untergebenen auch über den schuldigen Lohn hinaus möglichst Sorge
getragen wird. — Das gezeichnete Verhältniß bringt es mit sich,
daß mehr oder weniger der Dienende und Untergebene vom Herrn
und Vorgesetzten abhängig ist, daß mehr oder weniger es jenem
unmöglich ist, sich aus dem gegebenen Verhältniß frei zu machen,
sei dies auf einen kürzeren oder längeren Zeitraum oder für das
ganze Leben. Es liegt daher sehr nahe, daß diese Abhängigkeit theils
zur Ausbeutung, zu ungerechter und übermäßiger Benutzung, theils
zur Erniedrigung, zu stolzem übermüthigem Benehmen gemißbraucht
wird. Das widerstreitet nicht blos der Gerechtigkeit, sondern noch
mehr der Achtung, die wir jedem Menschen schuldig sind, und will
den freien Menschen zum willenlosen Thiere herabdrücken. Bringt
jenes Verhältniß schon an und für sich eine Beschränkung der menschlichen Freiheit mit sich, so dürfen wir diese um so weniger fühlbar
machen, sondern müssen sie, so viel es an uns ist, erleichtern, erträg-
lich, ja angenehm und lieb machen. Allerdings erfordert das gezeichnete Verhältniß ein gewisses Einhalten von Würde und Strenge,
von Autorität und Ernst, damit der Dienende und Untergebene in
der Erfüllung seiner Obliegenheiten nicht lässig und anmaßlich werde,
was für die Gesammtheit nachtheilig ausfällt. Aber die Uebertreibung
dessen bringt wiederum auch den Nachtheil mit sich, daß jene Pflichten
nur ungern, nur soweit das Auge des Herrn oder Vorgesetzten reicht,
sonst aber der Vortheil des Dienstes nicht gewahrt wird. Es gilt
daher hier das rechte Maß zwischen der Nachsicht und Bedrückung

zu treffen; immerhin aber die Pflichten der Menschlichkeit und der Achtung unverrückt im Auge zu haben. Unabhängig hiervon ist es aber, daß der Herr und Vorgesetzte in Anbetracht, daß der Dienende mehr oder weniger das ganze Maß seiner Kräfte für den Dienst zu verwenden, also nicht die Gelegenheit hat, über den ihm gebotenen Lohn hinauszukommen, auch anderweitig nach Kräften für ihn zu sorgen, und namentlich ihm in allen Nöthen, besonders in Krankheiten, Schwäche und außerordentlichen Fällen beizustehen verpflichtet ist. So bietet das Dienstverhältniß unter den Menschen überreiche Gelegenheit dar, sich an seinen Mitmenschen zu versündigen, oder aber das Werk der Liebe zu üben, und sich durch Wort und That Verdienst zu erwerben und sich zu heiligen — wobei besonders nicht außer Acht zu lassen, daß das Beispiel der Eltern auf die Kinder, der Vorgesetzten auf die Untergebenen wesentlich einwirkt.

„Herrsche nicht über deinen Knecht mit Strenge, und fürchte dich vor deinem Gotte". (3 Mos. 25, 43. 46. 53.)

Auch dieses Verhältniß wird durch das h. Gesetz in bestimmter Weise ausgeprägt. Denn daß die Schrift für alle Arten von Dienern und Untergeordneten nur einen und denselben Ausdruck (עבד) hat, selbst für den Sklaven keinen anderen, daß sie denselben Ausdruck für den religiösen Menschen als „Diener oder Knecht Gottes", im monarchischen Staate für die höchsten Beamten als „Diener des Königs", für den Jünger des Propheten hat, erweist den Geist, den sie für jedes Dienstverhältniß athmet. Auch für den Dienenden verlangt sie die völlige Ruhe des Sabbaths (ohne Unterschied des Glaubens und des Volkes) und nicht minder die unmittelbare Betheiligung an den Festen und Festmahlen. Ferner daß man den Diener bei seiner Entlassung nicht leer wegschicke, sondern mit einem Geschenk an „Kleinvieh, Getreide und Wein" (5 Mos. 15, 13. 14.). Das Gesetz schützte ferner den Dienenden vor jeder Gewaltthätigkeit. Dem Miethling oder Tagelöhner soll der Lohn vor Sonnenuntergang ausgezahlt werden (3 Mos. 19, 13. 5 Mos. 24, 14. 15.), womit das Prinzip der gerechtesten und mildesten Behandlung ausgesprochen ist. Auch im Talmud wird vor jeder Willkürlichkeit in der Behandlung der Dienenden gewarnt und bestimmt, daß man in Allem dem Ortsgebrauche folgen müsse, so daß selbst Verabredungen gegen den Ortsgebrauch, z. B. bezüglich der Arbeitszeit, für ungiltig erklärt werden (Baba Mezia VII, 1. und der ganze Abschnitt). Betrifft dies das Dienstverhältniß im Einzelnen, so hat die Gesellschaft im Ganzen ein großes Problem auf diesem Gebiete zu lösen. Das Alterthum hatte das Sklaventhum, das Mittelalter die Leibeigenschaft, die Neuzeit den freien Arbeiterstand. Es ist dies ein großer Fortschritt. Denn das Sklaventhum übergab den Menschen als Sache und völlig willenloses Eigenthum dem Herrn hin, die Leibeigenschaft ertheilte letzterem nur das Anrecht auf einen Theil der Arbeit und eine Beschränkung des freien Willens des Hörigen; mit dem freien Arbeiterstand ist der Mensch seinem freien Willen, seiner freien Bewegung, sich selbst zurückgegeben. Dieser freie Arbeiterstand scheidet sich nun in die dienende Klasse, welche auf bestimmte Zeit zu bestimmten Arbeiten für bestimmten Lohn in das Haus des Herrn aufgenommen wird, und den selbstständigen Arbeiter, der nur für bestimmte Stunden zu einer bestimmten Arbeit gemiethet, sonst aber völlig selbstständig und sich selbst überlassen ist. Für diesen letzteren nun bestehen die beiden Momente, daß er keinen für seine Bedürfnisse genügenden Erwerb hat, und namentlich beim Aufhören seiner Arbeitskraft sofort hülflos ist, und daß er in Abhängigkeit und Unfreiheit mehr oder weniger gerathe. Dies ist das Problem, für dessen Lösung schon viel ge- und erdacht worden, ohne daß sie bis jetzt gefunden ward. Vor der unbedingten Abhängigkeit hat das Staatsgesetz den Arbeiter theilweise durch das Verbot des sog. Trucksystems geschützt. Wie aber die Gesellschaft unter der Leitung der göttlichen Vorsehung fähig gewesen, das Sklaventhum und die Leibeigenschaft zu beseitigen, so wird sie auch den Arbeiterstand aus diesen beiden Gefahren allmählich herauszulösen die Kraft haben.

6. Diese Menschenachtung drückt sich aber besonders durch ein gesittetes, anständiges, freundliches Benehmen gegen Jedermann aus. Wenn auch der wahre Werth des Menschen in seinem Wesen und Charakter beruht, und sich durch seinen Wandel und seine Thaten bewährt, so ist es doch auch das äußere Benehmen und Verhalten, durch welches seine Tugenden zur Erscheinung kommen, und das in den Beziehungen zu unsern Nebenmenschen höchst wirksam ist. Vor Allem liegt hier die Pflicht ob, der Sitte der Zeit und des Landes in keinerlei Weise entgegenzutreten, soweit sie dem Recht und der Sittlichkeit nicht zuwiderläuft. Es steht uns nicht frei, durch die Verletzung dieser Sitte Vielen einen Anstoß zu bereiten, wodurch wir uns auch selbst Verkennung und Schaden zufügen. So wenig wir daher jeder Uebertreibung und Entartung dieser Sitte (auch Mode genannt) opfern sollen, so sorgfältig müssen wir doch auf das achten, was die herrschend gewordene Sitte verlangt. Allerdings haben wir hierin nach dem Beispiele und Muster der Besseren und Gebildeteren das Maß der Feinheit anzustreben,

woburch sich zugleich der Charakter einer höheren Bildung und der gewandte und feinere Geist kundthut. Abgesehen hiervon, muß unser Benehmen gleich weit von Stolz und Hoffahrt, wie von Heuchelei, Schmeichelei und Kriecherei sein, und ebensosehr Selbstachtung wie Bescheidenheit, Zurückhaltung wie Offenheit zum Ausdruck bringen. Sind jene Untugenden eine Entwürdigung seiner selbst und eine Herabwürdigung des Anderen, so verfehlen sie auch den beabsichtigten Zweck; Stolz und Hoffahrt reizen die Menschen wider uns auf, Heuchelei wird durchschaut, der Schmeichler und Kriecher weckt zwar bei schwachen Menschen Wohlgefallen, wird aber allen anderen Menschen um so verhaßter. Ganz besonders aber drückt sich der wahre Adel der Seele durch das freundliche und wohlwollende Benehmen und Verhalten gegen Jedermann aus. In Haltung, Geberde, Blick und Wort zeichnet hier der Mensch sein Inneres ab und wirkt durch sie wiederum auf seine edlen Eigenschaften zurück. Es liegt ein großer Zauber hierin, und es ist nicht zu bemessen, wie viel Freude, Aufrichtung und Tröstung dadurch in den Herzen anderer geweckt werden. Es versteht sich von selbst, daß hier das Hauptgewicht in unseren Beziehungen zu Personen liegt, die für uns gleichgiltig sind oder unter uns stehen, auch etwa Gesuch und Bitte an uns zu stellen haben, da gegen Höherstehende und solche, von denen wir Vortheil erhoffen, es sich schon von selbst gebietet. Wir erfreuen durch ein solches Benehmen viele und bedrückte Herzen, und gewinnen sie für immer. Die allgemeine Achtung lohnt uns dafür. Nicht zu übersehen ist aber, daß durch ein gesittetes, geregeltes und wohlwollendes Benehmen wir auch die Herrschaft über uns selbst, über unsere Aufwallungen und Leidenschaften stärken und uns gewöhnen, in allen Dingen ein rechtes Maß zu halten.

„Empfange jeden Menschen mit freundlichem Angesichte, ja mit Heiterkeit." (P. A. I, 15. III, 16.

„Ein freundliches Wort erfreuet das Herz des Menschen." (Spr. Sal. 12, 25.)

„Der Blick der Augen erfreuet das Herz des Menschen." (Spr. Sal. 15, 30.)

„Des Mundes Schiefe schaffe von dir ab, der

Lippen Krümmung halte von dir fern, deine Augen
laß gerade aus blicken und deine Wimpern schauen
vor dir hin; deines Fußes Bahn wäg' ab, und fest
sei all dein Wandel" (Spr. Sal. 4, 23—29). „Wer mit
den Augen blinzelt, schafft Verdruß" (Spr. Sal.
10, 10.). „Ein nichtswürdiger Mensch ist der Mann
des Unrechts, der einhergeht mit verzogenem
Munde, mit seinen Augen blinzelt, mit seinen
Füßen redet, mit seinen Fingern winkt. Falschheit
in seinem Herzen, schmiedet Böses er zu aller
Zeit, stiftet Haber an" Spr. Sal. 6, 12—14.).

Ein offenes, gerades Wesen im Aeußern entspricht auch dem offenen
geraden Herzen, während die Falschheit sich in Zeichen und Merkmalen
äußert, theils absichtlich, um hinter dem Rücken Anderer den Sprechenden
Zeichen zu geben, theils unbewußt, wodurch sie sich eben dem Menschenkenner
verräth.

70.

**Welches ist das zweite besondere Moment der allge-
meinen Nächstenliebe?**

Die Gerechtigkeit.

1. Es kann gefragt werden, ob mit mehr Wahrheit die Liebe
als ein Recht des Menschen an den Menschen, oder das Recht als
ein integrirendes Moment der Liebe anzusehen, oder nach dem gewöhnlichen Gebrauche Recht und Liebe auseinander zu halten seien,
jenes als die strenge Erfüllung alles Zukömmlichen, diese als aus
den Gefühlen der Theilnahme und Solidarität über das Maß des
letzteren hinausgehend. Vom religiösen Standpunkte aber ist die
Gerechtigkeit der Liebe zu subsumiren; denn die israelitische Religion
stellte den Menschen in seinem Verhältniß sowohl zu Gott als zu
seinen Nebenmenschen, und zwar im Allgemeinen wie in allen einzelnen Beziehungen, auf den Standpunkt der Liebe, als des eigentlichen Inhalts der Heiligung. Erst von hieraus läßt sie das Wesen
des Menschen in den besondern Momenten ausstrahlen, und die
Gerechtigkeit ist ihr nur eine besondere Bethätigung der Liebe. Die

Liebe ist das Allgemeine, die Gerechtigkeit ein Besonderes, und somit ordnet sich diese jener ein. Wer liebt, will jedenfalls gegen den Gegenstand seiner Liebe gerecht handeln, während nicht immer der, welcher gerecht zu sein strebt, liebt. Das Wesen der Gerechtigkeit wird nicht durch den negativen Satz erschöpft: was du nicht willst, daß dir geschehe, das thue auch einem Andern nicht — sondern vielmehr durch den positiven: was du willst, daß dir geschehe, das thue auch dem Andern. Durch jenen Satz wird die Unterlassung des Beschädigenden, durch diesen aber die Uebung des Nützenden hervorgehoben, und das letztere schließt viel leichter und natürlicher die Unterlassung des ersteren ein, als diese die Erfüllung und Uebung des Stützenden. Die Forderung der Gerechtigkeit besteht darin, daß wir Jedermann das zukommen lassen und thun, was ihm gehört, und Niemandem vorenthalten, was ihm zu geben und zu thun gehört. Dieses schattirt sich nun in allen möglichen Ver= hältnissen des Lebens ab, die wir zu diesem Zwecke unter gewisse Kategorien zu bringen haben.

„Gerechtigkeit, Gerechtigkeit folge nach, damit du lebest" (5 Mos. 16, 20.).

Die Gerechtigkeit wird hier als das Element und die Basis des Lebens, des Bestandes, der Dauerhaftigkeit aller Verhältnisse bezeichnet. Wie die Umgebung des Ausspruches zeigt, ist ganz Israel angeredet, also die ganze Gesellschaft, der Staat verstanden. Innerhalb dieser allgemeinen Sphäre zieht aber auch der Einzelne sowohl seinen äußerlichen Bestand als auch die Forderung seines höheren Lebens und die Befriedigung seines Bewußt= seins aus der eifrigen Erfüllung der Gerechtigkeit nach allen Beziehungen hin (denn dies heißt רדף „verfolgen"). S. oben §. 57. 6. S. 204.

„Gerechtigkeit rettet vom Tode — Gerechtigkeit führt zum Leben!" (Spr. Sal. 10, 2. 16. 11, 4. 19.)

Leben und Tod bedeuten im ganzen Buche der Sprüche den Inbegriff des Heils und des Verderbens, jedoch auch eingeschlossen längere und kürzere Dauer des Lebens. Die צרקה ist der allen Pflichten gerecht werdende Wan= del, und ist schon an sich befähigt, das Leben zu verlängern, indem es vor den verwüstenden und verzehrenden Leidenschaften schützt; indeß verheißt schon der Pentateuch der Gerechtigkeit von Gott den Lohn verlängerten Lebens. — Ganz besonders ist das Buch der Sprüche Salomonis eine fortlaufende Lobrede auf die Gerechtigkeit, indem ihm die Weisheit die Gesinnung, die Gerechtigkeit die Ausübung alles Rechtes ist; ihre Segnungen, inneren und

äußeren Vortheile, ihren höhern und sichtbaren Lohn spricht es in allen
Nuancirungen aus, und schildert in Gegensätzen die Folgen des Unrechts,
der Bosheit, des Frevels und den Fluch, der sich an die Sohlen der Ungerechten heftet.

2. Haben wir demnach die strengste Gerechtigkeit zu üben, und
allen von uns erkannten Forderungen derselben zu genügen: so ist
es auch eine positive Pflicht, Unrecht von Anderen abzuwehren. Es
gilt hier sowohl Andere vom Unrechtthun zurückzuhalten, als auch
Andere vor Unrechtleiden zu schützen. Wir sollen also kräftig uns
bemühen, sowohl durch Beispiel überhaupt, wie durch Wort und
That in jedem einzelnen Falle diejenigen, welche Unrecht zu thun
entschlossen sind, davon zurückzuhalten oder welche es begangen
haben, davon zurückzubringen, und nicht müßig zuzusehen, wie sie
der Sünde und dem Laster immermehr anheimfallen. Um so
schlimmer handeln diejenigen, welche aus eigennützigen Absichten
oder um von sich selbst Schaden abzuwenden, das Böse gut heißen
und dem Uebelthäter schmeicheln. Wir müssen aber auch ferner
mit allen Kräften verhindern, daß Anderen Unrecht geschehe, und
hier sind es insonders alle Schwächeren, wie Greise, Frauen, Wittwen, Waisen, Fremdlinge und Dürftige, denen wir unsere thätige
Annahme schulden, um sie vor jeder Vergewaltigung zu schützen.

„Die da Viele zur Gerechtigkeit bringen, werden glänzen wie die Sterne immer und ewig."
(Dan. 12, 3.)

„Wehe denen, die das Böse benennen gut, und
das Gute böse, Finsterniß machen zu Licht, und
Licht zu Finsterniß, Bitteres machen zu Süßem,
und Süßes zu Bitterem." (Jef. 5, 20.)

Wenn in der h. Schrift immer von Neuem eingeschärft wird, „den
Fremdling, die Wittwe und die Waise nicht zu drücken und ihr Recht nicht
zu beugen", wenn die Propheten Israel Nichts öfter und schärfer vorwerfen,
als daß Solches in seiner Mitte geschehe: so wird auch dazu aufgefordert,
sich der Sache der Wittwen, Waisen und Fremden anzunehmen, und ihren
Rechtsstreit zu führen.

„Lernet gut thun, suchet Recht, stellt den Unter-
drückten her, schafft der Waise Recht, führt der
Wittwe Streit." (Jef. 1, 17.)

„Wie lange werdet ihr Unrecht richten, und der
Frevler Ansehen achten? Selah. Schafft Recht dem
Geringen und der Waise, dem Elenden und Armen
gebet Recht. Rettet den Geringen und Dürftigen,
befreit aus der Frevler Gewalt." (Pf. 82, 2—4.)

So wird auch öfters Gott als der gepriesen, welcher den Wittwen,
Waisen und Fremdlingen Recht verschaffet und sich ihrer annimmt (so
schon 5 Mof. 10, 18.), und deßhalb „Vater der Waisen" genannt
(Pf. 68, 6.).

Daß es besonders des bestellten Richters höchste Pflicht ist, die Gerichts=
barkeit in strengster Unparteilichkeit, unbestechlich und allein das Recht be=
achtend, zu üben, haben wir oben §. 57. 6. gesehen. Die Religion Israel's
weist aber entschieden die Lehre ab, irgend ein abwendbares Unrecht aus
Demuth und Hingebung zu dulden, und gar durch das übertriebene
Verlangen nach Aufopferung oder Frieden zu fördern. Dem, welcher uns
die eine Backe schlägt, noch die andere zu reichen, der uns den Rock nimmt,
auch noch den Mantel zu geben, heißt das Unrecht mehren, gewissermaßen
gutheißen, und läuft auf einer gewissen Theilnahme am Unrecht hinaus.
Geschieht es nur, um sich selbst in der Opferfähigkeit und in der Tugend
der Feindesliebe zu üben, so ist es nur ein versteckter Egoismus. Vielmehr
ist es unsere Pflicht, der Ungerechtigkeit entgegenzutreten, wo sie nur er=
scheint, ihre Fortsetzung zu hintertreiben und den Ungerechten zu Gerech=
tigkeit zurückzuführen; allerdings darf dies nur durch solche Mittel geschehen,
die zum Zwecke führen, also auch bisweilen durch Nachgiebigkeit, niemals
aus Streitsucht. — Nicht minder steht die Religion da, wo Gerechtigkeit
und Barmherzigkeit insofern mit einander in Collision kommen, daß wir
dem Einen Unrecht thun, um dem Andern wohlzuthun, auf Seiten der
ersteren. Ich darf Niemandem Unrecht thun, selbst um dem Hülfsbedürf=
tigen dadurch zu helfen. Ich muß den Hartherzigen mit allen Mitteln der
Ueberredung zu einer wohlthätigen Handlung zu bringen suchen, aber ich
darf ihn nicht wider seinen Willen auch nur eines Deuts berauben, um
einem Andern wohlzuthun.

a) Heilighaltung des Lebens [1]).

1. „Du sollst nicht tödten", lautet das sechste der zehn
Worte, und dieser kurze und prägnante Ausdruck umschließt daher
alle erdenklichen Fälle und Bedingungen, in und unter welchen das

---

[1]) Vgl. §. 57. 3) 1.

Leben eines unserer Nebenmenschen durch uns gefährdet, verletzt oder gar vernichtet werden könnte [1]). Jede direkte That und schon jeder direkte Versuch, das Leben eines Nebenmenschen zu verkürzen, ist ein todeswürdiges Verbrechen. Da aber schon die Gesundheit eines Menschen für uns ein unberechenbarer Gegenstand ist, so daß wir niemals wissen können, inwiefern aus der Beschädigung jener eine Verkürzung des Lebens hervorgehen könne, so ist auch die wissentlich herbeigeführte Verletzung der Gesundheit eines Andern mehr oder weniger ein analoges Verbrechen. Je leichtsinniger hinsichtlich der letzteren oft zu Werke gegangen wird, desto sorgfältiger haben wir uns davor zu hüten. Das Leben und die Gesundheit unseres Nebenmenschen müssen uns ein kostbares Gut sein, dessen Benachtheiligung wir mit aller Kraft und in jeder Beziehung zu vermeiden haben, wohin daher auch die Verursachung tödtlichen Grames, bitterster Kränkung u. s. w. gehört.

Die Kriminalstatistik erweist, daß Seitens der Juden eine Mordthat oder Tödtung höchst selten begangen wird. Die durch die religiöse und häusliche Erziehung, namentlich z. B. durch das strenge Einhalten der Speisegesetze bewirkte Selbstbeherrschung macht sie der wüsten Leidenschaftlichkeit, welche jenen Verbrechen zu Grunde liegt, weniger zugänglich. Mögen Eltern und Erzieher sorgfältig darauf achten, daß dieser sittliche Zustand der jüdischen Volksmasse bewahrt bleibe. — Es braucht nicht erst auseinander gesetzt zu werden, daß die Religion das Duell gänzlich verwirft, und für .die daraus fließende Tödtung oder Verwundung keine Rechtfertigung hat. Denn wenn auch das noch immer herrschende Vorurtheil, es könne, oder gar müsse die verletzte Ehre durch einen Zweikampf mit den Waffen wieder hergestellt oder gerächt werden, und die aus diesem hervorgehenden geselligen Pflichten einigermaßen eine Entschuldigung bieten möchten, so wird diese dadurch aufgehoben, daß das Duell nur unter Gebildeten gebräuchlich ist, welche um so mehr verpflichtet sind, Vorurtheilen entgegenzutreten und zu

---

[1]) Einige Erklärer bemühen sich, das einfache Schriftwort durch Aufführung der Specialitäten zu deuten, wie Aben Esra darunter die Tödtung, sowohl durch Hand als Zunge, durch falsches Zeugniß, durch Verleumdung, durch absichtlich bösen Rath, durch Verheimlichung dessen, was einen Angeschuldigten vom Tode retten kann, Abarbanel sogar durch Versagung einer Wohlthat verstanden haben will. Es ist dies aber überflüssig, da gerade eine allgemeine Formel alle möglichen Specialitäten umfaßt.

deren Beseitigung mitzuwirken, und zwar die Veranlassung, nicht aber die
Ausführung des Duells auf einer leidenschaftlichen Erregung beruht. Man
hat vorgegeben, daß das Duell bereits biblisch sei. Aber das Beispiel des
Zweikampfes zwischen David und Goliath paßt durchaus nicht hierher.
Denn die beiden Zweikämpfer vertreten hier nur die beiden feindlichen Heere,
so daß durch ihren Kampf die Schlacht jener ersetzt und ein größeres Blutvergießen vermieden werden sollte.

Die beiden Ausnahmen, in welchen die Tödtung eines Nebenmenschen kein Verbrechen ist, sind: 1) der vom Staate angeordnete
Krieg, wobei selbstverständlich nur eben der wirkliche Kampf die
Tödtung rechtfertigt, so daß außerhalb desselben das religiös-sittliche
Gesetz der Menschenliebe in voller Kraft bleibt; hierzu gehört auch
die Bewirkung der von Seiten des Gerichtes verordneten Todesstrafe. 2) die Nothwehr gegen Raub- und Mordanfall. Dahingegen
bieten die Leidenschaften, wie Zorn und Rache, der Rausch u. dgl.
keine Rechtfertigung des Mordes, wenn sie auch mildernde Motive
in der Beurtheilung des einzelnen Falles abgeben. Die Religion
macht es dem Menschen zur Pflicht, seine Leidenschaften zu beherrschen, und ist es daher schon sündhaft, sich denselben maß- und
zügellos hinzugeben.

Daß die Nothwehr ein rechtfertigendes Moment ist, geht aus 2 Mos.
22, 1. hervor, wo der Fall, daß der Dieb bei einem nächtlichen Ein-
bruch getödtet wird, für keine Blutschuld erklärt wird, am Tage aber wohl
(B. 2.)[1].

2. Die Heilighaltung des Lebens unseres Nebenmenschen legt
uns aber auch die positive Pflicht auf, Alles zu thun, was zur Erhaltung seines bedrohten Lebens erforderlich ist, und zwar nicht
nur mit der Aufopferung unseres Gutes, sondern auch mit eigener
Lebensgefahr, und macht es hierin keinen Unterschied aus, ob der
Bedrohte in freundschaftlicher oder in feindlicher Beziehung zu uns
steht. Es wird daher zu den edelsten Handlungen gerechnet, wenn

---

[1] Die Tradition faßt das Textwort so, daß der Dieb am Tage und in
der Nacht ohne Blutschuld getödtet werden könne, jedoch nur, wenn seine Absicht, den Eigenthümer nicht blos zu bestehlen, sondern auch zu tödten, „klar wie
die Sonne sei". Sanhedr. 72, 1.

Jemand mit offenbarer Gefahr seines eigenen Lebens seine Neben=
menschen aus der ihnen drohenden Lebensgefahr rettet.

„Bleibe nicht stehen bei dem Morde deines Näch=
sten, ich bin der Ewige." (3 Mos. 19, 16.)

Die meisten jüdischen Erklärer, wie der Midrasch, Raschi, Raschbam,
Wessely, so auch Gesenius, erklären diese Worte richtig: seinen Nebenmenschen in Lebensgefahr nicht zu verlassen, wofür auch die ganze Umgebung
der Worte spricht.

b) Heilighaltung des Eigenthums[1]).

1. „Du sollst nicht stehlen", das siebente der Zehnworte,
spricht mit gleicher Energie und Allgemeinheit das Verbot aus, das
Eigenthum eines Nebenmenschen in irgend einer Weise zu verkür=
zen, zu beschädigen oder zu vernichten, aus welchem Motive dies
auch geschehe, sei es, um selbst Vortheil daraus zu ziehen, sei es, um
dem Andern Schaden zuzufügen. Alle Arten dieser Eigenthumsschä=
digung sind daher strengstens verboten, wie: 1) Raub und Diebstahl,
die durch Gewalt oder List, vor den Augen des Eigenthümers oder
ohne sein Wissen, sich geradezu des Besitzes oder eines Theiles des=
selben bemächtigten. Sei die That vollbracht, oder behindert, möge
der Besitzer hinterher wieder zu seinem Eigenthum kommen oder
nicht, die Handlung ist gleich strafwürdig, aber jedenfalls um so
verdammenswerther, ein je höherer Grad von Hinterlist und Bru=
talität damit verbunden ist. Des Diebstahls macht sich auch der
Hehler schuldig, ja, indem er dem Diebe das Verbrechen erleichtert,
ist er noch schuldiger. 2) Betrug und Uebervortheilung. Jede be=
trügerische Handlung, die zum Zwecke hat, das Eigenthum des An=
dern in größerm oder geringerm Maße sich anzueignen, durch Ueber=
listung, falsche Behauptung, Vorspiegelung, Fälschung von Urkun=
den, Ränke und Lügen trägt den Stempel der Gemeinheit in dem
Verfahren selbst und der Strafbarkeit in dem Zwecke und Erfolg.
Im gewöhnlichen Verkehr besteht der Betrug vorzugsweise in dem
fälschlichen Ausgeben einer schlechtern Waare für eine bessere, werth=
vollere, wodurch nicht allein ein unverhältnißmäßig hoher Preis

---

[1]) Vgl. §. 57. 3) 2.

genommen, sondern der Käufer auch in der Nützlichkeit und Ver=
wendung der Waare betrogen wird. Wenn der Handel und Ver=
kehr darauf gebaut ist, daß der Verkäufer einen Nutzen aus dem
Geschäfte zu ziehen hat, wofür er sein Kapital, seine Thätigkeit,
seine Sachkenntniß und das Risiko einsetzt, so besteht die Uebervor=
theilung darin, daß er falsches Maaß oder Gewicht anwendet, oder
einen unverhältnißmäßigen Vortheil sich verschafft. In allem Die=
sem liegt eine Verkürzung des Eigenthums, in letzteren Fällen zu=
gleich ein Mißbrauch des Vertrauens, der, an sich sündhaft, auch
noch den Verlust des Vertrauens mit sich führt, das doch ein Fun=
dament des Handels und Gewerbes ist. Sicher bestrafen sich aber
darum auch Betrug und Uebervortheilung selbst, denn wenn sie auch
augenblicklich einen größern Vortheil verschaffen, so bewirken sie
doch bald ein Mißtrauen, welches dem Erwerbsmann den größten,
dauerndsten Schaden schafft. Es kommt die Zeit, wo dieses Miß=
trauen allgemein wird, und oft sieht man dadurch das früher blü=
hendste Geschäft zu Grunde gehen. Redlichkeit und Geradheit führen
dagegen, wenn auch langsamer, aber sicher zu gedeihlichsten Erfolgen.
3) Wucher, worüber s. §. 40. 4) Vorenthalten des Jemandem Ge=
hörigen oder Zukommenden. Die Bezahlung der Schulden, die Zah=
lung des schuldigen Lohnes, die Entrichtung alles dessen, wozu man
sich in Eigenthumssachen verpflichtet hat, die Zurückgabe des Pfan=
des, des Gefundenen, die Enthaltung von allem dem, wodurch einem
Andern entzogen wird, was ihm zukommt, z. B. von der Erbschlei=
cherei u. dgl. gehören hierher. Es ist dies das weite Feld des
Mein und Dein, auf welchem wir unsere Hände rein erhalten sollen
von allem unrechten Gute, und es zurückzugeben haben, so es irr=
thümlich uns zugefallen, zu ersetzen, so wir Jemanden beschädigt
haben; das weite Feld des bürgerlichen Lebens, auf welchem wir
mit strengster Gewissenhaftigkeit nur das in unsern Besitz zu brin=
gen oder in ihm zu erhalten haben, was uns von Rechtswegen zu=
kommt. Wie oft wir auch hier in Versuchung gerathen, wie oft die
Wage unsres Gewissens schwankt, wie oft es den Schein der Schuld=
losigkeit und der Straflosigkeit annimmt, wir sollen immer und
immer bestehen in Recht und scrupulöser Strenge gegen uns selbst
und unser Verfahren. Endlich 5) die Entziehung oder Schmälerung

des Erwerbes Anderer. Wie groß besonders hierdurch der Schaden ist, den wir Andern zufügen, ist selbstverständlich. Es handelt sich hierbei nicht um einen augenblicklichen und beschränkten Nachtheil, sondern um ein dauerndes Verderben, das wir über Mitmenschen bringen. Ist dies daher schon grundschlecht, wenn es aus andern unedeln Leidenschaften geschieht, so noch mehr, wenn wir uns den Gewinn zuziehen wollen, den wir Anderen entziehen. Allerdings haben wir, wenn das bürgerliche Gesetz es gestattet, das Recht, uns in einem Gewerbe zu etabliren, welches Andere schon betreiben, und eine Concurrenz, die auf redlichem und fleißigem Streben ruht, ist erlaubt. Im Allgemeinen ist die ehrliche Concurrenz ein Bedürfniß des Publikums und oft auch zum Vortheil der Gewerbsleute selbst. Aber jede List, jedes unredliche Mittel, die Kundschaft des Concur= renten für sich zu gewinnen, jede Verleumdung, Herabsetzung zu diesem Zwecke, jedes s. g. Schleudern, um den Concurrenten zu rui= niren und aus dem Felde zu bringen, ist eben so niedrig, wie sünd= haft. — Nein! von zwiefacher Ueberzeugung müssen wir uns durch= dringen lassen: daß wir um irdischen, vergänglichen Vortheil's willen auch nicht das geringste Unrecht in Sachen des Eigenthums thun und dadurch unsere Seele mit Sünde belasten dürfen, und daß „un= recht Gut niemals gedeiht", und früher oder später seinen Fluch uns fühlbar macht. Mögen wir es stets als einen sichern Führer betrachten, daß „der gerade Weg der richtigste und sicherste ist", der zum Heile unserer Seele und zum Glück des Lebens führte. — Haben wir aber auf diesem Gebiete uns irgend eines Fehles schuldig gemacht, uns etwas angeeignet, was uns nicht gehört, so ist die erste und unbedingte Pflicht, das unrechte Gut aus unserm Besitze zu entfernen und es seinem rechtmäßigen Eigenthümer oder dessen Erben zurückzuerstatten, oder, wenn solche nicht vorhanden, es zu wohlthätigen Werken zu verwenden. Ohne dies gethan, ohne das unrechte Gut wieder zurückgegeben zu haben, kann eine wahr= hafte Buße und Besserung, und also eine Vergebung unserer Sünde nicht stattfinden.

„Ihr sollt nicht stehlen und sollt nicht ableug= nen und nicht belügen einer den andern. Du sollst deinem Nebenmenschen Nichts vorenthalten, und nicht rauben". (3 Mos. 19, 11. 13.) „Beraube nicht den Schwachen, weil er schwach ist, und tritt den Armen nicht im Thor nieder! denn der Ewige streitet ihren Streit und raubet das Leben ihren Beraubern". (Spr. Sal. 22, 22. 23.) Besonders hebt noch die Schrift den Menschendiebstahl als todeswürdiges Verbrechen hervor. 2 Mos. 22, 16. 5 Mos. 24, 7. — „Wer mit dem Diebe theilet, haßt seine Seele". (Spr. Sal. 29, 24.).

„Süß ist dem Mann das Brod des Truges, doch nachher füllt sein Mund mit Kiesel sich". (Spr. Sal. 20, 17.)

„Thuet kein Unrecht im Gericht, im Längenmaß, im Gewicht und im Hohlmaß. Richtige Wage, richtige Gewichtsteine, richtiges Epha und richtiges Hin sollen bei euch sein: Ich bin der Ewige euer Gott". (3 Mos. 19, 35. 36.) (Epha Hohlmaß für trockene und Hin für flüssige Dinge). Vgl. 5 Mos. 25, 13—16. „Trügerische Wage ist dem Ewigen Gräuel, Vollgewicht sein Wohlgefallen". (Spr. Sal. 11, 1. Vgl. 16, 11. 20, 10.)

„Wer Korn zurückhält, ihm flucht das Volk, Segen auf dessen Haupt, der es verkauft". (Spr. Sal. 11, 26.)

Ueber die Zurückgabe alles anvertrauten Gutes s. 2 Mos. 22, 6 ff.

„Der Frevler borget und bezahlet nicht, doch der Gerechte schenkt und giebt". (Pf. 37, 21.)

Ueber alles Gefundene bestimmt das Gesetz, daß, was es auch sei, sobald der Eigenthümer bekannt wird, es diesem wieder zurückgegeben, so lang er unbekannt, es aufbewahrt werden müsse, bis er aufgefunden worden, er sei Freund oder Feind (2 Mos. 23, 4. 5. 5 Mos. 22, 1—4.).

„Du sollst nicht verrücken die Grenze deines Nächsten". (5 Mos. 19, 14.); über den, wer Solches thut,

wird der Fluch ausgesprochen daf. 27, 17. vgl. Spr. Sal. 22,
28. 23, 10. Wenn auch im Texte die Grenzsteine der Felder
verstanden ist, so gilt dies doch offenbar prinzipiell für allen
unredlichen Eingriff in den Erwerb Anderer.

„So eine Person sündigt, und begeht eine Un=
treue am Ewigen, und leugnet seinem Neben=
menschen ein Unterpfand ab oder Anvertrautes
oder Geraubtes oder berückt seinen Nebenmenschen
oder findet etwas Verlorenes und leugnet es ab,
und schwört auf Falsches; wegen irgend Etwas,
was der Mensch thut, indem er sich damit versün=
digt; so er also gesündigt und sich verschuldete: so
gebe er den Raub, den er geraubt oder das, um
was er berückt hat, oder das Unterpfand, das ihm
anvertraut, oder das Verlorne, das er gefunden,
zurück, oder um was er sonst falsch geschworen,
und erstatte es nach seinem Werthe, und lege ein
Fünftel dazu; dem es gehört, soll er es geben am
Tage seines Schuldopfers. Und als sein Schuld=
opfer bringe er dem Ewigen einen vollkommenen
Widder vom Kleinvieh, nach deiner Schätzung, zu
dem Priester. Und der Priester versöhne ihn vor
dem Ewigen und es wird ihm vergeben wegen
irgend, was er gethan, sich damit verschuldend".
(3 Mos. 5, 21—25.) Vgl. Jechesk. 18. Hiob 11, 13—15. —
Ueber den Ersatz, den man für angerichteten Schaden zu leisten
hat, s. 2 Mos. 22, 4. 5.

Man hat den Talmud beschuldigt, die Gesetze Betreffs des Eigenthums
auf die Israeliten beschränkt und das Unrecht gegen Nichtisraeliten erlaubt
zu haben. Dies ist falsch. Denn auch im Talmud wird jede Täuschung,
jeder Betrug, jeder Raub und Diebstahl, jede Anwendung eines falschen
Maßes u. s. w., gegen einen Nichtisraeliten geübt, ebenso verdammt und für
strafwürdig erachtet, wie gegen einen Israeliten s. z. B. Chull. 94, 1. [1]).

---

[1]) ‏אסור לגנוב דעת הבריות ואפילו דעתו של עכו״ם‎.

Ramb. Hilch. Geneba. VII; ja sogar eine solche Handlung gegen einen Nichtisraeliten für sündhafter, als gegen einen Israeliten erklärt, weil dadurch ein Vorurtheil gegen das Judenthum (חלול השם) geweckt würde (Toss. Baba Kama X.).

2. Aus denselben Motiven entspringt aber die positive Pflicht, das Heiligthum unserer Nebenmenschen heilig zu halten, indem wir es vor jeder Beschädigung schützen, in allen Gefahren unsere Anstrengungen mit den ihrigen verbinden, um es möglichst zu retten, und ihnen bei keinem ihren Besitzthümern bedrohlichen Ereigniß unsern Beistand entziehen, wie z. B. in Feuers- und Wassersnöthen, Raubanfällen u. s. w.

„Es sei dir das Vermögen deines Nebenmenschen so theuer wie das deinige". (P. A. II, 17.) Die prinzipielle Pflicht, den Nebenmenschen vor Schaden zu hüten, und ihm darin beizustehen, wird speziell so ausgedrückt: „Du sollst nicht den Ochsen deines Bruders oder sein Schaf irrend gewahren und dich ihm entziehen: zurückbringe sie deinem Bruder. Du sollst nicht den Esel deines Bruders oder seinen Ochsen gefallen auf dem Wege gewahren und dich ihnen entziehen: richte ihn auf mit ihm". (5 Mos. 22, 1. 4.) — was 2 Mos. 22, 4. 5. auch als Pflicht gegen den Feind geboten wird.

c) Heilighaltung der Wahrheit.

1. Die Liebe zur Wahrheit und die daraus fließende Wahrhaftigkeit hat eine zwiefache Seite, nach Innen und nach Außen, eine Beziehung des Menschen zu sich selbst und eine Beziehung zu seinen Nebenmenschen. Die Wahrhaftigkeit sagt: Sprich stets, wie du denkst. Denn in der Wahrhaftigkeit beruht die Würde des Menschen vor sich selbst, und jede Lüge ist eine Entwürdigung seiner selbst. Absichtlich das, was wir mit unserem Verstande erkannt und mit unserem Herzen erfaßt haben, anders darzustellen, wie es ist, enthält eine Erniedrigung und einen Mißbrauch für unseren Geist, Wirklichkeit und Schein werden von uns selbst in Zwietracht gerufen und Ueberzeugung und Aussprache sich gegenübergestellt. Auf diese Weise erniedrigen wir unseren Charakter und verletzen die Achtung, die wir uns selbst schuldig sind. In gleicher Weise ist die

Lüge eine Entheiligung vor Gott. Denn da Gott selbst die Wahr=
heit ist und will, und vor ihm keine Lüge besteht, so ist es, wenn
wir wissentlich der Wahrheit zu nahe treten, als ob wir sein all=
sehendes Auge nicht achten. Daher ist es um unserer selbst und
um Gottes Willen eine hohe Pflicht, stets die Wahrheit zu reden
nach unserer innersten Ueberzeugung, das mit Sicherheit zu beken=
nen, dessen wir gewiß sind, als zweifelhaft darzustellen, worin wir
schwanken, und zu verneinen, was uns als nicht richtig bewußt ist.
Hieraus entspringt aber das Bedürfniß, sowohl über Personen als
Sachen nach einem möglichst genauen und richtigen Urtheil zu stre=
ben, und uns hierbei, soviel wir können, vor dem bloßen Anscheine
und einem oberflächlichen Erfassen zu wahren. Hinsichtlich der
Personen gilt darum die Vorschrift: Niemanden von vorn herein
zu verurtheilen und zu verdammen. Zunächst haben wir uns von
den Thatsachen sorgfältig zu unterrichten, und darf uns hierin kein
Vorurtheil, selbst nicht einmal die Vergangenheit des Angeschul=
digten leiten. Dann aber müssen wir möglichst nach den Beweg=
gründen der Handlung forschen, und wo wir dies nicht vermögen,
lieber Entschuldigungsgründe gelten lassen, als in Lieblosigkeit und
Härte aburtheilen. Denn die Erfahrung lehrt, daß nach dem inne=
ren Entwickelungsgange der Menschen die Ursachen und Absichten
selten in dem Grade verwerflich sind, wie sich die That, aus dem
seelischen Zusammenhange gerissen, darstellt. Um so mehr sind wir
hierzu verpflichtet in der Abwesenheit des Bezüchtigten, da dieser
sich zu vertheidigen nicht im Stande ist.

„Ihr sollt nicht belügen Einer den Andern."
(3 Mof. 19, 11.) „Dies sind die Dinge, die ihr thun
sollt: redet Wahrheit, Einer mit dem Andern;
nach Wahrheit und Gericht des Friedens richtet
in euern Thoren, und sinnet Keiner das Unheil
des Andern in eurem Herzen, und falschen Schwur
liebet nicht; denn alles Dies hasse ich, spricht der
Ewige." (Secharj. 8, 16. 17.)

Zu den Bedingungen wahrer Frömmigkeit und Gottesfurcht zählt der
Psalmist 15, 2: „Wer Wahrheit spricht in seinem Herzen",

also der das Streben hat, die Wahrheit im Herzen zu haben, um sich selbst nicht zu betrügen.

„Wer Wahrheit ausströmt, kündigt Recht, ein Lügenzeuge Trug. Wahrhaft'ge Lippe stehet fest auf immer, nur einen Augenblick die Lügenzunge. Dem Ewigen Gräuel sind Lügenlippen, die Wahrheit üben, sein Wohlgefallen." (Spr. Sal. 12, 17. 19. 22.) „Wie hass' ich Lüge, verabscheue sie, und liebe deine Lehre." (Pf. 119, 163.) „Beurtheile jeden Menschen nach der besten Seite." (P. A. I, 6.) „Verurtheile deinen Nebenmenschen nicht, bis du in seine Lage gekommen." (Daj. II, 5.) „Sei nicht allein Richter, denn alleiniger Richter ist nur Einer (Gott)." (Daj. IV, 10.)

2. Noch bedeutungsvoller tritt aber die unbedingte Wahrhaftigkeit als höchste Pflicht in der Beziehung zu unseren Nebenmenschen auf. Welche auch die Motive seien, ob um einen bestimmten Vortheil uns zu verschaffen, oder nur uns ein Vergnügen zu bereiten, eine augenblickliche Wichtigkeit zu erlangen, dem Hange der Uebertreibung zu folgen: jede Lüge, die wir aussprechen, ist eine schwere Sünde, indem wir dadurch unseren Nebenmenschen hintergehen und ihm Schaden zufügen. Selbst da, wo wir ihm durch unsere Lüge eine falsche Vorstellung geben, ein unrichtiges Urtheil über die Dinge und Personen, auch über uns selbst beibringen und ihm so die Wahrheit verhüllen, haben wir ihm unberechenbaren Schaden bereitet. Verbinden sich hierzu nun äußere Nachtheile, die ihm oder Anderen daraus entstehen, oder Vortheile, die wir uns oder Anderen gewinnen, so wird die Verletzung der Wahrheit immer inhalts- und folgeschwerer. Nichts darf uns bewegen, von der Wahrheit abzuweichen, und streng müssen wir darüber wachen, daß keine Lüge über unsere Lippen komme. Um dies zu erreichen, haben wir uns von Kindheit an sorgfältig zu gewöhnen, der Wahrheit stets treu zu bleiben und die Lüge zu hassen. Dann wird die Wahrhaftigkeit uns so zur Nothwendigkeit, so ein untrennbarer Theil unseres ganzen Wesens, daß jedes falsche Wort uns unmöglich wird und wir vor jeder Lüge zurückschrecken. Im Gegentheil wird

durch die Leichtfertigkeit, mit der wir die Wahrheit behandeln, das
Lügen leicht zu einer Angewöhnung, die sich durch all unser Sprechen
und Thun zieht und uns selbst unbewußt und ohne Grund zum
Lügen bringt. Daß die Wahrhaftigkeit, wenn wir in ihr stets be=
funden werden, uns nicht blos die Achtung, sondern auch das Ver=
trauen, ja ein unerschütterliches Vertrauen unserer Nebenmenschen
erwirbt, das in den mannichfaltigsten Lagen des Lebens zu einem
festen Boden unseres Bestandes wird; daß im Gegensatz wiederholtes
Lügen uns des Vertrauens beraubt, und ein Mißtrauen in alle
unsere Aussagen und Handlungen verbreitet, und uns so zu Nach=
theil und Verderben gereicht, wie das alte Sprüchwort sagt: „Wer
einmal lügt, dem glaubt man nicht, und wenn er auch die Wahr=
heit spricht" — das braucht nicht erwiesen zu werden, und enthält
den Lohn und die Strafe für unser Verfahren. — Von diesem Stand=
punkte aus hat man die Frage, ob eine sogenannte Nothlüge erlaubt
sei? zu beantworten. Daß eine solche, wo einem Nebenmenschen
irgend ein Nachtheil daraus erwächst, von vornherein unerlaubt ist,
liegt auf der Hand. Aber auch da, wo ohne einen solchen uns
selbst ein Vortheil oder vielmehr ein Schutz vor Nachtheil erzielt
werden soll, ist sie unstatthaft, und beruht auch auf Irrthum, da
der augenblickliche Vortheil durch die spätere Entdeckung der Wahr=
heit vernichtet wird, während ein offenes Bekenntniß und das Er=
tragen des Nachtheils oder der Strafe um der Wahrheit willen die
Strafe mildern und das achtungsvolle Vertrauen, das wir dadurch
erwecken, uns hinlänglich belohnen wird. Es giebt daher nur einen
Fall, der die Nothlüge verzeihlich, ja geboten machen kann, da näm=
lich, wo in einer Collision der Pflichten Anderen ein unverhältniß=
mäßig großer Schaden durch das Eingeständniß der ganzen Wahrheit
erwüchse, z. B. wenn einem gefährlich Erkrankten die Nachricht von
dem Tode eines Verwandten oder sonst einem großen Verluste ver=
hehlt werden muß, um sein Leben nicht in Gefahr zu setzen; die
Pflicht, das Leben unseres Nebenmenschen zu retten, ist hier größer,
als die Pflicht der Wahrhaftigkeit. Daß aber auch in einer solchen
Collision die größte Vorsicht anzuwenden ist und der Fall klar und
unzweideutig vor uns liegen muß, versteht sich von selbst. Ganz
besonders ist aber hervorzuheben, daß bei Aussagen vor Gericht

auch ein solcher und ähnlicher Fall unberechtigt ist, und hier um
keines Zweckes willen irgend eine Art Nothlüge erlaubt ist, weil
hierbei die höchste Pflicht, die Gerechtigkeit in der Gesellschaft, verletzt würde.

Unsere Weisen drücken den unendlichen Werth der Wahrhaftigkeit allego-
risch dadurch aus, daß sie sagen: die Wahrheit ist das Siegel Gottes, und
bemerken, daß die Buchstaben des Wortes אמת (Wahrheit) den ersten, mit-
telsten und letzten des (hebräischen) Alphabets ausmachen, so daß jedes
Wort, das wir sprechen, von der Wahrheit hervorgebracht und erfüllt sein müsse.

3. Haben wir schon früher das Verbrecherische des Meineides,
also auch eines falschen Zeugnisses vor Gericht besprochen (Th. II.
S. 164), so ist es aus Obigem auch klar, welche Sünde in jeder
auch außergerichtlichen Zeugenaussage, in welcher die Wahrheit verletzt wird, enthalten ist. Daher enthalten die Zehn-Worte außer
dem Verbote des Meineides noch als neuntes: „Du sollst nicht
aussagen als falscher Zeuge wider deinen Nächsten".
Jedes Urtheil, jede Mittheilung, jede Aussage über einen unserer
Mitmenschen oder einen diesen betreffenden Gegenstand muß daher
der strengsten Wahrheit gemäß sein, sonst machen wir uns der
Sünde der Verleumdung schuldig. Allerdings ist es auch strafbar,
wenn wir wissentlich ein zu großes Lob, eine übermäßige Anprei-
sung einem Andern ertheilen, weil wir dadurch der Wahrheit zu nahe
treten und bei Dritten eine Täuschung hervorrufen, und ist dies um
so verwerflicher, je mehr uns dabei eigennützige Absichten leiten.
Eine Verleumdung tritt aber ein, sobald wir über einen Andern
wissentlich eine falsche Beschuldigung, ein unwahres, schlechtes Urtheil, eine unrichtige, nachtheilige Mittheilung aussprechen, und wir
machen uns dieses Vergehens auch theilhaftig, wenn wir eine solche
Verleumdung nicht selbst erfinden, sondern sie auf Aussage eines
Andern verbreiten helfen. Es ist deßhalb schon überhaupt eine
große Vorsicht erforderlich, um selbst unwissentlich uns nicht zum
Werkzeug einer Verleumdung zu machen, und wir müssen daher hierin
eine sorgfältige Zurückhaltung beobachten, damit wir nicht durch
Leichtfertigkeit in Sünde verfallen. Es ist leider in dem Menschen
ein Hang vorhanden, bösen Urtheilen über Andere Glauben zu schenken und sie auszusprechen. Dieser Hang muß in uns überwunden,

jene Leichtfertigkeit beseitigt werden. Darum ist die Verleumdung und noch mehr die leichtfertige Verbreitung falscher Beschuldigungen eine allzu häufige Sünde, welcher selten eine genügende Gewissenhaftigkeit entgegengestellt wird. Und doch ist es gerade die Verleumdung, welche ungeahnte, unabsehbare Folgen haben kann. Sie verbreitet sich von Mund zu Munde und hat oft da, wo es Niemand vermuthet, eine dem Verleumdeten nachtheilige, bisweilen sein ganzes Lebensglück untergrabende Wirkung, abgesehen von der Kränkung, von dem Schmerze, den die Verleumdung in der Seele des Betroffenen hervorruft, und der mit der Zeit zu der gänzlichen Verbitterung seines Gemüthes sich steigern kann. Eine Beschädigung des Eigenthums können wir, wenn wir zur Erkenntniß unserer Schuld gekommen, wieder gut machen; wir vermögen aber nicht die Wirkungen einer Verleumdung auszugleichen, und selbst der aufrichtigste Widerruf kann hier wenig nützen, da unterdeß die Bezüchtigung in uns unbekannte und unerreichbare Kreise gedrungen sein kann. Man vergleicht daher die Verleumdung mit dem vergifteten Pfeile; so lange das Wort noch auf der Zunge weilt, liegt der Pfeil an der gespannten Sehne; sobald das Wort ausgesprochen, können wir es nicht wieder zurücknehmen, wie der Pfeil nicht zurückzuholen ist, sondern nach unbekanntem Ziele fliegt und Verderben und Tod bereitet. Mögen wir es daher niemals leicht mit der in der Gesellschaft allzu sehr verbreiteten Sünde der Verleumdung nehmen! Die Ehre unseres Nebenmenschen muß uns ein heiliges, unverletzliches Gut sein, das wir nur antasten dürfen, wenn wir aufgerufen sind, der Wahrheit ihr Recht zu gewähren, und ein Unrecht oder Uebel zu verhüten. Nur da, wo eine Schonung eine offenbare Verletzung der Wahrheit und ein Nachtheil für Dritte wäre, dürfen wir dieser Ehre, insoweit sie eben ein Truggebilde ist, zunahe treten. — Ein der Verleumdung entgegengesetztes, aber nicht minder sündhaftes Vergehen gegen die Wahrhaftigkeit ist die Schmeichelei und noch mehr die Heuchelei. Es ist ein natürliches Verlangen, demjenigen zu gefallen, mit welchem wir in nähere Berührung treten. Ein menschenfreundliches Herz sagt einem Andern gern etwas Angenehmes. Fern davon aber ist die Schmeichelei, die aus eigennützigen Absichten das Lobenswerthe übertreibt oder gar andichtet und noch ferner die

Heuchelei, welche selbst die Fehler und Laster des Andern nicht bloß verdeckt, sondern als Tugenden und Vorzüge preist oder wider die eigene Ueberzeugung die Ansichten des Andern für wahr und recht ausgiebt, ihn darin bestärkt und sich zum eifrigen Diener der daraus entspringenden Pläne darbietet. Die Unwahrheit, die Lüge, der Betrug, die in allem Diesem geübt werden, sind zu offenbar, als daß die darin liegende tiefe Erniedrigung und bodenlose Gemeinheit nicht erkannt werde. Welch unermeßlicher Schaden, welch unbegrenztes Verderben in großen und kleinen Kreisen durch Schmeichelei und Heuchelei bewirkt wird, kann Jeder ermessen. In der Geschichte wie im gewöhnlichen Leben sind sie die wirksamsten Werkzeuge des Irrthums, des Lasters, der Schlechtigkeit. In der Regel gereichen sie aber auch dem Uebelthäter selbst zum Verderben. Er wird entlarvt und in den Sturz des Getäuschten mit hineingerissen, oder doch die Schandsäule der Verachtung auf seinem Wege oder Grabe aufgerichtet.

„Sprich nicht ein falsches Gerücht aus; verbinde nicht deine Hand mit einem Frevler, um ein ungerechter Zeuge zu sein". (2 Mos. 23, 1.) „Von einem falschen Urthel halte dich fern, und den Unschuldigen und Gerechten bringe nicht um, denn ich werde nicht als gerecht bestehen lassen den Ungerechten". (2 Mos. 23, 7.) Ein trügerischer Zeuge bleibt nicht ungestraft, wer Lügen schnaubt, wird nicht gerettet". (Spr. Sal. 19, 5. 9.)

„Gehe nicht als Verleumder umher unter deinem Volke". (3 Mos. 19, 16.) „Ruchloser stürzt den Nächsten mit dem Munde, durch Erkenntniß werden Gerechte gerettet". (Spr. Sal. 11, 9. Vg. B. 13. 20, 19.) „Wer seinen Nächsten insgeheim verleumdet; ihn will ich tilgen". (Pf. 101, 5.)

„Die Ehre deines Nebenmenschen sei dir so theuer wie deine eigene". (P. A. II, 15.) „Wer seinen Nächsten öffentlich beschämt, ist des Antheils am ewigen Leben verlustig". (P. A. III, 15.) Der letztere Ausdruck soll nur die große Strafbarkeit des Vergehens ausdrücken.

„Der Mann, der heuchelt seinem Nächsten, spannt seinen Schritten Netze aus". (Spr. Sal. 29, 5.) „Ewiger, errette meine Seele vor Lügenlippen, Trugeszunge! Was giebt er und was wehrt er dir, du Trugeszunge? Scharfe Pfeile eines Helden sammt der Kohlengluth des Ginsters"! (Pf. 120, 2—4.)

Die Verse sprechen die Gefahren aus, die uns durch Verleumdung und Heuchelei bereitet werden (V. 2.), aber auch das Verderben, welches den Verleumder und Heuchler trifft, der aus seiner Unthat nicht nur keinen Nutzen zieht (V. 3.), sondern auf den die Uebel, die er bereiten will, zurückfallen, ihn wie scharfe Pfeile, die von dem Arme eines Helden entsendet werden, verwunden, und wie die (nach der Meinung der Alten) lang anhaltende Gluth des Ginsterstrauches verzehren (V. 4.).

Das Gesetz, welches der gerichtlichen Aussagen zweier oder mehrerer Zeugen Beweiskraft beilegt, verordnet daher für den falschen Zeugen dieselbe Strafe, welche den Angeklagten getroffen hätte, wenn das Zeugniß wahr gewesen, und bestimmt, daß hierin gegen den falschen Zeugen ohne Schonung verfahren werde (5 Mof. 19, 16—21. Die Tradition suchte die Fälle, wo der falsche Zeuge die bezügliche Strafe nicht erleiden konnte, durch äquivalente Strafen auszufüllen. Maccoth I. Ramb. Hilch. Eduth XIII sequ.).

4. Die Wahrhaftigkeit fordert aber, wie die Uebereinstimmung zwischen unserm Denken und Sprechen, so auch die Uebereinstimmung zwischen unserm Sprechen und Handeln, daher die Vorschrift erweitert lautet: „Sprich, wie du denkst, und handle, wie du sprichst". Anders sprechen und anders handeln ist Falschheit, und gehört in die Kategorie des Betruges, denn es hat immer die Absicht, aus eigennützigen Zwecken Anderes als unsere Meinung und Intention glauben zu machen, wie wir in der That auszuführen gedenken. Allerdings kommt es aus Mangel an Festigkeit oft genug vor, daß es nicht geradezu in der Absicht lag, unser Thun unserm Sprechen nicht entsprechen zu lassen, daß aus Wankelmuth wir unsere Intentionen nach augenblicklichen Einflüssen ändern — aber die Grenzlinie ist hier schwer zu finden, und Schein und Wirklichkeit laufen, in unsrer Seele selbst, auf's leichteste ineinander. Es ist deßhalb insonders das, was wir Charakter nennen, wonach wir zu ringen haben, der darin besteht, daß wir mit Besonnenheit unsere Entschlüsse, Entwürfe und Pläne bilden, im Sinne derselben uns aus-

sprechen, und sie dann mit Ernst, Festigkeit und Thatkraft aus=
führen. Es versteht sich, daß, wo wir einen Irrthum erkennen, in
den wir verfallen waren, oder auf äußere unüberwindliche Hinder=
nisse stoßen, wir unsern ursprünglichen Plan verändern oder gar
aufgeben können, ja dazu verpflichtet sind, aber eben so offen müssen
wir dies bekennen, und Andere nicht wissentlich im Irrthum belassen.
Der erst erscheint uns als ein rechter und treuer Mann, welcher
diese Uebereinstimmung in Gedanken, Wort und That dauernd be=
kundet. Sie beruht auf einer innern Harmonie, die überall wohl=
thätig berührt. — Insonders haben wir aber hier die strenge Er=
füllung jedes gethanen Versprechens hervorzuheben. Durch ein
bestimmtes Versprechen haben wir uns verpflichtet, das auszuführen,
was jenes enthielt, und es kann uns weder Fahrlässigkeit, noch ein
daraus für uns erwachsener Schade rechtfertigen, wenn wir es un=
erfüllt lassen. In der Menschenwelt ist Vieles auf Treue und
Glauben gebaut, und es ist daher die besondere Pflicht jedes Ein=
zelnen, dieses Vertrauen nicht zu erschüttern, sondern zu pflegen und
zu befestigen. Wie oft baut ein Andrer seine Zukunft und Einrich=
tungen auf unser Versprechen auf, und sieht sich dann bitter ge=
täuscht. Auch hier, wie bei der Nothlüge, bildet die einzige Aus=
nahme die Collision, daß durch die Erfüllung des Versprechens eine
höhere Pflicht zum größeren Schaden dessen, dem wir das Ver=
sprechen geleistet, verletzt würde. Um so größer muß aber unsere
Vorsicht in der Ertheilung des Versprechens sein, und wir dürfen
es nicht eher geben, als bis wir dessen Ausführbarkeit wohl erwo=
gen haben.

Ueber Gelübde s. Th. II. S. 161 ff.

„Versprich wenig, thue aber viel". (P. A. I, 15.)

5. Gerade um der Wahrhaftigkeit willen ist es aber erforder=
lich, uns zu gewöhnen, im Reden Maß zu halten, unsere Zunge
stets im Zaume zu halten, nicht mehr zu sprechen als nothwendig,
gut und zweckmäßig ist, und so nicht in den Fehler der Schwatz=
haftigkeit zu verfallen. Der Redselige und Schwatzhafte enthüllt
Vieles, was geheim bleiben soll, stößt auf vielerlei Weise an, geräth
in zahllose Irrthümer, richtet mancherlei Schaden an, und erhält

Mißtrauen und Mißachtung zum Lohne. So wenig ein starres, zurückstoßendes, abgeschlossenes und geheimnißthuerisches Wesen lobenswerth und anziehend ist, weder Zutrauen erweckt, noch Freunde erwirbt: ebensowenig spricht Schwatzhaftigkeit an, und erhält Würde und Anstand aufrecht. Ein Wort zur rechten Zeit wirkt oft Wunder; der Mißbrauch des Wortes ist unumgänglich mit Nachtheil verbunden. Das Wort ist ein vielschneidiges Schwert, das mit Besonnenheit geführt sein will, in der Hand des Thoren aber unermeßlichen Schaden anrichtet, verwundet, wo dies nicht geschehen soll, und gar tödtet wider Willen und Wissen. Es ist daher immer als eine große Kunst angesehen worden, zu rechter Zeit und in rechter Weise schweigen zu können, und wir schließen unsre oben gegebene Vorschrift so: „Sprich, wie du denkst, aber nicht Alles, was du denkst". Denn Vieles, was wir denken, ist irrig und unreif, Vieles gehört nicht uns allein an, Vieles ist anstößig und erregt Streit und Haß ohne Fug oder Zweck. — Eine ganz besondere Pflicht ist es aber, Geheimnisse, die uns anvertraut sind, streng zu bewahren. Es sind solche nicht unser Eigenthum, sondern das Gut des Nächsten, das wir schädigen, indem wir sein Geheimniß ausbringen. Sie sind ein Akt des Vertrauens, das wir dann schmählich mißbrauchen. Die böse Wirkung kann weder bemessen, noch wieder gut gemacht werden. Am wenigsten können wir uns damit rechtfertigen, daß wir es Anderen nur unter dem Siegel der Verschwiegenheit mitgetheilt haben, denn wir sind diesen ja mit dem bösen Beispiel vorangegangen. Möglichst müssen wir daher lieber es von uns abweisen, das Geheimniß eines Andern zu empfangen, damit wir der Verantwortlichkeit enthoben sind. Durch Geheimnisse können wir auch in die schlimmste sittliche Lage kommen, wenn sie ein Unrecht, ein Vergehen gegen Andere enthalten, so daß wir durch die Collision der Pflichten gezwungen sein können, das Geheimniß an rechter Stelle zu offenbaren. Es ist gut daher, dies vor jeder Eröffnung eines Geheimnisses an uns geradezu auszusprechen. —

„Bei vielem Reden fehlt's am Frevel nicht, wer seine Lippen zügelt, der ist klug". (Spr. Sal. 10, 19.)
„Wer seine Reden spart, kennt Erkenntniß, und

kühlen Geistes ist der Mann der Vorsicht. Auch der Narr wird, so er schweigt, für klug erachtet, wer seine Lippen schließet, für verständig". (Spr. Sal. 17, 27. 28.) „All' meine Lebenstage bin ich unter Weisen aufgewachsen, und ich habe für den Menschen nichts besser ge= funden, als Schweigen". (P. A. I, 17.)

d) Heilighaltung der Sittlichkeit.

Abgesehen, daß es die ganze Aufgabe des Menschen, wie die Religion sie ihm stellt, ist, einen streng sittlichen Lebenswandel zu führen und zwar um seines eigenen Heiles und der Erfüllung willen, liegt ihm auch die Pflicht ob, die Sittlichkeit heilig zu halten, wegen der Wirkung, die er damit auf seine Nebenmenschen übt. Denn nichts regt zu gerechten und edeln Handlungen mehr an, als das Beispiel, nichts ist bestimmender für die Tugend, als das Vorbild, und schon die Erscheinung eines reinen sittlichen Charakters hält Andere in den Schranken der Sitte und des Anstandes zurück. Die sittliche Würde und der sittliche Ernst imponiren selbst Ver= brechern. Allerdings gilt dies nicht von einem Schaugepränge mo= ralischer Strenge, das doch bald durchschaut und umsomehr verachtet wird, sondern von der anspruchslosen Einfachheit ächter Tugend. Aber noch weit mehr, als das gute Beispiel zu wirken vermag, wohnt dem schlechten Beispiel, dem Vorbild der Leichtfertigkeit, des Lasters und der Sünde die Macht der Vergiftung ein, und ver= pestet die Gesellschaft, wenn es noch dazu mit der Absicht der Ver= führung und mit Hohn und Verspottung der Mäßigkeit, Keuschheit, Sittenstrenge und Weisheit auftritt. Hierin, wo nicht allein das eigene Glück und Heil, sondern auch das Anderer aufs Spiel gesetzt wird, wo das Uebel immer weiter das Uebel gebiert und in unabseh= barer Reihe durch ganze Geschlechter dringt, liegt auch eine unmeß= bare Sünde. Weißt du, wenn du selbst nur in Leichtfertigkeit vor den Augen Anderer, insonders der unerfahrenen Jugend, die Schranke der Sittlichkeit durchbrichst, den sittlichen Adel verletzest, weißt du, wie weit das Gift, das du ausgespritzt, in der Seele dessen, der es in sich aufgenommen, fortwirkt, immer weiter sich ausdehnt und ein immer größeres Verderbniß schafft? Die Grenze im Bösen, vor der du vielleicht selbst stille stehst, wird von ihm übersprungen, und er von der Leidenschaft, die du in ihm angefacht, weit über alles Maß hinausgetrieben. Um so sorgsamer müssen wir in Wort und That sein, damit nicht zur eigenen Schuld sich noch die durch uns hervorgerufene Verschuldung Anderer geselle. Die Unschuld einer Seele sei uns ein kostbares Heiligthum, das wir vor jeder Antastung hüten und schützen müssen.

„Der Gewaltthätige verleitet seinen Nächsten, führt ihn auf einem Wege, der nicht gut (Spr. Sal. 16, 29.) „Wer Gerade irre führt auf bösen Weg, in seine eigene Grube wird er fallen, die Schuld= losen aber werden Gutes erben." (Spr. Sal. 28, 10.)

Um das große Verdienst derer auszudrücken, welche Andere zum Guten führen, und die Schändlichkeit derer, welche Andere zum Bösen anleiten, heißt es P. A. V, 21.: „Wer die Vielen (Gesammtheit) im Guten fördert, dem wird kein Fehltritt zustoßen (sein Verdienst deckt sonstige einzelne Ver= gehen), und wer die Vielen (Gesammtheit) zur Sünde verführt, dem ist es unmöglich, Buße zu thun". .

71.

Welches ist das dritte besondere Moment der allge= meinen Nächstenliebe?

Die Friedfertigkeit und Versöhnlichkeit.

1. Wenn wir als das Ziel der gesammten Menschheit den allgemeinen Frieden (§ 54.), als eine der edelsten Tugenden des einzelnen Menschen die Sanftmuth und Gelassenheit (§ 50.) er= kannten und innerhalb der Familie als das höchste und am meisten zu Erstrebende den Frieden im Hause (§§ 61. 67.) ansahen: so ist auch die Friedfertigkeit überhaupt eine allgemeine Pflicht, die un= mittelbar aus der Nächstenliebe fließt. Sie besteht darin, daß wir, ohne der Wahrheit und dem Rechte in irgend etwas Wesentlichem zu nahe zu treten und Lüge und Unrecht irgendwie zu begünstigen, unsere Meinungen und Ansichten so äußern und kund thun, daß

sie mit denen Anderer den offenbaren Widerspruch vermeiden, un=
sere Handlungen so einrichten, daß sie Anderen keinen Anstoß und
keine Aergerniß geben, von unseren Wünschen und Willensmei=
nungen gern um der Wünsche und Willensmeinungen Anderer
willen opfern, daß wir den Fehlern Anderer möglichst Nachsicht
schenken und leichte Kränkungen willig übersehen, überhaupt aber
danach streben, Haber und Streit zu vermeiden, und wo sie ent=
standen, zu beseitigen. Die Friedfertigkeit verlangt demnach einen
festen, sich selbst beherrschenden Charakter, eine über alles Kleinliche
hinausreichende Anschauung und ein Herz voll Liebe zu seinen
Mitmenschen. Wenn sie nicht geradezu in Schwäche ausartet oder
aus Geistesträgheit erfließt, ist sie das Zeichen wahren geistigen
Adels und einer schönen Kraft des Gemüthes. Ihr entsprießt tau=
sendfacher Segen für sich und Andere, theils durch die Vermeidung
vielen Uebels, theils durch den Einfluß, welchen sie in der Vereini=
gung der Kräfte Vieler zur Ermöglichung tüchtiger Werke ausübt.
Die Friedfertigkeit ist der schönste Kranz, der sich um das Haupt
des Greises windet, und der noch unverwelklich auf dem Grabe des
Geschiedenen ruht.

„Besser ist ein Stücklein Brod und dabei Ruhe,
als ein Haus voll Haber=Opfermale." (Spr. Sal.
17, 1. vgl. 15, 17.) „Des Menschen Klugheit hält
seinen Zorn auf, zur Zier ist's ihm, Beleidigun=
gen übersehen." (Spr. Sal. 19, 11.) „Haß regt Haber
an, doch Liebe decket alle Fehler zu." (Spr. Sal.
10, 12.) „Sanfte Antwort wendet Grimm, bittres
Wort erhöht den Zorn." (Spr. Sal. 15, 1.) „Es ehrt
den Mann, vom Streite abzulassen, doch jeder Thor
erglüht." (Spr. Sal. 20, 3. vgl. 3, 30.)

2. Wenn es aber selbst dem Friedfertigsten nicht gelingen
wird, sich vor Beleidigungen, Haber und Anfeindungen gänzlich zu
schützen, wenn die verschiedenartigen Charaktere, Verhältnisse und
Interessen immer wieder Streit, Feindseligkeiten und Gehässigkeiten
unter den Menschen hervorrufen, so kommt die Frage herein: wie
haben wir uns nach den Grundsätzen und Vorschriften unserer

Religion in allen solchen Fällen und Lagen
fordert von uns mit aller Bestimmtheit den Ge
lichkeit, der einen Theils jedes Gefühl des H
in uns mildern, aus uns entfernen, anderen
Versöhnung mit unseren Feinden, zur Vergebung
Beleidigungen und Beschädigungen geneigt mach
befähigen soll, unseren Feinden so gut wie u
allen Nöthen und Gefahren beizustehen und gege
Pflichten der Gerechtigkeit, sondern aller Liebe z
wir dies durch seine einzelnen Stufen. Jede 2
zugefügt, jeden Schaden, den wir verursacht ha
willigem Geiste bekennen, um Verzeihung bitten
nen. Die israelit. Religion erkennt dies als u
an, und gesteht die Vergebung unserer Sünd
nicht zu, bevor wir unsere Nebenmenschen zu
angestrengt haben. Kein Stolz, keine Scham
offenen Bekenntniß unseres Unrechts zurückhalter
demüthigung, dieser Wahrheits= und Rechtslie
Größe des Geistes, nicht in der kleinlichen E
Selbstanklage nicht zu erheben vermag. Dav
h. Schrift: „Wer seine Vergehen verdeck
glücklich sein, wer sie bekennt und un
Erbarmen." (Spr. Sal. 28, 13.) ¹) — An

---

¹) Aus diesem Grundsatze heraus wurden die Tag
meten= und Versöhnungsfeste (mit diesen „die zehn Tag
insonders bestimmt, diejenigen Sünden zu sühnen, welche

kleine Beleidigungen übersehen; so schreibt uns die [
bigungen und Beschädigungen ernster Art gegenüber
17. 18.): „Hasse deinen Bruder nicht in dei
verweisen magst du deinen Nebenmensch
nicht seinetwillen Sünde trägst. Du soll
rächen, und Zorn nachtragen den Söhnen
kes, sondern liebe deinen Nächsten wie di
bin der Ewige. So werden also jeder Haß, jeder
jede Rache, jeder verhaltene, lang nachgetragene Zorn,
Gelegenheit abwartet, bis er sich auf sein Opfer mit
könne und bis dahin vielleicht die Maske der Verze
Freundschaft vornimmt, aufs Nachdrücklichste verboten
noch die Verwarnung ausgesprochen, daß das Unrecht
sachers unser Unrecht gegen ihn nicht rechtfertige
Pflichten der Liebe sind für uns gegen den Feind eb
wie gegen jeden andern Menschen. — Wenn daher u
irgend eine Bedrängniß geräth, einen Schaden oder ?
so dürfen wir darüber keine Freude, keine Befriedig
sondern wir müssen ihm das volle Mitgefühl widme
jedem Mißgeschick eines Menschen in uns erweckt wer
Schadenfreude ist das Zeichen eines gemeinen Sinn
uns vor uns selbst das Zeugniß, daß wir von den
des Hasses und der Rache nicht frei sind. Darum l
Spr. Sal. 24, 17. 18: „Wenn fällt dein Fei
dich nicht, und wenn er strauchelt, jauchz
Herz: daß nicht der Ewige es sehe und
falle.“ — Noch mehr. Wir sind schuldig und verpf

muß jede Erinnerung an Alles, was er uns gethan, aus unserer
Seele schwinden, und nur der eine Gedanke uns beherrschen, daß
es gilt, ein Menschenleben zu retten, einem Bedrängten beizu=
springen.

„**Sprich nicht: vergelten will ich Böses! Harr'
auf den Ewigen, er wird dir helfen.**" (Spr. Sal.
20, 22.) **Sprich nicht: wie er mir that, will ich ihm
thun, ich will dem Mann nach seinem Thun ver=
gelten.**" (Spr. Sal. 24, 29.) **Wenn dein Hasser hun=
gert, speise ihn mit Brod, und wenn er dürstet,
tränke ihn mit Wasser; zwar glühende Kohlen
sammlest du auf sein Haupt, doch wird der Ewige
dir vergelten.**" (Spr. Sal. 25, 21. 22.)

Die Worte des V. 22 sprechen den Gedanken aus, daß in dem Herzen
des Feindes durch die Wohlthaten, die er von seinem Widersacher empfängt
und entgegennehmen muß, der bitterste Schmerz geweckt wird, und daß wir
daher nur in seltenen Fällen seinerseits auf Versöhnung und Dankbarkeit
rechnen dürfen; oft wird sein Haß dadurch nur noch mehr genährt. Dies
darf uns aber nicht wankend machen, sondern das Bewußtsein der Pflicht=
erfüllung, und daß wir dadurch, dem Gebote Gottes folgend, sein Wohl=
gefallen erlangen, muß uns befriedigen und alleiniges Motiv sein.

Dieselben Grundsätze und Vorschriften stellt uns auch das Gesetz auf, wenn
auch im Gewande des Speziellen. Es heißt 2 Mos. 23, 4. 5.: „So du
triffst den Ochsen deines Feindes oder seinen Esel irrend
an, sollst du ihm denselben zurückbringen. So du siehst
den Esel deines Hassers erliegen unter seiner Last, hüte
dich, es ihm zu überlassen, verlassen sollst du (den Ort) mit
ihm". Dasselbe aber ohne die Beziehung zum Feinde wird 5 Mos. 22,
1—4. geboten, wo die Ansichnahme und Zurückgabe alles Gefundenen aus=
gesprochen werden soll. Es heißt da überall אָחִיךָ, wo in der erstern
Stelle אֹיִבְךָ steht, zum Beweise, daß in allen oben citirten Stellen
„Nächster, Bruder, Söhne deines Volkes" keine irgendwelche Beschränkung
enthalten, sondern nur als Abwechselung im Ausdruck für alle Menschen
gebraucht sind. [1]

---

[1] Unerklärlich ist es, daß es Ev. Matth. 5, 43. heißt: „Ihr habt gehört,
daß gesagt ist: du sollst deinen Nächsten lieben, und deinen Feind hassen. Ich
aber sage euch: liebet eure Feinde". Nicht allein, daß diese Behauptung den
oben citirten Schriftstellen dem Geiste und dem Worte nach geradezu wider-

Die Forderungen, welche hiernach die h. Schrift an uns stellt, sind der edleren Natur des Menschen völlig gemäß. Entstehen auch in unserer Seele in ganz natürlicher Weise aus erlittenen Unbillen und Feindseligkeiten Zorn, Haß und das Verlangen nach Rache, so sind wir eben berufen, diese Empfindungen zu überwinden, jeden Gedanken an Vergeltung zu beseitigen und Großherzigkeit und Edelmuth auch an unsern Gegnern zu üben. Daß dies über die Kraft des Menschen nicht hinausgeht, zeigen uns zahlreiche Beispiele in Geschichte und Leben, und Abraham, Joseph, Mosis, David und andere Helden der Schrift geben uns darin ein Vorbild. Aber allerdings findet auch die Feindesliebe ihre Grenzen da, wo das Unrecht beginnt. Nur aus überspannter Sentimentalität und Schwärmerei kann die Vorschrift hervorgehen, denen, die Unrecht an uns thun, auch das noch zu übergeben, was sie uns gelassen, und ihnen so die Gelegenheit zu bieten, noch mehr Unrecht zu thun. Es läge hierin doch nur ein feiner Egoismus, der sich auf Kosten des Feindes Verklärung verschafft, statt daß wir an dem Feinde eine wirkliche Wohlthat üben, wenn wir ihn von fernerem Unrecht und weiterer Gewaltthat zurückhalten. Unsere Religion sagt einfach: du sollst nicht hassen, du sollst dich nicht rächen, du sollst deinem Feinde Gutes thun, wo und wie er dessen benöthigt. Dies ist das höchste und lauterste Gesetz der Liebe.

72.

Welches ist das vierte besondere Moment der allgemeinen Menschenliebe?

Die Barmherzigkeit und Wohlthätigkeit.

1. Die Barmherzigkeit beruht in dem Mitgefühle, das wir für jedes Leiden unserer Mitmenschen empfinden. Dieses Gefühl ist ein natürliches, will entwickelt und ausgebildet sein; es weder durch die überwuchernde Selbstsucht, die sich vor allem Weh Anderer verschließt, um in ihrer Behaglichkeit nicht gestört und zu irgend einem Opfer veranlaßt zu werden, noch durch die Häufigkeit der Trübsale, auf die wir stoßen, noch durch eigene Leiden und Schmerzen er-

spricht, sondern es ist auch keine andere Schriftstelle vorhanden, in welcher die Nächstenliebe auf die Freunde beschränkt und die Feinde von ihr ausgeschlossen werden. Wir müssen also diesen Ausspruch als gänzlich unbegründet zurückweisen.

drücken oder nur abschwächen zu lassen, das ist die Aufgabe. Unser
Herz muß offen bleiben für die Nothstände unserer Mitmenschen,
muß die Sorgen, Aengste und Bedrängnisse unserer Mitmenschen
nachzuempfinden vermögen, und sich das Bild ihrer Lage vergegen=
wärtigen. Das Gegentheil ist die Hartherzigkeit, die empfindungs=
los und gleichgültig vor dem Leiden Anderer vorübergeht, unbewegt
bei ihnen bleibt und sich kalt hinwegsetzt über ihre Klagen und
Seufzer. Solche verhärtete Menschen gleichen hierin den Thieren,
welchen jedes Mitgefühl für die Individuen selbst ihrer Gattung ver=
sagt ist. Um so mehr ist die Barmherzigkeit eine der edelsten Ei=
genschaften des menschlichen Lebens, einer der Züge, die seine Gott=
ebenbildlichkeit ausmachen.

2. Diese Barmherzigkeit darf aber nicht bloßes Gefühl bleiben,
sondern muß zur helfenden That, zur Wohlthätigkeit werden. Wir
haben gesehen, wie die Religion ein Recht der Hülfsbedürftigen auf
Hülfsleistung seitens des Staates aufstellte (§. 57. 7.), wie ferner
es eine der Aufgaben der israelitischen Religionsgemeinde ist, Insti=
tute der Wohlthätigkeit zu besitzen und zu erhalten (§. 58.). Je=
weniger aber alles Dies für alle Fälle der Hülfsbedürftigkeit aus=
zureichen vermag, desto größer und nachhaltiger ist es die Pflicht
jedes Einzelnen, nach allen seinen Kräften Werke der Wohlthätigkeit
zu üben. Wir sagen, nach allen seinen Kräften, und wenn sich hierin
ein bestimmtes Maß nicht angeben läßt, so muß doch hervorgehoben
werden, wie wenig wir Alle hierin mit uns zufrieden sein mögen,
wenn wir die Unverhältnißmäßigkeit dessen erwägen, was wir für
uns und die Unsrigen thun, mit dem, was wir zur Hülfe Anderer
ofern. Allerdings aber besteht der wahre Werth und die Verdienst=
lichkeit wohlthätiger Handlungen theils in der Lauterkeit unserer
Beweggründe und Absichten, daß wir dabei von allen persönlichen
Zwecken frei sind, sei es Eitelkeit und Ehrgeiz, sei es die Erwartung
göttlicher Vergeltung und Sühnung eigenen Vergehens, theils in der
Willigkeit und Herzlichkeit, mit der wir sie vollziehen, und der
Freundlichkeit, die wir dabei gegen die bewähren, welchen wir sie
angedeihen lassen. Weiß doch der Erfahrene, wie hoch selbst eine
kleine That durch die sie begleitende Freundlichkeit für den Em=
pfangenden gehoben, wie sehr durch das Gegentheil selbst eine große

Hülfe entwerthet wird. — Wir üben Wohlthaten theils durch per=
sönliche Hülfeleistung, theils durch das Wort, theils durch die Gabe.
Schon hieraus ersieht man, daß es keinen Menschen giebt, wie ge=
ring auch seine Kräfte und Stellung seien, der nicht zu wohlthäti=
gen Werken befähigt und also auch berufen und verpflichtet wäre.
Persönliche Hülfeleistungen können in allen Fällen von Gefahren,
besonders plötzlichen, namentlich in Krankheitsfällen, Todesfällen,
weiter Entfernung anderer menschlicher Hülfe u. s. w. geübt werden.
Das Wort ist theils als Fürsprache und Verwendung, theils als
Tröstung und Aufrichtung wirksam. Die Gabe, groß oder klein, tritt
ein, wo Geld oder andere Mittel von Werth zur Abhülfe noth=
wendig sind. Man erkennt hieraus, daß der Werth dieser verschie=
denartigen Hülfeleistungen von den Umständen jedes einzelnen Falles
abhängt, so daß oft persönliche That oder Wort bei weitem größeren
Nutzen schafft als ein Geldopfer, wohingegen das letztere öfter das
Hauptgewicht hat. Vor Allem aber müssen wir uns davor hüten,
durch öfter erfahrene Täuschung, sei es, daß uns Personen durch
vorgeschütztes Bedürfen betrogen, sei es, daß wir in den Mitteln
fehlgriffen, sei es, daß wir nur eine sehr zeitweise Hülfe schaffen
konnten, in unsern wohlthätigen Bestrebungen und Handlungen
schwankend zu werden, und wir müssen es stets vorziehen, lieber
wiederholt uns getäuscht zu finden, als einem Unglücklichen unsere
Hülfe zu versagen. — Zunächst muß es Grundsatz sein, dahin zu
wirken, daß demjenigen, welcher noch zu arbeiten und zu erwerben
fähig ist, zur rechten Zeit die benöthigten Mittel beschafft werden,
seinen Erwerb und seine Arbeit fortzusetzen, als ihn in die Klasse
der Almosenempfänger hinabsinken zu lassen. Eine der wohlthätig=
sten Handlungen ist es daher, Jemanden durch seine Bemühungen
eine Bahn zu eröffnen, auf der er sich redlich forthelfen kann, oder
ihn auf einer solchen zu fördern. So legt auch schon der Talmud
einem Darlehn zur Fortsetzung seines Gewerbes ein höheres Ver=
dienst bei als dem Almosen. Alsdann müssen alle solche Menschen
unsere Fürsorge in Anspruch nehmen, die durch ihre Beschaffenheit
an sich zur Selbsternährung unfähig geworden, und gerade in die=
sem Zustande erhöhte Bedürfnisse der Pflege haben, wie Kranke und
Greise. Daß die Erhaltung und Erziehung von Waisen ein hohes

Verdienst, eine theure Pflicht ist, und daß Wittwen in allen Benö-
thigungen unsern Beistand anzusprechen berechtigt sind, braucht nur
angedeutet zu werden. Es versteht sich von selbst, daß für alle derartigen Werke die Kräfte eines Einzelnen nicht hinreichen, und umsoweniger, je weniger es angemessen ist, sich auf einen einzelnen
Fall mit allen seinen Mitteln zu beschränken. Die Vereinigung Vieler
zu solchem Zweck vermag dagegen Bedeutendes zu leisten. Es ist
daher einleuchtend, daß derjenige, welcher sich bei Anderen verwendet
und die Kräfte der Einzelnen zum bestimmten Zweck vereinigt, sich
ein hohes Verdienst erwirbt. Je größer aber die Zahl der Hülfsbedürftigen ist, desto ernster muß die Vorsicht sein, desto gewissenhafter die Prüfung, ob und inwiefern ein wirklicher Nothfall stattfindet, welche Mittel zur Abhülfe geeignet sind, und ob sie auch
hierfür verwendet werden. Allerdings darf die Vergangenheit des
Hülfesuchenden kein Motiv abgeben, ihn abzuweisen, sondern die
wirklich vorhandene Noth muß entscheiden. Es liegt aber in der
Natur der Sache, daß eine besondere Würdigkeit auch eine besondere Beachtung hervorruft. So können auch die früheren Verhältnisse und Gewöhnungen, also das Maß der Bedürfnisse bei Personen, die in ihrem Vermögen herabgekommen, nicht ganz unberücksichtigt bleiben. Es ist wahr, daß das Almosengeben nur den
geringeren Grad der wohlthätigen Werke einnimmt. Viele glauben,
daß sie genug gethan haben, wenn sie eine kleine Geldspende gereicht; thun dies auch oft nur, um den Ansuchenden loszuwerden.
Aehnlich verhält es sich sogar mit empfehlenden Zeugnissen. Nichts-
destoweniger ist Almosengeben eine Nothwendigkeit, und, richtig und
reichlich geübt, von großem Verdienste; daß hierbei eine Prüfung
der Bedürftigkeit weniger möglich ist, bringt den Uebelstand mit
sich, daß dadurch das Bettelwesen gefördert und sehr bedeutende
Mittel unzureichend, ja sogar zwecklos verwendet werden.

Wir haben bereits oben die Verpflichtungen auf diesem Gebiete, welche
das Gesetz dem Israeliten auferlegte, sowie die Zweige der Wohlthätigkeit,
welche sich im Schooße der israelitischen Religionsgemeinde entwickelten,
auseinandergesetzt, sowie besonders hervorgehoben, daß nach dem Gesetze
innerhalb des israelitischen Volkes Darlehen, da Zins nicht genommen werden durfte, lediglich eine Sache der Wohlthätigkeit waren, daß mit dem Er-

laßjahr auch eine solche Schuld erlosch, daß aber vor dem Erlaßjahr jedes Drängen des Gläubigers untersagt war, ferner daß für ein Darlehen zwar eine Pfandnahme gestattet, aber diese gewissen Beschränkungen unterworfen war. Wir heben nun folgende Schriftstelle hervor (5 Mos. 15, 7—11.): „So unter dir sein wird ein Dürftiger, einer deiner Brü= der, in einem deiner Thore in deinem Lande, das der Ewige, dein Gott, dir giebet, so verhärte nicht dein Herz, und ver= schließe nicht deine Hand vor deinem dürftigen Bruder; son= dern öffnen sollst du ihm deine Hand und leihen sollst du ihm zur Genüge seines Mangels, was ihm mangelt. Wahre dich, daß nicht in deinem Herzen ein ruchloses Wort sei, sprechend: nahe ist das siebente Jahr, das Erlaßjahr; und dein Auge böse sei auf deinem dürftigen Bruder und du ihm nicht ge= best: und ruft er über dich zum Ewigen, wird Sünde an dir sein. Geben sollst du ihm, und deinem Herzen nicht leid sein lassen, daß du ihm gebest: denn um dessentwillen wird der Ewige, dein Gott, dich segnen in all' deinem Werk und in allem Schaffen deiner Hand. Denn nicht fehlen wird der Dürftige in deines Landes Mitte; darum gebiete ich dir, sprechend: Oeffnen sollst du deine Hand deinem Bruder, deinem Armen und deinem Dürftigen in deinem Lande".

„Heil dem, der sich annimmt des Armen, am Tage des Unglücks errettet ihn der Ewige!" (Pf. 41, 2.) „Verweigre Wohlthat nicht dem sie gebührt, wenn es in deiner Hand steht, sie zu thun. Zu deinem Nächsten sprich nicht: Geh, komm wieder, und morgen will ich's geben! so du's hast". (Spr. Sal. 3, 27. 28.) „Dem Ewigen leiht, wer Armen schenkt, Er wird die Wohlthat ihm vergelten". (Spr. Sal. 19, 17.) „Der Gütige, er wird gesegnet, denn er giebt von seinem Brod dem Armen". (Spr. Sal. 22, 9. vgl. noch das. 11, 25. 21, 13. 28, 27.) „Ist nicht das ein Fasten, das ich liebe: öffne die Schlingen der Bosheit, löse die Bande des Joches, frei ent= lasse Unterdrückte, und jegliches Joch zerbrechet! Nicht so? Brich dem Hungrigen dein Brod, un= glückliche Verfolgte bring in's Haus, so du einen Nackten siehst, bekleide ihn, und deinem Fleisch entzieh dich nicht: dann wird, wie Morgenröthe, dein Licht anbrechen, und deine Heilung schnell gedeih'n, und vor dir zieht dein Heil daher, des Ewigen Herrlichkeit schließt deinen Zug. Dann rufst du an, und der Ewige erhört, flehest, und er spricht: Hier bin ich!" (Jes. 58, 6—9.)

Die rabbinischen Vorschriften über die Wohlthätigkeit sind im Jor. Deah Abschn. 247—259 gesammelt, und heben wir hier die bedeutsamsten hervor. Jeder Israelit ist verpflichtet, nach seinem Vermögen zu wohlthätigen Werken zu geben: wer es nicht thut, ist ein Nichtswürdiger und wie wenn er Götzen anbetete. Selbst der Arme, der von der Armenanstalt lebt, muß von dem, was er erhält, etwas für Dürftige abgeben. Ist Jemand reich, so soll er, soviel die Armen nöthig haben, geben. Pflicht ist es, daß (wie ehemals die Zehenten an die Leviten gegeben wurden), der zehente Theil des Erwerbes zu Werken der Wohlthätigkeit verwendet werden, so wie, wenn man sein Geschäft anfängt, der fünfte Theil seines Vermögens. Man soll Almosen mit freundlichem Angesichte geben, den Armen Theilnahme bezeugen und sie trösten, denn sonst geht der Lohn des Gebens verloren. Hat man nichts zu geben, so soll man wenigstens durch gute Worte den guten Willen bezeugen. Womöglich soll man keinen Armen ganz leer fort= gehen lassen und wäre es auch nur die kleinste Gabe. Wer Andere zu geben veranlaßt, hat noch mehr Verdienst, als wenn er nur selbst giebt. Es werden 8 Grade aufgeführt, von denen einer höher als der andere. Der höchste ist, Jemanden durch Geschenk oder Darlehn so zu unterstützen, daß er sein Gewerbe fortsetzen kann oder ihm Arbeit zu verschaffen, der zweite, wer Jemandem giebt, den er und der ihn nicht kennt, der dritte, der den Armen kennt, aber von ihm nicht gekannt ist, der vierte, der den Armen nicht kennt, während dieser den Geber kennt, der fünfte, wenn man Armen unaufgefordert giebt; der sechste, wenn man den Armen reichlich giebt, jedoch erst, wenn dieser ihn angesprochen hat; der siebente, wer nur eine kleine Gabe, aber mit freundlichem Gesichte giebt; der achte, wenn man ungern und wenig giebt. Wie dem aber auch sei, niemals soll man mit dem prahlen, was man Gutes thut, denn dann ist das Verdienst dahin und es folgt noch Strafe. — Nicht minder aber wird davor gewarnt, Almosen anzusprechen und anzunehmen, so lange man nicht dessen durchaus benöthigt sei, so lange wie möglich soll sich jeder Mann möglichst einschränken und behelfen, ehe er Gaben annehme. Es heißt, wer Almosen nimmt ohne ihrer benöthigt zu sein, der stirbt nicht ohne sie nöthig zu haben; wer sich aber kärglich nährt, um nur Andern nicht zur Last zu fallen, der stirbt nicht, ohne daß er Andere ernähren kann. Doch dürfe auch dies nicht übertrieben werden, und wer krank, alt oder in großer Noth ist, muß Gaben annehmen, weil er sonst Schuld an seinem Tode ist.

———

Statt hier, am Schlusse dieses Abschnittes, zusammenfassend ein Bild dessen zu entwerfen, der mit aller Kraft, nach all seiner Einsicht, die Wege der Liebe wandelt, die Achtung vor seinem Mitmenschen bethätigt, Gerechtigkeit übt auf allen seinen Wegen, friedfertig und versöhnend ist und voll Erbarmens seine Tage zu einer Kette von Werken des Wohlthuns macht, stellen wir eine Reihe von kurzen Vorschriften her, welche die Pflichten ausdrücken und einprägen.

1) Liebe deinen Nächsten wie dich selbst.
2) Achte jedweden Menschen.
3) Ehre das Alter.
4) Schone des Gebrechlichen jeder Art.
5) Behandele deine Untergebenen gütig.
6) Empfange Jedermann freundlich.
7) Sei gerecht in allem deinem Denken, Sprechen und Thun.
8) Beschädige Niemanden an seinem Leben und seiner Gesundheit.
9) Hilf deinem Nebenmenschen in Lebensgefahr.
10) Beschädige Niemanden an seinem Eigenthume.
11) Betrüge Niemanden.
12) Uebervortheile Niemanden.
13) Wuchere mit Niemandem.
14) Enthalte Niemandem etwas vor.
15) Entziehe Niemandem seinen Erwerb.
16) Sprich, wie du denkst, aber nicht Alles, was du denkst, und handele, wie du sprichst.
17) Belüge Niemanden.
18) Bekenne und bezeuge stets die Wahrheit.
19) Sei unbestechlich.
20) Halte, was du versprochen.
21) Verdamme Niemanden.
22) Verleumde Niemanden.
23) Sei nicht geschwätzig.
24) Verführe Niemanden.
25) Sei friedfertig.
26) Sei versöhnlich.

27) Haſſe nicht.

28) Räche dich nicht.

29) Stehe auch deinem Feinde in aller Noth und Gefahr bei.

30) Sei barmherzig.

31) Hilf dem Hülfsbedürftigen durch Wort und That, mit Perſon und Gut.

32) Thue Gutes, wo und wie du es nur vermagſt.

B. Im Verhältniß zum Staate[1]).

~~~~~~~~~

73.

Welches iſt das oberſte Gebot der h. Schrift in dem Verhältniß zum Staate?

Das Wort des Propheten (Jirm. 29, 7.): „Suchet das Heil des Staates, wohin ich euch geführt, und ſlehet für ihn zum Ewigen: denn in ſeinem Heile wird Euch Heil ſein". Und hierzu das Wort der Väter (III, 2.): „Bete für das Wohl des Staates, denn wenn die Furcht vor ihm nicht wäre, würde Einer den Andern umbringen".

Wenn des Menſchen Natur für die Geſellſchaft angelegt iſt, und er nur in ihr ſeine Beſtimmung erfüllen, ſein Ziel erreichen kann; wenn er in ihr die Entfaltung und Verwendung ſeiner Kräfte, die Mittel und Anſtalten zu ſeiner Ausbildung, die Sicherung ſeines Lebens und Eigenthums findet: ſo iſt es erſichtlich, daß er nicht blos die bedeutſamſten Pflichten gegen die Geſellſchaft, alſo ſpeziell den Staat, dem er angehört, das Volk, deſſen Glied er iſt, und aus deſſen Eigenthümlichkeit er einen Theil ſeines Weſens ſelbſt zieht, zu erfüllen hat, ſondern daß auch ſein ganzes Wohl

---

[1]) Vgl. oben S. 148 ff.

mit dem Wohle des Staates in der innigsten Verbindung und Wechselwirkung steht. Dies zu begreifen ist daher die vorzüglichste Aufgabe jedes Staatsbürgers oder Staatsangehörigen, und nach= dem er es begriffen, in allen Beziehungen und mit allen seinen Kräften es zu bethätigen. Wenn auch das Individuum seine per= sönlichen Interessen hat, seine eigenen Vortheile verfolgt und für den eigenen Gewinn arbeitet: so muß es sich doch dem Ganzen des Staates und Volkes eingeordnet wissen und fühlen, in Geist und Herz es tragen, daß nur im Bestande des Ganzen sein Bestand, im Wohle der Gesammtheit sein Wohl, im Vortheile des Staates sein Vortheil beruht, und daß über alles Persönliche hinaus das Heil der Gesellschaft zu fördern, daran den innigsten Antheil zu nehmen, dafür zu wirken und zu schaffen, seine Pflicht und Auf= gabe ist. Es darf daher in uns keine egoistische Trennung zwischen der Gesammtheit und der Persönlichkeit stattfinden, um einerseits, wo sich die beiden berühren, die letztere auf Kosten der ersteren voranzustellen, oder andrerseits Mühen und Opfer für die erstere zu scheuen und zu unterlassen, um allein der letzteren zu leben. Wir müssen vielmehr in uns so viel Begeisterung, so vielen Sinn und so viel Herz für die Gesammtheit tragen, um allwege für ihre Erhaltung, ihre Vertheidigung, ihr Wachsthum und ihr Aufblühen Alles zu thun, was in unsern Kräften steht.

Daß, so lange die Israeliten in ihrem eigenen Lande und Staate lebten, diese Theilnahme und thatkräftige Fürsorge für das Wohl jener höchstes Gesetz war, ist selbstverständlich. Aber sobald die Israeliten das Land ihrer Väter verlassen hatten und in fremde Gegenden verpflanzt worden, trat das oben citirte prophetische Wort an sie heran, und normirte ihr Verhältniß und ihr Verhalten zu dem ihnen bis dahin fremden Staate. Es ist dies höchst charakteristisch, und unter den gegebenen Umständen religiös entschei= dend für alle Zukunft von jenem Momente an. Jerusalem stand noch, der König von Juda regierte noch, aber es waren von Nebuchadnezar 10,000 nach Babylon geführt, und zwar mit Gewalt als Geißeln. Dennoch rich= tete der Prophet in einem Schreiben an die Exulanten die obigen Worte, und, da er voraussah, daß sie Generationen hindurch dort verweilen und das übrige Volk ihnen bald nachfolgen würde, stellte er hiermit eine Norm für die bürgerlichen Pflichten aller Juden, die außerhalb Palästinas weilen würden, auf. Doch citiren wir seine Worte vollständig: „Bauet Häu= ser, und wohnet darin, und pflanzet Gärten, und verzehret

ihre Frucht. Nehmet Weiber, und zeuget Söhne und Töchter, und nehmet euren Söhnen Weiber, und euren Töchtern
gebet Männer, daß sie Söhne und Töchter gebären, und
mehret euch dort, und mindert euch nicht. Und suchet das
Heil des Staates, wohin ich euch geführt, und flehet für ihn
zum Ewigen: denn in seinem Heile wird euch Heil sein."
(29, 5—7.) Der Prophet fordert sie also auf, zuerst ihre materiellen und
ihre Familieninteressen mit denen des Staates vollständig zu verbinden.
Das Bauen von Häusern, Pflanzen von Gärten und das Verheirathen
nicht blos ihrer Person, sondern auch ihrer Kinder bedeutet, daß hier nicht
von vorübergehenden Interessen, wie sie wohl auch der Fremde am fremden
Orte zu betreiben hat, die Rede ist, sondern von der vollständigen Niederlassung und Einbürgerung, von der festen Ansässigmachung und der Begründung der Geschlechter für lange Zeiten. Hierauf steigt er vom Persönlichen zum Allgemeinen auf. Sie sollen „suchen", das Heil der bürgerlichen
Gesellschaft, welcher sie nunmehr angehören, thatkräftig zu fördern, und
dies aus der innigsten Herzensempfindung, aus Anhänglichkeit und Liebe
zu ihr, was seinen höchsten Ausdruck im „Beten für dasselbe zum Ewigen"
findet. Denn der Prophet kann mit solchem Gebete nicht das blos äußerliche Wort, eine Formalität, verstehen, sondern ihm ist das Beten die
Strömung der innigsten Herzensempfindung, welche Freude und Kummer,
Wunsch und Wille zu Gott hinanträgt. Dann schließt er mit der Identifizirung des persönlichen Heiles mit dem der Gesammtheit. Dies ist es
dann, was auch die „Sprüche der Väter" wiederholen. Wenn der Pr.
das Wort עיר gebraucht, so ist es klar, daß hiermit der Staat gemeint sei,
wie in den Spr. d. V. מלכות gesagt ist. Die Letzteren gehen freilich
vom materiellen Gesichtspunkte aus, von dem der Sicherung des Lebens
und Eigenthums. — Die Geschichte hat denn auch in tausend und aber
tausend Thatsachen erwiesen, daß dieser Geist überall in den Juden lebte,
wo er nicht mit Gewalt unterdrückt wurde. Ueberall gewannen sie ihr
nunmehriges Vaterland, wo dies auch gelegen war, lieb, lebten als ruhige
und eifrige Bürger in ihm, waren für seine Vertheidigung und sein Wohl
zu allen Opfern geneigt, und lagen dem öffentlichen Dienste, wo man ihnen
diesen anvertraute, mit Hingebung ob. In Babylon selbst gaben sie schon
während des Exils Beispiele hiervon, später in Egypten und Rom, und
selbst die Novellen der römischen Kaiser christlichen Glaubens, welche sie von
allen öffentlichen Aemtern ausschlossen, geben ihnen ausdrücklich dieses
Zeugniß. Nur hier und da kommt ein seltenes Beispiel vor, wo sich Juden
z. B. den Mauren gegen die Westgothen anschlossen, weil ihnen die letzteren
das unerträglichste Joch aufgebürdet. Wir brauchen nicht erst hervorzuheben,
daß in allen Staaten, wo die Juden emancipirt worden sind, viele derselben
sich in allen Zweigen des öffentlichen Dienstes durch Eifer und Treue ausgezeichnet haben, und daß sie selbst für das Vaterland, in welchem sie noch

unter Ausnahmegesetzen seufzten, Gut und Blut hingegeben. Daß sie unter allen diesen Verhältnissen dennoch ihre väterliche Religion festhielten, kann ihnen nur zur Ehre gereichen. Es war und ist daher immer eine falsche Behauptung, die nur das Vorurtheil und der Haß und die gewaltthätige Reaktion aufstellen kann, daß die Juden in den Staaten Fremde wären, die im Herzen dem fernen Osten angehörten. Die Geschichte läßt es durchaus nicht erkennen, daß den Juden eine besondere Sehnsucht innerhalb ihrer realen Verhältnisse nach der Rückkehr nach Palästina einwohnte. Kehrte doch schon aus Babylon nur eine geringe Zahl dahin zurück, wanderten doch schon während des zweiten Tempels unzählige Juden nach anderen Ländern aus und machten sich daselbst fest ansässig. Ueberall schlossen sie sich den Völkern an, nahmen ihre Sprache an, vielfach auch ihren Charakter, und bildeten ihre Sitten nach ihnen. Ja, sie bewiesen öfters hierin einen viel treueren Zug und viel konservativeres Element als diese Völker selbst. Die Juden in den slavischen Ländern haben noch heute die deutsche Sprache zu ihrer Muttersprache, und von Paris und Amerika berichtet man, daß die dorthin gewanderten deutschen Juden in ihren Familien das Deutschthum weit mehr pflegen und länger erhalten, als die anderen Deutschen. Das h. Land wird im Herzen des wahrhaften Juden stets eine Stelle einnehmen; als das Land seiner Väter, das Land seiner Propheten und Heroen, das Ursprungsland seiner Religion und aller seiner Heiligthümer, wird es ihm immer geheiligt und theuer sein, ohne daß darum in ihm das Verlangen lebte, dahin anders als zu einem vorübergehenden Besuche zu kommen, ohne daß sein Herz mit allen Fasern nicht am Vaterlande hinge, wo die Gräber seiner Väter stehen, die Wiege seiner Kindheit stand. Die großen Prinzipien des Rechts, welche das israelitische Gesetz proklamirte und verkörperte, werden seinen Geist einnehmen und erfüllen, ohne daß ihn das Verlangen beherrschte, Zustände aus mehrtausendjähriger Vergangenheit wie derherzustellen, oder ohne daß ihn nicht die Achtung vor den heimischen Gesetzen leitete. Selbst die Verheirathung innerhalb seiner Glaubensgenossenschaft widerstreitet dem Patriotismus in Nichts, da ja immer der Boden seiner Familie im Vaterlande ist. Fürwahr, Nichts ist, was den Juden behindert, ein Bürger im edelsten und vollsten Sinne des Wortes zu sein, ein Glied des Volkes, ein Sohn des Vaterlandes, in Wort und That sich bewährend, und seine Religion macht ihm dies zur heiligen Pflicht.

74.

Welche einzelnen Momente erfließen hieraus?

Erstens: Gehorsam gegen die Gesetze des Staates und Achtung vor deren Vertretern und Vollstreckern.

Die menschliche Gesellschaft, insonders der Staat, beruht lediglich auf dem Gesetze, denn selbst seine physische Gewalt fließt aus dem Gesetze, gestaltet sich nach diesem und muß ihm untergeordnet sein. Das Wesen des Gesetzes ist aber das Recht, ohne Berücksichtigung der Macht, also zum Schutze des Schwächeren vor jeder Anwendung einer Gewalt nach Maßgabe seines Rechtes. Es ist also selbstverständlich, daß das Gesetz Allen und in Allem zur Richtschnur dienen muß. Dieser Gehorsam gegen das Gesetz darf darum nicht blos aus Furcht vor der Strafe hervorgehen, die auf dessen Uebertretung gestellt ist, noch verletzt werden, wenn die Nichtbestrafung vorhergesehen wird, überhaupt aber nicht dem persönlichen Vortheil nachgesetzt werden. Sondern er muß auf der Achtung vor dem Gesetze überhaupt beruhen, weil es als das Fundament der Gesellschaft anerkannt wird, die also durch eine Uebertretung des Gesetzes in ihrem heiligsten Rechte gekränkt, in ihrem Bestande und ihrer Wirksamkeit geschmälert wird. So wird der Gehorsam gegen das Gesetz zu einer religiös sittlichen Pflicht, welcher andere Rücksichten nachstehen müssen. Nur der Staat ist wirklich stark, in welchem dieser Geist der Achtung vor dem Gesetze in allen seinen Angehörigen lebendig ist, und nur der Bürger ein rechter, welcher der Erfüllung des Gesetzes mit Treue und Hingebung obliegt. — Es versteht sich von selbst, daß Gesetze an sich und im Laufe der Zeit nach der Veränderung der Verhältnisse dem Rechte nicht ganz oder nicht mehr entsprechen, oder gar in Widerspruch mit demselben gerathen. Die Gesetzgebung jedes Staates unterliegt daher der Veränderung und muß im Gange der Entwickelung und dieser gemäß verändert und verbessert werden. Aber auch dieses muß im gesetzlichen Wege geschehen, und so lange das Gesetz besteht, muß es geachtet und befolgt werden. Ist daher auch ein Streben nach Veränderung und

V.rbesserung des Gesetzes durch gesetzliche Mittel und auf gesetzlichem Wege nicht blos erlaubt, sondern, wo die Mißstände offenbar sind, sogar Pflicht: so darf doch die Uebertretung des Gesetzes, so lange es rechtsgültig ist, nicht stattfinden. — Mit diesem Gehorsam gegen das Gesetz gehet Hand in Hand die Achtung vor dessen Vertretern und Vollstreckern, denen wir um so mehr Ehrerbietung schuldig sind, als sie die thätigen Werkzeuge der Gesellschaft sind, und ihre Kräfte dem öffentlichen Dienste und Gemeinwohl gewidmet haben. Wenn auch die Ausübung ihres Amtes für uns bisweilen mit Unannehmlichkeiten verbunden ist, so darf dies doch unserer Achtung vor ihnen keinen Eintrag thun, da jene weder ihrer Person noch ihrem Amte, sondern dem Gesetze selbst zuzuschreiben -sind, dieses aber über persönliche Empfindungen hinausreicht. Vor Allem haben wir aber diese Ehrfurcht dem Oberhaupte des Staates, also in monarchischen Staaten dem Könige (oder wie sonst seine Bezeich= nung ist), zu widmen. Bei diesem ist es nicht blos seine Stellung an der Spitze des ganzen Staates, die Schwere seines Berufes und seiner Verantwortlichkeit, sondern auch daß er die ganze Ge= sellschaft sichtlich repräsentirt, also der Stellvertreter der ganzen Ge= sellschaft ist, so daß sich die ganze Majestät derselben auf ihn über= trägt, was dieser Ehrfurcht zu Grunde liegen muß.

„Ich sage: das Gebot des Königs wahre und zwar wegen des Eides bei Gott". (Pred. 8, 2.). „Wer das Gesetz hält, wird nichts Böses erfahren". (Das. 5.) „Fürchte den Ewigen, mein Sohn, und laß dich nicht mit Umstürzlern ein". (Spr. Sal. 24, 21.)

Im israelitischen Staate, wo auch das staatliche Gesetz aus der Religion erfloß und ebenso wie das kultuelle Gesetz ein lebendiges religiöses Moment in sich trug, war der Gehorsam gegen das Gesetz um so unbedingtere For= derung, und auch in jedem Einzelfalle war der Gehorsam gegen die Aus= sprüche und Erkenntnisse der höchsten Instanz besonderes Gesetz, so daß deren Uebertretung unter erschwerenden Umständen [1]) mit dem Tode bestraft wer= den konnte (5 Mos. 17, 8—13). Daher wird auch ausdrücklich verboten,

---

[1]) Der Text hebt dies hervor durch die Worte „welcher mit Frevelmuth (בזדון) dagegen handeln wird."

„einem Fürsten in deinem Volke fluche nicht" (2 Mos. 22, 27), wo der Fürst
(נשיא) wie der Zusammenhang lehrt, als Stellvertreter und Vollstrecker
des Gesetzes verstanden ist, dem auch da, wo die Ausübung des Gesetzes
uns schwer betrifft, die Ehrfurcht nicht zu entziehen sei; ein Fluchen auf
ihn wäre also ein Fluchen auf das Gesetz selbst. (Vgl. Pred. 10, 20.) —
Mit der Entfernung aus dem heil. Lande und mit der Einordnung der
Juden in andere Staaten und Völker mußte selbstverständlich eine Unter=
werfung unter die staatlichen Gesetze in allen staatsbürgerlichen und bürger=
lichen Beziehungen für sie eintreten, und der Gehorsam gegen jene und die
Achtung vor jenen auch ihnen zur religiös sittlichen Pflicht werden. Daher
sprachen die Talmudisten das bedeutungsvolle Wort aus: דינא דמלכותא
דינא „das Gesetz des Staates ist Gesetz", d. h. alle jüdischen Gesetze,
welche nicht die eigentlichen Religionswahrheiten betreffen, müssen vor dem
Gesetze des Staates zurückweichen. So geschah es denn auch, daß alle, die
bürgerlichen und staatsbürgerlichen Verhältnisse betreffenden Gesetze des Ju=
denthums ohne Widerstand selbst seitens der orthodoxesten Rabbinen und
Juden aufgegeben worden sind, sobald der Staat es verordnete, und konnten
daher die Juden um so eher in die gleichen bürgerlichen Rechte und Pflichten
wie die Bekenner der anderen Religionen eintreten. — Man hat den Be=
griff des „Königthums von Gottes Gnaden" aus dem Judenthum her=
leiten wollen. Es ist nicht unsere Sache, diesen Begriff zu untersuchen.
Allein jene Herleitung ist eine irrige. Das mosaische Gesetz selbst stellt über
die äußere Verfassung des Staates nichts fest, und läßt, wie wir oben ge=
zeigt haben (s. S. 199.), ebenso die monarchische wie die republikanische zu.
Als aber die Israeliten zur Wahl eines Königs schritten, wurde unter dem
Begriffe einer besonderen unmittelbaren Führung des israelitischen Volkes
durch Gott auch diese Wahl als unter dem unmittelbaren Einflusse Gottes
geschehen, betrachtet, und der König mit dem heiligen Oele gesalbt. Deßhalb
wurde der israelitische König als „der Gesalbte Gottes" verehrt, und jede
Antastung seiner Würde als ein Verbrechen gegen Gott angesehen. Diese
Vorstellung hing aber mit jenem eigenthümlichen Begriffe in Bezug auf das
israelitische Volk so sehr und so ganz zusammen, daß sie außerhalb Israels
auf andere Staaten und ihre Herrscher nicht übertragen werden konnte.
Immer aber ist das Judenthum so tief und so lebendig von der Anerkennt=
niß der göttlichen Vorsehung durchdrungen, daß es in der bestimmten Per=
sönlichkeit eines Herrschers das Werk der göttlichen Vorsehung ganz besonders
ansieht, und es ebenso die Größe und Würde, welche in der Stellvertretung
der ganzen Gesellschaft liegt, in der Person des Monarchen zu ehrfürchten
weiß; weßhalb die Rabbinen eine eigene Benediktion beim Anblick eines
Monarchen feststellten.

Zweitens?

Die Mittragung aller Lasten und Erfüllung aller bürgerlichen Pflichten.

Daß jedweder Staatsangehörige nach Maßgabe seiner Kräfte verpflichtet ist, an den Lasten Theil zu nehmen, welche der Staat zu seiner Erhaltung, Vertheidigung, Entwickelung und Erfüllung aller seiner Zwecke auferlegen muß, so wie an allen staatsbürgerlichen Funktionen, zu denen er berufen wird, versteht sich von selbst. Jeder, der sich theilweise oder ganz diesen Lasten entzieht, mindert dadurch die Mittel und Kräfte der Gesellschaft, schädigt seine Mitbürger, deren Lasten er damit vergrößert, und unterläßt das, was er dem Gemeinwohl schuldet. Diese Lasten bestehen einentheils in den Abgaben und Steuern, und es ist hier bei der Mehrzahl der Menschen die Gewissenhaftigkeit noch wünschenswerth, daß sie den Staat hierin nicht verkürzen, wo und wie sie es können, ohne sich daraus ein Vergehen zu machen. Jemehr in der neueren Zeit die Vertheilung der Abgaben und Steuern gleichmäßig auf alle Bürger, ohne Bevorrechtigungen und möglichst nach deren Steuerkraft als Grundsatz aufgestellt und dessen Verwirklichung erstrebt wird, desto größer wird das Unrecht, schuldige Leistungen dem Staate zu verkürzen. Andernseits gehört der Militairdienst hierher, zu welchem alle Jünglinge je nach dem Gesetze des Staates, so weit ihre Beschaffenheit sie dazu eignet, berufen und verpflichtet sind. Wer nun in diesen Dienst eintritt, übernimmt die Pflicht, in Friedenszeiten den Befehlen seiner Vorgesetzten den willigsten Gehorsam zu leisten und in größter Pünktlichkeit alle Erfordernisse des Dienstes zu erfüllen, im Kriege aber mit Muth und Tapferkeit, mit Ausdauer und Hingebung in Angriff und Vertheidigung zum Siege nach allen Kräften und Gelegenheiten beizutragen, sein Leben dafür einzusetzen und sein Blut zu vergießen. Hierzu wird er noch durch einen besondern Eid beim Eintritt in den Dienst verpflichtet, der alle Verbindlichkeit eines Gelöbnisses bei Gott in sich trägt. — Endlich ist es die Pflicht jedes Bürgers, bei allen staatsbürgerlichen Handlungen nach den Bedingungen des Gesetzes mitzuwirken, öffentliche Aemter selbst mit eigenen Opfern zu übernehmen und getreulich auszuüben, an Wahlen sich zu betheiligen, und streng nach bestem Wissen und Gewissen dabei zu verfahren. Sind dies aber die mit Bestimmtheit zu bezeichnenden Leistungen, die der Staatsangehörige zu erfüllen die positive Pflicht hat, so erhebt sich von hier aus der religiös sitt=liche Geist noch höher, und fühlt sich gedrungen, auch über den Buchstaben des Gesetzes hinaus für das Gemeinwohl mit seinen besten Kräften zu wirken und freiwillig Mühen und Opfer zu über=nehmen. Alles zu unterstützen, was einen allgemeinen Nutzen ver=heißt, was zur Erweiterung und Hebung des materiellen, sittlichen und intellektuellen Wohles gereicht, was Bildung und Wohlstand vermehrt, was Wahrheit, Recht, Ordnung und Freiheit entwickelt, alles dies mit Begeisterung aufzunehmen und mit Thatkraft und Ausdauer zu fördern, und hierin aus dem engeren Kreise in immer weitere und höhere, aus der Oertlichkeit zum Staate, aus diesem zur gesammten Menschheit sich zu erheben, für alles dies offenes Herz und starke Hand zu haben, ist das Ziel, nach welchem wir zu streben haben. Wie wir hierdurch unsern eigenen Geist immerfort erweitern, für seine Entfaltung, für die Uebung und Verwendung aller unsrer Kräfte ein immer größeres und fruchtbareres Feld er=öffnen: so fassen und erfüllen wir auch unsre Pflichten in immer höherem Maße, und heiligen uns in Gedanke, Wort und That; die Selbstsucht mit ihrem gemeinen Sinne und ihren unedlen Motiven weicht immer weiter von uns zurück und macht den edelsten Ge=sinnungen Platz.

Auch das h. Gesetz macht die pünktliche Leistung der Abgaben zur reli=giösen Pflicht. Da diese zwar vorgeschrieben waren, die Erstlinge und die Zehenten, aber ihre Ablieferung dem Einzelnen überlassen blieb, wie es auch in ihrer Natur lag, da sie Abgaben vom jährlichen Ertrage waren: so sollte der Israelit am Wochenfeste nach Darbringung der Erstlinge und am Ende eines Zehentencyklus, nämlich im je dritten Jahre, ein Bekenntniß vor Gott ablegen, in welchem er aussprach, daß er Alles, wozu er an Erstlingen und Zehenten verpflichtet gewesen, aus seinem Hause geschafft und zu dessen Be=stimmung abgeliefert und verwendet habe (5 Mos. 26, 1—15). So war diese Leistung zu einer religiösen Gewissenssache gemacht. Nicht minder folgten diesem Beispiele die Talmudisten, und sprachen die Warnung aus,

„die Zehenten nicht nach ohngefährem Ueberschlage zu geben", sondern sie genau zu bemessen, da sonst ebenso gut weniger wie mehr gegeben werden könnte (P. A. I, 16).

Drittens?
Einen nützlichen Lebensberuf zu erfüllen.

Wenn die ganze menschliche Gesellschaft auf der Vertheilung der·Arbeit und auf dem Austausche der Erzeugnisse beruht; wenn jedes einzelne Glied derselben zur Befriedigung seiner Bedürfnisse die Arbeit der Anderen immerfort zu beanspruchen hat: so geht hieraus für jedes Individuum die Pflicht hervor, durch die Erfül= lung irgend eines Lebensberufes der Gesellschaft nützlich zu sein. Wenn daher auch die äußeren Verhältnisse des Einen oder des An= deren diesen nicht nöthigen, zur Deckung seiner Bedürfnisse irgend einen Erwerb zu betreiben, so besteht doch für ihn aus jenem all= gemeinen Grunde die Verpflichtung, eine nützliche Thätigkeit zu wählen und zu verfolgen. Hierzu kommt, daß nur innerhalb einer solchen die Uebung und Entfaltung unsrer Kräfte nachdrücklich vor sich geht, also auch nur hierdurch die Bestimmung des Menschen erfüllt wird. Es versteht sich aber von selbst, daß jeder Lebensberuf mit Gewissenhaftigkeit und möglichst vollständiger Erfassung und Ausführung der von ihm bedingten Pflichten erfüllt werden muß, und unsre Thätigkeit dahin gerichtet sei, die von ihr bezweckten Ziele soweit wie möglich zu erreichen. Hieraus ergeben sich daher zwei besondere Pflichten, einerseits die möglichste Meisterschaft in seinem Fache zu erreichen, und besonders die Fortbildung in dem= selben angestrengt zu erstreben, andererseits seinen Beruf in streng= ster Redlichkeit zu vollführen. Die treue Beobachtung dieser beiden Pflichten macht vom objektiven Standpunkte den eigentlichen Werth und das wahre Verdienst des Berufes aus. Wenn man nämlich die Frage aufwirft: ob ein Unterschied im Berufe betreffs des Wer= thes und der Verdienstlichkeit desselben stattfinde? so liegt es in der Natur der Sache, daß sowohl für die Allgemeinheit der eine von höherer Wichtigkeit ist als der andere, als auch im Besonderen jede Thätigkeit, die eine größere geistige Befähigung und außergewöhn=

liche Talente erfordert, bedeutsamer ist als die rein mechanische. Von der anderen Seite aber kann auch die Allgemeinheit keines Berufes, keiner Thätigkeit entbehren, und in der großen Gliederung des gesellschaftlichen Lebens darf kein Glied fehlen; andererseits hängt geistige Begabung und Talent nicht von der Wahl des Individuums ab, sondern beruht in Anlage und Verhältnissen. Vom sittlichen Standpunkte aus ist daher jeder Lebensberuf gleich zu achten, sobald das Individuum jene beiden oben aufgestellten Pflichten erfüllt, in seinem Fache die Meisterschaft zu erringen, und es in Redlichkeit und Gewissenhaftigkeit auszuüben. Ist es daher stets für den Jüngling von großer Wichtigkeit und nicht minder von großer Schwierigkeit, die Wahl des Berufes zu treffen; müssen dabei ebenso die Eigenthümlichkeit und Begabung, die Fähigkeiten und Wünsche des Individuums, wie die äußeren Verhältnisse und Gelegenheiten und die Möglichkeit des Erfolges und Zieles in Berücksichtigung gezogen werden: so ist es doch von noch größerer Bedeutung, daß der Jüngling von dem Streben beseelt sei, unablässig und mit höchster Anstrengung nach der Vervollkommnung in seinem Fache zu ringen, jede Pfuscherei zu vermeiden und die Ueberschätzung dessen, was er schon erlangt hat, nicht in sich aufkommen zu lassen. Er muß ferner nicht sowohl den materiellen Nutzen, den er in seinem Fache erzielen will, im Auge haben, als vielmehr von dem Gedanken beherrscht sein, in seiner Thätigkeit ein nützliches Glied der menschlichen Gesellschaft zu werden, und darum seinen Weg in Gewissenhaftigkeit und Redlichkeit zu verfolgen. Man glaube hierbei nicht, daß dies allein eine sittliche Vorschrift sei, sondern es ist gewiß, daß derjenige, welcher sich allein von dem Streben nach materiellen Vortheilen für seine Person leiten läßt, für seinen Beruf nur einen engen Geist und beschränkten Gesichtskreis mitbringt und gewinnt, sich in der Auffassung weiterer Verhältnisse behindert und dadurch zu viel beschränkteren Erfolgen kommen läßt, während der höhere Geist sowohl durch die Liebe zum Fache Befriedigung findet, als auch durch die Erfassung der Verhältnisse im Großen und Ganzen viel Bedeutenderes erzielt. Es versteht sich, daß dies andererseits nicht ins Vage und Unbestimmte ausarten darf, weil sonst der reale Boden verkannt und vergessen wird.

„Nähreſt du dich von deiner Hände Arbeit: Heil
dir, es geht dir gut". (Pſ. 128, 2.)

Wie der Zuſammenhang lehrt, deutet der Pſalmiſt hiermit ſowohl die
ausdauernde Thätigkeit an, die wir zu üben haben, als auch die Redlichkeit,
mit der wir nicht nach dem Gute Anderer greifen, ſondern nur das ver=
zehren, was wir durch die eigene Anſtrengung ſchaffen. — Wenn die Iſrae=
liten im eigenen Lande vorzugsweiſe den Ackerbau trieben, zugleich aber
nach ihrem Bedürfniſſe allen Gewerken oblagen, ſo lenkten ſpäter die Tal=
mudiſten, als den Juden der Grundbeſitz erſchwert, ja verſchloſſen wurde,
die Aufmerkſamkeit der Maſſe beſonders auf die Handwerke, und, wie ſelbſt
einige bedeutende Talmudlehrer Handwerke betrieben, ſprachen ſie ſich oft
zum Lobe der Letzteren aus. So heißt es in Kibduſchin 30, 2: „Wer
ſeinem Sohne kein Handwerk lehren läßt, iſt, wie wenn er ihm die Räu=
berei lehrte;" oder Sanhedr. 29, 1.: „Sieben Jahre dauerte die Hungers=
noth, aber ſie ſuchte die Handwerker nicht heim." Späterhin freilich wurden
in den meiſten Ländern den Juden auch die Handwerke unterſagt, auch die
meiſten Zweige des Handels abgeſchnitten, und ihnen nur der Geldhandel
und der Trödel gelaſſen. Mit dem Niederfallen dieſer Schranken, mit dem
freien Eintritt in das Culturleben der Völker ſind auch den Juden alle Le=
bensbahnen geöffnet, und ſie ſtehen nicht an, alle, die ihnen eröffnet ſind,
zu verfolgen. Freilich tritt hier die abſonderliche Erſcheinung ein, daß in
mehreren großen Staaten zwar die Gewerbsgebiete der jüdiſchen Maſſe frei
gegeben werden, dagegen die Staatsämter und wiſſenſchaftlichen Carrieren
noch immer verſchloſſen gehalten bleiben, ſo daß gerade alle geiſtige Kraft
in Unthätigkeit erhalten wird. Abgeſehen von der Ungerechtigkeit gegen den
Einzelnen, die hierin begangen wird, erlaubt man ſich die Verſündigung,
der Allgemeinheit und beſonders dem Staate gerade die fruchtbringendſte
Thätigkeit zu ſchmälern, als ob an bedeutenden Geiſtern ein großer Ueber=
fluß vorhanden wäre! Dieſer Uebelſtand darf aber die jüdiſche Jugend nicht
abhalten, ſich auch geiſtig immer tüchtiger zu machen, denn auch dieſe
Schranke wird fallen, wie es den ungerechten Hemmniſſen allen ergangen
iſt! Daß der Uebergang in der jüdiſchen Maſſe von dem, den Juden durch
Jahrtauſende gewaltſam eingeimpften Handelsſtande zu Handwerken und
Ackerbau nicht ſo ſchnell geht, wie man beanſprucht, liegt in der Natur der
Sache, und würde bei jeder anderen Volksklaſſe ganz ebenſo ſtattfinden.
Die Juden im Ganzen laſſen es auch hierfür an gemeinnützigen Anſtren=
gungen nicht fehlen, und an vielen Orten wirken Vereine zur Beförderung
der Handwerke, Künſte und des Landbaues unter den Juden durch Unter=
ſtützung von Lehrlingen, Gehülfen und Meiſtern ſowie eigene Gewerbe=
ſchulen ſegensreich.

75.

Worin gipfeln diese Pflichten vorzugsweise?
In der Vaterlandsliebe.

Was ist das Vaterland? Es ist nicht das Stück Erde mit seiner Luft und seiner Sonne, auf welchem wir das Licht der Welt erblickt, nicht seine Häuser und Menschen, seine Pflanzen und Thiere. Denn wie oft bewundern wir ungleich mehr andere Länder mit ihren erhabenen Schönheiten und ihrem reizenden Klima, andere Völker mit ihren großen Geistern, ihren mächtigen Werken und Kulturfortschritten, und der Bewohner von Steppen und der Eskimo von Grönland sehnt sich nach den Sand- und Schneefluren seines Vaterlandes mit unüberwindlichem Verlangen. Sondern es ist dies Alles zusammengenommen in der Identifizirung mit uns selbst, mit unsrem ganzen Wesen, mit unsren Familienbeziehungen, mit unsrer Kindheit und Jugend. Hier stehen die Gräber unsrer Väter, hier stand unsre Wiege, hier erwachte unser Bewußtsein, hier genossen wir unsre ersten Freuden, und trugen unsre ersten Leiden, aus diesem Boden zogen wir unser eingenstes Wesen und unsre Bildung, hier strebten und kämpften wir und errangen unsre ersten Erfolge. Darum kehren unsre Träume immer wieder dahin zurück und eine oft schlummernde, dann aber einmal um so lebhafter erwachte Sehnsucht führt uns immer wieder dahin zurück. Es ist überaus schwierig, wenn das Geschick uns von unsrem heimathlichen Boden loslöst, und in einem anderen fremden wurzeln läßt, daß wir zu einer ähnlichen Identifizirung mit diesem neuen Wohnplatze gelangen, und nur, wenn viele Jahre uns daselbst vorübergegangen, wenn wir hier unsre Familie gegründet, unsre Kinder erzogen, wechselndes Geschick erfahren, vom Geiste des Volkes und Staates uns durchdrungen haben, von ihm getragen und erhoben worden sind, kommen wir dazu, es als unser zweites Vaterland zu betrachten und zu fühlen. So ist die Vaterlandsliebe abermals ein Stück jenes unerschöpflichen, unergründlichen göttlichen Wesens, das Gott in uns gelegt und zum wahren Untergrunde unseres Daseins gemacht hat, ein Stück gewaltiger Liebe, die nicht nach dem Wie? und Warum? frägt und nicht weiß, wie hoch und wie tief sie ist. Diese Liebe schließt uns mit unzerreißbaren Banden an das Vaterland, läßt sein Wohl, seine Größe und Ehre uns über die eigenen hinaussetzen, sein Mißgeschick, seine Verluste und Erniedrigung tiefer empfinden als unsre eigenen, und vermag uns zu den größten Opfern, zur Hingabe unseres Gutes und Blutes, zur Gefährdung unserer ganzen Existenz, zur Ertragung dauernden Leides um seinetwillen zu begeistern. Wie also das Va=terland ein Theil unseres eigenen Wesens und wir ihm angehörig sind, wie unwillkürlich die Liebe zu ihm in uns wohnt: so verlangt sie auch von uns ihre Befriedigung durch die Erfüllung alles dessen, was wir ihm schuldig sind, durch treues Walten und Wirken und nöthigenfalls durch unsre Aufopferung für dasselbe. Immer fester müssen wir uns an dasselbe anschließen, immer höheren Sinn da=für in uns tragen, immer thatkräftiger dafür eintreten. Auch in dieser Vaterlandsliebe liegt eine hohe Heiligung, um so mehr, als Gott selbst in unserm Wesen und durch seine Vorsehung das Band zwischen uns und dem Vaterlande geknüpft hat.

In den Psalmen wird die Liebe zum Vaterlande in tiefrührender Weise ausgedrückt, am öftesten das Glück des nach der Heimath Zurückkehrenden und die Sehnsucht des Vertriebenen und Verbannten nach der Heimath. So 68, 7: „Gott macht Verlass'ne in der Heimath seßhaft, führt Gefesselte zum Glück heraus, doch Abtrünnige wohnen in dürrem Land." — 80, 4: „Gott, führe uns zurück, und laß dein Antlitz leuchten, daß uns geholfen werde." — 107, 7: „Er rettete sie aus ihren Bedrängnissen und führte sie auf ebnem Wege, zur Stadt des Wohnsitzes zu kommen." Vgl. 126, 4. 137, 5. So ruft uns auch der Psalmist zu (37, 3): „Wohne in der Heimath und pflege Treue — dann wird der Ewige dir geben deines Herzens Wünsche.

C. Im Verhältniß zur israelitischen Religions=
gemeinde [1]).

~~~~~~~~

76.

Was legt dieses Verhältniß jedem Einzelnen auf?

Ein lebendiges, thatkräftiges Mitglied der Religions= gemeinde zu sein.

Wenn wir der Religionsgemeinde im allgemeineren Sinne, so= wie der örtlichen (S. 216 ff.) den Bestand und die Entwickelung der Religion überhaupt, sowie ihre Bethätigung an uns selbst, unsere religiöse Bildung und Erbauung, endlich den Anhalt, den wir in der Gemeinde finden, und den Segen und Genuß wohlthätiger Ein= richtungen verdanken: so erfließt hieraus eine Fülle von Verpflich= tungen, deren energische Erfüllung nicht blos eine der Gemeinde bezahlte Schuld bildet, sondern auch das religiöse Leben in uns wiederum stärkt und pflegt. Ziehen wir hier zunächst die Religions= gemeinde im weiteren Sinne in Betrachtung, so werden wir ihr 1) das offene und standhafte Bekenntniß allwege und überall schuldig sein. Denn abgesehen davon, daß wir hierdurch der Treue gegen Gott und der Liebe zur Wahrheit, also unserm eigenen Gewissen genügen, stärken wir die Religionsgemeinde, entziehen wir uns ihr nicht und vertreten sie in ihrem Dasein und ihrer Würde. Wie es eine entehrende Feigheit ist, aus äußern Ursachen seine Religion zu verheimlichen, oder gar vor den Menschen zu verleugnen, so erweist nichts die Schwäche einer Gemeinsamkeit so sehr, wie die Furcht, als ihr angehörig zu erscheinen, bethätigt nichts die Kraft und das Bewußtsein derselben so sehr, wie das stete, freimüthige Bekenntniß, ein Glied derselben zu sein. Es wird nicht von uns gefordert, daß

———————

[1]) Vergl. oben S. 213.

wir in zudringlicher Weise das Bekenntniß unseres Glaubens immerfort auf den Lippen tragen, oder gar durch besondere Abzeichen,
Geberden, Sprache zu Schau tragen; wohl aber sollen wir überall
damit hervortreten, wo es erforderlich ist, und um äußeren Schei-
nes, um etwaiger kleiner Verlegenheiten und Nachtheile Willen es
nicht verleugnen. Wenn wir unsere Religion und Glaubensgenof-
senschaft zu der ihr zukommenden Ehre bringen wollen, so kann dies
nur geschehen, wenn allseitig die erbärmliche Scham, als Jude erkannt zu werden, verschwindet, die doch nur dazu dient, gerade die
vorhandenen Vorurtheile zu nähren. 2) aber haben wir die Theilnahme an allen Bestrebungen für die Religionsgemeinde im Allgemeinen durch die That zu beweisen. Der große Gedanke, einer
Gemeinde anzugehören, welche ebenso durch die weiten Räume der
Weltgeschichte reicht, wie über alle Zonen der Erde ihre Sitze verbreitet hat, und mit dieser in Bekenntniß, allgemeinem Geschick, Gebet
und Ceremonie zusammenzutreffen, muß unsern Geist durchdringen
und eine thatkräftige Theilnahme wie von selbst erzielen. Bei der
vorhandenen Solidarität aller Israeliten ist es eine besondere Pflicht
eines jeden Individuums, Alles zu vermeiden, was den israelitischen
Namen schändet, und hingegen durch Wort und That sich als einen
würdigen Sproß des alten Stamms zu erweisen. Aber auch in
concreter Weise haben wir uns für das Schicksal unserer Glaubensgenossen, soweit es diese als solche betrifft, zu interessiren, und ganz
besonders alle Bestrebungen, Anstalten und Einrichtungen, welche
für einen größeren oder kleineren Kreis der allgemeinen Religionsgemeinde bestimmt sind, mit allen Kräften zu unterstützen. Wir
müssen uns immer mehr gewöhnen, unser Interesse nicht allein auf
unsere Oertlichkeit zu beschränken, sondern es überall hin auszudehnen in dem Gedanken, daß auch das kleinste Glied von dem
Leben der Gesammtheit getragen und gehoben wird, und unter den
Leiden und Schäden derselben selbst leidet. — Gehen wir nun
aber auf die örtliche Religionsgemeinde ein, so bildet sich für jedes
einzelne Mitglied derselben überhaupt die Verpflichtung, 3) für den
Bestand, den Fortschritt und den Frieden derselben nach Kräften
thätig zu sein. Ein lebendiges Glied ist nicht der, welcher sich
ihr zugesellt, weil er muß, sei es, daß das Staatsgesetz ihn dazu

nöthigt, sei es, weil er einmal Jude ist und der Gemeinde nicht ganz entbehren kann und mag, sondern wer eine warme Theilnahme für sie hegt, sie als ein Bedürfniß für sich, die Seinen und die religiöse Existenz Aller betrachtet, in der ein Theil seines eigenen Wesens beruht, so daß es für ihn von großer Bedeutung ist, von welcher Art und Beschaffenheit diese Gemeinde ist. In dem Bewußtsein aber, daß alles Leben nur in der beständigen Fortentwickelung besteht und Stillstand und Rückschritt Zeichen der Fäulniß, Boten des Todes sind, daß mit den immerfort sich verändernden Verhältnissen jede Institution sich verändern und immer neu sich gestalten muß, daß aber hinwiederum jede dauernde Erscheinung auch einen festen Boden in dem Gegebenen, Gewordenen und Ueberkommenen hat und ohne diesen in der Schwebe hängt, müssen wir uns überzeugt halten, daß der Bestand der Gemeinde nicht in dem unverrückbaren Festhalten alter Formen und Gewohnheiten, die aller Gestaltung und allem Inhalt der Zeit widersprechen, aber auch nicht in dem Umstürzen, völlig Neugestalten und beständigen Umwandeln gesichert ist, sondern daß jenes alles Leben stocken und ersterben macht, dieses bloß den Reiz der Neuheit und das Schwanken und Unbestimmte in sich trägt. Von diesem Gesichtspunkte aus muß jeder Einzelne auch in der Gemeinde den Fortschritt nach den Richtungen und Bedürfnissen der Zeit zu fördern suchen, von diesem Gesichtspunkte aus den Frieden in der Gemeinde zu erhalten streben. Dieser Friede beruht allerdings nicht in der bloßen Nachgiebigkeit gegen die fanatischen Anhänger alles Alten, sowie gegen die Forderungen derer, welche das Bestehende nach ihren Ideen beseitigen und völlig umwandeln wollen; der Friede in der Gemeinde beruht in der allmäligen Fortentwickelung auf dem Boden der Geschichte nach den Bedürfnissen und Forderungen der Zeit und Vernunft. Daraus erfließt 4) die Pflicht, zu den Bedürfnissen der Gemeinde nach Maßgabe seines Vermögens und Einkommens zu steuern, und eher mit freigebiger Hand Opfer zu bringen, als sich jenen zu entziehen und die Lasten auf die Schultern Anderer zu legen. Auch hier ist es, wo der Vermögendere die größere Verantwortlichkeit trägt, hingegen auch der Aermste seinen geringen Beitrag nicht versagen darf. Es muß sowohl zur religiösen Pflicht werden, auf diese Weise für den

Bestand der Religion mitzuhelfen, als auch zur Herzenssache, Opfer für die heilige Sache des Glaubens darzubringen. 5) Aemter und Funktionen innerhalb der Gemeinde willig zu übernehmen und gewissenhaft auszuüben. Nicht Ehrgeiz, nicht Herrschsucht und das Verlangen nach Ansehen und Einfluß dürfen die Motive sein, sondern der reine Eifer, der Gemeinde zu dienen, für ihr Wohl zu arbeiten und dadurch den Segen der Religion auf Viele seines Theiles verbreiten zu helfen. Das Gemeinwohl und die Unparteilichkeit müssen hier die beständige Richtschnur bilden; Schwierigkeiten nicht abschrecken, und auf Dank und Anerkennung nicht gerechnet werden. Besonders gefährlich ist hierbei aber, daß, weil die Gemeindeämter nur Ehrenämter sind, nicht Wenige sich diese Ehren wohl gefallen lassen und das Amt annehmen, aber die Pflichten desselben hintenansetzen und sich des Weiteren nicht darum bekümmern. Im Gegentheil ist aber jene Gleichgültigkeit zu verdammen, welche, bei sonst hervorragender Stellung, eine Beamtung in der Gemeinde verachtet, und sich davon zurückziehet. 6) den öffentlichen Gottesdienst der Gemeinde oft zu besuchen. Abgesehen davon, daß dies überhaupt eine religiöse Pflicht jedes Einzelnen ist und zu seiner eigenen Erbauung und Kräftigung dient, stärkt jeder Einzelne durch die öftere Theilnahme am öffentlichen Gottesdienste das religiöse Leben Aller, erhöht die Andacht und zieht durch sein Beispiel an. Endlich 7) an allen Institutionen, wohlthätigen Anstalten und Vereinen nach Kräften sich zu betheiligen. Wie sehr hierdurch das Leben in der Gemeinde gefördert, ihre einzelnen Zwecke erreicht, für Viele der unmittelbarste Segen bewirkt wird; wie sehr aber alle diese Anstalten durch Theilnahmlosigkeit und Unthätigkeit Vieler an Kraft und Wirksamkeit verlieren und ihrem Verfalle entgegen gehen, sieht Jedermann ein. Wenn aber zu den wohlthätigen Anstalten schon das Herz selbst drängt, so muß der Aufmerksamkeit der Einsichtsvollen ganz besonders das Schulwesen der Gemeinde empfohlen sein, das gerade dadurch am meisten leidet und am ehesten verfällt, wenn es sich der Pflege und besondern Theilnahme nicht erfreut, und darum dem erdrückenden Schlendrian verfällt.

„Und er sprach zu ihnen: Ein Ibri bin ich, und den Ewigen, den Gott des Himmels, fürchte ich, der das Meer und das Trockne geschaffen". (Jonah 1, 9.)

„Denn Mardechai, der Jehudi, war der Zweite nach dem Könige Achaschwerosch, und groß für die Jehudim, und geliebt von der Menge seiner Brüder, er suchte Heil für sein Volk und redete Frieden für all dessen Nachkommen". (Esther 10, 3.)

„Jedoch berechne man mit ihnen nicht das Geld, das in ihre Hand gegeben wird, denn sie handeln in Treue". (2 Kön. 22, 7.)

„Sondere dich nicht ab von der Gemeinde. (Wer sich von der Gemeinde absondert, ist, wie wenn er eine Grundwahrheit leugnet.)" P. A. II, 6.

„Die für die Gemeinde thätig sind, sollen für sie arbeiten im Namen Gottes; denn das Verdienst ihrer Väter steht ihnen bei, ihre Gerechtigkeit bestehet für immer, und ich (spricht Gott) bringe reichen Lohn über euch, als hättet ihr es wirklich vollbracht". P. A. II, 2.

D. Im Verhältniß zur Familie.

1) In der Ehe [1]).

~~~~~~~~~

77.

Zu welchem Verhältniß verbindet die Ehe den Mann und das Weib?

Der Bund der Ehe muß von Liebe geschlossen, in Treue erhalten und durch Eintracht erfüllt werden.

Bei aller Gleichgeartetheit des Mannes und des Weibes als Menschen findet doch körperlich und geistig eine bedeutende Verschiedenheit zwischen Beiden statt. In Gestalt, Formen, Knochen-

---

[1]) Vgl. oben S. 240.

bau und Muskulatur zeigt der erste Blick die Verschiedenartigkeit.
Der Mann ist kräftiger zu Arbeit und Anstrengung, das Weib aus=
dauernder zum Ertragen, jener mehr zur Mühsal befähigt, dieses
für Schmerzen. Ebenso in geistiger Beziehung. Während der Mann
größere Entwickelung der Vernunft erlangt, ist beim Weibe die Aus=
bildung des Verstandes vorwiegender, bei dem Manne das Gefühls=
vermögen höher und tiefer, beim Weibe erregbarer, die Einbildungs=
kraft des Mannes schöpferischer, des Weibes lebhafter. Daher ist der
Blick des Mannes mehr auf die allgemeinen Verhältnisse, der des
Weibes mehr auf die besonderen gerichtet; der Mann faßt Alles
aus dem Ganzen, das Weib aus dem Einzelnen heraus, jener knüpft
Vergangenes und Zukünftiges aneinander, dieses hängt mehr am
Gegenwärtigen, Augenblicklichen; dem Weibe ist daher ein feinerer
Takt und Geschmack eigenthümlich, dem Manne die Einsicht in die
Zustände und Entwickelung; das Weib legt mehr Gewicht auf die
äußere Erscheinung und deren Wohlgefälligkeit, der Mann auf die
Würde und den Eindruck. Aus dieser körperlichen und geistigen
Verschiedenheit entspringt auch die verschiedene Stellung beider. Der
Mann, mehr zum Schaffen und Arbeiten bestimmt, ist auch viel=
mehr auf die Außenwelt gerichtet, zum Wirken auf die äußeren
Kreise hin, auf das bürgerliche Leben, während die Frau auf den
innern Kreis des Hauses, auf die abgeschlossene Welt im Kleinen
verwiesen ist. Der Mann hat vorzugsweise den Erwerb zu betrei=
ben, das Gewerbe und Geschäft, die Frau die Befriedigung der
häuslichen Bedürfnisse, und selbst wo sie in jenes einzugreifen hat,
geschieht es nur soweit es nicht nach Außen führt und in die
Außenwelt unmittelbar eingreift. Dem Mann liegt die Erhaltung
des Hauses ob, während die Frau das Leben in ihm zu bestimmen
und zu gestalten hat. So ist sie hinsichtlich des Unterhaltes an
den Mann gewiesen, er auf die Frau hinsichtlich der häuslichen Be=
dürfnisse. — In dieser Verschiedenheit liegt es denn auch, daß die
Verbindung des Mannes und Weibes in der Ehe zu ihrer gegen=
seitigen Ergänzung dient, daß beide in Wesen und Thun, in Schaf=
fen und Dulden sich gegenseitig ausfüllen, bilden und auf einander
wirken, und jemehr sie dieses thun, desto vollständiger wird der
Zweck der Ehe erfüllt. Es ist aber darum um so einsichtlicher, daß

die eheliche Verbindung aus wahrer, voller Liebe beider zu einander
geschlossen und während ihrer ganzen Dauer erfüllt werden muß.
Der Wandel der Zeit mit seinem Gleichmaße, die Veränderungen
in Erscheinung und Wesen, der Wechsel der Lagen, Verhältnisse und
Geschicke dürfen auf diese Liebe keinen Einfluß üben, sondern diese
muß den Charakter der unwandelbaren Stetigkeit und Dauer haben. Hierdurch gestaltet sich diese Liebe zur Treue. Mit dem Eingehen der ehelichen Verbindung tritt aus dem Wesen dieser und
aus deren religiösen Weihe und Heiligkeit das Gelöbniß heraus,
sich für das ganze Leben gänzlich anzugehören, und innere und
äußere Interessen zu identifiziren. Dies Gelöbniß gilt für Beide,
und ist in dem ersten Worte ausgesprochen, welches die heilige
Schrift über die Ehe kund thut. (1 Mos. 2, 23, 24.) Des Mannes innerste Gedanken müssen seinem Weibe, des Weibes tiefste
Gefühle seinem Manne zugewandt sein. Jener muß seine höchsten
Anstrengungen für sein Weib, dieses die unermüdlichste Mühewaltung für den Mann bethätigen. Seinem Weibe das Leben
leicht und freundlich zu gestalten und ihm einen ebenen Weg zu
bereiten, ist die edelste Aufgabe des Mannes; das Weib hat diese
in dem Glücke des Mannes zu suchen, ihm seine Tage zu versüßen
und mit Reizen zu umgeben und seine Mühen zu erleichtern und
zu vergelten. Wie ihre äußeren Güter, Verlust und Gewinn, Ueberfluß und Mangel, Ehre und Schande dieselben sind, so haben sie
auch ihre Freuden miteinander zu theilen und ihre Leiden mit
einander zu tragen, Kraft und Trost, Erhebung und Erleichterung
in einander zu finden. Auf der Höhe des Glückes, wie in der
dunkelsten Nacht des Mißgeschickes müssen Mann und Weib sich in
gleicher Innigkeit umfaßt halten und bei einander verharren. Nicht
Dürftigkeit, nicht Siechthum geben eine Rechtfertigung, sich zu verlassen. Im Gegentheil, je größer die Opfer sind, die sie für einander zu bringen, je schwerer die Mühen, die sie für einander zu tragen haben, desto höher muß sich die Liebe erheben und darin eine
Befriedigung finden, die selbst den Schmerz versüßt und die Mühsal verschönt. — Aber die Beständigkeit der Neigung und diese Fülle
der Treue kann nur bestehen durch die Eintracht, wie sie wiederum
aus der wahren Liebe und Treue hervorgeht. Wenn schon kein

Menscheninbividuum dem andern gleich und in seiner ganzen innern Welt sich in Anschauung, Gefühlsrichtung, Neigungen und Gewohn= heiten von jedem andern überaus unterscheidet und hierzu nun noch die Verschiedenheit in Mann und Weib kommt: so kann die innige Verbindung und das beständige Zusammenleben, ja die Verschrän= kung aller Interessen nicht anders, als die Verschiedenheit der bei= den Eheleute um so mehr und öfter zu Tage bringen. Es liegt darum gerade in der Ehe die sich immer wiederholende Veranlassung näher als in jeder andern Verbindung, verschiedener Meinung, ver= schiedener Gefühle, verschiedener Wünsche und verschiedenen Willens zu sein. Das aus der Liebe und Treue unbewußt und aus dem Begreifen der Pflicht bewußt hervorgehende Streben nach Ausglei= chung aller sich kundgebenden Verschiedenheiten, seien diese dauernd oder augenblicklich, beträfen sie wichtige Zwecke und Lebensrichtun= gen oder nur momentane Gegenstände, ist die Eintracht. Eheleute müssen, ohne damit ihre Individualität aufgeben zu sollen, ihre Ansichten annähern, ihre Gefühle in Uebereinstimmung bringen, ihre Wünsche einander opfern, ihren Willen einordnen, ihre Nei= gungen sich anpassen, ihre Gewohnheiten für einander aufgeben. Dies ist der eigentliche Altar der Ehe, auf welchem die eigenen Ge= fühle und Wünsche als Opfer dargebracht werden, um den Weih= rauch des Friedens aufsteigen zu lassen. Hierin liegt die wahre Heiligung innerhalb der Ehe, daß die Selbstsucht unterdrückt, der Eigensinn abgeschwächt, der Eigenwille gemildert, und hingegen die Selbstaufopferung, die Hingebung, Nachsicht und Sanftmuth gepflegt und gestärkt werden. Darum ist auch die Ehe eine große Schule für den Menschen, in welcher die Entwickelung, Bildung und Vereblung seines Wesens immerfort gefördert wird. Die nach Eintracht strebenden Eheleute werden ihre Ansichten vor jedem schroffen Gegensatz bewahren, und dies nicht allein im Ausspruch derselben, sondern auch durch wohlwollendes Eingehen in dieselben. Sie werden Einer dem Andern die Gefühle und Wünsche ihres Herzens ablauschen und sie möglichst zu befriedigen trachten, jede Kränkung und Verletzung derselben aber zu vermeiden suchen; da sie in dem Hauptziele einig sind, sich gegenseitig zu beglücken, so werden sie auch da, wo sie in den einzelnen Fällen verschieden=

artigen Zweck hätten, eine Einigung herzustellen suchen. Sie wer=
den daher jede Ursache des Haders vermeiden, und wo diese sich
dennoch gefunden, sie so schnell wie möglich beseitigen; thut sich aber
eine wesentlichere Verschiedenheit kund, so lassen sie dieselbe nicht
zu heller Flamme aufschlagen, sondern harren still, bis die Zeit
darüber hinweggeholfen; und endlich, wenn wirklich einmal ein Wort
des Zornes gefallen, eine Handlung des Zwistes geschehen ist, sind
sie jeden Augenblick bereit, sich zu versöhnen und darin sich ent=
gegen zu kommen. Wer weiß es nicht, daß auf diesem Boden des
Einverständnisses und der Eintracht allein alle Zwecke der Ehe er=
reicht werden können, daß aus ihm allein das Glück der Ehe ersprießt,
auf ihm allein aller äußerer und innerer Segen beruht? Wehe,
wo es anders ist, wo Mann und Frau keine Ausgleichung ihrer
Gesinnungen und Gefühle finden, wo die Zwietracht in Dornen
und Disteln aufschießt, der Zank und Streit als tägliche Gäste sich
heimisch gemacht — da wird die Ehe zur wahren Hölle, zur Stätte
des Unheils, wo das Verderben brütet. In diesem erhabenen Drei=
klang aber, in der Liebe, Treue und Eintracht, erhebt sich die Ehe
zu einer Wohnstätte des Glückes, des Edelsinns und der Hei=
ligung! —

Aus dieser Beschaffenheit bestimmt sich auch die Stellung und
Berechtigung des Mannes und des Weibes in der Ehe zu einander.
Von vornherein läßt sich hierüber sagen, daß, mag diese Stellung
und Berechtigung auch von der Volkssitte, der Zeitanschauung und
den Verhältnissen abhängen und mannichfaltig variiren, auf dem
Grunde der Liebe, der Treue und Eintracht jede Reflexion darüber
verschwindet, und die völlige Gleichheit des Mannes und des Weibes
wie von selbst hervorgeht. Hierzu kommt nun, daß die Indivi=
dualitäten des Mannes und des Weibes in jedem einzelnen Falle
von entscheidender Bedeutung sind, so daß dem einen Theile durch
seine persönlichen Eigenschaften die vorwiegende Rolle zufällt, oder
nach den verschiedenen Richtungen des Familienwesens der eine und
der andere Theil eine verschiedene Stellung einnehmen. Im Allge=
meinen liegt es in der Natur der Sache, daß der Mann nach Außen,
die Frau im Innern des Hauses die vorzügliche Leitung in Händen
habe und die Familie repräsentire, daß überhaupt dem Manne ein

gewisser Vorzug an Rechten zustehe, dem Weibe in Anordnung und Vertheilung die vorzüglichste Bestimmung. Naturwidrig dagegen ist von der einen Seite die sogenannte völlige Emanzipation, von der andern die völlige Unterordnung des Weibes. Körperlich und geistig hat die Natur jedes Geschlechtes hierin ihren Fingerzeig unzweifel= haft gegeben.

Im Allgemeinen verweisen wir auf die in betr. Abschnitt (S. 243.) citir= ten Bibelverse. Auch die h. Schrift setzt überall die Liebe als Wurzel der Ehe voraus und stellt die Treue als unbedingte Forderung selbst des Ge= setzes auf. Nichts ist dringlicher als die Mahnung in den Sprüchen Salo= monis, sich vor jedem Abwege in der Ehe zu wahren und allein dem Weibe, dessen Liebe man in der Jugend erworben, treu anzuhangen (5, 15—20). Der unschätzbare Werth eines Weibes wird in den Worten gewürdigt: „Wer ein Weib fand, fand ein hohes Glück und gewann Wohlgefallen vom Ewigen." (Spr. Sal. 18, 22.) „Haus und Habe sind der Väter Erbtheil, doch vom Ewigen ein ver= ständig Weib." (Das. 19, 14) „Ein Biederweib ist ihres Man= nes Krone, aber ein Knochenfraß ein Schandweib." (Das. 12, 4.) Mit gleicher Energie wird an vielen Stellen der Segen des häus= lichen Friedens selbst bei Armuth ausgesprochen, und das Unheil der Zank= sucht, wie sie namentlich vom Weibe ausgeht, hervorgehoben. (Vgl. 19, 13. 21, 9. 19.) Einen tiefern Einblick in das Schaffen und Wirken eines tugendhaften Weibes, des Musters einer Hausfrau schafft uns die alphabe= tische Lobrede am Schlusse des Buches der Sprüche 31, 10—31, wo die unermüdliche Thätigkeit, die Alles beschickende Fürsorge, die Mildthätigkeit und Klugheit solches Eheweibes, welche Früchte ihr Gatte und ihre Kinder davon genießen, und welchen Lohn sie im Lobe der Ihrigen findet, sowie das unerschütterliche Vertrauen, das sie im Herzen ihres Mannes erlangt, mit Innigkeit und Zartheit geschildert worden. Wir heben nur hervor: V. 26—28: „Sie öffnet ihren Mund mit Weisheit, der An= muth Lehre ist auf ihrer Zunge. Treu schaut sie auf die Wege ihres Hauses, und Brod der Trägheit ißt sie nicht. Um sie zu preisen, treten ihre Söhne auf, ihr Mann, um sie zu loben."

Auf talmudischem Grunde werden dem Ehemanne gegen seine Frau zehn Pflichten auferlegt, von denen wir hervorheben: 1) Er muß sie ehren[1] und ernähren, 2) ihr Kleider geben, 3) sie heilen lassen, 4) aus der Gefan= genschaft erlösen, 5) ihre Beerdigung beschaffen, 6) für Wohnung und Er=

---

[1] Wie der Mann dies „ehren" ausdrücklich in der Ketbuba gelobt.

nährung in ihrem Wittwenstande sorgen u. s. w. Zu allem diesen ist der Mann nach Maßgabe seines Vermögens und Erwerbes, und im Nothstande zu den höchsten Opfern seiner eigenen Person verpflichtet [1]). (Eb. Eser 69—73.) Dagegen hat die Frau für das Hauswesen des Mannes zu sorgen, ihn entgegenkommend zu behandeln und nicht müßig zu gehen. Auch hat der Mann das Eigenthumsrecht auf Alles, was die Frau während der Ehe erwirbt, ja was sie findet; nur daß er für das Mitgebrachte und Verschrie= bene der Frau mit seinem Eigenthum verhaftet bleibt, und auch von dem, was die Frau während der Ehe erbt, nur den Nießbrauch hat (Eb. Eser Abschn. 80 ff.).

Man hat über die Stellung des Weibes in der h. Schrift und nach dem Talmud vielfach hin und her gestritten; der Eine suchte sie als der höchsten Gleichberechtigung theilhaftig, der Andere als dem Sklaventhum gleichgestellt, darzustellen. Schon dieser immer wiederholte Streit erweist, daß das Rechte auf keiner von beiden Seiten liegt. Die Schrift geht allerdings von dem Standpunkte aus, daß der Mann eine bevorzugte Stellung einnehme, eine gewisse Herrschaft ausübe (1 Mos. 3, 16 [2]). Die oben angeführten Stellen

---

[1]) Dahin deutet die Streitfrage bei den Rabbinen, ob der Mann sich als Tagelöhner vermiethen müsse, wenn er arm, um seine Frau zu ernähren (Eb. Es. 70, 3. Hagah.); andererseits daß der Mann seinem Weibe auch ein wöchent= liches Taschengeld zu geben habe. (Das.)

[2]) Es wäre unrichtig, den Hauptton auf die letzten Worte zu legen, wäh= rend der ganze Vers in seiner Gesammtheit die natürlichen Momente darstellen soll, die dem Weibe eine ganz emancipirte Stellung unmöglich machen, nämlich 1) עצבונך die Belästigungen, Schwächen und schmerzhaften Störungen, welchen das weibliche Geschlecht in der Zeit der Entwickelung unterliegt, gerade in der Zeit, wo der Jüngling den Grund zu seiner Bildung und praktischen Befähigung legt, und welche auch weiterhin so oft die Thätigkeit jenes unterbrechen; 2) הרנך die Bestimmung des Weibes, den werdenden Menschen zur Reife zu tragen mit all den Beschwerden, die damit verbunden sind und oft körperliche und geistige Ruhe und Schonung erfordern; 3) die Geburt mit ihren Erschütterungen und lang nachhaltender Schwäche; 4) תשוקתך die stärkere Entwickelung des ge= schlechtlichen Lebens, die das liebende Weib allein und ganz dem Manne zuwen= det, und weitere Interessen ihrem Gesichtskreise entzieht, während der Mann seine Liebe ganz von seinen anderen Bestrebungen trennt. Unter diesem Gesichtspunkte wird die sog. Emanzipation der Frauen eine lächerliche Faselei, und die h. Schrift zeichnet mit festem Griffel die ewigen Gesetze der Natur. Gott der Schöpfer hat eben dem Manne wie dem Weibe körperlich und geistig eine verschiedene Stellung angewiesen, in welcher beide die höchste Erfüllung ihres Wesens anzu= streben vermögen, die sich durch Pflicht und That völlig ausgleicht und in der Liebe zur höchsten Einigung kommt. Der Mann hat die größeren Lasten zu

aber, sowie die Beispiele von Frauen, welche die höchste Stellung selbst des Propheten= und Richteramts einnehmen (wie Mirjam, Deborah, Hulda u. A.) erwiesen hinlänglich, daß die Schrift die Stellung des Weibes nach der Ent= wickelung der Verhältnisse und des Volkslebens bemessen und entwickelt haben will. Denn allerdings sind hierbei die Zustände eines z. B. acker= bauenden Volkes vom wesentlichsten Einfluß. Endlich nimmt der Charakter, den das eheliche Leben in der Geschichte des jüdischen Volkes trug, eine zu ehrenvolle Stelle ein, als daß hier die wortklaubende Auslegung den tieferen Gehalt verdrängen könnte.

2) Als Eltern [1]).

78.

Was haben Eltern ihren Kindern zu leisten?

Nach Kräften ihre Ernährung, Erziehung und Ver= sorgung zu beschaffen.

1. Schon vor der Geburt des Kindes hat die elterliche Für= sorge zu beginnen, theils indem die Mutter einer besondern Scho= nung bedarf [2]), theils indem die nothwendigen Vorbereitungen für das neugeborene Kind im Voraus getroffen werden müssen. Von dieser Zeit an liegt es den Eltern ob, ihr Kind mit Allem, was zu seiner Erhaltung nothwendig ist, zu versehen, bis es so weit gediehen, daß es seinen Unterhalt selbständig erwerben kann. Freilich kann unter Umständen sich diese Verpflichtung noch über das gewöhnliche

———————

tragen, der Außenwelt gegenüberzutreten und muß daher auch vorzugsweise das Haus nach außen repräsentiren. Weder von einer eigentlichen Herrschaft, noch von einer Dienstbarkeit kann weder auf der einen, noch auf der anderen Seite die Rede sein. Die Eheleute bilden ein durch freien Willen verbundenes Paar, Personen mit freiem Willen, die sich zu einem Leben in Liebe, Treue und Ein= tracht gelobet haben.

[1]) Vgl. oben S. 256.

[2]) Das rabbinische Gesetz geht in seiner Fürsorge so weit, ausdrücklich dem Manne zur Pflicht zu machen, der Wöchnerin alle mögliche Sorgfalt z. B. auch eine Wärterin zu beschaffen (Eb. Eser 70. 1 Ber hetib.)

Alter der hierzu benöthigten Reife erstrecken, denn Krankheit oder besonderes Mißgeschick können dem Kinde darin behinderlich sein. Im andern Falle aber, wo die Befähigung zum eigenen Erwerbe vorhanden ist, hört nicht allein diese Verpflichtung auf, sondern es wäre eine ungerechtfertigte Schwäche der Eltern, die der Trägheit, dem Müſſiggang, ja der Laſterhaftigkeit des Kindes Vorſchub leiſtet, es von der Erfüllung ſeiner Beſtimmung abhält, und ihm nach dem Tode der Eltern den ſelbſtändigen Lebenswandel ſchwer, vielleicht unmöglich macht. Vielmehr iſt es rathſam, die Kinder ſo früh wie möglich auf einen ſelbſtändigen Erwerb hinzuweiſen und ſie dazu anzuleiten, ohne daß dies ſelbſtverſtändlich der Entwickelung und Ausbildung der Kinder zu nahe treten, ſie abſchneiden oder auch nur erſchweren darf. — Die körperliche Pflege muß vorzugsweiſe darauf gerichtet ſein, die Entwickelung der Kinder zu fördern, ihnen eine geſunde Nahrung zu gewähren und ſie an Reinlichkeit zu gewöhnen. Gerade darum muß jede Verweichlichung und Verzärtelung vermieden werden, und es iſt nur von großer Schädlichkeit, wenn den Kindern eine zu üppige Koſt, Leckerbiſſen und dergleichen gereicht werden. An zu viele Bedürfniſſe gewöhnt zu werden, iſt den Kindern an ſich nachtheilig, und kann unter Umſtänden ihnen große Entbehrungen in der Zukunft bereiten. Auch hier iſt das rechte Maß zu halten, das darin beſteht: Alles, was die Geſundheit wahrhaft erfordert, zu reichen, aber nicht mehr. Es iſt ein Vorzug unſerer Zeit, erkannt zu haben, von welcher Wichtigkeit die körperlichen Uebungen, und daß dieſe zur Geſundheit des Leibes unentbehrlich ſind. Viel Bewegung in friſcher Luft unter allen Witterungsverhältniſſen bis zu einer vernünftigen Abhärtung, Turnen, Schwimmen u. dgl. gehören hierher und ſind unabhängig von den Beſitzverhältniſſen der Eltern. [1]

2. Eine der ſchwierigſten Aufgaben, die dem Menſchen geſtellt ſind, iſt die Erziehung von Menſchenkindern. Je heiliger dieſes

---

[1] Nach dem rabbiniſchen Rechte konnte der Vater vom Gerichte nur gezwungen werden, ſeine Kinder bis zu deren ſechstem Lebensjahre zu ernähren; von da ab hatte es nur moraliſche Zwangsmaßregeln zu treffen, und richteten dieſe nichts aus, ſo konnte er unter der Form von Almoſengeben dazu genöthigt werden. In dieſer Form mochte er ſie zu ernähren, auch nachdem ſie mündig geworden, wenn ihnen eigener Erwerb unmöglich war, gezwungen werden (Eb. Eser Abſchn. 71.)

Werk ist, da es gilt eine gottähnliche, unsterbliche Seele zu entwickeln und auszubilden, für das irdische Leben zu seiner Bestimmung geschickt zu machen und für das ewige Heil vorzubereiten, je
mehr von einer richtigen Erziehung die Zukunft des Kindes und
somit das Glück der Eltern selbst abhängt, desto schwerer fällt es
auf das Vater- und Mutterherz, ob ihnen auch Einsicht und Kraft
genug einwohne, um ihre Kinder richtig zu erziehen, und ob das
Werk der Erziehung ihnen gelingen werde? Die Schwierigkeiten
häufen sich hierin mit jedem Schritte vorwärts, den das Kind thut.
Von vornherein bestehen sie schon darin, daß jedes Kind die Anlagen zu einer gewissen Individualität mit sich bringt, daß daher
jedes Kind nach dieser Individualität behandelt sein will, und sich
zwar darum gewisse Allgemeinsätze für die Erziehung aufstellen
lassen, deren Anwendung aber auf jedes einzelne Kind und jeden
gegebenen Fall schwierig ist. Lehrt doch die Praxis, daß sich das
wirkliche Leben nicht von bestimmten Grundsätzen einengen läßt,
so daß die unbedingte Ausführung derselben nicht selten die entgegengesetzte Wirkung hervorbringt. Will also jedes Kind nach
seinen besondern Anlagen und Richtungen anders behandelt sein,
so liegt die Schwierigkeit darin, jene frühzeitig und klar zu erkennen
und hiernach die richtige Behandlung zu treffen. Das zweite Hinderniß liegt darin, daß es dem Menschen wenig gegeben ist, in den
Geist, in das Herz eines andern Menschen zu schauen, selbst eines
Kindes, und die Bewegungen richtig zu erkennen, die darin vorgehen. Das Bedeutendste bleibt oft dem Auge der Eltern verborgen, und eine falsche Beurtheilung liegt oft am nächsten. Hierzu
kommt, daß die Kinder niemals so unter der Aufsicht der Eltern
ununterbrochen stehen, daß diesen nicht viele Vorgänge von wesentlichem Einfluß entgehen sollten, so daß sie nicht im Stande sind,
die Kinder von allen schädlichen Einwirkungen zu bewahren. So
kommt es, daß die eigentliche Richtung des Kindes oft den Eltern
lange Zeit unerkannt bleibt, daß die Schäden schon weit gediehen
und groß geworden, bevor sie sich den Eltern erschließen, und daß
nicht selten die Vorzüge und guten Eigenschaften im Charakter des
Kindes den Eltern verborgen sind, so daß diese sie eher zu unterdrücken als zu fördern suchen. Ueber die Resultate der Erziehung

ist daher sehr schwer ein Urtheil zu fällen, oder gar zu bestimmen, wie viel Verdienst oder Vorwurf den Eltern dafür zukomme. Denn die Erfahrung lehrt, daß bisweilen bei Geschwistern, welche dieselbe Erziehung genossen, mit derselben Liebe und Sorgfalt behandelt worden, der Erfolg ein ganz entgegengesetzter war, das eine Kind den rechten, das andere den falschen Weg einschlug, jenes zu bestem Ziele gelangte, dieses dem Verderben anheimfiel. Sicherlich lag hier die Verschiedenheit der Individualität als Ursache zu Grunde. Wer will es aber den Eltern zum Vorwurf machen, diese gar nicht oder nicht rechtzeitig erkannt und sie unrichtig behandelt zu haben? Dies wäre aber durchaus keine Entschuldigung für diejenigen Eltern, welche auf die Erziehung ihrer Kinder keine sorgfältige und gewissenhafte Aufmerksamkeit verwenden, sondern sie einfach im gewöhnlichen Schlendrian ohne bewußte Aufsicht erwachsen lassen, oder genug gethan zu haben glauben, wenn sie ihre Bedürfnisse befriedigen und Geld für sie ausgeben. Die Eltern müssen es vielmehr für ihre heiligste Pflicht ansehen, die Erziehung ihrer Kinder mit Gewissenhaftigkeit zu leiten, sich für dieselbe vorzubereiten, und im Falle ihre Verhältnisse oder ihr eigener Bildungsgrad sie an derselben behindern, für einen genügenden Ersatz zu sorgen, dennoch aber niemals die Erziehung fremden Händen allein zu überlassen. Allerdings spielen die Verhältnisse hierin eine große Rolle und dem besten Wollen steht nicht immer ein genügendes Können zur Seite. Oft auch übernimmt die göttliche Vorsehung selbst den besten Theil der Erziehungsaufgabe, und es ist nur zu wahr, daß Armuth und Noth die nachdrücklichsten Erzieherinnen, Reichthum und Fülle die gefährlichsten Verführer sind. Denn die Armuth entzieht theils der Jugend die Mittel zur Abschweifung und weist sie frühzeitig auf die harte Schule des Lebens hin, theils rückt sie Eltern und Kinder näher zusammen und macht die Liebe in den Entbehrungen und Aufopferungen für einander wachsen. Andrerseits mögen wir uns zum Troste hervorheben, daß das leicht Bewegliche und für Eindrücke Empfängliche in der Natur des Menschen von einer gewissen Zähigkeit und Elasticität derselben aufgewogen wird, so daß selbst unter den schädlichsten Einflüssen das Gute im Menschenkinde nicht ganz verloren geht, und den schwierigsten Umständen zum Trotze gedeiht und siegt

Machen wir uns nun die allgemeinen Grundsätze klar, von welchen die Erziehung ausgehen und geleitet werden muß, und die, wenn auch ihre Anwendung im Einzelnen noch so problematisch ist, doch dem Geiste der Eltern und Erzieher stets vorschweben müssen, um sie in ihrem Verfahren zu bestimmen. Vor Allem muß die Erziehung auf dem religiösen Grunde beruhen und auf die sittlichen Ziele gerichtet sein. Der religiöse Geist muß von den Eltern und Lehrern ausströmen und durch das kind= liche und jugendliche Gemüth belebend, befruchtend und erquickend sich ergießen. Es muß ein bewußter Zweck der Erziehung sein, in dem Kinde das echt religiöse Gefühl zu wecken, in dem Heranwach= senden zu entfalten und in dem Jüngling und der Jungfrau zu einer festen Ueberzeugung zu entwickeln. Den eigentlichen Anker= grund in Gott zu finden, in ihm den Lenker und Richter zu sehen, in ihm das höchste Ideal und Vorbild zu schauen und bei ihm Zu= flucht in allen Nöthen zu suchen, dies ist es, was vom ersten Erwachen des Bewußtseins an der Jugend eingeflößt werden muß. Hier ist es aber weder die bloße Beobachtung religiöser Formen und Ceremonien und deren strenge Ausübung unter den Motiven der Furcht vor der Strafe, noch auch das bloße Wort, die bloße abstrakte Lehre, welche dieses schöne Ziel zu erreichen vermag. Denn allerdings will der kindliche Geist auch eine sichtbare Form der Gottesverehrung vor sich sehen und wird von ihr mächtig ergriffen. Auch ist die Vorstellung, unter einem höheren Gesetze zu stehen, sehr fruchtbar. Aber es kommt Alles darauf an, die Formen mit Geist und Weihe zu beleben und sie nicht durch Häufung zu einem todten und beschwerlichen Mecha= nismus zu machen, der sie dann dem Kinde gleichgültig und lästig macht. Ganz besonders ist dies auf dem jüdischen Gebiete zu be= achten, und wird hierbei am oftesten gefehlt. Entweder die Eltern halten die Kinder mit eiserner Zuchtruthe zur Uebung zahlloser Ge= bräuche und Ceremonien an, bei denen das Kind (wenn auch ohne es auszusprechen) vergebens nach dem Warum fragt, oder sie lassen es ohne alle Religion, ohne Gebet und Gottesdienst, ohne jede Weihe und Form aufwachsen. Die Folgen sind denn auch überall sichtbar. Denn dem umbildenden und zersetzenden Elementen des gegenwär= tigen Lebens gegenüber verfallen viele der gerade streng orthodox erzogenen in das gerade Gegentheil, oder wenn sie durch örtliche und andere Verhältnisse auf ihrem Standpunkte verbleiben, sind sie der Auffassung des höheren Geistes des Judenthums meist verschlossen. Die anderen hingegen haben gar keinen religiösen Halt und sterben der Religion zu ihren eigenen und ihrer Nachkommen Schaden immer mehr ab. Ueberhaupt aber ist es ein Haupterforderniß für die Erziehung jüdischer Kinder, daß sie frühzeitig mit den Lehren und der Geschichte des Judenthums, mit der aus ihnen resultirten Stellung und Mission des jüdischen Stammes bekannt gemacht und dafür begeistert werden. Allerdings muß man hiermit frühzeitig beginnen, selbstverständlich nach der Fassungsgabe des Kindes und in steigender Entwickelung. Eltern, die wirklich die Absicht einer jüdischen Erziehung für ihre Kinder haben, verfallen doch öfters in den Fehler, das Kind so lange wie möglich mit der Verschiedenheit der Confessionen unbekannt zu lassen, und es geräth dann dasselbe in einen höchst nachtheiligen Conflikt, wenn es früher oder später von irgend einer Seite die Schmähung seiner Religion und Glaubensgenossen erfährt. Gerade die ersten Momente eines solchen Conflikts lassen den bleibendsten Eindruck zurück. Völlig verwerflich ist aber das Verfahren mancher jüdischer Eltern, ihre Kinder neben der jüdischen Erziehung auch noch dem Religionsunterrichte in der christlichen Schule beiwohnen zu lassen, als ob es für die jüdischen Kinder nicht genug Conflikte zwischen Schule und Haus, zwischen Lehrer und Eltern zu überwinden gäbe. Die dadurch in den Kindern hervorgerufene Verwirrung der Begriffe und des Glaubens kann nur von den nachtheiligsten Folgen sein. Nein! Mögen die jüdischen Eltern vor Allem selbst religiös werden, wahrhaft religiös, vom echten Geiste des Judenthums durchdrungen, von der Begeisterung für die Majestät ihrer Religion und Geschichte erfüllt, und dann diesen Geist und diese Begeisterung auf ihre Kinder verpflanzen! In den vergangenen Geschlechtern ist hierin viel gefehlt und gesündigt worden, und die traurigen Wirkungen können nur mit vieler und langandauernder Mühewaltung beseitigt und ausgelöscht werden. Möchten die kommenden Generationen von der Leuchte des Judenthums heller beschienen und das religiöse Feuer in ihrem Herzen entzündet werden! —

Für das sittliche Wesen ist in der Erziehung vor Allem die unbedingte Wahrheitsliebe und ein strenges Pflichtgefühl anzustreben. Diese in der Jugend als ihrem ganzen Wesen einge= wachsene Elemente herzustellen, muß als die höchste Aufgabe der sittlichen Erziehung erachtet werden; jene Wahrheitsliebe, welche die ungeschminkte Wahrheit, auch bei Fehltritten das unumwundene Bekenntniß von sich selbst fordert, und jenes Pflichtgefühl, das die pünktliche Erfüllung jeder Pflicht als eine innere Nothwendigkeit fühlt, so daß ohne jene keine Befriedigung irgend welcher Art gefunden wird. Wenn überhaupt das wesentlichste Erziehmittel das Beispiel der Eltern ist, so giebt dies für die Wahrheitsliebe und das Pflichtgefühl den wichtigsten Hebel ab. Diese werden am ehesten untergraben oder abgeschwächt, wenn die Kinder dieselben von den Eltern verletzt finden, und es ist bekannt, daß die Kinder die genauesten Beobachter aller Vorgänge sind, ja diese beiden sitt= lichen Momente müssen die Eltern als die Kleinodien und wahren Wächter der Sittlichkeit ganz besonders hüten, und ihre Verletzung niemals ungeahndet lassen. Hierzu gesellt sich die Erziehung zur Arbeitsamkeit, zur Ordnung und Sparsamkeit. Es ist in den Kin= dern die Liebe zur Arbeit zu erwecken, und erfordert dies, daß die genaue Linie eingehalten werde, um die Kräfte des Kindes weder ruhen zu lassen noch bis zur Abspannung zu belasten, denn im er= steren Falle erwächst die Lust an der Trägheit, im andern Falle wird die Arbeit eine Belästigung und die Kinder werden gegen sie widerwillig. In dem Menschen liegt die zwiefache Neigung, seine Kräfte zu verwenden und ruhen zu lassen; die rich= tige Beachtung beider macht die Arbeit zur Lust, wonach die Erzie= hung zu streben hat. Wie wir schon oben berührt haben, muß es ein besonderes Augenmerk sein, die Kinder frühzeitig auch zu prak= tischen Arbeiten anzuhalten, d. h. zu solchen, welche nicht gerade in ihren Lehrkursus gehören, und die bereits einen Einfluß oder eine Verwendung im wirklichen Leben haben. Solche Arbeiten interessi= ren die Jugend vorzüglich und dienen ihrer Entwicklung gar sehr. Andrerseits wird dadurch jene große Kluft in etwas ausgefüllt, die zwischen Schule und Leben besteht und eine besondere Mangelhaf= tigkeit an unserm Erziehungswesen noch ist. — Gerade zur Ord=

nung kann die Mahnung am ehesten führen. Die Unordnung ist
stets nur eine Folge der Lässigkeit und Trägheit; denn an sich er=
freut sie jedes Menschen Gemüth. Es kommt darauf an, die Ord=
nung zu einer Gewöhnung und sie stets zur ersten Arbeit zu machen,
damit ihre Befriedigung nicht in die Zeit der Abspannung falle.
Hinsichtlich der äußern Mittel kommt es wesentlich darauf an, dem
Kinde den rechten Begriff von deren Verwendung beizubringen, denn
nicht das Sparen an sich ist eine Tugend, sondern aus den Moti=
ven der rechten Verwendung heraus. Die Sparsamkeit ist aber
mittelbar von der höchsten Bedeutung, da sich an die leichtsinnige
Verwendung der Mittel alle mögliche Laster schließen. Es ist daher
nicht das Richtige, den Kindern alle Geldmittel vorzuenthalten, sondern
vielmehr ihnen einen Begriff von dem Nutzen und der richtigen Ver=
wendung beizubringen. Es müssen, wenn die Verhältnisse es er=
lauben, ihnen einige Mittel zu Gebote, und wenn auch unter Re=
chenschaftsforderung, zu freier Verfügung gestellt werden, um sie in
der richtigen Verwendung zu üben. Ueberhaupt ist es nothwendig,
den Kindern nach ihren Altersstufen eine gewisse Willensfreiheit zu
gewähren und eine Erziehung, welche den Kindern diese gänzlich
abschneidet, verfehlt in der Regel ihre Wirkung. Der ganz und
gar erzwungene Gehorsam hat keinen Werth, denn da der Zwang
doch immer einmal aufhören muß, so wird dann von der eintretenden
Freiheit der übelste Gebrauch gemacht. Das Kind muß frühzeitig
daran gewöhnt werden, seinen Willen nach Pflicht und Recht zu
beherrschen, und dies kann nur geschehen, wenn ihm öfter die Wahl
freigestellt und zugleich die Folgen gezeigt werden. Das Kind lernt den
Willen Anderer am leichtesten ehren, wenn es verhältnißmäßig auch
seinen eigenen Willen geehrt sieht. Es versteht sich, daß dies nur
mit dem wachsenden Bewußtsein geschehen darf, je mehr das Kind
Ursache und Wirkung zu erkennen, Recht und Unrecht zu unter=
scheiden lernt. Nichts ist naturwidriger, als dem Kinde auf seiner
ersten Stufe allen möglichen Willen zu lassen und auf den folgen=
den allen Willen zu beschränken. Schon in der ersten Periode muß
das Kind die Nichterfüllung seines Willens erfahren, dann aber
mit der wachsenden Erkenntniß und Befähigung sein Wille nach und nach
zu eigener Uebung geführt werden. Hierbei ist aber noch besonders

zu beachten, daß die Kinder, namentlich in den spätern Jahren, vor der Genußsucht und vor der Putzsucht zu bewahren sind, namentlich vor der ersteren die Knaben, vor der letzteren die Mädchen. Es ist eine Schwäche vieler Eltern, besonders in unserer Zeit, immerfort auf das Vergnügen ihrer Kinder zu denken und indem sie dies von ihrem eigenen Standpunkte aus beurtheilen, erkennen sie, daß die Jugend, wenn sie nicht verwöhnt wird, auch an dem Einfachsten Gefallen findet, und sich selbst überlassen, dies am leichtesten sich durch sich selbst bereitet. Dadurch aber, daß man ihnen allzu= früh außergewöhnliche und über ihren Kreis hinausgreifende Ge= nüsse verschafft, entzieht man sie ihren kindlichen und jugendlichen Gefühlen und schafft ihnen Bedürfnisse, die in der Befriedigung nur wachsen und für die Zukunft die gefährlichsten Leidenschaften wecken. Eine gleiche Schwäche besteht darin, die Kinder in ihrer äußern Erscheinung so geschmückt wie möglich auftreten zu lassen, und ihren Sinn für den Putz zu wecken. Auch hier steigern sich die Ansprüche allzusehr bei den Heranwachsenden und wird vom Beginn an die übermäßige Werthschätzung der äußern Be= kleidung und die kleinlichste Eitelkeit genährt. Wie leicht dann vor diesen falschen Vorstellungen, von dem Werthe und Eindrucke der äußern Erscheinung besonders in nebensächlichen Dingen das Ver= ständniß für den innern Werth zurücktritt, wie sich hieran das ganze Wesen verflacht, kann man überall beobachten. In den Ver= gnügungen wie im Aeußern der Jugend ist überall die Einfachheit ins Auge zu fassen und als Regel zu befolgen. Mit der Entwicke= lung gehen hieraus schon die weitern Erfordernisse hervor. Rein= lichkeit und Geschmack sind allerdings in der Jugend zu wecken, aber daß diese nicht Gegensatz der Einfachheit sind, sondern daß jene viel öfter mit dem Gegentheil derselben verbunden sind, ist bekannt. —

Was nun die intellektuelle Erziehung betrifft, so erin= nern wir an den Grundsatz, den wir für alle geistige Bildung und Veredlung aufzustellen hatten, daß nämlich die harmonische Entfal= tung aller geistigen Kräfte Ziel sein müsse (S. 59). Dieser ist auch maßgebend für die Erziehung. Hier vor Allem, weil ja in der Jugend die Grundlage zu aller Bildung gegeben werden soll, muß auf die Weckung und Pflege aller Geisteskräfte hingestrebt werden.

Die vorzugsweise Förderung einer Geistesrichtung in der Jugend
ist meist entscheidend für das ganze Leben und darum von unbe=
rechenbaren Folgen für das ganze Individuum. Wir heben hervor,
daß es nicht sowohl darauf ankommt, den kindlichen Geist mit all=
zuvielen Kenntnissen zu füllen, als vielmehr ihn zum Selbstdenken
anzuleiten. Es treffen sonst die allzugewöhnlichen Erscheinungen
ein, daß das Kind am Lernen Widerwillen findet, und lässig wird,
weil das Denken die eigentliche Würze des Lernens, und das Ver=
arbeiten des gegebenen Stoffes die den Geist erfreuendste, ermun=
terndste und belebendste Thätigkeit ist. Es muß daher der Fort=
schritt in dem Erwerb der Kenntnisse von der Befähigung des Kin=
des in der geistigen Verarbeitung derselben, im Auffassen von Ur=
sache und Wirkung, im Begreifen des Zusammenhanges der Einzel=
heiten abhängig gemacht werden. Oder es ergiebt sich, daß das
Kind zwar eine Menge Notizen in sich zusammenkramt, im Denken
aber völlig zurückbleibt, so daß sein Wissen nur ein todtes Conglo=
merat ist, außerhalb dessen der Geist ungeschickt und unwissend
bleibt. Man vergesse niemals, daß der kindliche Geist erst lernen
müsse zu lernen, und daß auch auf den späteren Stufen der Er=
werb von Kenntnissen mehr eine bildende Wirkung hervorbringen
soll, als daß das Erlernte für das wirkliche Leben späterhin nutz=
bar wird. Auf diese bildende Wirkung ist daher bei allen Studien
in der Jugend der Hauptton zu legen. Die gleiche Vorsicht muß
aber auch bei der Weckung und Pflege der Gefühle und der Phan=
tasie eingehalten werden. Ist es doch nicht blos für den Geist,
sondern auch für die leibliche Beschaffenheit der Jugend äußerst
gefährlich, die Gefühlswelt allzufrüh zu wecken und allzusehr in
Thätigkeit zu setzen und sie hierdurch zu irritabel und sensibel zu
machen. Entweder werden hierdurch die Gefühle frühzeitig abge=
stumpft, und es bedarf später großer Erregungsmittel, um sie lebendig
zu machen; oder aber der Mensch wird an eine gewisse Gefühls=
schwelgerei und Weichlichkeit der Empfindung gewöhnt, die ihn zu
falschen Urtheilen und Handlungen allzusehr verleiten wird. Ein
Gleiches ist der Fall mit der Phantasie. Ueberall vielmehr muß
in der Erziehung auf eine allmälige und naturgemäße Entfaltung
des ganzen geistigen Wesens im Kinde sorgfältig geachtet werden;

es muß, was allzuüppig wuchert, zurückgehalten, und was zurück= bleibt, angeregt und gefördert werden. Es ist nichts schädlicher, als in dem Kinde frühzeitig besondere Talente entdecken und mit aller Anstrengung herausbilden zu wollen; um wie viel glücklicher ist das Kind daran, daß eine verhältniß= und gleichmäßige Fortbildung seines ganzen Geistes erfährt. Hat der gütige Schöpfer irgend etwas Besonderes in einen Menschengeist gepflanzt, so wird es schon hervortreten und siegreich alle Hindernisse überwinden. —

Wir haben hier nur noch einen Blick auf die allgemeine Be= handlung der Kinder zu werfen und für dieselbe den einfachen Grundsatz aufzustellen: daß sie Liebe und Strenge in gleicher Weise umfassen muß. So nachtheilig es ist, die Kinder eine allzu warme Liebe erfahren und sich aus allzu großer Nachsicht und Sanftmuth zu vielen Liebkosungen und weichherzigem Bedauern über alle Mühen und Entsagungen, die nothwendig schon an die Jugend herantreten, verleiten zu lassen, woraus sich die traurigsten Folgen für Kinder und Eltern entwickeln: so ist im Gegentheil eine extreme Strenge, ein Entziehen jedes lebendigen Liebesgefühls, rauhes und abstoßen= des Benehmen durchaus nicht am Platze, und eine derartige Er= ziehung ist oft von Erbitterung des kindlichen Gemüthes, von Ver= stecktheit und Verstocktheit begleitet. Es ist nie zu vergessen, daß die Gefühle der Kinder vor den Eltern und Erziehern aus Liebe und Ehrfurcht gemischt sein müssen, und daß bei zu großem Be= zeugen der Liebe die Kinder leicht die Ehrfurcht vor den Eltern verlieren, wohingegen eine zu weit geführte Strenge die Ehrfurcht in Furcht verwandelt, eine Empfindung, die zu Abneigung und Hinterlist verleitet. Auch die Liebe übt eine Herrschaft über die Gemüther der Kinder aus, und erhält sie in Gehorsam und Ver= meidung von Fehlern, und die Strenge, wenn sie zu weit geht, ruft offen oder heimliche Widersetzlichkeit hervor. Also nur in der richtigen Vereinigung beider, im vernünftigen Maßhalten nach bei= den Seiten hin beruht die gute und erfolgreiche Erziehung. Wenn man in frühern Zeiten in der Strenge und Abgemessenheit das wesentlichste Erziehmittel erblickte, so herrscht in unsern die Neigung zur Milde und Liebe vor, und um so mehr ist es nothwendig, nach einer einträchtigen Verbindung beider zu streben. Hervorheben wollen

wir hier nur noch, daß die Eltern auch auf Schonung ihrer Autori=
tät bedacht und darum im Tadel, Zurechtweisungen und Forderungen
sparsam sein müssen, damit die Kinder gegen ihr Wort sich nicht
abstumpfen, sondern für dasselbe stets empfänglich bleiben. Fragt
man nun, wie es mit den Strafen auf die Vergehungen der Kinder
zu halten sei, so ist wohl zu beachten, daß diese durchaus nicht vor=
enthalten werden dürfen. Es ist nothwendig, daß die Jugend früh=
zeitig die Folgen ihrer Handlungen, mögen diese aus Leichtsinn oder
Bosheit entspringen, fühlbar und bewußt gemacht werden, da Straf=
losigkeit nicht allein zur Wiederholung des Fehltritts verleitet, son=
dern überhaupt das sittliche Bewußtsein unentwickelt läßt. Das Noth=
wendigste ist hierbei, aber auch das Schwierigste, das rechte Maß
und das rechte Strafmittel zu treffen. Es muß dem Kinde ge=
wissermaßen einleuchten, daß es diese und so viel Strafe verdient
habe, während eine zu große Härte das Kind empört, so daß es
diejenigen im Unrecht vermeint, die es zum Rechte anleiten wollen.
Ganz besonders muß aber darauf gesehen werden, daß das Kind
womöglich die Strafe in den unmittelbaren Folgen seiner That
selbst erfährt und erblickt und bitter empfindet, und man greife erst
da, wo dies nicht angeht, zu willkürlich bestimmten Strafen. Aller=
dings müssen Eltern und Erzieher auch öfters einige Nachsicht üben,
weil zu häufiges Strafen das Kind dagegen verhärtet, so daß jenes
bei ihm Charakter und Wirkung verliert; auch läßt sich eine Krank=
heit nicht immer durch drastische Mittel heilen, und als eine solche
ist jede böse Neigung zu betrachten. Sonst aber dürfen Eltern und
Erzieher nicht zu weichherzig sein und der Jugend die nothwendigen
Strafen aufzuerlegen wissen, damit sie nicht ihrerseits das Verderbniß
jener befördern. Nun muß man sich vor jeder allzu großen Heftigkeit
hüten, wie umgekehrt es falsch ist, die Bestrafung zu verschieben
und die Kinder bis zum Eintritt derselben in Bangigkeit und Furcht
zu erhalten. Das Letztere sieht wie ein Nachtragen und Rächen aus,
und solche Verstellung ist für das Gemüth der Kinder sehr schädlich.

In den bestimmtesten Ausdrücken macht schon das heilige Gesetz den Eltern
die Erziehung überhaupt, insonders aber die religiös=sittliche Erziehung zur
höchsten Pflicht. Es ging dabei von den Ansichten aus, daß einerseits die
Religion in ihrem Lehr= und Gesetzinhalte nicht bestehen könne, ohne daß

sie von Geschlecht zu Geschlecht mit Eifer und Begeisterung in die Herzen der Jugend verpflanzt werde, und andererseits der Mensch ohne die Religion keinen Halt 'auf den Wegen des Lebens auch in sittlicher Beziehung habe. Schon 1 Mos. 18, 19. wird von Abraham ausgesprochen: „Er wird be= fehlen seinen Söhnen und seinem Hause nach ihm, daß sie halten den Weg des Ewigen, zu thun Gerechtigkeit und Recht," wo selbstverständlich das „Befehlen" den Unterricht und die Er= ziehung voraussetzt, und die folgenden Worte sowohl die Lehre von Gott als auch deren Consequenzen in der Uebung des Rechts und der Gerechtig= keit enthalten; und ebenso werden bei der öffentlichen Vorlesung der Thorah, die am Hüttenfeste jedes siebenten Jahres geschehen sollte, ausdrücklich auch „die Kinder" erwähnt: „damit sie hören und damit sie lernen und ehrfürchten den Ewigen, euren Gott, und wahren alle Worte dieser Lehre zu thun. Und ihre Kinder, die sie noch nicht kennen, sollen hören und lernen den Ewigen, euren Gott, zu ehrfürchten alle Tage" (5 Mos. 31, 12. 13.). Aber auch ganz speciell wird der Vater zur religiösen Erziehung und zum religiösen Unterricht der Kinder und zwar in dauernder Weise, in immer sich wieder= holendem Maße verpflichtet. Der Vater soll die ganze Lehre „den Söh= nen und der Söhne Söhnen kund thun" (5 Mos. 4, 9.). „Und es sollen diese Worte, die ich dir heute gebiete, in deinem Herzen sein, und du sollst sie einschärfen deinen Kindern und davon reden, so du sitzest in deinem Hause, und so du gehest auf dem Wege, und so du dich niederlegst, und so du aufstehest." (5 Mos. 6, 6. 7.) Mit gleichen Worten, nur daß das Wort „lehren" gebraucht ist das. 11, 19. Ja noch mehr, der Vater soll den Kin= dern bei Uebung der gottesdienstlichen Gebräuche die Bedeutung, den Grund und die Ursache derselben erklären und eifrig zum Bewußtsein bringen. So schon bei dem Peßachgesetze 2 Mos. 12, 26. 27. 13, 14. 5 Mos. 6, 20: „So dich dein Sohn bereinst fragen wird, sprechend: Was sollen die Zeugnisse und die Satzungen und die Rechte, die der Ewige, unser Gott, euch geboten? So sprich zu deinem Sohne u. s. w." — Insbesondere ist es auch das Buch der Sprüche Sa= lomonis, welches die religiös sittliche Erziehung und Unterweisung seitens der Eltern, und zwar ausdrücklich auch seitens der Mutter voraussetzt, in= dem es den Kindern immer wiederholt einschärft, der Lehre und der Zucht der Eltern zu folgen und treu anzuhangen. Aber auch Vorschriften der Er= ziehung giebt es, so die goldene Regel (22, 6): „Unterweise den Kna= ben nach seinem Wandel: auch wenn er altert, weicht er nicht davon," d. h. unterrichte und erziehe das Kind nach seiner Anlage und den Verhältnissen gemäß, denn eine solche angemessene Erziehung übt einen nachhaltigen Einfluß auf das ganze Leben aus. Besonders aber über die ernste und nachdrückliche Zucht, die an den Kindern geübt werden solle.

„Wer seine Ruthe schont, haßt seinen Sohn, doch wer ihn liebt, sucht für ihn Zucht." (Spr. Sal. 13, 24.) Denn durch eine solche Zucht wird das Kind vom Verderben gerettet, und es ist eitle Furcht, daß ihm durch sie Leibes geschehe (23, 13. 14.). Doch muß die Strafe eine mäßige sein, und sich die Eltern nicht von der Hitze hinreißen lassen; ebenso dürfen sie nicht ermüden, so lange irgend Hoffnung zur Besserung vorhanden ist (19, 18.). Und so giebt das Buch zum Schlusse noch die schönen Sprüche: „Ruthe und Mahnung verleihen Weisheit, der freigelassene Knabe macht seiner Mutter Schande. Züchtige deinen Sohn, und er gewährt dir Ruhe, und deiner Seele schafft er Wonne." (29, 15. 17.)

Das rabbinische Gesetz verpflichtet die Eltern zu sechs Dingen, für deren getreue Erfüllung aber nur der Vater verantwortlich sei, nämlich: die Beschneidung der Knaben, die Auslösung des erstgeborenen Knaben, der Unterricht, namentlich der religiöse, die Anleitung und der Unterricht zu einem Lebensberufe, namentlich einem Handwerk, die Verheirathung und der Unterricht im Schwimmen (Kiddusch. 1, 7 und die Gemara dazu). Wie hoch der Unterricht und das Studium der Religion überhaupt von den Talmudisten geschätzt wurde, ist bekannt; sie setzten die Stiftung einer Schule (Beth-hamidrasch) über den Bau einer Synagoge, und ließen die Verwandlung der letzteren in die erstere, aber nicht umgekehrt, zu. Im 245. Abschn. des Jor. Deah werden die Pflichten der Eltern, insonders des Vaters, betreffs des Unterrichts, namentlich des religiösen, präcisirt. Ist der Vater selbst ein Gelehrter, so muß er seinen Sohn selbst unterrichten, sonst muß er ihm einen Lehrer halten, und kann er hierzu vom Gerichte gezwungen werden. Vom 6—7. Jahre an muß das Kind in die Schule geschickt werden, von drei Jahren an aber im Lesen unterrichtet und geübt werden. Ein Lehrer darf höchstens für 25 Kinder angestellt werden, und soll der Lehrer in der körperlichen Züchtigung höchst vorsichtig und mäßig sein. —

3. Aber auch hiermit sind die Pflichten, Sorgen und Mühen der Eltern noch nicht geschlossen: es liegt ihnen nun noch die Versorgung der Kinder ob. Hierunter ist zu verstehen: die Wahl des Berufes für die Jünglinge, die Vorbereitung zu diesem und die Beschaffung der Mittel, um ihn auszuüben. Wenn wir schon oben die Schwierigkeiten jener Wahl besprochen haben (§. 74), so fällt der schwierigste Theil daran den Eltern zu. Denn sie haben einerseits sich vor festen Voraussetzungen und Beschlüssen, mit denen des Sohnes Wünsche, Neigungen und Anlagen nicht übereinstimmen möchten, zu huten, und eigene Wünsche zu opfern, andrerseits den Jüngling vor Verirrungen, vor Verkennung seiner Kräfte und der

Verhältnisse zu bewahren. Um dieser Schwierigkeit zu entgehen, giebt es nur ein geeignetes Mittel, b. i. das beiderseitige Entgegen= kommen und die ruhige, besonnene Verständigung. Haben die Eltern es verstanden, ihren Kindern eine praktische Richtung zu geben und sie vor Träumereien und Phantasien zu hüten, zugleich die Kinder daran zu gewöhnen, einer ruhigen Erwägung mit ihren Eltern sich nicht zu entziehen, so wird auch die Verständigung nicht ausbleiben. Das Uebrige ist in die Hand der göttlichen Vorsehung zu legen. — Aehnlich und oft noch schwieriger verhält es sich mit der Zukunft der weiblichen Jugend. Auch hier haben die Eltern frühzeitig ihr Augen= merk dahin zu richten, daß die Mädchen dem praktischen Leben zuge= wendet werden. Es ist eine Schwäche der modernen Erziehung, gerade der weiblichen Jugend eine ideale Welt für sich zu schaffen, sie in eine höhere Bildungswelt zu versetzen, und sie so den Weg zu den wirk= lichen Verhältnissen schwer finden und die Schwierigkeiten des wirk= lichen Lebens hart ertragen zu lassen. Gerade mit dem höheren Unterrichte der Töchter muß daher eine Bekanntschaft mit dem letz= teren und eine Verwendung zu praktischen Arbeiten Hand in Hand gehen, damit die Jungfrau gesund, kräftig und gewandt aus der Schule der Erziehung und Bildung hervorgehe. Unter allen ob= waltenden Verhältnissen ist es rathsam, auch bei den Mädchen den Blick auf irgend eine selbständige, unabhängige Laufbahn zu richten und sie dafür vorzubereiten, da unter den verschiedenartigsten Um= ständen die Nothwendigkeit, selbständig zu handeln und für den Erwerb zu sorgen, eintreten kann. Am schwierigsten ist dann aber für die Eltern, die rechte Wahl in der Verheirathung ihrer Töchter zu treffen. Hier, wo nicht allein der Wille der Eltern entscheidend sein kann, sondern wo einerseits die Gelegenheit, andrerseits die Neigung so laut mitsprechen, ist die rechte Wahl durchaus schwierig und erfordert die treueste Gewissenhaftigkeit und die besonnenste Er= wägung bezüglich der Personen und Verhältnisse. Auch hier gilt es, der Neigung der Kinder weder zu leicht nachzugeben, noch zu schroff entgegenzutreten; auch hier die äußern Verhältnisse weder allein zu berücksichtigen und den innern Werth der Personen außer Acht zu lassen, noch sie ganz zu übersehen; auch hier weder grund= satzlos und nur mit dem Blick auf das Nächste zu verfahren, noch

das Glück des Kindes unbeugsamen Grundsätzen blindlings zu opfern.
Wenn in früheren Zeiten nach Sitte und Anschauung die Eltern
eine unbedingte Herrschaft über die Kinder und ihre Zukunft be-
anspruchten und übten, so kommt es in den unsrigen gar zu oft
vor, daß die Eltern den Neigungen der Kinder in ohnmächtiger
Schwäche das ganze Feld einräumen und sie dadurch ins Verderben
rennen lassen. Für Söhne und Töchter gilt es, daß die Eltern
Autorität und Liebe in sich vereinigen, Erfahrung, Vernünftigkeit
und Ernst repräsentiren, ohne dabei die Neigungen und die Freiheit ihrer Kinder ungewürdigt und unbeachtet zu lassen. — Es
versteht sich, daß die Eltern nach Maßgabe ihrer Kräfte und Verhältnisse auch die Mittel hergeben, um den Kindern den Eintritt in
ihren Beruf zu ermöglichen oder doch zu erleichtern. Nur die Vorstellung haben die Eltern fern zu halten, als ob hierbei Alles durch
die größtmöglichen Geldmittel geschehe. Vielmehr erweist es sich
allzu häufig, daß Nichts nützlicher für die Jugend ist, als durch
eigene Kraft und Anstrengung sich hindurch zu arbeiten, und Schritt
vor Schritt sich dem Ziele zu nähern. Täglich lehrt die Erfahrung,
daß die Fülle der Mittel zu Leichtsinn, Nachlässigkeit und Trägheit
verleitet, welche die Jugend schneller als man gedacht, den Weg
abwärts führen. Nichts thörichter daher als das Streben, Schätze
für die Kinder zu sammeln, von denen sie so selten den rechten
Gebrauch zu machen wissen. Vielmehr erwäge man, daß der Jugend der Weg durch das Leben nichts mehr erleichtert oder erschwert,
als der gute oder der böse Ruf des elterlichen Hauses, als die Ehre
oder die Schande der Familie. Hier ist es, wo der Segen oder der
Fluch aus dem elterlichen Hause die Kinder fast durch das ganze
Leben begleitet oder verfolgt, und ihnen in zahllosen Fällen fördernd oder hemmend fühlbar wird. Diese Mahnung möge sich allen
Eltern tief in das Herz senken, und sie zu der Ueberzeugung bringen, daß sie hierdurch schon an der Wiege ihres unschuldigen Kindes
über das zukünftige Geschick desselben am meisten bestimmen und
auf dasselbe am nachhaltigsten wirken. Diese Mahnung ruft uns
auch das heilige Wort zu, indem es den Eltern sagt: Eure Schuld
wird an Euren Kindern geahndet, Euer Verdienst noch Euren En-
keln vergolten! (2 Mof. 20, 5. 6.)

Die Talmubiften machten es den Eltern, insonders dem Vater zu einer ernsten Pflicht, die Kinder zu einem bestimmten Lebensberufe, einem Gewerbe oder Handwerk zu erziehen und vorzubereiten. Sie machen dabei auf die Vorsicht aufmerksam, einen solchen Beruf zu wählen, der das Kind sittlichem Verberben am wenigsten aussetzt, da es immer Gewerbe giebt, welche zu Betrug und Rohheit verleiten und in die Gesellschaft ungebildeter und wüster Menschen führen. Ebenso solle man bei der Wahl des Berufes sich nicht von der Aussicht auf Reichthümer leiten lassen, da es nicht von dem Berufe, sondern allein von dem sittlichen Werthe dessen, der ihn übt, abhänge, ob ein glückliches Ziel erreicht werde, überhaupt aber der sittliche Werth für den Menschen entscheidend sei (Kiddusch. IV, 14). — Die h. Schrift bietet uns ebenso Beispiele dar, daß die Eltern über die Verheirathung ihrer Töchter Bestimmung treffen, als auch daß diese über ihre Zustimmung befragt, ihnen also die Wahl freigestellt wird (z. B. Rebekka 1 Mos. 24, 58). Die frühere Meinung, daß nach der Sitte in der h. Schrift die Braut dem Vater gewissermaßen abgekauft wurde, ist jetzt schlagend widerlegt (s. Saalschütz, das mosaische Recht S. 730 ff.), wenn es auch Gebrauch war, dem Vater der Braut ein Geschenk zu machen. Beklagen sich doch die Töchter Labans darüber, daß ihr Vater aus ihrer Verheirathung gewinnsüchtig Vortheil gezogen (1 Mos. 31, 15. 16). Dagegen hatte nach dem talmudischen Rechte der Vater die Verpflichtung, der Tochter nach Maßgabe seines Vermögens eine Mitgift zu geben, obgleich deren Höhe in seinem Belieben stand. War der Vater früher gestorben, so mußte man seine Absicht über die Höhe der Mitgift zu ermitteln suchen, und war dies nicht möglich, so wurde die Mitgift auf den zehnten Theil der Hinterlassenschaft gerechnet (Eb. Eser Abschn. 113). Auch mußten die Töchter nach dem Tode des Vaters bis zu ihrer Mündigkeit oder Verlobung von den männlichen Erben verpflegt werden (ebendas. Abschn. 112).

4. Aber auch mit der Erfüllung aller dieser Pflichten ist das Werk der Eltern noch nicht erschöpft. Wo wäre auch das Maß, das die Liebe an ihr Schaffen und Thun legte, daß sie, an einem bestimmten Punkte angelangt, sagen sollte: bis hierher, nun ist es genug und beendet. Wenn die Kinder ernährt, erzogen und versorgt sind, wenn sie das elterliche Haus verlassen haben, und ein jedes seine eigene Bahn gefunden hat und wandelt, so läßt das Auge des Vaters und der Mutter nicht von ihnen ab, sie begleiten jeden Schritt ihres Kindes mit ängstlicher Sorge, und sind immer bereit, den Schatz ihrer Erfahrung zu ihrer Berathung und ihre Habe zu ihrer Unterstützung zu eröffnen, immer bereit, so es erforderlich ist, Opfer zu bringen. In der fortdauernden Erfreuung und Erleich-

terung ihrer Kinder finden sie ihre höchste Befriedigung, großen Kummer, wenn sie nicht helfen können, wo Hülfe nöthig. Welche Beglückung für das Vater= und Mutterherz, wenn ihre Kinder ge= deihen und sich als redliche, gottesfürchtige und verdienstliche Men= schen bewähren — welch tiefster Schmerz, welch seelenzerfressender Gram, wenn sie ihre Kinder auf Abwege gerathen und in den Ab= grund stürzen sehen, von welchem sie vergeblich sie zurückhalten wollen! So ist das Band, welches die Eltern an ihre Kinder fesselt, unlösbar bis zum letzten Athemzuge, bis zum letzten Gedanken des schwindenden Bewußtseins, und das Glück und das Mißgeschick der Kinder bilden den Einschlag zu dem Gewebe des elterlichen Lebens bis zu deren Bahrtuche.

„Vergißt wohl ein Weib seines Säuglings, ih= res Leibes Sohn sich nicht zu erbarmen?" (Jes. 49, 14.)

So vom Vater Pf. 103, 13. Vgl. auch das schöne Bild der um ihre Kinder weinenden und untröstlichen Mutter, Jirm. 31, 15.

3) Als Kinder [1].

79.

Welche Vorschriften haben wir gegen die Eltern zu beobachten?

1) Gehorche den Geboten deiner Eltern, wenn sie nur nicht gegen die Gesetze Gottes und des Staates laufen.

2) Setze die Ehrfurcht vor ihnen nie aus den Augen, auch wenn du die eine oder die andere höhere Stufe er= reicht hast.

---

[1] Vgl. oben S. 264.

3) Komme denselben zu aller Zeit freundlichst zuvor, und leiste ihnen große und kleine Dienste, wo und wie du nur vermagst.

4) Wenn sie krank sind, pflege sie; wenn sie schwach sind, stütze sie; wenn sie arm sind, ernähre sie, sei es auch mit den größten Opfern, stets aber mit unverletzlicher Ehrerbietung.

1. Wie wir oben gesehen (S. 264.), haben sich um die Liebe zu den Eltern die drei Genien der Ehrfurcht, der Dankbarkeit und des Gehorsams gestellt und jene erhält durch diese ihren wirklichen Inhalt und ihre Erfüllung. Es ist wohl zu beachten, daß, während die Liebe der Eltern zu den Kindern in ihrer Bethätigung nach den inneren Gesetzen des Lebens immer wieder erneuert und gestärkt wird und die Nothwendigkeit selbst sie fordert, da die Kinder in ihrer Existenz auf sie angewiesen sind, die Liebe der Kinder zu den Eltern zwar ebenfalls in der Natur dieser Verbindung liegt, aber im Verlaufe eine größere Freiheit und Selbstbestimmung gewinnt. Der Weg, den die Kinder gehen, entfernt sie von den Eltern, nicht sowohl räumlich, als vielmehr dadurch, daß sie sich eine selbständige Existenz gründen und erhalten müssen. Die Versorgung der Kinder gehört unmittelbar zu der Existenz der Eltern und ist ein großer Theil von deren Inhalt und Zweck, während die Versorgung der Eltern durch die Kinder nur eine zufällige, accessorische und durch Umstände bedingte ist. Gerade aber darum wird das Verhalten der Kinder gegen ihre Eltern zu einer höheren, unabweislichen Pflicht, zur höheren, sittlichen That, gerade darum liegt darin eine noch höhere Heiligung, weil es der Ausfluß lauterer und gehobener Gefühle ist; darum knüpft sich aber auch daran Segen oder Fluch für die Kinder in unübersehbarer Folge. In dem Herzen der Kinder, welche sich mit unbegrenzter Liebe zu ihren Eltern erfüllen, und derselben große und schwere, dauernde Opfer bringen, wächst das Gute und Göttliche in Fülle und Fruchtbarkeit, schärft sich das Pflichtgefühl und das Gewissen, und wird so sittlich belebend auf Geist und Handlungsweise nach allen Richtungen hin ge-

wirkt. Ein solches Herz kann nicht selbstisch verstocken, sich nicht vor aller Liebe verhärten und erhebt sich unmittelbar zu Gott. In Entsagung und Demüthigung aus Kindespflicht liegt die Wurzel zur Entsagung und Demüthigung nach allen Richtungen des Lebens hin. Der Gegensatz im Herzen des Kindes, das seinen Eltern absagt. Die Liebe zu den Eltern strömt so aus der Vereinigung von Natur und Sittlichkeit hervor, daß wer sie nicht fühlt und bethätigt, die Quellen beider in sich verstopft hat. Und wie sich so das Gute an das Gute, das Böse an das Böse in enggegliederter Kette reiht, erwächst daraus des Lebens Freude oder Leid, der Geistesschätze und des Glückes Fülle oder Armuth. Aber die Erfahrung lehrt auch unzweideutig, daß gerade auf diesem Gebiete die göttliche Vergeltung am offenbarsten und in unmittelbaren Thatsachen hervortritt, und zeigt uns in vielen Fällen, daß der Segen über das Leben dessen sich ausbreitet, der seinen Eltern aufopfernde Liebe geweiht hatte, und der Fluch sich knüpft an die Sohle dessen, der sie verlassen und verschmäht, mißachtet und verletzt hat. Liegt es nicht ganz nahe, daß insonders durch die eigenen Kinder wiedervergolten werde, was von uns unsern Eltern geschehen, da aus unserer eigenen Gesinnung und unserem Beispiele die Bildung und Richtung unserer Kinder hervorgeht? Nichts verleiht noch in den spätesten Lebensstunden ein befriedigenderes Bewußtsein, als die Erinnerung, nach bestem Wissen und Streben die Pflicht gegen die Eltern geübt, ihr Herz mit Freude und Stolz erfüllt, und ihrem alternden Haupte eine unermüdliche Stütze geboten zu haben; es strömt dann durch die Seele die Gewißheit, mit dem Segen der Eltern auch den göttlichen Segen sich erworben zu haben. Wehe aber dem Kinde, das sich gestehen muß, das Haar der Eltern aus Gram und Kummer zum Ergrauen gebracht, ihre Augen mit Thränen gefüllt, ihr Herz mit Jammer durchwühlt zu haben!

„Ehre deinen Vater und deine Mutter, damit sich verlängern deine Tage auf dem Erdreiche, welches der Ewige, dein Gott, dir giebet." (2 Mos. 20, 12.)

„Ehre deinen Vater und deine Mutter, so wie der Ewige, dein Gott, dir geboten, damit sich deine

Tage verlängern und damit es dir wohlergehe auf
dem Erdreiche, welches der Ewige, dein Gott, dir
giebet. (5 Mos. 5, 16.)

Der Zusatz „und damit es dir wohlergehe" in der zweiten Rezension der
Zehn Worte wird von einigen traditionellen Erklärern auf das jenseitige
Leben bezogen. — Das Gebot drückt die Ehrfurcht als das wesentlichste
Charakteristikum der Kindesliebe aus, aus welchem die konkreten Pflichten
der Kinder sich am nächsten herleiten, und welches dem ganzen Verhalten
der Kinder das eigentlichste Gepräge zu geben hat. Es ist zugleich das einzige
der Zehn-Gebote, welches einen Lohn für die Erfüllung hinzufügt. Bei dem
tiefen, uns verborgenen Complex der geistigen Bewegungen, namentlich in der
Gefühlssphäre, und deren Wechselwirkung auf das leibliche Leben ist die
Verlängerung des Lebens in dem Gebote, da die thätliche Verletzung der
Ehrfurcht vor den Eltern Ausfluß wüster Leidenschaftlichkeit ist, in ihrer
ganzen Bedeutung, und gewiß nicht blos als anregende Formel zu verstehen,
S. übrigens oben S. 267.

2. Der Gehorsam entspricht als Pflicht dem Rechte der Eltern,
wird aber als sittliche Forderung durch die Erfüllung ihrer Wünsche,
die darin enthalten ist, erhöht. Die Grenzen, welche diese Pflicht
erfahren kann, haben wir oben (S. 266.) bestimmt. Aber innerhalb
derselben ist es die Fülle der hingebenden Liebe, welche diesem Gehorsam die rechte Bedeutung, den wahren Werth verleiht. Nicht
allein die Schwierigkeit und Selbstaufopferung, welche mit ihm verbunden sein kann, sondern noch mehr die Freudigkeit, die in der
Leistung bethätigt und den Eltern fühlbar gemacht wird, giebt den
wahren Maaßstab für diesen Gehorsam ab. Je selbständiger, unab-
hängiger, älter, also von jedem Zwange freier das Kind geworden
ist, desto höher stellt sich sein Gehorsam gegen die Eltern, mit welchem es auf die Wünsche derselben lauscht und ihren leisesten Ausspruch zu befriedigen eilt. Nichts kränkt die Eltern mehr, als die
Widerspenstigkeit und der dauernde Ungehorsam der Kinder, und
stellt sich in ihrem Bewußtsein der Erinnerung an ihre treue Pflichterfüllung als Eltern gegenüber. Alle Täuschungen, alle Entfremdung auch von den nächsten Verwandten und liebsten Freunden
werden ertragen und überwunden, aber die Kränkungen des Vaters-
und Mutterherzens durch den Widerspruch und das Zuwiderhandeln

24*

der Kinder sind nicht wieder heilende Wunden, die bis zum Tode
bluten und bei jeder Berührung von Neuem aufbrechen.

3. In allen Lagen des Lebens haben Kinder die Ehrerbietung
vor ihren Eltern zu bewahren, und weder durch Wort noch durch
That aus den Augen zu lassen. Es kommt hierbei darauf an, daß
diese Ehrerbietung nicht etwa blos aus Reflexion und aus Bedacht
entspringt, sondern unmittelbar aus dem innersten Herzen fließt,
und so zur Gewöhnung in aller Denk= und Gefühlsart geworden,
daß sie sich von selbst und in unmittelbarster Weise bethätigt. Die
Kinder werden älter, erlangen vielleicht reicheres Wissen und höhere
Bildung als ihre Eltern, eine höhere Stufe in der Gesellschaft, eine
wachsende Wirksamkeit, und selbst eine Familie. Alles dies aber
darf die Ehrfurcht vor den Eltern in keiner Weise mindern, und
wenn es allerdings auch Pflicht der Eltern ist, ihren Kindern mit
ihren steigenden Befähigungen und Lebensbeziehungen eine größere
Achtung und stärkere Berücksichtigung ihrer Gefühle zu bezeugen, so
ist es doch noch viel ernstere, ja heiligere Pflicht der Kinder, unter
allen Umständen das ehrerbietige Verhalten, die Unterordnung und
Hochschätzung ihren Eltern gegenüber zu bewahren, und sich selbst
zu überwinden, wenn es durch die Umstände erforderlich wird.
Wohl zu beachten ist, daß diese Ehrfurcht nicht blos in Handlungen
ernsterer Art, sondern auch in allen kleineren Beziehungen, in Wort
und Geberden an den Tag treten und daß sie sich in einem zuvor=
kommenden Benehmen, in Aufmerksamkeiten. aller Art äußern muß.
Die Herzen der Eltern sind hierfür sehr empfindlich, und finden
darin oft mehr Befriedigung oder Kränkung, als selbst in großen
Opfern. Wie gesagt, hier vor Allem kommt es darauf an, wie
etwas geschieht, und welche Zartheit oder Mangel der Empfindung
sich dabei kund thut. Möchten die Kinder das Glück, ihre Eltern
noch zu besitzen, stets zu würdigen wissen! Denn übel steht es um
das Kind, das erst an der Gruft der Eltern von dem Bewußtsein
ergriffen und erschreckt wird, was es ihnen hätte sein sollen und
können. Allzu schnell öffnet sich dieses Grab, und läßt dem Schmerz
und der Reue nicht wieder zurückkehren, was es birgt. — Darum
muß es des Kindes höchste Freude sein, den Eltern kleinere oder
größere Dienste zu leisten. Nicht daß es dabei zu rechnen habe,

welch' geringen Theil es damit von der großen Schuld abtrage, die es gegen seine Eltern hat, sondern, daß es ihm zur eigenen Erhebung und höchsten Befriedigung gereicht, seine Eltern damit erfreut und ihnen mehr oder weniger Hülfe geleistet zu haben. — Unsere vierte Vorschrift bezeichnet genau und umfänglich, was Kinder in den verschiedenen Lagen des Lebens ihren Eltern zu leisten haben. Wie sollte dies auch nicht von den Kindern gefordert werden dürfen, da die Eltern ihr ganzes Wesen, ihr Herzblut für die Kinder hingegeben und geopfert haben! Aber auch hier ist es nicht die dürre Erfüllung der streng gezeichneten Pflicht, welche das Wesentliche ausmacht, sondern der Hauch der Liebe, der Alles durchweht, was das Kind thut, und worin es seinen eigenen Besitz, seinen eigenen Genuß und oft einen Theil seiner ganzen Zukunft opfert. So wird dem Kinde, das von echter Liebe zu den Eltern erfüllt ist, in allen Lagen und Verhältnissen das Herz selbst sagen, was es zu thun und zu lassen habe. — Wie selbstverständlich ist es dann auch, daß weder Zeit noch Raum alle diese Gefühle und Pflichten abzuschwächen nicht vermögen dürfen, daß lange und weite Entfernung keine Entfremdung bewirken sollen, und daß selbst der Tod diese Liebe und Ehrfurcht nicht vermindern könne. Ja, auch nach dem Tode muß das Andenken der Eltern heilig gehalten werden, ihre Vorschriften und Aussprüche den Kindern unantastbare Gebote sein, und ihr Gedächtniß immer wieder aufgefrischt und gefeiert werden. Heil dem Kinde, das diesen Pfad wandelt — ja, „es ergeht ihm gut"! —

Die Bethätigung der Ehrfurcht vor den Eltern wurde durch den Talmud und die Rabbinen als eine der heiligsten und unverletzlichsten Pflichten betrachtet, und durch die ausführlichsten Vorschriften eingeschärft. Stellen sie doch die Ehrfurcht vor den Eltern der Ehrfurcht vor Gott, den Segen der Eltern dem Segen Gottes gleich (Kiddusch. 30, 2. Vgl. 40, 1.) und lassen hierin keinen Unterschied zwischen Vater und Mutter zu. Der ganze 240. Abschn. des Jor. Deah ist jenen Vorschriften gewidmet, und heben wir daraus als fruchtbare Winke für die Kinder die bedeutendsten hervor. Es muß das eifrigste Bestreben sein, Vater und Mutter zu ehren. So wird geboten: sich nicht auf den Staub, die Stelle oder den Sitz zu begeben, die der Vater (er wird der Kürze halber statt der Eltern genannt) einzunehmen pflegt, sei es in Gesellschaft, in der Synagoge oder im Hause; man darf seinen Worten nicht widersprechen und kein Urtheil über sie fällen. Selbst bei einer offenbaren Verletzung durch die Eltern darf das Kind sich nicht widersetzen oder die Eltern beschämen. Stets zeige man ein freund= liches Gesicht, selbst wenn man ihnen die größten Dienste leistet, selbst solche, welche sonst nur ein Diener seinem Herrn thut. Hat der Vater kein Ver= mögen, so muß der Sohn ihn nach seinem Vermögen ernähren, und kann ihn hierzu das Gericht zwingen. Der Sohn muß vor seinem Vater, wenn er ihn erblickt, aufstehen, und ist der Sohn etwa ein Gelehrter, der Vater der Schüler des Sohnes, so müssen beide vor einander aufstehen. Auch wenn Eltern etwas Thörichtes thun, so darf der Sohn gegen sie nicht zür= nen, sondern muß schweigen. Auch nach dem Tode des Vaters muß er geehrt und sein Name niemals ohne eine Segnung genannt werden. Sieht der Sohn, daß der Vater gegen ein Verbot des Gesetzes handelt, so darf er nicht zu ihm sagen: du hast ein Gesetz übertreten, sondern sagen: Vater, im Gesetze heißt es so und so; denn vor Allem muß er sich hüten, seinen Vater zu beschämen. Doch haben auch die Eltern die Pflicht, so viel wie möglich das zu vermeiden, was den Sohn zur Verletzung der kindlichen Ehrfurcht aufreizen könnte. Selbst wenn die Eltern ein Verbrechen begangen haben, darf der Sohn gegen sie nicht unehrerbietig sein. Auch nicht mit Worten, ja nicht mit einer Geberde oder einer Andeutung dürfen die Eltern gering geschätzt werden. — So sind auch die Trauergebräuche um die Eltern besonders ausgedehnt und heilig (s. w. unten).

Wenn das rabbinische Gesetz also die Ehrfurcht vor den Eltern aufs drin= gendste einschärft, so stellt es dieselben Forderungen auch für den Lehrer, namentlich den dauernden Lehrer in Religion und Gesetz. Es setzt diese Ehrfurcht selbst vor die, welche man den Eltern schuldig sei, weil „der Lehrer zum jenseitigen Leben verhilft." Wer, sagt es, gegen seinen Lehrer streitet, mit ihm hadert, schlecht von ihm spricht, der sündigt, wie wenn er es gegen Gott selbst gethan; obschon es andrerseits gestattet ist, anderer Meinung zu sein, sobald man dafür genügende Beweise anzuführen hat. Dem Lehrer soll stets ehrerbietig begegnet werden, man muß vor ihm aufstehen und sich neigen, sich nicht auf dessen Sitz setzen, ihm jeden Dienst erweisen und nach seinem Tode ihn betrauern (durch Kriah). Ueberhaupt wurde die Ehrfurcht vor Gelehrten eingeschärft, und Verachtung oder gar Haß gegen einen sol= chen bezeugen, für eine schwere Sünde erklärt (Jor. Deah Abschn. 242—244).

4) Als Geschwister und Verwandte [1]).

~~~~~~~~~~

80.

Welche Vorschriften haben wir gegen Geschwister und Verwandte zu beobachten?

1) Die Bande des Blutes und aller Verwandtschaft seien dir stets theuer und heilig.

2) Halte den innigsten Frieden mit deinen Geschwistern und Verwandten.

3) Leiste ihnen Dienste nach allen deinen Kräften, und verlasse sie nicht in allen ihren Röthen.

4) Ueberhebe dich nicht über sie, und behandele sie stets liebevoll und freundlich.

Wenn das Gefühl der Gleichheit alle Menschen, und dann wieder insbesondere die Glieder einer Nation, eines Staates und Vaterlandes umfassen soll, so wird dasselbe innerhalb der Familie vorzugsweise verstärkt und durch Natur und Sittlichkeit zu einem wichtigen Lebensmomente. Dieses Gefühl der Zusammengehörigkeit, der Einheit, der untrennbaren Verbindung durch Gottes Bestimmung und Fügung, durch Gleichheit der Lebensquelle, durch Erziehung, Schicksal und Interessen ist die Quelle des Familienlebens und der Familienpflichten. In früheren Zeiten war das Familienbewußtsein stärker, und die Ehre und die Interessen des Geschlechts wurden höher gehalten und nachhaltiger gewahrt. Und in der That stützt und stärkt dieses in allen Verhältnissen des Lebens, wenn es auch nicht die Pflichten gegen die Allgemeinheit irgendwie verletzen

---

[1]) Vgl. oben S. 269.

darf. Die Familienliebe und das Familienleben sind eine köstliche Gabe Gottes an die Menschen und müssen daher gepflegt und wohl beachtet werden. Freilich tritt in dem Verhältniß der Geschwister und Verwandten zu einander die Persönlichkeit stärker hervor, als in dem ehelichen und dem zwischen Eltern und Kindern. Die Ungleichheit der Charaktere, Ziele und Schicksale wirkt darauf ein; persönliche Interessen, namentlich das Mein und Dein, haben störenden Einfluß; und so kommt es hauptsächlich darauf an, daß alle diese trennenden Momente durch die ächte Geschwister- und Verwandtenliebe beseitigt und wirkungslos gemacht werden. Sie wird immer von jeder Ueberhebung des Einzelnen in der Familie zurückhalten, immer nach Ausgleichung aller Störungen und Conflicte streben, immer zur Versöhnung ermuntern und hinleiten. Das strenge Recht, das der Persönlichkeit einwohnt, wird von dieser Liebe temperirt, zu Nachsicht, Sanftmuth und Schonung angehalten und zu Opfern geneigt gemacht. Darum muß diese Liebe genährt und erhalten werden, und selbst wo sie sich verletzt fühlt, durch Erwägung und Belebung wieder angefacht werden. In Wort und That muß sie sich zwischen Geschwistern und Verwandten kund geben, so daß Frieden und Treue bleibend daraus hervorgehen. Die Liebe der Seinigen beglückt um so mehr, tröstet und richtet auf, je härter die Erfahrungen in der Außenwelt sind. Tiefer kränkt die Beleidigung, welche uns von einem der Unsrigen widerfährt, und Härte und Untreue von Seiten der Geschwister und Verwandten verwunden auf immer, so daß es leider wahr ist, was in den Spr. Sal. (18, 19.) gesagt wird: „Böslich verletzter Bruder ist schwieriger als feste Stadt, ihr (der Brüder) Haber, wie eines Schlosses Riegel". Also auch gegen Geschwister und Verwandte haben wir die Liebe als eine heilige Pflicht anzusehen und zu üben, durch Freundlichkeit und Zuvorkommenheit sie zu erfreuen und die Eintracht zu stärken, sie unter allen Verhältnissen als uns gleichgestellt und innigst verbunden zu behandeln, ihnen unsere Dienste in jedem erforderlichen Falle zu Gebote zu stellen, mit eigenen Opfern ihren Verlegenheiten und Nöthen abzuhelfen, und auf ihre Befriedigung und Geistesbildung nach Kräften zu wirken. Hierzu ist selbstverständlich besonders der verpflichtet, welchem Alter, Befähigung und Schicksal die größeren Kräfte verliehen haben. So soll der Bruder für den Bruder, der Verwandte für den Verwandten eintreten in den Kämpfen des Lebens, beitragen zur Beglückung des Anderen, was er vermag, und bis zum Tode Liebe und Treue wahren. Dazu sind die Geschwister und alle Verwandte von Gott berufen und verpflichtet, und, führwahr! kein schöneres und edleres Bild stellt sich uns dar, als das einer Familie, in der jedes einzelne Glied von der Liebe erfüllt, den Pflichten derselben getreu, von gegenseitiger Beeiferung um den Frieden und das Glück der Anderen belebt ist, und in den Zeiten des Behagens, wie des Mißgeschickes sich Alle vereint finden in Eintracht und Treue!

Das talmudisch-rabbinische Gesetz hat in das Familienleben noch ein besonderes Band durch die Feststellung der Betrauerung vermittelst bestimmter Vorschriften mit religiöser Verpflichtung gebracht. Doch ist diese vorschriftliche Betrauerung nur auf gewisse Familienmitglieder beschränkt, und nicht in allen Graden gleich. Betrauert werden die Eltern von den Kindern, die Kinder von den Eltern (jedoch nur wenn das Kind bereits 3 Wochen alt war), Eheleute und Geschwister von einander. Die höchste Trauer findet um die Eltern statt. Wie namentlich durch die sich immer wiederholende Feier der „Jahreszeit" während des ganzen Lebens der Kinder das geheiligte Andenken der Eltern (durch das Brennen eines Lichtes sowie Seitens der männlichen Kinder durch das Kaddischgebet) immer lebendig und heilig erhalten wird, und Dies daher zu den angemessensten und wirkungsreichsten Gebräuchen des Judenthums gehört, sieht man leicht ein.

Dritter Abschnitt.

Die Heiligung des Menschen in seinem Verhältniß zu den übrigen Wesen.

81.

Welches ist das Verhältniß des Menschen zu den übrigen Wesen auf der Erde, und was hat er in seinem Verhalten zu ihnen zu beobachten?

Wir sind berechtigt und angewiesen, sie zu unserm Nutzen zu verwenden und uns vor Schaden ihrerseits zu bewahren, dagegen verpflichtet, sie nicht nutzlos zu quälen, übermäßig anzustrengen oder unnöthig zu vernichten.

1. Der Mensch als vernunftbegabtes, selbstbewußtes und sittliches Wesen hat ein anderes Verhältniß zu den übrigen Wesen auf der Erde, als diese unter einander. Die übrigen Wesen, insonders die Thiere, verwenden für sich nur das, was sie zu ihrer Ernährung bedürfen, soweit sie es nothwendig haben, und sich dessen bemächtigen können. Ihr Instinkt ist also der Maßstab und der Regulator für den Gebrauch, den sie von den Dingen außer sich machen, und die physische Kraft, die sie besitzen, giebt die Grenze ab. Anders verhält es sich mit dem Menschen. Dieser bedarf der Dinge aus allen

Reichen der Natur, nicht blos zu seiner Ernährung, die noch dazu die größte Mannichfaltigkeit und eine künstliche Verarbeitung zum Bedürfniß hat, sondern auch zur Bekleidung und Wohnung, zu Beobachtung und Erkenntniß, daher besonders zu wissenschaftlichen Zwecken, zum Vergnügen und zur Unterhaltung und als Heilmittel. Er macht sich daher die Dinge nicht blos dadurch nutzbar, daß er sie ihres Lebens beraubt, sondern auch daß er sie, namentlich Thiere, während ihres Lebens zu Dienstleistungen verwendet. Wenn es allerdings andererseits auch Thierarten giebt, welche sich gegenseitig nicht der Nahrung wegen, sondern aus natürlichen Trieben bekämpfen, so ist doch gerade wegen der ungleich ausgedehnteren Benutzung, die der Mensch von den Dingen macht, auch der Schaden bei Weitem vielfältiger, welcher dem Menschen für seine Person und die ihm brauchbaren Dinge von den anderen Wesen erwächst. Weßhalb er der Vermeidung von Schädlichkeiten wegen gegen die anderen Wesen um vieles feindlicher verfahren, viele nur deßhalb vernichten muß. So verdrängt der Mensch immer mehr Pflanzen, welche ihm keinen oder geringeren Nutzen schaffen vor den ihm vortheilhaften Gewächsen; so führt er einen unaufhörlichen Krieg gegen die Raubthiere, ja selbst gegen die Thiere, welche die ihm brauchbaren Dinge beschädigen. Nicht minder aber ist das Maß seiner Kräfte, durch die er sich der natürlichen Dinge bemächtigt, ungleich größer und ausgedehnter.

Denn seiner physischen Kraft und Gewandtheit kommen Verstand und Beobachtung zu Hülfe, durch welche er sich die mannichfaltigsten Mittel und Werkzeuge schafft und die sinnreichsten Wege erdenkt, um sich der übrigen Wesen und Dinge zu bemächtigen und sie für sich zu verwenden. So vermag er alle Naturkräfte und alle Dinge sich dienstbar zu machen, und seine Kultur über die ganze Erde, über Land und Meer auszubreiten, in die Tiefe einzudringen, und aus der Höhe, wie z. B. aus dem Lichte, Hülfsmittel zu schaffen. — Dahingegen fehlt ihm der Instinkt, um seiner Verwendung der Wesen außer ihm gewisse Grenzen zu setzen und Regel und Vorschrift zu geben. Dafür muß daher sein sittliches Bewußtsein eintreten, und dieses auch hier wie überall mit Hülfe der Religion ihm gewisse Pflichten aufstellen. Es entspringen diese Pflichten für ihn aus dreifachen Motiven. Zuerst aus der Ehrfurcht vor Gott, dem Schöpfer selbst. Alle Dinge sind Werke Gottes und müssen als solche geachtet und geehrt werden. Der Mensch ist nicht im Stande auch das geringste und einfachste Werk Gottes wieder her=zustellen, welches er beschädigt oder vernichtet hat. Seine Kunst besteht nur in Verwendung und todter Nachahmung. Die Blume, die er zerpflückt, das Blatt, das er zerrissen hat, ist auf immer da=hin. Es muß daher ein bestimmter und sittlicher Zweck in dieser Zerstörung liegen, oder er hat ein Unrecht gethan, und in größerem oder geringerem Maße die Ehrfurcht vor dem Schöpfer verletzt, in=dem er ein Werk desselben zwecklos vernichtet hat. Das zweite Motiv liegt in dem Geschöpfe selbst. Gott hat es zum Dasein und zu dem Genusse dieses Daseins nach seiner Art geschaffen, und wir haben daher nur mit einem sittlich gerechtfertigten Zwecke das Recht, es dieses Daseins zu berauben oder ihm den freien Gebrauch seiner Kräfte zu entziehen, oder ihm Mühen und Schmerzen zu verur=sachen. Je weniger wir im Stande sind ihm dieses zu erstatten, desto mehr ist es unsere Pflicht, darin aufs Vorsichtigste zu Werke zu gehen. Je höher das Geschöpf organisirt ist, desto stärker ist seine Empfindlichkeit für die Schmerzen, die wir ihm verursachen, desto mehr haben wir daher dieselbe zu schonen, und desto niedriger ist die Gesinnung, welche in jedem Mißbrauch unserer Gewalt ent=halten ist. Hierzu kömmt endlich drittens die Rücksicht auf uns selbst. In dem Wesen des Menschen laufen alle Beziehungen und Wirkungen doch immer wieder in einander und zu einem Ziele hin. Die Humanität und Gewissenhaftigkeit entspringen aus aller Verhaltungsweise, die wir beobachten, werden durch alle unsere Handlungen erzogen, gebildet und ausgeprägt. Darum liegt in unserm Verfahren gegen die andern Wesen auch ein besonderer sitt=licher Werth, weil Menschlichkeit und Menschenwürde darin geübt oder verletzt, entwickelt oder erdrückt werden. Wer inhuman und unmenschlich gegen andere Wesen, namentlich Thiere verfährt, wird es auch gegen Menschen werden oder sein; wer seine Lust hat an der Zerstörung von Pflanzen und Thieren, an der Mißhandlung und den Schmerzen der letzteren, wird diese bösen Leidenschaften auch auf die Menschen übertragen. Wer hingegen eine tiefe und zarte Empfindung auch für die anderen Wesen in sich trägt, ihnen freundlich gesinnt und dankbar ist, ihnen eine gewissenhafte Be= handlung, maßvolle Verwendung, Schonung und Milde widerfahren läßt, wird diese Tugenden auch in allen menschlichen Kreisen be= währen. So ist unser Verhalten gegen die übrigen Wesen auch eine Erziehung und Bildung zur Humanität und Pflichttreue. Es liegt daher in jener Ehrfurcht vor dem Schöpfer, in der Hochhaltung aller seiner Werke, in dem Mitgefühl mit jedem derselben und in der Pflege der Menschlichkeit und Barmherzigkeit gegen die Thiere, ja selbst gegen die Pflanzen eine wahrhafte Heiligung, die auch ihrerseits das Wesen des Menschen durchstrahlt, erhöht und zur Gottähnlichkeit bringt.

2. Aus diesem Verhältniß ergeben sich die Pflichten, die wir gegen die andern Wesen auf der Erde, insonders die organischen, und darunter vorzugsweise die Thiere, zu üben haben, und deren Verletzung mehr oder weniger sündhaft ist. 1) Denjenigen Thieren und Pflanzen, welche wir in unsrer unmittelbaren Obhut haben, müssen wir die angemessene Pflege sorgfältig angedeihen lassen. Solche Thiere haben wir ihrer natürlichen Freiheit beraubt, so daß sie gezwungener Maßen auf unsre Fürsorge angewiesen sind, und es liegt uns daher ob, auch wenn es unser eigener Vortheil nicht erheischt, alle ihre Bedürfnisse rechtzeitig zu befriedigen. Der Tal= mud schreibt daher mit Recht vor: „Du sollst dich nicht zu Tische setzen, bevor du deine Hausthiere mit Futter versehen," was nun als Prinzip auf alle Bedürfnisse derselben auszudehnen ist. Hierzu kommt dann, daß wir die Freiheit der Thiere zu achten haben, und sie ihnen nur dann entziehen, wenn damit ein bestimmter Zweck verbunden ist. — 2) Die Verwendung der Thiere zu Dienstleistungen muß stets und überall nach ihren Kräften bemessen werden; sie müssen möglichst vor jeder Ueberbürdung und übermäßiger An= strengung geschont werden; die Forderungen, die an sie gestellt wer= den, müssen ihrer Natur entsprechen. Es ist daher eine Ausartung, die nicht geduldet werden dürfte, wenn Thiere zu Künsten gezwungen werden, denen ihre Natur ganz widerspricht, noch dazu, da sie zu solchen nur durch tausendfache Quälereien und Mißhandlungen ge= bracht werden können, bei welchen viele Individuen der betreffenden

Gattung zu Grunde gehen, bis ein einziges zum beabsichtigten Ziele gelangt. Hierin gehören alle Naturwidrigkeiten überhaupt, und es muß in uns eine heilige Scheu wohnen, die Einrichtungen Gottes in der Natur in erkünstelter Weise zu verwirren, je weniger wir zu beurtheilen vermögen, wie weit dies in die innerste Natur der betreffenden Wesen und in die allgemeine Oekonomie der Schöpfung störend eingreift. — 3) Wir haben uns der Verursachung von Schmerzen zu enthalten, so weit diese nicht von sittlich gerechtfertigten Zwecken untrennbar ist. Am wenigsten dürfen den Thieren Leiden zur Kurzweil der Menschen bereitet werden, und ist dies insonders der Jugend einzuschärfen. Es versteht sich von selbst, daß daher auch jede etwa erforderliche Züchtigung eines Thieres eine durchaus gemäßigte sein muß; sie kann aber überhaupt nur dann erforderlich sein, wenn durch sie dem Thiere irgend eine böse, uns nachtheilige oder gefährliche Angewöhnung mit Erfolg genommen werden kann. Die Vernunftlosigkeit des Thieres muß für uns das besondere Motiv sein, jede nutzlose Züchtigung sorglich zu vermeiden. — 4) Nur dann sind Thiere und Pflanzen zum Tode zu bringen, wenn damit ein sittlich gerechtfertigter Zweck verbunden ist, und auch dann muß das Verfahren dabei so schmerzlos wie möglich sein. Eine Ausnahme kann hiervon nur zu Gunsten der Wissenschaft zugestanden werden, aber um so dringender muß auch hier gefordert werden, jede Leichtfertigkeit dabei zu vermeiden.

„Der Gerechte sorgt für seines Viehes Leben, der Frevler Gefühl ist Grausamkeit." (Spr. Sal. 12, 10.)

Die Religion Israels ist es, welche die Sündhaftigkeit der Thierquälerei zuerst ausgesprochen und durch bestimmte Vorschriften einen Schutz vor derselben aufgestellt hat. Aber auch hier treffen wir in ihr nicht blos eine Beachtung äußerer Symptome, sondern eine tiefere Auffassung des Wesens in seiner Totalität und eine consequente Durchführung, welche einerseits die Natur in ihrer Gesammtheit begreift, andrerseits die Erziehung des Menschen zur Humanität im ganzen Umfange erstrebt. Gleich am Beginne bestimmt daher die h. Schrift die Stellung des Menschen zu der Erde, der Pflanze und dem Thiere, 1 Mos. 1, 26: „Und Gott sprach: Wir wollen Menschen machen in unserem Bilde nach unserer Aehnlichkeit, und sie sollen herrschen über die Fische des

Meeres und über das Geflügel des Himmels und über das Vieh und über die ganze Erde, und über alles Gewürme, das sich regt auf der Erde." Das h. Wort deutet hier, wenn wir den Vers mit den folgenden 28—30 verbinden, die beiden Pole des menschlichen Wesens, den gottähnlichen Geist und die thierische Natur in Speise und Geschlechtlichkeit an, und theilt dem Menschen die „Herrschaft" über die Erde und alle Wesen auf ihr zu, die er aber erst durch seine geistigen Kräfte zu erringen hat, was in den Worten וירדו ,ורדו ,וכבשוה angedeutet ist [1]). Das Verhältniß zur Erde überhaupt stellt es so dar, daß des Menschen Bestimmung sei „den Erdboden zu bearbeiten" (1 Mos. 2, 5.), denn selbst in den Garten Eden „versetzte ihn Gott, ihn zu bebauen und ihn zu wahren" (das. V. 15.), so daß also der Mensch auch schon da zu arbeiten haben sollte. Diese Bearbeitung der Erde sollte (1 Mos. 3, 17—19) „mit Beschwerde" geschehen, indem der Boden „Dornen und Disteln", also viele dem Menschen nutzlose, die genießbaren Früchte gefährdende und nur mit großer Mühe zu beseitigende Gewächse hervorbringt, so daß der Mensch sich seine Nahrung nur „im Schweiße seines Angesichts" aus der Erde erar-beitet (vgl. Ps. 104, 23). Hierdurch ist auch das Verhältniß des Menschen zur Pflanze bezeichnet, die ihm zum freiesten Gebrauche überlassen ist (vgl. (1 Mos. 2, 16), um so mehr als er auf sie so viele Anstrengungen zu ver-wenden hat. Was seine Stellung zur Thierwelt betrifft, so wird diese 1 Mos. 2, 19. 20. tiefsinnig angedeutet. Es besteht eine bedeutsame Verwandtschaft des Menschen zu ihr, und doch wieder trennt eine tiefe Kluft ihn von ihr, so daß keine Gleichartigkeit beider besteht. Er tritt mit der Thierwelt in eine nähere Verbindung, die aber niemals eine wirkliche Genossenschaft werden kann; er qualifizirt sie nach ihren Eigenthümlichkeiten, um sie mehr oder weniger sich nahe zu stellen. Es wird dies 1 Mos. 9, 2 näher charakteri-sirt, indem allen Thieren „Furcht und Schrecken vor dem Menschen" zuge-schrieben wird, und daß sie sämmtlich „in seine Hand gegeben seien." Aber schon da wird eine gewisse Grenzlinie gezogen. Aus dieser Stellung näm-lich entspringt das erste Prinzip der h. Schrift auf diesem Gebiete, daß keine Identificirung des Menschen mit dem Thiere stattzu-finden habe. Dieser Grundsatz wird zunächst dahin normirt, daß der Tod eines Thieres an dem ihn verursachenden Menschen nicht zu strafen, wohl aber doch der Tod eines Menschen an einem ihn verursachenden Thiere zu rächen sei (das. V. 5). Es wurde dies auch im Gesetze festgestellt, wo es heißt, daß „ein Ochs, der einen Menschen stößt, daß er stirbt, gesteinigt und sein Fleisch nicht gegessen werden soll" (2 Mos. 21, 28). Andererseits wurde, wie wir oben (S. 33 f.) gezeigt haben, durch die Speisegesetze die Aufnahme des thierischen in den menschlichen Organismus abgegrenzt, um

---

[1]) Der Dichter, dem es weniger um die Schärfe der Gedanken als um die Anschaulichkeit zu thun ist, gebraucht dafür משל Pf. 8, 7.

hierdurch das seelische Wesen des Menschen vor der allzugroßen Amalgami=
rung mit dem Thiere zu bewahren, besonders durch Verbot des Blutver=
zehrens, wie dies bereits 1 Mos. 9, 4. ausgesprochen ist. — Als zweites
Prinzip wird im Gesetze die Einfachheit und Natürlichkeit durch
das Verbot alles Naturwidrigen consequent durchgeführt. Hierhin
gehört das Verbot der Vermischung des Verschiedenartigen: das Feld soll
nicht mit verschiedener Saat besäet, im Weinberge keine Saat gesäet werden
(5 Mos. 22, 9. Mischn. Chil. 1, 1—8. Jor. Deah Abschn. 295 ff.); in
Kleider aus Schafwolle und Flachs soll man sich nicht kleiden (5 Mos. 22, 11.
Mischn. Chil. 9. Jor. Deah Abschn. 298—304) [1]); Thiere verschiedener Art
soll man nicht zur Begattung bringen, mit Ochs und Esel zusammengespannt
nicht pflügen (5 Mos. 22, 10) [2]); kein männliches Thier einer gewissen Ver=
stümmelung unterziehen, 3 Mos. 22, 24. Es leuchtet aus dieser Zusammen=
stellung hervor, daß in allen diesen und den damit zusammenhängenden
Bestimmungen weder ökonomische, äußerlich ethische oder kultuelle Zwecke
enthalten sind, sondern daß durch sie ein und dasselbe Prinzip hindurch
geht: die Einfachheit des Naturgesetzes zu bewahren und nichts Naturwidri=
ges zu bewirken, sondern daß alles Lebendige in den von Gott in der Natur
ihm angewiesenen Grenzen bewahrt bleibe. Auf der Auffassung von der
Totalität der Natur beruht es nun, daß dieses Prinzip von der Pflanze
aufwärts bis zum Menschen im Gesetze verwirklicht wird. (S. hierüber
unser Bibelw. Th. I. 2. Aufl. S. 631.) Daß hiermit zugleich eine humane
Behandlung der Thiere, namentlich durch das Verbot, Thiere verschiedener
Art, Beschaffenheit und Charaktereigenthümlichkeit mit einander zu einer
Arbeit zu vereinigen, oder die Thiere zu verstümmeln, angebahnt und be=
wirkt und dem Volke die Verabscheuung jeder Grausamkeit gegen die Thiere
anerzogen werden sollte, ist einsichtlich. — Hieran reiht sich aber nun als
drittes Prinzip: die Menschlichkeit in allen Beziehungen zu
den Thieren zu üben. Hierhin gehört zunächst das Verbot, das Böcklein
nicht in der Milch seiner Mutter zu kochen (2 Mos. 23, 19. 34, 26. 5 Mos.
14, 21.), wozu das Verbot, Mutter und Junges an einem Tage zu schlach=
ten (3 Mos. 22, 28.), sowie das Verbot, aus einem Vogelneste die Mutter

---

[1]) שעטנז s. unser Bibelw. Th. I. 2. Aufl. S. 630 ff.

[2]) Nach der Tradition darf man die Thiere zu solchem Zwecke auch nicht
an Nichtisraeliten übergeben; dagegen darf man Thiere, die bereits aus Ver=
mischung verschiedenartiger Thiere erzielt sind, z. B. Maulthiere großziehen und
halten (Mischn. Chil. 8, 1. Jor. Deah. Abschn. 297). Die Tradition verbietet
überhaupt mit verschiedenen Thieren zu arbeiten und dehnt dies in richtiger Auf=
fassung des Prinzips auf alle Thiere aus, Mischn. Chil. a. a. O. § 2 ff. Jor.
Deah a. a. O. § 10 ff. — Zu der obigen Kategorie gehört auch das Verbot,
daß ein Weib die Kleider eines Mannes, und ein Mann die Kleider eines Wei=
bes anthun solle (5 Mos. 22, 5.).

und die Jungen oder die Eier zugleich zu nehmen, sondern nur die Jungen oder Eier zu nehmen und die Mutter frei zu lassen (denn umgekehrt würden die Jungen doch nur umkommen), 5 Mos. 22, 6. 7, kommt. Durch diese Verbote soll einerseits eine gewisse Verspottung der natürlichen Einrichtung Gottes, daß das Junge in dem Stoffe verzehrt werde, der von Gott zu dessen Ernährung bestimmt ist, und daß das Erzeugende mit dem Erzeugten zu gleicher Zeit getödtet werde, andererseits aber jede Grausamkeit in der Behandlung der Thiere vermieden werden. Der Mensch soll aber ein sittlicher Herr der Erdgeschöpfe sein und darum die Sittlichkeit der Natur nicht aufheben. Hierin gehört endlich das Verbot 5 Mos. 25, 4: „Verbinde dem Ochsen das Maul nicht, wenn er drischt", indem hierdurch dem Ochsen die Befriedigung seiner Eßbegier unmöglich gemacht würde und dies eine Undankbarkeit des Menschen gegen das für ihn arbeitende Thier wäre. Wie immer wollte das Gesetz hiermit durch eine konkrete Bestimmung ein großes Prinzip veranschaulichen und verkörpern. Denn in diesem rücksichtsvollen Benehmen gegen den (nach der morgenländischen Weise) dreschenden Ochsen liegt die menschenfreundliche Behandlung der Thiere und die Vermeidung jeder Härte gegen sie unzweideutig involvirt [1]). — So hat auch hier das mosaische Gesetz den Grund zu einer Entwickelung gelegt, die erst in unserem Zeitalter höherer sittlicher Bildung und menschenfreundlicher Cultur wieder aufgenommen worden ist.

---

[1]) Weniger ist hierher das Gebot zu ziehen, die Thiere, welche gegessen werden sollen, zu schlachten; denn hierdurch sollte vielmehr das (zum Genusse verbotene) Blut aus dem Körper des Thieres entfernt werden. In neuerer Zeit hat man vielmehr finden wollen, daß das Schlachten dem Thiere mehr Schmerzen verursache als andere Todesarten. Dahingegen hat die Strenge der traditionellen Vorschriften über die unbedingte Schärfe des Schlachtmessers, in welcher nicht die geringste Unebenheit vorhanden sein darf, den offenbaren Zweck, jeden unnöthigen Schmerz dem Thiere zu ersparen.